꿈이란 무엇인가?

꿈이란 무엇인가?

홍순래 지음

어문학사

우리가 꾸는 꿈에는 여러 가지가 있다. 심리표출의 꿈, 신체 내·외부의 이상이나 위험을 일깨워주는 꿈, 창의적인 사유활동의 꿈, 계시적 성격의 꿈, 예지적 꿈 등등 여러 가지가 있다. 하지만 실증적인 수많은 꿈의 전개양상 사례로 볼 때, 한 마디로 말하자면 '꿈은 미래를 예지한다.'로 정의될 수 있다. 이는 태몽, 로또(복권)당첨, 각종 사건과 사고의 예지 등의 수많은 실증사례가 여실히 입증하고 있다.

꿈의 세계는 미신이 아닌 정신과학의 세계이다. 꿈은 신비한 무지개처럼 다층적이며 다원적으로 펼쳐지고 있으며, 인간의 영적능력이 꿈을 통해 다양하게 표출되고 발현되고 있다.

우리 인간에게는 보고, 듣고, 냄새를 맡고, 맛 보고, 촉감을 느끼는 색·성·향·미·촉의 5감(五感)이 있다. 또한 마음으로 느끼는 6감(六感)의 세계가 존재한다. 비유하자면, 꿈의 세계는 인간의 영적(靈的)인 정신능력이 발현되는 7감(七感)의 세계인 것이다. 꿈의 세계는 아직까지 신비에 쌓인 뇌과학의 영역에 해당한다고 볼 수 있으며, 달 탐사에 앞서 인간의 뇌에 대한 연구가 더욱 중요한 미지의 영역으로 남아 있는 세계라

하겠다.

해 저물녘에 거미가 집을 짓는 것을 본 적이 있는가? 그것을 바라보다 보면, 한마디로 예술이요, 찬탄을 금치 못하게 된다. 거미는 천부적(天賦的)으로 거미줄을 쳐서 곤충을 잡을 수 있는 능력을 부여받았다. 또한 우리는 연어가 태평양으로부터 수만 ㎞를 이동하여, 태어난 곳으로 돌아와 알을 낳는다는 것을 알고 있다. 일개 미물인 거미와 연어가 그러하건대, 만물의 영장이라고 하는 인간은 신(神)으로부터 어떤 능력을 부여받았을까?

그렇다. 인간은 장차 일어날 일을 꿈으로 예지해 내는 신비한 영적능력을 부여받은 것이다. 우리가 자는 동안에도 우리의 뇌는 활동을 하고 있으며, 꿈을 통해 여러 작업을 벌여 낮 시간의 기억을 재정리하기도 하고, 심리를 표출하기도 하고, 신체 내·외부의 이상이나 주변의 위험을 꿈을 통해 일깨워 주기도 한다. 하지만 그 무엇보다도 신성(神性)의 정신능력은 장차 다가올 일을 꿈으로 예지해서, 다가올 일에 대한 마음의 준비와 슬기로운 극복을 할 수 있게 해주고 있는 것이다. 따라서 꿈이야말로, 미래를 예지해 내는 능력을 꿈을 통해 부여한 '신(神)이 우리 인간에게 내린 최대의 선물' 인 것이다.

필자는 그동안 수많은 예지적 꿈을 꿔왔다. 가장 의미 있는 꿈은 1995년 생애 최초의 저서였던 한자의 문자유희인 『파자(破字)이야기』 출간을 한 달 앞두고, '총에 맞아 죽는 꿈' 을 꾼 것이었다. 꿈의 의미를 찾아 보았지만 '죽는 꿈이 좋다' 는 민속적인 풀이만 있을 뿐, 구체적으로 '왜 좋은 꿈인지?' '어떤 상징 의미가 있는지?' '다른 유사한 실증사례는 없는지?' '꿈해몽이 믿을 수 있는 것인지?' 궁금 투성이었다.

필자는 어린 시절 어머님의 꿈에 관한 신비로운 예지력에 대한 놀라움, 대학에 진학해서 고전소설 속의 태몽이야기나, 민속학적으로 태몽에 관한 여러 언급, 나아가 꿈풀이에 있어 한자를 깨뜨리고 합쳐서 살펴보는 파자해몽의 여러 신비한 사례를 접하면서, '꿈에는 무언가 있다' 라는 생각을 떨쳐버릴 수가 없었다.

여기에 덧붙여 필자 자신의 꿈에 대한 다양한 예지적인 실증적 체험은 '꿈에는 무언가 있다. 꿈을 연구해야 한다' 는 명제하여 꿈의 실체에 나아가게 하였던 것이다. 그리하여 1995년의『파자(破字)이야기』에 이어,『현실 속의 꿈이야기』를 1996년 출간하게 되었다.

하지만 당시로서는 사범대 국어교육과를 졸업한 고교 국어교사로서, 미래 예지적인 꿈의 세계에 대한 관심과 열정은 넘쳐나고 있었지만, 실증적인 예지적 꿈사례에 대한 자료 수집이 미흡했음을 고백하지 않을 수 없다. 단편적인 선인들의 예지적 꿈사례와 설화 속의 꿈이야기 등 문학적인 면에 한정되어 있었다.

앞서 필자가 꾼 '죽는 꿈' 의 상징 의미는 낡은 껍질을 벗고 새롭게 인생길을 걸어갈 것을 예지해주는 상징적인 미래예지 꿈이었다. 그후에 필자는 꿈의 예지대로 새로운 운명의 인생길을 걸어가고 있다. 1996년, 우리나라에서 30여 년간 꿈을 연구해 오신 꿈해몽의 대가이셨던 한건덕 선생님과의 운명적인 만남을 통해, 한건덕 선생님과 공저한『꿈해몽백과』를 책임 집필한 것을 비롯하여, 지역정보신문인 교차로나 신문 연재를 통한 꿈에 관한 여러가지 자료수집으로, 실증적인 꿈사례에 대한 연구를 체계적으로 할 수 있었으며, 한편으로 공부를 계속하여 선인들의 몽중시(夢中詩)에 관한 연구로 문학박사(단국대 한문학) 학위를 받았다.

또한 틈틈이 꿈에 관한 신문·잡지 연재 및 방송활동 뿐만 아니라, 지난 16년 동안 실증적인 사례에 바탕을 둔 꿈의 분석과 꿈의 언어인 상징성에 관한 꿈연구에 매진해, 꿈에 관한 저서를 8권 출간했다.

또한 인터넷 시대에 걸맞게, 실증사례에 바탕을 둔 국내 최대 최고의 꿈해몽 전문사이트인 '홍순래 박사 꿈해몽' (http://984.co.kr)을 통해, 온라인 상에서의 네티즌들이 올바른 꿈의 이해를 갖도록 하였으며, 실증적 꿈사례에 대한 다양한 자료를 수집하고 정리해, 그때그때 해설을 덧붙인 수많은 글을 연재하거나 축적해왔다.

10년이면 강산도 변한다는데, 어느덧 16년이 흘러갔다. 필자도 어느새 머리카락이 희끗희끗한 반백의 머리가 되어 있는 거울 속의 모습을 지켜본다. 필자는 나이가 들어갈수록, 이 세상에는 보이지 않는 운명의 길이 있음을 더더욱 느끼고 있다. 또한 그러한 운명의 길을 미리 어렴풋히 예지해 보여주는 것이 꿈의 세계라고 믿고 있다.

고(故) 한건덕 선생님의 '한 사나이가 탑을 새롭게 쌓아올리는 꿈'으로, 필자와의 운명적 만남이 예지되었듯이, 필자는 실증적인 사례에 토대를 둔 미래예지 꿈 연구의 유지를 이어받아, 선생님의 꿈연구 업적인 금자탑을 올바르게 세우고, 신비롭고 예지적인 꿈의 세계를 보다 쉽고 올바르게 널리 알리는 것이 필자의 운명의 길로 여기고 있다. 필자의 아호는 '꿈에 살고 꿈에 죽는다'의 '몽생몽사(夢生夢死)'에서 따온 '몽몽(夢夢)'인 바, 필자에 대한 그 어떠한 호칭보다도 정겹게 받아들이고 있다.

필자는 그동안 선인들의 각종 문집과 지역정보지 및 신문 연재와 필자 사이트의 꿈체험담 등을 통해 수집한 실증적인 꿈사례를 바탕으로 한, 필생의 역작인 국내 최대·최고의 [홍순래 꿈해몽 대사전](전체 20권 예정)의 출간을 오래전부터 기획해 왔다.

그 첫 시도로 로또(복권) 당첨이나 부동산 주식에서 행운을 불러온 꿈들을 분석하고, 해설을 덧붙인 『행운의 꿈』을 2009년에 출간한 바 있다.

또한 태몽에 관한 개괄적 해설을 비롯하여, 다양한 태몽표상 사례와 태몽상담 사례 등 태몽의 모든 것을 총망라한 『태몽』을 2012년 앞서 출간한 바 있다.(실제로는 2012년 4월 26일 동시에 출간됨)

이제 새롭게, 그동안의 실증사례와 상징 이해를 통한 꿈연구를 바탕으로, 꿈 입문서 성격의 『꿈이란 무엇인가?』를 독자 여러분에게 필자의 이름을 걸고 출간하고자 한다.

프로이트의 『꿈의 해석』과 필자의 『꿈이란 무엇인가?』 두 권의 도서 중에, 어느 책이 꿈에 대해서 보다 올바른 언급을 하고 있는가? 어느 책이 보다 꿈에 대한 올바른 이해를 주고 있는가? 도발적인 물음이지만, 이 책을 읽는 독자 여러분의 평가에 맡기고 싶다.

사람들의 인식에도 약간의 문제가 있다. 우리나라 사람들은 꿈을 연구한다고 하면, 무언가 신기(神氣)에 들린 사람처럼 이상하게 여기거나, 점쟁이 취급하는 편이다. 하지만, 필자는 신기 들린 것도 아니요. 점쟁이도 아니다. 다만 선인들이 시를 쓰지 않고서는 견딜 수 없는 것을 시마(詩魔)에 사로잡혔다고 하듯이, 꿈의 세계인 몽마(夢魔)에 사로잡힌 학문적인 연구를 하는 학자로 필자를 보아주기 바란다.

사람들이 꿈이라고 하면, 서양의 '프로이트'를 떠올릴 줄은 알아도, 평생을 예지적인 꿈연구에 몸바쳐 오신 고(故) '한건덕' 선생님의 존재 자체도 모르는 안타까운 현실이다.

외국의 누군가가 꿈에 대해서 뭐라고 하면, 무슨 대단한 말을 한 것처럼 떠받들고 신봉하는 현실에 씁쓰레함을 느낀다. 그러기 전에 한평생을 근육무력증이라는 몹쓸 병으로 고통받으면서도, 오직 예지적인 꿈에 대한 연구로 평생을 살아오신 고(故) 한건덕 선생님의 꿈에 대한 여러 저서에 관심을 기울여야 할 것이다.

필자는 프로이트 등의 꿈연구 자체를 부정하지는 않는다. 필자 또한 프로이트가 인간의 잠재의식의 세계인 꿈에 대하여 관심을 기울인 것을 높이 평가하지만, 그는 꿈의 세계에 대하여 주로 심리적인 측면에서 극히 한정되고 미약한 꿈의 세계를 언급하고 있을 뿐이다. 이 책은 심리적인 측면을 비롯하여, 신체 내 외부의 이상 일깨움, 창조적인 사유활동으로써의 꿈, 계시적 성격의 꿈, 예지적 꿈 등등 꿈의 모든 것에 대해 언급하고 있다.

하지만 꿈의 다양한 전개양상에서 살펴볼 수 있듯이, 꿈은 무지개처럼 다층적으로 전개되고 있는 바, 피라미드로 비유를 들자면 하단인 가장 밑바닥 층의 넓은 면적에 중심을 이루고 있는 것은 상징적으로 전개되는 예지적인 꿈의 세계이며, 우리는 여기에 관심을 지녀야 한다는 것을 필자는 역설(力說)하고 있다.

서양에서도 고대 후기 꿈해석의 위대한 권위자인 '아르테미도로스'는 이러한 예지몽에 지대한 관심을 지녀, 필생의 역작으로 『꿈의 열쇠(Onirocriticon)』를 남기고 있음에서 살펴볼 수 있듯이, 꿈의 예지적인 측면을 인정하고 있음을 알 수 있다. 마찬가지로 중국에서는 유문영이 『꿈의 철학』에서 중국의 수많은 예지적인 꿈사례를 통시적으로 고찰하고 있다. 또한 일본에서는 '꿈해몽' 이라는 말보다는 '夢占い' 라는 말을 쓰고 있는 바, '꿈으로 점치다' 라는 뜻으로 꿈의 예지적인 측면을 인정하고 있음을 알 수 있다. 이에 반하여 프로이트는 '심리표출의 꿈' 세계에 중점을 두고 있으며, 미래예지적인 꿈 세계에 대하여는 미약한 관심을 보여주고 있을 뿐이다.

우리는 태몽에 관심을 가지거나, 로또(복권) 당첨이나 각종 사건·사고에 관한 예지적 꿈이야기를 수없이 들어왔다. 그뿐만이 아니라 우리 민족은 꿈해몽 · 관상 · 풍수 · 사주 등 운세 분야에 지대한 관심을 보이고 있는 바, 이는 우리 민족이 직관의 세계나 영적인 정신세계에 뛰어난 능력을 지니고 있으며, 이러한 우수한 정신적인 능력이 발현되는 또다른 세계가 꿈의 세계인 것이다.

꿈에 대한 올바른 이해는 꿈의 언어인 상징에 대한 이해와, 실제로 꿈을 꾸고 일어난 실증적인 꿈사례의 체계적인 분석을 통해 이루어질 수 있다.

이 책은 요즈음 사람들과 선인들의 실증적인 꿈사례 연구에 매진해온, 그동안의 필자 꿈연구의 결정체라고 할 수 있다. 또한 필자가 새롭게 전체 20권으로 기획하고 있는 [홍순래 꿈해몽 대사전]의 전체 입문서요, 해설서 성격을 띠고 있다.

제Ⅰ장의 꿈에 관한 이해와 해설, 제Ⅱ장의 꿈해몽의 ABC, 제Ⅲ장의 꿈의 전개양상별 실증사례, 제Ⅳ장의 꿈의 상징표상에 대한 이해를 통해, 꿈의 실체에 한 발 더 다가설 수 있을 것이며, 더욱 꿈에 대한 올바른 이해를 할 수 있을 것이다. 특히 필자가 이 책에서 강조하고 있는 선인을 비롯한 요즈음 사람들의 다양한 실증사례에 관심을 지녀줄 것을 부탁드린다. 꿈체험담인 실증사례는 쉽게 이해되면서 흥미롭게 전개되고 있어, 문학적인 그 어떤 소설을 읽는 즐거움보다도 독자들의 지적호기심을 채워주고 만족시켜드릴 것으로 믿는다. 필자는 예지적 꿈의 세계를 다룬 이 책이 우리나라에만 그치지 않고, 일본이나 중국 나아가 전 세계적으로 번역되어, 꿈에 대한 잘못된 시각과 이론을 바로잡는 계기가 되기를 간절히 바라고 있다.

'물고기를 주지 말고, 물고기를 잡는 방법을 가르쳐라' 말이 있듯이, 필자는 여러분들께 보다 올바르게 물고기를 잡는 방법을 알려드리고 싶다. 다양하게 전개되는 모든 꿈에 대한 해몽을 적어 놓은 책은 없다. 그러나 이 책에 실려 있는 다양한 실증사례를 참고해서, 꿈의 언어인 상징을 이해하고, 자신의 처한 상황과 마음먹고 있는 바를 참고하여 꿈을 해몽한다면, 그 어떤 꿈도 해몽을 할 수 있게 되리라 믿는다. 따라서 '꿈은 꿈을 꾼 자신이 가장 잘 해몽할 수 있다'는 필자의 말이 가슴에 와닿을 것으로 믿는다. 아울러 신비한 꿈의 세계에 대해 수수께끼를 풀어나가는 그 이상의 즐거움과 지적인 희열감에 흡족해할 것이다.

　　제1장 꿈에 대한 이해와 해설, 제2장 꿈해몽의 ABC, 제3장 꿈의 전개 양상에 따른 실증적 사례, 제4장 꿈의 주요 상징에 대한 이해, 제5장 해몽의 신비성, 제6장 꿈에 대한 상식, 제7장 역사와 문학속의 꿈으로 되어 있는 바, 이 책을 통해 보다 꿈에 대한 올바른 이해와 신비로운 꿈의 세계로 한 걸음 나아가는 계기가 되기를 바란다.

2011.12.08.

몽생몽사(夢生夢死)

洪淳來

제 I 장
꿈에 관한 이해와 해설

1. 꿈이란 무엇인가?

1) 꿈이란 무엇인가? - 개괄적 해설

우리말의 꿈은 다의어로 여러 가지 뜻이 내포되어 있다. "네 꿈을 펼쳐라", "꿈에 본 내 고향", "잠들어 꿈속에서도—", "구렁이가 몸에 감긴 꿈", "모두가 꿈이로구나" 등에서 살펴볼 수 있는 것처럼 꿈이란 말속에는 다양한 뜻이 담겨있다. 마찬가지로 꿈의 실체는 하나이지만, 그만큼 꿈의 성격이 다양하게 표출되고 있기에, 보는 입장과 견해에 따라 꿈에 대한 정의도 다양하게 내려질 수 있다.

고(故) 한건덕 선생님은 "잠을 자는 동안에 필연적으로 나타나는 정신현상이 바로 꿈이다." "꿈이 수면중의 사고행위라는 것을 분명히 인식할 수 있으면, 꿈을 꾼다는 것은 '우리의 뇌가 수면 중에 사고를 한 것을 다시 기억해낸다' 라는 말로 고쳐 생각할 수 있다." "꿈은 이루는 것이고, 형성하는 것이며, 창조하는 일종의 사고 현상이다." "우리는 수면 중에 고도의 지적 작업과 창조 및 판단과 예지의 정신적 기능이 있음을 우선 인정하고 이론을 전개시켜 나가야 하는 것이다." 라고 1981년 9월에 출간된 『꿈과 잠재의식』의 25쪽에서 언급하고 있다.

그렇다. 꿈은 신성(神性)에 가까운 고도의 정신능력이 빚어내는 잠재의식의 활동으로, 내면의 잠재의식적인 심리표출뿐만 아니라, 자신이 생각하는 미해결의 관심사와 자신에게 다가오는 미래사에 대해 예지(豫知)하며, 나아가 창조적 사유활동을 가능하게 해주고 있다.

필자는 '꿈은 무지개' 로 비유하여 설명하고자 한다. 꿈은 다양한 색상의 무지개처럼 우리 인간에게 신비의 대상으로 비춰지면서, 형형색색으로 다층적이고 다원적으로 나타나고 있다. 무지개가 곧 사라지듯이, 대부분의 꿈의 세계는 쉽게 잊혀 진다. 쉽게 볼 수 없는 무지개와 같이, 꿈을 꾸고 싶어도 쉽게 꿀 수 없다. 무지개가 희망이요 밝음을 내포하고 있다면, 꿈은 자신의 잠재의식적인 소망이 표출되기도 한다. 무지개에 대한 인식이 과학적인 근거에 두고 있다기보다, 어렸을 때 보고 싶어 하던 환상적인 세계로 여기고 있는 것처럼, 누구나 꿈을 꾸지만 꿈은 무엇이라고 과학적 · 논리적으로 설명되어지기보다는 신비로운 세계로 남아 있다. 또한 무지개에 대한 신비로움처럼, 꿈은 동물이 말을 하거나 황당한 전개의 다양한 상징기법을 통해, 우리로 하여금 신비로운 꿈의 세계로 빠져들게 한다.

프로이트는 그의 『꿈의 해석』에서 '꿈은 소망의 표현' 이라고 말하고 있다. 하지만 이는 어떤 특별한 견해도 아니다. '꿈에 본 내 고향' 이란 말이 있듯이, 고향에 가고 싶은 잠재적인 욕망이 꿈으로 표출되는 것은 누구나 익히 알고 있는 바이다. 다만 프로이트는 잠재의식적인 억눌린 성적 욕망을 강조하고 있으며, 꿈의 분석을 통해 심리치료 등에 활용하고자 했다.

융은 꿈은 '집단적 잠재의식의 표출'이라고 말하고 있다. 그는 꿈이 신체적·정신적·사회적·윤리적 등 인생의 모든 측면과 관계를 맺고 있음을 발견하고, 꿈을 통해 나타나는 여러 현상 속에서 우리 인간 잠재의식의 원형을 찾아내어 체계를 세우고자 했다.

이밖에도 수많은 사람들이 꿈에 대한 여러 가지 주장을 제기해 왔다. 하지만, 꿈은 다층적이고 다원적인 특성을 지니고 있으며, 우리가 쉽게 이해할 수 없는 상징적 표현으로 표출되고 있기에, 난해함으로 인하여 때로는 꿈을 꾼 자신도 무엇을 나타내려고 하는지 쉽게 알아낼 수 없기에 신비함을 더해왔을 뿐이다.

꿈은 우리 마음 깊숙한 곳에 자리 잡고 있었던 소망이나 억압 등 현실에서 억눌린 자아의 욕구를 꿈을 통해 표출함으로써 대리만족을 얻게 하고, 자신의 의식세계가 미처 느끼지 못하고 있던 신체 내·외부의 이상이나 위험을 일깨워주며, 창의적인 사유활동을 가능하게 해주면서, 영적인 초자아의 힘으로 자신과 자신 주변에게 닥쳐올 일을 예견하고, 꿈을 통해 이미지화하여 우리를 보여주고 있는 것이다. 이처럼 꿈은 무지개처럼 다양한 특성을 지니고 전개되고 있으며, 우리 인간의 고도의 신성(神性)의 정신능력이 발현되는 정신과학의 세계인 것이다.

한편으로 꿈을 통해 자신의 잠재의식과의 교감이 꿈을 통해 이루어지고 있기에, 꿈은 자신의 초자아와의 만남의 세계로 나아가는 길이며, 잠재능력을 지닌 영혼의 목소리와의 대화인 것이다.

고대로부터 꿈은 신비의 영역으로 여겨져 왔기에, 이러한 꿈의 실체에 대해서 여러 면에서 연구가 시도되어 왔다. 즉, 뇌의 구조와 기능에 대한 뇌과학, 수면, 뇌파측정, 텔레파시, 초감각지각 등등의 연구 결과는 이전보다 한결 꿈의 실체에 다가서서 우리에게 많은 것을 시사해주고 있다.

특히 과학기술의 발달로 양전자 방출촬영술(PET), 기능적 핵자기공명촬영술(fMRI) 등 최첨단 뇌 영상기기를 이용하여, 꿈이 어디에서 생성되며 어떠한 기능을 하는지 알아내고자 뇌 영상지도라든지, 뇌 활동 기록장치를 활용하기에 이르렀다.

과학적인 연구 결과 수면의 단계중 렘수면[Rapid Eye Movement]이라 하여, 눈알이 빠르게 움직이는 특징을 보이고 있는 바, 대부분 렘수면 상태에서 꿈을 꾸고 있는 것이 입증되고 있다. 이때 꿈의 작업을 통하여 경험이나 기억에 대한 재구성의 작업도 이루어지는 것으로 보고 있다. 이러한 렘수면 상태를 방해하면, 극도의 정신불안 상태를 보이는 것도 증명된 바가 있다.

그렇다. 우리가 잠자고 있을 때도 우리의 뇌는 활발한 활동을 하고 있으며, 현실에서 발휘될 수 없었던 영적 능력이 꿈을 통해 극대화되고 있다. 그리하여 현실의 자아가 궁금해 하고 관심을 가지고 있던 일이나 대상에 대해서, 정신능력이 초능력적으로 발휘되어 일깨워주고 예지해줌으로써, 장차 다가올 일에 대한 마음의 준비를 하게 함으로써 도와주고 있는 것이다. 이러한 꿈은 허황되고 부질없는 것이 아닌, 우리 인간의 신성(神性)의 영적능력(영혼의 힘)에서 비롯되는 고도의 정신능력의 활동인 것이다.

우리는 이러한 꿈을 미신이 아닌, 인간의 정신능력을 다루는 정신과학의 측면에서 접근해야 할 것이다. 우리 인간에게는 시각 · 청각 · 촉각 · 후각 · 미각의 5감(五感) 외에, 마음으로 느끼는 6감(六感)이 있다. 아내는 남편이 바람피우는 것을 보지도 듣지도 못했으나, 평소와 달리 행동하는 남편의 행위로 미루어, 마음으로 알아차리는 6감이 발휘됨으로써, 남편의 바람피우는 것을 알아차리고 있는 것이다. (이때의 '육감'은 한

자로 '肉感'이 아닌, '六感'으로 쓴다.)

비유하자면, 육체적인 감각인 5감(五感)과 마음으로 느끼는 6감(六感)에서 나아가, 제 7감(七感)의 뇌로 느끼고 보는 고도의 정신능력이 발현되는 세계가 꿈의 세계인 것이다. 이러한 능력은 우리 인간만이 발휘할 수 있는 고차원의 정신능력으로, '나는 꿈을 안꾼다'는 사람은 이러한 자신의 정신능력의 활동이 활발치 못한 데에 원인이 있다. 이러한 꿈꾸는 능력은 천부적(天賦的)으로 물려받은 것으로써, 비유하자면 거미가 거미집을 짓는 능력을 천부적으로 발휘하듯이, 남녀노소나 학력의 고하를 뛰어넘어 펼쳐지고 있으며, 굳이 언급하자면 유전적인 요소에 일부 기인하고 있다.

이러한 꿈의 예지는 우연하게 일어나는 것이 아닌, 만물의 영장인 우리 인간의 고도의 정신능력이 발휘되고 있음을 보여주고 있는 것이다. 동물들이 지진이 날 것을 알고 미리 대피하거나, 연어가 자기가 태어난 곳으로 찾아와 알을 낳는 것 이상으로, 다가올 미래의 일을 꿈으로 예지해내는 신비한 영적 정신능력을 천부적으로 우리 인간은 지니고 있는 것이다.

따라서 꿈을 꾸지 않는다고 하거나, 꿈이 적은 사람들은 자신의 정신능력의 활동이 활발하게 일어나지 않음을 한탄하여야 할 것이다. 덧붙이자면, 꿈이 아닌 일상생활에서 고도의 정신능력이 발현되는 것이 직감(直感)과 직관(直觀)의 세계인 것으로, 이러한 직감이나 직관력 또한 사람들마다 천차만별로 개인차가 존재하고 있다. 대체적으로 게임이나 퍼즐을 잘 하거나, 바둑에서 수읽기가 뛰어나거나, 예술적 창의력이 뛰어난 사람들은 다른 사람보다 직감과 직관력이 뛰어나다고 볼 수 있다.

선인들도 꿈의 예지를 믿고 생활화했음을 알 수 있는 바, 고전소설에서도 주인공의 탄생이 신비한 태몽으로 시작한다든지, 위험에 빠졌을 때 계시적 성격의 꿈으로 일러주는 이야기가 자주 등장되고 있다. 또한 필자의 『꿈으로 본 역사(중앙북스, 2007)』에 나오는 여러 역사적인 꿈사례에서 잘 알 수 있듯이, 역사적인 사건이 일어나기 전에 예지적 꿈이야기가 있었음을 각종 기록에서 찾아볼 수 있다. 예를 들어, 유성룡은 '경복궁이 불타는 꿈'으로, 허균은 암울한 몽중시(夢中詩)를 지음으로써, 장차 몇 달 뒤에 일어날 임진왜란을 예지했음을 밝히고 있다.

한편 로또(복권) 당첨이라든지, 태몽, 사건·사고나 죽음, 사회적·국가적 변란 등등에서 꿈의 예지가 발현된 수많은 사례를 우리는 알고 있다. 좋은 꿈을 꾸고 나서 로또(복권)에 당첨되었다고 수천 명의 사람들이 한결같이 이야기 하고 있는 바, 이로써 보면 꿈의 예지는 우연이 아닌 필연인 것이다. 무엇보다도 로또(복권)에 당첨된 꿈의 표상전개에 있어서, 밝고 아름답고 풍요로움의 공통적 특징을 띠고 있으며, 그 표상의 상징성에 내포된 의미가 문학적 상징이나 관습적 언어 상징의 의미와 일치하는 등 꿈의 언어인 상징성은 보편적으로 적용됨을 보여주고 있다.

오늘날 서구의 꿈에 관한 연구는 프로이트의 '꿈은 소망의 표현'의 심리표출적인 면이나, 정신분석학적인 측면에서 인간의 잠재의식에 대한 이론에 치우쳐 있는 상황이다. 그러나 서구와는 달리 우리 민족에 있어서 꿈의 세계는 심리적인 측면보다는, 예지적인 측면을 중시하여 지대한 관심을 지녀왔으며, 실제로 태몽의 경우에서 볼 수 있듯이, 꿈은 민간신앙이 되다시피 절대적인 신봉의 대상이었다.

따라서 서구의 꿈 분석이론에 경도되어, 미래예지적인 꿈의 세계에 대하여 부정시하거나 미신시하는 태도는 올바르지 못하다. 로또(복권) 당첨이나 태몽 사례, 선인들의 꿈을 제재로 한 문학작품의 분석, 역사적 꿈사례 등 다양한 실증적 사례를 바탕으로 한 꿈의 상징성에 대한 분석을 통해서 올바르게 접근할 수 있을 것이다. 이 경우 폭을 넓혀 간다면, 일본이나 중국 나아가 외국의 실증적 꿈사례에서도 도움을 얻을 수 있을 것이다.

우리가 잠을 자고 있는 동안에도 우리 뇌의 정신능력의 활동은 깨어 있어서, 현실의 자아가 관심을 지녔던 미해결의 문제에 대해서, 초능력적인 정신능력이 발현되어 펼쳐내는 세계가 바로 꿈인 것이다. 이런 점에서 꿈은 우리 내면의 자아와의 대화이자, 우리의 제2의 정신활동으로, 자신의 내면세계를 보여주거나 자신에게 장차 일어날 일을 꿈을 통해서 예지해주고 일깨워주고 있다.

우리는 꿈을 허황된 것이라고 여긴다거나, 꿈을 맹신적으로 믿는 자세도 경계해야 할 것이다. 우리가 꿈을 꾸게 되는 데는 반드시 그 이유가 있다. 즉, 자신의 소망이나 불안감 등의 내면의 심리표출이라든지, 일깨움을 주거나, 현실에서 이루어낼 수 없었던 발명이나 창의적인 사유 활동이 극대화되고 있으며, 장차 자신에게 다가올 운명의 길에 대해서 꿈을 통해서 미래를 예지해주고 있는 것이다.

이러한 자신의 꿈을 스스로 분석해보고 해몽을 하는 작업을 해보기 바란다. 전문적으로 하고 싶은 사람은 꿈의 일지를 기록하여, 그 후에 실현된 일과 과연 어떻게 일치되어 나타나는 지, 스스로 확인해 보시기 바란다. 아마도 퀴즈 문제를 풀어 보는 것보다 한층 신비함의 세계에 빠져들것이며, 우리의 인생길을 한결 흥미 있는 삶으로 살아갈 수가 있을 것이다.

우리는 꿈을 이용해 정신 분석학 치료에 이용한 많은 사례를 알고 있다. 이렇게 자신의 꿈을 스스로 해몽하여 꿈의 작업장을 여는 작업은 자신의 정신능력을 계발하고, 우리 자신도 느끼지 못했던 내면세계를 되돌아보게 해주고, 다가올 미래에의 운명에 슬기롭게 대처해 나갈 수 있도록 해주고 있다. 우리 모두 꿈에 대해 관심을 지녀보자. 자신도 놀라울 만큼 신비한 체험을 맛볼 수 있게 될 것이다.

실로 꿈은 신이 인간에게 내려준 최대의 선물인 것이다.

2) 꿈이란 무엇인가? - 다양한 단편적 정의

꿈은 '억눌린 소망의 표현이다.' 의 심리표출의 꿈과 '꿈은 현재의 관심사나 미래에 대한 예지를 보여준다.' 의 미래 예지적인 꿈은 어찌보면 두 관계는 떨어진 것이 아닌, 하나의 것이라고 할 수 있다. 즉, 자신이 잠재의식적으로 간절하게 바라는 것이 미래예지 꿈으로 나타나는 것이라 할 수 있다.

장차 태어날 아기에 대한 궁금증에서 태어날 아이의 개략적인 성별이라든가 일생의 운명의 추세선을 태몽꿈으로 예지해주기도하며, 자신이 인연 맺고자 하는 이성에 대한 궁금증에서 호랑이가 품에 뛰어드는 등의 상징적인 미래예지적인 꿈으로 보여준다고 할 수 있겠다.

본 장에서는 '꿈은 무엇인가? 에 대해서 난해한 설명보다 간단간단한 말로써 살펴보았다. 『꿈의 해석(프로이트)』, 『정신분석입문(프로이트)』, 『술몽쇄언(월창거사)』, 『꿈의 철학(유문영)』 등을 비롯하여, 기타 외국도서나 여러 문헌에 보이고 있는 꿈이 지니고 있는 특성에 필자의 의견을 덧붙여 살펴봄으로써 꿈에 대한 이해를 돕고자 했다. 다소 비슷한 표현이 있더라도, 이해를 돕기 위한 것이니 양해 바란다.

(1) 꿈은 무지개

* 꿈은 마음의 그림자이다.
* 문학작품은 작가의 꿈의 표현이다.
* 꿈속에서의 일은 바로 세상의 일이다.
* 꿈에 관한 정의는 장님이 코끼리를 만져보고 말하는 것과 같다.
* 꿈의 시작은 인간 삶의 시작과 동시다. [G.바슐라르]
* 꿈은 개인의 신화이며, 신화는 민족의 꿈이다.
* 어리석은 자는 꿈이 적다. (정신능력의 활동이 미약하기에)
* 지인(至人: 도덕이 지극히 높은 사람)은 꿈이 없다. (이 경우, 잡념적인 심리 표출의 꿈에 시달리지 않는다. 또한 굳이 예지적인 꿈을 꾸지 않아도 앞날을 예지하는 직관력이 뛰어날 수가 있다.)
* 지인(至人)은 꿈이 없다. 물이 지극히 고요하면 물결이 없는 것과 같다. 어리석은 사람도 꿈이 없다. 물이 지극히 혼탁하면 그림자가 없는 것과 같다.
* 도를 체득한 진인은 깨어 있을 때에는 망아의 경지에 있고, 잠을 잘 때는 꿈을 꾸는 일이 없다. 『열자』 주목왕편.
* 소경은 꿈이 없으니 꿈을 아는 것은 습관이다. 『유양잡조(酉陽雜俎)』
* 꿈은 하나님의 잊혀진 언어이다. (꿈의 난해한 상징성을 뜻하는 말이기도 하며, 하나님의 계시가 꿈을 통해 나타나기도 한다.)
* 꿈은 무지개처럼, 꿈의 세계는 다층적이고 다원적으로 펼쳐지고 있다. (홍순래)
* 꿈은 색 · 성 · 향 · 미 · 촉의 5감(五感)과 마음으로 느끼는 6감(六感)의 세계에서 나아가, 우리의 정신능력이 발현되는 7감(七感)의 세계로, 꿈은 신이 우리 인간에게 내린 최대의 선물이다. (홍순래)

(2) 꿈의 사전적 의미

* 꿈은 자는 동안의 의식 활동이며 상상작용이다.

* 꿈은 자는 동안에 현실처럼 보고 듣고 느끼는 일이다.

* 꿈은 잠을 자는 동안 실제 그렇다고 보고 느끼는 정신활동이다.

* 꿈은 잠자는 동안에 생시와 마찬가지로 경험하는 여러 가지 현상
  이다.

* 꿈이란 잠자는 중에 생시와 마찬가지로 여러 가지 사물을 보는 일,
  현실적이 아닌 착각이나 환각의 상태를 말한다.

(3) 꿈은 내면의 심리표출

* 꿈은 불안한 자신의 내면의 표출이다.

* 꿈에는 자신의 속마음이 반영되어 있다.

* 꿈은 억눌린 자신의 욕구나 감정을 표현한다.

* 꿈이란 자신이 늘 생각해 오고 실현하고자 했던 바람을 뜻한다.

* 꿈속에는 우리가 보거나 말하거나 바라거나 행한 것이 나타난다.

* 마음에 있는 것은 취중(醉中)에 드러나고, 정(情)이 있는 것은 꿈속에
  보인다.

* 꿈에 나타나는 것은 대개의 경우 사람이 이미 깨어 있는 때에 생각
  하고 있던 일이 포함되어 있다.

* 꿈은 우리 마음 깊숙한 곳에 자리 잡고 있었던 희망이나 억압 등 현
  재의 마음상태를 표현한다.

* 꿈속에서는 속으로 애태우고 고민하고 은근히 바라고 있었던 것들
  이 자연스럽게 나타난다.

* 꿈속에서는 자기가 집착하고 있는 일이나, 자기 마음을 종종 괴롭힌

일이나, 자기 마음을 만족시켜 주지 않는 것을 꿈꾼다.

* 꿈은 우리 내부의 은밀한 욕망이나 잡다한 기억들을 표출하지만, 사람들은 그것이 내면의 소리임을 느끼지 못한다.

* 꿈은 잠재의식 속에서 억눌린 우리의 소망들이 꿈을 통해서 나타내면서 자기 만족감을 느끼며 해소되는 것이다.

* 일상의 꿈은 자기 자신만이 그 꿈의 참된 의미를 알아낼 수 있다.

* 다른 사람의 꿈을 알면, 그 사람이 무슨 생각을 하고 있는지를 알 수가 있다.

* 꿈은 억압된 생각의 표현이며, 잠재의식의 세계로 들어가는 왕도(王道)이다.

* 꿈은 또 다른 자기인 내면의 자아의식의 표현이며, 자기 자신을 비추어주는 거울인 것이다. 단지 그 거울이 누구나 볼 수 있는 깨끗한 거울이 아닌, 각자의 살아온 경험과 처한 환경에 따라, 다른 색깔과 다른 모양으로 굴절되어 비추어지는 무지개 색깔의 오색 거울인 것이다. (홍순래)

(4) 꿈은 또 다른 자아

* 꿈은 양심의 소리이다.

* 꿈은 자아세계의 표현이다.

* 꿈은 자신만의 세계를 형성하는 것이다.

* 꿈은 우리들의 있는 그대로의 모습을 나타낸다.

* 꿈에서 펼쳐지는 여러 가지 일들은 바로 자신의 이야기이다.

* 꿈은 의미 없이 꾸어지지 않는다. 단지 알아내지 못할 뿐이다.

* 꿈은 자연스러운 심적 현상의 발로이며, 나름대로의 체계를 지니고

있다.

* 꿈은 현실에서 사회적 제약이나 능력의 한계 등으로 억눌려 있던 자
  아의 표출이다.

* 꿈은 우리를 일상생활에서 해방시키기보다 바로 일상생활 속으로
  되돌아가게 하는 것이다.

* 그 사람이 어떤지를 알려면 낮에는 그의 처를 보고, 밤에는 그의 꿈
  을 보고 알 수가 있다.

* 꿈은 우리 내면의 자아와의 대화이자, 우리의 제 2의 정신활동이
  다.(홍순래)

(5) 꿈은 잠재의식의 정신 활동

* 꿈은 인간 본연의 소리이다.

* 꿈은 잠재의식 세계의 표출이다.

* 꿈은 잠재의식 세계로 통하는 왕도이다.

* 꿈은 소망이나 관심에 대한 미래투시이다.

* 꿈은 감추어진 마음의 내부를 우리들에게 말해주는 하나의 수단
  이다.

* 꿈은 무한한 가능성을 지니고 있는 초자아인 잠재의식의 정신활동이
  다.(홍순래)

* 꿈은 예측과 상황의 판단이 정신세계에 상징적으로 그려지는 활동
  이다.

* 꿈은 자신의 의식이 깨닫지 못하는 체내 변화의 이상을 알 수 있게
  해준다.

* 꿈은 우리들의 마음속에 감추어져 있던 세계에 우리들의 주의를 돌

리게 한다.

* 꿈은 잠재의식의 깊은 통찰이다.

* 꿈은 자신의 잠재의식의 표현이다.

* 꿈은 잠재의식이 의식세계로 보내는 메시지이다.

* 꿈은 잠재의식인 초자아의 내면의 심리표출이다.

* 꿈은 인간의 잠재의식의 세계를 비춰주는 거울이다.

* 꿈은 무한한 가능성을 지닌 잠재의식의 사고활동이다.

* 꿈은 억눌린 잠재의식의 리비도를 정신세계로 내보내는 것이다.

* 꿈의 세계는 무한한 잠재가능성을 지닌 생각의 보고(寶庫)다.

* 꿈을 꾼다는 것은 잠재능력을 지닌 영혼의 목소리와의 대화이다. (홍 순래)

* 꿈을 꾸는 것은 또 다른 초자아인 잠재의식인 무의식과 대화를 나누 고 있는 것이다.

* 꿈은 의식세계의 냉철한 이성적 판단에 의해 자기 자신을 관찰하 는 것보다 더 정확하고 충실하게 자신의 내면세계를 비쳐 주는 거울 이다.

* 꿈은 억눌린 잠재의식의 표현으로 잠재의식의 초자아는 현재나 미 래의 관심사에 대해서 신비스러울 만큼 예지의 능력을 보여주고 있다.

* 꿈은 초자연적 계시가 아니라 인간의 오랜 생활 경험에서 형성된 다. 아무리 오래 전에 경험했던 일이라도 우리의 잠재의식 속에는 그것이 저장되어 있어 꿈으로 표출된다.

* 잠재의식은 인간의 모든 정신활동의 근본을 이루며 통제한다. 하나 하나의 주변상황과 전체적인 분위기를 감지해서 현재의 상황을 파

악하고 예측해 꿈으로 표현한다.

* 꿈은 예행연습이다. 장차 일어날 일에 대해서 꿈속에서 미리 알려주고 경험하게 함으로써 어떠한 일에 대하여 당황하지 않고 마음의 준비를 하게 하여준다. (홍순래)

* 꿈을 꾸는 시간은 관심밖에 있던 나 자신의 일부가 말하기를 허락받은 시간이다. 그러니 당연히 꿈의 목소리에 귀를 기울여야 한다. (데이드레 바레트)

* 꿈은 영상이라는 영화의 수단을 사용하여, 자아에 관한 연극을 자신에게 선보이고 있다. (스테이츠)

(6) 꿈은 신의 고지(告知)나 계시

* 꿈은 신(神) · 조상의 신령스러운 고지나 계시이다.
* 꿈은 초자연적인 계시에서 유래되는 것이다.
* 꿈은 인간 행위를 인도하기 위한 신의 계시이다.
* 꿈은 신의 고지 · 계시라고 이전의 고대인은 생각했다.

(7) 꿈은 영적인 대상과의 가교

* 꿈은 자신의 영혼과의 대화이다.
* 꿈은 인간이 자고 있는 동안의 영혼의 활동이다.
* 꿈은 시공을 초월한 영혼의 활동이요, 여행이다.
* 꿈은 인간의 영혼과 그 영혼의 깊이를 알게 해준다.
* 꿈은 우리의 영혼과 외부의 영적인 대상을 맺어주는 가교이다.
* 꿈은 사람이 자고 있는 동안의 신성(神性)에 가까운 것으로 여겨지고 있는 영혼의 활동이다.

* 꿈에 계시되는 일들은 의식세계의 자신에게 외계의 영적인 대상이
 보내는 메시지이다.
* 꿈에서 보여지는 일들은 의식세계의 자신에게 초자아인 잠재의식
 이 보내는 영적인 신호요, 대화이다.
* 꿈에서 깨어난 사람은 꿈은 비록 그것이 다른 세계에서 오는 것이
 아니라 할지라도, 역시 잠든 사람을 다른 세계로 데려가고 있었다고
 생각한다.

(8) 꿈을 꾸게 되는 원천

* 꿈은 잠들어 있는 동안의 심적 활동이다.
* 꿈은 깨어있을 때와는 다른 심적 특수성을 지닌다.
* 꿈이란 마음에 가해진 자극에 대해 잠들어 있는 동안 마음이 반응하
 는 현상이다.
* 일반적으로 말해, 정상적인 꿈은 아주 최근의 인상만을 재료로
 한다.
* 꿈 내용을 구성하는 재료는 모두 어떤 방법으로든 우리들의 체험에
 서 나온 것이다.
* 꿈의 내용은 많고 적고 간에 언제나 개성 · 연령 · 성별 · 신분 · 교
 양의 정도, 평소의 생활 방법, 또는 그때까지의 생활 중에서 일어난
 사건이나 경험에 따라 규정된다.
* 꿈은 일상생활의 연속이요, 깨어있는 생활의 지속이다. 언제나 꾼
 꿈은 방금 전의 의식 속의 표명이다. 꿈은 언제나 생활의 체험과 연
 결된 실마리를 찾아가고 있다.
* 꿈은 때때로 우리들에게 아주 인연이 멀어진, 잊혀지기조차 한 먼

옛 일들을 그대로 마음속에 이상한 재현 능력을 발휘하여 불러일으
킨다는 사실은 이미 명확하게 인정되어 왔다.

* 꿈은 깨어 있을 때에는 생각도 못할 그런 기억을 자유로이 구사
한다.

* 꿈은 깨어 있을 때처럼 단순히 뜻깊은 기억에만 가치를 두지 않고,
오히려 그와 반대로 정말 아무래도 좋은, 아주 사소한 기억도 존중
한다는 점이다.

* 생각건대 깨어 있는 사람에게는 자기가 가지고 있다고는 생각되지
않는 지식이나 기억을 꿈에서는 생생하게 재생해 낸다.

* 유아시대 초기의 망각하고 있던 사실에 대해 꿈속에서는 자유롭게
나타난다.

* 꿈은 깨어 있을 때의 사고 활동에서는 부분적으로는 생각도 나지 않
고 쓰이지도 않는 재료를 꿈이 끄집어내는 원천의 하나는 유아 시절
의 생활이다.

* 꿈은 우리를 낮의 생활로부터 해방시키려고 한다. 우리들의 마음이
어떤 일로 꽉 차 있더라도, 또 심각한 고통으로 마음이 산산이 찢어
져 있을 때라도, 혹은 어떤 과제가 우리들의 온 정신력을 심각하게
긴장시킬 때라도, 꿈은 우리들에게 아주 낯선 어떤 것을 주거나, 아
니면 현실에서 단지 개개의 요소만을 뽑아서 꿈의 결합에 이용하거
나, 혹은 다만 우리들의 기분 상태만을 취하여 현실을 상징화한다.

* 꿈은 얕은 잠에서 이루어지는데, 이는 무의식 세계에서 현실로 옮겨
올 때로 기억을 하게 해준다.

* 꿈은 주로 시각적 여러 형상에 의해 이루어지며, 청각 형상을 사용
하는 수도 있고, 또 드물기는 하지만 다른 감각 형상을 사용하는 수

도 있다.

* 아무리 횡포한 왕일지라도 꿈에 대해 포고(布告)를 내릴 수 없고, 법률로도 추방할 수 없다. 꿈은 누구에게나 공평하게 주어지며 방해받지 않는다.

(9) 꿈과 뇌

* 꿈은 뇌의 정보 처리 과정이다. ─モギケンイチロウ, 茂木健一郎
* 우리는 꿈을 진짜처럼 경험한다. 왜냐하면 꿈은 진짜이기 때문이다. 뇌는 감각기관의 도움 없이도 우리가 각성상태에서 경험하는 세상을 창조하는 감각정보들을 꿈속에서 모두 되살려낸다. 그것은 실로 기적이다.(윌리암 디멘트)
* 고요한 밤에 침범하는 꿈은 스쳐 지나가는 거짓 형상으로 마음을 현혹한다. 주피터는 결코 하늘에서 내려오지 않으며, 지옥의 궁전에서 솟아오르지도 않는다. 모든 것은 단지 뇌의 작품일 뿐, 바보들만 헛되이 의미를 찾는다.(조너선 스위프트)
* 뇌 내부에 내적지도가 존재하고 있는 바, 신체의 내적 지도 작성에 결정적인 역할을 하는 것이 꿈이다.(앨런 홉슨)
* 꿈은 의식이라는 퍼즐의 흥미로운 조각이고, 꿈꾸기는 뇌의 고도의 진화된 작용이다.(크리스토프 코흐)
* 꿈은 필요할 때 뇌가 완전한 각성모드로 돌아갈 수 있게끔 신경망을 조율된 상태로 유지하는 것이다.(톰 볼킨)
* 꿈의 세계는 인간의 6감(六感)에서 나아가, 우리 인간의 신성(神性)의 영적능력이 발현되는 7감(七感)의 세계이며, 뇌의 활동으로 빚어지고 있다.(홍순래)

* 꿈은 정서적 충격을 완화시키고 우울한 기분을 고양시켜 준다. 현실의 문제에 대처하는 데 필요한 용기를 불어넣어준다. 난관을 해결할 기막힌 아이디어도 귀띔해 주고 예술적 영감도 선사한다. 더 나아가 삶과 세상을 다른 시각에서 통찰할 수 있는 능력도 심어준다. 이 모든 일은 우리의 뇌의 활동에서 비롯되고 있다. (윤상운)

(10) 꿈의 심리학적 특성

* 꿈은 다양하게 나타난다.
* 꿈속의 세계는 명료하지 못하다.
* 꿈속에서는 현실의 자신이 아닌, 연극 속의 주인공이다.
* 꿈은 심적 생활의 보다 높은 단계로 비상하는 것이다. (피히테)
* 꿈의 작업이란 본질적으로 사상이나 관념을 환각적 체험으로 바꾸는 것이다. (프로이트)
* 꿈속에서는 많은 것이 평소 깨어 있을 때와 똑같이 단순하게 생각되거나 표상되기도 한다.
* 꿈은 외적 자연의 압력으로부터 정신을 해방하는 것이고, 감성의 질곡으로부터 마음을 해방하는 것이다. (슈베르트)
* 꿈이란 잠을 방해하는 심적인 자극(소망)을 환각적인 충족을 통해 제거하는 것이다.
* 꿈속에서는 시공을 초월하며 논리나 인과관계를 뛰어 넘는다.
* 꿈속에서는 최면에 걸린 듯 황당무계함도 사실처럼 믿고 있다.
* 꿈에는 모든 객관적, 합리적 연관성이 결여되어 있다. (헤겔)
* 절대로 합리적이기 때문에 어떤 불통일, 어떤 시대착오, 어떤 부조리도 포함되지 않는 꿈이란 없다. (모리)

* 꿈이란 심적, 감정적, 정신적 무정부 상태이다. 그것은 모두를 스스로에게 맡긴, 통일도 목적도 없이 활동하는 여러 기능의 작용이다.(뒤가)
* 꿈에 나타나는 것만큼 불합리하고 근거 없고 기괴하기 짝이 없는 것은 생각할 수 없다(키케로)
* 꿈은 지리멸렬하고 모순투성이여서 있을 수 없는 일도 허용하고, 의식세계에서는 생각도 할 수 없는 일이 일어나 우리들을 윤리적으로나 도덕적으로 둔감하게 만들어 버린다.
* 열 가지 꿈 중에서 적어도 아홉 가지는 황당무계한 내용이다. 우리들은 꿈속에서 아무런 관계도 없는 사람이나 사물을 결합시키는가 하면, 벌써 다음 순간에는 마치 만화경처럼 그 결합이 바뀌어져 버리고 전보다 더 무의미하고 어처구니없는 것이 된다.(빈츠)
* 꿈은 모두가 무익한 것이며, 그 대부분은 분명 병적인 신체적 과정이다.(빈츠)
* 꿈은 음악에 대해 아무것도 모르는 사람이 피아노 건반을 두드릴 때 나오는 소리와 같다.
* 꿈은 정상인의 조화를 이룬 운동이 아닌, 신경장애로 다리·팔·얼굴 등이 움직여 서투른 동작을 나타내는 무도병(舞蹈病)에 걸린 사람의 경련같은 것이다.(모리)
* 꿈꾸는 사람의 생각이 주최하는 지극히 은밀한 개인 전시회가 바로 꿈이다.(캘빈 홀)
* 꿈은 일종의 내부 치료사 역할을 하여, 낮의 정서적 경험을 통합하게 도와준다.(토르 닐센)
* 기억은 실제로 수면중에 통합되고 재구성되는 바, 우리는 사실 잊기

위해서 꿈을 꾼다.(프렌시스 크릭과 그레엄 미치슨)

(11) 꿈속에서의 윤리적 감정

꿈속에서의 어떠한 생각이나 행위 자체에 윤리적이나 도덕적인 감정을 가질 필요는 없다. 이 모든 것은 영적인 정신능력의 활동에서 빚어내는 꿈의 상징기법인 것이다. 꿈은 꿈의 언어인 상징으로 이해해야 한다.

① 꿈속에서도 인간의 윤리적 본성은 무시된다.

* 사람은 꿈속에서는 보다 훌륭하고 보다 도덕적인 사람이 되지 않는다. 오히려 꿈에서는 동정 따위를 일체 느끼지 않고 극악한 범죄 · 절도 · 살인, 때려죽이는 일 등을 아주 예사롭게, 나중에 뉘우치는 일도 없이 행할 수 있으므로 양심은 침묵하고 있는 것처럼 보인다.(예센)

* 꿈속에서는 연상이 진행되고 여러 표상이 서로 결합하므로 바로 그때 반성도, 분별도, 미적 기호도, 도덕적 판단도 무력하다는 것을 생각해야 할 것이다. 판단력은 몹시 약해서, 꿈 세계에는 윤리적 무관심이 지배한다.(라데스토크)

* 누구나 알다시피 꿈속에서는 특히 성적인 일이 방종하게 행하여진다. 꿈꾸는 사람은 수치를 모르기 때문에 도덕감도 도덕적 판단력도 아주 잃어버리는데, 모든 사람들이 평소에 가장 존경하는 사람까지 '깨어 있을 때 같으면 그 사람이 그럴 수가 있을까' 하고 생각만 해도 창피한 행위를 하고 있는 것을 본다.(폴켈트)

* 우리들은 꿈에 대해 책임을 질 필요는 없다. 우리들의 생활이 진실성과 현실성을 가질 수 있는 그런 토대가 꿈에서는 우리들의 사고나

의욕으로부터 제거되어 있기 때문이다. 그렇기 때문에 어떤 꿈의 의욕, 어떤 꿈의 행위도 도덕적이거나 죄악이 될 수 없다. (하프너)

② 꿈속에서도 인간의 윤리적 본성은 역시 그대로 존속한다.
* 꿈속에서는 누구나 완전히 자기 성격에 따라 행동하고 말한다. ─쇼펜하우어
* 주관적 감정이나 지향, 혹은 격정이나 정열은 꿈 생활의 자의 속에서 뚜렷이 모습을 나타내므로 인간의 도덕적인 여러 특성은 그 사람의 꿈속에 반영된다. (R.피셔)
* 희귀한 예외를 제외한다면 도덕적인 사람은 꿈속에서도 도덕심이 견고하다. 그는 어떠한 유혹에도 저항하고, 증오 · 선망 · 분노와 그밖의 모든 악덕에 대해 마음을 닫는다. 그러나 죄가 많은 사람은 꿈속에서도 대체로 깨어 있을 때에 자기가 품었던 대로의 형상을 발견할 것이다. (하프너)
* 꿈속에는 진실이 있다. 아무리 고귀하게, 혹은 야비하게 가장하더라도 우리들이 거기서 다시 인식하는 것은 우리들 자신의 모습이다. (소르츠)
* 일상 생활이 청순하면 꿈도 청순하고, 일상생활이 불순하면 꿈도 불순하다. (힐데브란트)

(12) 꿈의 미래예지
* 꿈은 꿈꾸는 자신의 일생의 청사진이다.
* 꿈속에서는 과거보다는 미래의 일을 더 많이 볼 수 있다.
* 꿈을 통해 잠재의식은 현실을 초월한 미래를 상징적으로 표현한다.

* 꿈은 사실적이거나 상징적인 꿈으로 장차 일어날 일을 예지해준다.
* 꿈을 통해 우리의 잠재의식은 일어날 일에 대해서 놀라울 정도의 예지력을 보여주고 있다.
* 꿈은 우리 인간에게 잠재되어 있는 무한한 예지적인 능력을 보여주고 있는 것이다.
* 꿈이란 반수상태에서 행위되는 어떤 미해결의 관심사와 미래사를 판단하고 예지하는 잠재의식의 활동이다.(한건덕, 『꿈의 예시와 판단』)
* 우리의 잠재의식은 꿈을 통해 우리에게 닥쳐올 미래의 재난에 대해서 예견하고 있다. 스스로의 신중함 속에 일어날 수 있는 가능성을 준비할 수 있도록 하자.
* 미래예지의 꿈에 대해서 근대 심리 생리학자들은 꿈의 우연과 현실의 일치로 보는 경우가 있으나, 이는 잠재의식의 활동인 꿈의 예지적 성격에 대해서 너무나도 모르고 있는 것이다.
* 꿈의 전개 양상에는 여러가지가 있지만, 천부적으로 부여받은 인간의 영적인 능력으로 장차 일어날 일을 상징적인 기법으로 예지해 주고 있다. (홍순래)

이상으로 꿈에 관하여 여러 가지 면에서 살펴보았다. 꿈에 대하여 과학자, 심리학자, 문학가 등 자신의 견해에 따라 새로운 각도에서 설명되고 있음을 알 수 있겠다. 하지만, 이러한 꿈의 여러 가지 견해 중에서, 장차 일어날 일을 상징적인 표상으로 예지해주는 상징적인 미래예지 꿈이야말로, 꿈의 피라미드의 하층부에 자리잡고 있음을 알아야 하겠다.

2. 꿈을 왜 꾸게 되는가?

우리 누구나 꿈을 꾸고 살아가고 있다. 우리는 꿈을 허황되다고 여기기도 하고, 때로는 꿈의 영험한 일을 경험하여 신비스러움에 놀라고는 한다. 필자는 꿈을 연구해오면서, 다양한 상징기법으로 펼쳐지는 신비로운 미래예지적인 꿈에 새삼 감탄하고는 했다.

이러한 꿈은 왜 꾸게 되는 것일까? 이 질문은 수세기 동안 전 세계적으로 던져졌던 질문일 것이다. 우리 주변에서는 사람마다 다양한 꿈이야기를 자주 들을 수 있고, 실제로 꿈을 자주 꾸는 등 꿈은 일상생활에서 낯설지 않은 말이다. 그럼에도 불구하고 아직까지 우리는 왜 꿈을 꾸게 되는지, 꿈이 발현되는 이유에 대해서 정확한 해명을 내리지 못하고 있다.

꿈을 자주 꾼다는 사람도 있고, 또 전혀 꾸지 않는다는 사람도 있다. 이러한 꿈을 꾸는 이유를 단지 생리적 현상으로 보기에는 꿈이 지니는 성격이 너무 다양하게 전개되고 있음을 우리는 알고 있다. 특히 난해한 상징성을 띠고 전개되는 미래예지적인 꿈에 대하여, 결코 우연이라거나 허황한 것이라고 할 수 없는 것은 많은 사람들이 공통적인 경험을 하고 느낀 일반적인 일이기 때문이다.

앞서 '꿈이란 무엇인가?'에서 살펴보았지만, 꿈의 추상적이고 불확실한 특성으로 인하여 꿈의 세계가 다양하게 펼쳐지고 있기에, '꿈을 왜 꾸게 되는가' 등의 꿈의 발현에 대해서는 여러 견해가 있을 수 있다. 우리말의 '꿈'이란 말이 다의적으로 쓰이고 있는 데서 알 수 있듯이, 어떠한 관점이나 입장에서 꿈을 보는가에 따라, 그 정의 역시 달라질 수밖에 없기에, 꿈의 발현에 대한 언급도 꿈의 어떠한 속성을 설명하고 있는가에 따라 각기 다른 언급을 보이고 있다.

서양에서 그리스·로마 시대 등 고대인들에게 있어서, 꿈은 영적인 존재자들의 세계와 관계있는 것으로써, 신들이나 귀신들의 고지(告知)·계시라고만 알고 있었다. 하지만 아르테미도로스의『꿈의 열쇠(Onirocriticon)』에서도 알 수 있듯이, 꿈의 미래 예지적 기능에 대해서도 관심을 지니고 있었음을 알 수 있다. 아르테미도로스의 해몽서는 꿈의 소재가 모두 상징적이며, 그 상징은 보편적인 의미를 가지고 있다.

한편 동양에서도 꿈의 계시적 성격을 중시해왔으며,『시경(詩經)』, 진사원(陳士元)의『몽점일지(夢占逸旨)』, 유문영의『꿈의 철학』등에서 언급되고 있는 꿈의 내용을 통해볼 때, 꿈에 대하여 신비로운 예지적인 성격을 강조해 왔음을 알 수 있다.

또한 우리나라에서도『삼국사기』·『삼국유사』를 비롯하여 여러 역사서나 개인 문집 속에, 예지적인 꿈이야기와 꿈속에서 몽중시를 지었다는 창조적인 사유활동으로서의 꿈이야기들이 기록되어 있다.

근대에 들어와서 정신분석의 창시자인 지그문트 프로이트(Sigmund Freud) 등에 의해, 자신의 잠재적 소망이나 잠재의식 속에서 자신이 생각해 온 것들이 꿈으로 형상화된다고 하는 심층심리의 표현으로서의 꿈에 관한 본격적인 연구가 시작되었다.

프로이트는 꿈을 꾸게 되는 원천으로 『꿈의 해석』에서, 다음의 네 가지를 들고 있으며, 이들 중 순수한 정신적 자극을 꿈의 원천으로 보고 있다.

① 〈외적〔객관적〕감각자극〉→ 머리에 성냥불을 가져다 대면, 화형을 당하는 꿈을 꿀 수 있다.
② 〈내적〔주관적〕감각자극〉→ 빛이 다양한 강도로 빛날 경우 주관적인 망막자극에 의해서 여러 가지 꿈의 상들을 꿈꾸게 된다.
③ 〈내적〔기관적〕신체자극〉→ 폐질환자는 질식이나 갑갑함을 느끼는 꿈을 자주 꾼다.
④ 〈순수한 정신적(심리적) 자극〉→ 낮 동안 깨어 있을 때 우리들이 소유하는 개념은 꿈에 대해서 순수한 정신적(심리적) 자극이 된다.

프로이트는 현실 생활 속에서 좌절되고 억압된 욕망들은 무의식이라는 곳에 저장되었다가, 우리가 잠을 자는 동안 의식의 틈새가 느슨해진 틈을 타서 꿈이라는 생리적 현상으로 표출된다고 말하고 있다. 이 경우, 인간의 잠재의식이 꿈으로 발현될 때는 억압 · 압축 · 검열을 거쳐 나타난다고 말하고 있다.

프로이트가 인간 잠재의식의 영역을 발견하고, 심리학이나 정신분석적인 수단으로 꿈을 활용한 것은 높이 평가받아야 할 것이다. 하지만, 프로이트는 정신분석적인 측면에서만 보려고 할 뿐, 인간의 정신능력의 발현에서 이루어지는 미래예지적인 꿈의 세계나, 꿈속에서 어떠한 창조적인 사유 활동이나, 경고성의 일깨움 꿈이 이루어지는 측면에 대한 언급을 간과하고 있음을 볼 수 있다.

그의 꿈 분석이 정상인의 꿈 분석이라기보다는 정신과 질환 환자 등의 사례를 중심으로 분석한 결론이기에, 우리 인간의 영적능력이 발현된 꿈의 예지적인 기능이나 창조적 사유의 기능에 대한 언급에 소홀했음을 알 수 있다.

한편 '라깡'은 프로이트의 무의식을 보다 정교하게 정식화시켜, 무의식속에 억압된 욕망의 기제가 언어학적으로 변환되는 과정을 발견하고, 무의식 속에 축적된 에너지가 창조적이며 구성적인 비유를 이루고, 무의식도 하나의 언어문법이 된다고 보고 있다.

그러나 꿈 내용 분석에 있어서 언어학적 관점에 집중되고 있으며, 이역시 정신분석학 측면에서의 요소가 강할 뿐이어서, 심리적 욕구표출의 작품분석이나 학문적인 이론으로 도움이 될 수 있겠다. 하지만 우리가 주로 관심을 갖는 미래예지 꿈사례의 입장에서나, 우리민족의 운명론적 사유 체계의 관점에서 볼 때에는 적용될 수 없는 면을 보이고 있다.

'칼 구스티프 융'은 '프로이트'나 '라깡'과는 달리, 인간의 무의식 속에 인류의 근원적 체험의 원형이 존재한다고 보고, 인간무의식의 집단 상징을 언급하고 있다. 각 민족마다 민족적인 원형 심상이 존재하고 그것이 다양한 상징으로 발현된다고 주장하여, 무의식의 세계를 문학적으로 연구할 수 있는 기반을 마련했다.

이러한 집단 무의식의 상징은 각 민족의 신화·종교·꿈의 발현 등에 적용될 수 있다. 우리 민족이 다른 어느 민족보다도 꿈해몽·관상·풍수·사주·성명학 등 다양한 분야에서 지대한 관심을 보이고 있는 바, 이는 우리 민족이 논리적 바탕에 기반을 두기 보다는 직관의 세계나 영적인 정신세계에 뛰어난 능력을 지니고 있으며, 주어진 여건 속에서 슬기롭게 헤쳐 나가고자 하는 운명론적 사유관에 대한 남다른 인식을 보여주고 있음을 알 수 있다.

특히 우리 민족은 꿈의 발현 분야에서 세계 최고라 할 정도로, 미래예지 꿈이나 창조적인 사유활동이 이루어지는 측면에서 뛰어난 능력을 보여 왔다. 이는 선인들이 꿈꾸고 일어난 신비한 일들을 적은 미래예지 꿈 사례들이 각종 역사서나 문집 속에 수없이 산재되어 있으며, 문학작품 속에 꿈이야기 뿐만 아니라, 심지어 꿈속에서 시를 짓는 몽중시(夢中詩)나, 꿈을 제재로 한 기몽시(記夢詩) 등이 다수 있음에서 입증되고 있다.

꿈의 발현은 동서고금을 막론하고 보편성을 띠고 전개되고 있다. 다만, '칼 구스티프 융'이 언급한 바 있는 각 민족성이나 문화적 관습의 차이·기질·기타 여건에 따라, 다양하게 전개되는 꿈의 전개양상에 대한 관점의 시각이 다르다고 볼 수 있다.

서구에서 정신분석학적으로 중요시하고 있는 심리적 욕구표출의 꿈도 있지만, 장차 일어날 일을 상징적으로 보여주는 예지적인 성격의 꿈이 가장 대표적이며, 주변의 위험을 일깨워주는 꿈, 꿈속에서 발견이나 발명을 하거나 시를 짓는 등의 창조적인 사유활동의 발현으로 이루어지는 꿈의 세계가 있음을 간과해서는 안 될 것이다.

이러한 미래예지 꿈, 심리표출의 꿈, 창조적인 사유 활동의 꿈을 꾼다는 것은 우리 인간의 정신능력의 활동이 활발하게 일어나고 있음을 뜻한다. 따라서 어떤 사람은 꿈을 잘 꾸기도 하고 어떤 사람은 꿈을 못 꾸기도 하는 등 차이가 나고 있는 것은, 사람에 따라 영적인 정신능력에 있어 개인의 능력차이가 나고 있기 때문인 것이다. 우리가 사람마다 육체적 능력이나 정신적 능력에 차이가 나고 있듯이, 꿈꾸는 영적능력에도 차이가 나는 것은 당연하다고 해야 할 것이다.

이러한 꿈꾸는 영적능력도 변화할 수 있다. 달리기 선수가 달리기를 잘하다가 나이 들어 달리기를 잘 할 수 없듯이, 꿈꾸는 능력의 발현이 젊은 시절에는 왕성하여 꿈을 잘 꾸다가, 노쇠하게 되어 꿈을 잘 꾸지 못하게 될 수가 있다. 또한 꿈을 안꾸던 사람도 꿈에 관심을 갖게 되면, 꿈을 보다 더 잘 꿀 수도 있을 것이다. 일반적으로 그동안의 수많은 사례를 살펴보면, 인간 정신 능력의 발현인 꿈을 꾸는 능력은 나이 · 남녀 · 학력 · 신분에 차이 없이, 각 개개인의 정신능력의 차이에 따라 좌우되고 있음을 볼 수 있다. 덧붙여 역사적인 기록으로 살펴보자면, 이수광과 그의 아들 이민구, 정철과 그의 아들 정홍명 등이 꿈에 관한 기록을 다수 남기고 있음을 볼 때, 부모로부터 물려받은 유전적인 요소에도 기인한다고 볼 수 있다. 필자의 어머님이 꿈꾸는 능력이 뛰어났듯이, 필자 또한 꿈을 잘 꾸고 있다.

『논어』〈述而(술이)〉편에, 공자는 괴이한 힘과 난잡한 귀신을 말하지 않았다[子不語怪力亂神]라고 나오고 있다. 이는 공자는 괴이한 힘이나 이성(理性)으로 인식할 수 없는 존재나 현상들에 대해서는 말씀하시지 않았다는 말이다.

하지만 "심하구나! 내가 쇠해진 것이 오래되었구나! 내가 주공을 꿈에서 다시 못 본 지가[甚矣, 吾衰也! 久矣, 吾不復夢見周公]"라는 말씀도 언급하고 있다. 여기에 대하여, 유문영(劉文英)은 『꿈의 철학』에서 다음과 같이 말하고 있다.

"공자도 비록 괴력난신(怪力亂神)에 대해서는 말하지 않았지만, 그러나 꿈에 대해서는 마찬가지로 매우 믿고 있었다. 만년에 이르러 "심히 노쇠하였구나! 오래도록 내가 꿈에서 주공(周公)을 볼 수 없게 된 지가!"라고 탄식하고 있다. 이는 공자가 꿈에 대해 무슨 견해를 밝힌 것은 결코 아니지만, 주공(周公)의 혼령이 꿈을 통해서 공자에게 새로운 계시를 전해주고 있었음을 보여주고 있다고 해야 할 것이다.”

한편 꿈은 우리 신체적으로 가해지는 내·외부의 자극에 의해 이루어지기도 한다. 허준(許浚)은 『동의보감(東醫寶鑑)』에서 꿈을 오장(五臟)의 간장·심장·비장·폐장·신장의 장기(臟器)의 허와 실에 따른 상태에 따라 꿈이 다르게 나타나고 있음을 말하고 있다. 이처럼 생리병리학적의 측면에서 꿈의 발생 원인을 알아내어 질병치료에 이용하고자 하는 노력은 어느 정도 설득력 있게 받아지고 있다. 오늘날 정신과 의사들이 환자의 심적 상태를 가장 잘 알아낼 수 있는 수단으로, 환자의 꿈을 분석하여 치료에 활용하고 있음은 널리 알려진 사실이다.

선인들은 꿈이 정신에 감응되어 이루어지는 것으로 보고 있다. 남효원(南孝溫)은 고순(高淳)에게 돌아가신 부친인 중추공(中樞公)이 나타나 시를 지어준 것에 대하여, 고순(高淳)같이 사람의 정신이 곧고 맑은 경우에, 이렇게 죽은 조상이 나타나는 계시적인 꿈을 꾸게 된다고 말하고 있다.

이규보(李奎報) 또한 ‘임춘(林椿)의 묘지명을 써달라고 부탁을 받는 꿈’을 꾸고 나서, 다음날 박환고(朴還古)로부터 죽은 아들에 대한 애도시를 부탁받는 일로 이루어지자, 죽은 아들의 위로시를 받고자 하는 간절한 마음이 전달되어 자신의 꿈에 나타나게 되었다고 언급하면서, 이러한 꿈을 꾸게 되는 행위에 대하여 정신이 감응하여 이루어진 것이라고 말하고 있다.

남용익(南龍翼) 또한 사신으로 일본에 다녀온 것을 적은 〈부상일록(扶桑日錄)〉에서, 꿈속에서 임금과 부친을 뵙는 꿈을 꾸고 나서, 자신의 지극한 정성이 꿈으로 발현되었다고 말하고 있는 바, 이는 심리표출의 꿈에 해당되는 견해이다.

또한 이수광은 『지봉유설』에서, 황제(黃帝)가 꿈을 꾸고, 풍후(風后)와

역목(力牧)의 신하를 얻은 예를 들면서, "대개 옛날 성인은 정신으로 신을 만날 수 있었고, 이것을 잘 사귀어 감응시켜서 이와 같은 일이 있었으니, 이런 이치가 없었다고 말할 수 없다."라고 말하고 있는 바, 성인의 꿈꾸는 능력이나 꿈이 정신에 감응되어 이루어지는 것에 대하여 긍정적으로 생각하고 있음을 알 수 있다.

허균(許筠)은 〈몽해(夢解)〉에서, 사람의 상념이나 영(靈)이 맑으면, 잡된 생각이 없어져서 장차 다가올 일을 예지해낼 수 있다고 보고 있다. 이렇게 꿈을 꾸는데 있어서, 꿈을 꾸는 사람의 정신세계인 영적능력이 순수하고 깨끗한 경우, 꿈으로 장차 다가올 일을 예지해내는 것에 대하여 당연시함을 알 수 있다.

또한 이익(李瀷)은 〈몽감(夢感)〉에서 "무릇 꿈속에서 감응되어 문답하는 것은 그 어떤 상대가 나의 꿈에 들어와서 함께 이야기하는 것이 아니라, 바로 나의 정신이 사려에 감촉되어 이러한 반복을 일으키는 것이다."라고 언급하고 있는 바, 인간의 정신능력의 발현으로 이루어지는 꿈의 다양한 상징기법에 대하여 정신능력의 활동으로 이루어지고 있음을 제시하고 있다.

한편 중국의 『유양잡조(酉陽雜俎)』에 "어리석은 자는 꿈이 적다"라는 말이 언급되고 있는 바, 이는 꿈은 인간 정신 능력의 발현으로 이루어지는 것으로써, 정신능력의 활동이 미약한 사람에게는 장차 일어날 일을 예지해주는 미래예지 꿈이나 위험을 일깨워주는 꿈을 꾸는 일이 드문 것을 말하고 있다.

반면에 장자의 말에 "지인(至人)은 꿈이 없다"라는 말도 있는 바, 도덕적 수행이나 깨달음의 경지에 도달한 지인에게는, 굳이 꿈을 통하지 않고서라도 현실에서 장차 일어날 일에 대한 예지와 판단이 있을 수 있기에, 굳이 번거롭게 꿈을 꾸지 않을 수도 있는 것이다. 또한 이 경우, 지인(至人)은 깨달음의 경지에 있기에, 잡스런 꿈이나 불안 심리의 심리표출적인 꿈을 꾸지 않는 것을 말했다고 볼 수 있다.

한편 '꿈이 적으면 잘 맞는다' 라는 말이 있는 바, 꿈을 적게 꾸는 사람은 장차 일어날 아주 중대한 일의 예지일 경우에만 꿈의 능력이 발현되어 꿈을 꾸기에, 비교적 꿈의 실현을 알아내기가 쉽다고 볼 수 있다.

꿈꾸는 능력이 뛰어난 사람은 자신의 일뿐만 아니라, 주변 사람이나 국가적 · 사회적 사건까지 꿈을 꾸기에, 꿈의 실현을 정확하게 맞추지 못하는 경우가 있다. 이는 장차 일어날 일을 예지해내는 꿈꾸는 능력에 있어서도 개인별 차이가 있는 바, 영적인 정신능력의 여부에 따라 꿈의 발현에 있어 차이가 이루어지고 있는 것이다.

이밖에 조선후기 실학자인 이규경(李圭景)의 『오주연문장전산고(五洲衍文長箋散稿)』의 인사편(人事篇) 인사류(人事類) 성행(性行)에 꿈에 대한 변증설 및 몽경(夢境)에 대한 변증설, 악몽 물리치는 법 등이 실려 있다. 그러나 언급이 비과학적이고 비합리적인 내용으로 일관되어 있으며, 꿈이 발현되는데 있어 다양한 양상으로 전개되고 있음을 간과하고 있다.

이상에서 살펴본 바와 같이 선인들은 꿈을 꾸게 되는 이유가 정신능력에 감응되어 발현된다고 보고 있음을 알 수 있다. 올바른 견해로, 꿈을 꾸는 주체는 우리의 잠재의식인 고도의 정신능력에서 다양하게 발현된다고 볼 수 있다.

꿈은 무한한 가능성을 지니고 있는 고도의 정신능력인 잠재의식의 활동으로, 자신의 의식세계가 미처 느끼지 못하고 있던 자신의 억눌린 불안감이나 소망 등 심리를 표출하기도 하며, 위험한 요소나 대비해야 할 문제에 대해서, 우리의 신성(神性)의 정신능력인 잠재의식은 영적인 존재인 초자아의 힘으로 예견하고 꿈을 통해 우리를 일깨워 주고 있는 것이다. 또한 꿈은 영적(靈的)인 대상과의 교감을 이루는 가교 역할을 해 주고 있으며, 우리의 잠재의식은 놀라운 영감을 발휘하여 창의적인 발명 등 창조적 사유 활동이 이루어지도록 해주고 있다.

우리가 꿈을 꾸게 되는 데는 반드시 이유가 있다. 우리는 특이한 꿈을 꾸고 나서 그 꿈의 풀이를 다른 사람에게 부탁하고자 한다. 하지만 어떠한 꿈을 꾸었을 때, 특이한 예지적 꿈의 경우를 제외한 일상의 꿈에 있어서, 그 꿈의 의미를 가장 잘 알 수 있는 사람은 바로 자기 자신임을 알아야한다. 꿈에서 펼쳐지는 일들은 바로 자신의 신성(神性)의 정신능력인 잠재의식이 보내는 메시지를 꿈의 상징기법으로 전하고 있을 뿐인 것이다.

이 책에 소개되고 있는 다양한 전개양상에 따른 실증사례와 꿈의 상징기법에 대해 어느 정도의 이해와 관심을 지닌다면, 꿈이라는 것이 낯선 미지의 세계가 아닌 우리 생활의 일부분임을 알 수 있을 것이다.

3. 꿈은 어떻게 받아들여야 하는가?

오래 전부터 꿈은 불가사의한 것으로 여겨져 왔다. 이러한 꿈을 규명하고자 하는 노력은 인류역사 이래로 수없이 있어 왔지만, 아직까지 꿈의 실체에 대해서는 밝혀지지 않고 있다.

많은 심리학자를 비롯하여, 정신분석학자인 프로이트의 『꿈의 해석』과 융의 『인간과 무의식의 상징』이래로, 생리학적 · 과학적 측면에 이르기까지 시도되고 있다. 뇌의 기능이나 수면에 관한 연구라든지, 초감각지각, 뇌파측정, 뇌영상지도 등등의 연구 결과는 이전보다 한결 꿈의 실체에 다가서서 우리에게 많은 것을 시사해주고 있다. 하지만 아직까지도 꿈의 신비스러운 면에 대한 궁금증은 남아 있다. 이러한 꿈을 올바르게 이해하자면, 꿈의 다양한 전개 양상에 대한 수많은 꿈을 하나하나 분석함으로써 가능하게 될 것이다.

한건덕 선생님은 '꿈이란 미해결의 관심사와 미래사를 판단하고 예지한 고도의 지적산물(知的産物)'이라고 말씀하시고 있다. 옳은 의견이시다. 혹자는 말한다. 꿈이란 하나의 현상에 불과한 것이지, 그것에 큰 의미를 부여하고 신비스럽게 대할 필요는 없다고 말한다. 꿈은 생리적인 현상에서 일어나는 것일 뿐, 여타의 해석은 꿈의 특정부분에 의미를 부여한 것에 불과하다고 말하기도 한다.

그러나 절대로 그렇지 않다. 우리가 수면 상태에 있을 때에 이전에 보았던 것, 경험했던 것, 평소에 생각했던 것, 불만사항, 희망사항, 자신이 관심을 지니고 있는 사실이나 사건 등에 대해서, 고도의 신성한 정신능력의 활동인 잠재의식의 세계는 꿈을 통하여, 우리에게 무언가를 말해주고 일깨워주고 예지해주고 있는 것이다.

'개꿈은 없다.' 조물주의 섭리가 온 우주만물에 담겨 있듯이, 우리가 꾸는 모든 꿈에는 의미가 담겨 있다. 때로는 자신의 내면적인 심리를 표출하기도 하고, 때로는 장차 일어날 일을 상징적으로 보여주기고 하고, 때로는 다가올 위험을 꿈으로 일깨워주기도 한다. 우리가 꾸는 꿈은 바로 우리 내면의 참모습이요, 다가올 미래의 모습인 것이다.

특별한 꿈으로, 현실에 일어날 사고를 미연에 막을 수 있었다는 사람의 이야기를 우리는 종종 듣고 있다. 꿈을 꾸었을 경우, '왜 이러한 꿈을 꾸게 되었는가?', '이 꿈이 나로 하여금 무엇을 일깨워주려 하고 있으며, 무엇을 예지해주려고 하는 것일까?' 한낱 하찮은 꿈이라고만 생각지 말고, 우리의 또다른 분신인 잠재의식의 초자아가 우리에게 보내는 외침이요, 경고요, 일깨움이요, 알림이라고 받아들여야 할 것이다. 그럼으로써, 보다 신중한 생활을 하게 되어 우리의 생활을 알차게 영위해 갈 수 있을 것이다.

다만, 꿈을 지나치게 맹신하거나, 모든 꿈을 삶과 연결시켜 생활해 나가는 자세도 경계해야 할 것이다. 꿈을 해석하는 것은 좋지만, 거기에 매달려 모든 현실을 꿈과 결부시켜 생각한다는 것은 어리석은 일이 될 수도 있다.

예를 들어, 필자에게 안좋은 태몽을 꾸었다고 하면서, 인위적인 유산을 상담한 분들이 있었다. 어떻게 본인이나 주변 사람이 꾼 꿈이 태몽꿈이라고 단정지을 수 있다는 말인가? 안좋은 꿈이라지만, 태몽이 아닌 안좋은 재물운으로 실현되거나, 주변의 다른 사람의 꿈을 대신 꿔준 것일 수도 있다. 우리 인간으로서 다양한 꿈의 성격을 정확히 알아내지 못하는 한, 꿈을 꾼 모든 것에 대해 완벽한 해몽이 이루어질 수 없을 것이다.

따라서 꿈이 불길하다고 절망할 필요도 없고, 반면에 좋다고 해서 꿈을 믿고 노력하지 않는 어리석은 짓을 할 필요도 없는 것이다. 꿈의 예지적인 면에 치우쳐 맹목적으로 신봉하는 것은 꿈을 믿지 않는 것보다 불행한 결과를 초래할 수 있으며, 매사에 운명론적 사고에 휩싸일 가능성이 있다.

똑같은 꿈이라고 할지라도, 각 개인이 '주어진 자신의 상황에 따라, 어떻게 받아들이고 대처해나가느냐'에 따라 다르게 실현될 수도 있는 것이다. 따라서 꿈에 얽매이기보다는 밝고 진취적인 생활 속에서, 자신의 꿈을 만들어가는 자세가 중요하다.

좋지 않은 꿈을 꾸었을 경우에는 삼가고 근신하는 사려깊은 행동을 하여, 장차 다가올 화를 최소화 하도록 하여 슬기로운 극복을 하도록 하여야 할 것이다. 실증적인 사례로, 못된 개가 음식을 주는 대로 받아먹는 꿈을 꾼 사람이 있었다. 그후 남에게 빌려준 오천만원이라는 거금을 떼이게 되는 일이 일어났다. 못된 그 사람에 대한 살인의 충동을 억누르게 해주고, 그의 마음을 다잡게 해준 것은, 오직 돈을 떼이기 전에 꾼 못된 개가 음식을 주는 대로 받아먹는 꿈이 있었기에, 그러한 충격적인 일이 일어날 것에 대하여 자신도 모르게 마음속에 준비를 하고 있었기에 가능한 일이었다. 못된 놈이 개로 표상되어 나타난 상징적인 미래예지 꿈이었던 것이다. 어쩌면, 이 역시 꿈을 믿는 사람이기에 가능한 이야기인지 모른다.

꿈은 결코 우리 인간에게 해를 끼치지 않는다. 나쁜 꿈을 꿨다고 나쁜 일이 일어나는 것이 아니라, 나쁜 일이 일어날 것을 미리 알려주어, 장차 일어날 일에 대해서 꿈을 꾼 사람으로 하여금 마음의 준비를 하게 해주는 데 있다.

반면 좋은 꿈을 꾸었을 경우, 희망을 지니고 더 한층 노력하는 자세를 지녀야 할 것이다. 로또(복권) 당첨 등 엄청난 행운도 마찬가지로, 급작스런 좋은 일의 실현에 앞서 좋은 꿈을 꿈으로써, '장차 좋은 일이 일어날려나 보다' 등의 마음의 준비를 통해 자신에게 다가오는 놀라운 사건에 슬기롭게 대처할 수 있도록 해주고 있다.

이처럼, 꿈의 좋고 나쁨을 떠나 자신 스스로가 운명의 주체가 되어, 미래지향적인 삶을 살아갈 수 있도록 해야겠다. 꿈은 신(神)이 우리 인간에게 부여한 최대의 선물인 것이다.

4. 꿈은 왜 상징이나 굴절된 형태로 나타나는 것인가?

　　프로이트는 그의 『정신분석입문』에서 꿈의 검열(檢閱)이라는 용어를
사용하고 있다. 내면의 의식세계가 지향하는 성적인 욕망이나 남에게 감
추고 싶은 억압된 욕망이 꿈으로 표현될 때, 꿈의 검열과정을 거치면서
상징적으로 굴절되고 변형된 모습으로 나타나고 있다고 말하고 있다.

　　예를 들어 자식이나 누이에 대한 근친상간의 성적(性的)인 욕망이나,
남편의 죽음을 바라는 심층의 욕구가 꿈으로 형상화될 때, 꿈의 검열을
거쳐 내용이 뒤바뀌거나 명확하지 않거나 자신도 쉽게 알아낼 수 없는
상징적인 이야기로 전개되고 있다는 것이다. 『정신분석입문』에 나오는
사례를 간략히 살펴보자.

　　① 두 여자와 악수하는 꿈

　　[그는 두 여자 친구와 함께 있는 누이동생을 만났다. 두 여자 친구는
자매였다. 그는 두 여성에게는 악수를 청했으나, 자기 동생에게는 그렇
게 하지 않았다.]

　　여기에 대한 분석을 그대로 옮겨본다. '이것은 현실의 사건과는 아무
런 관계도 없다. 꿈을 꾼 사람의 생각은 오히려 어떤 과거의 시기로 소급

된다. 그 무렵 그는 소녀들의 유방이 자라면서 커진다는 사실을 관찰하고, 어째서 그렇게 되는가를 생각하고 있었던 것이다. 두 자매는 곧 유방이다. 그는 만일 상대가 자기 동생이 아니라면, 그것을 손으로 만져보고 싶었던 것이다.

② 숨을 헐떡이며 계단을 올라가는 꿈

[빨간 모자를 쓴 한 장교가 길에서 그녀를 쫓아왔다. 그녀는 마구 도망쳐 계단을 뛰어 올라갔으나 아직도 쫓아오고 있었다. 숨을 헐떡이며 간신히 집에 다다라 급히 문을 잠가버렸다. 장교는 밖에 서서 기다렸다. 그녀가 문틈으로 내다보니 밖의 벤치에 앉아 울고 있었다.]

사랑하는 여성과 하룻밤을 보낸 남성이 있었다. 그녀는 아기를 갖기를 원했으나, 남자는 사정(射精)을 할 수 없는 형편이었다. 이 꿈은 아침이 되어 눈을 떴을 때, 그녀가 말한 꿈이야기이다. 여기에서는 빨간 모자를 쓴 장교에게 쫓기면서 숨을 헐떡이며 계단을 올라가는 것이 성교의 표현이라는 것을 알 수 있을 것이다. 꿈을 꾼 여인이 문을 닫고 남자를 몰아낸 것은 꿈에서 흔히 나타나는 전도(顚倒)에 해당된다. 실제로는 남성 쪽에서 성행위의 완료를 피했기 때문이다. 마찬가지로 그녀의 슬픔은 상대 남성에게 옮겨졌다. 꿈에서는 울고 있는 것이 남자로 바뀌고 있다.

프로이트는 이처럼 자신의 잠재적인 억압충동이 꿈으로 상징화·검열화되어 나타난다고 보고 있다. 하지만 지나치리만큼 꿈속에 나타나는 모든 것을 억압된 성적인 욕구에서 비롯되고 있다고 보고 있으며, 나아가 정상인이 아닌 환자들의 꿈을 주로 분석대상으로 하고 있다.

프로이트의 주장에 일리가 없는 것은 아니지만, 꿈은 다양하게 전개되고 있으며 우리가 꾸는 대부분의 꿈은 장차 일어날 일들을 상징적으로 보여주는 미래예지 꿈이다. 이는 우리 선인들의 수많은 꿈사례에서나,

로또(복권) 당첨 · 태몽 · 사건 사고의 예지적 꿈이야기에서 여실히 입증되고 있다.

한편, 과학자들의 연구결과에 의하면, 꿈의 기묘함은 꿈꾸는 뇌의 기묘한 생리적 환경에서 기인한다고 보고 있기도 하다. 꿈을 꾸고 있을 때는 전두엽의 논리적인 사고영역이 활동을 중단하므로, 우리가 꾸는 꿈이 논리적으로 전개되지 않고, 황당한 상징적인 표상으로 전개되어 나타난다고 보고 있기도 하다.

'프렌시스 크릭' 과 '그레엄 미치슨' 은 "우리는 사실 잊기 위해서 꿈을 꾼다" 라는 이론을 내놓았다. 크릭은 기억은 실제로 수면중에 통합되고 재구성된다고 주장했다. 크릭과 미치슨의 탈학습(학습된 행동이나 습관을 소거하는 과정, unlearning) 이론에 따르면, 뇌간에서 전뇌로 전달된 무작위 자극이 기억 재구성 과정을 작동시킨다. 신경망에서 삭제되고 있는 불필요한 정보와 무의미한 정신적 연상은 사라지는 도중에 꿈재료로 등장하는 바, 이로 인해 꿈의 황당함과 기묘함이 나타난다고 보고 있다.

하지만 이 경우에 있어서도, 낮시간의 경험을 꿈을 통해 학습하고 장기기억으로 바꾸어 저장한다는 경우의 이론이나, 불안감이나 소망의 심리표출의 꿈에는 합당한 말이 될 수 있을지 모르나, 예지적인 꿈이나 창의적인 발명의 꿈, 나아가 일깨움의 꿈 등의 사례로 살펴볼 때는 그릇된 이론이라고 할 수 있겠다.

많은 사람들이 꿈을 꾸고 살아간다. 꿈을 믿고 안 믿고 간에 누구나 관심을 가지고 있다. 꿈은 허황된 것이라고 생각하는 사람들조차, 불길한 꿈을 꾸고 걱정스러워 하거나, 돼지꿈을 꾸고 로또(복권)을 사려고 마음을 먹는다는 것은 자신도 모르는 사이에 꿈을 믿고 있다는 것을 보여주는 것이다. 우리가 꿈을 허황된 것이라 생각하고 자신의 꿈이나 타인의 꿈을 믿으려 하지 않는 것은 꿈이 상징이나 굴절된 표현을 통해 나타나기에 쉽게 그 의미를 알아낼 수 없기 때문인 것이다.

심지어 꿈속에서는 현실에서는 상상조차 할 수 없었던 일이 이루어지기도 한다. 왜 그런 꿈을 꾸었을까. 어떤 때는 꿈에서 나타난 일을 가지고 전율을 느끼고는 한다. 마치 자신의 알몸뚱이가 꿈에 의해 발가벗겨진 것 같은 느낌을 갖고는 한다.

하지만 꿈이 상징화되고 굴절되어 나타났다고 하더라도, 자신이 왜 그러한 꿈을 꾸게 되었는지 꿈을 꾼 사람은 알고 있다. 이런 점에서 '자신의 꿈을 가장 잘 해몽할 수 있는 사람은 바로 자신이다.' 라는 말이 타당한 것이다. 어떤 경우에는 차마 남에게 이야기 할 수 없는 자신의 내면적인 고백의 꿈을 꾸기 때문인 것이다. 이런 꿈에 있어서는 프로이트가 주장하는 억압된 성적(性的)인 욕구인 자신의 마음속에 품고 있던 변태 성욕적인 경우나 근친상간 등을 나타내고 있거나, 억눌린 잠재욕구인 '누구를 살해하고 싶다' 등으로 나타나고 있기도 하다.

하지만 무지개 같은 꿈의 다양한 속성은 여타의 부분에서도 나타나고 있다. 자신의 외적·내적인 신체자극에서 초래된 꿈이라든지, 특히 미래예지의 꿈의 경우에 있어서도 이러한 상징이나 변형의 굴절은 나타나고 있다.

꿈의 주체는 무한한 가능성을 지니고 있는 고도의 정신능력이 발현되는 잠재의식이다. 우리의 잠재의식의 활동은 우리에게 그 나름대로의 가장 효율적인 방법으로써, 직접적인 알림이 아닌 상징과 변형의 옷을 입고 나타나는 것이다.

비유하자면, 아름다운 여인이 자신의 얼굴을 살짝 얇은 검은 망사로 가린 것은 자신의 미모를 감추기 위한 것이 아니라 자신의 아름다움을 뽐내기 위한 뭇 남자들의 시선을 끌기 위한 것이요, 검은 스타킹으로 자신의 다리를 감싸는 것이 감추는 것이 아니라 섹시하게 드러내기 위함이라는 사실을 우리는 알고 있다.

이와 같이 잠재의식이 펼쳐 보이는 꿈의 세계는 알고 보면 아름다운 여인의 미에 대한 표출이상으로, 놀라울 만큼 고도의 수법으로, 우리에게 잠재된 내면의 욕구나 외적·내적의 신체적 이상이나 미래에 일어날 일에 대해서, 또는 자신이 관심을 기울이고 있는 어떤 대상에 대해서, 화려한 연극을 펼쳐보이듯 충격적인 영상으로 시각적으로 알려주고 있는 것이다.

경고성 성격의 일깨움의 꿈의 예를 들어 살펴보자. 꿈에서 교통사고를 내게 되는 꿈을 꾸게 되는 경우가 있다. 이 경우에 있어서 미래투시의 꿈이라면 실제로 앞으로 일어날 일을 예지해주는 경우도 있지만, 대개의 경우 자신의 운전습관을 되돌아보게 함으로써 안전운전에 대한 각성을 하도록 해준다. 이는 평상시에 자신의 잠재의식에게 '운전을 조심해서 해야지' 라는 영혼의 대화를 보내고 있는 것이다. 그러면 어느 날 우리의 잠재의식은 꿈의 작업장을 열어 우리를 꿈의 세계로 인도하는 것이다.

생각해보라. 그냥 단순하게 '교통사고를 조심하시오' 라고 전달해 주는 것에 비교하여, 마치 연출가와 같이 무대를 꾸미고 조명을 설치하고 음향효과를 살려서, 꿈을 통해서 시각적으로 생생하게 보여주는 것이 얼마나 극적인 효과에서 차이가 나는 지는 잘 알 수 있을 것이다.

이 경우 시각적 영상이 대부분이지만 드물게 청각적인 꿈이나 촉각적인 꿈으로 펼쳐지기도 한다. 여기에 무대장치·조명·음향효과의 비유를 들어 이야기했지만, 꿈에서 펼쳐지는 일들은 우리의 주의를 끌기에 충분하다. 꿈속에서 자신의 부주의로 일어난 자신의 끔찍스런 죽음의 모습을 통해, 우리로 하여금 꿈의 세계를 다시 한번 되돌아보고 의식 속에 기억하게 하여, 올바른 방향으로 나아가게 하고 있는 것이다.

또한 상징이나 굴절·변형되어 꿈으로 나타났을 경우, 꿈을 꾼 우리 자신은 기이한 꿈으로 생각하고 오래 기억되며 무슨 뜻인지 알려고 애쓰게 된다. 어려서의 꿈에 자신의 허리띠가 끊어지는 꿈을 꾼 사람이 말년에 이르도록 무슨 뜻인지 알려고 애쓰다가, 자신의 후손이 없음을 알게 되고 단대(斷帶:허리띠가 끊어짐)를 단대(斷代:대가 끊어짐)의 파자해몽으로 알아냈다는 꿈이야기는 좋은 예이다.

이처럼 꿈의 상징성이 난해성과 황당하게 전개되고 있는 것은, 사람들로 하여금 한층 궁금증을 갖게 하고, 오래도록 잊혀지지 않도록 해주고 있는 것이다. 이는 점쟁이가 사주팔자를 알려주는 경우라든지, 연인에게 연서를 보낼 때 파자(破字) 표현을 해서 일러줌으로써, 담긴 뜻을 몰라 한층 궁금증을 갖게 하고 오래도록 잊혀지지 않게 하는 것과 같다.

이처럼 꿈의 무대장치는 신묘(神妙)하리 만큼 펼쳐지고 있다. 예행연습이 없이 단 한 번밖에 살아갈 수 없는 인생길에서, 무대 위의 연극처럼 시각화하여 보여줌으로써, 우리 자신을 되돌아보게 하고 일깨워주면서, 앞으로의 일어날 일에 대해서 다양한 상징기법을 동원하여 보여주고 있는 것이다.

찬란한 무대 위에 내면세계인 자아를 등장시키거나, 산신령이나 조상 등 죽은 사람을 등장시키거나, 동물이 말을 하거나 기타 황당한 전개의 충격적인 영상으로 보여주면서, 우리에게 신비한 꿈의 세계로 손짓하면서 부르고 있는 것이다.

이로써 보면, 꿈은 자신의 궁전의 신비함을 인간들에게 쉽게 열어 보이려 하지 않고 있으며, 인간은 그러한 꿈의 궁전의 문을 열기 위해 애쓰고 있는지 모른다. 자신에게 일어날 미래를 꿈의 세계를 통해 단정적으로 알 수만 있다면, 좋을 것으로 생각하고 있는 분이 많을 것이다. 하지만 그렇게 된다면 두려운 세상이 펼쳐질는지 모른다.

희랍 신화에 나오는, 황금을 좋아해서 만지는 것마다 황금이 되기를 원했던 마이더스 왕이 자신의 소원대로 이루어져서 어떠한 결과를 가져왔던가? 후회와 비참한 최후를 맞이했던 것처럼, 우리 인간이 꿈의 미래 예지적인 길흉의 결과를 단정적으로 알고서 살아간다는 것은 마이더스 왕의 헛된 꿈보다 더한 비참하고 불행한 결과를 초래하게 될 것이다.

신(神)은 우리 인간이 '마이더스의 꿈'의 세계로 나아가는 것을 원치 않을 것이며, 따라서 상징과 굴절의 표현으로 쉽게 그 의미를 파악할 수 없도록 알쏭달쏭하게 해놓고 있는 것이다. 아무리 우리 인간이 애를 써도, 신비한 꿈의 궁전의 세계를 파헤치지는 못 할 것이다.

그러나 '하늘에서 말 다섯 마리가 내려오는 꿈'을 꾸고서, 말이 그려진 복권 5장을 산후 5억원의 복권에 당첨된 사람의 이야기가 있다. 이처럼 신비스런 꿈의 궁전이 존재하고 있으며, 또한 나아가고자 하는 희망을 버려서는 안될 것이다.

우리 모두 꿈의 궁전으로 가는 길을 걸어가고 있는 것이다. 이제 발을 들여놓은 사람도 있고, 저 만큼 가고 있는 사람도 있고, 어쩌면 지금 이 순간 우리 모두는 자신도 모르게 신비한 꿈의 궁전의 문 앞에 서서 "문 좀 열어 주세요"라고 두드리고 있는 중일는지 모른다.

우리 모두 마법의 주문을 외워보자. '열려라 참깨'가 아닌, '열려라 꿈의 궁전이여.' 그리하여 밤마다 우리의 또 다른 잠재의식의 자아가 펼쳐내는 꿈의 향연에 도취하여, 오색찬란한 무지개의 꿈길 속으로 달려 나아가 보자!

5. 왜 꿈을 기억하지 못하는 것인가?

우리는 꿈을 언제 꾸게 되는 것일까? 과학적으로 REM(Rapid eye movement) 수면이라 하여, 눈을 깜빡깜빡 거리는 신속한 안구 운동이 이루어지는 시기에 주로 꿈을 꾸고 있다는 것이 밝혀졌다. 어린 아이가 잠을 잘 때 우리는 이러한 것을 관찰해 볼 수 있는 바, 이 때 꿈을 꾸고 있다고 볼 수 있다. 이러한 REM 수면 상태에서 인간의 정신능력의 활동이 극대화되고 있으며, 미래를 예지하거나 꿈속에서의 사고활동이 활발하게 일어나 창의적인 영감이 떠오를 수가 있다고 보여진다.

이러한 REM 수면 상태를 지속적으로 방해하는 실험을 한 결과, 피실험자가 신경쇠약이나 정신분열증 등으로 나아간 실험 사례도 있다. 또한 최근의 연구결과로, 이러한 REM 수면이 사라지거나 줄어드는 것이 만성 편두통 발병을 유발할 수 있다는 연구결과가 나오기도 했다.

이러한 실험이나 연구 결과는 렘(REM) 수면 상태에서 꿈을 꾸지 못하는 것이 몸에 해롭다는 것을 보여주고 있다. 일부 학자들은 REM 수면 상태에서 우리의 뇌가 하루에 일어난 일들을 정리하고, 낮 동안에 기억한 여러 가지 정보들이 수면 중에 장기 기억으로 전환되어 뇌에 저장이 되고, 재충전의 시간을 갖는다고 말하고 있다.

그런데, REM 수면 상태에서 우리는 꿈을 꾼 것 같은데, 왜 기억을 하지 못하는 것일까? 또한 어떠한 경우에는 아주 생생하게 기억에 남아 있는 것일까? 정신분석학자들은 인간이 꿈을 기억해내지 못하는 이유로, 자신의 내면 심리가 노출되는 것을 두려워하는 공포감으로 인하여 빚어진다고 말하고 있기도 하다.

신비한 정신능력의 활동은 다양한 상징기법을 동원하여 우리에게 꿈을 선사해주고 있다. 꿈의 기억을 때로는 강하게, 때로는 약하게ㅡ. 주로 시각적인 영상으로 펼쳐내지만, 경우에 따라서는 청각적이나 촉각적 등 다양한 방법으로 꿈의 기억을 남기고 있다.

이러한 우리가 꿈을 기억하는 여부의 모든 것은 꿈을 꾸게 하는 주체인 우리의 정신능력의 활동에 의해서 전자동적으로 조절되고 있다. 본인에게 있어 아주 중대한 일의 예지인 경우의 꿈이나, 태몽 같은 경우에는 꿈이 아주 강렬하고 생생하여 몇십년이 지나서도 기억되고 있음을 볼 수 있다. 그러나 하찮은 심리표출의 꿈이거나, 예지적인 꿈이라 하더라도 아주 사소한 일의 예지를 나타내주는 꿈의 경우에, 우리가 무슨 꿈을 꾼 것 같아도 꿈의 내용을 쉽게 기억하지 못할 뿐인 것이다.

따라서 꿈을 잘 기억하지 못하는 것은 굳이 기억하지 않아도 되는 무가치한 경우에 기억하지 못하는 것일 뿐인 것이다. 예를 들어, 우리가 아침에 일찍 일어나야 한다든지 등의 불안한 여건에서 잠을 청하는 경우, 밤새 무슨 꿈을 꾼 것 같기는 한데, 별로 기억이 나지 않는 경우가 있다. 이러한 경우에 불안·초조감을 나타내는 심리표출의 꿈을 억지로 기억할 필요가 없는 것이다. 한방에서는 꿈을 자주 꾸는 것이 몸에 어떠한 이상을 나타내주는 경우가 있는 것으로 보기도 하는 바, 일리가 있는 견해로 신체 이상을 일깨워주는 꿈도 있을 수 있으나, 불안 심리에서 꿔지는 꿈도 상당수이다.

꿈일지를 적는 사람 가운데에는 혹자는 아주 사소한 꿈의 내용이라도 적기 위하여, 머리맡에 볼펜과 노트를 준비해놓고 잠을 청하기도 한다. 필자도 이전에는 그렇게 했지만, 이내 부질없는 것임을 깨닫고 선명한 꿈의 기억만 적고 있을 뿐이다. 굳이 기억나지 않는 꿈의 기억을 억지로 되살리려고 애쓸 필요는 없는 것이다. 이 경우, 자신이 알아낼 수 있는 불안한 심리표출의 꿈이거나, 사소한 예지를 보여주는 꿈인 경우가 다반사이다.

굳이 꿈의 기억을 돕자면, 꿈을 기억하겠다는 자기 암시를 걸고 자는 것이 도움이 될 수 있다. 또한 음주나 수면제 등을 먹은 후 자는 것을 피하는 것이 좋다. 하지만 여기에 있어서도, 중대한 예지를 보여주는 강렬한 꿈인 경우에는 음주나 수면제 등의 방해적인 요소를 뛰어넘을 수 있다. 한편, 비타민 B6가 꿈을 기억하는데 효력이 있다거나, '모션디렉터' 라는 기기를 사용하면 꿈을 즉석에서 그려볼 수 있다는 주장이 있기도 하다.

또한 꿈의 기능에도 여러 가지가 있다. 과학자들의 연구 결과가 있듯이, 우리가 자는 동안에 낮시간에 경험하거나 학습한 내용을 선별해, 무가치한 정보를 버리고 유익한 정보를 장기기억으로의 저장하는 정리가 밤시간의 꿈을 통해 이루어지고 있다고 가정할 때, 또한 낮에 경험한 새로운 기술에 대한 반복훈련이 꿈을 통해 이루어진다고 할 때, 이러한 것까지 기억에 담아낼 필요는 없다고 볼 수 있겠다.

그리고, 사람에 따라 꿈의 기억에 차이가 나는 것은 개인별로 천부적(天賦的)으로 물려받은 꿈꾸는 능력의 유전적인 요인이 영향을 끼친다고도 볼 수 있다. 사람마다 신체적 · 육체적 능력에서 차이가 나듯이, 아니

IQ 등 정신적 능력에서 차이가 나듯이, 남녀노소 학력의 고하를 막론하고 개인별로 꿈꾸는 능력과 기억하는 능력에 개인 차이가 존재하고 있다. 이 경우에 있어서도 후천적으로 운동을 통해 신체적·육체적인 요인을 향상시킬 수 있듯이, 꿈에 대한 관심을 높이고 참선이나 명상 등 내적인 정신수양과 상상력 훈련을 통해, 어느 정도 꿈꾸는 능력을 계발하거나 꿈의 기억을 향상시킬 수는 있을 것이다.

또한 꿈을 잘 기억하지 못하는 사람들이 일상생활에서 창의적인 활동이 없는 사람들이며, 시공간 인지 능력에서 뒤떨어지고 있었다는 외국의 연구결과도 역(逆)으로 참고할 만하다. 우리가 꿈을 잘 꾸고 잘 기억하려면, 창의력을 키우고 시공간 인지능력을 기르는데 관심을 지녀야 할 것이다.

거미가 거미집을 짓는 것을 자세히 살펴보기 바란다. 어디 거미뿐이랴. 지구상의 수많은 생명체가 생존을 위한 그 나름대로의 특이한 능력을 발휘하는 것을 지켜보기 바란다. 만물의 영장이라고 하는 우리 인간에게, 신이 내린 최대의 선물이 바로 꿈의 세계로, 우리 인간이 꿈꾸는 능력 또한 천부적으로 주어진 것이며, 그러한 꿈의 기억 여부도 중대함의 여부에 따라 전자동적으로 조절되고 있음을 알 수 있다. 따라서 굳이 잘 기억나지 않는 꿈의 내용을 억지로 기억해내려고 애쓸 필요가 없는 것이다. 태몽을 잊어버린 사람이 없듯이, 잘 기억나지 않는 꿈에 특별한 의미부여를 할 필요는 없는 것이다.

꿈의 세계는 7감(七感)의 세계라 할 수 있는 우리의 뇌에서 비롯된다고 볼 수 있다. 달나라에 가기 이전에, 우리 인체의 뇌의 신비를 밝혀내는 연구가 행해진다면, 더 한층 올바른 꿈의 메커니즘에 접근할 수 있을 것이다.

6. 꿈을 자주 꾸는 것을 어떻게 받아들여야 하는가?

　필자가 즐겨쓰는 말인, '꿈은 신이 인간에게 내린 최대의 선물이다.' 라는 대명제하에 살펴본다면, 우리가 꾸는 꿈은 우리 인간에게 절대로 해를 끼치지 않는다. 꿈을 꾸는 주체는 바로 우리의 정신능력이며, 우리 내면의 잠재의식이며, 또다른 자아가 연출해내는 연극인 것이다. 따라서 우리가 꾸는 모든 꿈에는 꿈꾸는 이유가 다 있는 것이다.

　꿈에는 여러 가지가 있다. 필자도 경험한 바이지만, 많은 사람들이 심신이 고달플 때나 걱정스런 일이 있을 때, 잡스런 꿈을 많이 꾸고 있다. 현실에서 심한 정신적 압박을 받고 있거나, 근심이 있을 경우에 허몽·잡몽에 가까운 불안·근심·초조감의 심리표출의 꿈을 자주 꾸게 되는 경우이다. 또한 잠자리가 불편한 외부적인 여건에서 잡스런 꿈을 꾸기도 한다. 이러한 꿈들은 잘 기억도 나지 않는 이른바 개꿈에 해당된다고 볼 수 있겠다. 예를 들어 회사돈을 횡령한 사람은 '언제 그 일이 탄로날 것인가'의 잠재적인 불안감에 잡스런 꿈에 시달리게 될 것이고, 주변이 시끄럽다든지 불빛이 비춰드는 여건에서 잠을 청한 사람 또한 불안한 꿈을 꾸게 된다.

꿈을 꾸는 주체는 바로 우리의 잠재의식으로, 내면의 자신임을 알아야 할 것이다. 이런 심리표출의 꿈에 지배된다기 보다, 자신의 의지적인 힘으로 꿈을 지배해나갈 수 있어야 할 것이다. 불안 심리의 꿈을 자주 꿀 때에는 근심이 되는 문제 상황을 해결하고, 근심거리를 줄이는 동시에, 마음을 편안히 하고서 잠을 청해보시기 바란다. 실증적인 사례로, 밤마다 거인이 나타나 괴롭히는 꿈을 꾸는 사람이 알고 보니, 시도 때도 없이 찾아오는 외판원에 대한 불안감에서 비롯되고 있었다. 이 경우 외판원에 대한 합리적인 해결책을 내놓은 후, 불안스런 꿈이 사라졌음은 물론이다. 또한 괴물이 쫓아오는 꿈을 자주 꾼 경우, 자신의 처한 상황을 되돌아본 결과, 무리한 주택 담보대출의 심적인 압박에서 기인된 것을 깨달아 빚을 줄인 결과 해결한 사례가 있다.

또한 한방에서는 어떠한 꿈을 자주 꿀 때, 신체 내부의 이상을 일깨워주고자 꿈을 꾼다고 보고 있기도 하다. 꿈의 다양한 전개양상 중에, 신체의 내부적인 요인이나 외부적인 감각적인 위험에 대해서 일깨워주고자 꾸는 꿈이 있다. 예를 들어, 폐결핵 환자는 질식·압박·도망의 꿈을 자주 꿀 수가 있다. 특히 꿈속에 어떤 특정한 신체부위가 반복적으로 등장되는 꿈을 꿀 경우, 일단 의사의 진찰을 받아볼 필요가 있다.

다양한 꿈의 전개양상 중에서, 미래예지적인 꿈을 자주 꾸는 것에 대해서 걱정할 필요는 없으며, 아주 좋은 일이다. 이는 자신의 잠재의식의 정신능력 활동이 활발히 일어나고 있으며, 자신의 천부적인 꿈꾸는 능력이 탁월한 것으로 받아들이면 된다.

상징적인 미래예지 꿈을 꾸게 하는 주체는 우리 내면의 자아요, 우리의 정신능력의 활동이다. 개인차가 있지만, 우리 모두가 정신능력의 영적인 신비한 능력을 지니고 있으며, 이것이 구현되는 것이 바로 꿈의 세계인 것이다. 미래에 일어날 일이나 우리가 관심을 지니거나 걱정하고 있던 일에 대해서, 꿈을 통해 우리에게 일깨워주고 예지해주고 있는 것이다.

이런 점에서 볼 때, "나는 꿈을 안 꾼다." 는 사람은 불행한 사람이요, 불쌍한 사람이다. 더욱 나아가 "나는 꿈을 안 믿어" 라고 말하는 사람은 스스로가 "나는 어리석은 사람이다." 를 말하고 다니는 사람인 것이다.

본인이 아직껏 신비한 꿈의 세계를 체험하지 못했다 할지라도, 우리 모두 태몽이라든지, 로또(복권) 당첨, 교통사고 예지 등 신비한 꿈의 세계를 말하고 있는 이웃에 대한 이야기를 들어서 알고 있다. 심지어 꿈을 안 믿는다는 사람도 돼지꿈을 꾸면 복권을 사러갈 생각부터 하는 것처럼, '꿈에는 무언가 있다.' 를 우리 모두 믿고 있다고 해야 할 것이다. 다만 돼지꿈이 반드시 복권당첨의 재물운이 아닌 태몽이나 사람과 관계되는 다른 일로 실현 가능하다는 것을 모르고, 복권에 당첨되지 않았다고 꿈은 엉터리라고 떠드는 것일 뿐이다.

또한 꿈은 종교와 관련이 없다. 오직 우리 인간 잠재의식의 정신활동만이 있을 뿐이다. 불교 신자이든, 기독교 신자이든 종교적 신앙에 관계없이 꿈은 우리 깊숙한 내면의 세계에서 빚어지는 오색의 무지개인 것이다. 어느 외국학자는 꿈은 잊혀진 하나님의 언어라고까지 말하고 있으며, 성경속에도 수많은 꿈이야기가 언급되고 있음을 간과해서는 안될 것이다.

이러한 꿈의 상징표현은 보편성을 띠고 있으며, 세계 공통적인 표현방식과 세계 공통적인 뜻을 지니고, 시간과 공간을 초월하여 우리 인류와 함께 해왔다. 꿈은 인류가 있어온 이래 오래 전부터 사람들이 경험해오는 정신현상이며, 꿈만이 지니는 독특한 표현양식과 표현수단 그리고 영감적 기능을 구사하는 언어라는 점에서, 인류 모두가 추구해 온 민속학·심리학·철학·정신분석학·심령학·기타 꿈과 관련된 모든 전근대적인 학문의 근간을 이루며, 그것들의 정점 위에서만 그 진상을 밝힐 수 있는 학문 중의 학문으로 자리를 잡아 가고 있다.

따라서 우리 인류에게 남은 과제가 있다면, 이러한 우리의 정신활동의 세계인 신비로운 꿈의 세계에 대한 탐구와 규명이 있어야 할 것이다.

7. 꿈의 예지적 성격에 관하여

단적으로 말해서, 꿈은 미래를 예지한다. 꿈의 다양한 전개양상 중에서 장차 일어날 일을 상징적인 표상으로 알려주는 미래 예지적인 꿈이 가장 중요하다고 하겠다. 특히 태몽의 경우, 장차 태어날 아이의 신체적 행동특성이나 성격 특성을 비롯하여, 몇 십년 뒤에 일어날 일까지 예지해주고 있음을 볼 때, 새삼 미래예지적인 꿈의 신비로움에 경탄하게 한다.

1980년 10·26이 일어나기 일주일 전 꿈에, 피투성이의 박대통령이 나타나서, "살려 달라"고 말했다고 정일권 전(前) 총리의 회고록에 나오고 있다. 현실에 실제로 일어났기에, 우리는 꿈의 신비성에 감탄하고 있다. 과연 박정희 대통령 시해 사건은 현실에 일어나기로 예정되어 있었다는 것인가?

'꿈은 허황된 것일 뿐이다.'라고 단정지어 말해서도 안 되겠지만, 또한 꿈의 예지적 성격에 대한 완전한 규명이 없이, 어떠한 판단을 내린다는 것은 어리석고 위험한 일이 될 수도 있다. 우리 주변에는 꿈의 예지적 성격에 대해 맹신적으로 믿는 나머지, 꿈에 의존하는 사람을 찾아볼 수 있다. 이 또한 바람직하다고 볼 수 없겠다.

서양의 꿈사례로, 옛날 어느 왕의 꿈에, 신하가 자신을 죽이는 꿈을 꾼 후 그 신하가 모반할 마음을 품고 있다고 하여 역적으로 몰아 죽인 어리석은 왕의 일화가 있다. 이 경우의 꿈은 예지적인 꿈이 아닌, 잠재의식적으로 그 신하에 대해서 경계하고 있던 마음에서 불안한 심리표출의 꿈으로 나타냈다고 볼 수 있겠다.

꿈이 우리의 삶 전체를 지배할 수는 없겠지만, 우리 삶의 한 부분으로써 영향을 끼치고 있음은 부정할 수 없는 현실이다. 다만 지나치게 꿈을 믿는 나머지, 운명론적 사고에 사로잡혀 현실 생활에 있어 지장을 주는 정도로까지 나아간다면, 개인의 피해뿐만이 아니라 사회적 혼란을 야기시킬 수도 있을 것이다. 이 또한 올바른 꿈의 생활화가 아닐 것이다.

미래예지의 꿈이 중요한 것이 아니라, 그 꿈을 어떻게 받아들이느냐 하는 우리 마음의 자세에 달려 있다고 하겠다. 우리 인생의 운명의 길이 정해져 있는 것이 아니라, 자신의 선하고 악한 행위에 따라 자신의 인생 길을 수놓아 가고 있으며, 그러한 운명의 길을 미리 보여주는 것이 꿈의 세계인 것이다.

1) 꿈은 미래를 예지하는가?

단적으로 말해서 꿈은 미래를 예지한다. 꿈은 우연이 아닌, 우리 인간의 영적인 능력에서 빚어내는 초능력적인 정신 능력의 발현이다. 따라서 꿈은 미신이 아닌, 정신과학의 세계인 것이다.

태몽의 실현사례, 로또(복권)에 당첨된 수많은 사람들의 꿈사례, 사건·사고를 당한 꿈사례, 선인들의 무수한 예지적 사례에 대한 체험담 등에서 알 수 있듯이, 꿈은 장차 다가올 길흉에 대해서 미리 예지해주고 있다. 놀라운 것은 그 실현의 시기도 그 꿈을 꾸는 순간부터, 그 다음날, 2~3일 뒤, 1주일, 10~20년, 평생에 걸쳐 반드시 일어나고 있다는 것이다. 가벼운 사건일수록 빨리 일어나기에, 흉몽을 꾼 경우 빨리 실현되는 것이 더 좋은 일이며, 반대로 좋은 꿈을 꾼 경우에는 늦게 실현되는 것일수록 더 커다란 행운으로 이루어지고 있다.

2) 왜 미래예지 꿈을 꾸는가?

우리 인간은 사실적 또는 상징적인 미래예지 꿈을 통해서 '앞으로 어떠어떠한 일이 일어날 것이다' 라는 예지를 받고 있다. 혹자는 나쁜 꿈을 꾸고 피하지도 못하는데, "그러면 꿈을 꾸면 뭐하냐?" 라고 반문할 지 모르겠다. 하지만 어떠한 일의 결과가 실현되기까지는 꿈에 따라 다르지만, 우리의 자신을 되돌아보고 마음의 정리를 해볼 수 있는 시간이 남아있다.

꿈을 잘 안 믿는다는 사람도 어떠한 꿈을 꾸고 나면, 자신도 모르게 현실에서의 결과에 궁금증을 가지고 마음의 준비를 하게 된다. 예를 들어, 좋은 꿈을 꾼 사람이 어떠한 좋은 일이 일어날 것이라는 기대감에 마음의 준비와 여유를 지니게 될 것은 틀림없는 사실이다.

신은 목마른 나그네에게 바가지에 그냥 물을 떠주는 멍텅구리 아낙네가 아닌 것이다. 한 움큼의 버들잎을 띄워줌으로써, 급하게 달려와 목마른 나그네가 '후후' 불면서 물을 마시는 마음의 여유를 갖게 하듯이, 다가올 앞일에 대해서 상징기법의 꿈으로써 알쏭달쏭하게 예지함으로써, 장차 일어날 일에 대한 마음의 준비와 슬기로운 대처를 하게 도와주고 있는 것이다.

이런 점에서 볼 때, 우리 인간이 꿈을 꾼다는 것은 신이 인간에게 부여한 최대의 선물인 것이다. 현실에서는 신의 영역에 가까이 다가갈 수는 없지만, 잠재의식의 정신활동인 꿈을 통해서 신성(神性)에 가까운 능력을 갖도록 해주고 있는 것이다.

3) 꿈의 예지는 인간에게 도움을 주는가?

대부분의 꿈은 상징적인 미래예지의 꿈으로, 장차 일어날 나쁜 일이나 좋은 일에 대한 마음의 준비를 하게 할 것을 꿈을 통해서 일깨워주고 있다. 혹자는 "나쁜 일에 대한 예지적인 꿈을 보다 자주 꾸기에, 꿈을 꾸는 것이 불안하다" 고 이야기하고 있기도 하다.

하지만, 달리 생각해보면 결코 나쁜 꿈을 꿔서, 나쁜 일이 일어난 것은 아니다. 우리가 꿈을 꾸든 꾸지 않던 일어나기로 예정되었던 나쁜 일들을, 신성(神性)의 정신능력이 꿈을 통해 일깨워주고 예지해줌으로써, 주변 친지의 죽음이라든가 재물적 손실 등 안좋은 일에 대한 마음의 준비를 하게 해주고 슬기로운 극복을 도와주고 있는 것이다. 이는 좋은 일의 예지에 있어서도 마찬가지이다. 좋은 꿈을 꾸고 나서, '좋은 일이 일어날지 모른다' 는 막연한 기대감에 있다가, 실제로 현실에서 실현되었을 때, 한층 차분하게 대처할 수 있을 것이다.

필자의 경우, 유부녀가 유혹하여 성관계를 맺는 꿈을 꾼 후에, 성행위 꿈이 부동산 매매체결로 이루어지는 상징의미를 알고 있었기에, 꿈의 예지대로 부동산을 구입하였었다. 그후 IMF 경제위기로 어려움을 겪었지만, 주식투자를 하고 있던 그 당시에 주식투자를 했다면 더욱 처절한 폭락으로 실현되었을지도 모른다는 생각을 해보고는 한다.

만약에 안좋은 결과를 예지하는 것이었다면, 유부녀가 유혹을 하는 꿈에서, 갑자기 마귀로 변한다든가 하여, 필자가 성관계를 거절하는 꿈으로 진행되었을 수가 있다. 꿈은 우리의 내적인 영혼의 목소리이기에, 꿈의 예지가 결코 우리 인간을 해로운 방향으로 이끌지는 않는다.

결혼을 앞둔 여자의 꿈사례를 살펴본다. 꿈속에서 한 남자를 만났는데 그와 아주 가깝게 지냈으며, 우리들의 아이라고 한 아이까지 꿈속에 등장하였다. 그후 선을 보았는데, 꿈속의 남자와 느낌이 비슷하였다. 결혼 후에 드러난 일이지만, 벌써 그에게는 전처 소생의 아이까지 있었던 것이었다. 그녀는 꿈속에 나타난 아이의 모습과 일치한 것을 알고는, 그것이 자신에게 주어진 운명의 길이라는 것을 알고 묵묵히 받아들였던 것이다.

외국의 꿈사례를 살펴본다. 어렸을 때, 한 여자와 결혼하여 행복한 가정으로 살아가는 꿈을 꾼 사람이 있었다. 그후 청년이 되어 전쟁터에 나가게 되어, 수많은 시련을 겪으면서 수없이 죽을 고비를 넘기며, 생을 포기해야하는 좌절의 순간이 여러 번 있었다. 하지만, 그는 어렸을 때 꾼 행복된 가정에 대한 사실적인 미래투시 꿈의 실현을 믿어 의심치 않았다. 수많은 사람이 전쟁터에서 돌아오지 못했음에도 불구하고, 그는 꿈속에서 본 행복된 가정에 대한 '희망'을 잃지 않았기에, 죽음의 공포에서 벗어날 수가 있었다. 그가 전쟁터에서 돌아와서, 어렸을 때 본 그 행복한 가정 그대로가 현실에 재현되었음을 말할 필요가 없겠다.

이로써 보면, 꿈의 예지는 실현시기에 관계없이 놀라울 정도로 정확하게 이루어지고 있음을 보여주고 있으며, 또한 그 운명으로 예지된 길이 우리 인간이 살아가는데 있어 결정적인 도움을 주고 있는 것을 알 수 있겠다.

4) 꿈의 예지를 피할 수 있는가?

수많은 실증사례를 통해 볼 때, 상징적인 미래예지 꿈의 실현을 막거나 벗어날 수는 없다. 오직, 꿈의 예지대로 장차의 현실에서 놀랍도록 실현되고 있다. 그러나 사실적인 미래투시의 꿈은 꿈의 결과를 알고 있기에, 현실에서 꿈속에서 본대로 진행되지 않도록 하면 피할 수 있다. 하지만, 현실에서 일어날 수 없는 황당한 진행으로 전개되는 특성을 지닌, 상징적인 미래예지 꿈의 실현을 우리 인간이 막거나 벗어날 수는 없다. "부적을 붙이면 벗어날 수 있다." "아침에 일어나 동쪽을 향해 어쩌구 저쩌구" 등등의 말들을 하거나, 굿을 하거나 부적을 사거나 등의 점쟁이 말을 믿는 사람은 자신의 어리석음을 드러낼 뿐이다.

새로운 꿈을 새롭게 꾸지 않는 한, 일단 예지된 상징적인 미래예지 꿈의 결과는 실현되게 되어 있다. 다만 상징적인 미래예지 꿈이 아닌, 경고성 성격의 꿈이나 일깨움 성격의 꿈이 있다. 이 경우, 꿈이 불길하다고 여기는 경우, 삼가고 조심함으로써 다가올 화를 미연에 방지할 수는 있다.

방학 중에 시골에 휴가와 있는 아들에게 떡을 해주려고 하는데, 떡시루가 자꾸 깨져 해줄 수 없었던 아주머니의 꿈이 있었다. 불길한 마음에 아들의 귀경을 늦추었는 바, 그날 대형 교통사고가 나서 수많은 사람이 목숨을 잃는 일이 일어났으나, 아주머니의 아들은 화를 면할 수 있었다.

이처럼 꿈이 언제 어떻게 실현될 지 모르기에, 나쁜 꿈을 꾼 경우라 할지라도, 겸허한 마음의 자세와 선행을 많이 베풀면, 꿈의 피해를 최소화하는 일로 실현될 수 있을 것이다. 비유적으로 말한다면, 비가 오는 것

자체를 막을 수는 없지만, 우산을 준비하여 비에 젖는 것을 최소화할 수 있듯이, 자동차에 치이게 되는 것으로 실현될 것이 자전거에 치이게 되는 일로 실현될 수는 있을 것이다.

5) 미래예지 꿈의 실현은 언제 이루어지는가?

각 개인의 앞날에 다가오는 운명의 길에 대해 사실적 미래투시의 꿈으로 보여주는 경우도 있지만, 대부분의 경우의 꿈은 장차 일어날 일을 상징적인 미래예지 꿈으로 나타나고 있다. 따라서 그 꿈이 실현될 때까지는 언제 어떻게 어떠한 현실로 나타날 지에 대해서, 사람들은 잘 모를 수가 있다.

꿈에 따라서는 꿈을 깨자마자 즉시 실현되는 것으로부터, 2~3일 내에 실현되는 경우도 있고, 몇 주, 몇 개월 후, 심지어 태몽의 예에서 찾아볼 수 있듯이 평생에 걸쳐 실현되는 경우가 허다하다.

이는 풍수지리에서 명당자리에다가 묘를 쓰고 발복(發福)하는 경우와 비슷하다. 따라서 자신의 꿈이 먼 훗날에 이루어지는 경우에, 그 꿈의 실현임을 알지 못하는 경우도 있게 된다. 어렸을 때부터 꿈속에 나타나던 이름 모를 산길이 알고 보니, 나이가 들어 기도원으로 가는 산길이었음을 말하고 있는 어느 할머니의 말씀은 새삼 신비로운 꿈의 세계가 존재하고 있음을 보여주고 있다.

일반적으로 꿈의 실현은 사소한 일이나 사건에 대한 예지일수록 빠른 시일 내에 실현되고 있다. 또한 중대하고 커다란 사건에 대한 예지일수록 꿈이 실현되기까지 오래전에 예지해 줌으로써, 충분한 마음의 준비를 하게 해주고 있다. 예를 들어, 자식의 죽음예지 꿈같은 경우라면 적어도 한 달 이전에 꿈으로 예지되어, 장차 다가올 엄청난 일에 대한 마음의 준비를 하게 해주고 있다. 이런 점에서 볼 때 안 좋은 꿈의 경우라면, 하루라도 빨리 실현되는 것이 보다 가벼운 사건으로 일어날 수 있는 것이다.

또한 꿈의 내용이 아주 생생한 꿈, 똑같은 꿈이 반복되는 꿈, 비슷하게 발전적으로 조금씩 달라지는 꿈의 경우에 있어서는 현실에서 어떠한 일이 반드시 일어날 것이며, 또한 중대한 일에 대한 예지임을 보여주고 있다. 우리가 흔히 말하는 개꿈의 흐릿한 꿈은 현실에서 꿈이 실현된다고 하더라도 사소한 일로 이루어지고 있다. 이 모든 것이 꿈을 꾸는 우리의 잠재의식의 정신능력의 활동이 알아서 조절해주고 있는 것이다. 따라서 잘 기억나지 않는 꿈을 억지로 기억해내려고 애쓸 필요는 없는 것이다. 일어나보았자, 아주 사소한 일로 이루어지고 있다.

6) 미래예지 꿈에 대한 인식 및 태도

'꿈은 장차 다가올 미래를 예지한다.' 라는 사실은, 동서고금을 통틀어 수많은 실증사례에서 입증되고 있다.

『성경』 속에도 계시적이거나 예지적 꿈에 관한 이야기가 자주 나오고 있으며, 아르테미도로스의 『꿈의 열쇠(Onirocriticon)』에서 살펴볼 수 있듯이 서양에서도 미래를 예지하는 꿈에 대하여 부정적으로만 보지는 않고 있다. 다만, 심리표출의 꿈 세계에 중점을 두고 있으며, 미래예지적인 꿈 세계에 대하여는 미약한 관심을 보여주고 있을 뿐이다.

C.G.융은 그의 『인간과 무의식의 상징(Man and His Symbols)』에서, "우리의 의식적인 사고가 흔히 미래의 가능성에 몰두하는 것처럼 무의

식인 꿈도 그렇다. 꿈의 주된 기능이 미래의 예견이라는 믿음은 오래전부터 일반적인 것이었다. 고대에는 물론 중세 후반까지도 꿈은 의학적 진단에서 중요한 역할을 했다.”라고 언급하고 있다.

중국에 있어서도 『시경』에서의 꿈에 대한 언급을 비롯하여, 미래예지 꿈에 대한 수많은 실증사례가 여러 문헌에 언급되고 있다. 중국의 꿈 사례에 대한 자세한 것은 유문영의 『꿈의 철학(동문선)』을 참고하기 바란다.

우리 선인들에게 있어서 꿈의 세계는 절대적이라 할 만큼 신앙적으로까지 받아들여졌다. 현존하는 가장 오래된 역사책인 『삼국사기』에는 '등에 화살을 맞은 꿈', '표범이 호랑이의 꼬리를 깨물어 자른 꿈', '하늘이 후궁으로써 아들을 낳게 할 것이라는 꿈', '김유신의 태몽꿈 이야기' 등 미래예지적인 꿈이야기가 실려 있다. 또한 『삼국유사』에는 꿈의 기록이라고 할 정도로 수많은 꿈이야기가 실려 있음은 널리 알려진 사실이다. 이밖에 『조선왕조실록』을 비롯하여, 일기나 개인 문집속에 자신이 체험한 실증적인 꿈의 기록을 남기고 있으며, 꿈을 소재로 한 수많은 문학 작품들은 선인들 스스로 몸소 체험한 미래예지적 꿈의 세계에 대한 믿음과 확신이 있음을 보여주고 있다.

선인들은 꿈의 예지적 기능을 민간신앙에 가깝게 절대적으로 믿었음을 알 수 있는 바, 역사적 사건에 앞서 꿈으로 예지되고 있으며, 과거급제나 승진 예지, 유배지나 부임지의 예지, 조상이 현몽하여 계시해주는 이야기 등 무수한 예지적 꿈이야기가 있다.

또한 고전소설에 있어서 영웅의 탄생은 '용이 품안에 뛰어 들었다'든지, '옥황상제로부터 구슬이나 꽃을 받았다'든지 하여, 출생부터 보통사람과는 다른 태몽꿈이 있었다는 이야기를 전개하여, 장차 주인공이 비범한 인물로 성장해나가고, 또한 훌륭한 인물이 된다는 것을 합리화시키고 있음을 볼 수 있다. 나아가 이러한 꿈을 활용해 앞으로 일어날 사건 전개의 복선으로 활용하고 있다.

현대의 우리들 또한 선인들의 꿈에 대한 믿음 이상으로, 미래예지적 꿈에 대하여 절대적인 관심을 지니고 있다. 인터넷 상에는 수많은 꿈해몽 관련 글이 넘쳐나고 있으며, 시중의 서점에는 꿈해몽 관련 서적이 난립하고 있다. 신문지상에는 로또(복권) 당첨자들의 당첨 꿈에 관한 여러 이야기나, 뜻밖의 행운을 잡은 사람들의 꿈이야기, 유명 인사나 연예인의 태몽에 관한 기사거리가 자주 등장되고 있다. 나아가 '나는 꿈을 안 믿는다'는 사람들도 돼지꿈을 꾸면 복권을 살 생각을 하거나, 안좋은 꿈을 꾼 경우에 근심하면서 외출을 삼가며 신중한 행동을 하고 있음을 볼 때, 미래예지적 꿈의 세계에 대해서 인식하고 있음을 알 수 있다.

'꿈은 미래를 예지한다.' 장차 펼쳐질 자신의 운명의 길을 보여주고 있는 예지적 꿈의 세계에 우리 모두 관심을 지녀보자.

8. 꿈의 분류 및 실증사례별 전개양상

먼저 중국의 꿈에 대한 분류를 유문영(劉文英)의 『꿈의 철학』에서 인용하여, 해설을 덧붙여 살펴본다.

1) 『周禮(주례)』의 여섯 가지 꿈에 대한 분류

『주례』에 근거하면, 주나라 사람들은 꿈을 여섯 가지의 종류로 나누고 있다. 해몽(관)은 여섯 가지 꿈의 길흉을 점친다.

① 정몽(正夢)이라는 것은 바로 일상적이며 놀라움이나 생각함이 없고, 걱정이나 기쁨이 없으며, 심경에 사리사욕이 없는 자연적인 꿈이다.

② 악몽(惡夢)이라는 것은, 바로 악몽이나 가위눌리는 꿈을 말한다. 왜냐하면 꿈속에서 매우 무서운 일을 만나 꿈을 꾸는 이가 종종 신음을 하거나 놀라 외치기 때문이다.

③ 사몽(思夢)이라는 것은, 꿈속에서 사고하고 고려를 하는 활동이 있

는 것을 가리킨다.

④ 오몽(寤夢)이라는 것은, 깨어 있을 때의 꿈을 가리키는 것으로 낮꿈 혹은 백일몽을 말한다. 백일몽을 꾸는 자신은 스스로 깨어 있다고 여기지만, 사후에 비로소 이것이 꿈이었음을 안다. 그 특징은 수면과 관계를 발생시키지는 않지만, 도리어 꿈의 상태와는 공통적인 심리적 특징이 있다는 점이다.

⑤,⑥ 희몽(喜夢)이나 구몽(懼夢)이라는 것은 모두 꿈속에서 즐거움이 있고 두려움이 있는 것을 가리킨다.

유문영은 『꿈의 철학』에서 중국의 꿈의 역사를 통시적으로 고찰하고 있는 바, 꿈의 이러한 구분은 바로 꿈의 내용과 심리적 특징에 근거하여 명칭을 부여한 것이지 다른 의미가 있는 것은 아니며, 억지스런 결론은 도리어 사람들을 어지럽게 할 뿐이라고 말하고 있다.

이는 『열자(列子)』에 언급되고 있는, 꿈을 꾸는데 여섯 가지 징후와 일치하고 있으며, 이런 여섯 가지 징후는 정신이 교감하는 데서 일어나고 있다고 보고 있다.

주목할 점은 '사몽(思夢)'이라고 해서, 꿈속에서 사고하고 고려를 하는 활동이 있음을 인정한 것으로, 꿈속에서 창조적인 사유활동에 해당되며, 꿈속에서 시를 짓거나 얻게 되는 몽중시(夢中詩) 등이 여기에 해당된다. 또한 욕구표출의 꿈에 대해도 언급하고 있으나, 미래예지 등의 부분에 대한 명확한 언급은 보이지 않고 있다.

2) 『潛夫論(잠부론)』의 열 가지 꿈에 대한 분류

동한(東漢) 시대에 왕부(王符)는 『잠부론』을 저술했는데, 열 가지 꿈의 특징에 관하여 〈夢列(몽열)〉에서 다음과 같이 말하고 있다.

> 먼저 꿈을 꾼 바가 있고, 이후에 이와 착오가 없는 것을 直夢(직몽)이라 하고, 견주어 서로 닮은 것을 象夢(상몽)이라 하고, 깊이 사색하여 정신을 집중하는 것을 精夢(정몽)이라 하고, 낮에 생각한 바가 있어 밤에 그 일을 꿈꾸며 갑자기 길하다가 갑자기 흉하기도 하여 선한 것인지 악한 것인지를 믿을 수 없는 것을 想夢(상몽)이라 하고, 귀함과 천함/ 현명함과 우둔함/ 남녀노소에 관계된 것을 人夢(인몽)이라 하고, 바람이나 비/ 차가움/ 더움에 관계된 것을 感夢(감몽)이라 하고, 오행(五行)과 왕상(王相)에 관계된 것을 時夢(시몽)이라 하고, 음이 극에 달하면 곧 길하게 되고 양이 극에 달하면 곧 흉하게 되는데 이를 反夢(반몽)이라 하고, 병이 난 바를 보고 그 꿈에서 본 바를 살피는 것을 病夢(병몽)이라 하고, 심성의 좋고 나쁨으로 해서 일에 응험이 있는 것을 性夢(성몽)이라 한다. 대저 이 열 가지는 해몽을 하는 것의 대체적인 요지이다.

3) 『夢占逸旨(몽점일지)』의 아홉 가지 꿈에 대한 분류

명나라 초기에 진사원(陳士元)은 『몽점일지』를 편찬하여, 역대의 여러 학자들의 꿈에 대한 학설을 종합하였다. 꿈이 발생하는 서로 다른 원인과 꿈과 그 조짐과의 서로 다른 관계에 근거하여, 꿈을 다음과 같은 아홉 가지로 귀납할 수 있다고 여겼다.

　감응은 아홉 가지 이유로 변하는데, 그 연유되는 까닭을 누가 알겠
는가? 첫째는 기가 성함[氣盛]이고, 둘째는 기가 허함[氣虛]이며, 셋째
는 사악함이 깃들임[邪寓]이고, 넷째는 신체가 막힘[體滯]이며, 다섯
째는 정이 넘침[情溢]이고, 여섯째는 직접 화합함[直協]이며, 일곱째
는 유사한 형상[比象]이고, 여덟째는 극한 반대를 이룸[反極]이며, 아
홉째는 악귀나 요괴[厲妖]에 의한 것이다.

　서구의 문학이론에 '시의 정의의 역사는 오류의 역사이다' 이란 말이
있듯이, 『潛夫論(잠부론)』·『夢占逸旨(몽점일지)』등에서의 꿈에 대한 정
의나 분류 자체도 그 이상의 번잡함을 지니고 있음을 알 수 있으며, 꿈과
질병과의 관계를 언급하고 있음을 알 수 있다.

4) 『佛經(불경)』에서의 꿈에 대한 분류

　『불경』이 중국에 전입된 후 종파와 전수의 차이로 인하여 〈네 가지
꿈〉 또는 〈다섯 가지 꿈〉의 분류가 있다. 필자의 실증사례에 의한 유형
별 전개방식 분류와 비교하여 간략한 해설을 덧붙여 살펴본다.

　① 四大不和夢(사대불화몽)은 체내에 地(지)·水(수)·火(화)·風(풍)
의 四大(사대)가 조화를 이루지 못해, 심신이 흩어짐으로써 일어나
는 것이다. 그 몽상은 일반적으로 꿈에 산이 붕괴되거나, 혹은 자
신이 허공으로 날아오르는 것을 보게 되고, 또는 꿈속에서 도적이

나 호랑이 · 사자 등이 뒤에서 쫓아오는 것을 보게 된다.→ 이는
불안심리 표출의 꿈에 가깝다.

② 先見夢(선견몽)은 대낮에 먼저 본 것을 밤에 꿈으로 꾸는 것을 가
리킨다. 대낮에 먼저 본 것이 검은 색이거나 흰색, 혹은 남자이거
나 여자였다면 밤에 꿈을 꾸는 것 또한 검은 색이거나 흰색, 혹은
남자이거나 여자이게 된다.→ 이 역시 심리 표출의 꿈에 가깝다.

③ 天人夢(천인몽)은 하늘과 사람이 서로 감응하여 꾸는 꿈을 가리킨
다. 선한 사람이 착한 일에 힘쓰면 하늘이 선한 꿈을 꾸게 함으로
써 선을 행하고자 하는 착한 마음을 신장시키며, 악한 사람이 나
쁜 일을 하면 하늘이 악한 꿈을 꾸도록 함으로써 그로 하여금 두
려움을 느끼도록 하여 착한 마음을 가지도록 유도한다.→ 예지,
계시의 꿈이 해당된다고 볼 수가 있다.

④ 想夢(상몽)은 항상 생각하던 것이 꿈속에 드러나는 것을 가리킨
다. 선한 일을 생각하는 사람은 선한 꿈을 꾸게 되고, 악한 일을 생
각하는 사람은 악한 꿈을 꾸게 된다.→ 자신의 소망이나 마음먹은
바가 꿈으로 표출되는 경우이다.

다섯 가지는 다음과 같다.

① 由他引夢(유타인몽)은 모든 신령이나 신선, 귀신, 주술, 약초, 부모
들이 생각하는 바와 모든 성현들이 이끄는 바에 의해서 꿈을 꾸게
되는 것을 말한다.→ 이는 계시적 성격의 꿈이 된다.

② 由曾更夢(유증갱몽)은 먼저 보고 듣고 느끼고 알고 한 일이나, 혹
은 거듭함으로써 습관이 되어 버린 각종의 일들이 지금 바로 꿈에
보이게 되는 것을 말한다.→ 자신의 생각하는 바가 꿈으로 나타나

는 꿈이다. 창의적 사유의 시짓는 활동 등으로 나아가게 해준다.

③ 由當有夢(유당유몽)은 장차 길하거나 불길한 일이 있을 것 같아 그것을 따라 꿈에서 먼저 그 형상을 보이게 하는 것을 말한다.→ 이는 예지적 성격의 꿈이다.

④ 由分別夢(유분별몽)은 만약 희구하는 것이나 의혹된 생각을 계속적으로 생각하게 될 경우 이러한 것들을 바로 꿈에서 보게 되는 것을 말한다.→ 이는 소망이나 불안한 심리표출의 경우이다.

⑤ 由諸病夢(유제병몽)은 만약 체내의 地(지)·水(수)·火(화)·風(풍) 같은 四大(사대)가 조화를 이루지 못할 때, 곧 증가하는 바가 있게 되어 꿈속에 이러한 종류들이 보이게 되는 것을 말한다.→ 번잡한 꿈을 꾸게 되는 경우로, 신체 내·외부의 이상이나 정신적으로 안정치 못할 때 꾸어지는 경우이다.

중국의 유문영은 이러한 여러 분류에 대하여 『꿈의 철학』에서 다음과 같이 언급하고 있다.

내용면에 있어서 과학적인 측면과 미신적인 측면이 서로 뒤엉키어 있으며, 논리적인 측면에 있어서도 구분의 기준이 일반적으로 그렇게 명확하지 못하다. 과학과 미신이 서로 뒤엉키어 있으므로 해서 당연히 옳은 것도 있고 옳지 않은 것도 있으며, 맞는 것도 있고 맞지 않는 것도 있기 때문에, 우리들은 반드시 분석적 태도를 갖추어야 한다.

이상에서 살펴보았지만, 꿈에 대한 올바른 분류는 실제 일어난 실증사례를 데이터베이스화하여, 빈도수에 따른 분석적 · 합리적인 방법으로 분류가 이루어져야 할 것이다. 실증사례 분석에 토대를 둔 필자의 유형별 전개방식에 따른 분류와 비교한다면, 『불경』의 다섯 가지 분류만이 우리가 꾸는 꿈의 대부분을 차지하는 미래예지 꿈의 특성을 명확히 인정한 분류로 가장 올바르게 되었다고 볼 수 있다. '由當有夢(유당유몽)은 장차 길하거나 불길한 일이 있을 것 같아 그것을 따라 꿈에서 먼저 그 형상을 보이게 하는 것을 말한다.' 는 표현은 꿈으로 미래를 예지해주는 특성을 인정하고 언급하고 있으며, 특히 이 책에서 주로 살펴보고 있는 미래예지 꿈사례에 대해 긍정하고 있음을 알 수 있다.

5) 실증사례별 전개양상에 따른 분류

이상에서 살펴본 바와 같이 꿈의 분류는 보는 관점과 입장에 따라 여러 가지로 나타나고 있다. 서양에서도 고대에는 꿈을 신(神)의 고지(告知)나 계시로 인식했었으며, 근대에 들어와서 잠재의식적인 내면의 심리표출이나 내 · 외부의 감각자극에 의해 꿈이 이루어진다고 보고 있다. 따라서 꿈에 대한 언급도 꿈의 심리학적 특성에 중점을 두고 언급하고 있으며, 미래 예지적 특성이나 창조적 사유의 활동이 이루어지는 것에 대하여 부인하는 것은 아니지만, 큰 관심을 지니지는 않았으며 정신분석학적인 측면에 치중하고 있음을 볼 수 있다.

하지만 꿈의 세계는 시공을 초월하여 보편적으로 전개되고 있다. 따라서 꿈의 실체에 접근하는 가장 올바른 접근 방법은 '이러이러한 꿈을 꾸고 이러이러한 일이 일어났다' 고 하는 실증적인 사례에 근거한 꿈의 유형별 전개방식에 따른 분류가 되어야 할 것이다.

간략하게 필자가 분류한 유형별 전개 양상별로 살펴본다. 상세한 것은 제 III장의 꿈의 전개양상별 실증사례에서 살펴보기로 한다.

(1) 심리 표출의 꿈(소망 · 불안 · 초조감)

앞서 살펴본 불경의 5가지 분류 중에 '由分別夢'(만약 회구하는 것이나 의혹된 생각을 계속적으로 생각하게 될 경우, 이러한 것들을 바로 꿈에서 보게 되는 것을 말한다)에 해당된다.

소망 표출의 꿈에서는 현실에서 이루지 못한 자신의 억눌린 잠재의식의 바람을 꿈을 통해 시연(試演)해봄으로써, 대리만족케 하고 해소케 하는 경우의 꿈으로, 실제 꿈사례 뿐만이 아니라 문학작품에도 많이 보여지고 있다. 또한 불안 · 공포 · 초조감 등의 잠재의식의 심리가 표출되는 꿈으로, 현실에서 어려움을 겪거나 심리적인 압박을 받을 때 꾸어지는 꿈이다.

(2) 외부 · 내부의 감각적인 자극 꿈

외부의 감각자극으로 인한 경우는 꿈에 있어서 가장 단순한 것으로, 수면 중에 외부에서 어떤 신체자극을 주게 되면 그 자극의 영향으로 꿈을 꾸게 되는 경우이다.

또한 내부의 신체장기의 이상이 있을 경우에도 꿈으로 형상화되어 우리에게 일깨워주고 있다. 고양이가 목을 할퀴는 꿈으로 목의 이상을 알려주기도 하며, 도깨비나 귀신과 싸우는 꿈으로 병마에 시달리기도 한다. 이 경우 물론 이기는 꿈이 좋은 꿈으로 병마를 물리치는 일로 실현되고 있다.

(3) 사실적 미래예지 꿈

사실적인 미래예지 꿈은 가까운 장래에 일어날 일을 마치 현실에서 펼쳐지는 것처럼, 꿈속에서 사실적인 전개형태로 꾸는 경우이다. 꿈의 기법 가운데 비교적 단순하며, 쉽게 그 꿈의 의미를 알 수 있는 경우가 대부분이다. 예를 들어 꿈속에서 본 사람이나 장소를 현실에서 그대로 보게 되는 일로 이루어지는 꿈이며, 꿈속에서 본 숫자가 로또 당첨 번호로 현실에서 그대로 실현되는 경우이다.

(4) 상징적 미래예지 꿈

상징적인 미래예지 꿈은 전체 꿈의 80% 이상의 대부분을 차지하며, 상징적인 표상으로 장차 일어날 일을 예지해주고 있다. 꿈의 특성은 황당하게 전개되며, 이 꿈의 실현결과는 피할 수 없는 것으로 나타나고 있다. 역사적 기록으로 전하는 대부분의 꿈은 상징적인 미래예지 꿈이며, 이러한 꿈의 예지적 성격에 관해서는 민간 속신에서 절대적이라 할 만큼 받아들여져 왔다. 예를들어 로또(복권) 당첨, 태몽이나 사건·사고 및 죽음예지 꿈을 들 수가 있다.

(5) 계시적 성격의 꿈

조상이나 산신령 기타 동식물 등 영적인 대상과의 교감이 꿈을 통해 이루어지고 있는 경우이다. 과학적으로 보자면, 실제 이러한 영령이 존재하는 것이 아닌, 꿈속에 등장한 모든 영적 대상은 인간의 정신능력의 활동에 의해 필요에 따라 그때그때 창조되어 상징표상으로 나타난 존재로써, 꿈의 표현기법의 하나인 것이다. 꿈은 필요에 따라, 조상과 산신령, 또는 동물이나 저승사자를 등장시켜 직접적인 계시의 형태로써 말로써 일러주고 경고해주고 있는 것이다.

고전소설에서 주인공이 위험에 빠졌을 때 흔히 사용되는 수법으로, 비몽사몽간에 조상이나 산신령이 나타나 위험에 빠진 사실을 일깨워주는 방법을 사용하고 있다.

(6) 경고성 일깨움의 꿈

꿈을 꾸게 하는 주체는 바로 우리의 초능력적인 잠재의식으로, 우리가 자고 있는 동안에도 우리의 뇌는 깨어있어서, 자신이나 자신의 주변 인물에 닥쳐올 위험을 감지해내고 꿈으로써 형상화하여 일깨워주고 있다.

질병에 걸린 것을 꿈으로 일깨워주거나, 자신의 주변에 다가오는 위험에서 벗어나도록 꿈으로 일깨워주는 경우가 여기에 해당된다. 따라서 잠을 자다가 꿈으로 인하여 깨어난 경우에는 주변 상황을 점검하고 살펴볼 필요가 있다.

(7) 창조적 사유활동의 꿈

『周禮(주례)』·『列子(열자)』에 나오는 여섯 가지의 꿈의 분류 중에도 '사몽(思夢)'이라고 하여, 꿈속에서 사고하고 고려를 하는 활동이 있음을 언급하고 있다. 이러한 창조적인 사유활동의 꿈은 문학작품의 창작에 많이 나타나고 있는 바, 꿈을 통해 우리의 잠재의식의 정신활동이 극대화됨으로써, 현실에서는 불가능한 발견·발명·창조적인 아이디어를 꿈속에서 가능하게 해주고 있다. 또한 현실의 자아가 해결할 수 없는 사실이나 문제점에 대해서 해결의 실마리를 꿈에서 찾을 수 있도록 해주고 있다. 현실에서는 지어낼 수 없었던 뛰어난 창의적인 표현의 시를 꿈속에서 지은 선인들의 수많은 몽중시(夢中詩) 사례 등이 여기에 속하며, 선인들이 꿈속에서 어떤 깨달음을 얻은 경우가 여기에 해당된다. 외국의 사례로도 꿈을 통해 아이디어를 얻거나, 발견·발명의 무수한 사례가 있다.

(8) 지어낸 거짓 꿈

우리가 실제 꾸지는 않지만, 일생생활에서나 문학작품에서 거짓 지어낸 꿈이야기에 의탁하여, 어떠한 자신의 목적을 달성하거나 합리화를 하는 경우이다. 또한 민중들의 꿈에 대한 신성성을 이용하여 꿈속에서 계시를 받았다고 거짓 꿈이야기를 지어 유포함으로써, 민심의 안정과 천명에 의한 건국을 믿도록 하고 있다.

선인의 예로, 주막집의 주모와 동침하기 위해 황룡이 품에 날아드는 좋은 태몽꿈을 꾸었다는 말로 유혹하는 이야기를 들 수 있다.

(9) 허망성으로서의 꿈

'모두가 꿈이로세' 등의 관습적 언어의 사용과 '일장춘몽, 남가일몽, 한단지몽' 등의 고사성어에서 살펴볼 수 있듯이, 우리 인생을 덧없는 꿈에 비유하고 있다. 이러한 허망성으로써의 꿈은 일상의 생활에서 보다는 문학 작품의 제재로써 많이 사용되고 있다.

9. 꿈의 상징과 관습적 · 문학적 상징

1) 꿈은 상징의 언어

꿈은 장차 일어날 미래예지적인 일을 상징적인 표상으로 전개하고 있다. 이러한 꿈의 세계를 현실의 언어 잣대로 해석하면 안 된다. 어디까지나 꿈의 해석은 꿈의 언어로 풀어야 한다. 꿈의 언어는 상징이며, 꿈의 이해는 상징표상의 이해에 있다.

꿈속에서는 '구렁이가 몸에 감겨들기도 하고, 부모랑 성관계를 맺는다거나, 누구를 죽이는 꿈' 등등 현실에서 일어날 수 없는 황당한 전개의 일들로 진행이 되고 있다. 상징의 의미를 살펴보면, 구렁이가 몸에 감겨드는 것은 실제 구렁이가 아닌 이성의 상대방이나 재물이 다가오는 것을 뜻하고 있으며, 부모와 성관계를 맺는 꿈은 부모로 상징된 윗대상과 어떠한 계약 · 성사 · 체결을 이루는 일로 이루어지고 있으며, 사람을 죽이는 것은 어떠한 사람이나 대상을 제압 · 굴복 · 복종시키는 일로 이루어지고 있다.

우리나라에서 30여년 이상 꿈에 대해서 연구해왔으며, 꿈에 대해서 15권 이상의 저서를 낸 필자의 스승이신 한건덕 선생님은 필자와 공저한 『꿈해몽백과(학민사,1997)』에서, 꿈의 상징에 대하여 다음과 같이 언급하고 있다.

> 꿈의 세계는 동서고금을 통틀어 공통적인 형성원리와 공통적인 뜻을 가지고 있기 때문에, 꿈의 언어에 있어서 세계 공통의 표현을 지니고 있으며, 그 해석에 있어서 비유와 암시와 상징적인 뜻으로 바꿔놓고 해석해야 한다. 이러한 꿈의 상징이나 그 꿈의 원리가 일정불변 법칙적인 해석법을 지니고 있기 때문에, 결코 임의적이거나 비합리적인 해석을 용납하지 않는다.

이처럼 꿈의 세계의 진리는 하나이며, 꿈의 상징은 공통적인 형성원리와 보편성을 띠고 있다. 다만, 각 민족성이나 문화적 체험, 역사적 배경, 인간의 기질이나 환경적 영향, 도덕적 가치 기준 등에 따라서 각기 다른 관점이나 견해를 보이고 있을 뿐인 것이다.

꿈에 있어서의 상징에 대하여, 프로이트는 그의 『정신분석입문』에서 '꿈에 있어서 상징성'의 소절로 분리하여 열 번째 강의로 설명하고 있음을 볼 때, 꿈의 표현에서 상징의 의미가 얼마나 중요한 것이지를 보여주고 있다. 하지만, 꿈에 나타나는 상징을 性(성)의 상징에 치중하고 있으며, 상징의미의 천착에 있어 환자의 심리상태 분석이라는 정신분석학적 차원에 중점을 둔 서술이기에, 보편적 문학적 상징 차원의 접근방식과 차별성이 존재하고 있다.

'칼 구스타프 융' 역시 상징 이해의 중요성, 상징이 다양하게 전개되

고 있으며, 꿈을 꾼 사람이 처한 상황의 중요성을 다음과 같이 언급하고
있다.

  꿈과 상징의 해석은 지성을 필요로 하며, 상상과 직관 또한 우리들
  의 상징이해에 필수적인 것이다. 나는 자연의 상징을 연구하는데 반
  세기 이상을 보내왔다. 그리하여 나는 꿈과 그 상징들이 결코 어리석
  거나 무의미한 것이 아니라는 결론에 도달하였다. 오히려 꿈은 그 상
  징을 이해하려는 노력을 아끼지 않는 사람들에게는 가장 흥미진진
  한 정보를 제공한다. ―칼 구스타프 융 편, 『인간과 무의식의 상징』,
  집문당, 1983, pp.92~105.

  존 A. 샌포드 역시 꿈이 상징의 언어로 되어 있으며, 이러한 상징 언
어의 이해가 있어야 꿈을 올바르게 이해할 수 있다고 말하고 있으며, 다
음과 같이 언급하고 있다.

  꿈은 상징을 통해 이야기한다. 전 세계적으로 모든 역사를 통하여
  볼 때, 인간은 언제나 꿈을 꾸어 왔다. 물론 여러 가지 다른 언어들이
  있지만, 꿈은 상징을 통해 그것 자체를 생각하고 표현하는 일반적인
  언어를 가지고 있다. 이 상징적인 언어는 모든 의식적인 언어의 장벽
  을 초월한다.
  그 상징은 두 가지의 근원에서 비롯된다. 그 하나는 인간의 개인적
  인 경험이며, 또 하나는 모든 인간에게 공통된 또 다른 근원을 생각
  하지 않으면 이해할 수 없는 상징들이 있다. 땅, 흰 것, 정사각형 등
  이 인간에게 수세기 동안 무엇을 의미해왔는지를 이해해야, 꿈속에

서 나타나는 이러한 상징들의 의미를 알 수 있다. 그래서 융은 그것을 '집단무의식'이라고 명명했다. — 존 A. 샌포드, 정태기 역, 『꿈(하나님의 잊혀진 언어)』.

존 프리만 또한 "무의식의 언어와 내용은 상징이고, 의사소통의 수단은 꿈이다."라고 하여 꿈에 있어서 상징의 중요성을 역설하고 있으며, 레온 앨트먼 역시 그의 『性(성)·꿈·정신분석』의 꿈 이론의 간략한 개관에서 상징의 중요성을 언급하고 있다. 상징이 꿈뿐만이 아니라, 일상생활과 문학·예술·종교·민속학·신화 등에서 다양하게 적용되어 왔지만, 꿈의 해석에 상징의 원리를 도입하는 것에 대하여 신뢰를 얻지 못하고 있음을 밝히고 있다.

2) 꿈의 언어, 관습적인 언어, 문학적 상징, 토속적 민간 신앙

꿈의 언어인 상징의 세계는 우리가 쓰는 현실에서의 관습적인 언어 및 문학적 상징의 언어와도 일맥상통하게 전개되고 있다. 또한 우리의 토속적 민속 신앙과도 그대로 관련되고 있다,

예를 들어, 처녀에 몸에 구렁이가 감기는 꿈은 상징적인 미래예지 꿈으로 구렁이로 상징된 남자가 구애나 접근을 해올 것을 뜻하고 있다. 가임여건에서는 태몽 표상으로 등장되기도 한다. 이러한 꿈의 상징기법을 원용해서, TV 드라마나 영화에서 구렁이가 몸에 감아드는 장면을 보여줌으로써, 장차 애인이 생기게 되거나 태몽으로 실현될 것을 암시하고 있기도 하다.

또다른 예로, 독일에서 만든 성추행 예방 동영상을 살펴본다.

'보기만 해도 끔찍한 구렁이가 여자아이를 휘감는다. 구렁이는 사람 피부 빛을 띠고 남자 성기처럼 생겼다. 구렁이는 여자아이의 몸을 껴안고 평생 떠나지 않는다. 여자아이가 나중에 죽어서 관 속에 들어간 뒤에야, 구렁이는 스르륵 빠져나간다.'

이는 어릴 때 당한 성추행이 얼마나 치유하기 힘든지 성기 모양의 구렁이를 등장시켜, 못된 남자가 성추행하는 것을 상징적인 동영상으로 제작하여 보여주고 있다. 이로써 볼 때, 꿈의 상징기법은 동서양을 막론하고, 나아가 고금의 시대를 초월하여 보편적으로 원용되어 왔음을 알 수 있겠다.

한편, 우리의 민속 신앙에서도 상사병으로 원통하게 죽은 혼이 변하여 사랑하던 사람의 몸에 붙어 다닌다고 하는 상사(相思)뱀 전설이 내려오고 있는 바, 사람이 한을 품고 죽을 경우에 뱀이나 구렁이로 변한다는 토속 신앙이 전해오고 있다.

또한 이러한 민속 신앙을 문학작품에 원용하기도 한다. 윤흥길의 소설 〈장마〉에서는 각기 국군과 빨갱이를 둔 자식으로 인하여, 좌우익의 이념적 대립을 겪던 친할머니와 외할머니가 토속 신앙에 의해서 극복되어감을 다루고 있다. 구렁이가 집에 들어온 것을 보고, 빨갱이였던 아들이 한을 품고 죽어 환생하여 찾아온 것으로 여기고 기절한 친할머니, 이를 침착하게 수습하여 구렁이를 달래 보내는 외할머니의 행위를 통해, 이념적 갈등과 대립을 토속적 민속 신앙에 의해 극복해 가는 이야기를 어린이 화자인 동만의 시점으로 서술하고 있다.

(1) 일상의 관습적인 언어와 꿈의 상징 언어

관습적인 언어와 꿈의 상징 표현이 일맥상통하고 있음을 여러 사례를 들어서 살펴본다.

① 야! 이 자식! 너 옷벗고 싶어→ 직장 상사가 부하 직원에게 "야! 이
   자식! 너 옷벗고 싶어" 라고 말할 때, 단순한 옷이 아닌 "너 직장 그
   만두게 해줄까" 의 뜻으로 쓰이고 있다. 꿈의 상징에 있어서, 옷을
   잃어버리는 꿈을 꾼 후에 실직하고 있다.
② 재수없게 꽃뱀에 물렸어→ 꽃뱀은 남자를 성적으로 유혹하여 금
   품을 우려내는 여자' 를 속되게 이르는 말로써, 뱀에 물리는 꿈을
   꾼 후에 현실에서 여자의 유혹에 빠져 경제적 손실을 입는 일로 이
   루어지고 있다.
③ 누구는 누구의 오른팔이다.→ 누구는 누구의 심복이다. 팔이 잘리
   는 꿈을 꾼 후에 자신의 부하직원이 사고를 당하거나, 자신에게서
   떠나는 일로 이루어지고 있다.
④ 너! 죽여 버린다.→ 현실에서도 상대방을 완전히 굴복시키고자 하
   는 경우 쓰이고 있는 바, 꿈의 상징의미에서도 죽이는 것은 제압·
   굴복·복종시킴을 뜻하고 있다.
⑤ 바지씨 잘 지내니?→ 이성의 남자 친구를 속되게 이르는 말로써,
   바지가 찢어지는 꿈으로, 사귀던 남자 친구와 이별하는 일로 이루
   어지고 있다.
⑥ 고무신 거꾸로 신다.→ 여자가 변심했을 때 쓰는 말로써, 꿈의 상
   징의미에서도 신발은 의지하는 사람이나 직장을 상징하고 있으
   며, 신발을 잃어버리는 꿈을 꾸는 경우에 실연이나 실직으로 실현
   되고 있다.
⑦ 에고! 우리 강아지→ 부모가 어린 자식이 귀여울 때 쓰는 말로, 실

제로 꿈속에서 강아지나 고양이 등이 사람이나 이성의 상대방을 상징하는 표상물로 등장되고 있다.

⑧ 호박이 넝쿨 채 굴러들어 왔다.→ 재물이나 좋은 일이 일어날 때 쓰는 말로, 꿈에서도 호박이 달린 것을 보는 꿈은 재물의 획득으로 이루어지고 있다.

⑨ 오늘 자식들 밥벌이 잘 했습니까?→ 증권해설자가 주식 시황 설명 중에 투자자들이 매수한 주식에서 수익이 많이 났는지를 물을 때 하는 말로, 꿈에서도 자식의 상징은 실제의 자식이 아닌, 애착이 가는 대상이나 일거리를 뜻하고 있다. 자식의 머리가 깨지는 꿈으로, 매수한 주식에서 엄청난 손실을 입거나 승용차가 파손되는 일로 실현된 사례가 있다.

(2) 문학적 상징과 꿈의 상징 언어

문학적 상징은 비유와 달리, 원관념을 드러내지 않으면서, 1 : 다(多)의 여러 가지 해석이 가능하다. 꿈의 세계도 문학적 상징과 마찬가지로 상징적으로 전개되어, 같은 꿈이라고 하더라도 꿈을 꾼 사람이 처한 상황에 따라 달리 실현되고 있다.

박두진의 시 '해'를 예로 살펴본다. '해야 솟아라'는 일제 때 쓰여진 시가 아닌, 광복 이후의 좌·우익의 혼란상을 극복하고 평온과 밝음의 세상이 펼쳐지기를 바라는 마음에서 쓰여진 시다. 하지만 문학적 상징의 입장에서 살펴보자면, 이 시는 오늘날 감상을 하는 사람이 처한 상황이나 여건에 따라, 다양한 해석이 가능하기도 하다. 몸이 아픈 학생에게는 '해야 솟아라'가 질병에서 낫는 일이 될 수 있으며, 애인이 없는 사람에게는 애인이 새롭게 생기는 것을 뜻하며, 실직자에게는 좋은 직장을, 수험생에게는 원하는 대학에 합격하는 것을 뜻할 수 있기도 하다. 꿈의 상징에서도 마찬가지로, 이러한 해가 솟는 꿈을 꾸면, 대입 합격 등 각각의 처한 상황에 따라 각기 좋은 일로 실현되고 있다.

특히 문학작품 중에서도 이야기 전개의 서사 형식의 소설보다는, 압축된 말로 표현하는 시에 있어서 비유와 상징이 주요 기법으로 사용되고 있는 바, 마찬가지로 꿈의 세계에서는 꿈의 언어인 상징이 주요한 기법으로 동원되고 있다. 꿈에서는 상징의 세계를 드러내기 위하여 동물이나 산신령이나 귀신을 등장시키기도 하며, 기타 현실에서는 일어날 수 없는 황당한 전개의 역설(逆說)적인 표상으로 상징성을 드러내고 있다.

또한 현진건의 〈운수 좋은 날〉은 '새침하게 흐린 품이 눈이 올 듯하더니, 눈은 아니 오고 얼다가 만 비가 추적추적 내리었다'의 암울한 배경으로 시작하고 있는 바, 곧이어 일어날 아내의 비극적인 죽음을 암시해 주고 있다. 마찬가지로 꿈의 상징에 있어, 태몽 등에서 음울한 날씨의 배경은 장차 태어날 아이가 불운한 여건이나 상황에 처하게 될 것임을 상징하고 있다.

이렇게 소설에서 암울하고 음산한 배경의 이미지가 주인공의 불행 등으로 이어지듯이, 음울한 내용의 태몽인 경우 유산이나 요절 등으로 이루어지고 있으며, 선인들의 암울한 시적 전개의 몽중시(夢中詩)에 있어서는 죽음예지나 좌절의 꿈으로 실현되고 있다.

이러한 상징의 실현은 각자 처한 상황에 따라 다르게 전개되고 있다. 사람들이 가장 많이 꾸는 '이빨 빠지는 꿈'의 실현도 다양한 실현사례를 보이고 있다. 심리학적으로는 거세에 대한 불안심리에서 이빨이 빠진다는 꿈을 꾼다고 보기도 하는 바, 우리의 민속적인 정서에는 맞지 않는 근거 없는 이야기일 뿐인 것이다.

  이빨은 가족이나 회사·직장의 구성원, 자신에게 소중한 어떤 일거리나 대상을 상징적으로 나타내주고 있다. 따라서 이빨이 빠지는 꿈은 이빨로 상징된 어떠한 사람이나 대상이 자신으로부터 멀어짐을 뜻한다. 즉, 자신과 관련된 주변 누군가가 죽거나, 쓰러지거나, 해고를 당하거나, 사고를 당하거나 등등 어떠한 대상이나 일거리와의 무산·좌절·결별 등의 안 좋은 일로 실현되고 있다. 또한 사실적인 꿈인 경우 실제 이빨이 빠지는 일로 실현될 수 있으며, 흔들리는 이빨을 제자리에 놓는 꿈으로 사건을 무사히 마무리한 사례가 있다.

10. 꿈의 메커니즘

'꿈과 수면' · '꿈과 뇌' 에 대해서, 『뇌 과학이 알려주는 잠의 비밀』 · 『꿈꾸는 뇌의 비밀』 · 『꿈의 비밀』 · 기타 신문 기사 등에서 요약 발췌하여 필자의 의견을 덧붙여 살펴본다.

1) 꿈과 수면 – 렘수면

우리 인간은 누구나 잠을 자고 있다. 낮시간에 쌓였던 피로를 잠을 잠으로써, 피로를 풀고 내일의 활동에 대비하고 있는 것이다. 국어사전에는 '잠' 에 대해서 '눈을 감고 의식 없이 쉬는 상태' 로 나와 있다. 하지만 아직도 수많은 학자들이 잠이란 무엇인지에 대해서 정확하게 정의를 내리지 못하고 있다.

더군다나 우리가 잠을 자면서 꾸게 되는 꿈은 더욱 신비에 싸여 있다. 우리 인간의 뇌의 신비가 풀리지 않는 한, 꿈의 실체에 다가서기는 어려울 것이다. 설령 뇌의 신비가 밝혀졌다고 하더라도, 꿈의 작업장이 펼치는 예지적인 상징적인 의미를 정확하게 해몽한다는 것은 필자가 '마이

다스의 꿈'이라고 명명(命名)한 바와 같이 우리 인간의 허황된 욕심에 불과할는지 모른다.

틀림없는 사실은 우리의 뇌는 잠자고 있는 동안에 활동을 멈추는 있는 것이 아니라 깨어 있다는 것이다. 그리하여 신성(神性)의 정신능력은 내면의 심리를 표출하기도 하고, 신체 내외부의 이상을 일깨워주기도 하며, 창조적인 사유활동을 하거나, 장차 다가올 미래에 일어날 일을 예지해주는 제 2의 정신활동을 하고 있는 것이다.

과학적으로, 꿈은 '빠른 눈의 운동'(Rapid eyes Movement)이 특징인 렘(REM) 수면 상태 하에서 이루어지고 있다. 이러한 눈동자를 움직이고 있는 렘(REM) 수면상태를 하지 못하게 방해를 하면, 공격적 행동이 증가하고 신경이 과민해지며 주의력이 산만해지는 한편, 심하면 환각과 망상까지 일어나는 정신병 상태에까지 도달한다는 연구결과가 나와 있다. 그리하여 우리 인간이 잠을 자는 동안에 꿈을 꿈으로써, 정서의 안정과 지적기능의 회복에 도움을 주고 있는 것으로 보여진다.

어느 신문에 나온 꿈에 관한 표제어를 살펴보면, '숙면상태에서 왕성한 뇌파활동이 꿈을 유도', '하룻밤 네 단계 수면, 90분 간격 4~5회 반복', '꿈꾼 후 10분만 깊게 자면 기억에서 사라진다.' 등이 나열되어 있다. 모두가 맞는 말일 수도 있고, 틀린 말이 될 수도 있다. '잠과 꿈'에 대한 신비는 어쩌면 영원히 풀리지 않는 수수께끼가 될는지 모른다.

'빠른 안구운동'을 보이는 렘(REM) 수면상태에서 꿈이 많이 꿔지고 있음은 널리 알려진 바이다. 하지만 절대적인 것은 아니며, 이 렘수면에서 꿈이 주로 꾸어지지만, 렘수면이 아닌 동안에도 꿈을 꾼다는 것이 밝혀졌다.

일부 과학자들은 활발한 뇌의 활동으로, 이러한 REM 수면기에 신경회로를 구축하고, 생존에 가장 중요한 유전자적으로 부호화된 정보, 필요한 행동지침을 각인 시키는 신경망 배선작업이 진행되고 있다고 보고 있다. 인간이 잠을 자면서 꿈을 통하여 낮에 받은 스트레스를 정화하고 감정조절과, 가치 없는 경험을 제거하고 유익한 경험을 장기 기억으로 바꾸거나, 이전의 경험과 통합하는 것을 도와주며, 새로운 정보를 학습하고 기술획득에 중요한 역할을 하는 최적의 작업 시간이 바로 렘(REM) 수면기라는 것이다.

이렇게 밤에 잠을 잘 자면 학습이 향상된다는 주장은 오래전인 1924년 발표된 과학보고서부터 언급되고 있다. 잠을 자면서 REM 수면기에 꿈을 통해, 낮에 학습한 것에 대한 반복 훈련과 기억의 통합과 저장이 진행되고 있다는 것이다. 따라서 새로운 운동이나 게임 · 음악을 배운 사람은 최대효과를 거두기 위해서, 푹 자두는 것이 좋은 것을 알 수 있다.

이러한 렘(REM) 수면기에 정서 및 장기 기억이 고도로 활성화되고 있으며, 이러한 동기 영역에 활성화 요인은 잠재의식적으로 바라는 충동과 욕망에 기인된다고 볼 때, 프로이트의 주장에 일리가 있기는 하다.

하지만 이는 소망이나 불안감 등의 심리표출의 꿈의 입장에서나 맞는 주장일 뿐, 우리가 꾸는 꿈의 대다수를 차지하는 예지적인 꿈에 있어서는 어긋나고 있다. 꿈을 통해, 우리 인간의 영적능력이 극대화되어 장차 다가올 일을 예지하거나, 신체 내외부의 이상을 알아차리거나, 발명을 하게 되거나 창의적인 아이디어를 낼 수 있는 바, 실로 꿈은 우리 뇌가 우리 자신에게 보내는 메시지요, 알림이요, 경고인 것이다.

2) 수면의 효용

우리 인간은 잠을 자지 않고서는 생활해 나갈 수 없다. 이러한 것을 악용하여, 잠을 고문의 수단으로 이용해온 것은 널리 알려져 있다.

'미인은 잠꾸러기' 라는 말이 있지만, 몸과 마음을 건강하게 유지하기 위해서는 충분한 수면이 필요함은 누구나 다 알고 있다. 수십억년의 진화과정을 거쳐서 만들어진 우리 인간의 생체리듬은 깊은 밤에는 잠을 자도록 되어 있다. 깊은 밤 두어 시간 잠을 잔 것이 대낮에 몇시간 잔 것보다 더 좋은 효과를 가져온다. 특히 수험생의 경우 낮과 밤을 바꾸어 생활하는 경우가 있는데, 이는 절대적으로 잘못된 것이다. 심하면 신경쇠약 등에 걸릴 수도 있다. 필자의 경우를 보더라도 밤 2시 30분 전에 자는 경우에는 그 다음날 생활에 큰 무리가 없음을 느끼고 있다. 하지만, 밤을 그냥 새웠을 경우 그 다음날은 몽롱한 가운데 하루를 보내고는 한다.

앞서 살펴본 바, 일부 학자들은 잠을 자는 동안에 꿈의 작업을 통해 기억의 저장활동과 낮에 학습한 것에 대한 재생작업과 장기기억에 대한 전환 작업이 이루어지고 있다고 주장하고 있다. 따라서 시험 전날 아무리 열심히 공부하여도 잠을 푹 자지 않으면, 공부한 것이 제대로 기억나지 않을 수 있다. 이로써 보면, 충분하게 잠을 자는 것이 수험생이라든지, 새로운 기술을 습득하고자 하는 사람들에게는 절대적이라 할 수 있다.

어디 그뿐이랴. 학자들의 연구결과에 의하면, 잠이 부족하게 되면 우리 몸과 마음의 신체 생리적인 리듬이 깨어지게 되어, 여러 신체적인 이상 증상이 발생할 가능성이 높아진다고 한다. 잠을 충분히 잔 학생이 그보다 적게 잠을 잔 학생보다 날씬했다는 연구 결과도 있으며, 잠을 충분히 자지 못하면 혈액속의 포도당 농도를 적절하게 조절하지 못해서 포도

당을 처리하는 능력이 떨어지므로 당뇨병에 걸릴 위험이 높아진다고 한다. 또한 수면부족은 고혈압을 초래할 수도 있는 바, 단 하룻밤을 푹 자지 못해도 다음날 내내 혈압이 높아진다는 연구결과가 있다고 한다.

3) 수면 단계

동물을 이용한 실험이나 수면의 기능에 대한 연구를 통해 잠의 신비에 다가서고 있는 바, 과학자들은 이러한 잠에도 여러 단계가 있음을 연구결과로 밝혀냈다.

뇌파(腦波)는 신경계에서 뇌신경 사이에 신호가 전달될 때 생기는 전기의 흐름이다. 뇌의 전기적 활동에 대한 신경생리학적 측정방법으로 두피에 부착한 전극을 통해 기록하는 바, 심신의 상태에 따라 각각 다르게 나타나며, 이 결과 얻어지는 궤적을 뇌전도(EEG:electroencephalogram) 또는 뇌파(brainwave)라고 부른다. 뇌의 활동 상황을 측정하는 가장 중요한 지표로, 뇌 손상이나 간질 또는 법률적으로 뇌사를 진단하는 데 사용한다.

뇌파는 베타파, 알파파, 세타파, 델타파로 나뉜다. 베타파는 의식이 깨어 있을 때의 상태, 알파파는 긴장을 풀어 몸과 마음이 고요하거나 조화를 이룬 상태, 세타파는 명상상태의 얕은 수면상태에 이른 상태, 델타파는 깊은 수면 시나 무의식 상태일 때 발생되는 뇌파이다. 이러한 뇌파를 조절함으로써 예민한 성격으로 잠을 못 이루거나, 과중한 업무로 인한 스트레스와 피로에 시달리는 직장인, 입시를 앞둔 수험생이나 갱년기 장애를 겪는 여성들의 불면증이 치료될 수 있다고 보고 있기도 하다.

이러한 뇌파를 이용한 연구에 따라, 수면에 관한 여러 가지 새로운 정보들이 알려지게 되었는데, 특히 수면동안 뇌파의 변화를 관찰하여, 우리가 바로 잠속으로 빠져드는 것이 아닌, 여러 단계를 거쳐 잠을 잔다는 사실을 알아냈다. 또한 하룻밤 사이에도 주기적으로 리듬을 가지고 변화하는 것을 알아냈다.

수면단계는 뇌파의 주파수의 변화에 따라 네 단계로 나누는데, 우리가 잠을 자는 동안 다섯 가지 수면 단계를 여러 차례 반복하며 거친다. 처음 네 단계를 거치는 데에는 약 90분, 잠이 깊게 들수록 뇌파의 주파수가 느려지고 폭이 커지게 된다. 그 다음에 찾아오는 렘(REM) 수면 단계는 약 10분간 지속된다. 따라서 첫 번째 수면주기가 끝나기까지는 약 100분이 걸린다. 보통 사람은 하룻밤 사이에 이런 수면주기를 다섯 차례 정도 거친다고 한다. 이러한 수면주기는 보통 개인별로 차이가 있지만, 수면단계의 비율은 대체로 유사하다. 보통 사람들의 전체 수면 시간 중 약 25%는 렘(REM) 수면이 차지하고, 나머지 75%는 비렘수면(1단계 수면 4단계 수면)이 차지한다.

첫 번째 1단계 수면, 즉 얕은 잠단계에 들어간다. 2단계는 잠이 조금 더 깊이 든 단계이다. 몸의 근육이 완전히 이완된다. 2단계 수면은 약 15분 동안 지속되다가 3단계 수면으로 넘어간다. 3단계에서는 뇌는 휴식상태에 들어가며 최소한의 정보만 처리한다. 뇌의 활동이 거의 전부 델타파로 측정되는 시점에서 4단계 수면으로 넘어간다. 흔히 깊은 잠에 빠진 상태라고 부르는 3단계와 4단계에서는 몸이 완전한 휴식상태로 들어간다. 마음은 고요하고, 눈동자도 움직이지 않으며, 근육은 이완되고, 심박동과 호흡은 느리고 규칙적이다. 느린 뇌파가 나오기 때문에 서파(徐波) 수면이라고 불리우는 깊은 잠에 빠진 사람은 깨우기가 쉽지 않으며, 깨어나더라도 움직임이 둔한 모습을 보인다. 이러한 깊은 잠 상태인 서파

수면 단계를 거치며 한 시간 정도 깊은 잠을 잔 다음에, 5단계 수면인 렘수면으로 넘어간다.

빠른 안구운동이 일어나는 특징을 보이는 렘(REM) 수면기에 나오는 뇌파는 깨어 있을 때와 비슷하며, 몸의 근육 긴장이 사라지는 수면상태이다. 연구결과에 의하면, 렘(REM) 수면시에는 호흡도 불규칙해지고 심장박동도 빨리 뛰며 혈압도 오른다. 남자들의 경우에는 음경이 발기된다. 어린 아이의 경우에는 렘수면이 50% 이상을 차지하고 있기도 하다.

주로 이 렘수면기에 꿈을 꾸게 되며, 대부분의 사람들은 신비스러운 렘수면 단계를 하룻밤 사이에 모두 합쳐 두 시간 정도 거치고 있다. 아침이 가까워질수록 렘수면 수면시간이 더 길어지고 있다. 우리가 아침에 잠자리에서 일어나기 전에 꾸는 꿈을 그나마 잘 기억하는 것도 바로 렘수면 상태에서 꿈을 꾼 것에 기인하고 있다. 꿈이 이루어지는 순간은 우리 인간의 정신능력이 극대화되는 시간임은 틀림이 없으며, REM 수면기는 뇌가 고도로 활성화된 상태에서 꿈을 꾸기 위한 이상적인 수면단계인 것이다. REM 수면기에 꿈을 자주 꾸는 것으로 알려졌으나, 연구결과 그 외의 구간에서도 꿈을 꾸고 있음이 밝혀지고 있다.

4) 렘수면 행동장애

과학자들은 종종 이 렘(REM) 수면을 역설적(逆說的)인 수면이라고 부른다. 특이하게는 깊이 잠들어 있는 렘수면 상태에서, 우리가 깨어 있을 때 나오는 뇌파인 베타파가 많이 나오고 있다. 또한 이 때는 다른 변화들도 함께 일어나고 있다. 혈압이 증가하고, 뇌에 공급되는 혈액도 늘어난다. 심박동이 빨라지고, 호흡은 얕으면서 불규칙하게 변하고, 안구가 움

직인다. 또한 일시적인 마비가 일어난다. 뇌에서 중요한 전령인 신경전
달물질이 차단되어, 꿈속에서 일어나는 동작을 그대로 따라하지 않게 막
아주어, 신체적인 행동이 일어나지 않게 된다.

따라서 이러한 렘수면 동안에 일시적인 수면마비가 일어나지 않으
면, 수면 장애가 생긴다. 이 수면 장애를 렘수면 행동장애라 부르는데, 신
경전달물질이 계속 전달되어 근육의 움직임을 차단하지 않을 경우에, 운
동경기를 하는 꿈을 꾸는 경우에 팔이나 다리를 움직이는 일로 일어날
수 있다. 꿈을 꾸면서 그것을 따라하면서 몸이 움직인다면 많은 문제가
생길 수 있다.

렘수면 행동장애가 일어난 외국의 사례를 살펴본다. 한 젊은 남자가
꿈속에서 친구와 함께 악어를 구경하고 있었다. 그런데 악어가 그를 물
어뜯으려고 다가오는 것이었다. 남자가 이에 대해서 발버둥을 치며 저항
했고, 발에 통증을 느끼며 잠에서 깨어났다. 현실에서는 그가 침대를 가
로 질러 벽을 세게 찾기 때문에 생긴 일이었다.

이는 렘수면 행동장애가 일어났을 때, 신체 외부적인 감각자극에 의
해서 꿈이 이루어진 사례이다. 잠을 자는 동안에도 우리의 정신능력은
깨어있어서, 신체 내외부의 이상을 감지하여 꿈으로 일깨워주고 알려주
고 있다. 렘수면 행동장애가 일어날 때, 그대로 두면 위험한 상황에 다다
를 수가 있기에, 신체 외부적인 감각자극으로 인한 꿈을 꾸도록 함으로
써, 더 이상 진행되지 않도록 몸의 이상을 막아주고 일깨워주고 있는 것
이다.

5) 수면 중 꿈속의 시간과 현실의 시간 관계

앞의 렘수면 행동장애가 일어났을 때, 우리의 정신능력은 외부적인 감각자극을 찰나적으로 인지하여, 꿈의 이미지로 형상화하여 일깨워주고 있다. 이러한 외부자극에 의한 꿈의 형상화 작업이 놀랍게도 현실에서 1초의 시간도 걸리지 않는 경우가 있다.

예를 들어 꿈속에서 설거지를 하다 그릇을 깨뜨려서 놀라 일어나는 순간, 머리맡에서 알람시계 소리가 울리고 있었던 꿈사례를 들 수 있다. 또한 외국의 '힐데브란트'의 자명종에 관한 꿈사례에서도, 꿈속의 시간에 비해서 현실의 시간은 순간적으로 이루어지고 있음을 알 수 있겠다. "꿈속에서 어느 봄날 아침에 산책을 나가서, 교회주위에 있는 묘비를 읽기도 하면서 시간을 보내다가, 마침내 종각의 종소리를 듣게 되는 바, 그 소리가 너무나 맑고 날카로워서 잠에서 깨어나게 된다." 하지만, 현실에서는 자명종 울리는 소리였다.

또다른 사례로, 프로이트의 『꿈의 해석』에 나오는 모리가 꾼 다음 꿈은 유명하다. "그는 병이 나서 방에 누워 있었다. 곁에는 어머니가 있었다. 혁명의 와중에서 처참한 살육 장면을 눈으로 보았다. 끝내 그 자신도 법정으로 끌려 나갔다. 거기에는 로베스피에르 등 무서운 한때의 비극적인 영웅들이 있었다. 그는 그들에게 변명을 했다. 그러나 잘 기억되지 않는 여러 사건이 있은 뒤에 유죄 선고를 받고, 숱한 군중들이 그를 단두대에 묶었다. 길로틴의 날이 떨어진다. 그는 몸이 몸통에서 떨어져 나가는 것을 느끼고 무서운 나머지 잠에서 깨었다. 그 순간 침대 널판자가 떨어지면서, 마치 길로틴 날같이 그의 목덜미에 와서 떨어지는 듯했다."

이처럼 현실에서는 널판자가 떨어지고 있었던 순간에, 꿈속에서는 수많은 사건을 겪은 후 길로틴의 칼날이 목에 떨어지던 순간에 깨어났다는 꿈이야기는 꿈속에서의 시간과 현실에서의 시간과의 좋은 대비를 보여주고 있다.

여기서 외부적인 감각자극과 꿈의 관련성은 찰나적임을 알 수 있다. 고사성어나 문학작품이 꿈이야기에서도, 꿈속에서 펼쳐지는 수많은 시간의 흐름이 현실의 세계에서는 찰나의 순간이나 짧은 시간에 일어나고 있음을 보여주고 있다. 고사성어에 나오는 이야기이지만, 긴 꿈을 꾸고 났지만 현실에서는 아직도 잠들기 전에 보았던 밥이 다 지어지지 않았다는 일취지몽(한단지몽), 꿈에 개미나라에 들어가서의 일을 다룬 남가일몽, 『삼국유사』에 보이는 조신몽 등에서 보여주고 있는 것같이 꿈속에서의 시간과 현실의 시간은 일치하지 않는다. 또한 도연명의 [도화원기]에서, 어부가 동굴 속의 이상향에서 돌아와 보니, 현실세계 속에서는 많은 시간이 흘러가 있었다는 이야기를 우리는 알고 있다. 설화 속에서도 하늘나라나 용궁의 하루는 지상에 있어서 일 년이 된다는 이야기들로 전개되고 있다. 참고적으로, 영화 〈인셉션(Inception)〉에서 주인공들은 현실에서 5분이지만, 꿈속에서 한 시간 동안의 활동을 수행할 수 있는 것으로 전개되고 있다.

장주의 꿈속에 나비가 되었다는 호접몽의 이야기가 있듯이, 우리 모두 지금 꿈을 꾸고 있는지 모른다. 눈감으면 어린 시절이 어제의 일처럼 느껴지는 것처럼, 밤하늘에 빛나는 무수한 별 속에 우리 지구가 있고, 수억 년의 순간 속에 우리 인생은 한바탕의 봄꿈에 불과한 것이다.

참고적으로, '꿈속의 시간은 실제 시간과 같을까?'에 대한 지금까지의 입장과 다른, 꿈속에서 깨어있을 수 있는 자각몽을 활용한 최근의 과학적 연구결과를 소개한다. (유한성 기자, 뉴스타운, 2011.12.22. 요약 발췌)

스위스 베른 대학의 '다니엘 에르라커'는 자각몽을 꾸는 15명에게, 꿈속에서 10. 20. 30의 수를 세거나 10. 20. 30보를 걷는 임무를 부여했다. 피실험자들에게는 미리 약속된 눈동자 움직임을 통하여, 자신들이 자각몽에 들어갔다고 신호를 보낼 수도 있도록 하였다. 피실험자들이 눈동자를 한쪽으로 움직여 '임무' 시작을 알리고는 다시 반대쪽으로 눈동자를 움직여 '임무' 완료 신호를 보내는 것이다. 이를 전기안구도(電氣眼球圖)라는 장비를 이용하여, 전기적 신호 변화를 모니터링하는 것이다.

수를 세는 것과 걸음을 걷는 두 임무의 실험에서, 깨어있을 때와 비교해서, 수면 중의 시간이 수를 셀 때는 30% 정도, 그리고 걸을 때는 50% 정도 시간이 더 걸리고 있는 것으로 나왔다. 에르라커는 "모의된(simulated) 꿈속에서는 인식 능력이 느려질지 모른다. 영화 인셉션과는 반대"라고 말하고 있다. 2010년 "북미 운동심리학 및 신체 활동 학회"에 보고된 내용이다.

6) 수면장애, 수면보행증(睡眠步行症, Somnambulism)

몽유병은 잠자는 상태에서 잠자리를 벗어나 걸어 다니거나 이상한 행동을 보이는 증세로, 몽중방황(夢中彷徨), 몽중유행증(夢中遊行症), 이혼병(離魂病), 잠결병이라고도 한다.

잠을 자다가 발작적으로 일어나서 깨었을 때와 마찬가지 행동을 하다가 다시 자는 증세로, 다음날 아침에 깨어 제 정신으로 돌아왔을 때에는 전혀 기억을 못하고 있다. 이는 신체는 깨어 있는 상태이지만, 정신은 활동내용을 알 수 없을 정도로 깊이 잠들어 있는 상태이다. 꿈을 꾸게 되는 렘수면 상태일 때 증세는 나타나지 않으나, 깊이 잠들어 있는 비

(非) 렘수면의 3~4단계인 가장 깊은 수면상태에서 생기므로 기억하지 못한다.

1985년 영국 런던의 법정은 악몽 중에 아내를 살해했다는 30대 남성을 무죄 석방한 바, 이 남성은 정글에서 일본군과 싸우다 깨어 보니 아내가 숨져 있었다고 주장하고 있다.

이러한 몽유병의 원인은 확실하게 밝혀지지 않았지만, 소아의 경우는 자라면서 증세가 사라지기 때문에, 중추 신경계가 늦게 성숙하여 발병하는 것으로 추정하고 있다. 어린 아이의 경우, 심하게 놀거나 게임을 많이 한 날은 밤에 일어나 돌아다닌다고 말하고 있는 사례가 있으나, 대부분 생리적인 변화에서 일어나고 있다. 성인의 경우에는 신경질적인 사람에게 흔히 볼 수 있으며 스트레스나 피로, 공격성이나 적개심 등을 표출하지 못하고 억지로 누른 경우에 발병하고 있다.

몽유병은 현실에서 억제되었던 욕구를 꿈속에서 해소하려는 자아의식이 너무 강해서 나타나는 것으로 볼 수 있다. 문학적으로도 몽유록이나 몽자류 소설 등에서 현실에서의 좌절이나 뜻을 이루지 못한 억눌린 바람이 꿈속의 이야기에 빗대어 억압되었던 욕망을 분출하고 있다. 이 경우에는 지어낸 거짓 꿈이야기에 해당된다.

7) 기면증, 수면발작

기면증(Narcolepsy, 嗜眠症)은 일상 생활 중에, 발작적으로 졸음에 빠져드는 신경계 질환이자 수면장애로, 시간과 장소를 가리지 않고 갑자기 상황에 무관하게 잠에 빠져 들므로 '수면발작'이라고도 한다. 수면 발작은 몇초 동안 계속되는 경우도 있고, 30분 넘게 계속되는 경우도 있다. 최근 원인이 일부 밝혀져서 기면병(嗜眠病)이라고도 한다. 최근의 연구결과에 따르면, 어떤 신경전달 물질이 부족하여, 자고 일어나는 뇌의 수면과 각성 주기에 문제가 생긴 것으로 보인다.

8) 뇌의 구조와 기능

뇌는 무게가 약 1.4kg에, 1천억 개의 신경세포가 있으며, 서로 다른 신경세포와 연결되어 정보를 전달하면서 전체가 제대로 작동할 수 있게 해준다. 더군다나 뇌세포의 초당 정보처리능력은 초당 2000억 비트의 정보를 처리할 수 있다고 한다. 또한 2개의 대뇌반구로 나뉘어져 있으며, 서로 다른 능력과 기능을 발휘한다는 사실이다.

현대의 뇌과학은 양전자방출촬영술(PET) 영상장치에 의하여 뇌의 구조와 기능에 관한 연구가 이루어져 있다. 사람의 뇌는 전뇌, 중뇌, 뇌간이라는 세 부분으로 나눌 수 있다. 뇌간은 뇌의 줄기에 해당되는데, 척수를 전뇌와 중뇌에 연결하는 역할을 하며, 뇌와 척수는 우리 몸의 중추 신경계를 이루는 중요한 요소이다. 두정엽은 팔과 다리의 감각과 운동을 담당하며, 후두엽은 눈으로 들어오는 모든 자극을 분석하며, 전두엽은 계획·행동·감정을 조절해 추상적인 사고를 할 수 있게 해주며, 측두엽은 양쪽 귀에 가까운 부분으로 소리를 듣는 것과 단기기억을 담당하는 것으로 알려져 있다.

좌반구는 언어구사능력과 읽기·쓰기·산수·추상적 사고를 관장한다. 우반구는 본래 비언어적으로, 기하학적 형태 및 공간관계 처리, 음악의 곡조·선율·표현, 그리고 사람의 얼굴 인식과 정서 탐지 등을 담당한다. 우뇌는 세상을 지각하는 일을 담당한다. 반면 좌뇌는 그러한 지각을 분석하는 일과 문제 해결, 외부 세계와의 소통, 특히 언어를 통한 의사소통에 치중한다.

중추신경계의 신경세포들은 신경전달물질이라는 전기를 띤 화학물질의 자극을 받아 활동한다. 이러한 신경전달물질이 존재한다는 것은 오스트리아 과학자 오토 뢰비(Otto Loewi)가 신경의 자극이 근육에 전달되는 것은 화학물질을 생산하기 때문이라는 사실을 발견하여 1936년 노벨 생리 의학상을 받기도 하였다. 그는 꿈속에서 개구리 심장으로 실험을 하는 꿈을 꾼 후에, 적어놓은 내용을 기반으로 실험을 통해 신경전달 물질을 발견하기에 이르렀다. 이로써 잠을 자고 깨어나게 하는데 있어서, 화학물질과 신경전달물질 및 호르몬이 중요한 역할을 하고 있다는 사실이 분명해졌다.

우리가 어떤 것을 경험하거나 학습하는 경우 가장 먼저 해마에 구축된다. 뇌의 중앙에 있는 해마는 바깥쪽으로 휜 말굽모양의 구조로써 편도체와 연결되어 있으며, 기억 구축에 필요한 정보집배 센터이다. 기억을 만드는 해마는 대뇌변연계(limbic system)를 구성하는 한 요소로써 측두엽 안에 자리 잡고 있다.

해마는 새로운 사실을 학습하고 기억하는 기능을 하는 중요한 기관이다. 해마가 손상되면 새로운 정보를 기억할 수 없게 된다. 알츠하이머 같은 뇌질환이 진행될 때 가장 먼저 손상되는 곳이 해마이다. 해마 손상은 기억상실증으로 이어진다. 술을 많이 마시고 기억을 못하는 경우에는 알코올로 인해 해마의 신경세포가 마비되어 활동을 하지 못하는데에 기인한다. 반면에 명상의 순간에는 해마의 신경세포가 활발한 활동을 하고 있음을 알 수 있다.

해마에서 기억으로 영구 저장되기 위해서는 해마에 있는 정보가 신피질(新皮質)이라는 보다 수준높은 정보처리 시스템으로 이동 재생되어야 하는 바, 정보를 버리거나 저장하는 기억통합과정에서 뇌가 REM 수면기에 꿈을 통해 이뤄지는 것으로 추정되고 있다. 따라서 학습이나 작업 또는 업무 능률을 올리려면 꿈의 작업이 잘 이루어지도록 잠을 푹 자는 것이 좋다고 한다.

한편 영국의 '앤드류 테일리' 박사는 실험을 통해 '꿈은 기억력을 확실하게 해준다'는 것을 발표해 주목을 끌기도 했다. 꿈꾸는 동안에 뇌의 영역이 활성화되는 것을 양전자 방출 촬영술(PET)의 뇌영상 연구에서 얻을 수 있는 바, 뇌영상 연구결과 정서기억 충추인 대뇌번연계가 낮의 각성시 상태보다 REM 수면기에 더욱 활성화되고 있음을 보여주고 있다.

9) 꿈은 뇌의 어느 부분에서 어떻게, 왜 꾸게 되는 것인가?

우리가 꾸는 꿈은 뇌의 어느 부분이 관여하여 이루어지는 것인가? 1980년대에 신경망이라는 획기적인 개념이 도입되어 컴퓨터의 작동방식에 비유하여 연구하거나, 혈류를 측정하여 특정시점에서 가장 활성화되는 뇌영역을 표시하는 PET(양전자 방출 단층촬영) 기술을 활용하여, 꿈을 창조해내는데 관여하는 부분이 뇌의 어느 부분인지에 대한 연구를 할수 있게 되었다.

이는 컴퓨터 모니터에 뇌의 영상을 띄워주는데, 뇌영상기술로 특정 내용에 의해 활성화되는 뇌 영역을 지도로 표시하면, 활동영역이 채도가 다른 선명한 색깔로 나타나는 바, 각성 상태와 수면 중의 두뇌 활성화 패턴과 우리가 꿈을 꾸면서 보고 느끼는 것을 뇌의 어떤 신경세포 집단들이 관여하고 있는 지 알아낼 수 있도록 해주고 있다.

새로운 뇌영상 연구 결과는 뇌간 외에 뇌의 진화된 영역이 꿈 생성에 적극적으로 참여한다는 것을 증명하고 있다. REM 수면기에 가장 폭발적으로 활성화되는 곳은 전대상회였다. 그것은 변연계의 일부로서 대뇌피질의 내측 표면에 있는 영역이다. 자유의지가 위치한 곳이 전대상회로 추측하여, 그곳에서 자주적으로 행동하는 자아에 대한 감각이 생겨난다는 것이다.

이러한 꿈을 꾸게 하는 요인에 대한 여러 학자들의 주장 또한 다양하다.

① 꿈은 뇌의 물리적 작용에 의한 것이라는 생물학적 이론을 지지하는 과학자들이 있다. 생물학적 이론에 따르면, 렘수면 동안 뇌간(腦幹)에서 나온 신경전달물질이 중뇌와 전뇌에 보내는 신호에는 뇌가 낮동안에 모아둔 정보가 뒤죽박죽으로 섞여 있어, 뇌가 정보를 처리하려고 노력하는 과정에서 꿈이 발생하기 때문에 황당한 꿈이 전개된다고 보고 있기도 하다. 프로이트는 꿈이 기묘한 이유는 우리의 정신이 금기된 소망과 욕망을 검열하고 위장하려고 시도하기 때문이라고 주장한 바 있다.

② '솔름스'는 꿈을 꾸게 하는 특정한 신경전달 물질이 있는 바, 도파민이라는 뇌화학 물질이 영향을 주고 있다고 추측하고 있다.

③ 톰 볼킨 같은 연구자들은 뇌가 활성화되면서 꿈을 만들어내는 동안, '필요할 때 뇌가 완전한 각성모드로 돌아갈 수 있게끔 신경망을 조율된 상태로 유지하는 것이다.'라고 보고 있다. 따라서 꿈을 꾼다는 것은 그 자체로 지극히 중요하며, 다양한 생물학적 기능을

수행한다는 것이다.

④ 토르 닐센은 꿈이 일종의 내부 치료사 역할을 하여, 낮의 정서적 경험을 통합하게 도와주고 있다고 주장한다. 진짜 생생한 꿈을 꾸고 있을 때, 가장 크게 활성화되는 영역은 뇌 영역의 정서중추들이다.

⑤ 캘빈 홀은 뇌가 수면이라는 생리적 환경에서 작동하고 있을 때, 생각하는 것이 바로 꿈으로 표현된다고 보고 있으며, 그는 '꿈꾸는 사람의 생각이 주최하는 지극히 은밀한 개인 전시회가 바로 꿈이다' 라고 말하고 있다.

⑥ 신경학자 안토니오 다마지오는 어떠한 사물에 대한 모양 소리 장면 정서들이 모두 뇌속의 다른 신경회로에 부호화된다. 다양한 범주의 기억들은 두뇌 전역에 흩어져 있는 서로 다른 영역의 신경망에 저장되어, REM 수면기에 꿈을 통하여 재정리되고 통합된다고 말하고 있다.

⑦ 홉슨과 칸은 "깨어있는 시간에는 뇌의 혼돈을 억제하기 위해 세로토닌 같은 신경전달물질들이 활동한다. 그러나 REM 수면기의 생리적 변화로 인해 뇌는 혼돈상태에 빠지며, 생생하고 복잡한 꿈은 그 혼돈 상태의 자기 조직화 반응이 겉으로 드러났음을 신호한다."

⑧ 대니얼 색터는 "꿈을 꾸는 동안에 뇌는 끊임없이 새로운 경험을 평가해서, 그것이 이전 기억들이 만들어낸 정신적 모형에 얼마나 잘 들어맞는지 확인하며, 수면중의 뇌는 오래오래 간직할 경험들을 저장하느라 부지런히 움직이고 있다."

꿈을 꾸게 하는 요인에 대한 여러 학자들의 주장을 살펴보았지만, 유사한 언급과 기억과 정보의 처리 및 저장이라는 꿈의 효용성을 언급하고 있음을 볼 수 있다. 강렬한 정서를 느끼거나 욕망의 대상을 갈구할 때 뇌 영역이 활성화 되는 것으로 미루어, 일부의 꿈이 인간의 강렬한 정서적 충동에서 이루어지고 있다는 것은 틀림이 없다. 이 점에서는 프로이트의 꿈은 소망의 표현이라는 주장이 타당성이 있기도 하다. 하지만, 우리가 '꿈에 본 내 고향'이란 말을 써왔듯이, 이는 프로이트만의 독창적인 의견이 아닌 것이다. 이규보(李奎報)·남효원(南孝溫)·남용익(南龍翼) 등 우리 선인들은 꿈이 발현되는 이유에 대하여, 꿈이 정신에 감응하여 이루어진 것임을 말하고 있음을 앞서 살펴본 바 있다.

이밖에도 우리가 잠을 자는 동안에 닥쳐오는 신체 내외부의 위험이나 이상을 알아차리고 꿈으로 일깨워주거나, 창조적인 사유활동을 꿈을 통해서 하는 등 꿈을 이루어내는 요인은 다양하다고 볼 수 있다. 더구나 가장 주요한 예지적인 꿈의 세계가 신비한 뇌의 활동으로 빚어지고 있다는 것은 의심할 수 없는 사실인 것이다.

10) 뇌와 꿈의 기능 – 창의력

카오스는 혼돈이란 뜻으로, 카오스 이론은 무질서하게 보이는 계 (sistem)들 속에도 자기 조직화가 만들어낸 뚜렷한 질서가 감추어져 있다고 주장한다. 혼란스럽게 보이고 황당해 보이는 꿈의 세계도 나름대로 무질서속에서도 카오스 법칙을 통해서 이해될 수 있다고 주장하고 있다.

꿈은 가장 창조적인 의식상태일지도 모른다. 인지적 요소들의 무질서하고 혼란한 정보들을 기발하게 배열하는, 즉 새로운 아이디어를 생산해내는 과정이 꿈의 작업이라는 것이다.

　연구결과 꿈을 잘꾸는 사람들은 창조적인 활동을 하는 일에 관련을 맺고 있다. '스테이츠'는 작업중인 화가나 작가를 PET(양전자 방출 단층촬영) 등으로 연구하면, REM 수면기에 꿈을 꾸는 사람들이 보여주는 것과 똑같은 뇌 활성화 패턴을 발견할 것이라고 주장하고 있다. "예술가, 과학자, 학자, 하다못해 소설책에 푹 빠진 사람들은 각성상태에서 상상의 나래를 펼치고 있습니다. 그때 그들의 정신상태는 꿈꾸는 사람의 정신상태와 비슷합니다."

　'제임스 파겔'도 꿈을 꾼 기억이 전혀 없다는 사람을 찾아내서 그들의 일상을 조사한 결과, 창조적인 활동을 하거나 하다못해 창조적인 취미를 가진 사람이 한 사람도 없었다는 연구결과를 내놓고 있다. 또한 아동의 꿈꾸기에 관한 '데이비드 폴크스'의 연구에서도, 꿈을 꾸지 않던 소년 2명이 정상 수준의 어휘력과 기억력을 갖춘 평범한 학생이었지만, 시공간 능력 테스트에서 비정상적으로 낮은 점수를 받았다고 밝히고 있다.

　필자의 주장도 마찬가지이다. 꿈은 인간의 고도의 정신능력에서 발현되고 있기에, 꿈꾸는 능력이 뛰어난 사람은 창의적인 아이디어나 발명·발견에 뛰어난 능력을 보이고 있다. 다만, 이러한 '꿈꾸는 능력'에는 개인차가 존재하며, 유전적인 요소가 적용하고 있다. 꿈을 잘 꾸는 사람은 예감(豫感)이나 직감(直感)이 뛰어나며, 논리를 뛰어넘어 사물의 본질을 꿰뚫는 직관력(直觀力)이 뛰어나고 창의력이 뛰어남을 볼 수 있다. 이러한 꿈꾸는 능력이 뛰어난 사람들이 발명가 등에 소질이 있으며, 바둑을 잘 두거나 퍼즐이나 게임에서 뛰어난 자질을 보이는 경우가 많다. 나아가 주식의 종목 선정에 있어서도 남보다 뛰어난 재능을 발휘하고 있기도 하다.

한편 영화는 시각성과 창의성이 강조된다는 점에서, 꿈과 유사한 미디어이다. 여러 영화 감독이 자신의 꿈이나 꿈에서 얻은 영감을 바탕으로 영화를 만들었다고 밝히고 있다. "내 영화는 모두 꿈이었다." 라고 베르히만은 말하고 있다.

11) 뇌와 꿈의 기능 - 정서 조절, 학습과 기억의 저장

인터넷 게임에 빠지면 뇌 전두엽에 발달 장애가 있게 되고, 이해 판단력이 떨어지게 한다는 연구 결과가 있다. 이처럼, 우리 인간의 모든 활동을 지배하는 뇌에 대한 연구가 다방면으로 행해지고 있다.

뇌의 활동으로 빚어지는 꿈의 기능에 관한 학자의 관점이 각자 추구하는 유형에 따라 다르다. 심리학자들은 꿈을 꾸는 수면 단계가 정서조절에 치중한다고 주장한다. 한편, 기억 통합에서 꿈의 역할을 중시하는 사람들은 학습에서의 꿈의 중요성을 강조한다. 일부 과학자들은 REM 수면은 체온 등의 생리적 기능 조절에 필수적일 뿐, 꿈 자체에 아무런 기능이 없다고 주장하기도 한다. 하지만, 학습 및 기억에 관한 최근 연구에서는 기억통합 역시 인간의 정신이 몰두하는 야간작업의 일부라는 증거가 쌓이고 있다.

'크리스토프 코흐' 는 꿈은 의식이라는 퍼즐의 흥미로운 조각이고, 꿈꾸기는 뇌의 고도의 진화된 작용으로 보고 있다. '프랜시스 크릭' 이 1994년에 발표한 의식의 속성에 대한 놀라운 가설은 "기쁨과 슬픔, 기억과 야망, 정체감과 자유의지는 사실상 거대한 신경세포 집합체의 활동에 불과하다." 고 말하고 있다.

앨런 홉슨은 외부 세계 및 신체에 대한 중요한 내적 지도 작성에 꿈이 결정적인 역할을 한다고 주장한다. 매일밤 꿈을 꾸는 것은 신경망 갱신과 내적지도 정교화에 도움이 된다. "각성과 꿈꾸기는 서로에게 거울의 상(mirror image)이다. 그 두 가지는 우리가 살아가는 동안, 서로 상호작용하여 애초에 의식을 창조하고 의식 적응에 필요한 정보를 부여한다." 라고 홉슨은 그의 저서 『꿈(dreaming)』에서 말하고 있다.

동물 등도 꿈을 꾸면서 신경망을 다듬는 것으로 추정되고 있다. 현재까지의 연구 결과 방추세포(spindle cell)라는 뇌세포가 인간에게만 유일하다는 것이 발견되었다. 침팬지 같은 영장류에서 저밀도로 보이기도 한다. 방추세포는 오직 전대상회에서만 발견되는 바, 뇌영상 연구에서 드러났듯이 꿈이 가장 풍부한 REM 수면기에 최고로 활성화 되는 영역이 바로 전대상회부분이었다. 이러한 발견들은 "우리가 꿈을 꾸는 것은 의식을 획득했기 때문" 이라는 데이비드 폴크스의 말에 새로운 의미를 부여하고 있다.

앞으로의 꿈연구는 의식 연구라는 새로운 분야에서 중요한 역할을 할 수 있을 것이다. 핀란드의 인지신경과학자인 '안티 레본수오' 는 "꿈과 의식은 매우 밀접하게 관련이 되어 있다. 꿈은 가장 적나라한 심리적 현실, 즉 주관적인 가상현실이기 때문이다." 라고 말하고 있다.

또한 '쥐베' 교수는 꿈의 생물학적 의의에 대해, 타고난 성품을 기억시켜주는 녹음테이프가 바로 꿈이라고 주장하면서, "인간을 비롯한 포유동물의 뇌속 기억회로는 태어날 때 1백% 모두 결정돼 있는 것은 아니다. 더욱이 뇌는 아주 '유연한 기계' 이기 때문에, 유전적으로 결정된 회로라도 변화하기 쉽다. 이 유전적인 회로를 강하게 유지시켜 주는 것이 꿈이라고 생각한다" 고 말하고 있다.

12) 뇌 영상과 꿈 연구

먼저, 김종순의 '뇌 영상과 꿈의 해석'의 글을 요약 발췌해 살펴본다.

천재 과학자인 아인슈타인의 뇌(腦) 속에는 천재의 비밀이 숨어 있을 것이라 생각되었다. 아인슈타인이 사망하자 이를 검시한 결과, 아인슈타인의 뇌 무게는 오히려 가벼웠다. 하지만 뉴런(신경소자)당 뇌세포의 수가 일반인보다 73%나 많았고, 두정엽의 크기는 일반인보다 15%나 커서 개념을 창안하거나 수학적 사고가 탁월했다고 여겨진다.

80년대 이후 방사선 의학의 발달로 살아있는 뇌 기능을 영상으로 직접 볼 수 있게 된 것이다. 즉 단일광자방출촬영술(SPECT), 양전자방출촬영술(PET), 기능적핵자기공명촬영술(fMRI) 등 최첨단 뇌 영상기기가 개발됐다. 88년 죽은 사람의 뇌를 이용해 뇌좌표 지도가 완성되었는데, 이 뇌지도를 이용한 해부학적 영상 위에 SPECT · PET · fMRI 등의 기능적 뇌 영상을 합쳐 뇌의 활성화 위치를 알 수 있게 됐다.

또 뇌의 포도당 대사와 혈류 분포, 그리고 도파민 등 각종 신경전달물질의 수용체도 영상으로 볼 수 있게 되었고, 한방 침술을 시행한 후 뇌 영상에서의 반응을 관찰해 침술의 기전을 파악하기도 한다. 이제 기존의 축적된 신경 · 정신과적 지식을 살아있는 사람의 뇌 영상에서 확인할 수 있게 돼 블랙박스의 비밀을 풀 수 있게 된 것이다.

21세기는 융합과학(Fusion Science)의 시대다. 오늘날의 의학자들은 방사선 의학 기술을 기반으로 한 '첨단 뇌 기능영상'을 이용, 뇌의 숨은 비밀과 우리의 정신세계를 밝히려 하고 있다. 그리고 아마도 100년 이내에 우리는 뇌 영상으로 꿈을 해석하고 영상으로 재현할 수 있지 않을까?

(김종순, 뇌 영상과 꿈의 해석', [과학칼럼], 2008.07.19)

이처럼 과학자들은 최첨단 뇌 영상기기를 활용하여, 뇌 영상지도를 만들어 꿈이 어디에서 생성되며 어떠한 기능을 하는지 알아내고자 노력하고 있다. 연구결과 자폐증 환자의 두뇌지도가 엉망으로 뒤섞여 있음을 발견하였으며, 우울증 환자의 뇌활성화 주기가 정상인과 정반대라는 것은 뇌영상 연구에 의해 입증되고 있다.

또한 미국 과학자 '모란 서프' 박사팀은 꿈의 해석 재현이 가능하도록, 뇌의 활동을 기록할 수 있는 시스템인 '뇌 활동 기록장치'를 개발하여, 뇌 활동을 전자적으로 영상화함과 동시에 사람들의 꿈의 기억을 입증할 수 있는 시스템을 만들어내려고 하고 있다. 한편 독일 정신학자 '맥스 플랭크'는 최근 컴퓨터 프로그램을 이용해, 무슨 꿈을 꾸고 있는지를 기록할 수 있는 연구를 하고 있다. 사람이 자각몽인 '루시드 드림'(Lucid Dream) 상태에 있을 때, 뇌 스캐너를 이용해 꿈을 볼 수 있으며, 이때 프로그램이 꿈꾸는 사람에게 특정한 영향을 끼쳐 꿈을 컨트롤 하는 것도 가능하다고 말하고 있다.

덧붙여서 다음과 같이 꿈을 꿀 때 초감각 지각이 나타난다고 하고 있는 바, 일리 있는 견해라 여겨진다.

미국에서는 초능력 연구의 대명사인 「라인연구센터」가 초감각지각을 연구하고 있는 바, 초감각 지각(ESP: extrasensory perception)은 텔레파시 · 직관 · 원격투시처럼 인간의 오감(五感)을 뛰어넘는 어떤 감각으로 정보를 주고받는 현상이다.

이들은 초능력이 일상생활에서 어떻게 나타나는가를 연구하던 차에, 인간이 꿈을 꿀 때 ESP 즉 초감각 지각 능력이 나타난다는 점을 알아냈는데, 고대 인간들이 서로를 이해할 수 있는 원초적인 통신수단으로 이 꿈의 텔레파시를 활용했을 것으로 판단하고 있다. 즉 꿈은 ESP 정보를 전달하는 매개체로 인류가 진화하는 동안, 그 기능이 감퇴했다는 것이다. 꿈이 왜 정보를 전달하는 매개체의 역할을 하는지는 알 수 없지만, 수면이 텔레파시를 하기에 적합한 조건을 만든다는 것이 라인연구센터 브로튼 소장의 말이다.─(이옥선: 과학전문 기고가)

과학적으로 입증할 수는 없으나, 인간의 초능력적인 초감각 지각 능력이 존재한다는 것은 사실로 믿어야 할 것이다. 일개 미물인 곤충들도 각기 저마다의 천부적인 신비한 능력을 발휘하고 있는 바, 만물의 영장이라고 하는 우리 인간의 영적인 정신능력 활동이 꿈을 통해 초감각적으로 발현되고 있음을 우리는 간과해서는 안될 것이다.

이러한 영적인 정신세계의 초감각적인 발현이 부모 · 자식의 죽음이라든지, 로또 당첨, 태몽, 각종 사건이나 사고에 앞서, 꿈을 통해서 예지해주고 있다고 해야 할 것이다. 다만, 이러한 초감각적 능력이 발현되는 데 있어서 개인차가 존재하며, 이것이 꿈꾸는 능력의 차이로 나타나고 있다고 보아야 할 것이다. 또한 이러한 초감각적 지각 능력이 문명의 이기로 인하여, 점차 감퇴되어 가고 있다는 주장이 일리 있는 주장이며, 고도의 정신적 수양능력을 닦은 사람에게 굳이 꿈을 통하지 않고서도 생시에 발현된다고 보여진다.

11. 꿈의 활용

1) 자각몽의 이모저모 − 꿈속에서 꿈을 알아차리기

우리가 꾸는 꿈을 활용하고자 하는 대표적인 시도로써, 자각몽(自覺夢)을 들 수 있다. 자각몽 또는 루시드 드림(lucid dream/conscious dream)은 꿈을 꾸는 도중에 스스로 꿈이라는 사실을 알아차리고 꾸는 꿈을 말한다. 학자들은 이러한 자각몽을 이용해 꿈을 통제할 수 있으며, 나아가 학습과 훈련에 꿈을 활용할 수 있다고 주장하고 있다.

하지만, 어찌보면 자각몽은 새로운 주장이 아니다. 자각몽 역시 다양한 꿈의 전개양상에 있어서, 우리 인간의 정신능력이 극대화되고 있는 창의적 사유활동의 꿈이나 경고성·일깨움의 꿈의 범주에 들어있다고 해야 할 것이다.

자각몽에 관한 언급을 『꿈꾸는 뇌의 비밀』 및 뉴 사이언티스트(New Scientist)에 발표된 글을 신문기사에서 요약 발췌하여, 필자의 의견을 덧붙여 살펴본다.

'뉴 사이언티스트(New Scientist)' 는 "자각몽, 학습과 기능을 향상시키려면, 꿈을 납치하라" 라는 글을 게재해, 자각몽이 우리 일상에 어떠한 영향을 미치는지에 대해 살펴보고 있다. 자각몽(Lucid dreaming)이란 일부 사람들이 꿈 속에서 "깨어" 있을 수 있다고 하는 특이한 현상이다. 꿈 꾸는 사람은 잠들어 있긴 하지만, 꿈 속에서 자신이 깨어 있음을 자각하고, 자신들의 상황을 인식하며 꿈 내용을 인위적으로 통제하여 도움을 얻을 수 있다는 것이다.

자각몽의 유용성에 대한 여러 연구결과가 있다.

① 독일 본 대학의 꿈 연구원 '우르슬라 보스' 는 자각몽을 꾸는 사람들은 정신 건강 문제에서 자유로우며, 보다 적극적인 경향이 있고, 꿈속에서 무언가를 성취했다는 느낌 때문에 만족감과 자부심을 지니게 되었다. 또한 자각몽을 활용해 심한 정신적 충격(트라우마, trauma)에 대응하거나 악몽을 피하거나 스스로 깨어날 수 있다고 보고 있다.

② '다니엘 에르라커' 는 동전 던지기 자각몽 실험을 통하여, 꿈속에서 어떤 운동이나 임무를 연습하여 능력을 향상시킬 수 있다는 주장을 하고 있다. 많은 운동선수들이 꿈속에서 연습해서 자신들의 기술을 연마할 수 있었다고 하는 바, 이는 앞서 렘수면기에 꿈을 통해 학습에 대한 정리와 반복훈련이 이루어지고 있다는 주장을 살펴본 바 있다.

꿈속에서 운동하는 자각몽을 통해 질병의 치료에도 활용될 수 있다. 뇌졸중에 있는 사람들은 신체적 행동에 제약을 받는 바, 장기간의 재활 운동 요법을 받는다. 이때 환자들은 현실에서 신체적으로 할 수 없는 '정신적 운동'을 상상하도록 격려를 받는다. 학자들의 연구결과에 의하면, 상상과 실제 운동에 관여하는 신경망은 매우 비슷하다고 한다. 따라서 이들 두뇌 영역을 '정신적 운동'을 통해서 훈련하면, 현실에서의 운동을 보다 쉽게 할 수 있다고 한다. 연구결과는 현실에서 상상 속의 임무가 진행될 때와 자각몽에서의 임무 시에 활성화되는 두뇌 영역이 같음을 보여주고 있다. 그리하여 꿈속의 훈련을 통해 우리의 인지 능력을 향상시킬 수 있다고 보고 있다.

③ '에르라커'는 자각몽에서 꿈은 상상보다 훨씬 실제 같으므로 운동에 보다 생동감 있는 느낌을 주며, '모건'은 자각몽도 꿈이므로 감성적 성격에 의하여 학습을 증진시킬 수 있다고 주장한다.

④ '피터 모건'은 자각몽은 뇌의 특정부위를 훈련케 하여, 인간의 사회적 조절 및 의사결정 능력을 개선할 수 있을 것으로 기대하고 있다.

⑤ '라버지'는 이러한 자각몽 연구에서 최고 권위자이다. 1977년 '라버지'가 자각몽에 대한 연구를 하려고 하자, 대다수의 연구자들이 자각몽의 가치를 의심했다. '라버지'는 자신 스스로 자각몽을 자주 꾸고 나서 자각몽(lucid dream)을 연구해오고 있다. 다른 피실험자들에게도 자각몽을 꾸는 방법을 가르친 후에 그 대상으로 연구한 결과, 꿈을 자각하는 것은 훈련을 통해 학습될 수 있는 기술임을 밝혀냈으며, 다른 연구자들도 자각몽이 REM 수면기에 실체하는 현상임을 인정하지 않을 수 없었다.

'라버지' 는 자각몽 연구 발전을 위해, 1988년에 자각몽 연구소를 세우고 여러 도구를 개발하여 자각몽을 대중화하고 있다. 자각몽을 꾸는 습관을 키우는데 일조하는 도구로 노바 드리머(Nova Dreamer)를 만들기도 하였다. 꿈꾸는 사람이 REM 수면기에 진입한 순간을 감지한 다음, 그의 눈에 반짝이는 빛을 비추어서 자각 유발을 도와주는 수면안대이다.

또한 라버지는 자각몽을 체험할 확률을 높이기 위하여, '토막잠 수법' 을 개발해냈다. 평소보다 1~2 시간 일찍 일어나서, 30분 내지 1시간 정도 깨어 있다가 자각몽을 꾸겠다고 결심한 다음에 잠을 청하는 것이다.

이러한 자각몽에 대해서, 자각몽을 의심하는 연구자들은 자각몽을 꾼 사람들이 정말로 잠을 잔 것이 아니라, REM 수면기나 다른 수면단계의 비몽사몽 중에 일어난 정신적 경험을 보고하는 것이라고 주장하고 있다. 또한 인위적으로 잠을 오랫동안 자지 않은 상태에서, 명상에 들어가면 비몽사몽간의 상태에서 유체이탈 등의 경험을 한다는 사람이 있다. 이 경우에 있어서도 의식이 일부 남아 있어, 수면상태에서 뇌의 의식의 활동이 빚어지고 있다고 하여야겠다.

많은 사람들이 처음에는 자각몽의 존재를 믿지 않았지만, 체험한 후에는 "꿈의 일부라는 것을 완전히 깨달은 상태에서, 꿈의 영상을 지켜보는 즐거움" 의 세계인 자각몽을 믿게 되었음을 밝히고 있다. 자각몽은 개인적인 통찰력을 제공하고, 희열을 안겨주는 최고의 경험으로, '라버지' 는 능수능란하게 자각몽을 꾸는 사람을 '꿈여행가(onerionaut)라고 부르고 있다.

이러한 자각몽은 환상적이며, 꿈을 통해서 의식의 비밀을 엿볼 수 있음을 암시해주고 있으며, 꿈을 꾸는 것도 현실 세계에 대한 경험 못지 않게 뛰어난 의식작용이라는 것을 입증하고 있다. 자각몽은 REM 수면에 들어선 후에 주로 시작되고 있으며, 밤의 후반기에 가장 자주 꾸고 있다. 대부분 꿈꾸고 있다는 사실을 자각하는 순간, 꿈에서 깨어나는 경우가 많다.

또한 오래전부터 티베트의 승려들은 자각몽을 영적 수행의 일부로 포함시켜 왔다. 일종의 '꿈요가' 에 해당되는 것으로, 꿈을 꾸고 있을 때도 자기 반성적 자각을 유지하라고 말하고 있다. 이처럼 자각몽을 잘 꾸기 위해서는 꿈꾸는 사람의 의지가 중요하다.

한편으로, 인생의 곤경에 대처하는 새로운 전략을 시험하고, 두려움을 이겨내는 방법으로 자각몽을 활용하는 사람들이 있다. 또한 자각몽을 통해 안전하게 섹스를 즐긴다고 주장하는 사람들이 있다. 그리하여 자각몽을 활용하여 척수손상 환자들에게 신체적인 경험을 즐기는 방법으로 자각몽을 권유하는 사이트가 생겨나기도 하였다. 아울러 자각몽을 꾸게 되면, 주식에서 상승할 주식 종목을 정확하게 예측해내는 것도 가능할지 모른다.

이러한 자각몽을 활용해보자. 자신이 꿈을 꾸면서 꿈을 조절할 수 있다면, 현실에서 자신이 하고 싶던 것을 시연(試演)해 볼 수도 있으며, 창의적 발명이나 문제해결에 꿈의 도움을 얻을 수 있을 것이다. 잠자리에 들기 전에 자신이 바라는 계획에 대한 자기 암시를 주고 잠을 청해보자. 꿈을 꾸는 도중에 그것이 꿈이라는 것을 자각하고, 자신이 꿈을 조절하는 것이 바로 자각몽의 세계인 것이다.

'뉴 사이언티스트(New Scientist)' 에서는 자각몽을 꾸는 방법을 다음과 같이 소개하고 있다.

① "지금 꿈인가 생신가?" '실제'에 대해 묻는 습관을 들인다. 낮 동안은 이런 습관이 이상하게 여겨질 수 있지만, 꿈속에서 꿈을 인식하기 위해서 정확하게 필요한 것이 이것이다.

② 잠들기 전에 원하는 꿈을 계획한다.

③ 일어나자마자 꿈 꾼 내용을 적어 보라.

④ 그리고 낮 동안에 뭔가 집중력 높은 일, 가령 악기를 연주하는 것과 같은 일에 집중한다.

⑤ 일찍 일어나서, 일단 침대에서 나온 다음, 다시 침대 속으로 들어간다. 이 경우 바로 렘(REM) 수면에 들어갈 수도 있으며, 자각몽을 꿀 가능성도 크다. (유한성 기자, '자각몽. 꿈을 납치하라! 그러면 학습과 기능이 향상된다.', 뉴스타운, 2011.12.22)

필자 또한 꿈꾸는 능력이 뛰어나다고 자부하지만, 꿈속에서 꿈을 꾼다고 자각하는 자각몽의 세계를 별로 체험해보지 못한 아쉬움이 있다. 앞서 티베트의 승려들의 '꿈요가' 언급이 있었지만, 필자가 보기에 현실에서 참선이나 창의적인 사고를 많이 하는 것이 자각몽을 꾸는데 많은 도움이 될 수 있을 것으로 보여진다. 꿈을 우리 인간의 잠재적인 정신능력의 활동으로 빚어내는 만큼, 자신의 잠재의식(무의식)의 세계에 대한 끊임없는 성찰과 자각을 통해, 자각몽의 세계에 나아갈 수 있으리라 믿는다.

2) 꿈의 전개양상별 효용

꿈속에서 꿈을 꾸는 것을 인식하고 활용하는 자각몽에 대해서 살펴본 바 있다. 꿈의 활용, 꿈의 효용성을 논하기에 앞서, 필자는 먼저 '꿈은 신이 인간에게 내린 최대의 선물이다.' 라는 대명제를 선포하고 싶다. 꿈을 꾸는 주체는 바로 우리 인간의 초능력적인 정신능력이 발현되어 나타나는 것이다. 내면의 잠재 심리를 표출하는가 하면, 자신의 신체 내 · 외부의 이상과 위험을 꿈을 통해 일깨워주기도 하고, 현실에서는 이루어낼 수 없었던 창의적인 사유활동을 꿈을 통해 이루어내기도 하며, 궁극적으로는 장차 일어날 일에 대한 예지를 시연(試演)하여 보여줌으로써, 장차 다가올 일에 대한 마음의 준비와 슬기로운 극복을 하게 도와주고 있는 것이다.

이러한 꿈의 세계는 단순히 말로 하지 않고, 글로 적지 않고, 이미지화해서 보여주는, 바로 우리 자신이 만들어낸 영상이요, 드라마인 것이다. 차이점이 있다면, 바로 우리 자신이 시나리오 대본가요, 연출하는 감독이요, 등장하는 배우요, 연출을 돕는 모든 사람이 되고 있다. 또한 배경 화면을 비롯하여 음향 · 냄새 · 빛깔 · 촉각적인 면에 이르기까지 3D 아닌 4D, 아니 5D라고 해야 할 정도로, 고난이도의 다양한 상징기법을 동원하여 우리들에게 펼쳐내 보이거나 들려주고 있는 것이다.

따라서 우리가 꾸는 모든 꿈에는 의미가 담겨있기에, '개꿈은 없다'라고 할 수 있다. 때에 따라서는 내면의 소망 · 불안 · 초조감 등의 심리가 황당한 전개의 꿈으로 표출되기도 한다. 하지만 일깨워주는 꿈을 비롯하여, 주관심사에 대한 예지적인 꿈을 가장 많이 꾸고 있다. 따라서 자신의 처한 상황에서, 자신이 마음먹고 있었던 바나, 자신이 걱정하거나 소망했던 일거리나 대상을 염두에 두고, '내가 왜 이러한 꿈을 꾸었을까' '내가 꾼 꿈에 담긴 상징의미가 무엇일까' 등을 진지하게 생각해보는 것이 좋다.

자신의 꿈일지를 적어보자. 그리하여 꿈속에 담긴 의미를 분석하여 생활에 활용할 수 있도록 하여 보자! 자신의 영혼이 자신에게 보내는 메시지인 꿈을 활용하여, 우리 생활을 한층 풍요롭고 새로운 삶으로 나아가게 해보자! 처음 시작할 때 부담이 간다면, 또렷하고 생생한 꿈만을 적는 것도 좋은 방법이다. 생생한 꿈일수록 장차 일어날 일을 예지한다든지, 위험을 일깨워준다든지 꿈의 의미는 반드시 담겨 있다.

'자신은 꿈을 꾸지 않는다.', '자신은 예지적인 꿈을 한 번도 꾼 적이 없다' 라고 말하는 사람들이 있다. 하지만 자기 전에 또 다른 내면의 자아에게 자신이 간절히 바라는 일에 대해 자기 암시를 주고 꿈을 청해보라. 틀림없이 내면의 잠재의식의 세계가 문을 열어 무엇인가 꿈으로 보여줄 것이다. 다만 그 꿈의 표상이 쉽게 알 수 없도록 상징화되고 변형·굴절되어 나타나기 때문에, 꿈이 황당하게 느껴질 수도 있다.

앞서 꿈에 대한 여러 가지 언급된 말 중에서, '어리석은 자는 꿈이 적다' 는 말은 이러한 장차 일어날 일이나 다가올 위험에 대해 예지해주는 자신의 정신능력의 주체인 잠재의식의 활동이 미약한 것에서 나온 말로 볼 수 있다.

우리 인간의 영적인 정신능력은 무한하다. 다음과 같이 고도의 정신능력인 잠재의식의 활동을 시험해보자. 자기 전에 마음속으로 커다란 시계의 문자판을 그려보라. 여느 때와 달리 한 두 시간쯤 일찍 일어나겠다고 마음 먹은 시간에 시계바늘의 시침과 분침을 맞추어 보라! 마음속으로 강한 자기 암시를 주고 잠을 청해보자. 실은 자기의 잠재의식에 자기 암시를 하고 있는 것이다. 실제로 자신이 마음먹은 시간에 신기하리만큼 눈이 떠질 것이다.

필자가 아는 어떤 사람은 주식투자를 하고 있었다. 폭락해 가는 상황에서, '주식을 처분해야 할지, 또 한다면 언제 해야 할 것인지' 고심을 했다는 것이다. 간절한 마음으로 내면의 잠재의식에 도움을 청했다. 그리하여, 꿈속에 떠오르는 대로 실행하여 큰 손실을 줄일 수 있었다고 한다.

생활에 있어서도 어떤 어려운 문제에 봉착했을 경우, 의식적으로 잠재의식에게 강한 암시를 보내어 문제해결에 관한 꿈을 꾸게 됨으로써, 좋은 방향으로 나아갈 수가 있다. 이렇게 꿈의 도움을 얻기 위해, 인위적으로 시도하는 것이 앞서 살펴본 자각몽이라 할 수 있다. 우리가 위기에 닥쳐서 무거운 물건을 들어 올린다거나, 텔레파시 초감각 지각 등 우리의 신성(神性)의 정신활동인 잠재의식의 세계는 놀라우리만큼 무한한 능력을 발휘하고 있는 바, 그러한 초감각적인 능력 중에서 장차 일어날 일을 예지해내는 것이 바로 꿈을 통해서 발현된다고 할 수 있다.

꿈에는 여러 가지가 있기에, 각각의 꿈에 대한 대처방안이나 꿈의 활용도 각기 다르다고 할 수 있겠다. 심리표출의 꿈에 있어서는 자신도 미처 알아차리지 못했던 자신의 내면 심리를 알아 낼 수 있으며, 창의적 사유활동의 꿈으로 현실에서는 자신이 미처 생각해 낼 수 없었던 문제점 해결에 도움을 얻을 수 있으며, 경고성 일깨움의 꿈으로 자신에게 닥쳐올 위험이나 문제점을 해결하는 도움을 얻을 수 있으며, 예지적인 꿈으로는 장차 다가올 일에 대한 마음의 대비를 하게 해주어 슬기로운 극복을 하게 해주고 있다.

꿈의 세계의 다양한 전개양상별로 꿈의 효용 사례를 들어서 살펴본다.

(1) 내면의 심리표출인 꿈의 효용

꿈은 내면심리의 표출이다. 자신이 꾸는 꿈의 분석을 통해서, 현실의 자신으로서는 알 수 없었던 잠재적인 내면의 심리를 파악하여, 실생활에 있어서나 삶의 방향에 도움을 얻을 수가 있다. 꿈에 나타난 의미를 분석하여 삶의 지혜를 얻은 예를 들어 살펴보자.

① 자신의 아내가 남의 아내가 되어 있는 꿈

　　부부싸움 뒤에, 꿈에 아내가 다른 남자의 아내가 되어 있는 꿈을 꾼 사람이 있었다. 그는 꿈속에서 몹시 후회하는 자기 자신이 되어 있었다. 꿈을 꾼 후에 그는 아내의 소중함과 자신의 행위가 잘못되었음을 깨닫고, 아내의 입장과 마음을 이해함으로써 행복된 가정을 이룰 수 있었다.

② 못된 놈과 싸우는데, 주변 동료가 방관하고 있던 꿈

　　잘못된 일을 하고 있던 사람과 싸우는 꿈을 꾼 사람이 있었다. 그는 꿈속에서 불의와 자신의 안일만을 추구하는 현실의 냉정함으로 인해 비탄에 빠졌다. 자신의 행위를 되돌아 본 그는 자신이 나아가야 할 일이 좌절과 미움이 아니라, 대인관계의 개선이며 자신의 일에 더욱 적극적이고 진취적인 삶을 살아갈 것을 깨닫고, 노력하여 좋은 결과를 얻을 수 있었다.

③ 결혼식장에 사람이 하나도 없는 꿈

　　자신의 딸의 결혼식을 앞두고 있었던 사람의 꿈이다. 꿈속의 결혼식장에 하객이 하나도 없는 꿈을 꾸었다. 현실에서는 수많은 하객들로 넘쳐난 바, 이같은 경우 '하객이 얼마 안오면 어떡하지' 라는 잠재적인 불안심리에서 이러한 꿈을 꿀 수 있다. 이같은 경우 마음을 편안히 하고 '내가 너무 딸의 결혼식을 걱정해서 이런 꿈을 꾸었구나' 로 여기면 그만인 것이다. 마찬가지로 수험생의 꿈에

시험을 망치는 꿈이라든지, 자신의 교실이 없어진 꿈 등을 꾸는 것도 잠재적인 불안심리에서 꿔지는 꿈이기에, 편안한 마음을 지니는 것이 중요하다.

④ 로또(복권)에 당첨되었다는 꿈

많은 사람들이 로또(복권)에 당첨되었다는 꿈을 꾸었다고 말하고 있는 바, 이 역시 현실에서 돈에 쪼달리는 경우에, 꿈을 통한 일시적인 대리만족을 느끼게 해주는 것으로 깨달아야 할 것이다. 다만, 꿈이 사실적으로 전개되었을 경우, 실제로 로또(복권)에 당첨되는 일로 실현될 수도 있으니, 꿈이 생생한 경우 실현될 때까지 지속적으로 로또(복권) 등을 구입해보는 것도 좋다.

⑤ 앞에서 당당하게 이야기 하는 꿈→자신감 회복.

좀 내성적인 편인 나는 다른 사람들 앞에서 당당히 할 말을 하지 못하는 것이 늘 불만이었다. 그래서 당당해지자고 다짐해도, 그것은 늘 다짐뿐이었다. 오랫동안 그런 생각을 하지 않고 지냈는데, 이것이 내 잠재의식 속에 들어가 있었던 모양이다.

하루는 꿈을 꾸었는데, 그 꿈속에서 나는 그 동안 내가 하고 싶었던 말을 다른 사람들 앞에서 당당하게 말을 하고 있었다. 한참 신나게 떠들다가 잠에서 깼는데, 그렇게 속이 시원할 수가 없었다. 그 뒤로 나는 어느 정도 자신감을 가지고 이야기할 수 있게 되었다. 이런 꿈들을 많이 꾸게 되면서, 내가 그 동안 가졌던 불만을 어느 정도 해소할 수 있게 되었고, 자신감을 가질 수 있게 되었다. "꿈은 불만족에서 나온다. 만족한 인간은 꿈을 꾸지 않는다." 라는 몽테를랑의 말은 내 생각과 일치하고 있다.

학생의 꿈사례이다. 이처럼 꿈을 활용하여, 현실에서의 심리적인 요인에 대한 장애적인 요소를 제거할 수도 있다.

(2) 계시적인 성격의 꿈의 효용

서양에서 옛날 사람들은 잠을 자면서 꾸는 꿈을 종종 신의 계시나 예언으로 받아들였다. 고대 이집트인과 그리스인들은 '잠의 사원'을 짓고 운영했는데, 병자들이 이곳에서 잠을 자면서 꾸는 꿈을 해몽해 치료법을 알려주었다고 한다.

우리나라에서도 선인들은 꿈을 계시적인 것으로 받아들여, 조상이나 산신령 또한 영적(靈的)인 대상이 꿈에 나타나는 현몽(現夢)을 믿고 받아들이고 있다. 꿈을 창조해내는 주체가 우리의 정신능력이기에, 이렇게 알려주거나 지시해주는, 계시적 성격의 꿈은 꿈대로 따르는 것이 절대적으로 좋다. 이러한 계시적인 성격의 꿈은 꿈의 다양한 상징기법의 하나로써, 직접적인 방법을 통해 시일이 촉박하거나 절대적으로 믿게 하기 위해 죽은 조상이나 산신령 등을 등장시키고 있는 것이다.

①"독산동으로 이사를 가라"는 꿈→ 유치원 원장의 꿈에 느닷없이 "독산동으로 이사를 가라"는 꿈을 꾼 바, 이 경우에 실제로 이사를 가는 것이 유치원의 번창 등 좋은 일로 이루어진다.

②"빨리 잠자리에서 일어나라"는 꿈→ 조상의 현몽으로 죽음의 위험에서 벗어나게 해주고 있다.

③"무덤을 옮겨 달라"고 계시하는 꿈→ 돌아가신 시어머니가 꿈에 나타나서, 무덤을 옮겨주면 좋은 일이 있을 것이라고 계시해 일러주는 꿈을 신기하게도 부부가 똑같이 꾸게 되었다.

이처럼 꿈속에 나타나 계시적으로 일러주는 경우에는 그대로 따라하는 경우에 좋은 일이 일어나게 된다. 실제로 무덤을 이장한지 한 달도 안되어, 입덧을 하게 되고 첫딸을 낳게 되니, 17년 만에 아기를 낳게 되었다. 신비한 계시적 꿈을 보여주는 이야기로, MBC TV의 '이야기 속으로'에 방영된 바 있다.

(3) 일깨워주는 꿈의 효용

우리가 자고 있는 동안에도 우리의 뇌는 깨어 있다. 그리하여 꿈을 통해 현실에서의 긴급한 위험에서 벗어나게 해주거나, 일어날 일을 일깨워주고 경고해주는 경우가 있다. 이러한 경우에, 우리의 정신능력은 꿈의 영상을 통해 보여줌으로써, 위험에서 벗어나게 해주고 장차 일에 대비케 해주고 있는 것이다. 이 경우에 어떠한 일의 실행을 멈추거나 개선책을 마련하는 등 계획을 점검할 필요가 있다.

① 고양이가 야광등을 쳐서 불이 난 꿈

외국의 사례이다. 꿈속에 고양이가 야광등을 치고 달아나는 바람에, 집에 불이 나는 꿈을 꾸었다. 고양이가 그러한 사고를 저지를 가능성은 상존해 있었다. 다음날 그는 고양이와 야광등을 다른 사람에게 넘겨줌으로써, 꿈속에 본 화를 미연에 방지하였다. 이처럼, 현실에서 의식적인 자아가 미처 발견하지 못하는 위험스런 요소를 꿈을 통해 일깨움으로써, 도움을 얻을 수 있다.

② 아이가 부엌으로 떨어진 꿈

필자의 꿈사례이다. 1987년도 시골에서 학교 가까운 곳에 셋방을 얻어 살고 있을 때였다. 다소 옛날 집이라 부엌과 안방의 높이 차이가 상당히 나는 집이었다.

어느 날 밤에 꿈을 꾸었다. 아기가 방안에서 엄마를 찾으러 부엌문을 밀치고 나오다가, 철제 쓰레기통 위로 굴러 떨어지면서 머리가 갈라지는 끔찍한 꿈이었다. 꿈에서 깨어나서도 한동안 잠을 이룰 수가 없었다. 바로 다음 날 집주인 할머니가 장에 간 틈을 타서 문짝을 뜯었다. 그리하여 문짝을 돌려서 새로 달았다. 즉 방안에서 문을 잡아당기게 하여 문을 열은 후 아기가 굴러 떨어질 위험을 알게 하였다.

이처럼 일어날 수 있던 위험스런 사고에 대해서, 경고성 성격의 꿈의 도움으로 문짝을 바꾸어 달음으로써 위험한 사고를 막을 수 있었다. 다만, 이 경우에 '아기가 떨어져 다치면 어쩌지'라는 잠재적인 불안심리에서 이러한 꿈을 꿀 수도 있다. 처한 상황을 고려하여 일어날 가능성의 여부를 견주어 슬기롭게 대처하면 될 것이다.

③아들의 슬픈 눈초리를 보는 꿈

부모가 이 꿈을 꾼 후에, 초등학생 아들과의 대화를 통하여, 담임의 혹독한 체벌로 인하여 아들이 고통받고 있음을 알게 되었다. 이에 담임을 면담하고 올바른 시정 조치를 요구하여 문제를 해결하게 되었다.

요즈음 학교 폭력이 문제화되어 심지어 자살까지 하는 학생이 있는 바, 부모가 자식에 대한 애정을 지니고 관심을 기울인다면, 이처럼 현실에서 말못할 이야기를 꿈을 통해 일깨우는 일로 나타날 수 있다. 이 모든 것이 꿈꾸는 능력이 뛰어난 사람들에게나 가능한 일인지 모르겠다. 신이 인간에게 내린 최대의 선물인 꿈도 모든 사람들에게 골고루 나눠준 것이 아닌 것이다. 그러기에 현실에서는 이런 경우에, 친지나 주변 사람들의 꿈으로 게시해주거나 일깨워주어 전해주는 형식을 취하기도 한다.

(4) 외부적 자극의 꿈의 효용

꿈은 우리 신체에 가해지는 외부적 자극을 과장된 표현으로 영상화하여 보여주고 일깨워주고 있다. 프로이트의 『꿈의 해석』에 나오는 이야기로, 넥타이를 꼭 매고 자는 것이 교수형을 당하게 되거나, 머리에 고약을 붙이고 잔 것이 인디언 떼거리에게 붙잡혀 머리 껍질이 벗겨지는 꿈을 꾼 이야기가 나오고 있다.

① 귀신이 시퍼런 눈을 뜨고 쫓아오는 꿈

귀신이 시퍼런 눈을 뜨고 쫓아오는 꿈을 꾼 사람이 있었다. 이 사람은 실눈을 뜨고 자는 버릇이 있었는 바, 공교롭게도 안방의 보일러 작동 표시등의 파란 불빛이 실눈에 비춰지는 여건에서 잠을 잔 경우이었다. 안락한 수면을 방해하여 다음날의 일상생활에 좋지 않은 영향을 주게 될 것을 꿈으로 일깨워준 것이기에, 작동표시등을 가리거나 돌려눕거나 하여 평온한 숙면을 취하게 해주고 있다.

② 바닷가에서 파도를 보고 오한이 들어 몸부림치는 꿈

현실에서는 열려진 창문틈으로 찬 바람이 들어오고 있어서, 신체적으로 한기(寒氣)를 느끼고 있었던 것을 꿈으로 일깨워준 것으로, 창문을 닫고 두터운 이불을 덮고 잠을 자게 해주고 있다.

(5) 신체 내부적 이상 꿈의 효용

신체 내부적인 이상이 있는 경우에 꿈으로 일깨워주는 경우가 있다. 따라서 이러한 경우의 꿈에 있어서도 꿈의 의미를 유심히 되새겨보고, 꿈속의 표상 전개에 주의를 기울여서 병원 진찰을 받을 필요가 있다.

고양이가 목을 할퀴는 꿈으로 후두염 발견 사례, 남편이 골프채로 배를 친 꿈으로 진찰 결과 위암을 발견한 사례, 누군가가 칼로 눈을 찌른 꿈으로 콘텍즈 렌즈가 잘못되어 실명의 위기를 넘긴 사례, 괴한에게 옆구리를 걷어차인 꿈으로 늑막염을 알게 된 사례 등등 꿈으로 신체의 이상을 알아내어 질병에 걸리게 되거나 회복여부를 예지해주는 무수한 사례가 있다. 자세한 것은 주요 실증사례별 풀이의 '질병/건강의 꿈' 편을 참고하기 바란다.

정신질환을 앓고 있는 사람의 경우에 있어서, 그 어느 대상에 대한 강한 집착에 사로잡혀 있기에, 정신분석학자들이 꿈의 분석을 통하여 치료에 활용하고 있음을 우리는 잘 알고 있다. 또한, 질병을 앓고 있는 사람에게 있어서는 '자신은 건강하다' 는 자기암시를 잠재의식에게 보냄으로써, 의식적인 꿈을 통해 질병치료에 도움을 얻을 수 있을 것이다.

이 역시 자세한 것은 제 Ⅲ장. 꿈의 전개양상별 실증사례에서 살펴보기로 한다.

(6) 창의적 사유활동의 꿈의 효용

인간의 정신능력의 활동이 극대화되는 꿈을 통해서, 창의적 작품이나 발명·발견이 이루어지고 있다. 자신의 간절한 바람이 정신에 감응되어, 꿈속에서 발명이나 창의적인 아이디어를 창안하거나, 시를 짓거나 영감을 얻게 될 수 있다. 나아가 자기 암시로 꿈을 꾸게 하여, 문제해결을 위한 목적으로 의도적으로 자기 암시를 주고 자게 될 경우, 다가오는 어떠한 문제점에 대해 해결의 실마리를 꿈에서 찾을 수가 있게 된다.

이렇게 꿈속에서의 창의적 사유활동으로 아이디어나 발명을 하게 된 사례는 동서양을 막론하고 무수히 많다. 오래전부터 과학자와 음악가, 운동선수, 수학자, 작가, 화가들은 꿈에서 영감을 얻거나 기발한 해결책을 발견했다. 이에 관한 대다수의 이야기가 하버드대학 심리학자인 '데이드레 바레트' 의 저서인 『꿈은 알고 있다(The Committee Sleep)』에 시대순으로 소개되어 있다. 한편 중국에 있어서 사유적인 활동에 관한 사례는 유문영의 『꿈의 철학』에 소개되어 있다. 우리나라에서는 이수광의 『지봉유설』의 몽매(夢寐) 부분을 비롯하여, 선인들의 개인 문집 속에 수없이 산재되어 있다. 요즈음 사람들의 사례에서도 어려운 수학문제를 꿈속에서 해결하거나, 잃어버린 아이나 열쇠의 위치를 꿈속에서 알려주는 수많은 사례가 있다.

이처럼 현실에서 알아낼 수 없거나 불가능한 일에 대해서, 우리 인간의 정신능력이 고도로 극대화되는 꿈의 힘을 빌어 해결할 수가 있다. 현실에서 어떠한 문제가 난관에 봉착했을 때나, 기발한 발명이나 해결책이 필요한 경우에, 잠자리에 눕기 전에 그 문제에 관해서 '나는 꿈을 꿀 것이다. 나는 그 꿈을 기억할 것이다.' 등의 자기 암시를 준 후에 잠을 청하는 것을 훈련화하면 도움을 얻을 수 있다. 이 경우 매수할 주식의 종목이든지, 부동산 투자인 경우 어느 지역 등이 꿈으로 일깨워질 수가 있다. 하지만, 이 경우에도 상징적인 표상으로 나타나고 있는 경우가 다반사이기에, 꿈해몽에 세심한 주의를 기울여야 할 것이다.

외국의 사례를 들어본다. 꿈을 통한 발견·발명이나 창의적 사유가 가능한 것인지 실험하고자, 외국의 꿈연구가 '윌리암 디멘트' 가 몇 명의 피실험자에게 하나의 넌센스 문제를 냈다. 즉, 'HIJKLMNO' 를 한 단어로 나타내면, 무엇이냐는 문제였다. 피실험자들은 쉽사리 알아낼 수 없었다. 따라서 해결책으로 '이 넌센스 문제의 정답이 무엇일까' 를 생각하고 잠을 자면서, 꿈의 도움으로 풀어보라는 것이었다. 정답은 '물' 이었다. 'H에서 O' 까지의 문자는 'H to O' 로 발음이 같은 H_2O, 즉 물의 분자기호인 'H_2O' 이기 때문이다.

몇몇은 전혀 엉뚱한 꿈을 꾸었다. 하지만, 한 피실험자는 물의 이미지가 포함된 꿈을 연속해서 네 개나 꾸었다. 폭우, 항해, 바다에서 스쿠버다이빙을 하는 장면이 그의 꿈속에서 등장하고 있었다. 하지만, 그 피실험자는 정답이 물인 H_2O를 알아낼 수는 없었다. 이처럼 꿈은 단순하게 알려주는 것이 아닌, 고차원의 상징적인 표상으로 알려주고 일깨워주고 있는 것이다. 필자도 학생들에게 이 넌센스 문제를 시험한 결과, 대부분 '알파벳' 으로 답변하고 있었다.

이처럼 꿈에서 아이디어로 창의적인 발명과 발견을 한 다양한 외국의 꿈사례를 살펴본다.

① 꿈속에서 아름다운 멜로디를 듣고 작곡한 사람들도 상당수이다. 18세기의 이탈리아 작곡가인 타르티니(Tartini)는 어느날 밤 잠자던 중에 들은 음악을 바탕으로 〈악마의 속임수〉라는 곡을 썼다. 당시 그는 악마가 찾아와 바이올린을 연주하는 꿈을 꾸었는 바, 그 선율은 무척 아름다웠으며 상상력을 뛰어넘는 것으로써, 그 선율을 정확하게 기억하지는 못했으나 그것을 바탕으로 뛰어난 음악을 작곡할 수 있었다. —『꿈』, 피오나 스타, 조니 주커 지음

유사한 사례로, 1821년 베토벤은 비엔나로 가던 마차 안에서 깜빡 잠이 든 사이 꿈의 여신을 만나 이국적인 캐논(canon) 연주를 듣고 작곡을 하게 되었다. 또한 가사보다 멜로디가 먼저 만들어진 노래인 비틀즈의 '예스터데이'(Yesterday)는 꿈속에서 들은 현악 앙상블 연주를 바탕으로, 1965년 5월 '폴 매카트니'에 의해 작곡되었다.

한편 우리나라 및 중국에서도 꿈속에서 뛰어난 글이나 한시(漢詩)나 악곡을 지은 사례가 무수히 있다. 특히 선인들이 꿈속에서 지은 몽중시에 관하여서는 필자의 박사 학위 논문인 「한국 記夢詩의 전개양상 연구 ―몽중작을 중심으로―」를 살펴보기 바란다.

② 러시아의 화학자 '드미트리 멘델레예프'는 각각의 원자량에 따라서 원소들을 분류하는 방법을 발견하려고 오랜 세월 노력했지만, 끝내 그 방법을 찾지 못했다. 그러던 1869년의 어느 날 밤, 그는 꿈속에서 '모든 원소들이 적당한 자리를 잡고 있는 표'를 보았다. 잠에서 깨자마자 그는 곧바로 꿈에서 본 그 표를 종이에다 옮겨 적었다. 놀랍게도 그 표 가운데서 잘못된 것은 딱 하나밖에 없었다. 이렇게 해서 근대 화학에서 가장 중요한 공적으로 꼽히는 '원소주기율표'가 탄생했다고 한다.

③ '데이드레 바레트'가 들려준 인도 화학자의 사례이다. 그는 원유 정제용 효소를 개발하는 중이었다. 잠자리에 들 때마다 의도적으로 그 문제에 집중하기 시작하자, 커다란 트럭에 썩은 양배추가 잔뜩 실려있는 꿈을 계속 꾸었다. 처음에는 그 꿈이 아무런 소용도 없는 것 같았으나, 그가 연구실에서 그 문제에 몰두하는 순간, 꿈이 더없이 중요하다는 것을 깨달았다. 썩어가는 양배추는 효소

로 분해될 텐데, 그 효소는 원유 정제 연구에 딱 알맞은 것일 것이었다.

④ 면역학자인 체웬창은 2003년 치명적인 땅콩 알레르기 위험을 급감시킬 수 있는 약품을 개발하였다. 알레르기 반응을 일으키는 체내 화학물질에 결합하게끔 개조된 단백질을 이용해서 알레르기 증상 발현을 처음부터 차단한다는 획기적인 아이디어를 꿈속에서 아이디어를 떠올린 것이다.

⑤ 프로골퍼 잭 니클라우스는 스윙에 문제가 있었으나, 어느날 꿈속에서 공을 아주 잘 치고 있었는 바, 클럽을 쥐고 있던 방식이 현실과 다름을 알고, 꿈속에서 잡은 클럽의 방식대로 하여 최고의 스윙자세를 찾아낼 수 있다고 밝히고 있다.

⑥ 캐시 허스덜은 1960년대 평화봉사단이 일원으로 모로코 마을 여성들에게 뜨개질을 가르쳤는데, 양말의 발꿈치를 둥글게 돌려 뜨는 방법을 몰랐으나, 그 문제에 골몰해 있던 어느날 꿈속에서 양말의 동그란 발꿈치를 어떻게 뜨는지 보는 꿈을 꾸게 되었다.

⑦ 엘리아스 호웨는 꿈속에서 야만인 전사에게 끌려가면서, 그들이 들고 있는 창끝에 눈모양의 갸름한 구멍이 뚫려있었던 데에서 재봉틀 바늘 발명의 아이디어를 얻을 수 있었다.

⑧ 앨런 황은 새로운 컴퓨터용 회로를 설계하다가 난관에 부딪쳤다. 그러던 어느날 마법사의 제자들이 양편으로 나뉘어서 데이터로 가득찬 양동이를 들고 서로 마주보며 행진하다가 기적처럼 서로 엇갈리며 무사히 지나갔다. 꿈속에서 지켜보던 앨런 황은 문득 그들이 '빛을 통과하는 빛'처럼 보인다고 생각했다. 깨어났을 때 그는 그 꿈의 시각적 은유가 레이저를 이용한 새로운 컴퓨터 회로 설

계법을 보여주었다고 확신하고 발명을 해낼 수 있었다.

⑨ 하버드 대학의 물리학자인 폴 호로비츠는 천체물리학에 사용되는 망원경용 제어장치를 설계하고 있었다. 몇차례 난관에 부딪쳤을 때 꿈에서 다음과 같이 해결책을 얻었다고 밝히고 있다. "꿈속에 나레이터가 있어서 처한 난관을 대충 설명합니다. 이어 같은 목소리가 해결책을 일러주거나, 어떤 남자가 렌즈를 배열하거나 회로를 조립하는 것을 관찰하거나 넋을 놓고 지켜봅니다."

⑩ 미술가, 소설가, 극작가 등은 꿈에서 영감을 받는 경우가 있다. 로버트 루이스 스티븐슨은 회상록에서 꿈으로부터 영감을 얻기 위해 잠들기 전 스스로에게 이야기를 해주었다고 밝히고 있다. 그는 한밤중에 난쟁이들이 글쓰는 작업을 담당한다고 말하곤 했다. 스티븐슨의 〈지킬박사와 하이드〉는 그런식으로 씌여졌다. 새뮤얼 테일러 콜리지의 시 〈쿠블라 칸(쿠빌라이 칸)〉도 꿈에 들은 시의 내용을 바탕으로 지어진 것이라 한다. 살바도르 달리(Salvador Dali) 화가 역시 자동기술, 자유연상 등의 방법을 개발하고, 꿈의 창의력을 발휘하여 〈꿈〉 등의 뛰어난 작품을 남기고 있다.

⑪ 윌리암 블레이크 또한 꿈에서 영감을 얻은 시인으로, 자신의 시를 직접 판화로 장식하는 것은 비용이 상당히 많이 들어 고심하고 있었다. 어느날 밤에 죽은 형을 꿈에서 보았는데, 그가 바라던 삽화의 형태를 취한 채로 등장했는데 동판화였다.

이밖에도 꿈속에 나타난 뱀이 엉켜 있는 모습에서 벤젠의 육각형 분자방정식을 발견한 이야기 등 무수한 이야기들이 있다. 여기에 대해서는 제 Ⅲ장. 꿈의 전개양상별 실증사례에서 다시 살펴보기로 한다.

한편, '카를 구스타프 융'은 정신적 탐구를 끌어올리고 유발하는 꿈의 능력을 중시했다. 그는 꿈은 우리를 집단 무의식으로 연결시키는 힘을 가지고 있다고 믿었다. 융이 말하는 제3층, 혹은 숭고한 꿈은 가장 깊은 층에 속하며, 우리의 영적 욕구와 방향에 관련된 심오한 메시지를 전달하는 힘을 가진다. 숭고한 꿈에서 영성의 원형은 죽은 사람이나 유령의 모습을 취하거나 현명한 노인이 영성으로 향하는 안내자, 진리의 스승으로 나타난다고 하고 있다. 추상적으로는 하늘이나 바다와 같은 무한성의 느낌을 취한다.(피오나 스타, 조니 주커)

하지만 이 역시 모두 스승이신 고(故) 한건덕 선생님의 말씀에 다 담겨있다. 이러한 꿈속에 나타난 사람이나 대상은 실재하는 것이 아닌, 우리 인간의 정신능력의 발현으로 빚어내는 꿈의 상징기법의 하나로, 죽은 조상이나 산신령이 나타나거나, 동식물이 말을 하거나 등등 우리에게 강한 기억과 인상을 남겨주는 방편으로 등장하고 있을 뿐인 것이다.

중국의 사례에서도 꿈속에서 뛰어난 문학작품을 지어낸 수많은 예가 있는 바, 꿈의 세계와 꿈의 발현은 세계 공통적인 것을 알 수 있겠다. 실로 꿈은 신이 우리 인간에게 내린 최대의 선물인 것이다. 꿈을 통해 우리 인간의 정신능력이 고도로 발현되어, 시나 문학작품이나 음악 미술 영화 등 예술 분야뿐만 아니라, 과학적인 발명이나 새로운 발견에 있어 뛰어난 창의력을 보여주고 있는 것이다.

이에 대해 건양대 송원영 교수는 "무의식의 세계인 꿈에서는 비논리적인 생각이 활성화되는데, 이것이 창의적인 문제해결을 하는 것으로 보인다"고 말하고 있다.

하지만 태몽이나 로또(복권) 당첨이나 각종 사건 사고의 예지적인 꿈의 세계는 어떻게 설명을 해야 할까? 심리학자들은 "예지의 능력은 인간이 아닌 신의 영역"이라며 예지적인 꿈의 세계를 부정하고 있다. 하지만, 거미가 천부적(天賦的)인 능력으로 집을 짓는 것을 단 한번만이라도 본 적이 있다면, 우리 인간이 꿈을 통해 창조적인 사유활동을 하고, 장차 일어날 일을 꿈으로 예지하는 고도의 정신능력을 지니고 있다는 사실을 믿지 않을 수 없을 것이다.

(7) 사실적인 미래투시의 꿈의 효용

사실적인 미래투시의 꿈은 꿈속에서 본 그대로 현실에서 일어나고 있다. 이 경우의 꿈들은 꿈속에서 있었던 일과 똑같이 실제로 현실로 나타난다.

흉악한 살인자의 얼굴이 꿈속에 나타나서 범인을 잡은 사례가 있으며, 꿈속에서 나타난 로또번호로 당첨된 사례가 있다. 따라서 꿈속에서 어떠한 숫자를 본 경우, 꿈속에서 본 그대로의 숫자가 로또 당첨 번호로 현실에서 그대로 실현될 수가 있으니 지속적인 관심을 기울일 필요가 있다. 이러한 사실적인 미래투시의 꿈은 꿈속에서 결과를 체험해 보았기 때문에, 현실에서는 위험이 닥쳐오기 전에 피할 수 있도록 해 주고 있다.

외국의 여러 사례를 간략히 살펴본다.

① 호텔 주인이 투숙객인 매그루더가 도끼로 피살되는 꿈과 살인범의 얼굴을 보는 꿈으로 범인을 잡다.

② 애인이 있는 곳을 알려준 꿈→ 전쟁터에 나간 애인이 이름모를 성안에 갇혀 고통을 겪고 있는 꿈을 꾼 후에, 실제로 꿈에서 본대로 똑같은 성(城)을 발견하고는 마을 사람들을 설득해 애인을 구출해 내고 있다. 이처럼 자신이 관심을 가지고 있는 부모나 연인 등이

간혀 있거나 떨어져 있어 스스로의 힘으로 헤쳐나오기 힘든 어려움에 빠져 있는 정황이 꿈을 통해 나타나는 경우가 있다. 이 경우 사실적 미래투시의 꿈으로 보여지는 경우 그 장소를 찾아낸다면, 위험에 처한 상황에서 구해낼 수가 있다.

③ 꿈속에서 20년 뒤의 위험을 알려준 꿈→독일의 한 남자가 우거진 검은 숲속을 산책중 괴한에게 쫓겨서 달아나다가 "오른쪽 길로 가거라." 소리를 듣고, 자그마한 호텔로 들어간 목숨을 구할 수가 있었던 꿈을 꾸었다. 그로부터 20년이 지난 어느날, 그는 우연히 그 숲속을 정말로 가게 되었다. 한데 20여년의 꿈속의 일과 똑같은 일이 벌어졌다. 그는 쫓기는 중에 꿈에서의 기억대로 갈림길에서 오른쪽으로 접어들었다. 곧 그의 앞에는 꿈에서 보았던 호텔이 나타났다. 결국 20년 전에 꾸었던 꿈이 그의 목숨을 구해준 것이었다.

(8) 상징적인 미래예지 꿈의 효용

꿈의 무대를 상징적으로 펼쳐 보임으로써 꿈에 담긴 의미에 대해서 궁금해 하게 하고, 장차 일어날 일을 꿈을 통해 예지해줌으로써 다가올 일에 대한 마음의 준비를 하게 하여 슬기롭게 대처해갈 수 있도록 해주고 있다. 흉몽을 꾼 경우에도 '꿈은 왜 이렇게 불길한 내용을 보여줌으로써, 무엇을 예지해주려고 하고 있는 것일까?' 를 진지한 마음으로 받아들여, 몸가짐을 삼가고 조신한다면 큰 화를 면할 수가 있을 것이다.

① 사람이 죽었다는 꿈→필자 동생의 꿈사례이다. 어느날 밤, 꿈속에서 사람이 죽었는 바, 노인이 말하기를 '사람의 운명은 섭리다' 라는 이야기를 듣게 되고, 또한 천둥번개가 치면서 자신도 죽게 되는

것을 체험하다가 깨어났다. 깨어나보니 새벽녘이었다. 이에 신의 섭리에 따른 죽음의 의미를 생각해 봄으로서, 죽음에 관한 마음의 정리를 할 수 있었다. 출근 후에 오전 10시쯤에 사고로 협력업체 직원이 절명하는 일이 일어났을 때, 급작스런 사고에 당황하지 않고 침착하게 염을 하는 등 일을 처리할 수 있었다.

미래예지적 성격의 이 꿈을 통해, 잠재의식이 꿈을 통해 무엇을 보여주고자 했는지 극명하게 드러나고 있다. 꿈을 통해 노인과의 대화에서 '사람의 운명은 섭리다'는 말을 듣고, 나아가서는 꿈속에서 자신의 죽음의 순간을 체험하고, 또한 꿈을 깨고 나서도 죽음에 대해 되돌아보는 시간을 가짐을 통해, 갑작스런 사고였지만 겸허하게 받아들일 수 있었던 것이다.

② 건물의 귀퉁이가 떨어져나갔다가 다시 붙은 꿈→ 아들의 교통사고로 머리를 다쳐 생사의 길에 섰으나, 포기하지 않고 뇌수술을 하여 정상적으로 돌아온 바, 꿈의 예지를 믿고 희망의 끈을 놓지 않았기에 슬기로운 극복을 할 수 있게 해주고 있다.

상징적인 예지적 꿈에 관해서는 제 Ⅲ장. '꿈의 전개양상별 실증사례'의 9. 상징적 미래예지 꿈에서 중점적으로 언급하고 있는 다양한 실증사례를 참고하기 바란다.

(9) 지어낸 거짓꿈의 효용

필요에 따라 선의의 거짓말을 해야 하는 경우가 있다. 이러한 경우에 지어낸 거짓꿈을 이용해, 밤늦게 귀가하는 남편에게 좋은 태몽꿈을 꾸었다는 핑계로 일찍 귀가시킬 수도 있다. 또한 자식에게 "너는 용이 날아든

좋은 태몽이어서 장차 훌륭한 인물이 될 것임을 믿는다." 고 하여, 심리학에서 말하는 피그말리온(pygmalion) 효과를 보게 할 수 있겠다. 자식에게 좋은 태몽을 이야기해줌으로써, 장차 빛나는 인생이 펼쳐질 것이라는 믿음속에 아이가 기대에 부응하는 쪽으로 변하려고 노력하게 되고, 실제로 꿈을 현실화하는 방향으로 나아가게 할 수 있겠다. 자세한 것은 제 Ⅲ장. 꿈의 전개양상별 실증사례에서 살펴보기로 한다.

(10) 국가적 · 사회적인 사건 대비

엄청난 일이 일어나기 전에 여러 사람들의 꿈으로 예지되고 있다. 선인들의 사례에서, 유성룡은 경복궁이 불탄 꿈으로, 허균은 암울한 몽중시를 짓는 것으로 장차 임진왜란이 일어날 것을 예지해내고 있다.

외국의 사례이지만, 영국에서는 이러한 국가적 · 사회적 사건에 대한 꿈을 연구하는 꿈연구소가 설립되어 활동을 하고 있다. 우리나라도 하루빨리 꿈연구소 등이 세워진다면, 국가적 · 사회적인 꿈에 대해서 보다 깊은 연구가 행해질 수 있겠다.

그리하여 사람들의 국가적 · 사회적인 사건에 예지적 꿈을 미리 모을 수 있다면, 대선 결과라든지, 지하철 참사 사건, 미국의 서브프라임 사태 등을 꿈으로 예지해낼 수 있으며, 국가적 사회적 사건을 막아내는데 많은 도움을 얻을 수 있을 것이다. 다만, 상징적인 미래예지꿈은 예나 가능하지 꿈의 실현을 막아낼 수 없기에, 피해를 최소화하는 방향으로 나아갈 수는 있을 것이다.

(11) 문학작품, 매스미디어 및 기타 다양한 활용 사례

우리는 하루라도 '꿈'의 이야기를 안듣고 넘어가는 날이 없을 정도이다. 필자는 어느날 '꿈' 이야기를 한 번도 안듣고 넘어가는가 했던 날이 있었다. 하지만, 잠자리에서 보는 영화속에 '꿈' 이 주된 제재로 등장하고 있었다.

꿈은 여러 가지 전개양상별에 따라 다양하게 펼쳐지고 있는 바, 각각에 대한 관심이 문학작품의 소설이나 시, 신문 · 잡지 · TV · 라디오 · 연극 · 영화에 이르기까지 널리 활용되고 있다.

① 꿈을 통한 이미지 시연치료

광주민주화 운동 당시나, 9.11 테러와 같은 엄청난 충격을 받은 사람들은 불안과 공포에 시달리는 악몽을 꿀 수가 있다. 이런 사람들에게 꿈을 통한 이미지 시연치료라는 기법으로, 악몽에 시달려온 사람들에게 그 꿈의 결말을 긍정적으로 시연하라고 수정된 줄거리를 만들어준다. 이처럼 긍정적인 결말을 상상하는 훈련이 트라우마(심리학에서는 '정신적 외상' , '영구적인 정신 장애를 남기는 충격') 증상이 없는 피험자들에게도 효과적일 수가 있다.

또한, 우울증 환자에게 자기 반성과 반추를 권유하는 심리치료보다, 꿈꾸기 시스템을 정상화하는 것이 실제로 더 효과적일 수 있다는 주장이 있다. 완전히 표출되지 못한 유해한 정서들이 꿈을 통해 해소된다고 보고 있는 것이다.

② 연극의 소재로 꿈을 활용→ 심리치료

두 가지 사례를 신문기사를 인용하여 살펴본다.

〈 간밤에 꾼꿈 다시 보여드립니다. 〉

뉴욕의 허스 극장에서는 연극 〈꿈의 극장〉을 하고 있다. 극단 창설자이자 연출자인 '부브페이튼' 은 무대아래에서 관객석 중간으로 걸어 들어온다. 연출자는 관객들과 인사를 나눈 뒤, "아무나 좋으니, 최근 자주 꾸는 꿈이나 잊혀지지 않는 꿈이 있으면 우리에게 들려주지 않겠느냐"고 요청한다.

지원하는 관객 중에, 한 사람의 꿈 이야기를 듣고 묘사가 미진한 부분은 보충해 묻는다. 그후 배우들 가운데 꿈속에 등장하는 인물들의 배역으로 적합하다고 생각되는 배우를 선정한다. 각각 배역으로 지명된 배우들은 간이 옷장에서 적합한 의상을 찾아 입고, 즉시 재연에 들어간다. 이들의 즉흥 연기는 놀라울 정도로 완벽하다.

꿈의 재연이 모두 끝나면, 연출자는 꿈은 우리의 의식이 알아차리지 못하는 실제 우리 자신의 한 부분이라며, 이들의 꿈을 어떻게 해석할 것인가에 대해 관객들과 질문을 주고받는다. 그리고 2시간여에 걸친 연극은 막을 내린다.

이 연극은 연극이 장차 가야할 방향이라는 인터액티브(배우와 관객이 함께 교류하는 것)에 최고로 충실한데다, 음악·조명·연기 등이 모두 즉흥적으로 이뤄진 까닭에, 스태프와 연기진의 실력이 웬만큼 탄탄하지 않으면 안된다는 점에서 상당한 주목을 받고 있다.—요약,발췌. 중앙일보, 김동균 특파원.1996.6.24.

〈 꿈을 소재로 연극으로 공연 〉

꿈을 소재로 관객을 흡수하는 연극 '자각몽(自覺夢)[Lucid Dream](연출 김광보)' 이 정보소극장에서 공연되고 있다. 차근호 작가는 "만

약 우리가 꿈을 꾸고 있다는 사실을 자각한다면, 이 무한한 자신감과
신뢰가 모두 허상일 뿐이라는 사실을 자각한다면, 우리가 깨닫게 될
이 세상과 나 자신은 어떤 모습일까?'라는 질문을 작품 속에 던지고
있다.—정수현 기자, 뉴스컬쳐, 2011.1.4.

③ TV나 방송 신문기사에서 시청자들의 관심을 끄는 주요한 소재

　　TV나 방송·신문기사 등에서 꿈은 관심을 끄는 주요한 소재가
되고 있다. 유명인사나 연예인의 태몽에 관한 기사를 비롯하여, 거
액의 로또(복권) 당첨이 있을 때마다 꿈이야기가 신문지상에 소개
되고 있다. 또한 국가적·사회적 사건이 있을 때에 신비한 꿈에 대
한 기사가 보도되고 있다.

　　이처럼 사람들의 관심도를 반영하여, 신문이나 잡지 및 라디오
와 TV에서도 꿈에 대한 많은 기사나 방송이 이루어지고 있다. 하
지만, 아직까지 꿈의 실체에 다가가고 우리의 생활에 활용한다기
보다는, 한낱 흥밋거리로 삼고 있다는데 더욱 문제가 있다.

　　오래전의 MBC TV의 '이야기속으로'와 SBS의 '미스테리극장'
등의 재연 프로그램에서는 꿈이 주요한 방송제재로 등장되고 있
다. 특히 MBC TV에서 2002년 '꿈꾸는 TV 33.3'이라는 프로 명으
로 4개월간 꿈의 다양한 실증사례를 극화 및 재연하여 보여주고
그 결과를 알아맞히는 퀴즈 풀이로 전개된 적이 있다. (필자가 꿈해
몽전문가로 실증자료 제공 및 해설을 담당함) 또한 MBC TV의 '신비한
TV 서프라이즈' 프로그램에 꿈을 소재로 한 내용이 다수 방영된
바 있다. 최근에도 2011년 11월 14일 KBS TV '아침마당'에서 한
시간에 걸쳐, '꿈과 건강, 꿈의 예지(필자 출연), 꿈의 심리표출'에

대해서 방송된 바도 있다.

　　오래전의 MTV 집중 퀴즈테크 '닥터 프로이트' 에 대한 신문 기사 평을 살펴본다.

〈 MTV 집중 퀴즈테크 '닥터 프로이트' 인기 절정 〉

　　MTV의 퀴즈 프로인 '집중 퀴즈테크' (주창만 연출)의 '닥터 프로이트' 가 꿈해몽가로 시청자들의 인기를 모으고 있다. '닥터 프로이트' 는 정신분석학자인 프로이트의 정신분석이론을 소재로 꾸미는 코너. 이 코너는 지난 1월초에 시작되자마자, 방송사상 최초로 매회마다 꿈을 영상화한다는 점에서 각광을 받고 있다.

　　5분 정도 방송되는 '닥터 프로이트' 는 꿈을 연기자들이 꾸미는 극으로 만들어, 영상을 통해 퀴즈문제를 제시하면서 현실로 이어준다. '닥터 프로이트' 가 인기를 끌자 '집중 퀴즈테크' 제작팀에는 편지와 엽서가 쏟아져 들어오고 있다. 자신들의 꿈도 해몽해 달라는 것. 시청자들이 자신의 꿈이 영상을 통해 해몽되기를 바라는 것이다.

　　　　　　　　　　　　　　　　　　　　　　　　—[스포츠서울]

　　사족을 달아본다. 정신분석적인 측면이 아닌, 이 책에 소개되어 있는 수많은 예지적인 실증사례를 재연하거나 그래픽하여 동적 영상으로 보여준 후에, 꿈의 언어인 상징에 기초한 해설과 유사 실증사례를 덧붙여 나아간다면, 시청자들이 예지적인 꿈의 세계에 대한 흥미와 지적 호기심을 불러일으켜, 올바른 꿈의 세계에 대한 이해를 할 수 있으리라 믿는다.

〈 거짓 용꿈으로 남편을 불러들이다 〉

남편이 취직하여 술 약속이 있어서 집에 못 들어간다고 하자, 신혼
의 아내가 어젯밤에 용이 여의주를 물고 들어오는 태몽을 꾸었는데,
일찍 집으로 들어오라고 거짓말을 해서 남편을 불러들이는 이야기
가 나온다.─1995.12.17일 MBC 주말연속극 '아파트'에서

태몽에 관한 꿈의 신비성을 이용하여, 지어낸 거짓 태몽으로서 자신
의 뜻을 실현시키는 재치 있는 아내라 할 수 있겠다.

〈 거짓 태몽을 이야기하며 임신했다고 사기극 〉

간경화에 걸려 배에 복수(腹水)가 찬 50대 여자가 "임신을 해서 배
가 불렀다"고 동거남을 속여, 약 1200만원을 챙기고 달아났다. 여자
가 "아기를 가진 것 같다"는 말을 믿고 동거를 시작했으나, 실제로는
복수가 차 오르는 것이었다. 하지만, 여자가 '용 두 마리가 하늘로 승
천하는 태몽을 꿨다'는 말에 임신을 의심을 하지 않았다. 그후 여자
가 돈을 가지고 달아난 후에야, 의도적으로 접근해 임신 사기극을 꾸
며 속인 것을 알게 되었다.─요약 발췌, 조선일보, 2007.4.5

태몽꿈과 관련된 황당한 사기극에 대한 기사이야기이지만, 역(逆)으
로 보자면 태몽의 신비성에 대한 믿음이 있었기에 사기극이 성공했음을
알 수 있다.

〈 나체(알몸)로 인터뷰를 하는 꿈 〉

2008 베이징올림픽 야구에서 우승한 김경문 감독은 베이징에 도착해

첫 인터뷰에서, 신비한 꿈을 꿨다고 이야기 한 바, 전승으로 우승한 뒤에 '나체로 인터뷰하는 꿈'이었다고 밝히고 있다. 꿈의 예지와 시합우승으로 실현된 사례를 견주어 본다면, 자신있게 나체(알몸)를 드러낸 채로 인터뷰를 하는 꿈이었음에 틀림이 없다. 한편 아파트 12층에서 떨어진 생후 27개월 된 남자 아기가 팔과 어깨뼈만 부러지는 골절상을 입고 목숨을 건졌는 바, 강가에서 어부가 장수(長壽)한다고 알려진 거북이를 잡아 건네주는 태몽이었다.

이렇게 시청자들의 관심을 끄는 주요한 소재로 예지적인 꿈이야기나 특이한 태몽에 관련된 내용이 심심찮게 뉴스화되어 보도되고 있다.

④ 인터넷 상에서의 꿈해몽 사이트

사람들의 꿈에 대한 관심을 대변하듯이, 인터넷 및 스마트폰에서도 여러 꿈해몽 사이트가 넘쳐나고 있다. 하지만 실증사례가 아닌, 대부분 흥미 위주의 내용이거나 점쟁이식 해몽을 벗어나지 못하는 수준이며, 사주·운세·관상·작명·풍수 등에 꿈해몽이 구색 맞추기 식으로 들어가 있다.

필자는 과거 PC 통신 시절에 국내 최초로 온라인 상담을 실시하였으며, 인터넷(http://984.co.kr) 및 핸드폰의 무선인터넷(984+인터넷 접속버튼)에 실증적인 자료에 입각한 국내 최대·최고의 꿈해몽 싸이트인 '홍순래 박사 꿈해몽'을 개설하여 해몽 상담 및 검색 자료를 제공하면서, 꿈에 관한 실증적인 사례를 중심으로 연구·정리를 해나가고 있다.

독자분들의 많은 이용을 바란다.

한편 외국에서도 꿈에 대한 관심은 높은 바, 예지적인 꿈세계보다는 심리적인 측면에 치우치는 경향이 강하다고 하겠다. 1996년의 오래전의 신문기사이지만, 인터넷뉴스그룹에는 꿈을 해몽하는 이색적인 토론장이 생겨 네티즌들의 관심을 모으고 있다는 기사나, 온라인드림그룹 사이트에서 지구촌의 각종 꿈해몽에 관한 정보를 제공할 뿐만 아니라 꿈의 불가사의한 세계로 안내한다는 기사가 있기도 하나, 현재 접속불가 상태로 되어 있다.

12. 꿈에 관한 도서 · 영화 소개

1) 꿈 관련 도서 소개

꿈에 대한 올바른 이해 및 꿈해몽에 도움이 되는 도서를 소개하고자 한다. 과학적인 입장에서 서술하고 있는 저서와, 황당한 점쟁이식이 아닌 실증적인 사례에 바탕을 두고 있는 저서를 서평 및 필자의 의견을 일부 덧붙여 소개한다.

① 『꿈의 예시와 판단(개정판)』, 한건덕, 명문당, 2004. 1608쪽

　　1997년 타계하신 고(故) 한건덕 선생님의 1973년 역작(力作)이다. 책소개 안내를 그대로 전재한다. 새로운 관점을 통해 잠재의식을 민속해몽에 접목시킨 최신 해몽 대백과이다. 민족 전래의 꿈에 대한 해석법을 과학적인 고증에 의해 되살려 내었다. 4,300여 가지의 방대한 꿈의 사례를 찾기 쉽고 이해하기 쉽게 분류하여, 권말 색인으로 정리하고 있다. 제1부에서는 꿈에 관한 주요 이론을

간추려 제시하고, 제2부에서는 실제의 해석 요령에 중점을 두어 여러 가지 사례들을 소개하였다.

②『꿈꾸는 뇌의 비밀』—꿈의 신비를 밝혀내는 놀라운 꿈의 과학(원제: The Mind at Night: The New Science of How and Why We Dream) (2004) 안드레아 록, 윤상운 역, 지식의 숲(넥서스), 2006

　　이 책의 '꿈과 뇌' '꿈과 수면' 부분에서 발췌 인용한 바도 있지만, 역자인 윤상운의 말을 옮겨 살펴본다. 수 십 여년간 이뤄져 온 꿈 연구를 총망라하면서 꿈의 원리와 의미에 대해 설명하고 있는『꿈꾸는 뇌의 비밀』은 잠과 꿈에 대하여 세계 곳곳에서 진행된 최신 연구들과 논쟁이 분분한 이론들을 쉽고도 흥미진진하게 소개해준다. 수면의 종류 및 역할, 수면과 기억, 꿈의 내용, 꿈과 관련된 뇌 영역들, 꿈꾸기 과정, 꿈의 진화사, 동물 등의 꿈, 꿈과 정서 장애, 꿈의 치유효과, 자각몽 등 잠과 꿈에 대한 모든 의문과 질문이 총망라되어 있다. 저자인 '안드레이 록'은 어느 한쪽에 치우치지 않고 심리학, 생리학, 신경학, 생물학 등 각양각계의 상반되는 주장과 연구결과들을 공정하고 객관적으로 설명한다. 그리고 과학적인 데이타를 제시하여 그 주장들의 타당성을 확인시킨다.

③『꿈의 열쇠(Onirocriticon)』, 아르테미도로스, 방금희 역, 아르테, 2008.

　　고대 서양에서의 예지적인 꿈사례를 모은 책이다. 꿈에 대한 미래를 해석한 꿈해석의 고전『꿈의 열쇠』. 이 책은 2세기 작가로 알려진 아르테미도로스가 지은 원작을 번역한 것으로, 다섯 개의 서로 된 것 중 1장부터 5장까지 나눠 구성했다. 예지몽의 다양한 사례와 유형으로 미래를 바라보고 있다. 이 책은 음식과 배설물, 동물과 같은 90개의 예지몽을 제시하고, 각 계층과 성별에 따른 다른 풀이법을 제시한다. 또한 예지몽의 숨겨진 뜻과 태도, 실용적으로 기술하는 방법을 제시한다.

④『꿈의 철학(꿈의 미신과 탐색)』, 유문영 저, 하영삼 역, 1993.

　　꿈을 중국 고대문화의 한 측면으로 파악, 중국인의 꿈에 대한 이론을 심층 연구 정리한 중국 철학교수의 저술. 꿈을 동양인의 독특한 사유구조와 이에 반영된 문화체계 이해에 초점을 맞추어 꿈의 본질과 특징, 해몽술, 꿈에 대한 현대적 분석 등을 기술했다. 파자해몽의 다양한 사례 등이 나오고 있으며, 중국의 꿈을 통시적으로 고찰하고 있다.

⑤『뇌과학의 비밀』, 리처드 레스택, 이경민 역, 이레, 2003.

　　자신의 꿈을 마음 속에 그리고, 그것이 현실이 되었다고 매순간 간절하게 믿게 되면 현실이 된다는 꿈 바라보기 기술에 대해 나오고 있다. 전두엽에는 미래 기억을 담당하는 분야가 있다. 미래기억이란 미래의 목표를 기대하고 마음에 품어 현재의 불편함이 미래의 목표를 이루는데 장애가 되지 않도록 하는 기능이다. 예를 들어 신경외과 의사가 되고 싶다면, 많은 시간과 돈을 들여 노력해야 그 목표를 이룰 수 있다. 만일 힘든 수련기간에 마음속으로 이미 신경외과의사가 된 자신의 모습을 그릴 수 있다면, 그 사람은 그런 그림을 그리지 못하는 사람보다 훨씬 수월하게 자신의 목표를 이룰 수 있다.

⑥『꿈: 내가 원하는 대로 꾸기』, 스티븐 라버지, 하워드 라인골드, 김재권 역, 인디고 블루, 2003.

　　뇌의 입장에서 보았을 때는 어떤 것에 대해 꿈을 꾸는 것은 그

것을 실제로 하는 것과 다르지 않다는 것이 과학적으로 입증되었다. 이에 우리 삶의 질을 향상시키기 위해, 스스로 꿈을 컨트롤 하는 훈련법을 다룬 책이다. 만약 당신이 다수의 청중 앞에서 연설하는 것에 대한 두려움이 있다면, 의식적 꿈꾸기를 통해 꿈속에서 미리 예행 연습을 해 볼 수 있다.

⑦ 『뇌과학이 알려주는 잠의 비밀』, 일레인 스콧, 이충호 역, 내 인생의 책, 2009.

어린이들을 대상으로 잠에 대해 궁금해할 만한 것들에 대해, 최근 뇌과학의 연구성과를 알기 쉽게 설명해주고 있다. 잠은 꼭 자야 하는 것인지, 잠자는 동안 뇌속에서 무슨 일이 벌어지고 있는 것인지, 잠자면서 꾸게 되는 꿈에 대한 간략한 설명과 가위눌림, 야경증, 기면증이나 몽유병처럼 잠과 관련된 여러 질환에 이르기까지 과학자들이 지금까지 밝혀낸 최근의 지식을 알기 쉽게 흥미로운 사례를 통해 설명하고 있다. 전체 10장으로 되어 있으나, 어린이를 대상으로 쓰여진 책으로 77쪽에 그치는 빈약한 양으로, 간략히 진술되어 있다.

⑧ 『개꿈은 없다』, 김하원, 동반인, 1994.

태몽 등 다양한 실증사례가 소개되고 있으며, 꿈이 갖는 특성과 신비를 논하고 여러 꿈의 유형을 사례로써 소개한 꿈풀이 책이다.

⑨ 『해몽비결』, 운몽, 학민사, 1998.

실제 실증사례가 소개되고 있어 참고할 만하다.

⑩ 『꿈에 관한 33인의 에세이』, 33인의 저명필자, 을지출판사, 249쪽, 1979.

저명필자 33인의 꿈체험에 대한 실증사례를 담고 있다.

⑪『꿈 신비활용』, 박성몽, 창조사, 1993.

실제 실증사례가 수록되어 있으며, 저자는 목사이며 필명으로 출간한 책으로, 꿈의 정체와 그 신비성을 밝힌 책이다.

⑫『꿈』, Stase Mich, 최현배 김영경 역, 이너북스, 2007

영혼의 모니터링 체계, 꿈. 사람마다 꿈의 내용과 감정은 제각각이다. 그것은 꿈이 각 개인의 독특한 삶과 정서가 배어 있는 자기의 모습이기 때문이다. 그런 의미에서 꿈은 모든 사람이 자기의 모습을 자각하도록 돕는 훌륭한 도구가 될 수 있다. 이 책은 꿈을 스물일곱 가지 유형으로 분류하여, 각 유형별로 몇 가지 사례와 함께 그 기능과 특징을 일목요연하게 제시하고 있어 우리가 좀 더 쉽게 꿈과 만날 수 있게 한다.

⑬『꿈: 과학으로 푸는 재미있는 꿈의 비밀』, 앨런 홉스 저, 임지원 역, 아카넷, 2003.

이 책은 꿈에 대한 오랜 고정 관념을 깨어 버리고, 우리가 미처 알지 못했던 꿈에 얽힌 진실들을 최신 과학으로 자세하고 재미있게 풀어 준다.

⑭ [홍순래 꿈해몽 대백과], 홍순래, 어문학사, 1500쪽, 2012년 8월 출간예정

국내 최대 최고의 꿈해몽 전문사이트인 '홍순래 박사 꿈해몽 (http://984.co.kr) 사이트를 통해 축적된 그동안의 꿈에 대한 모든 자료를 망라한 꿈해몽 도서의 결정판으로,『꿈이란 무엇인가?』에 이어 곧 출간될 예정인 필자의 꿈해몽 도서이다. 1997년 한건덕 선생님과 공저한『꿈해몽백과』의 개정판 성격을 띠고 있다.

'이빨 빠지는 꿈' 등 각 표상에 대한 꿈의 언어인 상징의 의미

를 설명하고, 다양한 실증사례로 예를 들어, 보다 손쉽게 꿈에 대한 이해와 꿈해몽을 할 수 있도록 하였다. 각 상징표상의 개괄적 해설, 실증사례, 꿈해몽 요약, 상담사례, 민속의 사례 등 종합적으로 흥미있게 읽을 수 있도록 하였으며, 쉽게 자신이 꾼 꿈을 찾아볼 수 있도록 하였다. 꿈을 해몽하는데 있어, 스스로의 해몽이 가능하도록 하였으며, 상징적인 미래예지 꿈을 비롯하여, 내면의 심리표출, 일깨움의 꿈 등 처한 상황에서 일어날 수 있는 다양한 추정의견을 제시함으로써, 보다 올바른 해몽을 할 수 있도록 하였다.

⑮『꿈이야기』, 홍순래, 백성출판사, 320쪽, 1997.

일간스포츠 신문에 연재 되었던 것을 정리한 것으로, 꿈에 대한 실증사례를 소개하면서 필자의 해설을 덧붙여 소설보다 재미있게 읽으면서 꿈에 대한 이해 및 꿈의 실체에 다가설 수 있다. 현재 절판되어 있으며, 새롭게 출간될 예정이다.

⑯『현실속의 꿈이야기』, 홍순래, 내일을 여는 책, 432쪽, 1996.

필자의 꿈에 대한 최초의 도서로써, 꿈에 대한 개괄적 해설과 문학과 설화속의 선인들의 꿈사례를 정리하였으며, 누구나 흥미있고 쉽게 꿈의 신비성 및 잠재의식의 다양한 표출수단인 꿈의 세계에 들어갈 수 있도록 꿈의 예화를 중심으로 살펴보았다. 해몽의 신비성 및 꿈에 대한 상식, 문학작품 속의 꿈이야기, 민속적인 꿈 등을 살펴보고 있다. 현재 절판 상태이며, 좋은 내용을 간추려 여기『꿈이란 무엇인가?』에 일부 수록했다.

⑰『행운의 꿈』, 홍순래, 다움, 305쪽, 2009.

실증사례 위주로 로또(복권) 당첨, 합격, 우승 등 행운을 불러온 사람들의 꿈 이야기에 해설을 달아 재미있게 읽으면서 예지적 꿈의 세계에 대한 이해를 도울 수 있다. 로또(복권) 당첨 꿈을 20여 가지로 분석하고, 상세한 해설을 덧붙인 흥미있고 재미있는 책이다.

필자가 자비출판으로 2,000부 출간하였으며, 보다 많은 사람들이 읽을 수 있도록 저렴한 정가로 책정하였다. 또한 큰 글씨로 나이 드신 분들도 쉽게 읽을 수 있도록 배려하였으며, 큰 판형(B5)의 책으로 적절히 삽화가 들어있어 흥미 있게 읽을 수 있다. 시중에서는 쉽게 구할 수 없는 책으로 우편 판매 가능하며, 재출간 예정으로 있다. 사족이지만, 이 책을 읽은 독자분들의 구입을 강력 추천한다.

⑱『프로이트가 꾸지 못한 13가지 꿈』, J. 앨런 홉슨, 박소현 역, 시그마북스, 2009년

이 책의 저자 앨런 홉슨 박사의 연구를 비롯한 현대 신경과학은 뇌에 대한 프로이트의 억눌린 소망 표현 등의 생각이 틀렸음을 명확하게 보여주고 있다. "기이함" 이라는 꿈의 특성은 프로이트가 주장했던 것과 같은 "억압된 감정" 과는 아무런 상관이 없다. 뇌가 물리적으로 그런 식으로 만들어져 있기 때문에 생겨나는 일이다. 즉, 깊은 렘수면 동안 뇌줄기에 있는 화학적 기전들이 피질 부위들의 활성화를 다양하게 이동시킨 결과 그런 변화들이 생성되는 것이다. 이 책의 저자 홉슨 박사는 만약 프로이트가 지금 살아 있다면 꿈 형성에서의 '욕구' 의 독점적 지위와 위장 검열 모형을 포기할 것이라고 말한다. 그리고 왜 그럴 수밖에 없는지를 이 책을 통해 아주 재미있게 설명하고 있다.

⑲『꿈을 잡아라(잡아라 시리즈 3)』, 매브 에니스, 장석훈 역, 궁리, 2003.

간단 명료하게 서술된 것이 특징이다. 우리는 왜 꿈을 꿀까? 꿈을 꾸는 동안 우리 뇌에서는 어떤 일들이 벌어질까? 어젯 밤 꾼 꿈이 의미하는 건 무엇일까? 이 책에서는 꿈에 관해 궁금해 하던 혹은 그 이상의 것들에 대해 과학적인, 또 때로는 심리학적인 성찰로 살펴보는 여행을 떠난다. 아리스토텔레스에서 프리츠 펄스, 그리고 융의 '집단 무의식'에 이르기까지 여러 학자들의 꿈에 대한 견해를 재미있는 삽화와 쉬운 설명을 통해 알아보고 있다.

⑳ 『욕망의 연금술사, 뇌』: 어느 뇌과학자가 말하는 욕망의 심리학, 모기 겐이치로 저, 이경덕 역, 사계절, 2007.

　　욕망이라는 고전적이고 오래된 주제를 완전히 상반된 두 가지의 측면에서 분석한다. 기원전에 살았던 공자와 최첨단 과학 분야인 뇌과학을 통해 욕망이 어떻게 생성되는지를 살펴보고 있다.

㉑ 『꿈의 비밀』, 데이비드 폰태너, 원재길 역, 문학동네, 1999.

　　꿈속에 숨겨진 상징과 비밀의 문을 여는 매혹적이고 상상력 가득한 꿈 해설서. 꿈 해석의 역사, 본질, 꿈의 내용을 이해하는 방법에서부터 꿈을 제어하는 방법에 이르기까지 꿈에 관한 방대한 의문을 해결해준다. '꿈의 세계를 바라보는 여러 시각' 등 5개 장으로 나눠져 있으며, 원색사진이 실려 있다.

㉒ 『꿈꾸는 뇌』, 조은수 지음, 아이세움, 2009.

유머러스한 그림과 캐릭터를 이용해 뇌를 쉽게 이해할 수 있도록 하였다.

㉓ 『뇌, 생각의 출현 : 대칭, 대칭의 붕괴에서 의식까지 미리보기』, 박문호, 휴머니스트, 2008. 뇌가 출현하기까지의 역사와 그것이 우리에게 시사하는 바가 무엇인지를 우주적인 관점에서 다루고 있다.

㉔『꿈의 해석』, 프로이트,

꿈의 원천, 관련 문헌, 꿈의 왜곡과 의미 등 수면과 꿈에 대해 체계적으로 연구, 정신분석의 기초를 이룬 저술.

㉕『정신분석 입문』, 프로이트,

인간 본성과 지성의 고결함에 던지는 의문, 핵심적인 내용으로 쉽게 읽는 정신분석 입문. 1915~1917년 두 번에 걸쳐 의사와 일반인을 대상으로 했던 프로이트의 강의를 정리.

㉖『인간과 무의식의 상징』, 칼 구스타프 융, 이윤기 옮김, 열린책들, 2009.

인간의 영혼에는 개인적 경험과는 상관없는 조상 또는 종족 전체의 경험 및 사고의 바탕이 되는 원시적 감성, 공포, 성향 등을 포함하는 무의식인 '집단 무의식'이 존재한다고 주장한다. 이 책에 실린 5백여 컷 이상의 삽화들은 융의 사상에 대한 독특한 설명서 역할을 하면서 꿈의 본질과 그 기능, 현대 예술의 상징적 의미, 일상행활 경험의 심리학적 의미 등을 보여준다.

㉗『3일만에 읽는 뇌의 신비』, 야마모토 다이스케 감수, 박선무, 고선윤 옮김, 서울 문화사, 2002.

㉘『초능력과 미스테리의 세계』, 리더스 다이제스트, 두산동아. 1994.

2) 꿈 관련 영화 소개

꿈과 영화는 공통점이 많다. 무한한 창의적인 영감이 펼쳐지는 세계이면서 시각성을 위주로 하지만, 3D · 4D 등 과학기술의 발달은 시각성을 초월해 나가고 있다. 소망표출의 꿈의 세계가 '쥬라기공원'의 영화속에 펼쳐지기도 하고, 창의적 사유 활동의 영감의 세계가 외계인의 침입을 다룬 '터미네이터' 영화속에 펼쳐지기도 한다. 또한 예지적 능력이 뛰어난 예지녀의 힘으로 장차 일어날 범죄를 차단하는 미래 세계가 '마이너리티 리포트' 영화속에 펼쳐지기도 한다. 한편, 꿈과 현실을 넘나들며 신비의 세계를 펼쳐내는 '아바타', 꿈과 현실의 가상세계를 다룬 '매트릭스' 등 공상과학 영화속의 중요한 모티브로 꿈의 세계가 펼쳐지고 있다.

영화속의 모티프인 꿈에 대한 외국의 기사를 살펴본다. 〈인셉션 · Inception〉이 2010년 7월 전세계 스크린을 강타, 〈아바타〉 이후 흥행 시장을 석권하면서 새삼 '꿈'을 소재로 한 영화가 주목을 받았다. LA타임스는 2010년 7월 25일자를 통해 "1930년대 〈오즈의 마법사〉 이후 덴젤 워싱턴 주연의 〈만추리안 후보자〉까지 할리우드는 인간 주변에 관여하고 있는 꿈을 가공하고 만들어 나가는 영화 제작에 천착해 와서 알찬 흥행을 얻고 있다."는 흥미 있는 기사를 보도했다. 이 신문은 2010년 국내외 흥행가를 강타했던 크리스토퍼 놀런 감독의 〈인셉션〉이 꿈을 소재로 한 일련의 영화의 완결을 보여주고 있다는 호평을 보냈다.

—이경기(영화칼럼니스트)

〈인셉션(Inception)〉은 크리스토퍼 놀런 감독의 2010년 꿈의 세계를 소재로 하여, 화려한 상상력을 동원하여 만든 영화이다. 미래 사회에 타인의 꿈속에 침투해 생각을 훔친다는 소재를 다루고 있다. 코브(레오나르도 디카프리오)는 고향인 미국으로 돌아갈 수 없는 수배자의 신세이다. 코브는 거대기업 후계자의 머리 속에 새로운 생각을 심어 기업의 합병을 막아달라는 의뢰를 받는다. 소위 '인셉션'의 업무를 제시한 거물 세력가 사이토(와타나베 켄), 코브는 동료들을 모아서 최고의 팀을 짠 뒤, 표적이 되는 인물에게 그 인셉션 작전을 성공시키기 위해서 드림머신이라는 꿈을 공유하는 기계를 이용하여 꿈의 세계에 들어간다.

영화속의 '드림머신'이라는 기구처럼 다른 사람의 의식속에 들어가 내가 의도한대로 다른 사람의 꿈을 조작하여 마음속을 들여다보고, 다른 사람의 마음을 바꾸게 할 수 있다면, 짝사랑하는 그녀의 마음을 훔칠 수도 있을 것이다.

이처럼 꿈을 소재로 한 영화가 상당수 있다. 공상과학 영화의 이야기 전개속에 꿈을 접목시키기도 하고, 무의식의 세계나 소망 등의 심리표출의 꿈을 영화화하고 있다. 그 중에서 예지적 꿈의 세계를 다룬 것을 위주로 살펴보고, 나머지는 영화 이름 소개로 마치고자 한다.

① 하와이, 오슬로

2004년 노르웨이 에리크 포페 감독. 영화 포스터에, '흩어진 운명의 퍼즐들, 한 순간 펼쳐진 거대한 기적!'으로 나와 있는 바, 노르웨이 영화로 영화 제목은 '레온'과 '아샤'가 만나기로 되어 있는 오슬로에 있는 하와이란 이름의 바에서 따온 것이다.

줄거리를 살펴본다. 한 수용시설에서 일하고 있는 '비다르'는 예지몽을 매일 꾸며, 꿈에서 본 장면 그대로 반드시 현실로 이루어지고 있다. '한 남자가 오슬로의 밤거리를 달리고 있고, 다른 남자가 스쿠터를 타고 뒤를 좇아가고 있다. 한 아기와 그 부모를 태운 앰뷸런스 한대가 어둠을 뚫고 돌진한다. 그 앰뷸런스는 보도에 서 있는 사람들을 지나간다. 갑자기 사고가 벌어지고, 뛰어 가던 남자가 죽고, 사람들이 사고 현장에 모여든다.'

특별한 예지력을 가진 '비다르'의 꿈은 현실에서 이루어지는 꿈이기에 그는 왠지 불안하다. 꿈속에서 사고로 죽는 사람이 바로 자기가 돌보고 있는 환자인 레온이었기 때문이다. 레온은 어린 시절 첫사랑인 아사를 기다린다. 10년 전, 두 사람은 결혼을 결정하기 위해, 바로 그 날 만나기로 했다. 레온의 마음엔 온통 그 약속으로 가득하다. 아사 역시 약속을 지키기 위해 오슬로로 가고 있는 중이다. 레온의 형 트리그베는 감옥으로부터 휴가를 받았지만 다른 범죄를 저지르고 하와이로 도망가고자 한다. 프로드와 밀라는 아픈 아이를 미국으로 데려가 비싼 수술을 받게 하려 하지만 돈을 구할 수 없는 상황이다. 거리를 배회하는 두 소년들. 자살을 기도하는 전직 가수. 그녀를 도와주려는 구급차 운전사. 신문 배달하는 소녀. 모든 사람들이 각기 다른 상황에서 마지막 사고 현장의 한자리에 모여들 때, 기적 하나가 일어난다.——

앞서 언급한 바 있는 바, 사실적인 미래투시의 꿈은 꿈대로 따라 하지 않으면, 미연에 방지할 수 있는 특징이 있다. 그러나 상징적인 미래예지 꿈은 예지만 가능할 뿐, 꿈의 실현을 벗어날 수는 없는 것으로 수많은 사례는 보여주고 있다.

② 인드림스

1999년 작, 예지력을 가진 주부 클레어 쿠퍼(Claire Cooper)는 이상한 꿈을 꾸는데, 어린 소녀가 낯선 남자에게 숲속으로 끌려 들어가 죽음을 당하는 꿈을 꾸게 된다. 며칠 후 실제로 자신의 어린 딸이 그렇게 살해되자, 꿈의 예지력에 대한 놀라움과 딸의 죽음으로 인해 광기에 휩싸이게 된다. 마을 사람들에게 다음의 살인사건을 예고해도 믿지 않고, 마침내는 정신병원에 갇히게 된다. 거기에서 사이코 킬러 '비비안 톰슨'이 어린 시절 잔인한 부모로 인해 익사 지경에 이르른 바, 그 복수심으로 어린 소녀를 연쇄살인하는데 이르게 된 것을 알게 되고, 살인을 막기 위해 정신병동을 탈출해서 살인범과 맞서는 이야기를 다루고 있다.

③ 마이너리티 리포트

미래의 2054년 워싱턴이 배경이다. 꿈꾸는 능력이 뛰어난 세 예지자의 꿈을 영상으로 보여줌으로써, 범죄가 일어나기 전 범죄를 예측해 범죄자를 처단하는 최첨단 치안 시스템 프리크라임이 등장되고 있다. 프리크라임은 범죄가 일어날 시간과 장소, 범행을 저지를 사람을 미리 예측해내고, 이를 바탕으로 미래의 범죄자들을 체포한다. 프리크라임 팀장인 존 앤더튼은 천부적인 감각으로 미래의 범죄자를 추적해내는 능력을 인정받고 있다. 그가 프리크라임에 최대한의 열정을 기울이는 것은, 6년 전 자신의 아들을 잃은 아픈 기억을 다른 사람에게만은 물려주고 싶지 않기 때문이다. 예지녀가 한 살인 사건을 예지해주는 바, 공교롭게도 범인을 체포하는 임무를 맡았던 팀장인 앤더튼이 범인으로 예지되면서, 영화는 전개된다. SF 스릴러다.

이밖에도 꿈을 소재로 한 영화로, 〈나이트메어 · A Nightmare On Elm Street〉, 〈플레이하우스〉, 〈만추리안 후보자 · The Manchurian Candidate〉, 〈토탈 리콜〉, 〈화려한 외출〉, 〈셔터 아일랜드〉, 〈8과 1/2〉,

〈드림스케이프〉, 〈스피어〉, 〈셀〉, 〈드림캐쳐〉, 〈웨이킹라이프(Waking Life)〉, 〈야곱의 사다리〉, 〈오픈 유어 아이즈〉, 〈바닐라 스카이〉 등을 들 수 있다.

우리나라에서는 『삼국유사』에 전해오는 조신몽 설화에서, 이광수가 '꿈'이라는 소설로 썼고, 이를 신상옥 감독이 1955년과 1967년 두 번 제작했고, 배창호 감독이 1990년 다시 리메이크 하여 인생의 무상함을 영화화하고 있다.

13. 외국의 꿈해몽에 대하여

필자는 5년 전에, 난생 처음으로 일본에 간 적이 있다. 필자의 별칭이 '꿈에 죽고 꿈에 산다.'의 몽생몽사(夢生夢死)이니, 일본의 꿈에 관한 책들에 관심이 가서 일부 사가지고 왔다. 서점에는 수많은 꿈관련 책들이 있어, 일본도 꿈에 대하여 지대한 관심을 보이고 있음을 알 수 있었다.

일본에서는 '꿈해몽'이라는 말보다는 '夢占い'라는 말을 쓰고 있는 바, 우리말로 하면, '꿈으로 점치다.'라는 뜻으로 꿈의 예지적인 측면을 강조하고 있음을 알 수 있다. 또한 우리는 '꿈을 꾼다.'라고 하지만, 일본에서는 '夢を 見る'라고 해서, 우리말로 하자면 '꿈을 보다.'라고 하고 있다. 하기야 꿈속에서는 보는 것이 대부분이다. 하지만 엄격히 보자면, 꿈속에서 보는 것만이 아니고, 냄새를 맡거나 소리를 듣는 꿈 등 보는 것외에 다른 감각으로 전개되는 경우도 상당수 있다.

필자의 경우, 처녀라고 생각되는 여자와 신선한 키스를 하는 꿈을 꾼 후에, 50년 이상 소유주가 바뀌지 않은 처녀지 같던 산속의 밭을 구입한 일로 실현되었던 바, 필자가 꾼 꿈은 보는 것보다는 '신선한 키스의 감촉'이 느껴지는 꿈이었다.

그동안 필자의 글이나 필자의 사이트에서는 가급적 일본의 꿈사례나 일본의 꿈에 대한 주장의 글은 의도적으로 배제하였다. 이는 우리 선인들이 남긴 민속적인 꿈해몽의 예지적인 여러 사례들이 결코 일본에 못지 않을 것이라는 자부심이 있어서였기 때문이다. 우리나라의 예지적 꿈해몽과 필자의 꿈 연구 결과가 일본에 진출해야지, '일본의 꿈해몽을 표절했네' 라는 소리를 듣는다는 것은 상상조차도 할 수 없는 일이었기 때문이다. 다만, 필자의 스승이신 한건덕 선생님은 일제 때 교육을 받은 분이라, 한건덕 선생님의 인용 꿈사례 글에 일본의 꿈사례가 몇가지 소개되어 있기도 하다.

중국의 꿈연구도 그들의 오랜 역사만큼이나 관심있게 진행되고 있다. 『잠부론(潛夫論)』, 『몽점일지(夢占逸旨)』를 비롯하여, 유문영은 그의 『꿈의 철학』에서 중국의 수많은 꿈사례를 통시적으로 고찰하고 있음을 볼 수 있다.

외국의 꿈에 대한 관심 또한 지대하다고 보여진다. 꿈관련 외국 도서가 상당수 있으며, 꿈관련 연구기관 또한 상당수 있다. 하지만 우리가 직관의 세계를 중시할 때 서양에서 논리의 세계를 이야기 해왔듯이, 꿈에 대한 연구도 과학적인 측면에서 이루어지고 있다. 첨단과학 장비를 활용하여 뇌영상지도를 만들어 꿈을 빚어내는 뇌의 구조와 뇌의 신비를 파헤치려 하고 있으며, 꿈이 뇌의 어느 부분에서 이루어지는 지를 과학적으로 검증하려고 하고, 나아가 꿈의 내용을 영상으로 기록하고자 하는 단계에 이르고 있다.

하지만 예지적인 꿈의 세계에 관한 한, 우리의 꿈연구도 외국 못지 않다. 아니 필자는 세계 최고라고 자부한다. 고(故) 한건덕 선생님의 평생에 걸친 예지적인 꿈의 연구는 새롭게 조명받아야 함에도 불구하고, 미신시되고 비과학적이라는 비난속에 무관심과 냉대를 받아온 서글픈 현실이다.

필자는 꿈의 상징 표상에 대한 분석과 실제 일어난 실증 꿈사례를 통하여 꿈을 연구하고 있다. 실제 일어난 꿈사례는 요즈음 사람들의 꿈사례 및 우리 선인(先人)들의 꿈사례외에도, 중국이나 일본 등의 외국의 꿈사례를 활용할 수가 있다. 즉 외국의 꿈사례에서도 참고할 것이 있다면, 실제 꿈꾸고 일어난 실증사례에서 도움을 받을 수 있는 것이다.

꿈은 상징의 언어이며, 꿈의 상징은 세계 만국 공통의 언어이다. 다만, 각 민족마다 서로 다르거나 다소 특이한 상징표상이 등장될 수는 있다. 예를 들어, 돼지꿈이 우리 민족에게 있어서, 재물의 상징으로 좋은 꿈으로 여기지만, 외국의 어느 민족에게서는 그렇지 않은 경우가 있을 수 있다.

이에 대해서 '칼 구스티프 융'의 집단 무의식의 상징은 참고할 만하다. '융'은 '프로이트'나 '라깡'과는 달리, 인간의 무의식속에 인류의 근원적 체험의 원형이 존재한다고 보고 인간무의식의 집단 상징을 언급하고 있다. 각 민족마다 민족적인 원형 심상이 존재하고 있으며, 따라서 각 민족성이나 문화적 관습의 차이, 기질, 기타 여건에 따라 꿈에 대한 관점의 시각이 다르다고 볼 수 있다.

이러한 집단 무의식의 상징은 각 민족의 민속 · 신화 · 종교와 꿈의 발현 등에 적용될 수 있다. 우리 민족이 다른 어느 민족보다도 꿈해몽 · 관상 · 풍수 · 사주 등의 분야에 지대한 관심을 보이고 있는 바, 이는 우리 민족이 논리적 바탕에 기반을 두기 보다는, 직관의 세계나 영적인 정신세계에 뛰어난 능력을 지니고 있으며, 주어진 여건 속에서 슬기롭게 헤쳐 나가고자 하는 운명론적 사유관에 대한 남다른 인식을 보여주고 있음을 알 수 있다.

　대체적인 우리 민족의 영적 정신능력은 타 민족보다 월등히 우수하다고 필자는 주장한다. 다른 예로, 우리나라가 IT 강국이다 해서 이쪽 분야에서 두각을 나타내고 있는 바, 무선인터넷 상용화 기술, 첨단 스마트폰, 반도체 등등 보통의 머리 수준으로 만들어낼 수 있는 것이 아니다. 이는 우리 민족이 타민족보다 월등히 우수한 민족이라는 것을 여실히 보여주고 있는 단적인 사례인 것이라 할 수 있다.

　우리 민족이 다른 타민족보다 꿈에 관심이 많은 것은 틀림이 없다. 이는 태몽을 비롯하여, 특히 선인들이 꿈꾸고 일어난 신비한 일들을 적은 미래예지 꿈사례들이 각종 역사서나 문집 속에 수없이 산재되어 있으며, 문학작품 속에 꿈이야기뿐만 아니라, 심지어 꿈속에서 시를 지었다는 몽중시(夢中詩)나, 꿈을 제재로 한 기몽시(記夢詩) 등이 상당수 있음에서 입증되고 있다.

　우리 민족은 지적 정신적인 능력면에서 세계 어느 민족보다도 뛰어난 능력을 지니고 있으며, 이러한 우수한 정신적인 능력이 발현되는 또 다른 세계가 꿈의 세계인 것이다. 외국의 연구결과이지만, 창의력이 부족하거나 공간 지각력이 뒤떨어지는 사람은 꿈을 잘 꾸지 않으며, 잘 기억도 못한다는 연구결과를 들먹이지 않더라도, 꿈을 잘 꾼다는 것은 인간의 잠재적인 영적능력이 활발한 활동을 하고 있음을 입증하고 있다는 것을 그 누구도 부인하지 못할 것이다.

제 II 장
꿈해몽의 ABC

1. 꿈의 종류와 해몽

우리는 꿈을 꾸며 살아가고 있다. 하지만 대부분 상징적인 표상으로 전개되는 꿈의 의미에 대해서, 어느 누구도 자신 있게 해몽하여 말할 수는 없다. 그리하여 우리는 해몽서를 찾아보기도 한다. 하지만 꿈에 관한 여러 가지의 해몽서들이 있지만 이것은 보편적인 것일 뿐, 각 개개인의 꿈을 그대로 하나하나 풀이해 놓은 해몽서는 없다.

꿈의 해몽에는 그 어떤 법칙서 같은 것이 존재한다기보다, 꿈의 전개 양상별에 따른 여러 실증사례에 바탕을 두어, 꿈의 상징의미를 분석하고 추정해 내는 것이 가장 좋다고 할 수 있다. 여기에 꿈을 꾼 사람의 처한 상황이나 마음먹은 바를 가장 잘 알고 있는 자기 자신이 가장 잘 해몽할 수 있다고 해야 할 것이다. 다만 특수한 난해한 상징의 경우에, 해몽가의 도움을 필요로 하는 경우가 있을 것이다.

이러한 꿈의 분류에 있어서도 여러 각도에서 나누어 살펴볼 수 있겠지만, 필자는 선인들의 꿈사례 및 독자의 편지나 사이트 체험담, 유·무선 인터넷 상담, 전화 상담 등을 통해 수집한 실증적인 꿈사례에 바탕한 꿈의 여러 가지 전개 양상에 따라 살펴보고자 한다. 이러한 실증적인 사례에 근거한 분류와 꿈의 언어인 상징성의 이해에 바탕을 둔 연구로써, 꿈의 본질에 다가설 수 있을 것이다. 보다 상세한 해설과 사례는 제 Ⅲ 장. 꿈의 전개양상별 실증사례에서 살펴보기로 한다.

(1) 상징적인 미래예지 꿈

꿈은 인간의 신비한 정신능력의 활동으로, 자신이나 자신의 주변상황에 대해 일어날 길흉에 관해서 알쏭달쏭하게 상징적인 표상의 기법으로 예지해주고 있다. 이러한 꿈의 특성은 현실에서 일어날 수 없는 황당한 전개를 보이는 것이 특징이며, 전체 꿈의 80% 정도를 차지하며, 이 꿈의 실현결과는 피할 수 없는 것으로 나타나고 있다. 즉, 앞으로 일어날 일을 예지해줌으로써, 우리 인간으로 하여금 길흉의 어떠한 일에 마음의 준비를 하게 해주고 있다. 태몽꿈, 복권당첨, 죽음예지, 사건·사고 예지 등의 꿈사례가 대표적이며, 우리가 꿈을 해몽하는 경우 이 꿈이 대부분이기도 하다.

실증적인 사례로 살아계신 친정아버님의 머리가 쫙 갈라지는 섬뜩한 꿈을 꾼 주부가 있었다. 흉몽으로 여겨져 여기저기 전화하여 조심하라고 했지만, 일주일 뒤 제부를 비롯하여 동료직원 네 사람이 교통사고로 사망하는 일로 실현되었다. 딸이 졸지에 과부가 되어 걱정하게 될 친정아버님의 마음을 생각해보시기 바란다.

(2) 사실적인 미래투시의 꿈

이 꿈의 특성은 앞으로 일어날 일을 마치 현실에서 펼쳐지는 것처럼 사실적인 전개형태로 꾸는 경우이다. 이 경우 안좋은 결과의 꿈이라면, 현실에서 꿈대로 따라 하지 않으면 벗어날 수가 있다.

학생의 꿈을 예를 들어본다. 친구에게 농구공을 던져 안경을 깨뜨리고 눈을 다치게 하는 꿈을 꾼 학생이, 그로부터 몇 달 후에 우연히 체육시간에 농구공을 던지려는 찰나, 꿈속의 상황과 똑같음을 알아차리고 던지지 않은 경우이다. 이 경우 던졌더라면, 아마도 꿈과 똑같은 일이 벌어졌을 것이다.

(3) 내면심리 표출의 꿈

꿈을 통해 자신의 바람이 표출되고 있다. '꿈에 본 내 고향' 이란 말이 있듯이, 현실에서 이루지 못한 자신의 억눌린 잠재의식의 소망이 꿈을 통해 표출되고 있다. 또한 불안·공포·초조감 등이 꿈으로 표출되기도 하는 바, 현실에서 불안감이나 심리적인 압박을 받을 때 꾸는 꿈이다. 예를 들어, 뺑소니 운전사는 경찰관이 붙잡으러 오는 꿈에 시달리는 꿈을 꾸거나, 또한 갓 입사한 은행원이 수없이 많은 돈을 세는 꿈을 꾸는 경우이다.

(4) 신체 내·외부 감각자극에 의한 꿈

우리 신체의 내·외부의 이상에 대해 꿈으로 알려주고 일깨워주고 있다. 이는 자는 동안에 우리의 뇌가 깨어있어 활동을 하고 있음을 여실히 보여주고 있다. 다가오는 신체적인 위협이나 내부의 신체 이상에 대해서 꿈으로 영상화해서 위험에서 벗어나게 해주고 있다. 따라서 불편한 잠자리가 지속될 때 꿈으로 인하여 깨어나는 경우, 신체와 관련된 부위가 꿈속에 등장되는 경우에 신체의 이상여부를 판단해 볼 필요가 있다.

(5) 경고성 · 일깨움의 꿈

자신의 신체 내 · 외부의 이상이나 주변의 위험사항에 대해 꿈을 통해 알려주는 경우이다. 우리의 의식세계가 미처 알아차리지 못하는 사항에 대해, 잠재의식의 정신활동은 꿈을 통해 우리에게 알려주고 일깨워주고 있는 것이다. 실증적인 사례로, 꿈속에 소방차가 지나가는 소리에 잠에서 놀라 깨어 집안에서 불이 나려던 것을 막은 사례가 있다.

(6) 창조적인 사유활동의 꿈

이는 꿈을 통해 우리의 잠재의식의 정신활동이 극대화됨으로써, 현실에서는 불가능한 발견 · 발명이나 창조적인 아이디어를 가능하게 해주고 있다. 유명한 영화인 터미네이터도 꿈에서 아이디어를 얻은 데서 비롯되었다고 한다. 실증사례로 꿈속에서 한시(漢詩)를 지은 선인들의 수많은 사례, 꿈속에서 작곡이나 창의적인 발명을 한 사례 등이 여기 속한다.

(7) 계시적인 성격의 꿈

조상이나 산신령 기타 동식물 등 영적인 대상과의 교감이 꿈을 매개로 하여 이루어지고 있는 바, 이 경우 꿈속의 계시대로 따라주는 것이 좋다.

실증적인 사례로 꿈에 한 해골이 나타나 자신의 있을 곳을 마련해달라고 바지를 붙잡고 매달리는 꿈을 꾼 사람이, 다음날 건물을 세우기 위해 터파기 공사를 하던 중에 무연고 관이 나와서 양지바른 곳에 이장해준 사례가 있다. 복권 당첨자들 가운데 조상님이 웃으며 계시한 많은 사례가 여기에 속한다.

(8) 지어낸 거짓 꿈

자신의 목적을 달성하기 위해 누구의 계시를 받았다거나, 지어낸 거짓 꿈에 의탁하여 자신의 말 못할 이야기를 나타내고 있는 경우이다. 또한 민중의 꿈에 대한 믿음을 이용하여, 정권유지나 민심수습으로 꿈을 이용하는 경우도 있다.

예를 들어, 지어낸 거짓 용꿈의 좋은 태몽꿈을 꾸었다고 상대방을 유혹하여 동침에 성공하는 꿈사례를 들 수 있다.

(9) 허망성으로서의 꿈

문학적 표현이나 인생에 있어서의 허망성으로서의 꿈을 들 수 있다. '한바탕의 봄꿈'의 일장춘몽(一場春夢)에서 알 수 있듯이, 우리 인생을 꿈으로 비유하여 무상함을 말하고 있다. 또한 일상의 언어인 '꿈깨라'에서 알 수 있듯이, 허망함에서 나아가 헛된 망상의 뜻으로까지 나아가고 있다.

이밖에도 세분하여 살펴보자면 여러 가지가 있을 수 있겠다. 결론적으로 이러한 꿈을 꾸게 하는 주체는 무한한 가능성을 지니고 있는 우리의 신성(神性)의 능력을 지니고 있는 정신능력의 활동이다. 꿈은 자신이나 자신의 주변인물 나아가 국가적 · 사회적인 일까지, 직접적 계시나 사실적이거나 상징적인 기법으로, 꿈을 꾼 사람의 처한 상황에 따라 다양한 방법으로 꿈으로 형상화함으로써, 알려주고 일깨워주고 도와주고 있다. 실로 꿈은 신이 우리 인간에게 내려준 최대의 선물인 것이다.

2. 꿈해몽 기초상식 10가지

(1) 꿈해몽은 자기 자신이 가장 잘 할 수가 있다.

자신의 잠재적인 심리가 꿈으로 표출되는 경우에 있어서는 꿈을 꾼 자신이 처한 상황이 꿈으로 반영되고 있기에, 꿈을 꾼 사람이 처한 상황이 가장 중요하다. 또한 장차 일어날 일을 황당한 전개로 보여주는 상징적인 미래예지 꿈에 있어서도 꿈속에서 느꼈던 감정, 생각했던 것, 마음먹고 있는 바 등이 중요하다. 따라서 어느 정도 꿈의 상징기법에 대한 이해를 지니고 있다면, 꿈을 꾼 본인 자신이 가장 잘 해몽할 수 있다.

자신이 처한 상황을 이야기하지 않은 상태에서, 꿈해몽을 부탁하면서 정확한 꿈해몽을 듣기를 원한다는 것은 이루어질 수 없는 일이다. 누군가 "당신의 꿈이야기를 들려주시오. 당신이 무슨 생각을 하고, 무슨 일이 일어날 것인지 알아낼 테니까"라고 자신 있게 이야기하는 사람이 있다면, 그는 '꿈' 자도 모르는 어리석은 사람이라고 해야 할 것이다.

또한, 꿈이 이루어지는 대상도 다양하게 이루어진다. 즉, 반드시 자기 일에 대한 것만 꿈꾸지 않고, 자기 가족이나 측근 사람에 관한 것도 꿈꿀 수 있으며(이 경우 현실에서 꿈을 팔고 사는 매몽의 형식을 빌리기도 한다), 사회적 관심사 등 시국에 관한 꿈도 꿀 수가 있기 때문에, 꿈을 꾼 사람이 느끼는 꿈속의 정황이 매우 중요하다.

(2) 모든 꿈에는 의미가 담겨 있으며, 개꿈은 없다.

우리말의 '꿈'은 다의어(多義語)로 국어사전에 ①잠자는 동안 일어나는 정신활동 ②실현시키고 싶은 소망이나 이상(理想) ③실현될 가능성이 아주 적거나 전혀 없는 허무한 기대나 생각 ④현실을 떠난 듯한 즐거운 상태나 분위기를 비유적으로 이르는 말 등 여러 의미가 담겨 있다.

마찬가지로, 우리가 꾸는 꿈에는 다양한 성격의 꿈이 존재한다. 실증 사례별 분석에 바탕을 두고 꿈의 전개양상을 살펴보면, ①심리표출의 꿈 ②내·외부 감각자극에 의한 꿈 ③경고 일깨움의 꿈 ④계시적 꿈 ⑤창의적 사유활동의 꿈 ⑥허망성으로의 꿈 ⑦지어낸 거짓꿈 ⑧사실적 미래투시꿈 ⑨상징적 미래예지 꿈 등 여러 가지 꿈이 존재하고 있다. 따라서 자신의 처한 상황과 마음먹은 바를 염두에 두고 꿈해몽에 임해야 할 것이다.

(3) 반복되는 꿈은 반드시 현실에서 실현된다.

반복되는 꿈은 어떠한 일이 반드시 일어난다는 것을 예지해주고 있다. 일어날 일은 중대한 일이며, 그 시기가 점차 다가오고 있음을 예지해주고 있는 것이다. 또한 하룻밤에 여러 가지 꿈을 꾸는 경우가 있다. 꿈은 각기 다르지만, 그 상징하는 바는 같은 뜻을 지니는 바, 이 역시 꿈으로 예지된 일이 중대하다는 것을 뜻하고 있다.

(4) 꿈해몽은 반대가 아닌, 상징표상의 이해에 있다.

꿈해몽에 있어 중요한 것은 꿈은 반대가 아닌, 상징표상의 이해에 있다. 우리가 꿈을 꾸었을 경우 각기 자신의 처한 상황을 염두에 두고, '꿈 속에 나타난 사람이나 사물의 표상이 무엇을 상징하고 있을까?' '이 꿈을 통해 나에게 무엇을 알려주려고 한 것일까?' 등등을 곰곰이 생각해보아야 할 것이다.

'호랑이에게 물린 꿈'을 예로 들자면, 꿈을 꾼 사람이 처한 상황에 따라 다양한 추정이 가능하다. 하지만, 호랑이에게 물리는 꿈이었기에 호랑이로 표상된 어떤 사람이나 대상의 세력 · 영향권 안에 들어가게 되는 일로 실현되는 것은 틀림없다.

① 가임환경에 처한 태몽 표상이라면, 호랑이처럼 용맹하고 활달한 아이를 갖게 될 것이다. 이 경우 호랑이에도 암 · 수가 있듯이 아들로 단정할 수는 없다. 다만, 장차 태어날 아이의 성격 · 성품에 관계된다. 활달하고 괄괄한 성품의 딸이 태어날 수도 있다.

② 처녀가 꾸었다면, 호랑이로 표상된 용감하고 활달한 남자가 구애를 해오는 일이 있을 것이다. 안좋은 꿈의 전개인 경우에는 호랑이로 상징된 남성에게 성폭행을 당할 수도 있다.

③ 평범한 회사원이라면, 호랑이로 표상된 불량배를 퇴근길에 만나게 되어 큰 곤욕을 당하는 일로 실현될 수도 있다.

④ 초등학생이라면, 호랑이 같은 선생님에게 매를 맞는 일로도 실현 가능하다.

⑤ 호랑이가 병마(病魔)를 표상하고 있었다면, 무서운 질병에 걸리는 일로 실현될 수 있다.

⑥사실적인 꿈이었다면, 실제로 깊은 산에 들어갔다가 그러한 일이
　일어날 수도 있다.

　이밖에도 처한 상황에 따라 다양한 추정이 가능하다. 하지만, 앞의 예
에서 살펴보았듯이, 호랑이에게 물리는 꿈이었기에, 호랑이로 표상된 어
떤 사람이나 대상의 세력　영향권 안에 들어가게 되는 일로 실현되는 것
은 틀림없다. 실제 호랑이에게 물리지 않는 한, 이렇게 황당하게 전개
되는 상징적인 미래예지 꿈의 실현은 꿈의 성격에 따른 실현시기에 다
소 차이가 있을 뿐, 반드시 현실에서 일어나며 피할 수도 없게 진행되고
있다.

(5) 꿈해몽은 현실에서 처한 상황에 따라 달리 추정된다.
　'돌고래 두 마리와 노니는 꿈'을 꾼 사람이 있다. 꿈해몽을 하자면,
태몽으로 실현 가능성이 가장 높다. 하지만, 이 경우 꿈을 꾼 사람이 어린
여중생인 경우, 태몽으로 이루어질 수는 없는 것이다. 이 경우 고래로 표
상된 두 사람의 남학생을 사귀게 될 가능성이 가장 많은 것이다. 즉, 돌고
래로 표상된 두 사람 또는 두 가지의 어떤 일거리나 대상에 즐겁게 참여
하는 일로 실현될 가능성이 있는 것이다. 또한 실현성이 떨어지지만, 친
지나 주변사람들의 태몽 꿈을 대신 꿔주는 일로의 실현도 가능하다. 이
처럼, 꿈을 해몽하는데 있어서는 꿈을 꾼 사람이 현실에서 처한 상황이
중요하다.
　다른 예를 들어서 살펴보자. '아무도 들어주는 사람도 없는데, 깜깜
한 곳에서 노래를 부르는 꿈'을 꾼 사람은 현실에서 어떻게 실현될 것
인가?

이 꿈을 꾼 사람은 임산부였다. 다른 사람은 약간의 진통 끝에 쉽게 순산을 하는데 반하여, 이 임산부는 극심한 산고의 고통을 겪다가 정상 분만을 하는 것으로 실현되었다. 이 경우 꿈을 꾼 사람이 회사원이었다면, 자신의 자가용을 운전하다가 교통사고로 언덕에서 굴러 떨어져 애타게 구원의 손길을 뻗치다가 극적으로 구조되는 일로 실현될 수가 있는 것이다. 광부였다면, 갱도가 무너져 구조의 손길을 애타게 기다리는 현실로 실현될 수 있는 것이다.

이렇게 상징적인 꿈의 경우에는 각자가 처한 상황에 따라 여러 가지로 실현될 수 있으므로, 상징적인 꿈의 경우에는 어떠한 일이 일어날지 모른다는 추정에 불과한 것이지, '이런 것은 이렇다' 는 식의 단정을 내려서는 안된다. 따라서 점쟁이 식의 '무슨 꿈은 어떻다' 라는 꿈해몽은 올바르지 않으며, 절대적이지 않다.

(6) 생생한 꿈일수록 반드시 이루어진다.

생생하게 기억나는 꿈은 현실에서 반드시 일어나는 꿈이며, 생생함의 여부는 일어나는 사건의 중요성에 비례한다. 무슨 꿈을 꾸긴 꾼 것 같은데 생각나지 않는, 흔히 말하는 개꿈은 현실에서 일어난다고 해도, 별 볼일 없는 사소한 꿈으로 실현되고 있다. 따라서 잘 기억나지 않는 꿈을 억지로 기억해내려고 애쓸 필요는 없다. 우리의 정신능력이 알아서 다 조절해주고 있는 것이다.

중요한 것은 꿈의 생생함의 여부에 있는 것이지, 컬러꿈이라고 해서 반드시 더 중요한 것은 아니다. 그것은 우리의 정신능력이 꿈의 예지의 표현 필요에 있어 상징 기법상 컬러로써 표현할 필요가 있을 때, 활용한 것일 뿐이다.

(7) 꿈으로 인해 깨어난 경우 주변을 살펴보자.

자다가 갑작스럽게 큰소리가 들린다든지, 끔찍한 광경을 보고 놀라 꿈을 깨고 일어나는 경우에는 어떠한 위험이 닥쳐오는 것을 꿈으로 일깨워주는 경우가 많다. 이때는 주변을 잘 살펴볼 필요가 있다. 이는 우리의 의식세계가 잠을 자는 동안에는 활동을 중지하고 있지만, 신성(神性) 그 자체인 우리의 잠재의식의 정신활동은 깨어 있어서, 우리 자신의 몸에 닥쳐오거나 주변에서 일어나는 위급한 상황에 대해서, 경계의 신호와 일깨움을 꿈을 통해서 우리에게 알려주고 있는 것이다.

실증사례로, 밤늦게 잠이 들었는데도 교회에서 들려오는 종소리가 고막을 찢을 듯이 크게 들려오는 꿈을 꾸고 깨어나 연탄가스로 중독되어 죽어가던 사람을 살린 꿈이야기, 세찬 바람소리와 덜컹거리는 문소리로 잠에서 깨어나 좁은 방에서 자던 동생에게 눌려 생후 3개월 된 아기가 숨이 막혀 위태롭게 된 것을 살려낸 이야기 등을 들 수 있다.

(8) 꿈속의 등장인물은 실제의 인물이 아닌 상징적 표상이다.

꿈속에 등장하는 사람은 사실적 미래 투시의 꿈에 있어서는 실제의 인물로 될 수도 있겠지만, 대부분의 상징적인 꿈에 있어서는 동일시되는 어떤 인물(실제인과 어떤 점에서 유사성이 있거나 동격인 다른 사람)이나 대상을 뜻하고 있다.

가령 회사의 회장이 꿈속에서는 할아버지로, 사장은 아버지로, 부장은 큰형으로, 과장은 작은형 등등의 동일시되는 인물로 바뀌어져 꿈속에 나타난다. 따라서 대부분의 꿈에 있어서 꿈속에 나타난 인물을 실제의 인물과 동일시하는 어리석음을 범해서는 안된다. 꿈속에 등장하는 사람이 비록 친아버지라고 해도 해석에 임해서는 그 어떤 사람 가령 동일시되는 인물이나, 자신의 또 하나의 자아, 또는 사람이 아니라 어떤 일거리로 상징되는 표상물 중의 그 어떤 것이라고 간주하고, 꿈의 문장 전체 내용에서 이것을 분간해야 한다.

예를 들어, 상징적인 미래예지 꿈에서 꿈속의 자식은 실제의 자식이 아닌, 자식같이 소중하고 애착을 지니는 어떤 대상을 뜻하고 있다. 주식 투자를 하는 사람의 경우, 바로 주식이 자식의 상징으로 등장될 수 있다. 실증사례로 아들이 머리가 깨지는 꿈으로 주식에서 엄청난 손실을 입거나, 자신이 아끼던 새로 구입한 승용차의 앞부분이 브레이크 고장으로 파손되는 일로 실현되었다. 또한 '남편이 다른 여자와 바람 피는 꿈'을 꾼 주부의 경우에, 실제 사실적인 미래투시의 꿈이라면 가까운 장래에 실제 그런 일이 일어날 수 있겠지만, 대부분의 상징적인 꿈에서는 꿈속의 여자는 실제의 여자가 아닌, 부동산·증권·낚시·노름 등 어떤 대상이나 일거리 등에 남편이 빠져들어 가는 것을 상징적으로 보여주고 있는 것이다. 실증사례로 남편이 다른 여자를 데리고 와서 성행위를 하는 꿈은 아파트를 분양받는 일로 실현되었다.

(9) 계시적 성격의 꿈은 그대로 따르는 것이 좋다.

꿈의 다양한 성격 중에서 계시적 성격은 우리 인간의 상상을 초월하여 우리에게 다가오고 있다. 꿈을 통해 신이나 조상 및 영령 등 영적인 대상과의 통로가 열리고 계시를 받으며, 여러가지 이적(異蹟)이 펼쳐지고 있다. 과학이 발달한 오늘날에도 이러한 꿈을 통한 영적인 대상과의 교류는 신성한 영역으로 자리 잡고 있다.

조상이나 죽은 사람을 등장시키거나, 동물이 말을 하거나 등등의 계시적 성격의 꿈은 과학적으로 볼 때, 영령이 실제로 존재한다기보다는 꿈의 상징기법의 하나로써, 강한 기억과 인상을 남겨주는 방편으로 등장하고 있을 뿐인 것이다.

일반적으로 시간적 여유가 없을 때이거나 절대적인 믿음을 주기 위한 경우에, 이러한 계시적 성격의 꿈으로 보여주고 있다. 성경에도 계시적인 꿈이 나오고 있으며, 고전소설에서도 현몽 등으로 주인공의 위기탈출이라든지 사건 전개에 있어서 빈번하게 나타나고 있다.

(10) 꿈속에 등장되는 동물은 거의 대부분 사람을 상징한다.

꿈의 언어는 상징이라 할 수 있다. 우리가 꾸는 꿈은 황당하게 전개되는 것 같지만, 그 속에는 질서정연한 상징의 체계가 자리 잡고 있다. 꿈속에 등장되는 동물들은 대부분의 경우에 그 동물의 속성에 부합되는 사람을 상징적으로 보여주는 경우가 많다. 돼지꿈의 경우에는 재물이나 이권으로 상징되기도 한다. 단적으로 태몽꿈에 등장되는 동물은 대부분 태아의 상징표상으로 등장되고 있으며, 경우에 따라서는 나무나 과일 등 식물도 사람의 상징으로 등장되고 있다.

암고양이가 품에 안긴 꿈으로 여자를 만나 결혼을 하게 된 사례, 원숭이가 재주부리는 꿈으로 교활한 사람을 만나게 된 사례를 들 수 있다. 또한 고목나무의 가지가 부러지는 꿈으로 시어머니가 중풍으로 쓰러져 오른 팔을 쓰지 못하는 일로 실현된 사례, 과일 장수의 사과를 훔쳐온 꿈으로 며느리를 맞아들인 사례가 있다.

3. 잘못 알고 있는 꿈상식 10가지

(1) 꿈은 반대이다.

꿈은 반대가 아니다. 우리 주변에는 꿈은 반대로 해몽해야 하는 것으로 잘못 알고 있는 사람이 있다. 이빨 빠지는 꿈, 신발 잃어버리는 꿈, 싸움에서 지는 꿈, 흙탕물을 보는 꿈, 도망가는 꿈, 머리카락 잘리는 꿈 등등은 흉몽의 대표적인 사례이다. 이처럼 꿈은 상식적으로 보는 것과 다르지 않으며, 꿈속에서 느꼈던 기분 그대로, 안 좋게 느껴진 꿈은 현실에서도 안 좋게 실현되고 있다. 따라서 '꿈은 반대로 해몽하면 틀림이 없다' 말은 극히 일부분의 특수한 상황의 경우에 있어서 들어맞을 수 있는 말로, 극히 위험스럽고 잘못된 속설이다.

또한 '꿈보다 해몽' 이라는 말도 사실은 잘못된 말이다. 꿈의 예지는 한 치의 오차도 거짓도 없기에, 꿈의 상징의미 그대로, 좋은 꿈은 좋게 나쁜 꿈은 나쁘게 이루어지고 있다. 다만, 우리 인간이 꿈속에 전개되는 난해한 상징성의 의미를 제대로 알 수 없는 경우가 많기에, 이러한 말이 생겨나게 되었다.

필자는 이러한 '꿈보다 해몽' 이라는 말이 있음으로써, 꿈의 세계를 믿지 않는 사람들에게 더더욱 꿈의 세계를 미신적으로 여기게 해주고 있는 것에 대하여 안타깝게 생각한다. 이러한 '꿈보다 해몽' 이라는 말은 현실에서 안좋은 꿈을 꾼 사람을 위로하기 위하여 해주는 말인 경우에 쓰이거나, 안좋은 꿈을 꾸고 나서 좋은 꿈으로 합리화하는데 쓰이고 있다.

미래예지적 꿈의 측면에서, '꿈보다 해몽' 이라는 말은 다음의 두 가지 경우에나 올바른 말이 될 수 있다. 상징적이고 역설적인 의미를 담고 있는 경우와, 꿈을 꾼 사람이 특수한 상황에 처해 있는 경우이다. '꿈속에서 총맞고 죽는 꿈' 의 경우 나빠 보이지만, 상징적인 의미에서 본다면 대단히 좋은 꿈이다. '꿈속에서 죽는다' 는 것은 낡은 껍질을 벗고 새롭게 태어나는 것을 상징하고 있다. 실증사례로, 육군 대령이 자신의 목이 짤리우는 꿈을 꾼 후에 장성으로 진급하고 있는 바, 현재의 자신은 사라지고 새로운 세계로 나아감을 꿈에서는 자신이 죽는 것으로 상징표현하고 있는 것이다.

또한 노예가 되어 혹사당하는 꿈이 일반적으로 안좋지만, 대학원 합격발표를 앞둔 특수한 상황의 사람에게는 합격 예지의 좋은 꿈이 될 수도 있다. 장차 박사과정에서 피땀 흘려가며 노력하게 될 것을 노예가 되어 혹사당하는 상징적인 꿈으로 보여주고 있는 것이다. 또다른 예로, 남편과 이혼하는 꿈을 꾼 사람이 즉석 복권에 당첨된 사례가 있다. 남편과 이혼하는 꿈은 보통 결별이나 좌절 등으로 안좋게 실현된다. 하지만 꿈을 꾼 사람이 힘겹게 사글세로 사는 상황에서, 보다 나은 여건의 전셋집으로 이사가는 일로 실현되었는 바, 남편은 자그마한 사글세방을 상징적으로 나타내주고 있다.

(2) 꿈해몽은 점쟁이가 하는 것이다.

아니다. 절대적으로 엉터리 말이며 틀린 말이다. 꿈의 세계는 점쟁이와 아무런 관계가 없다. 꿈해몽은 처한 상황이나 꿈을 꾼 사람이 꿈속에서 느꼈던 감정이 중요하기에, 꿈을 꾼 자기 자신이 가장 잘 해몽할 수 있다. 굳이 말하자면 필자처럼 실증적인 꿈사례를 많이 알고 있으며, 꿈의 상징을 잘 이해할 수 있는 사람이 꿈해몽을 가장 잘 할 수가 있다. 꿈해몽에 도움을 줄 수 있는 것은 꿈속에 등장된 표상물의 상징의미에 대한 올바른 이해와, 실증적인 사례에서 도움을 얻을 수가 있을 것이다.

우리는 꿈을 꾸며 살아가고 있다. 하지만 상징·굴절·변형의 옷을 입고 나타나는 꿈의 의미에 대해서 어느 누구도 자신 있게 말할 수는 없다. 꿈에 관한 여러가지의 해몽서들이 있지만 이것은 보편적인 것일 뿐, 각 개개인의 꿈을 그대로 하나하나 풀이해 놓은 해몽서는 없다. 오직, 꿈속에 등장된 표상물의 상징의미에 대한 올바른 이해와, 수많은 실증적인 사례에서 도움을 얻을 수가 있다. 여기에 덧붙여 꿈을 꾼 사람이 처한 상황이나 꿈속의 느낌과 마음먹고 있는 바가 올바른 꿈해몽의 열쇠가 되고 있다. 다만 난해한 상징적인 미래예지 꿈에 있어서, 일반인이 상징에 대한 이해가 부족하기에, 해몽가에게 상징의미의 도움을 필요로 하는 경우가 있을 것이다.

이러한 꿈의 상징을 이해하는데 있어, '어떠어떠한 꿈을 꾸었는데, 어떠어떠한 일이 일어났다'는 실증사례에 대한 이해·분석과 연구가 필수적이다. 이런 점에서, 이 책에서는 선인들의 꿈체험담을 비롯하여 수많은 실증사례를 강조하여 소개하고 있다. 비유하자면, 물고기를 잡아주는 것이 아닌, 물고기 잡는 법을 안내해주고 있는 것이다.

'꿈은 미신이고, 꿈해몽은 점쟁이나 무속인 역술가들이 하는 것'으로 그릇되게 생각하고 있는 사람들이 너무나도 많다는 사실에 필자는 놀라움을 금할 수가 없다. 꿈을 미신이라고 여겨온 종래의 그릇된 인식을 바로 잡고, 또한 '프로이트'의『꿈의 해석』에 나오는 "꿈은 소망의 표현이라든지, 억눌린 성적 충동이 꿈으로 나타난다." 는 잘못된 고정관념에 사로잡힌 사람들에게, 꿈에는 다양한 전개양상이 존재한다는 것과, 꿈은 잠재의식의 정신능력의 활동으로 미래를 예지해주는 정신과학의 학문적 연구의 대상으로 보아야 한다는 것을 역설(力說)하고 싶다.

(3) 안좋은 꿈을 부적이나 굿을 함으로써 피할 수 있다.

아니다. 절대로 피할 수 없다. 한마디로 점쟁이나 무속인이 부적을 팔기 위해서나, 돈을 뜯어내고자 수작을 부리는 행위이다. 안좋은 꿈을 막아 준다고 떠드는 사람은 사기꾼이요. 엉터리 해몽가이다. 예지적 꿈을 크게 나눈다면, 꿈속에 본 그대로 현실에서 일어나는 사실적인 미래투시의 꿈과, '구렁이가 처녀의 몸에 감기는' 것처럼 황당한 표상으로 전개되는 상징적인 미래예지 꿈이 있다.

사실적인 미래투시의 꿈의 경우에는 꿈속의 상황대로 전개되지 않도록 하면 되기에, 꿈의 실현을 피할 수도 있다. 하지만, 우리가 꾸는 대부분의 상징적인 미래예지 꿈에서는 앞일의 예지는 어렴풋이 가능하나, 꿈의 실현을 막아내거나 벗어날 수는 없다. 꿈은 장차 다가올 일에 대해서 마음의 준비를 하게 해주는 것이 꿈의 역할인 것이다. 다만, 선행을 베풂으로써 장차 다가오는 일이 어떻게 실현될 지 모르기에, 피해를 최소화하는 것은 가능할 것이다.

(4) 좋은 꿈은 이야기하면 안된다.

절대로 그렇지 않다. 좋은 꿈을 이야기한다고 해서, 좋은 꿈의 실현이 사라지는 것은 아니다. 그렇다면, 나쁜 꿈의 경우도 동네방네 떠들고 다니면 실현되지 않을 것인가? 다만 좋은 꿈을 꾼 경우, 좋은 일이 일어난다고 믿고, 노력하지 않고 자만에 빠지는 것을 경계하는 뜻을 담고 있다.

또한 우리 인간이 꿈의 상징의미를 완벽하게 이해하지 못하는 꿈이 있을 수 있기에, '꿈이 좋다' '꿈이 나쁘다' 를 속단하여 말하지 말라는 것이다. 예를 들어, '꽃가마를 타고 가는 꿈' 으로 영전 · 승진의 좋은 꿈으로 실현될 수 있지만, 죽음예지의 꿈으로도 실현될 수도 있다. 죽음예지의 특징 가운데는 화려하게 전개되는 꿈이 상당수 있으며, 또한 꽃가마가 상여의 상징의미로 보아 죽음예지의 꿈으로 해몽될 수 있다. 이처럼 좋고 나쁜 꿈으로 단정질 수가 없는 경우가 많기에, 꿈이 실현되기까지 겸허하고 차분한 마음으로 임해야 한다는 것을 뜻하고 있다.

(5) 꿈을 자주 꾸는 사람은 건강이 안 좋다.

그렇지 않다. 상징적인 미래예지 꿈의 경우, 꿈으로 장차 일어날 일을 보여줌으로써 어떠한 일에 대한 마음의 준비를 하게 해주는 것이다. 오히려 꿈을 잘 꾸지 못하는 사람은 인간의 영적 능력의 발현에 있어 뒤떨어지고 있음을 드러내주고 있다.

이미자는 노래를 잘 부르고, 황영조는 달리기를 잘하듯이, 꿈을 자주 꾸는 사람은 장차 일어날 일을 예지할 수 있는 정신능력이 뛰어나다고 할 수 있다. 노래를 잘 부르지 못하는 것을 부끄러워하는 것 이상으로, 꿈을 잘 못꾸는 것에 대하여 부끄럽게 생각해야 할 것이다. 달리기 노래부르기가 단순한 육체적 능력이라고 한다면, 꿈꾸는 능력은 천부적으로 주어진 고차원의 정신적인 능력인 것이다. 이러한 정신능력의 발현이 활발하게 일어나고 있는 것이 꿈을 자주 꾸는 것으로 나타나고 있는 것이다.

다만, 현실에서 불안 초조의 잠재심리가 있는 사람이 잡스런 꿈에 자주 시달리는 경우는 있을 수 있다. 또한 자신이 몸에 이상이 있는 경우, 지속적으로 어떠한 꿈을 꾸게 함으로써, 자신의 몸에 이상이 생기었음을 일깨워주는 꿈이 있을 수도 있다. 꿈꾸는 능력이 떨어지는 사람은 자신의 신체에 이상이 생기더라도, 알려주고 일깨워주는 기능을 발휘할 수 없는 것이다.

(6) 어린 아이 꿈은 개꿈이다.

절대로 그렇지 않다. 그 나름대로 의미는 다 있다. 어린 다섯 살짜리가 잠에서 깨어나 "엄마! 간밤 꿈에 돼지가 집안에 들어왔어" 말을 듣고 복권을 구입, 당첨된 사례가 있다. 또한 12세 소녀의 꿈에 '날아가던 독수리가 떨어지던 꿈으로, 고(故) 육영수 여사의 죽음을 예지한 사례가 있다. 이처럼, 꿈은 어린 아이 뿐만 아니라, 어느 누구에게나 예지될 수 있다. 꿈을 안꾸던 사람도 자신에게 운명적인 사건을 앞두고, 어느날 꿈을 꾸게 될 수도 있다. 꿈에서 중요한 것은 '얼마나 생생한 꿈이냐' 의 여부에 달려 있는 것이지, 나이 · 성별 · 학력 · 직업 등의 여부와는 아무런 상관이 없다.

(7) 안좋은 꿈은 그날만 조심하면 된다.

아니다. 절대적으로 틀린 말이다. 한번 꾸어진 예지적 꿈은 새롭게 꿈을 꾸지 않는 한, 어떤 일이 있어도 실현된다. 일반적으로 꿈의 실현은 사건의 경중에 따라 다르다. 사소한 꿈일수록 빨리 실현되며, 커다란 사건의 예지일수록 꿈의 예지기간이 길다. 따라서 안좋은 꿈의 경우, 나중에 실현될수록 커다란 사건으로 실현되고 있기에, 차라리 빨리 실현되는 것이 더 낫다고 보아야 할 것이다. 보통 자식의 죽음을 예지하는 꿈 등 커다란 사건은 적어도 한 달이나 3~4개월 전에 꿈으로 예지되고 있다.

(8) 돼지꿈, 똥꿈은 반드시 재물 등이 생긴다.

아니다. 돼지에 관한 꿈이 재물이나 이권을 얻게 되는 일로 이루어질 수도 있지만, 돼지로 표상된 태몽꿈이나, 이성의 상대방, 돼지같이 욕심이 많은 사람 등으로 상징되어 나타나기도 한다. 따라서 돼지꿈을 꿨다고 반드시 복권당첨으로 실현되는 것은 아닌 것이다.

똥꿈은 90% 이상 재물과 관련지어 일어나지만, 이 역시 똥꿈이 중요한 것이 아니라, 꿈의 표상이 어떻게 전개되었느냐가 가장 중요하다. 들어오던 돼지를 쫓아내는 꿈, 똥을 퍼다 버리는 꿈이 재물운으로 이루어질 리가 없는 것이다.

(9) 조상꿈은 좋다.

반드시 그렇지만은 않다. 통계에 의하면 조상꿈으로 복권에 당첨된 사람이 가장 많다. 하지만, 조상꿈을 꾸고 실직이나 사고를 당한 사람도 있다. 이처럼 조상꿈이 좋을 수도 나쁠 수도 있다. 조상꿈의 구별은 아주 간단하다. 조상이 밝은 모습으로 좋은 이야기를 해주는 꿈은 현실에서 좋게 실현된다. 반면에 어두운 얼굴로 나타나거나, 안좋은 말을 전하는 경우 현실에서는 안좋게 실현되고 있다. 꿈이 좋고 나쁜 것은 어떤 표상으로 정해진 것이 아니라, 어떻게 전개되느냐의 여부에 달려 있다.

(10) 꿈을 사고 팔 수 있다.

절대적이지 않다. 주변 친지나 자신이 아는 사람이 자신에게 일어날 일을 대신 꿔주는 경우가 있다. 이 경우 굳이 꿈을 사지 않아도, 꿈은 자신에게 실현되고 있다.

로또 400억원에 당첨된 꿈사례이다. 처음에 자신이 용을 붙잡았으나, 어느덧 빠져나간 용을 친구가 붙잡은 꿈을 꾼 사람이 있었다. 이 경우 놓친 용을 친구가 붙잡는 꿈이었으니, 용으로 상징된 부귀·권세는 친구에게 실현되고 있다. 이 경우 굳이 꿈을 사지 않아도, 꿈의 예지대로 이루어지고 있다.

이는 원래 꿈을 꾼 사람이, 다른 사람에게 일어날 일을 대신 꿈꿔준 것에 불과한 것이다. 사람마다 꿈을 꾸는 능력에도 차이가 나고 있는 바, 꿈을 못꾸는 사람은 꿈을 잘 꾸는 사람의 도움을 얻어 살아가고 있다고 해야 할 것이다.

하지만 태몽인 경우, 매몽의 절차를 밟는 것이 좋을 경우가 있다. 태몽은 가임여건의 사람만이 꾸는 것이 아니라, 주변 사람들이 대신 꿔주기도 한다. 시어머니가 태몽을 꾸었다고 해서, 늙은 시어머니가 아기를 낳게 되는 것이 아니라, 누군가의 태몽을 대신 꿔준 것임을 알 수 있다. 이 경우 며느리 말고 시집간 딸의 태몽을 대신 꿔준 것일 수도 있다. 이러한 경우, 형식적으로나마 태몽을 사고파는 매몽의 절차를 먼저 거친 사람에게 꿈이 실현될 가능성이 높다고 해야 할 것이다. 그러나, 인터넷 상으로 전혀 모르는 남이 꾼 태몽꿈이나 꿈을 팔고 산다고 해서, 꿈이 산 사람에게 실현되는 것은 아닌 것이다.

이 밖에도 '컬러 꿈을 꾸면 병에 걸린다.' '음식을 먹는 꿈은 질병에 걸린다.' '아기 꿈은 근심이다.' 등등 꿈에 관하여 일일이 다 말할 수 없는 속설이 있다. 일부의 경우에는 맞는 말이 될 수 있지만, 절대적인 것은 아니다. 중요한 것은 '꿈의 상징표상이 어떻게 전개되었느냐'에 있으며, 꿈속에서 느낀 정황이나 기분에 따라, 현실에서 실현되고 있다.

일반적으로 컬러 꿈은 꿈의 상징기법으로, 보다 생생한 기억이 필요한 경우에 이루어지고 있다. 꿈의 상징 표상 기법에 있어서, 우리의 신성(神性)의 정신능력의 세계는 다양한 상징기법으로 나타내고 있다. 다가오는 미래 예지에 알쏭달쏭하게 표현하는 여러 가지의 방법이 있다. 상징, 비유, 바꿔놓기, 암시─. 이러한 여러 표현 중에 컬러로 나타내 주는 것도 의미가 있다. 즉, 보통의 일보다 강렬한 어떤 인상을 심어주고자 하는 경우이거나, 꿈의 상징 표상의 전개상 색채를 필요로 했을 때이다.

필자의 아내 꿈에, 필자가 알록달록한 화려한 색채의 커다란 뱀을 여러 토막으로 내어 죽이는 꿈을 꾸었다. 단순한 뱀이 아닌, 컬러 꿈인 것이다. 뱀을 죽이는 것은 정복하거나 제압을 상징하는 바, 그후 필자가 인터넷이나 스마트폰에 '홍순래의 박사 꿈해몽 사이트'를 개설해 실증사례를 바탕으로 꿈을 정리·연구해 나가게 될 것을 예지해주는 꿈이었던 것이다. 인터넷 상에 펼쳐지는 형형색색 화려한 색채의 꿈해몽 싸이트를 보면서, 새삼 꿈의 신비함에 놀라움을 금할 수 없게 된다. 알록달록한 뱀은 이러한 인터넷 상에서 떠오르게 되는 여러 색채를 상징적으로 암시한 것으로 보여진다.

음식을 먹는 꿈이 감기 등 질병에 걸린 사례도 있지만, 대부분은 재물이나 이권을 얻는 일로 실현되고 있다. 아기 꿈이 근심이라는 것도 상징적으로 아기는 돌보아주고 관심을 기울여야 하기에, 그러한 일거리나 대상이 있게 될 것을 예지해주고 있다. 오히려 아기낳는 꿈은 성취·성공을 뜻하고 있다.

4. 부자되는 꿈 10가지

  몇년 전 인사말 가운데 '부자되세요' 라는 말이 인기를 끈 적이 있다. IMF를 겪은 어려움 속에, 행복해지기 위한 여러 여건 중에서, 이처럼 물질적인 풍요로움의 중요성이 새삼 느껴지고 있다.

  꿈은 우리 인간의 정신능력의 활동으로, 장차 자신이나 주변인물 나아가 사회적 · 국가적인 관심사에 대해서 예지해주고 있다. 로또(복권)당첨 등의 횡재수, 재물이나 이권을 얻게 될 꿈 등등 주로 재물운으로 실현되는 여러 꿈들을 실증적인 꿈사례를 바탕으로 살펴본다. 이러한 좋은 꿈을 꾼 경우, 로또(복권)당첨, 주식으로 인한 엄청난 수익, 산삼을 캐게 되거나 유산 상속, 취업이나 승진 등 자신이 처한 상황과 여건에 따라 예상치 못한 엄청난 행운으로 실현될 것임을 꿈으로 예지해주고 있다.

(1) 돼지를 잡거나 가져오는 꿈

  예로부터 돼지는 다산과 풍요를 상징하는 동물로서, '쑥쑥' 커가는 점에서 돼지로 표상된 사업의 융성이나 재물의 번창함의 상징표상으로 등장하고 있다. 이 경우 돼지꿈의 전개가 좋게 나타나야 하는 것은 물론이다. 예를 들어 돼지를 쫓아낸다든지 돼지가 사라지는 꿈은 들어오려던 재물을 잃는 것으로 실현되고 있다. 다만, 돼지꿈이 반드시 재물운이나 이권 획득 등으로만 실현되는 것이 아니라, 처한 상황에 따라 돼지 잡는 꿈을 꾼 후에 태몽이나 이성을 만나게 되는 일로 실현된 사례도 상당수 있다.

여러 실증사례를 살펴보면, 똥을 묻힌 돼지가 달려드는 꿈, 시커먼 돼지들이 집안으로 들어오는 꿈, 커다란 어미돼지가 새끼들을 끌고 집으로 들어오는 꿈, 오물이 묻은 더러운 돼지를 안는 꿈, 꿈에 커다란 돼지가 안방에 들어와 차고 앉아 있는 꿈, 살색 돼지 세 마리가 쫓아와서는 옷을 물고 놔주지를 않는 꿈 등이 재물의 획득으로 실현되고 있다.

(2) 똥[糞]과 관계된 꿈

똥이나 오줌은 옛 농경시대에 거름으로써, 재물의 상징표상의 의미를 지니고 있다. 똥꿈은 주로 재물과 관련지어 실현되는 특징이 있다. 똥을 온 몸에 뒤집어쓰거나 깊이 빠진다거나 밟는 꿈, 변소 안이 누런 대변으로 차있는 꿈, 옷에 묻히는 꿈 등이 좋다. 그러나, 똥을 버리는 꿈은 안좋다. 대변을 본 후에 비닐 봉지에 싸서 화장실에 버리는 꿈은 주식투자에서 손실을 당하는 것으로 실현되었다.

이밖에도 똥꿈은 배설행위로 인하여 정신적 억압으로부터의 해소, 소원 충족을 뜻한다. 화장실에서 뜻대로 일을 치르는 꿈은 하고자 하는 일이 순조롭게 진행됨을 뜻한다. 반면 화장실이 저저분하거나 문이 안열려 일을 치를 수 없었던 꿈은 하고자 하는 일의 좌절 등으로 실현되고 있다.

여러 실증사례를 살펴보면, 변기의 똥을 손으로 퍼서 끌어안는 꿈, 황금빛 똥이 눈앞에 가득한 꿈, 변기통 안에 빠지는 꿈, 동네 꼬마들이 집으로 놀러와 차례대로 똥을 줄줄이 싸는 꿈, 똥을 묻힌 시커먼 돼지가 달려들어 옷을 다 버린 꿈, 발 밑에 소똥이 가득한 것을 밟는 꿈, 재래식 화장실의 인분을 계속 퍼내어도 화장실에 그대로 있던 꿈, 큰 산이 온통 노란 똥으로 뒤덮여 발 디딜 틈이 없었던 꿈, 토하는 오물을 다 뒤집어 쓴 꿈, 시원하게 대변을 보는 꿈, 자신의 소변으로 방안이 홍수를 이룬 꿈, 싸서 먹은 상추 쌈이 인분(똥)이었던 꿈, 똥(변)으로 된 대포알을 맞는 꿈 등이 재물의 획득으로 실현되고 있다.

(3) 돌아가신 부모님이나 조상이 나타나는 꿈

조상이나 돌아가신 부모님이 꿈속에 나타나는 경우 얼굴이나 모습의 표상에 밝고 어두움에 달려있다. 즉, 밝은 표상의 웃는 얼굴, 좋은 모습으로 다정스럽게 나타나는 경우 좋은 일이 있을 것을 예지해주는 경우이다. 반면에 어두운 표정, 근심스런 표정, 검은 빛의 얼굴 등 안좋은 표상으로 나타나면, 무언가 안 좋은 일이 일어날 것을 일러주는 경우이다.

여러 실증사례를 살펴보면, 돌아가신 아버지와 함께 모내기를 하는 꿈, 돌아가신 아버님이 돈다발을 쥐어 주는 꿈, 돌아가신 아버님으로부터 하얀 보따리를 선물 받는 꿈, 돌아가신 어머니가 고생한다며 위로의 말씀을 한 꿈, 돌아가신 부모님이 나타나 아가씨와 결혼하라는 꿈, 돌아가신 시어머님이 꽃을 한 송이 주는 꿈, 돌아가신 어머니가 자신의 이름을 애타게 부른 꿈, 돌아가신 부모님이 복권을 주시는 꿈 등은 재물 운으로 이루어지고 있다.

(4) 아기 낳는 꿈

아기를 낳는 꿈은 새로운 생명이 탄생한다는 데에서 아기로 표상된 어떠한 권리나 이권의 획득, 재물의 횡재수 등으로 실현되고 있다. 이 경우 세 쌍둥이, 네 쌍둥이 등 많이 낳을수록 크게 이루어지며, 낳은 아기가 좋아보일수록 좋은 성취와 좋은 재물운으로 이루어진다.

실증사례로 '세 쌍둥이의 남자아이를 낳는 것을 보는 꿈'은 새로운 생명이 셋이나 탄생한다는 꿈의 상징성으로 말미암아, 커다란 성취나 성공을 이루어낼 것을 예지해주고 있으며, 처한 상황에 따라 재물이나 이권의 획득 · 사업성공 · 승진 등의 좋은 일이 일어날 것을 예지해주고 있다. 현실에서는 꿈을 꾸고 나서 복권을 구입한 후 당첨으로 이루어지고 있는 바, 복권당첨이 되지 않더라도 이런 경우의 꿈은 주가 상승 등 이권의 획득이나 재물운 등 다른 좋은 일로 실현되고 있다.

(5) 대통령 및 귀인과 만나는 꿈

꿈속에서 대통령 및 연예인이나 귀인을 만나게 되는 꿈은 길몽에 속한다. 소속된 단체의 우두머리나 권위자, 선망의 대상이 되는 사람의 은덕을 입게 됨을 꿈을 통해 예지해 주고 있다. 대통령이나 귀인으로부터 악수를 하거나, 훈장을 받는 꿈, 명함을 받는 꿈, 식사나 차를 대접받는 꿈이라면, 좋은 일을 기대해도 좋을 것이다.

(6) 돈, 동물, 재물, 귀한 물건을 얻는 꿈

꿈은 반대가 아닌 상징표상의 이해에 있다. 돈, 동물, 재물, 귀한 물건을 얻는 꿈은 실제로 큰 재물이나 이권을 얻는 일로 실현되고 있다. 다만, 적은 액수의 돈을 줍는 꿈의 경우에는, 불만족감으로 인해 재물이 나가는 일로 실현된 사례가 있다.

실증사례로 낯선 사람한테서 돈다발을 한아름 얻는 꿈, 돈다발을 주워 호주머니에 집어넣는 꿈, 예쁜 도자기 두 개를 품에 안는 꿈, 별 다섯 개가 하늘에서 내려와 이마에 앉는 꿈, 돈다발을 한아름 받아 안는 꿈, 노란 금반지를 받는 꿈, 탐스런 감 두 개를 따오는 꿈, 물고기 한 마리를 받은 꿈, 돼지가 손안에서 저금통으로 변한 꿈, 보석을 줍는 꿈, 탐스런 복숭아 따는 꿈, 토실토실한 알밤을 줍는 꿈 등을 들 수 있다.

(7) 불이 활활 타는 꿈

불이 활활 타고 있는 꿈은 불길의 치솟음에서 번성함, 번창함, 일어남 등의 확장 · 발전을 의미하고 있다. 유사한 상징의 예로 다산(多産)과 쑥쑥 커나가는 왕성한 성장속도의 상징에서 좋은 재물운의 꿈으로 이루어지는 돼지꿈을 들 수 있다. 실증사례로 집이 활활 불타는 꿈, 자신의 몸이 불타는 꿈, 자신의 공장이 불타는 꿈 등이 있다.

(8) 죽거나 시체에 관계된 꿈

꿈은 상징표상의 이해에 있다. 죽음의 꿈은 재생, 부활, 새로운 세계로 나아감을 상징하고 있다. 자신이 죽는 꿈은 현재의 상황에서 벗어나 새로운 삶이 열리게 된다는 것을 암시해주고 있다. 즉, 현재의 자신의 여건이나 상황에서 벗어나, 새로운 인생길 새로운 세상으로 나아감을 상징하고 있다. 실증사례로, 마지막 남았다는 한 발의 권총 탄환을 이마에 맞고 죽는 꿈, 암에 걸려 피를 토하며 죽는 꿈, 칼에 찔려 온몸이 피투성이가 된 꿈 등이 있다.

시체는 어떤 업적물 · 결과 · 재물의 상징표상으로 등장되고 있으며,

꿈속에서 시체를 본 꿈을 꾸고 나서는 대부분 재물이나 이권의 획득, 소원성취 등 좋은 일로 실현되고 있다.

(9) 아름답고, 풍요롭고, 좋은 표상의 꿈

꿈은 반대가 아닌 상징표상의 이해에 있다. 밝고 아름답고 풍요로움의 꿈이라면, 현실에서도 좋은 일로 실현되고 있다. 승진, 합격, 소망성취, 권세, 명예, 이권, 재물 획득 등 꿈은 꿈을 꾼 사람이 처한 상황에 따라서 다르게 실현되고 있다.

실증사례로, 창문너머로 눈부시게 밝은 햇살이 들어오는 꿈, 도라지꽃이 예쁘게 만발한 언덕을 누비는 꿈, 집 마당 나뭇가지에 열린 호박을 따는 꿈, 나락을 한 다발 안고 집으로 들어오는 꿈, 자신의 집 둘레에 벼가 가득히 쌓여있는 꿈, 고향집에 온가족이 화기애애하게 빙 둘러 앉아 있는 꿈, 애인과 결혼하는 꿈 등으로 엄청난 재물을 얻는 일로 실현되고 있다.

이 밖에도 아내와 두 아들을 데리고 유원지에 놀러간 꿈, 달을 잡으러 달려간 꿈, 맑은 물이 넘쳐흐르는 꿈, 돌을 집으로 가지고 들어오는 꿈, 높은 산이나 언덕에 오르는 꿈, 흙을 파서 집으로 돌아오는 꿈, 산 정상에 오르거나 사람을 만나는 꿈, 바위 암벽이 여인의 풍만한 유방이었던 꿈, 아내가 아닌 다른 여자와 정사를 즐기는 꿈, 이름 모를 예쁜 꽃들이 피어 있는 꽃밭을 거니는 꿈, 산위에 올라가 운해(雲海)의 절경을 보는 꿈 등의 사례가 있다.

그밖의 좋은 표상의 꿈으로는 깨끗한 샘물을 떠 마시는 꿈, 아름다운 꽃을 꺾고 잘 익은 과일을 따는 꿈, 경주에서 1등을 하는 꿈, 기분 좋게 수영하는 꿈, 싸워서 이기는 꿈, 산을 신이 나게 올라가는 꿈, 하늘에서 태양이 빛나는 꿈, 햇빛이 방안에 가득한 꿈, 목욕을 하는 꿈 등이 있다.

(10) 동물, 식물, 곤충에 관계된 꿈

물고기는 재물을 상징하는 표상물이다. 동물이나 물고기를 잡는 꿈을 꾸면, 동물이나 물고기로 표상된 어떤 권리 · 이권 · 명예를 얻거나 재물 등을 획득하기도 한다. 다만, 가임여건에 있어서는 태몽으로 실현되기도 한다. 실증사례로, 주머니에 뱀과 지네가 들어있는 꿈, 강에서 물고기 떼가 몰려오는 꿈, 탐스런 물고기를 낚는 꿈, 아름다운 잉어 한 마리가 튀어 올라 따라오는 꿈, 거북이 두 마리가 자신의 어항에 담겨있는 꿈 등이 재물 운으로 이루어지고 있다.

또한 상대방 사람이나 동물을 죽이는 꿈도 제압 · 정복의 상징의미로 좋다. 구렁이가 몸에 감기는 꿈도 구렁이로 표상된 어떠한 재물 · 세력이나 영향력 하에 들어감을 예지해주고 있다. 이 경우도 상황에 따라, 태몽 또는 애인이 생기게 되는 일도 가능하다.

이밖에도 용이나 비행기를 타고 나는 꿈도 좋다. 용은 권세 · 명예 · 재물 및 기관 · 단체의 최고 권좌 등을 상징하기에 적합한 표상으로, 화려한 색깔의 용 한 마리가 맑은 푸른 바다에서 튀어 오르는 꿈, 용이 여의주를 물고 승천하는 꿈, 용이 자신을 태우고 어디론가 날아가는 꿈으로 복권에 당첨된 사례가 있다.

또한 꿈속에서 복권에 당첨되거나 주식의 상승을 보는 꿈이 사실적인 미래투시적인 꿈인 경우, 실제로 현실에서 꿈에서 본 그대로 현실에서 일어나는 일로 실현되고 있다. 꿈은 반대가 아닌 상징표상의 이해이며, 밝고 좋은 꿈을 꾼 경우에 재물운 소원성취 등 좋은 일로 실현된다고 믿어도 될 것이다.

5. 불길한 흉몽 10가지

꿈은 반대가 아닌, 상징 표상의 이해에 있음을 흉몽의 여러 사례를 통해서 여실히 알 수 있을 것이다. 장차 다가올 안 좋은 일에 대하여 꿈으로 예지함으로써, 마음의 준비를 통해 슬기로운 극복을 하도록 해주고 있다.

(1) 이빨·머리카락·손톱·눈썹·손·발·팔·다리 등, 신체의 일부분을 잃거나 훼손되는 꿈

각각으로 표상된 사람이나 대상·일거리와의 결별·좌절·실패로 실현되고 있다.

(2) 신발 모자 열쇠 옷 가방 등 물건을 잃어버리는 꿈

각각으로 표상된 사람을 잃게 되거나, 대인관계나 애정운의 단절, 실직이나 명예의 훼손, 재물의 손실 등으로 실현되고 있다. 나아가 도둑맞는 꿈 역시 외부의 여건 영향에 의해 재물의 손실 등 안좋은 방향으로 이루어지는 대표적인 흉몽이다.

(3) 흙탕물을 보는 꿈, 진흙탕이나 물에 빠진 꿈

꿈은 반대가 아닌 것이다. 사업의 지지부진, 재물의 손실, 교통사고 등의 사건 사고로 실현되고 있다.

(4) 적이나 귀신에게 쫓기거나 맞는 꿈

질병에 시달리게 되거나, 어떠한 일의 진행에서 곤란한 상황에 처하게 된다.

(5) 싸움에서 지는 꿈

사람이나 귀신과의 싸움에서 지는 꿈은, 현실에서 병마에 시달리게 되거나, 의견 등의 대립에서 자신의 의견이 받아들여지지 않게 된다. 나아가 바둑이나 게임 등에서 지는 꿈이 증권투자의 실패 등 안좋은 일로 실현되고 있다.

(6) 자신의 뜻대로 하지 못한 꿈

동물을 죽이거나 잡으려 하지만 잡지 못하는 꿈, 이성과 성행위를 만족스럽게 하지 못하는 꿈, 문을 열지 못한 꿈, 사람이나 짐승을 죽이려다 못죽인 꿈 등은 하고자 하는 일에서 자신의 뜻대로 이루어지지 않는다,

(7) 안좋은 상징표상이 좋지 않은 전개를 보인 꿈

절대적인 것은 아니지만, 대체로 고양이·원숭이·인형의 등장 꿈이 안좋다. 이 경우 적대적인 행위를 하거나, 할퀴는 등 안좋은 전개의 꿈인 경우에는 흉몽이다. 인형의 꿈에 있어서도 차가운 얼굴 표정 등으로 이루어질 때, 아주 안좋게 실현되고 있다.

(8) 안좋은 표상전개의 꿈

조상이 어두운 얼굴로 나타난 꿈, 살고 있는 방바닥이 파헤쳐져 있는 꿈, 대들보가 부러지는 꿈, 귀에 물건이 들어박힌 꿈, 장을 퍼다 버리는 꿈, 아들의 머리가 깨진 꿈, 그릇이 녹아내리는 꿈, 담장이 무너져내린 꿈 등 잠에서 깨어나서도 찜찜하게 느껴지는 꿈 등은 현실에서도 좋지 않게 이루어진다.

(9) 유산 요절의 꿈사례

태몽 표상에서 꿈속의 태아표상으로 등장한 사물이나 대상이 시들거나, 썩었거나, 상처입거나, 갈라지거나, 사라지거나, 놓치거나, 잃거나, 일부분에 한정된 경우 등등의 표상인 경우 안좋게 이루어진다.

꿈은 반대가 아닌 상징의 이해에 있는 바, 한결같이 좋지 않은 표상의 전개를 보이고 있다. 자세한 것은 필자의 『태몽』속에 나오는 유산·요절이나 신체 이상을 알려주는 태몽의 다양한 꿈사례 등을 참고하기 바란다.

(10) 죽음예지의 꿈사례

상징적으로 나이 드신 분이 다음의 꿈에 관계된 경우 더욱 실현 가능성이 높다. 돈을 빌리려 오거나, 집이 무너져 내리거나, 구들장이 무너지거나, 멀리 떠나거나, 새집을 짓거나, 검은 색 옷을 입거나, 검거나 희미한 얼굴로 나타나거나, 남에게 큰절을 받거나, 사진이 희미하게 변해있거나 등등의 꿈은 안좋게 실현된다.

또한 곱게 한복을 차려 입거나, 꽃가마를 타거나, 화려한 결혼식에 참석하거나, 밝은 햇살로 나아간 꿈으로 죽음을 예지한 사례가 있다.

6. 태몽 꿈해몽의 기초 상식 10가지

(1) 태몽꿈의 특징은 생생하고 강렬함에 있다.

20~30여년이 지난 뒤에라도 생생하게 기억될 수 있는 것이 태몽꿈의 특징이며, 이러한 것은 태몽꿈의 실현이 20~30여년, 아니 한평생에 걸쳐서 그대로 실현됨을 보여주고 있기도 하다.

(2) 태몽은 장차 일어날 일을 상징적 표상으로 보여주는 미래예지 꿈이다.

태몽으로 예지된 일생의 길은 신의 계시라고 할 정도로, 한 치의 오차도 없이 정확하게 실현되고 있다. 이러한 태몽은 동물이 말을 한다든지 등의 현실에서 일어날 수 없는 황당한 전개가 특징인 상징적인 전개로 이루어지는 미래예지적 꿈이다.

(3) 태몽 표상속에 아이의 일생이 예지되어 있다.

태몽속에 등장된 그 모든 상징표상대로, 장래의 인생 길에 밀접한 관련을 맺고 있다. 태몽속에 등장된 상징표상과 관련 맺어 신체적 특징이나 성격이나 행동특성을 지니게 되며, 나아가 장래에 펼쳐질 인생 길을 투영해주고 있다.

따라서 태몽은 장차 태어날 아기가 '아들이냐, 딸이냐'의 여부를 알아내는 것이 중요한 것이 아니라, 꿈속의 태아표상인 동물 · 식물이나 자연물이나 사물이 어떠한 전개를 보였느냐, 유산이나 요절 등의 표상의 특징인 '썩거나 사라지거나 온전치 못한 표상으로 전개되지 않았는가'의 여부를 살피는 것이 더 중요하다.

(4) 태몽으로 아들딸을 구분한다는 것은 절대적이지 않다.

보다 정확하게 표현한다면, 태몽으로 '남성적이냐 여성적이냐'를 판별할 수는 있다. 예를 들어, 호랑이 태몽이라고 해서 남아일 가능성은 높으나 반드시 아들인 것은 아니다. 호랑이도 암수가 있으니, 이 경우 여아인 경우 활달하고 남성적이며 괄괄한 성품의 아이가 될 것을 예지하고 있다.

일반적으로 용이나 구렁이 등과 같이 몸집이 비교적 큰 사물이나 남성적 표상이 전개될 경우에 아들일 경우가 많고, 작고 귀엽고 앙증맞고 아담한 사물이나 예쁘고 화려한 여성적 표상이 전개될 경우에 딸일 때가 많다. 과일의 경우 익거나 성숙된 표상의 경우 아들, 미성숙의 표상의 경우 딸인 경우가 많다. 예를 들어 빨간 고추나 알밤은 아들, 푸른 고추나 풋밤은 딸인 경우가 많다. 또한 잉어 한 마리 등 단수의 개념이 적용될 때는 아들, 연못속의 여러 잉어 등 복수의 개념이 적용시에는 딸인 경우가 많으나, 이 역시 절대적이지는 않다.

(5) 태몽은 동물·식물뿐만 아니라, 자연물·인공물·사물·사람 등 다양하게 나타나고 있다.

동물·식물을 가져오거나, 얻거나, 보는 꿈 등이 태몽의 특징이다. 또한 해·달·별·산·바다 등의 자연물에 관한 꿈, 신발·옷·서적·악기 등의 사물에 관련된 꿈, 아기를 받거나 사람을 보는 꿈 등등 태몽 꿈은 다양하게 전개되고 있다. 이밖에도 대통령과 잠자리를 같이하는 꿈 등 기상천외한 태몽꿈도 상당수 있다.

(6) 태몽속에 등장된 상징표상에 대하여 꿈속에서 느낀 대로 실현된다.

사나워 보이는 태몽을 꾸면 용감하고 쾌활한 아이로, 온순해 보이는 태몽은 선량하거나 온순한 성격의 아이가 태어난다. 예를 들어, 뛰어드는 호랑이를 보고 무서워하지 않고 친근감을 느끼거나 대견스러움을 느끼는 꿈이었다면, 그 아이는 꿈속에서와 느낀 대로, 부모에게 효도하며 능력이 뛰어난 대견스러운 아이가 될 것이다. 반면 호랑이가 거칠고 무섭게 느껴지는 꿈이었다면, 폭력적이며 거친 성격의 아이로 성장하게 된다.

(7) 이런 태몽 표상이 좋다.

① 일반적인 사물이나 뱀·꽃 등의 동물·식물의 태몽표상의 경우, 형체가 온전하고 탐스럽고 윤기나고 크고 싱싱한 표상일수록 좋다. 벌레 먹거나 부서지거나 상하지 않아야 하고, 너무 늙거나 너무 익어서도 안 된다. 크고 탐스러운 태몽 표상물은 장차 인생길에 있어서 능력이 뛰어나고 그릇이 큰 인물이 됨을 예지한다.

② 태아표상을 가까이서 보거나, 몸에 접촉시키거나, 완전히 소유해야 한다. 죽이거나, 사라지거나, 잃어버리거나, 떼어버리거나, 멀리 도망가는 표상의 경우에는 유산이나 요절로 이루어진다.

③ 태아표상을 끝까지 지켜볼 수 있어야 한다. 태아표상이 숨거나, 찾을 수 없거나, 남에게 주는 경우, 유산이나 요절 등 얻었다가 잃게 되는 일로 실현된다.

④ 태몽표상의 전개가 밝고 아름답고 풍요로우며, 귀엽고 친근감 있으며, 호의적이며 행복감과 만족감을 느끼며, 통쾌하고, 신비스러울수록 좋은 꿈이다. 밝고 아름다운 자연 풍경을 보는 태몽은 장차 태어날 아이의 인생길이 희망차고 밝으며, 풍요로운 가을 벌판의 태몽은 아이가 장차 부유로운 인생길을 살아갈 것을 예지한다. 또한 오색영롱한 구름, 무지개, 산신령, 선녀, 빛나는 해·달·별, 금빛 찬란한 동물 등 경이롭거나, 신비스러운 태몽 표상물은 장차 태어날 아이의 신체적인 외모나 재능에 있어서, 신비하고 비범한 능력을 지니게 됨을 예지해주고 있다.

(8) 첫 태몽에 장차 두게 될 자녀 수를 예지하기도 한다.

이 경우 태몽 꿈에 등장하는 숫자나 횟수의 상징표상대로 실현된다. 꿈속에 상징표상으로 두 개의 사물이 나타난 경우에, 쌍둥이일 수도 있으며 장차 두 자녀를 두게 될 것을 예지하고 있기도 하다. (이 경우 두 가지 뛰어난 능력을 지니게 되는 경우도 가능하다.) 예를 들어 땅콩의 태몽으로 쌍둥이를 낳은 사례가 있는 바, 보통 땅콩 껍질 안에 두 알이 있는 것과 일치하고 있다. 다음의 실증적 사례의 숫자표상을 잘 살펴보기 바란다.

＊필자 어머님의 태몽이다. 친정의 울타리에서 태극기 깃봉 같은 빨

간 열매 세 개를 따다가 다락 속에 넣어 두는 꿈으로, 장차 아들 3형
제를 낳는 일로 실현되었다.

* 큰 그릇에 물이 가득차 있는데, 커다란 박 3개가 둥둥 떠 있었다. 그
후 세 자매를 낳았다.

* 손수 만들어 파는 큰 붓 세 자루를 골랐는데, 그 후 아들 둘과 딸 하
나의 삼남매를 낳았다.

(9) 진정한 의미의 태몽은 임신사실을 알기 전에 꾸는 꿈이다.

놀라운 꿈의 예지는 임신사실을 알기 전에 태몽으로 임신하였음을
일깨워주고 있다. 그리하여 몸가짐을 조신(操身)함으로써, 장차 닥쳐올지
모르는 유산 등의 위험에 대비하게 해주고 있다. 그러나 임신 사실을 확
인한 후에 꾸는 꿈이라 하더라도, 꿈의 기억이 생생하며 상징적인 표상
으로 전개된 경우 태몽으로 볼 수 있다.

* 소 한 마리를 몰고 온 꿈→ 시어머님의 꿈에 큰사위와 아버님 산소
를 올라가고 있는데, 절반쯤 가고 있을 때 누런 소가 두 마리 양쪽에
있었답니다. 어머님은 "여보게 사위, 우리 소 한 마리 몰고 가세" 하
시고는 산소도 안가고, 소 한 마리 몰고 산을 내려오는 꿈을 꾸었답
니다. 실제로 후에 임신 소식이 있었고, 떡두꺼비같은 아들을 낳았
어요.

* 감 두 개를 받는 꿈→ 결혼식 하던 날 새벽, 돌아가신 아버님으로부
터 감 두 개를 받는 꿈을 꾸었어요. 몇 달 후에 임신된 걸 알고 날짜
계산을 해 보니, 신혼여행을 간 결혼 첫날밤에 임신된 것이지요. 그
후로 두 아들을 낳았고요.

(10) 태몽은 한 번이 아닌, 여러번 꿈을 꾸기도 하며, 주변의 누군가가 대신 꿔주기도 한다.

일반적으로 태몽이 없는 사람은 없다. 사람에 따라 다르지만, 누구는 태몽이 없었다고 말하는 사람이 있고, 누구는 태몽 꿈을 여러번 꾸었다고 말하기도 한다.

꿈꾸는 영적 능력이 뛰어난 경우, 여러 가지 태몽꿈을 꾸기도 한다. 정몽구 현대 회장은 "내 이름이 몽구가 된 것은 어머니가 태몽을 9번 꾸었다는 데서 나왔다고 한다." 고 밝히고 있다. 이처럼 태몽으로 장차 일어날 운명적인 예지를 보여주는데 있어, 가장 중요한 하나의 태몽으로 그 인생을 압축시켜 보여주기도 하지만, 때에 따라서는 여러 가지 태몽을 꾸게 됨으로써 장차 태어날 아이의 개략적인 남녀의 구별 및 신체적 특성이나 행동특성, 성격이나 개략적인 인생의 길을 다양한 상징 표상의 전개로써 일생의 앞날을 예지해주고 있는 것이다.

결혼정보회사 듀오의 설문조사 결과, 자녀를 갖고 싶어서 남의 태몽을 돈 또는 물건을 주고 산 경험이 있다는 응답자가 13.1%나 됐고, 이중 76.8%가 태몽을 산 후 임신을 했다거나, 3.6%가 태몽을 산 뒤 임신사실을 알았다는 응답도 나와 눈길을 끌었다. (출전: 한국아이닷컴)

이러한 통계에서 알 수 있는 것처럼 태몽은 가임여건의 사람만이 꾸는 것이 아니라, 주변 사람들이 대신 꿔주기도 한다. 사람마다 꿈을 꾸는 능력에 개인차이가 나고 있는 바, 유난히 꿈을 잘 꾸는 사람이 있는데 그런 사람은 주변의 관심있는 사람에 대한 상황이나 미래가 꿈으로 나타나기도 한다.

이밖에 태몽에 관한 궁금증 10선 및 무수한 실증사례가 있으나, 자세한 것은 2012년 앞서 출간한 필자의 『태몽』을 참고하기 바란다. 책속에는 선인 및 요즈음 사람들의 태몽 관련 실증사례를 비롯하여, 스승이신 한건덕 선생님의 태몽에 대한 여러 글과, 필자 꿈해몽사이트 이용자의 체험담 및 실증사례를 분석하여 해설을 담고 있다.

『태몽』은 다음과 같이 전체 Ⅶ장으로 살펴보고 있다.

태몽에 관심 있는 독자 분들의 일독을 부탁드린다.

제III장
꿈의 전개양상별 실증사례

1. 감각자극에 의한 꿈

2. 내면의 심리 표출의 꿈(소망 · 불안 · 초조감)

3. 경고 · 일깨움의 꿈

4. 계시적인 꿈 — 신 · 영령 · 조상의 신령스러운 고지(告知) · 계시

5. 창조적 사유활동의 꿈

6. 지어낸 거짓 꿈

7. 허망성으로서의 꿈

8. 사실적 미래투시의 꿈

9. 상징적인 미래예지의 꿈

1. 감각자극에 의한 꿈

꿈은 다양한 색상의 무지개처럼 다양한 성격을 띠고 나타나고 있다. 꿈의 세계에서 벌어지는 여러 일들은 우리 인간이 알아낼 수 없을 만큼 신비스런 존재로 펼쳐지고 있으며, 앞으로도 아무리 과학이 발달한다 하더라도 꿈의 신비를 완전하게 벗겨내지는 못할 것이다.

필자는 " '꿈은 이런 것이다.' 라고 단정적으로 말하는 사람이야말로, 가장 위험한 사고를 하고 있으며 가장 어리석은 사람일지도 모른다." 라는 말을 하고 싶다. 다층적이고 다원적인 꿈의 다양한 성격을 무시하고, '꿈은 이렇다' 식의 획일적인 정의를 내려서는 안될 것이다. 또한, 똑같은 꿈이라 할지라도 꿈을 꾸는 사람이 처한 상황과 정황에 따라서 다르게 실현되고 있다.

이러한 꿈의 분류에는 보는 관점과 입장에 따라 여러 가지로 나타나고 있다. 이에 대하여 중국의 유문영(劉文英)도 『꿈의 철학』에서 분석적인 태도를 갖출 것을 언급하고 있지만, 올바른 유형별 분류의 대안은 제시하지 못하고 통시적으로 중국의 꿈의 역사를 살펴보고 있다. 이는 그만큼 꿈의 세계의 폭이 넓으며, 전개양상이 다양하게 나타나고 있기 때문이다.

하지만 꿈의 실체에 접근하는 가장 올바른 접근 방법은 '이러이러한 꿈을 꾸고 이러이러한 일이 일어났다' 고 하는 실증적인 사례에 근거한 꿈의 유형별 표출방식에 따른 분류가 되어야 할 것이다. 앞서 수차례 소개된 바 있지만, 본 장에서는 꿈의 전개양상에 따른 실증사례를 1. 감각자극에 의한 꿈 2. 심리 표출의 꿈(소망 · 불안 · 초조감) 3. 경고 · 일깨움의 꿈 4. 계시적인 꿈 5. 창조적 사유활동의 꿈 6. 지어낸 거짓 꿈 7. 허망성으로서의 꿈 8. 사실적 미래예지 꿈 9. 상징적 미래예지 꿈으로 나누어 구체적으로 살펴보고자 한다.

꿈은 다양한 성격을 띠고 다층적으로 나타나고 있다. 따라서 어느 한 유형에 포함시키기에 어려움이 있을 수도 있다. 역설적인 이야기가 되겠지만, 하나의 꿈사례 속에 여러 성격을 띠고 복합적으로 나타나는 꿈이야말로, 꿈의 본질을 우리에게 알려주고 있다고 보아야 할 것이다.

이렇게 다양한 꿈의 전개양상 가운데 가장 많으며, 또한 가장 중요한 것이 상징적인 미래예지 꿈의 세계이다. 가장 중요한 상징적인 미래예지 꿈부터 시작해야 하지만, 사례가 많아 편의상 맨 뒷부분으로 배치하였음을 밝힌다.

1) 외부의 감각자극 꿈

이는 꿈의 영역 가운데 가장 단순한 것으로, 수면 중에 외부에서의 어떤 감각자극에 영향을 받아 꿈을 꾸게 되는 경우이다. 잠을 자는 동안에도 우리의 뇌는 깨어 있어서, 자신에게 닥쳐온 조그마한 외부적인 감각자극의 위험요소에 대하여, 꿈을 통해서 우리에게 알려주고 있다. 다만,

이 경우 꿈속의 표현에서는 다소 과장되게 알려주고 있으며, 똑같은 외적 자극이 주어진다고 해서 항상 똑 같은 꿈의 전개를 보여주지는 않는다. 또한 외부의 감각자극이 아닌, 내부의 신체장기의 이상이 있을 경우에도 꿈으로 형상화되어 우리에게 일깨워주고 있다.

아리스토텔레스도 꿈은 잠자는 동안에 일어나는 자극을 확대 해석하는 것으로 알고 있었으며, 이러한 외부의 감각 자극으로 꿈이 이루어지는 다양한 예를 프로이트의『꿈의 해석』에 나온 사례 및 실증사례로 살펴본다.

① 잠옷 깃을 너무 조르고 자는 경우→ 교수형에 처해지는 꿈. 자신의 옷깃을 너무 조르고 자면 혈액순환이 되지 않아서, 심할 경우에 질식사를 당하게 될 수도 있다. 꿈은 이 경우에 우리 자신에게 과장된 꿈의 무대를 열어, 위험을 알려주고 있는 것이다.

② 무릎을 드러내놓고 잔 경우→ 밤에 마차를 타고 여행하는 꿈(밤에 마차 속에서는 무릎이 몹시 시리다)

③ 곁에서 자던 사람의 신체 일부가 가슴을 내리 누르고 있는 경우→ 큰 바위에 눌려 낑낑대다가 놀라 깨어나는 꿈.

④ 잠자다가 무릎이 꺾여져 있는 경우→ 전쟁이 나서 적군과 싸우다가 무릎에 총을 맞는 꿈

수면 중에 무릎이 꺾여져 있는 신체 이상을 일깨워주기 위해, 꿈의 무대는 전쟁에서 무릎부위에 총을 맞는 것으로 과장되게 보여주고 있다. 이처럼 신체의 내·외부의 이상(異常)을 알려주는 꿈의 경우에 있어서는 꿈과 관련된 부위에 어떠한 신체적 이상이 생기는 현실로 나타나고 있다. 다만, 이러한 꿈으로 깨어난 경우 현실에서 무릎에 어떤 이상이 있지

않은 경우에는, 상징적인 미래예지 꿈으로 총을 맞은 부위에 관련지어 교통사고를 당한다든지, 무릎으로 상징된 일거리 · 대상에 곤란한 일이 일어날 수가 있다.

⑤ 동생이 잠자리로 파고 든 경우→ 소복을 입은 귀신같은 여자가 나타나 같이 자겠다고 내 이불속을 파고 든 꿈.

여동생은 흰 긴 드레스 잠옷을 입었고 머리가 길었는 바, 여동생이 잠자리에 파고드는 신체적인 외부접촉을 과장되게 표현하여, 귀신이 이불속을 파고드는 꿈으로 형상화되고 있다. 아마도 여동생이 파고들어, 불편한 잠자리가 되었을 것이다. 이처럼 외부 감각적인 꿈은 신체 외부의 이상을 과장되게 알려줌으로써, 그러한 외부 이상에서 벗어나도록 해주고 있는 것이다.

『꿈의 해석』에 나오는 외부의 감각자극이 아닌 내적(주관적)감각자극에 관해서 살펴본다. 이 경우는 많이 나타나지는 않고 있으나, 주로 주관적인 시각 · 청각이 영향을 주어 꿈으로 형성되는 경우이다. 이는 요한 뮐러가 '공상적 시각현상'으로 기술한 이른바 최면 상태적 환각에 의해 얻어진다.

예를 들어 모리는 몹시 배가 고팠을 때, 최면상태의 환각에서 그릇과 포크를 쥔 손을 보았다. 이 경우에 꿈속에서는 그가 음식이 차려진 식탁 앞에 앉아서 먹고 있는 사람들이 내는 포크소리를 듣게 되는 경우의 꿈이다. 이 경우의 꿈은 외부의 감각자극이 아닌, 자신이 그렇다고 느끼고 지각한 사실에 대해서 꿈에서 환영으로 나타나는 경우이다.

⑥ 오래전 PC통신의 유모어에 올려져 있던, 신체적 외부자극으로 인해서 꿈을 꾸게 된 재미있는 사례를 요약해서 살펴본다.

〈 호모가 달려든 꿈 〉

프랑스 파리의 무랑루즈 근처 뒷골목에는 게이들이 많이 있었다. 어느날 저녁 멋진 기가 막힌 불란서 여성이 말을 걸어오는 게 아닌가? 가슴이 두근거렸다. 아찔한 미니스커트에 블라우스를 찢고 터져 나올 것 같은 앞가슴과, 출렁이는 금발머리에 고운 눈화장이며 붉은 입술! 대답을 하려는데, 여성의 턱에 화장으로 도무지 감추어지지 않는 '아아! 그 파르스름한 면도 자국!' 놀라 말 한 마디 못하고 도망처 숙소에 돌아와 보니, 마침 룸메이트인 X형과 Y형은 외출중이었다.

샤워를 하고 사르르 잠이 들었는데, 꿈속에서 그 호모 녀석이 무언가 호소하는 듯한 그 커다란 눈망울에 눈물까지 글썽이며 집요하게 달려들더니 드디어 나를 와락 끌어안는데, 힘이 너무 무지막지해서 도무지 벗어날 수가 없었다. 까끌한 턱수염이 징그럽게 따가웠다. 다리를 웅크러서 그녀석의 배를 걷어차며, 있는 힘을 다해 밀치며 괴성을 질렀다.

"야, 이 녀석아 왜 그래?"

눈을 뜨니 X형은 옆 침대로 나가떨어져 있고, Y형이 걱정스런 눈으로 내려다보고 있었다. X형이 외출에서 돌아와 아직 초저녁인데 자고 있는 나를 깨우느라고, 배역 때문에 기른 까끌한 수염으로 장난삼아 내 얼굴을 문질러 댄 것이다.

"난...술도 안 마시고 잠자는 네가 귀여워서......"

X형이 신음하면서 말했다. 어쩐지 꿈이 너무 실감 나더라구!

2) 몸 내부의 신체 이상(異常)의 자극

　외부의 감각자극이 꿈으로 형상화되어 나타나기도 하지만, 우리 신체 내부의 이상(異常)이나 미처 지각하지 못하고 있던 사실에 대해서, 정신능력의 활동은 꿈의 무대를 펼쳐, 우리에게 알려주고 일깨워주고 있다. 이 경우는 프로이트의 내적(기관적) 신체 자극에 해당되는 것으로, 신성(神性)의 영적인 정신능력인 잠재의식의 세계는 우리 신체의 내부 이상을 꿈을 통해 나타내주고 있다.

　아리스토텔레스도 사람이 깨어 있을 때에는 전혀 몰랐던 병의 초기를 꿈에서 알게 되는 일이 흔히 있는 것 같다고 말하고 있다. 또한 꿈의 예지력을 믿지 않는 의사도 적어도 병의 예고라는 점에서는 꿈이 갖는 의의를 인정하고 있다.

　일부 사람들에게 있어서 건강이 좋지 않으면 꿈을 많이 꾼다고 걱정을 하는 경우가 있다. 우리가 몸이 허약할 때나 마음이 공허하고 허망할 때에, 허몽(虛夢)이라 하여 꿈을 자주 꾸게 되는 경우가 있을 수도 있다. 하지만 음미해보면, 우리 신체의 이상(異常)을 일깨워주는 과정에서 일어나는 꿈이기도 하다.

　짠 음식을 먹고 자면 물을 마시는 꿈을 꾸게 된다. 또한 요의를 느끼게 되면 꿈속에서는 소변을 보는 꿈을 꾸게 된다. 그러나 그것은 꿈속에서 소원을 충족시키는 데 그치지 않고, 잠에서 깨어나 어떠한 행위를 하도록 유도하고 있음을 알 수 있다.

　신성(神性)의 잠재의식은 잠자는 동안에 다가오는 외부적인 자극 뿐만 아니라, 자신의 몸 내부의 질병이나 앞으로 일어날 신체적 이상에 대해서 꿈을 통해 일깨워주고 있다. 어찌보면 꿈을 통해 다가올 미래를 예지해주고 있는 사례에 비추어 본다면, 자신의 건강 이상에 대한 것을 꿈을 통해 알려 준다는 것은 지극히 원초적인 것이라고 할 수 있겠다.

대부분의 사람에게는 내장 및 여러 기관의 명확한 장해가 분명히 꿈의 원인으로써 작용한다. 심장이나 폐가 나쁜 환자가 자주 불안한 꿈을 꾼다는 것을 일반적으로 지적되고 있는 바이다. 즉 폐결핵 환자는 질식·압박·도망의 꿈을 꾼다. 소화기 계통의 장해에서는, 꿈은 음식을 먹거나 토하거나 하는 표상을 내포하고 있다. 또한 우리는 억압된 성적 흥분이 축적되어, 몽정을 통해 극대화되고 있음을 잘 알고 있다.

고대 중국에서도 신체의 이상과 꾸는 꿈과의 관계는 밀접한 관계에 있음을 알고 있었으며, 이를 질병의 치료에 이용하고자 했음을 알 수 있다. 의서(醫書)에 말하기를, "양이 왕성하면 꿈에 날아 보이고, 음이 왕성하면 꿈에 떨어져 보인다." 또한 "음사가 꿈을 일으킨다[淫邪發夢]"라는 말에서 알 수 있듯이, 꿈에 나타난 몽상으로써 신체의 허(虛)와 실(實)을 알아낼 뿐만 아니라, 성(盛)함과 쇠(衰)함을 알아내어 치료에 도움이 되고자 했다. 중국에서의 질병에 따른 꿈의 징후에 관한 자세한 것은 유문영의 『꿈의 철학』에 잘 나와 있으니 참조하기 바란다.

한편 우리나라에 있어서도 허준은 『동의보감』에서 오장(五臟)의 간장(肝臟), 심장(心臟), 비장(脾臟), 폐장(肺臟), 신장(腎臟)의 장기(臟器)의 허(虛)와 실(實)에 따른 상태에 따라, 꿈이 다르게 나타나고 있음을 말하고 있다.

이처럼 생리병리학적의 측면에서 꿈의 발생원인을 알아내어 질병치료에 이용하고자 하는 노력은 어느 정도 설득력 있게 받아지고 있다. 또한 신체적 이상뿐만이 아니다. 정신과 의사들이 환자의 심적 상태를 가장 잘 알아낼 수 있는 수단으로, 환자의 꿈을 분석하여 치료에 활용하고 있음은 널리 알려진 사실이다.

이처럼 꿈을 통해 우리 몸의 신체의 이상을 알 수 있고, 또한 질병의 치료에 활용할 수 있다. 하지만 꿈은 우리 인간의 무한한 가능성을 지닌 신성(神性)의 정신능력의 활동으로써, 장차 일어날 일을 예지해주고 있다는 점에서, 신체 내부의 이상을 일깨워주는 것은 당연한 일이라 하겠다.

몸 내부의 신체 이상(異常)의 자극을 꿈으로 일깨워준 흥미있는 실증사례를 세가지 살펴본다.

① 꿈에 싸우다가 왼쪽 옆구리를 채인 꿈→늑막염을 알아내다

며칠 전부터 다른 사람과 싸우는 꿈을 자주 꾸었다. 때로는 이기기도 하고 지기도 하면서, 여느 때와 달리 꿈을 자주 꾸었다. 그러던 어느 날 꿈이다. 그날도 누군지 모르는 어떤 사람과 사이좋게 이야기를 나누고 있었다. 그러다가 무슨 일인가로 시비가 붙어 싸우게 되었다. 엎치락뒤치락 하면서 싸우다가, 상대방이 내지른 발길질에 왼쪽 옆구리를 걷어 채였다. 너무나도 아파서 떼굴떼굴 구르다가 깨어 보니 꿈이었다.

꿈속에서 너무나도 아팠던 기억이 생생해서, 맞았던 부분을 눌러 보니 움직일 때마다 결리는 것이 무척 아파왔다. 아침에도 통증이 있기에 병원에 가서 진찰을 받고 X레이를 찍어보니, 늑막염으로 진단이 나왔다.

현직 교사의 꿈이야기이다. 이 경우에 꿈에서 일러주지 않았더라면, 치료하기에 위험한 단계에까지 갔을지도 모른다. 실증사례 꿈에서 알 수 있듯이, 꿈은 현실의 자신이 미처 자각하지 못하고 알 수 없었던 우리 몸

의 이상에 대해서 알려주고 있다. 또한 신비로운 꿈의 세계에 대해서 잘 알 수가 있다. 꿈속에서 싸움을 걸어왔던 사람은 병마(病魔)의 상징을 표상하고 있다. 자신의 건강을 지키고자 병마와 여러 날 동안 싸우는 것이 꿈으로 형상화되어 나타났던 것이며, 이 경우 꿈에서의 싸움에서 이겼더라면 늑막염은 일어나지 않았을 것임을 알 수가 있겠다.

② 도깨비와 싸워 물리친 꿈 → 위장병 예방치료

시골집 외양간 근처에서 무슨 일을 하고 있었다. 큰 마당 쪽으로 한 사나이가 다가오더니 다짜고짜 끼어안고 목을 죄어 죽이려고 한다. 필사적으로 이 놈을 떼어놓고 자세히 보니, 말로만 듣던 도깨비가 아닌가. 그 놈은 계속 달려들고 있고, 저쪽에서 똑같은 한 무리의 도깨비들이 몰려와서 '큰일났다'고 생각했다. '우선 이 놈부터 해치워야겠다.'고 두 손으로 그 놈의 목을 조이니, 그 놈이 배를 앞으로 내밀며 고꾸라져 죽는다. 이것을 본 다른 도깨비들은 슬슬 피해 달아나고 말았다. 도깨비의 뿔과 하나뿐인 큰 눈과 귀까지 찢어진 입이 대단히 인상적이었다.

이 꿈을 꾼지 얼마 후에 나는 위경련이라고 생각되는 위장병에 걸려 상당한 시일을 고생하게 되었다. 나의 잠재의식은 그 위장병을 가상적 도깨비 표상을 재료로 이끌어서 병의 진행과정과 치료결과를 예지하는 꿈을 형성했던 것이다. 위벽이 손상 받을 것을 뾰죽한 뿔과 크게 뚫린 눈과 입으로 상징한 것은 참으로 슬기로운 착상이었다. 이같은 경험으로 도깨비 꿈의 한 표현에 접할 수 있었는데, 다른 도깨비들은 슬슬 피해 달아났으니, 위장병에 대한 후유증이 있을 법 했으나, 내가 약을 먹고 치료한 바람에 사전에 이것을 예방할 수 있었다.

필자의 스승이신 고(故) 한건덕 선생님의 재미있는 꿈사례이다. 이처럼 꿈속에서 도깨비라든지 귀신이라든지 다른 사람과 싸우는 경우가 있다. 이 경우 꿈속에서 싸우는 대상이 표상하는 바는 병마(病魔)라든지, 자신이 힘을 기울이고 있는 사업이나 시험 등을 나타내고 있다. 이 경우 싸움의 과정에서 나타난 신체부위라든가, 싸움의 결과 등은 중요한 상징의 미를 띠고 있다. 꿈속에서 관련된 신체 부위가 상징하고 있는 바와 밀접한 관련을 맺고 있으며, 꿈속에서 이겨야 좋은 결과로 실현된다. 만약에 도깨비에게 지는 꿈으로 끝나는 것이었다면, 도깨비로 표상된 대상이 무엇이냐에 따라 각기 다르게 현실에서 실현된다. 예를 들어 병환으로 생명을 건질 수 없게 되거나, 사업이 실패하거나, 시험 등에 낙방하는 일이 있게 된다.

일부 사람들에게 있어서 건강이 좋지 않으면 꿈을 많이 꾼다고 걱정을 하는 경우가 있다. 이 경우에 마음과 몸이 허약할 때나 마음이 공허하고 허망할 때에, 허몽(虛夢)이라 하여 꿈을 자주 꾸게 되는 경우가 있을 수도 있다. 하지만 음미해보면, 우리 신체의 이상(異常)을 일깨워주는 과정에서 일어나는 꿈이기도 하다.

꿈을 많이 꾸는 것은 그만큼 잠재의식의 활동이 활발히 일어나고 있다는 것으로 보아 앞날을 예지해준다는 점에서 오히려 좋은 일로 받아들여야 할 것이다. 이처럼 자신의 신체 이상(異常)을 꿈을 통해서 일깨워주고 예지해준다는 점에서 무한한 가능성을 지닌 정신능력이 펼쳐내는 꿈의 세계에 대한 신비로움을 새삼스럽게 느끼게 하고 있다.

③ 가시를 잘라내는 시를 짓는 꿈→ 질병 회복

〈 가시를 잘라내는 시를 짓는 꿈 〉

開園翦荊棘 정원을 만들어 가시나무를 잘라내고

斫地樹蘭蓀 땅을 파서 난초와 창포를 심었네.

荊棘豈無枝 가시나무가 어찌 가지가 없으며

蘭蓀豈無根 난초와 창포가 어찌 뿌리가 없으리.

荊棘日已除 가시나무는 날로 이미 없애버리고

蘭蓀日已蕃 난초와 창포는 날로 이미 번성하네.

蘭蓀與荊棘 난초 · 창포와 가시나무는

美惡固當分 아름다움과 미움이 확실하게 당연히 나누어지네.

선인의 꿈사례로, 꿈속에서 지은 몽중시(夢中詩)로 병이 회복될 것을 예지한 사례이다. 이민구는 이 몽중시를 짓게 된 계기에 대하여 다음과 같이 밝히고 있다. 동지달 초하룻날 병이 혼미하고 위태로웠는데, 홀연히 꿈에서 시를 지었다. 다음날 아침에 조금 소생하여, 이를 기록한다.

꿈의 세계가 펼쳐내는 오묘한 상징 세계에 찬탄을 금할 수 없게 된다. 가시와 난초 · 창포는 유해한 식물과 유익한 식물로 명확하게 구분되어진다. 가시의 날카로움에서 고통을 주는 병마의 상징 표상에 부합되고 있으며, 이러한 가시를 잘라내는 행위는 병마의 싹을 도려내는 치료행위를 상징하기에 장차 병이 회복될 것을 예지해주고 있다.

이렇게 몽중시(夢中詩) 자체가 고난도의 상징의미를 담고 있기에, 굳이 별도의 난해한 상징 기법을 사용하지 않고 있다. 이러한 상징기법은 한자를 알거나 한시(漢詩) 등 한학적 소양이 뒷받침되는 선비나 학자들에게나 가능한 것이며, 꿈을 만들어내는 정신능력이 펼쳐내는 꿈의 세계가 그 사람의 능력에 알맞은 상징기법으로 전개해주고 있는 것이다. 예를 들어 일자무식의 무지렁이 백성에게는 빠진 이빨이 새로 돋아나는 꿈으로 건강이 회복되는 것을 예지해줄 수 있는 것이다.

2. 내면의 심리 표출의 꿈(소망 · 불안 · 초조감)

　　'꿈은 현실에서 사회적 제약이나 능력의 한계 등으로 억눌려 있던 자아의 표출이다.', '꿈은 자신의 잠재의식의 감정표현이다.', '꿈은 속으로 애태우고 고민하고 은근히 바라고 있었던 것들을 표현한다.' 등등의 말에 잘 나타나 있듯이, 꿈은 잠재적인 내면의 소망 · 불안 · 공포 · 초조감 등의 심리표출이다.

　　마광수 교수는 꿈은 낮의 과도한 사회윤리에 지친 뇌가 밤에 겨우 사회윤리에서 벗어날 수 있는 유희시간을 가지면서 동물적 본능을 마음껏 해소시키는 데 따른 결과물이라고 말하고 있는 바, 마광수 교수다운 언급이라고 할 수 있다.

　　또한, 꿈은 억눌린 잠재의식의 소망 표출이라는 프로이트의 견해는 절대적으로 틀린 말은 아니지만, 전체적인 꿈의 세계에서 극히 일부분만을 이야기하고 있을 뿐이다. 꿈이 잠재적인 억눌린 소망 표현이라는 의견에 대해서, 꿈의 활동이 안구가 빠르게 움직여지는 렘수면에서 주로 일어난다고 볼 때, 이는 어른보다 유아에게서 더 많이 일어나고 있는 바, 유아들이 억압된 잠재적인 본능이 꿈을 통해 표출된다고 보기에는 무리가 있다. 또한 동물들도 렘수면이 있는 것으로 보고되고 있는 바, 본능에 충실한 동물들이 낮시간에 억압된 욕망을 해소하기 위해서 꿈을 꾼다는 것도 어불성설이라고 볼 수 있겠다.

1) 잠재적인 내면의 심리 표출 – 억눌린 소망의 표현

꿈은 억압된 소망과 심리적 욕구를 표출하고 있다. 우리가 잠을 자고 있는 동안에, 현실의 의식 속에서 억눌려온 잠재의식의 자아가 꿈을 통해 표출되고 있는 것이다. 프로이트는 『정신분석입문』에서 억압된 성적인 욕구가 주로 표출된다고 보고 있기도 하다.

서양의 격언에 "거위는 어떤 꿈을 꾸는가? 옥수수 꿈을 꾼다."라는 것이 있는 데, 이는 꿈을 소망충족이라고 하는 것을 반영하고 있다. 또한 '꿈에 본 내 고향'이라든가, '네 꿈을 펼쳐라'라고 말하는 경우 소망이나 바람의 뜻이 반영되어 있다고 해야 할 것이다. 여러 사례를 통해 살펴보자.

① 주변에서 쉽게 찾을 수 있는 사례
* 자신이 농구를 못해 열등의식을 가지고 있는 사람이 꿈속에 농구를 잘하게 됨으로써, 실제 일어난 일이 아님에도 불구하고 만족감을 느끼게 해주고 있다.
* 현실에서 힘센 아이에게 꼼짝 못하고 당하던 아이가 꿈속에서는 힘센 아이를 두들겨 패는 꿈을 꾸곤 한다.
* 좋아하는 연예인을 꿈속에서 만나게 된다든지, 이루지 못하는 일을 꿈에서나마 이루어보게 함으로써 욕구불만을 해소시켜 준다.

* 자신이 짝 사랑하던 사람이 꿈에서는 반대로 자신을 쫓아다니는 꿈을 꾸는데, 이런 것은 그 사람이 자신을 사랑해 주기를 바라는 잠재의식의 표출이라고 할 수 있겠다. 이처럼 자신을 어떻게 해주기를 바라는 마음이 꿈으로 형상화되어 나타난다고 할 수 있겠다.

② 추운 남극에서 겨울을 보낸 대원들의 꿈
* 밤마다 호화로운 만찬회에 나가는 꿈→ 이는 식량부족으로 인해 잘 먹고 싶다는 소망.
* 산더미처럼 쌓인 담배더미의 꿈→ 부족한 담배로 인해 담배를 마음껏 피워보았으면 하는 소망.
* 돛을 올리고 넓은 바다를 항해하여 이쪽으로 다가오는 배의 꿈→ 고향에 돌아가고 싶은 소망.
* 우편 배달부가 우편물을 가지고 와서 왜 이렇게 늦었는지 설명하는 꿈→ 가족들의 소식에 대한 궁금증의 소망.

프로이트의 『정신분석입문』에 인용되고 있는 이러한 꿈들은 꿈과 잠재적 소망과의 관계를 나타내주는 좋은 예들이다.

③ 대통령을 만나게 해달라는 꿈
　　텔런트 박용식씨는 전두환 전(前) 대통령과 닮았다는 이유로 방송출연이 금지되던 시절에, '도대체 얼마나 닮았기에, 내가 이 시련을 당해야 하나' 싶어 실제 얼굴을 한번 보기가 간절한 바람이었다고 밝히고 있다. "한번은 청와대 정문 앞에서 한 번만 만나게 해달라고, 입초순경과 옥신각신 싸우다가 깨어나 보니 꿈이었다."

고 말하고 있다.(MBC가이드,1995,12월호)

이는 간절한 소망이 꿈으로 나타났다고 보아야 할 것이다.

④ 옛 남편을 본 꿈

연산군에게 사랑하는 기생이 있었는데 저의 동무에게 말하기를, "옛 남편을 어젯밤 꿈에 보았으니 심히 괴이한 일이다." 하였더니, 연산이 곧 조그만 종이에 글을 써서 다른 사람에게 주었다. 조금 후에 궁녀가 은쟁반 하나를 들고 오는데, 포장이 겹겹으로 단단히 되어 있었다. 그 기생으로 하여금 열어 보게 하니, 바로 그 남편의 목이었다. 그 기생도 함께 죽음을 당하였다.(『장빈거사호찬』)

기생이 옛남편을 그리워하는 잠재적인 내면의 심리가 꿈으로 표출되었다고 믿는데서, 연산군이 잔혹한 행위를 하고 있다. 서양의 꿈이야기에도, 꿈에 신하가 반역을 하는 꿈을 꾸고 나서, 그 신하를 잡아 죽이는 이야기가 있다. 이러한 이야기들은 '꿈은 자기 자신의 내면의 심리를 표출하고 있다.' 고 믿는데서 일어난 일이라고 볼 수 있겠다.

꿈은 무언가에 대한 강한 집착이나 억눌려있던 욕망 등 잠재의식의 자아 표출이자 억눌린 의식의 대리 표현이다. 인간은 꿈을 통해 현실의 억제된 욕망을 해소한다. 현실세계에서 이루지 못한 일들을 꿈으로 형상화하여 자기 만족감을 느끼게 되며, 마음속의 억눌린 갈등이 해소되는 것이다. 가장 극단적으로 나타나는 것으로 몽유병을 들 수가 있다. 몽유병은 현실에서 억제되었던 욕구를 꿈속에서 해소하려는 자아의식이 너무 강해서 나타나는 것으로 볼 수 있다.

이렇게 인간이 꿈을 꾸는 것은 현실에서 억눌렸던 질식된 관념으로부터 벗어나기 위한 우리의 잠재의식의 활동으로 볼 수 있는 것이다. 현실에서 이루고자 했던 억압된 마음이나, 자신이 간절히 바라는 소망을 꿈으로나마 시연(試演)해봄으로써 대리만족을 얻게 한다.

꿈의 경우와 유사한 것으로 문학작품을 통한 대리만족을 얻을 수가 있다. 예를 들자면 〈구운몽〉이 인생무상의 불교적 주제로 되어 있지만, 작품 내용의 대부분은 성진이 인간세계에 양소유로 태어나서, 2처6첩으로 환생한 8선녀들을 거느리고 출장입상(出將入相)·입신양명의 꿈을 펼쳐나가는 것이 주 내용으로 되어 있다.

그후에 옥루몽·옥연몽 등의 몽자류 소설의 아류작들이 나온 것을 보더라도, 당시의 조선조 사대부들이 즐겨 읽었던 것을 알 수가 있겠다. 왜서 그렇게 많이 읽었던 것일까. 바로 구운몽을 읽으면서 자신을 양소유에 투영시켜, 자신이 이루고자 했던 출장입상(出將入相) 및 여러 여자를 거느리고 살아가고 싶은 잠재적 욕망이 소설을 읽으면서 문학적으로 정화되고 있음을 볼 수가 있겠다. 다르게는 여학생들이 왕자와 공주가 나오는 동화책이나 만화책을 즐겨 읽으며, 남자들이 기업의 흥망을 다룬 만화를 즐겨보는 것과 같다고 볼 수 있겠다.

2) 잠재적인 내면의 심리 표출 – 불안·공포·초조감

한편, 불안·공포·초조감의 심리 표출이 꿈을 통해 나타내지기도 한다. 꿈은 미래를 예지할 뿐 아니라, 현실세계에서 우리 마음 깊숙한 곳에 자리 잡고 있었던 소망이나 불안·공포·초조·억압 등 잠재의식 속에 파묻혀있던 일상의 생각들이 꿈으로 표출되고 있다. 즉, 꿈이란 자신의 생활에 영향을 끼치고 있으며, 자신도 모르는 사이에 내면의 자아에 깊이 인식되어진 내면심리의 표출인 것이다.

뺑소니 운전사가 악몽에 시달리게 된다든지, 시험을 앞둔 수험생이 답안지를 작성 못해 쩔쩔 매는 꿈을 꾸게 된다든지 등등의 불안·공포·초조감의 꿈들은 심인적(心因的)인 요인에서 꿈을 꾸게 되는 경우이다. 간략하게 실증사례를 살펴본다.

① 꿈속에서도 돈을 세던 꿈→ 은행에 입사한 신입행원들이 꾸는 꿈이다.

② 꿈속에서도 자동차를 모는 꿈→ 자동차의 성능 개발실에 근무하는 사람의 꿈이다.

③ 꿈속에서 숙제를 하느라 정신이 없는 꿈→ 숙제를 다 못하고 잠이 든 학생의 꿈이다.

④ 꿈속에서 술맛을 보는 꿈→ 새로운 소주 개발을 담당했던 연구실장의 꿈사례이다. 술맛 감정을 위해 하루 100잔 이상 소주잔을 입에 댔다고 하는데, 워낙 신경을 쓰다 보니 꿈에서도 술맛을 볼 정도였다고 한다.

⑤ 전쟁이 나는 꿈이나, 공수부대원들이 낙하산을 타고 내려오거나, 비행기가 날아오는 꿈→ 군대생활을 한 남자들의 꿈에 자주 꾸어지고 있는 꿈이다. 이는 전쟁에 대한 불안 심리가 잠재의식에 영향을 주어 꿈으로 형상화되고 있음을 알 수가 있겠다. 상징적으로는 현실에서 자신이 감당하기 어려운 일들을 처리하는 것을 전쟁이나 전투를 하는 꿈으로 형상화하기도 한다. 이 경우에 이기는 꿈이라야 쉽게 모든 일이 처리하게 된다.

⑥ 자신이 경험했던 과거의 지난 일들을 꾸는 꿈→ 어두운 과거에 대한 잠재의식 속에 깔려있는 두려움·공포 등이 꿈으로 표출되고 있다. 세조의 꿈에 죽어간 사육신의 환영이 나타나 괴롭히는 경우의 꿈이다. 이와 유사한 경우의 꿈에 있어서, 심한 경우에 있어서는 정신적 장애를 불러일으키기도 한다.

⑦ 부인이 울면서 호소하는 꿈→ 당쟁의 폐해 걱정

　　이날 임금이 근심하여 시신(侍臣)에게 말하기를, "능에 배알하고 돌아온 뒤에 한 꿈을 꾸었다. 한편 사람이 다른편 사람을 거의 다 죽였는데, 소론(少論) 집의 한 부인이 울며 호소하기를, '어찌하여 이토록 심합니까?' 하므로, 내가 유시하기를, '지금의 당습(黨習)은 거의 태교(胎敎)이다. 그러나 이 나라는 노론 소론의 조선이 아니고 바로 내 조선이니, 내가 양편을 처분하겠다.' 하고, 정신이 몽롱하여 깨니 꿈이었다. ―후략― (영조 30년, 8월18일【원전】43집 540면)

　　『조선왕조실록』의 기록인 바, 영조 임금이 꿈속에서 당쟁에 대한 불안한 마음과 근심에서 이러한 꿈을 꾸게 되었음을 밝히고 있는데서, 당시 당쟁의 폐해가 심각했음을 알 수 있다. 이에 영·정조는 당쟁의 폐해를 막기 위해, 당파간의 정치세력에 균형을 꾀하려한 정책인 탕평책(蕩平策)을 실시하기에 이른다.

⑧ 시체를 보는 악몽에 시달리는 꿈→ 5.18당시 진압군으로 광주에 투입된 후, 심한 정신적 후유증을 앓아온 사람의 꿈이다. 광주현장에서 시민들을 향해 무차별 사격을 했던 기억과 송정리 광주비행장 등에서 목격한 시체 모습이 꿈속에 되살아나는 등 심한 정신적

후유증에 시달리고 있다. 자신이 사람을 죽였다는 죄의식 및 자신의 잘못된 행동에 대한 받아들일 수 없는 죄책감 등으로 인해, 고통을 겪다 못해 꿈속에까지 등장되고 있다.

이와 같은 경우 마음의 평온이 이루어지면, 자연스럽게 이러한 꿈들은 사라지게 된다. 어떠한 약물치료보다, 심리적인 안정이 중요하다고 본다. 자신의 잘못된 행동에 대한 진정한 뉘우침, 죽은 영령들에 대한 속죄의 마음, 시대적인 상황에 대한 냉철한 자기 인식, 희생자 유족에 대한 최대한의 보살핌 등등이 진정으로 이루어질 때, 악몽의 시달림에서 벗어날 수 있게 될 것이다.

이처럼 악몽에 시달리는 꿈이라든지 자신의 내면심리가 꿈으로 표출되고 있다는 것은 누구나 한 번쯤은 경험해본 적이 있을 것이다. 꿈은 잠재의식을 비춰주는 마법의 거울과도 같은 것이다. 자신이 미처 알지 못하는 깊은 내면 속에 감추어져 있는 자그마한 심리까지도 꿈을 통해 의식의 세계에 알려주고 예지해주고 있다. 하지만, 우리가 꾸는 대부분의 꿈은 장차 일어날 일을 상징적으로 예지해주는 미래예지 꿈인 것이다.

3) 문학작품 속의 심리표출 꿈

문학적으로 자신의 현실에서의 좌절이나 뜻을 이루지 못한 억눌린 소망이 꿈의 세계를 통해 억압되었던 욕망을 분출하고 있다. 꿈속에서 시를 지었다고 하는 몽중시(夢中詩) 속에 상당수 드러나고 있으며, 심의(沈義)의 〈기몽(記夢)〉이나, 신선세계의 동경을 담고 있는 유선시(遊仙詩), 몽유록계 소설 등이 대표적이라 할 수 있다.

이러한 심리표출의 몽중시(夢中詩)나 꿈을 제재로 한 작품인 경우, 일상의 의식생활 속에서 의도적으로 지은 어떠한 작품보다도 작자 자신도 알 수 없었던 자신의 내면세계를 적나라하게 드러내주고 있다. 따라서 어느 문인에 관한 연구에 있어 그의 내면세계를 반영해주고 있는 꿈속에서 지은 몽중시 작품이야말로, 현실과 시대상황에 대한 바람이나 이상·불만 등이 담겨있어 좋은 연구대상으로서의 의의를 가질 수 있다.

이렇게 선인들의 심리 표출이 반영된 꿈관련 작품은 수없이 많으며, 임춘·심의·권필·이민구·정희득 등 현실에서의 좌절과 불만이나, 불우한 삶을 살았던 선인들의 작품에 많이 나타나고 있다.

우리 모두 자신의 꿈을 음미하고 생각해보자. 다른 사람은 모를지라도 자신만큼은 '왜서 그러한 꿈을 꾸게 되었는지' 알 수 있게 될 것이다. 꿈을 꾸는 주체는 다름 아닌 내면의 자아이며, 이러한 내면의 잠재심리가 꿈으로 표출되고 있다. 이런 점에서 꿈은 꿈을 꾼 자기 자신이 가장 잘 해몽할 수가 있는 것이다.

3. 경고 · 일깨움의 꿈

꿈을 꾸게 하는 주체는 바로 우리의 초능력적인 잠재의식으로, 우리
가 자고 있는 동안에도 우리의 뇌는 깨어있어, 자신의 신체 이상을 꿈을
통해 일깨워주거나, 자신이나 주변인물에 닥쳐온 위험을 감지해내거나,
현실에서 자신이 고민이나 궁금증을 갖는 문제에 대해서 꿈으로써 형상
화하여 일깨워주고 있다. 실증사례를 살펴본다.

① 요란한 벨소리로 위기를 모면케 한 꿈
　꿈에서 요란한 전화 벨 소리가 들려 전화를 받았더니, 남편이 "아
무 일이 없냐"는 안부전화였어요. 뒤척이다 잠을 깼는데, 어디서 타
는 냄새가 나길래 나가 봤더니, 글쎄, 올려놓은 국이 빨갛게 달아오
른 불과 함께 숯껌뎅이가 되었더라구요. 거의 5시간을 달였으니 냄
새도 냄새지만, 곧 터지기 일보직전이더라구요. 만일 남편의 전화꿈
이 아니었더라면, 어떻게 되었을까요? 그때 일만 생각하면 지금도 아
찔하답니다.

꿈속에서 걸려온 남편의 전화로 깨어나서, 화재를 막아내게 해준 일깨움의 꿈으로, 꿈을 통해 자신이나 주변에 다가오는 위험을 일깨워주고 알려주고 있다. 유사한 사례로 꿈속에서 소방차가 달려가는 소리를 듣고 깨어나 화재를 예방한 사례가 있다.

② 자동차의 이상 부위를 알려준 꿈

어느 개인택시 기사의 꿈체험담이다. 차를 세우려고 브레이크를 잡으면, 차체 밑부분에서 툭—툭—툭 하는 소리가 나서 신경이 쓰였다. 하지만, 정비공장에 갈 시간이 나지 않아, 왜서 그런지 궁금해하던 중에 꿈을 꾸었다. 차체의 밑에, 이전에 용접한 한 부분이 떨어져서 벌어져 있는 것이었다. 정비공장에 들어가 그 부분을 살펴보라고 하니, 바로 그 부분에 차의 이상이 있는 것이었다.

③ 꿈속에서 열쇠를 찾은 꿈

초등학교 4학년 때의 일이다. 당시에 반장이었던 나는 학급 일을 하다가 마지막으로 교실 문을 잠그고 나왔다. 그런데 집에 와서 보니 학급의 열쇠가 없는 것이었다. 내일 학급의 애들이 오기 전에 교실 문을 열어야 되는데, 열쇠를 잃어버렸으니 어린 나이의 당시로서는 커다란 걱정이었다. 아무리 찾아보아도 없는 것이 어디에 놓고 왔는지 오다가 잃어버렸는지 도무지 알 수가 없었다. 걱정 끝에 잠이 들었다.

그런데 꿈을 꾸었다. 꿈속에서 열쇠가 교실의 책상 속에 나무의 턱받이 안에 눈에 안띄게 감춰져 있는 것이었다. 다음날 아침 일찍 학교에 간 나는 잠겨져 있지 않던 복도의 유리창을 통해 교실로 들어갔

다. 교실에 들어가서 꿈에 나타난 대로 책상 안을 살펴보니, 열쇠가 꿈에서 본대로 있는 것이었다. —임대원

④ 집문서 있는 곳을 알려준 꿈

누군가 집문서와 땅문서를 훔쳐간 뒤에, 이틀 동안이나 고심하면서 잠도 제대로 못 자다가 새벽녘에 잠깐 눈을 붙인 순간 꿈을 꾸었다. 꿈속에서 하얀 옷을 입은 사람이 화를 내면서 빨리 일어나라면서 자꾸만 천장 위를 가리키고 있었다.

실제로 의심이 가는 사람 집을 찾아가 "혹시 문서를 못 보았느냐" 물었더니, "모른다"는 거였다. 하지만 집을 자주 왕래하던 사람이라 의심이 가던 차였다. 그때 마침 꿈 생각이 나서, 그 사람이 집을 비운 틈을 타서 방안의 천장을 살펴보니, 아니나 다를까 천장 한 귀퉁이에 못을 박은 흔적이 있어 뜯어보니, 감춰둔 집문서와 땅문서가 있었다.

잃어버린 문서를 찾기 위해 노심초사하며 많은 걱정을 하였을 것이다. 여기에 대해서, 신비스런 영적인 힘이 있다고 보여지는 우리의 잠재의식은 꿈의 무대를 펼쳐서 알려주고 있다.

⑤ 덜컹거리는 문소리에 깨어 아기를 구해낸 꿈

1989년 4월이였다. 갑작스럽게 돌아가신 친정아버지의 상을 치르기 위해, 생후 3개월된 딸아이를 데리고 친정에 오게 되었다. 식구가 많이 모이다 보니 잠자는 방이 비좁았다. 그러다 보니 한방에서 여자들과 애들은 세로로 눕고, 남동생과 오빠들은 윗목에서 가로로 눕게 되었다.

얼마쯤 잤을까 깊은 잠에 빠져있는 내 귀에 세찬 비바람 소리와 창문이 비바람에 열렸다 닫혔다 하는 '덜컹덜컹' '쏴쏴' 하는 소리가 잠을 잘 수 없을 정도로 크게 들렸다. 피곤함 속에 자면서도, '왠 비바람이 이렇게 들이치는지 문을 닫아야겠다' 는 생각에 눈을 떴다. 하지만 눈을 뜬 순간 그 소리는 사라졌다.

'꿈이었구나' 하고 생각하면서 다시 잠을 청하려는 순간, 딸아이의 울음소리를 듣고 나는 기겁을 할 정도로 놀랐다. 가로로 누워자던 내 동생의 육중한 하체가 어느새 내려와, 내 옆에 자던 딸아이의 얼굴을 완전히 덮고 있었기 때문이었다. 그 때문에 딸아이는 질식 상태에서 간신히 모기 소리만한 울음소리로 구원을 요청하고 있던 것이다.

독자가 보내온 꿈이야기이다. 꿈이란 것이 신성(神性)과도 같은 우리 인간의 잠재의식의 활동이라는 것을 여실히 알려주는 꿈사례이다. 이처럼 잠을 자다가 꿈으로 인해 갑작스럽게 깨어나게 될 경우에, 무언가 주변에 위험이 닥치게 되었음을 알려주는 이야기가 많다.

옛 선인들의 꿈사례에서도 꿈속에서 별똥 같은 불이 다가오는 꿈을 꾸고 깨니, 눈앞에 호랑이가 있어 죽음을 모면한 사례가 있다. 꿈꾸는 것을 두려워할 필요는 없다. '꿈이 적은 자는 어리석다.' 라고 했지만, 필자가 한 술 더떠서 말한다면 '꿈을 안믿는 사람은 불쌍한 사람이다.' 라고 말하고 싶다.

⑥ 교회의 종소리가 고막이 찢어질 정도로 크게 들려온 꿈
나는 62세의 남자입니다. 15년 전의 꿈이야기를 적습니다.
묵호에서 오래 살았습니다. 사업에 실패하고 혼자 있을 때의 일입

니다. 친구의 집에서 저녁을 먹고 놀다가 돌아오고자 할 때, "내일 아침에 새벽 기도에 나오라." 는 친구 어머님의 간곡한 부탁에 그만 약속을 하고 말았습니다. 그 때가 밤 12시경이었습니다. 집에 오는 시간이 20분 정도 걸리고, 집에 와서 책을 한 시간 정도 보고 잠이 들었으니, 밤 1시가 넘어 잠자리에 들었습니다.

그런데 교회 종소리가 고막이 찢어질 정도로 계속 들려와서, 벌떡 일어나 보니 꿈이었습니다. 그 때 시계를 보니 새벽 3시였습니다. 교회의 종은 새벽 4시에 치는데 하도 이상하여 귀를 기울여 들으니, 아래층에 사주를 보아주면서 혼자 사는 할머니의 숨소리가 이상했습니다. 이에 내려가서 문을 두드리니, 아무 대답이 없어 문을 열고자 했으나 문은 안으로 굳게 잠겨 있었습니다. 궁리 끝에 이웃을 깨워 문을 부수고 들어가 보니, 연탄가스에 중독되어 위험한 상태에 있었습니다. 이에 병원으로 모시고 가서 살려낸 적이 있습니다.

'꿈은 무지개이다.' 라고 말한 바와 같이, 꿈은 여러 가지의 성격을 띠고 복합적으로 나타나고 있다. 꿈속에서 잃어버린 열쇠를 찾거나, 도둑맞은 문서를 일러주는 꿈의 예를 살펴보았지만, 이 경우의 꿈에서는 꿈을 통해 우리 자신이나 주변의 이웃에게 닥쳐온 위험을 일깨워주고 있음을 알 수가 있다. 또한 외국의 사례로, 애타게 찾던 금맥의 위치를 꿈속에서 알려준 사례가 있다.

이 꿈에 있어서 특수한 점은 보여지는 것이 아니라, 소리로 형상화되어 나타났다는 것이다. 꿈은 주로 시각적으로 나타나고 있지만, 청각적으로 나타나고도 있다. 이는 잠재의식이 상황에 따라 적절한 기법을 동원해 만들어 내고 있는 것이다.

청각적으로 형상화된 옛 선인의 실증사례를 살펴본다. 어떤 늙은 농사꾼이 언덕 위에서 잠이 들었는데, 귓가에 은은히 군마(軍馬)의 소리가 들리기에 일어나 보니, 평지에서 물이 솟아 나오는 것이었다. 그리하여 발견하게 된 것이 초정약수(椒井藥水)이다.

이처럼 꿈속에서 시각적인 형상이 아닌, 소리나 후각으로써 이루어지는 경우가 있다. 또한 촉각적인 꿈도 있다. 이는 꿈의 표현기법의 하나로, 꿈을 만들어내는 주체인 우리 인간의 정신능력은 그때그때 적절한 방법으로 일깨워주고 있는 것이다.

이밖에 설화속의 꿈이야기에도 일깨움과 관련된 꿈이야기가 상당수 전하고 있다. 옛 사례로, 한 여인이 가난한 생활이 싫어 개가(改嫁)하고자 하던 중, 우물가에 물을 뜨러 가서 잠든 사이에 꿈을 꾸게 된다. 개가를 하여 자식 3형제를 두었으나 모두 비참하게 죽음으로써, 개가에 대한 희망을 버리고 현실에서 최선을 다하며 살아갈 것을 꿈을 통해 일깨워주고 있다.

연탄가스에 중독되어 죽어가던 할머니를 살려낼 수 있도록 고막이 찢어질 정도의 각성을 불러일으키는 종소리의 꿈을 꾸게 하는 실체에 대해서 궁금해하는 독자분들이 많을 것이다. 꿈은 우리 내면의 자아요, 우리의 잠재의식이 우리에게 닥쳐올 일에 대해서 계시하면서 알려주고 예지해주고 있는 것이다. 즉 우리 모두가 잠재의식의 영적(靈的)인 신성(神性)을 지니고 있으며, 이것이 구현되는 것이 바로 꿈인 것이다. 장차 미래에 일어날 일이나 우리가 관심을 지니거나 걱정하고 있던 일에 대해서, 꿈의 작업장을 열어 우리에게 일깨워주고 있는 것이다.

ⓐ 멧돼지가 가슴을 받고 지나가는 꿈→ 진묘수(鎭墓獸) 발견

무령왕릉을 발굴한 고(故) 김영배 관장의 꿈으로 국보급의 문화재를 발굴해내는 데 있어, 꿈으로 일깨워준 사례이다. 공주 송산리 고분군 정비 공사가 한창이던 1971년 7월 5일 새벽. 김 관장은 멧돼지처럼 생긴 짐승이 자신의 가슴을 받고 지나가는 꿈을 꾼 뒤 잠에서 깨어났다. 그후 고분의 발굴작업의 과정에서, 김관장이 벽돌 틈으로 무덤 안을 보는 순간, 바깥쪽을 향해 서 있는 뿔 달린 돌짐승 한 마리가 눈에 들어왔다. 김영배 관장은 소스라치게 놀랐다고 밝히고 있는 바, 꿈속에서 본 '멧돼지'가 그곳에 있었기 때문이다. 이 돌조각은 무덤을 지키기 위해 넣은 동물상인 진묘수(鎭墓獸)였다.

이러한 진묘수(鎭墓獸)는 중국에서 묘(墓) 속에 놓아 두는 신상(神像)으로 주로 짐승형태를 하고 있다. 묘(墓)에 악영향을 미치는 악령을 내쫓을 목적을 지닌 것으로, 우리나라에서는 백제의 무령왕릉에서 출토되고 있다.

고(故) 김영배 관장에게 있어, 멧돼지처럼 생긴 짐승이 가슴을 받고 지나가는 꿈은 1500년 가까이 무령왕릉을 지켜 왔던 동물상인 진묘수(鎭墓獸)가 현실에 모습을 드러낼 것을 일깨워주고 있다.

〈 사진 : 진묘수(鎭墓獸) 〉

4. 계시적인 꿈—신·영령·조상의 고지(告知)·계시

영적인 세계에 우리 모두 관심을 지니고 있으며, 이러한 영적인 대상과의 교감을 나눌 수 있는 세계가 꿈의 세계이다. 꿈은 잠재의식과 영적인 세계와의 가교이며, 대화의 통로이다. 많은 사람들의 수많은 현몽은 이를 말해주고 있으며, 또한 성경에도 꿈을 통해 역사하시는 하나님에 대해 나오고 있다.

영령의 대상도 산신령이나 조상이나 죽은 사람을 비롯하여, 역대 제왕·귀신·나무·꽃·거북 등등 다양하게 시공을 초월하여 나타나고 있다. 이 경우 직접적인 계시나 고지(告知)의 경우도 있지만, 문자(文字) 등으로 상징화되어 나타나고 있는 경우도 있다.

신성시하거나 자신의 목적달성을 위해서 일부 지어낸 거짓꿈도 있을 수 있겠지만, 수많은 실증사례의 꿈들은 영령의 고지(告知)·계시가 꿈을 통해 이루어지고 있음을 보여주고 있다. 옛 선인들의 기이한 꿈이야기를 비롯하여 요즈음 사람들의 계시적인 꿈이야기를 믿고 안믿고는 본인의 자유의지이겠지만, 우리 모두 꿈으로 보여주는 신비스러운 영령들에 대한 사실이 있었음은 부인하지 못할 것이다.

여기에 대해서 필자의 스승이신 고(故) 한건덕 선생님은 "꿈속의 산신령이나 조상이나 죽은 사람 등의 영령이 실존하는 것이 아니라, 꿈의 상징기법의 하나로써 신성(神性)을 지닌 잠재의식의 자아가 분장 출현한 것이다"라고 말씀하고 있다. 과학적인 올바른 견해이시다. 다만, 성경에 나오는 하나님의 계시적인 성격의 꿈의 경우도, 본인 스스로가 창조해낸 상징표상의 한 기법이라고 보기에는 무리가 따르는 것 같다.

또한 이러한 직접적인 계시는 시일이 없거나 촉박함을 다툴 때, 또는 보다 어떤 강력한 메시지를 담고 있는 경우에 많이 보여지고 있다. 즉 황당하게 전개되는 일반적인 상징적인 미래예지 꿈은 꿈의 의미가 명료하지 않아, 무슨 뜻인지 시일이 지나고 나서야 알게 되는 경우가 상당수이며, 또한 꿈을 반신반의하여 실행에 옮기지 않을 수도 있다. 상징적인 꿈에서는 이럴 경우 반복적으로 보여줌으로써, 강한 예지를 보여주기도 한다.

이러한 꿈들을 꿈의 전개유형상의 분류에 있어, 편의상 계시적인 성격의 꿈으로 규정하고, 영령들의 교감을 보여주는 사례를 살펴보고자 한다. 이 경우에 꿈을 허황된 것으로 여겨 계시를 따르지 않을 경우, 심한 경우에 죽음을 불러오기도 한다. 또한 부탁을 들어줄 경우에 보은(報恩)에 대한 보답으로 모든 일이 잘 풀려나가고 있음을 본다. 이러한 유(類)의 수많은 꿈사례들은 영령의 고지(告知)·계시가 꿈을 통해 이루어지고 있음을 보여주고 있다. 실증사례 위주로 살펴본다.

1) 요즈음 사람들의 계시적 꿈사례

요즈음 사람들의 계시적 꿈이야기를 요약하여 간략히 살펴본다.

① 산소의 위치를 일러준 꿈→ 조상님의 산소를 이장하였는데 위치를 잃어버린 산소가 있었다. 기억을 더듬어 근처 산을 헤매다가 그냥 되돌아 오려 했다. 바로 그날밤 꿈을 꾸었는데, 할아버님께서 나타나시어 장소를 일러주셔서 찾을 수 있었다.

② 임신되었음을 계시해준 꿈→ 첫 아이가 돌이 채 되지 않았을 때의 일이다. 시골에서 추석을 보내고 집에 돌아온 그날부터 속이 좋지가 않았다. 자꾸만 위에 그득하니 음식이 있는 것 같고 소화도 되지 않아, 약국에서 약을 사다가 놓고 먹고 있었다. 소화불량이려니 생각하고 있었더니, 꿈속에서 돌아가신 아버지가 나타나셔서 "빨리 가보라" 는 것이었다. 꿈을 깨고난 후에, '혹시 병원 이야기를 하신 걸까' 하는 느낌이 들었다. 혹시나 하면서 산부인과에 가보았더니 임신이라는 것이었다.

이처럼 돌아가신 아버님이 나타나 "빨리 가보라" 라고 직접적인 계시의 말씀인 경우 따르는 것이 좋은 것으로 나타나고 있다.

③ 복권 당첨을 계시적으로 알려준 꿈→ 복권 당첨자들 가운데에는 상당수가 돌아가신 조상이나 죽은 사람, 하나님 · 부처님 등이 나타나 예언적 계시의 말로써, 복권에 당첨될 것을 암시해주고 있었던 꿈사례가 무수히 있다.

* 부인의 꿈에 최근에 돌아가신 시어머니께서 나타나셔서, "얘야! 그동안 나 때문에 고생이 많았구나" 하시면서 온화한 웃음을 지어 손을 꽉 잡으면서 사라지신 꿈을 꾸고 복권에 당첨되었다.

* 5형제 중 둘째였던 그는 부모님을 일찍 여의고 얼마 전 큰형님까지도 불의의 사고로 잃었다. 그러던 어느날 큰형이 꿈에 나타나 "장남의 짐을 너에게 맡기고 가서 미안하다." 면서 "너에게 행

운을 줄 테니 행복하게 지내라." 고 말하는 꿈으로 복권에 당첨되었다.

④ 위태로움을 계시→ 이틀 후 실제 돌아가심.

　　친정 고향집에 친정고모로 생각되는 어떤 여자 영령이 지붕에 둥둥 떠서, "할머니가 안 좋으시니 빨리 내려가 보아라"라는 꿈이었어요.

⑤ "한나절만 참아달라" 계시한 꿈→ 구렁이의 죽음과 운전사의 죽음

　　경지정리 작업을 하던 불도저 운전사가 밭가운데 두둑한 봉우리를 치워주게 되었다. 그런데 점심후 낮잠을 자다가 꿈에 한 노인으로부터, '작업을 한나절만 참아달라' 라는 부탁을 받게 되었다. 그래 '이상하다. 어째 꿈에 한나절만 참아달라고 하는데 참아봐야겠다' 하면서 기다리고 있자니, 갑갑해서 '에이 모르겠다. 개꿈일 거야' 하면서 불도저로 '부르릉' 하면서 밀어 가는데, 커다란 귀달린 팔뚝만한 구렁이가 나오더니 허리가 뚝 짤려져나가 막 펄펄 뛰는 것이었다. 그러더니 또 한 마리 암놈인지 수놈인지가 확 치밀더니, 또 싹 잘려 나가는 것이었다. 그 일이 있고서, 운전사도 죽는 일로 실현되었다.

　　고전소설에서도 주인공이 위험에 빠졌을 때, 조상 등이 현몽하여 일러주는 이야기가 많이 나오고 있다. 이런 계시적인 성격의 꿈은 꿈속에서 시키는 대로 따르는 것이 좋으며, 꿈의 계시를 거역하였을 경우 안좋은 일이 일어나고 있다.

　　이밖에도 대입 수험생에게 돌아가신 나타나서 할아버지가 "합격했으니 걱정 말아라" 라고 계시적으로 일러주거나, 어디어디에 가면 산삼

이 있다고 죽은 사람이 나타나 계시적으로 일러준다든지, 동물이 말을 하면서 일러주는 수많은 꿈사례가 있다.

2) 선인들의 계시적 꿈사례

실증사례에 대한 선인들의 계시적 꿈이야기를 간략히 살펴본다.

① 어머니의 병을 고쳐주겠다는 계시적인 꿈 → 계시대로 실현.

차식(車軾)이 정종능의 한식전사관(寒食典祀官)의 일을 맡아 보게 되었다. 그런데 능이 너무 쇠락해 있었다. 이에 친히 소제를 한 다음, 제물을 마련하여 목욕하고 제사를 올렸다. 제사가 끝나고 잠이 들었는데, 임금이 꿈에 나타나 고마움을 표하면서, "듣자니 네 어미가 지금 대하병을 앓는다니, 내가 좋은 약을 주리라." 하는 것이었다.

차식은 꿈에서 깨어나, 날이 밝자 동구로 나왔다. 그런데 하늘에서 매 한 마리가 가볍게 날아 지나가더니, 큰 물고기 한 마리를 말 앞에 떨어뜨렸다. 그 생선은 생기가 팔팔하여 땅에서 뛰는데, 뱀장어로서 그 길이가 한 자나 되었다. 차식은 꿈을 떠올리고, 연일 국을 끓여서 어머니께 드렸더니, 그 병이 드디어 나았다. ―『송도기이』

요약해 살펴본 바, 계시적인 성격의 꿈의 신비성을 보여주는 좋은 이야기이다. 무덤을 복원시켜준 보답으로, 꿈에 '어머님의 병을 고쳐 주겠노라' 는 계시를 받고, 하늘에서 날아가던 매가 떨어뜨린 뱀장어를 달여 드려서 어머니의 병을 고친 사례이다.

이 이야기에서는 신비스러운 꿈의 세계가 펼쳐져 있다. 매가 뱀장어를 잡아 새끼에게 가져다주려고 하늘을 날아가다가, 뱀장어를 낚아챈 발톱에 힘이 빠지게 되고, 또한 뱀장어도 버둥버둥거리다가 떨어진 것이 하필이면 차식(車軾)에게 떨어질 수가 있겠는가? 또한 현실에서 일어날 수 있는 일이라 하더라도, 꿈속에 '병을 고쳐 주겠노라' 라는 보은의 계시적 성격의 꿈을 꿀 수가 있다는 말인가? 이러한 선인들의 예화를 통해 볼 때, 꿈에는 우리가 말로 표현할 수 없고 논리적으로 설명할 수 없는 계시적인 성격의 신비스러움이 존재한다고 말 할 수밖에 없을 것이다.

②도읍지를 계시한 꿈→ 처음에 태조가 계룡산 밑에서 자리를 잡고 역사를 시작했는데, 꿈에 한 신인(神人)이 "이 곳은 冀邑(파자하면 鄭씨가 됨)의 도읍 자리지, 그대의 터가 아니니 빨리 물러가고 머물러 있지 말라." 하였던 바, 태조에게 도읍지를 계시하고 있다.

③자식의 원한을 갚겠다고 계시한 꿈→ 세조가 꿈을 꾸었는데, 문종(文宗)의 비(妃)요, 단종의 어머니인 현덕왕후가 매우 화를 내며 "네가 죄 없는 내 자식을 죽였으니, 나도 네 자식을 죽이겠다. 너는 알아두어라." 하였다. 이후, 계시적 꿈대로 동궁인 세자가 죽는 일로 실현되고 있다.

④관의 위치를 계시한 꿈→ 앞의 이야기와 연속되는 이야기이다. 이에 분노한 세조가 현덕왕후(顯德王后)의 능인 소릉을 파헤쳐 버리라고 명하여 능은 폐허가 되었다. 어떤 승려가 바닷가에 떠 있는 현덕왕후의 관곽을 발견하고 풀숲에 묻어 두게 된다. 훗날 소릉이 복원하는데 있어, 오래 전 일이라 쉽게 관이 있는 것을 찾을 수 없

었다. 이 때, 꿈에 현덕왕후 영령이 관을 찾도록 계시해주어 찾아내는 일로 실현되고 있다.

⑤ 선조가 몸을 피하라고 계시하는 꿈→ 광해군이 인목대비(仁穆大妃)를 서궁에 유폐시킨 것까지 모자라서 죽이려고 하는 것을, 죽은 선조가 인목대비의 꿈에 나타나 "도적의 무리가 지금 들어오고 있으니 피하지 않으면 죽을 것이다."라며 급히 몸을 피할 것을 계시해주고 있다.

⑥ 죽은 선조가 능양군의 인조반정을 계시한 꿈→ 죽은 선조가 능양군의 생모인 계운궁에게 꿈에 나타나서, '너희 집에 하늘의 명을 받아 왕위에 오를 자가 있을 것이다.' 하고는 이어 옥새를 내어주면서 이르기를 '이것을 특별히 그에게 주고 나의 가르친 말을 전하라.' 라며 계시적 꿈으로 일러주고 있다.

계운궁은 인조의 아버지가 되는 정원군의 부인이며, 인조의 생모인 인헌 왕후(仁獻王后)이다. 이 꿈은 선조가 무신년(1608년)에 죽은 후에, 계운궁의 꿈에 나타나 꿈속에 옥쇄를 주면서 장차 집안에서 왕위를 계승할 자가 있음을 계시하여 예지해주고 있음을 밝히고 있다. 이는 장차 15년 뒤인 계해 년인 1623년에 인조반정으로 계운궁의 큰 아들인 능양군(綾陽君)이 왕위에 오르는 일로 실현되고 있다.

⑦ 이항복이 인조반정과 변란을 계시적으로 일러준 꿈→ 이항복은 1618년(무오년) 북청(北靑)의 유배지에서 병으로 이미 죽었으나, 그로부터 5년 뒤인 인조반정(1623년. 광해군 15년)이 있던 날에 반정의

주역인 이귀(李貴) 김류 등의 꿈에 나타나, "오늘 종묘사직을 위하여 이 거사가 있다. 그러나 다음에 이보다 더 큰 일이 있을 것인데, 내가 그것을 매우 걱정하니 여러분은 힘쓸지어다." —『남계집(南溪集)』

인조반정을 격려하고, 4년 뒤의 정묘호란 및 13년 뒤인 인조 14년에 청나라가 쳐들어와서 남한산성에서 항거하다가 부득이 항복하게 되는 병자호란의 국가적 변란을 계시해주고 일깨워 주고 있다.

⑧ 승지에 임명될 것을 계시한 꿈→ 성현(成俔)의 꿈체험담이다.

　　내가 옥당(玉堂)에 수직(守直)할 때 꿈에 승정원 앞방에 이르니, 겸선(兼善) 홍귀달(洪貴達)이 방에 있다가 나에게 말하기를, "그대는 속히 돌아가라. 내가 이 방을 나간 뒤에는 그대가 이 방에 들어올 것이다." 하더니, 얼마 안 되어 겸선이 승지에 임명되었고, 갈려 간 뒤에 내가 또한 승지에 임명되었다.

⑨ 노인이 시구를 계시→ 과거급제.

　　정소종이 젊었을 때, 꿈에 한 노인이 소종의 손바닥에, '우임금 발자취 있는 산천 밖이요[禹跡山川外], 우나라 뜰의 새와 짐승사이이다.[虞庭鳥獸間]'라는 시구를 적어 주었다.

　　이후 과거시험에 유사한 시구가 나와 급제하게 되는 바, 영적(靈的)인 대상 등이 나타나 계시적으로 무엇인가를 일러주고 있다. 경우에 따라서는 이러한 계시적인 꿈도 지어낸 거짓 꿈의 경우처럼, 자신이 직접적으로 드러내기 어려운 말이 있는 경우, 꿈속에서

계시를 받았다는 것으로써 정당성이나 합리성, 나아가 신성성 내
지 신비감을 부여하는 수단으로 사용되기도 한다.

⑩ 책 이름을 계시해준 꿈 → 안방준이 그의 『묵재일기』에서 꿈속에
서 누군가 책이름을 고쳐달라고 해서, 노랄수사(老辣瀡辭)라고 정
했다는 이야기를 하고 있다. 이는 잠재의식적으로 자신이 지은 책
의 이름에 대하여 마음속으로 골똘히 생각하고 있는 바, 꿈을 통하
여 보다 타당하고 적합한 책이름을 계시받게 되는 되는 일로 실현
되고 있다.

⑪ 사슴을 살려주고 보은의 계시를 받은 꿈→ 꿈대로 실현

고려 초기에 서신일(徐神逸)이 교외에 살고 있었는데, 사슴이 몸에
화살이 꽂힌 채 뛰어 들어왔다. 신일이 그 화살을 뽑고, 사슴을 숨겨
주었더니 사냥꾼이 와서 찾아내지 못하고 돌아갔다. 그날밤 꿈에 한
신인(神人)이 나타나서 감사하는 말이 "사슴은 내 아들이다. 그대의
도움을 입어 죽지 않았으니, 마땅히 그대의 자손으로 하여금 대대로
재상이 되게 하리라." 고 했다.

신일의 나이가 80세가 되어서 아들을 낳으니, 이름을 필(弼)이라고
했다. 필이 서희(徐熙)를 낳고, 희가 눌(訥)을 낳았는데, 과연 서로 이
어 태사가 되고, 내사령이 되었고, 묘정(廟庭)에 배향(配享)되었다.

—『櫟翁稗說』

⑫ 거북이 살려주고 삼 대 재상을 계시 받다→ 꿈대로 실현

근세에 통해현(通海縣)에 거북같이 생긴 큰 생물이 밀물을 타고 포

구에 들어왔다가 썰물이 되어 돌아가지 못했었다. 백성들이 장차 그
것을 죽이려 하니, 현령 박세통(朴世通)이 금지시키고 큰 새끼를 만들
어 두 척의 배로 끌고 가서 바다 속에 놓아 주었다.

꿈에 한 노인이 앞에 와서 절하고 말하기를, "내 아이가 날을 가리
지 않고 나가 놀다가 하마터면 솥에 삶음을 면치 못할 뻔했는데, 공
께서 다행히 살려 주서서 음덕(陰德)이 큽니다. 공과 자손 3대가 반드
시 재상이 될 것입니다."고 했다.

세통과 아들 홍무(洪茂)는 다 함께 재상의 지위에 올랐으나, 손자인
감은 상장군으로서 벼슬을 내놓고 물러나게 되니, 마음에 만족치 않
아 시를 지어 말하기를, '거북아 거북아 잠에 빠지지 마라.[龜呼龜呼
莫耽睡] 삼세 재상이 빈 말뿐이로구나.[三世宰相盧語耳]'라고 했더
니, 이날 밤에 거북이 꿈에 나타나 말하기를, "그대가 술과 여색에 빠
져서 스스로 그 복을 덜어버린 것이요, 내가 감히 은덕을 잊은 것은
아닙니다. 그러나 장차 한 가지 기쁜 일이 있을 것이니, 잠깐 기다리
시오"라고 하였다. 며칠 뒤에 과연 벼슬에 다시 오르게 되었다.

—『櫟翁稗說』

⑬ 장미꽃 영령의 계시

내 족인(族人) 김현감은 집이 인왕산 밑에 있는데, 경치가 몹시 좋
고 뜰 앞에는 장미화(薔薇花) 나무가 있어 온 뜰이 환하게 비췄다. 김
공은 이것을 완상하다가 안석에 기대어 잠이 들었다.

홀연 누런 옷을 입은 장부 한 사람이 나와 절을 하며 말하기를, "내
가 대감 집에 몸을 의탁한지가 이미 여러 해가 되었습니다. 그 동안
집안의 근심과 즐거움을 같이 해왔습니다. 그런데 이제 대감의 아들

이 무례하기가 자못 심하여, 매양 더러운 물을 내 얼굴에 끼얹고 온 갖 더럽고 욕된 짓을 합니다. 그래서 나는 아드님에게 화를 입힐 까 도 생각했지만 대감을 위해서 차마 못하고 있으니, 엄하게 가르쳐서 못하도록 해주시면 다행이겠습니다." 하더니, 말을 마치자 장미나무 속으로 들어갔다.

김공은 꿈에서 깨자 놀라고 이상히 여겼으나, 마음속으로 혼자 생 각해도 무슨 일인지 알 수가 없었다. 도로 안석에 기대어 누웠다. 조 금 있다가 보니 첩의 아들 중에 한 놈이 오더니 꽃나무에다 오줌을 눈다. 젊고 기운이 있어서인지 오줌 줄기가 꽃나무 위까지 올라가더 니, 오줌방울이 꽃에 떨어져 꽃이 모두 시들어 버렸다.

김공이 꿈을 생각하고 첩의 아들을 불러 몹시 꾸짖었다. 계집종을 불러서 물을 길어다가 친히 꽃에 뿌려 오줌을 씻어주고 꽃나무 밑을 깨끗이 씻었다. ―『죽창한화』

⑭ 매화 영령의 계시

신씨 성을 가진 사람이 영남 어느 고을 원이 되어 갔다. 그 동헌 앞 에 조그만 못이 있고 못속에 조그만 섬이 있는데, 섬위에 늙은 매화 나무 하나가 옛 등걸이 용의 모양과 같이 천연으로 기이한 형상을 이 루고 있었다.

고을 원에게 나이는 어리고 일을 좋아하는 손자가 있었는데, 그 매 화나무가 궁벽하게 가 있는 것을 싫어하여 동헌 뜰에 옮겨 심고자 했 다. 그 나무를 캐려니 뿌리가 온 섬 속에 서리었는데, 깊고도 멀므로 10명의 인부의 힘을 들여서 섬을 거의 다 파헤치고 간신히 뽑아냈다.

그 날 밤에 신생이 꿈을 꾸니 머리가 하얀 늙은이가 와서 말하기를, "내가 편안히 고토(故土)에서 사는 지가 거의 백 년이나 되었는데, 네가 하루아침에 까닭 없이 내 집을 헐고 내 몸뚱이를 상하게 하여, 나로 하여금 있을 곳을 잃어 장차 말라죽게 했으니, 너도 역시 이 세상에 오래 살지 못할 것이다." 하고, 노여운 기운이 얼굴에 가득한 채 가 버렸다.

신생은 비로소 후회했으나 이미 어찌할 수가 없었다. 그후 그 매화는 과연 말라죽고 오래지 않아 신생도 계속해서 죽고 말았으니, 아! 또한 이상한 일이다. 장미는 떨기로 피는 꽃이요, 매화도 또한 약한 나무인데, 오히려 정령이 있으니 이것으로 보면 물건이란 오래 되면 반드시 신(神)이 있는 법이다. 꽃을 보고 나무를 심는 자들은 마땅히 삼가야 할 것이다. ―『죽창한화』

이밖에도 자라가 꿈에 나타나 살려달라는 꿈 등 선인들의 무수한 계시적 꿈이야기가 있는 바, 자세한 것은 필자의 『현실속의 꿈이야기』나 『꿈으로 본 역사』 등을 참고하기 바란다.

3) 외국의 계시적 꿈사례

외국에도 수많은 계시적인 꿈사례가 있는 바, 대표적인 성경속의 계시적인 꿈사례만을 살펴본다. 성경의 역사는 '꿈의 역사' 라고 불러도 좋을 정도로, 수많은 꿈이야기가 나오고 있다. 여기에서는 성경에서 계시적 꿈사례만을 발췌해, 간단한 해설을 덧붙여 살펴보았다. 성경속의 꿈이야기는 [꿈으로 본 성경]의 책으로 따로 살펴볼 예정이다.

① 성령으로 잉태되었음과 이름을 예수로 할 것을 요셉에게 계시

성경의 계시적 꿈은 널리 알려져 있다. 마리아가 요셉과 약혼하고 동거하기 전에, 성령으로 잉태되고 있다. 이를 알게 된 요셉은 마리아가 어려움을 처하게 될 것을 생각해서, 드러내지 않고 조용히 처리하려고 한다. 하지만, 천사가 요셉에게 현몽하여, 마리아 데려오기를 두려워 말라고 말하고, 마리아가 잉태된 것은 성령으로 된 것이고, "아들을 낳으리니 이름을 예수라 하라. 이는 그가 자기 백성을 그들의 죄에서 구원할 자이심이라 하니라"로 계시적인 꿈으로 알려주고 있다. ―「마태복음」

② 하나님이 아비멜렉에게 계시→ 아브라함이 아내 사라를 자기 누이라 하였으므로, 그랄 왕 아비멜렉이 보내어 사라를 취하였더니, 그 밤에 하나님이 아비멜렉에게 현몽하여, 네가 취한 아브라함의 아내 '사라'를 취하지 말 것을 계시하고 있다.

창세기 20장의 이야기로 이러한 계시적인 꿈들은 따로 특별한 해몽도 필요 없으며, 꿈의 의미는 명료한 편이다. 자신을 죽이고 미모의 아내인 사라를 빼앗아가는 것을 막기 위해, 거짓으로 아내에게 누이 행세를 하게 했으나, 그 사실을 모르는 아비멜렉이 아내를 데려가 겁탈하려 하자, 하나님이 아비멜렉의 꿈속에 계시적으로 일러주고 있다. 이 꿈에서는 하나님이 직접적으로 계시하여 따르도록 하고 있다.

③ 창세기 28장의 야곱의 꿈에서는, 하나님이 야곱이 누운 땅을 너와네 자손에게 주겠다는 계시적 꿈이 있는 바, 이러한 계시적인 꿈들은 꿈속에서 일러주고 알려주는 대로 현실에서 이루어지고 있다. 하나님이 꿈을 통해서 야곱에게 직접적인 계시를 내림으로써, 보

다 믿음을 강하게 하고 앞으로 다가올 어려움에 흔들리지 말고 헤쳐나갈 용기를 북돋워주고 있다.

④ 창세기 31장의 야곱의 꿈에서는 모두 사실적인 미래투시의 꿈 및 계시적인 성격의 꿈에 해당된다. 이러한 꿈들은 특별한 해몽이 필요치 않으며, 꿈에서 본대로 이루어지거나 꿈에서 일러주고 계시해 준대로 이루어지는 특징이 있다.

라반은 야곱에게 품삯을 주지 않으려고 특별한 경우에 나오게 되는 얼룩무늬·점·아롱진 것을 낳은 새끼를 주겠다고 하나, 하나님은 낳는 새끼마다 얼룩무늬·점·아롱진 모양의 양들이 나오게 하신다. 이에 앞서, 사실적인 미래투시 꿈으로 알려주고 있다. 덧붙여, 있던 곳을 떠나서 출생지로 돌아갈 것을 꿈으로 계시해주고 있다.

또한 라반의 꿈에 나타나서서 야곱에게 함부로 대하지 말 것을 꿈으로 계시해주고 있다. 이처럼 사실적인 꿈을 통해 앞으로 일어날 일을 일러주고 있거나, 계시적인 꿈을 통해 앞으로 해나가야 할 일을 계시해주고 있다.

이 밖에도 『데카메론』 속에는 애인이 꿈에 나타나 자신의 죽음을 알려주는 이야기가 나온다. 리자베타의 오빠들이 여동생의 연인을 죽이자, 슬픔에 젖어있는 그녀의 꿈속에 연인이 나타나 자기가 죽어서 묻혀 있는 장소를 계시적으로 알려주고 있다. 그녀는 가만히 연인의 머리를 파내서 동백꽃 항아리에 넣어 슬피 울면서 장시간 눈물을 떨어뜨리는데, 그것을 안 오빠들은 그 항아리를 빼앗고 그녀는 슬픈 나머지 죽고 만다.

참고로, 중국의 계시적인 꿈사례를 살펴본다. 돌아가신 아버님이 나타나, "아버지와 동생을 죽인 원수에게 시집가거라"는 계시적인 꿈을 꾼 처녀가 있었다. 자신이 미모를 탐내던 원수에게 시집가라는 아버님의 말씀이 이해가 되지 않았지만, 결국은 꿈속의 계시대로 원수놈에게 시집을 가게 된다. 그후 1년 만에 아들 하나를 낳고는 병으로 죽게 된다. 그 후에 그 아들이 장성하여 역적질을 하다가 발각되어 원수 집안의 구족(九族)이 멸족되는 일로 실현되고 있다.

이상에서 살펴본 바와 같이, 꿈의 다양한 전개양상 가운데에는 신 · 영령 · 조상 · 기타 영령의 계시적 성격의 꿈이 있다.

5. 창조적 사유활동의 꿈

꿈은 고도의 정신능력이 발현되는 잠재의식의 사고활동으로, 꿈속에서 시를 짓거나 자신이 생각하고 있던 어떠한 대상에 대해 영감을 얻게 해주고 있다. 이처럼 의식세계에서 이루어낼 수 없었던 어려운 일을 꿈속에서 이루어낸 실증적인 꿈사례는 무수히 많다. 이 얼마나 놀라운 꿈의 세계가 펼쳐지고 있는 것인가?

과연 꿈이란 무엇일까? 인간의 뇌는 잠을 자고 있는 동안에도 활동하고 있음을 우리는 꿈을 통해 알 수 있다. 그리하여 꿈을 통해 주변의 위험상황을 일깨워주거나, 현실에서 해결할 수 없었던 일에 대하여 창의적인 아이디어나 발명 등을 할 수 있게 해주고 있다. 선인들의 경우에 꿈속에서 시를 지은 몽중시(夢中詩) 사례가 무수히 많은 바, 이 역시 꿈을 통해 창조적인 사유활동이 일어나고 있음을 단적으로 보여주고 있다.

정신능력의 활동인 꿈의 세계에서는 우리 인간의 영적능력이 극대화되어, 뛰어난 창의적인 사유활동이 이루어지고 있으며, 한시(漢詩)나 글을 짓는 창조적인 사유활동이 가능하게 해주고 있으며, 이 경우 현실에서보다 뛰어난 문학작품이 이루어지고 있다.

이수광은 『지봉유설』15권 신형부(身形部)에서 〈몽매(夢寐)〉의 독립적인 항목을 설정하여 꿈에 대한 각종 기록을 남기고 있다.

> "나는 꿈속에서 글귀를 얻으면, 일련·일절·율시 등으로써 깨고
> 난 뒤에도 분명하게 기억하는 것이 많다. 연구(聯句)에는, "버들이 잠
> 자는 것 같은 건 바람 밖에서 깨닫고, 꽃이 핀다는 소식 비속에 전해
> 오네." 같은 것도 있고, 또 "하늘이 해와 달을 열어 풍운 같은 붓이 나
> 왔고, 땅에선 교룡이 나와 안개와 비를 뿌리네." 같은 구도 있었다.
> ―중략― 이러한 글귀들은 모두 몹시 이상스러워서 평시에는 하지
> 못하던 소리들이다. 요새 몇 해 동안은 혹시 꿈을 꾸어도 깨고 나서
> 기억을 하지 못하니 어찌 쇠약한 탓이 아니겠는가?―『지봉유설』

꿈속에서 글귀를 얻는 것이 다반사로 이루어지고 있음을 보여주고 있으며, '이러한 글귀들은 모두 몹시 이상스러워서 평시에는 하지 못하던 소리들이다.' 처럼 꿈속에서의 창작활동이 자신도 평상시에는 생각조차 할 수 없었던 창의적인 표현이 이루어지고 있음을 밝히고 있다.

이 밖에도 이규보가 꿈에 선녀들을 만나 시를 짓거나, 『조선왕조실록』·『동사강목』에서도 세종이나 의종이 꿈속에서 시를 지었다고 밝히고 있음을 볼 수 있는 바, 많은 선인들이 현실에서는 지어낼 수 없었던 뛰어난 창의적인 표현의 시를 꿈속에서 지은 몽중시 사례가 상당수 전하고 있다. 이는 꿈은 무한한 가능성을 지닌 정신능력의 사고활동의 발현으로, 꿈속에서 시를 짓거나 자신이 생각하고 있던 어떠한 대상에 대해 일깨움이나 영감을 얻게 해주고 있다는 것을 알 수 있다.

중국의 사례에도 사마상여(司馬相如)가 꿈에서 〈대인부(大人賦)〉를 지

은 것을 비롯해 상당수 있으며, 또한 『주례』·『열자』에 나오는 여섯 가지의 꿈의 분류 중에 '사몽(思夢)'이라고 하여, 꿈속에서 사고하고 고려를 하는 활동이 있음을 언급하고 있다. 왕부의 『잠부론』의 〈몽열〉에서의 10가지 꿈의 분류 중에서는 깊이 사색하여 정신을 집중하는 '정몽(精夢)'에 해당되며, 『불경』의 다섯 가지 분류 중에 '유증갱몽(由曾更夢)'에 해당된다.

외국의 사례로도, 독일의 화학자 '프리드리히 아우구스트 케쿨레'는 버스를 타고 가다가 꾸벅꾸벅 졸았다. 이때 그는 이상하고도 멋진 꿈을 꾸었다. 뱀과 같은 모양을 한 원자(原子)가 몇 개씩 서로 머리와 꼬리가 이어져서 사슬을 만들어내고 있었다. 그는 꿈속에서 본 원자 사슬을 바탕으로 해서, 벤젠 분자의 사슬 모양의 구조에 관한 발견을 할 수가 있었다.

또한, 꿈을 작품의 소재로 삼았던 예술가는 많다. 대표적인 경우가 19세기 영국작가 로버트 루이스 스티븐슨이다. 그의 대표작 [지킬 박사와 하이드씨]도 꿈속에서의 이야기에 영감을 얻어 쓰여진 것이다. 이밖에도 꿈속에서 소설이나 악보·영화 소재의 창의적인 아이디어를 발현해 내고 있다.

이러한 것 모두가 의식세계의 간절한 소망이 꿈을 통해 잠재의식의 창조적인 사유활동으로 발현되고 있음을 보여주고 있다. 꿈은 우리의 또 다른 자아요 잠재의식이 펼쳐보이는 세계인 것이다. 우리가 의식세계에서 미처 느끼지 못하고 미처 알아낼 수 없던 것에 대하여, 꿈을 통하여 창의적인 사고능력을 발휘하고 있는 것이다.

영화의 귀재로 통하는 미국의 '스티븐 스필버그' 감독도 한국을 다녀가면서, 한 신문과의 인터뷰에서 다음과 같이 말하고 있다. "나에게 있어 꿈은 무엇보다 소중하다. 나는 늘 꿈을 꾸며, 그 꿈의 내용을 작품의 소재로 삼는 경우가 많다"고 말했다. 이는 평범한 이야기지만, 예술가에게 있어 꿈의 의미가 무엇인가를 단적으로 나타내고 있다.

1) 꿈에서 시, 묘지문(墓誌文) 등을 지은 이야기

수없이 많이 보이고 있지만, 자세한 것은 필자의 박사학위논문「한국 記夢詩(기몽시)의 전개양상 연구―夢中詩(몽중시)를 중심으로―」를 참고하기 바란다.

① 이규보가 꿈속에서 시를 지은 경우

내가 꿈에 깊은 산에 들어갔다가 길을 잃고 어떤 동네에 다다랐다. 누대가 아름다워 곁에 있는 사람에게 "여기가 어디인가" 하고 물어보니 선녀대라는 것이다. 돌연 미인 육칠 명이 문을 열고 나와 맞아 안에 들여 앉히고, 시를 지으라고 청해댄다. 나는 곧 이렇게 불렀다. "길 옥대에 잡아들자 벽옥 문 삐드득, 비취 같은 아름다운 선녀 나와 맞아 주누나." 여인들은 안된다고 야단이다. 나는 그 까닭을 몰랐지만 급히 이렇게 고쳐 불렀다. "맑은 눈, 흰 이빨로 웃으며 맞아 주니, 비로소 선녀들도 속세의 정 지녔음을 알았도다." 여인들이 다음 시구를 계속하라고 청했으나 나는 여인들에게 지으라고 사양했다.

한 여인이 이렇게 지었다. "세속의 정 아니고서야 우리에게 올 수 있으랴, 그래서 그대를 사랑함이 보통과 다르도다." 나는 '신선도 압운하는 게 틀리는가?' 하고 마침내 크게 웃다가 꿈에서 깨어났다. 나는 꿈에 지은 시구에 이렇게 이었다. "한 시구 겨우 되자 놀라 꿈을 깨었으니, 일부러 나머지를 남겨 다시 만날 기약 찾으려 함이로세."

—『백운소설』

② 의종이 꿈에 시를 짓다

하5월 화평재(和平齋)에서 문신들에게 잔치를 베풀었다. 밤까지 창화하였는데, 여러 신하들이 성덕을 기려 태평세대의 글을 좋아하는 임금이라고 말하였다. 이에 앞서 왕이 꿈속에서 지은 시라고 하여, 이르기를

布政仁恩洽(포정인은흡) 어진 정사 흡족하여

三韓致太平(삼한치태평) 삼한에 태평을 가져 왔네

신료들이 칭송하여 축하하였다. 당시 정치는 혼란하고 백성들은 근심에 차 있었는데 군신은 태평으로 자처함이 이러하였다.

—『동사강목』

의종 임금이 꿈속에서 지었다고 밝히고 있는 시로, 태평하기를 바라는 군왕의 잠재적 심리가 표출된 것이라고 볼 수 있겠다. 내용상이나 짧은 시구로 보아 꿈속에서 지은 것이 사실로 보이지만, 또한 꿈을 빌어 선정을 베풀었다고 스스로 만족하고 과시하여 목적을 달성하는 지어낸 거짓 꿈이야기로 볼 수도 있겠다. 이 경우, '당시 정치는 혼란하고 백성들은 근심에 차 있었는데, 군신은 태평으로 자처하고 있다' 는 날카로운 비판성이 돋보이게 된다.

③ 세종이 문종과 세조에게 꿈속에 지은 태평 시대의 시를 들려주다

9월에 세종이 문종·세조에게 말하기를, 어젯밤 꿈에 내가 시를

짓기를,

> 雨饒郊野民心樂 비가 들에 넉넉히 내리니 백성들 마음은 즐겁고,
>
> 日映京都喜氣新 햇살이 장안에 비추니 즐거운 기운이 새롭구나.
>
> 多慶雖云由積累 많은 경사는 착한 일을 쌓는 데서 온다고 하지만,
>
> 只爲吾君愼厥身 다만 우리 임금을 위하여 그 몸을 삼가게나

하였는데, "이 시의 뜻이 좋아서 너희들이 보면 반드시 유익할 것이다." 하니, 문종과 세조가 서로 경하하고 나오는데, 세조가 말하기를, "성상의 마음이 맑은 물과 같으시니, 길한 징조가 먼저 나타날 것입니다." 하였다. —『조선왕조실록』

앞에 살펴본 의종 임금의 시와 내용면에서는 유사하며, 세종 임금도 몽중시를 지었음을 밝히고 있다. 이처럼 한자 한문이 생활화되었던 당시에 있어서는 몽중시의 창작에 상하의 구분이 없이 이루어지고 있음을 알 수 있겠다.

심리표출의 꿈에 있어서 꿈은 꿈을 꾼 사람이 처한 상황을 반영해서 보여주고 있다. 배고픈 자는 먹는 꿈을 꾸듯이, 임금으로서 나라 일을 걱정하면서 나라의 안일을 바라는 잠재의식적인 마음에서, 꿈속에서도 그러한 내용의 몽중시를 짓는 것으로 나아가고 있다.

2) 꿈에서 힌트를 얻거나 영감을 얻은 사람들의 이야기

꿈속에서 글이나 한시(漢詩) 등을 짓는 것과 마찬가지로, 작가·감독·과학자 예술가 등에 있어서 꿈을 통한 창조적 사유활동으로, 꿈속에서 창의적인 영감을 얻게 되어 악곡을 작곡하거나 뛰어난 발명 등을

한 수많은 사례가 있다. 이에 대해서는 '제 I 장의 (6) 창의적 사유활동의 꿈의 효용'에서 외국의 사례에 대해서 살펴본 바 있다. 이는 정신능력이 꿈을 통해 극대화되고 있음을 보여주고 있는 좋은 예라고 하겠다.

창조적 사유활동으로써의 힌트 영감을 보여주는 꿈사례들을 덧붙여 살펴본다.

① 꿈속에서 떠오르는 아이디어

뛰어난 문학이나 예술 작품 중에 꿈속에서 아이디어를 얻어 창작된 경우가 흔히 있다. 또 과학적인 발견이나 발명조차도 한참 졸고 있는 중에 퍼뜩 떠오른 생각인 경우가 많다.

오스트리아의 약리학 학자 오토레비는 꿈속에서 힌트를 얻어 신경에 준 자극이 근육에 전달되는 화학적 반응에 관한 새로운 이론을 궁리해 냈다. 처음에는 잠에서 깨어나자마자 깜빡 중요한 부분을 잊어버렸으나, 다행히도 그 뒤 또다시 똑같은 꿈을 꾸었다. 이 때 그는 일어나 앉자마자 자신의 생각을 글로 적어 놓았다. 마침내 그 이론은 실험에 의해서 증명이 되고, 노벨 의학상까지 받게 되었다.

또 영국의 물리학자 아이작 뉴턴이 발견한 수많은 원리나 법칙들은 대부분이 잠자고 있거나 졸고 있는 동안, 한 부분이나 전체를 생각해내게 된 것이라고 한다. ―『희한한 세상 희한한 얘기』, 송순 엮음, 백만출판사, 1994.

② 인디언 덕분에 발명한 재봉틀

재봉틀을 처음 발명한 사람은 1845년 미국의 엘리어스 하우스라는 기계 기술자였다. 이때 가장 중요한 점이 된 것은 단 한 가지. 바늘귀를 앞쪽에 뚫어 실을 꿰게 했다는 사실이었다. 당시 하우스는 재봉틀까지는 만들어 놓았으나, 바늘 문제가 해결되지 않아 완전히 벽에 부딪혀 있었다. 그러나 꽁지 쪽에 실을 꿰어 넣고 재봉틀을 돌리면 천바닥에 완전히 들어가 버려야 하는데, 그렇게 되면 바늘이 기계로부터 떨어져 나가 버리곤 했다.

그 때에 힌트를 준 것이 바로 꿈속의 인디언이었다. 꿈속에서 인디언이 창을 들고 쫓아오고 있었는데, 공포감에 바들바들 떨다가 퍼뜩 눈에 비친 것이 창끝에 뚫려 있는 구멍이었다. 그 순간 하우는 그 창이 자신의 몸을 꿰뚫는 데 깜짝 놀라 눈을 번쩍 떴다. 이상한 꿈이다 싶었으나, 그 창 끝 구멍이 머릿속에서 떠나지 않았다. 여기에서 힌트를 얻어 그는 곧 새로운 재봉틀 바늘을 만들어 시험을 시작했다. 이렇게 해서 태어난 것이 오늘날 재봉틀이 된 것이다. ―『희한한 세상 희한한 얘기』, 송순 엮음, 백만출판사, 1994.

③ 지킬 박사와 하이드

꿈을 작품의 소재로 삼았던 예술가는 많다. 대표적인 경우가 19세기 영국작가 로버트 루이스 스티븐슨이다. 그의 대표작 [지킬 박사와 하이드씨는 본래 [여행의 동반자]라는 제목의 짧은 단편으로 쓰였었다. 이 작품이 몇몇 출판사에서 퇴짜를 받고난 후, 스티븐슨은 자신의 능력에 회의를 느끼고 상심에 빠졌다.

그러다 어느날 밤 잠을 자던 중, 그는 단편소설 속의 이야기가 전혀 엉뚱한 방향으로 전개돼 가는 꿈을 꾸었다. 기이한 드라마였다. 한밤중에 잠에서 깨어난 스티븐슨은 꿈속의 이야기를 글로 쓰기 시작했다. [지킬박사와 하이드씨]는 그렇게 태어난 것이다.

④ 꿈에서 아이디어를 얻어 작곡을 하다.

천형(天刑)으로 여겨졌던 문둥병을 지니고 인환의 거리를 그리워했던 시인 한하운(韓何雲:1919 1975)의 '보리피리' 란 시가 있다. 이 보리피리가 바이얼리스트자 작곡가인 조념(趙念)씨에 의해서 곡(曲)이 붙여졌다. 조념씨는 우연한 기회에 보리피리를 읽고, 그 속에 담긴 설움과 아름다움에 흠뻑 빠져들었다.

시(詩)에서 우러나오는 한(恨)과 정서에 맞는 곡을 만들려고 1년이 넘게 매달렸지만, 만족할 만한 곡이 나오지 않았다. 마음만 앞설 뿐, 만족한 곡이 나오지 않아 갈수록 초조해가던 어느날, 이상한 꿈을 꾸게 되었다. 무명 작곡가가 작곡했다는 보리피리 곡을 꿈속에서 듣게 된 것이다. 그 곡에 빠져 따라 부르다가 잠을 깼고, 아직까지 남아있던 여운을 즉석에서 오선지에 옮긴 것이 유명한 보리피리 곡이 만들어져 대중에게 널리 알려지게 되었다.

—경향신문 요약 발췌, 1992,5,31.

문둥병을 몸에 지니고 숨막히는 더위뿐인 붉은 황톳길을 떠돌던 한하운(韓何雲) 시인의 '보리피리' 는 방랑의 산하 눈물언덕을 넘으며, 사람들이 모여 사는 인환(人寰)의 거리를 그리워하면서도, 그 속에 들어가 묻힐 수 없는 설움이 절절하게 배어있는 시이다.

6. 지어낸 거짓 꿈

앞서 실증사례별 전개양상의 소개부분에서 간략히 살펴본 바 있는 바, 선인들의 사례를 위주로 보다 자세하게 살펴본다. 꿈에는 여러 가지가 있는 바, 이처럼 목적달성을 위한 수단으로 '거짓으로 지어낸 꿈' 이 있다.

선인들의 꿈사례에 있어서 민중의 꿈에 대한 절대적인 믿음이나 신성성을 이용하여, 꿈에 용을 보았다든지, 신(神)들이 삼한의 왕으로 하게 했다든지, 황금의 재(尺)를 받았다든지, 신인(神人)으로부터 계시를 받았다든지 하는 꿈들을 유포시켜, 창업의 정당성과 천명을 받았음을 민중들로 하여금 믿게 하도록 하기 위해 지어낸 거짓 꿈이 이용되고 있다.

또한 직접적으로 표현하기 힘든 말의 경우에 지어낸 거짓 꿈을 빌어 표현하고 있으며, 현실에 대한 불만이나 좌절, 교훈적인 내용이나 해학적인 내용 등을 문학적으로 형상화하여 지어낸 거짓 꿈을 통해 나타내고 있다.

문학적으로는 정철(鄭澈)이 『관동별곡(關東別曲)』에서 꿈에 신선을 만난 이야기 등을 거짓으로 지어냄으로써, 자신이 하늘나라에서 귀양을 온 신선으로 미화시켜 신선사상에 대한 동경을 표출하고 있는 사례를 들 수 있다. 이밖에도 유선시(遊仙詩) 작품이나, 또한 드러내놓고 못할 여러 이야기들을 꿈속의 이야기에 빗대어 나타낸 몽유록(夢遊錄)계 소설이 여기에 해당된다.

어찌보면, 우리 인생길도 조물주가 지어낸 거짓 꿈속에서 살아가고 있는지 모른다. 와각지쟁(蝸角之爭)이란 말이 있듯이, 지내놓고 보면 달팽이 뿔같은 하찮은 인생의 삶속에서, 아등바등 살아가는 것 자체가 조물주가 지어낸 한바탕의 거짓꿈속의 인생이 아닐는지 반문해본다. 이러한 인생길에서 보다 조급해하지 말고, 보다 여유로운 삶이 되기를 소망해본다.

지어낸 거짓꿈은 선인들뿐만 아니라, 현대인들의 일상의 생활에서도 다양하게 사용될 수 있다. 맞선을 본 마음에 드는 여인에게 오래 전부터 꿈속에 나타난 사람이라고 말하여 운명적인 만남이라든지, 국회의원 출마에 앞서 영령의 계시를 받았다고 출마의 변을 내세울 수 있겠다. 안좋은 사례로, 거짓 태몽꿈을 빌어 사기를 친 사례도 있다.

이러한 지어낸 거짓꿈도 잘 쓰면 약이 될 수도 있다. TV 드라마나 소설의 사건전개에 있어 암시나 복선으로 활용한다든지, 자녀들의 태몽에 있어 좋은 태몽이 있었다는 이야기를 해줌으로써, 아이에게 장차 자신의 운명의 길에 대한 긍정적인 자부심을 심어주는 효과를 얻을 수도 있다고 하겠다.

1) 꿈의 신비성을 이용한 정권유지, 민심수습

건국의 정당성을 내세우기 위해, 문학적으로 〈용비어천가〉·〈몽금척〉 등의 악장을 지어 조선 건국을 신성시하고 건국이 천명(天命)이었음을 꾀하고 있음은 널리 알려진 사실이다. 마찬가지로 민중들의 꿈에 대한 신비성을 이용하여, 꿈속에서 계시를 받았다고 거짓 꿈이야기를 지어냄으로써, 민중들로 하여금 천명을 받았음을 믿도록 하고 있다.

■ 고려의 개국 관련 꿈이야기

먼저 고려 태조 왕건의 가계 및 관련된 꿈이야기를 알기 쉽게 나타내면 다음과 같다.

강충→ 보육→ (딸 진의가 언니로부터 꿈을 산후에 당나라 귀인과 인연을 맺어 작제건을 낳게 됨)→ 작제건(용왕의 부탁으로 늙은 여우를 쏘아죽인 후에 용녀를 얻게 되어 혼인하여 용건을 낳게 됨. 의조로 추증)→ 용건(나중에 이름을 융(隆)으로 고쳤으며, 꿈속에서 만난 여인을 길에서 만나게 되어 인연을 맺어 왕건을 낳게 되고 세조로 추증)→ 태조 왕건으로 고려를 건국.

고려 태조 왕건의 세계(世系)를 안정복의 『동사강목』에서는 유형원(柳馨遠)의 말을 인용하여, "고려조의 군신(君臣)이 무턱대고 조상을 위조하여 중국의 기롱을 받기까지 하니 부끄러운 일이다." 라고 신랄하게 비판하고 있으며, 신성시하기 위하여 후세 사람들이 억지로 끌어다가 거짓으로 이야기를 꾸며낸 것이 틀림없다고 단정짓고 있다.

민중들의 꿈에 대한 신성성을 이용하여, 이렇게 왕건의 가계가 중국의 황족으로부터 연원되었다는 것을 부여하여, 고려 건국에 있어 민심안정 및 수습책의 일환으로 이루어졌다고 보아야 할 것이다.

아울러 『삼국유사』에 보이는 신라의 문희·보희의 매몽 설화 및 신라의 거타지 설화가 그대로 원용되어, 진의(辰義)와 작제건의 인물을 신성시하고 하늘의 뜻에 의한 것으로 정당화하고 있음을 볼 수 있다. 즉, 고려 건국에 있어 보육의 딸 진의(辰義)가 당의 귀인과 인연을 맺게 되는 과정의 꿈이야기와 작제건이 용왕의 부탁으로 늙은 여우를 죽인 후 삼한 땅의 임금이 될 것을 계시 받는 이야기로 전개되고 있다. 또한 용건이 꿈 속에서 만난 여인과 인연을 맺어 왕건을 낳게 되었다는 꿈이야기(지어낸 거짓꿈이 아닌, 실제의 사실적인 미래투시의 꿈이 될 수도 있다.)를 통하여, 왕건의 출생에 있어 천명에 의한 신성성을 부여하여, 고려 건국이 하늘의 뜻에 의하여 이루어진 정당성을 주장하고 있는 것이다.

■ 조선의 건국 관련 꿈이야기

고려의 건국에 있어 꿈이야기를 통하여 고려 건국이 하늘의 뜻이었음을 정당화하고 있음을 알 수 있듯이, 조선의 건국에 있어서도 마찬가지로 민중의 꿈에 대한 신성성을 이용하여 조선조 건국을 정당화하고 합리화 하고자 지어낸 거짓 꿈이 있을 수 있다.

문학적으로는 『용비어천가』에서 태조 이성계 및 태종 이방원 외에 4대조 조상인 목조(穆祖)·익조(翼祖)·도조(度祖)·환조(桓祖)를 끌어다가 육룡(六龍)으로 미화시켜서, 중국 왕조의 여러 시조가 건국과정에서 처했던 일과 빗대어, 역성혁명을 일으켜 조선을 새롭게 건국한 것이 천명(天命)에 의한 것임을 주장하고 있다.

* 목조에게 나타난 황룡의 부탁으로 백룡을 화살로 쏘아죽인 후에 "당신에 힘입어 생명을 보전했으니, 앞날에 꼭 두터운 갚음이 있을 것이요. 자손 때에 가서 보게 될 것입니다." 하여 장차 이성계가 조선을 개국하는 것을 정당화하고 있다. ─『오산설림초고』
* 이성계가 아직 등극하기 전, 이성계가 칠성(七星)님께 기도하여 제사를 얻어 먹은 귀신들이 의논하기를 '삼한 땅으로써 상 줌이 옳을

까 하오.' 라는 이야기가 있다. ─『오산설림초고』

* 이성계의 부인 이자춘의 꿈에 선관(仙官)하나가 오색 구름을 타고 하늘에서 내려오더니 소매 속으로부터 황금으로 만든 자막대기를 꺼내어 주며, "이 물건은 옥황상제께서 그대의 집에 보내시는 것이니, 잘 보관하였다가 장차 동국 지방을 측량케 하시오." 이러한 신인(神人)으로부터 황금으로 된 자[尺]를 받았다는 계시적인 꿈이야기를 통해 조선조 건국의 천명(天命)을 정당화하고 있다.

이성계에 관한 이 이야기는 꿈의 신비성을 이용하여 신성한 인물임을 민중들로 하여금 믿게 하고, 개국의 정당성을 합리화하기 위해 지어낸 거짓 꿈이야기로 볼 수 있겠다. 특히, 조선 중기의 문인인 차천로(車天老)의 시화(詩話) 야담집인 『오산설림초고』에는 이렇게 미화적인 이야기가 상당수 실려 있다.

2) 자신의 목적달성을 위한 수단

자신의 목적 달성을 위해 신비한 꿈을 꾸었다거나, 꿈에서 계시받았다거나, 상대방에게 아첨하기 위해 지어낸 거짓 꿈이 있다. 간략히 사례를 살펴보면, 황룡이 날아들었다는 용꿈 태몽으로 주모를 유혹하는 건달, 스님이 선녀와 운우지정을 맺더라는 꿈이야기로 스님의 환심을 사서 떡을 얻어먹는 동자승, 꿈을 핑계하여 자신의 신(腎)을 상전의 입에 들이박았다는 욕설을 하는 하인, 옆방에 든 손님과 바람을 피우기 위해 밭에 멧돼지가 와서 곡식을 망치고 있다는 꿈을 꾸었다며 남편을 밖으로 내보내는 아내 등의 거짓 꿈이야기가 있다.

또한 현실에서 직접적으로 표현하기 힘든 말의 경우에, 꿈을 빌어서 문묘(文廟)의 위패가 절간으로 옮겨지는 것을 보았다며 자신의 선견지명을 꿈을 빌어 드러낸 선비 정붕(鄭鵬), 형님으로부터 재산을 얻기 위해 부모님이 꿈에 땅을 나눠주라고 계시하는 꿈을 꾸었다는 동생 심의(沈義) 등 상황에 따라 다양한 거짓 꿈이야기를 지어내고 있음을 볼 수 있다. 제한된 지면상, 해학적인 사례 두 가지만을 살펴본다.

〈 거짓 꿈이야기로 떡 얻어먹기 〉

어떤 스님이 본래 인색하여 정월 대보름에 둥근 떡 세 그릇을 했는데, 두 그릇은 크고 한 그릇은 작았다. 스님은 작은 그릇을 사미승에게 줄려고 했다. 사미승이 이것을 알아차리고, 그 스승을 속이고자 했다.

떡을 먹으면서 스승에게 청해 말하기를 "이것은 좋은 음식입니다. 제가 좋은 꿈을 꾸었는데, 배부르게 먹을 징조 같습니다. 먼저 말씀 드리고 나서 나중에 먹겠습니다."

"그렇게 하려무나."

"꿈에 스승님께서 단 위에서 경을 읽으시는데, 어디선가 한 선녀가 내려왔습니다. 나이는 16세쯤 되어 보이는데, 눈은 가을의 물결같고, 가는 허리에 섬섬옥수의 아리따운 선녀가 스승님에게 다가앉았습니다. 스승님께서 깨달아 보시고는 '어디에서 온 낭자인고' 하자, 낭자가 말하기를, '첩은 하늘나라의 선녀이옵니다. 스님과 전생의 인연을 잊지 못하고 사모하여 내려왔나이다.' 이에 스승님께서는 그 선녀를 끌어안고 빙설같이 희고 고운 피부를 가까이 하여, 나비처럼 연모하고 벌처럼 탐하는 것이 황홀경에 드셔서, 비록 공작이 붉은 하늘을 날아가는 것과 원앙이 푸른 물에 노닌다 하더라도, 가히 그 즐거움을 넘지 못하는 것 같았습니다."

스승이 이야기를 듣고 취해 입에 침을 흘리며 말하기를, "기특하도다. 너희 꿈이여. 내가 너의 꿈이야기를 듣고 배가 이미 부르니, 이 세 그릇의 떡은 너 혼자 다 먹도록 하여라." 하였다.—『고금소총』

〈 가짜 꿈으로 주모를 건드린 건달 〉

한 건달이 있었어. 맨날 술이나 마시러 다니고 오입질하는 일을 능사로 했었어. 주막에 주모가 있었는데, 젊고 예뻐서 뭇 남자들이 한번 건드려 보려고 해도 여간내기가 아니었어. 이 건달도 마음만 있지 여자가 거들떠보아야지. 그래 '어떡하면 한번 안아볼 수가 있을까' 궁리하다가 꾀를 냈어. 하루는 옷을 잘 차려입고 주막에 찾아 들어갔어.

"주모 있나"

"아니 오늘은 깔끔하게 차려 입으시고 어디 가시는 길이어요"

"응, 저기 어디 좀 다녀오려고 하네" "술 한 잔 주소" "아, 잘 먹었소, 다녀오리다"

그러구 떠나갔는데, 얼마 지나지 않아, 손으로 두 소매를 꼭 잡고 황급히 오는 거야.

"어디 간다더만, 어찌 이렇게 하고 돌아와요"

"내가 저 고개를 넘어가다가 술이 취해 한잠 자고 가려고 낮잠을 자는데, 꿈에 청룡 황룡이 하늘에서 내려오더니, 내 몸을 이리 감고 저리 감고 하더니만, 나중에는 청룡은 왼쪽 소매로 들어가고, 황룡은 오른 쪽 소매로 들어가는 것 아니오. 그래 내 집에 가서 집사람하고

자고 가려고 돌아오는 길이요"

가만히 주모가 들어보니 훌륭한 아들을 낳을 꿈이라. 자기가 낳으면 장차 자기 신세가 나아질 것으로 생각하고, "술 한잔 더 하고 가시지요" 하면서 불러들여, 술이며 안주에 갖은 교태를 부려 잠자리를 같이 하려고 했어. 한즉 이 건달이 속으로 원하던 바이라. 못 이기는 척 하고 일을 치렀어. "청룡도 들어가거라, 황룡도 들어가거라" ― 『구비문학대계』5―5. 요약발췌.

3) 문학작품 속의 지어낸 거짓꿈 이야기

문학작품속의 꿈이야기에도 자신의 바람을 꿈을 통해 대리만족의 기회로 삼거나, 목적달성을 위해 지어낸 거짓 꿈이야기가 있을 수 있다. 지어낸 거짓 꿈을 빌어, 현실에서 말할 수 없는 불만이나 바람을 문학적으로 형상화하고 있는 것이다.

〈 술에 취했을 때 부른 노래[醉時歌] 〉

꿈에 하나의 작은 책자를 얻었는데 바로 김덕령 시집이었다. 앞부분 한 편에 〈취시가(醉時歌)〉가 있어 내(권필)가 세 번이나 그것을 읽었다. 그 가사에

醉時歌此曲無人聞 취했을 때 노래 부르니 이 곡을 들어주는 사람이 없구나.

我不要醉花月 꽃과 달에 취하는 것도 나는 바라지 않고,

我不要樹功勳 공훈을 세우는 것도 나는 바라지 않네.

樹功勳也是浮雲 공훈을 세우는 것은 뜬구름이오,

醉花月也是浮雲 꽃과 달에 취하는 것도 뜬구름이라.

醉時歌無人知我心 취했을 때 노래 부르니 내 마음을 알아주는 사람이 없구나.

只願長劒奉明君 다만 바라건대 긴 칼 잡고 밝은 임금 받들고자 함이네

꿈을 깨어서도 슬프고 가슴 아파하였다. 그를 위해 시 한 절구를 지었다.

將軍昔日把金戈 장군께서 지난날에 창 잡고 일어났지만

壯志中摧奈命何 장엄한 뜻이 중도에 꺾이니 운명을 어찌 하리오

地下英靈無限恨 지하에 있는 영령의 한은 끝이 없지만

分明一曲醉時歌 분명 한 곡조의 취시가로구나.

―권필, 『石洲集』

김덕령(金德齡)이 싸움에 나서기 전에, 때때로 술이 취하여 말을 타고 산으로 달리면서 이 노래를 불렀다고 한다. 김덕령(1567. 명종 22년 1596. 선조 29년)은 임진왜란이 일어나자 의병을 이끌고 많은 공을 세웠음에도 불구하고, 왕의 신임을 질투하는 조정 대신의 모함을 받아 반란을 일으킨 이몽학과 내통했다는 무고를 받아, 혐의 사실을 부인했음에도 불구하고 국문(鞫問)을 받고 옥사하였으며, 1661년 현종 2년에 신원되었다.

위의 시 역시 지어낸 거짓 꿈과 관련을 맺고 있다. '거짓 꿈이야기' 형식을 빌어서 역모의 누명을 쓰고 억울하게 죽은 김덕령 장군의 〈취시가(醉時歌)〉에 대한 글을 통해 원혼을 달래는 한편, 정쟁으로 인한 어두운 시대현실로 인해 뜻을 펼 수 없었던 권필 자신의 불우한 처지를 빗대어

노래하고 있다고 보아야 할 것이다.

즉, 〈취시가〉를 빌어서 김덕령이 임금에 대한 충정(다만 바라건대 긴 칼 잡고 밝은 임금 받들고자 함이네)만이 있었음을 대변하고, 하루빨리 그의 억울한 죽음이 신원되기를 촉구하고 있다. 또한 자신도 역시 김덕령과 같은 나라를 위하는 마음뿐이라고 꿈을 통해 말하고 있는 것이다.

또한 〈취시가(醉時歌)〉와 마찬가지로, 지어낸 거짓 꿈을 빌어 글을 지은 것으로 김종직이 지은 〈조의제문(弔義帝文)〉을 들 수 있다. 〈조의제문〉은 단종을 죽인 세조를 의제를 죽인 항우(項羽)에 비유해 세조를 은근히 비난하는 내용으로 되어 있는 바, 조의제문(弔義帝文)을 짓게 된 동기에 대해서 "나는 초(楚) 회왕(懷王)의 손자인 심(心)인데, 서초패왕(西楚霸王 항우)에게 피살되어 침강(郴江)에 버림을 받았다."라고 자신의 꿈에 나타났기에, 글을 지어 조문한다고 밝히고 있다.

이러한 지어낸 거짓 꿈이야기는 몽중시 뿐만이 아니라, 소설이나 가사 등의 형식에서 더 많이 사용되고 있다. 송강 정철이 『관동별곡』에서 꿈속에서 신선을 만나 자신이 본래 하늘나라의 신선이었다든지, 허균이 꿈속에서 신선세계에 다녀왔다는 이야기 등은 지어낸 거짓 꿈이야기로 보아야 하겠다.

몽자류 소설이나, 몽유록 소설 등에서도 현실에 실재하는 인물이 꿈속에서 겪었다는 일을 통해서, 자신의 바람이나 현실에 대한 불만 등 현실에서 말할 수 없는 여러 이야기들을 꿈이야기를 빌어 문학적으로 형상화하고 있다. 꿈속에서 신선세계를 노래한 수많은 문학작품 등이 다 그러하다고 해야 할 것이다. 또한 꿈속에 신선이 된 것을 노래한 유선시(遊仙詩)도 지어낸 거짓꿈을 빌어 현실에서의 불만과 신선에의 동경을 드러내고 있다.

근세에도 안국선(安國善)이 지은 신소설인 『금수회의록』에서 꿈속에서 동물의 회의를 참관하는 1인칭 관찰자 시점으로, 금수(禽獸)를 빗대어 인간세계의 모순과 비리를 규탄하면서 신랄한 풍자로 나아가고 있다.

외국의 사례에도, 9세기 영국의 찰스 램의 수필에 〈꿈에 본 아이들〉이라는 글이 있다. 사랑스런 손자·손녀들에게 할머니와의 다정했던 이야기를 들려주는 내용으로, 깨고보니 꿈이었던 내용이다. 말 한번 제대로 붙여보지 못했던 짝사랑으로 끝난 이상형의 그녀에 대한 사랑의 감정을, 꿈을 빌어 그녀와 결혼했다고 가정하고, 자손들에게 이야기를 들려주는 형식을 취하고 있다.

4) 교훈적이나 해학적인 내용

교훈적인 내용이나 해학적인 내용 등을 나타내는 데 있어 지어낸 거짓 꿈을 통해 표현하고 있다.

『삼국유사』에 실려 있는 문학적으로 유명한 〈조신몽(調信夢)〉을 살펴본다.

조신은 신라 때 세규사(世逵寺)의 중이었다. 그는 명주군 태수 김흔(金昕)의 딸을 좋아하고 반했다. 여러번 관음보살 앞에 그 소원을 빌었다. 그러나 그런 보람도 없이 그녀는 다른 사람에게 시집을 가고 말았다. 조신은 어느 날 불당 앞에서 관음보살이 자신의 소원을 들어주지 않은 것에 대하여 원망하며 슬피 울다가 너무 지쳐서 얼핏 잠이 들었다.

갑자기 꿈에도 잊지 못하던 김소저가 나타나서 웃으며 "저는 마음속으로 그대를 몹시 사랑했으나, 부모님의 영으로 부득이 출가했다가 이제는 함께 살려고 왔습니다.”하였다. 조신은 기뻐하며 고향으로 돌아갔다. 40년을 함께 살면서 자녀 다섯을 두었다. 그러나, 너무도 가난하여 집은 네 벽뿐이었고, 거칠은 음식마저 계속해갈 수가 없었다. 입에 풀칠하기 위하여 십여 년을 문전걸식을 하면서 옷은 다 찢어져서 몸을 가릴 수도 없었다. 15세 되는 큰 아들은 굶어 죽어, 통곡하며 길가에 묻었다. 조신과 그 아내는 늙고 병들어 누워 있고, 열 살짜리 딸이 구걸하다가 마을 개에게 물렸다. 아픔을 호소하며 앞에 와서 누워있으니, 두 부부는 목이 메어 눈물을 줄줄 흘리었다.

부인이 눈물을 씻더니 “제가 처음 당신을 만났을 때, 우리는 나이도 젊었고 얼굴도 예뻤습니다. 그리고 사랑도 두터워서 헝겊 하나로, 또는 밥 한 그릇으로 나누어 먹으면서 살아와 정이 두터웠습니다. 그러나 근년에 와서는 몸은 늙고 병이 들어, 굶주림과 추위로 인해 살아가기가 어렵습니다. 걸식하는 부끄러움은 산더미보다 더 무겁습니다. 마냥 구걸을 하려고 해도 집집이 문을 굳게 닫고 받아들이지 않으니, 어느 겨를에 부부간의 애정을 누릴 수 있겠습니까?

“젊은 얼굴, 예쁜 웃음은 풀잎 위의 이슬 같고, 굳고도 향기롭던 그 가약도 한갓 바람에 날리는 버들가지 같을 뿐입니다. 곰곰이 지난 날의 즐거움을 생각해 보니, 그것이 바로 번뇌로 오르는 계단이었습니다.”

이제 우리는 더 이상 어찌할 수가 없으니 헤어지는 도리 밖에 없습니다. 헤어졌다가 다시 만나는 것도 다 운수가 아니겠습니까?’ 이 말을 들은 조신도 옳게 여기고, 각자 아이 둘씩 데리고 서로 손을 잡고 이별하려고 할 때에 꿈에서 깨었다.

조신은 열다섯 살 아들이 굶어 죽어간 언덕에 찾아가서 그 시체를 파묻은 곳을 파 보았다. 거기서 돌미륵이 나왔다. 물로 씻어서 근처에 있는 절에 맡기고 서울로 돌아가 장원의 맡은 책임을 내 놓고 사재를 털어 정토사(淨土寺)를 세웠다. 그후 어디서 생을 마쳤는지 알지 못한다. ―『삼국유사』 발췌.

조신의 꿈을 통하여 인생이 일장춘몽임을 일깨워주는 교훈적인 성격의 설화이다. 중국의 한단지몽, 남가일몽 등의 꿈 이야기들 또한 인생의 무상함을 보여주고 있다. 인생무상(人生無常)을 주제로 하는 〈조신몽〉 설화와 비교될 수 있는 문학작품으로, 김만중의 『구운몽』이 있다. 하지만, 〈조신몽〉이 온갖 고생 끝에 삶의 무상함을 깨닫는 것이라면, 『구운몽』은 2처6첩과 출장입장 등 온갖 부귀와 영화로움을 다 누리다가 인생의 무상함을 깨닫는 내용으로 되어 있다. 춘원 이광수는 〈조신몽〉 설화를 바탕으로 『꿈』이라는 소설로 개작해내기도 하였다.

이처럼 꿈을 통해 인생이 덧없음을 일깨워주고 있는 교훈적 꿈이야기가 있으며, 해학적인 꿈이야기를 통해서 유희적인 즐거움을 주고 있다. 남가일몽, 한단지몽의 고사 및 『열자(列子)』에 나오는 〈밤마다 꿈을 꾸는 부자와 하인〉 〈사슴을 잡은 꿈〉 등등에서 알 수 있듯이, 인생의 무상함 등 어떠한 깨달음을 얻는데 있어, 지어낸 거짓꿈을 통한 이야기가 전개되고 있다.

7. 허망성으로서의 꿈

꿈의 다양한 성격을 이해하고자 살펴본다. 우리는 인생을 일장춘몽
(一場春夢)으로, 덧없는 꿈에 비유하고 있다. 또한 일상의 언어인 '꿈같은
인생' '꿈깨라'에서 알 수 있듯이, 꿈의 의미속에는 허망함에서 나아가
헛된 망상의 뜻으로까지 나아가고 있다.

(1) 사전적 의미로 꿈의 허망함이나 허황된 뜻이 담겨있는 경우

* 꿈깨라→ 헛생각 좀 하지 말고 정신 똑바로 차리고 살아라.
* 꿈에 넋두리로 안다→ 잠꼬대같은 소리로 알고 대수롭지 않게 여긴
  다는 것을 비꼬아 이르는 말.
* 꿈꾸니→ 헛소리 말아라.(학생)
* 꿈에 떡 같은 소리→ 꿈속에서 떡을 얻거나 먹었다는 허황한 소리라
  는 뜻으로, 하나도 들을 가치가 없는 허튼 소리임을 이르는 말.
* 꿈에 사위본 듯(하다)→ 한 일이 무엇인지 분명하지 않다는 말. 꿈속
  에서 사위를 맞은 듯하다는 뜻으로, 무엇인가 반가운 일이 있었던
  것 같으나 실지에는 분명치 않음을 이르는 말.

* 꿈에 본(얻은) 돈(천냥)이다→ 아무리 좋아도 제 손에 넣을 수는 없다는 뜻. 꿈속에서 본 돈과 같이 좋은 것을 손에 넣은 것 같았으나, 사실인즉 아무것도 손에 넣은 것이 없는 허무맹랑한 경우를 이르는 말.

* 꿈에 본 임이다, 꿈에 임 본 격이다→ 반가운 사람은 꿈에라도 만나면 반갑기는 하지만, 꿈을 깨고 나면 오히려 괴롭기만 하다는 뜻. 도통 허전한 것이 차라리 안 보느니만 못하다는 푸념의 말.

* 꿈에 서방 맞은 격→ 꿈속에서 서방을 만나 정을 나누었는데, 깨고 보니 허황하기 그지없다는데서 좋은 일이 생겨 소원을 이룰 수 있는 듯하였으나 그만 일이 틀어져서 마음을 만족시키지 못하여 너무나도 허망하고 서운한 경우에 비겨 이르는 말. 무엇이 다 제 욕심에 차지 아니한 것을 표시하는 말. 도무지 마음에 흡족하지 않은 모양. = 꿈에 떡 맛보듯

(2) 꿈의 허망성에 대한 언급

선인인 월창거사 김대현(金大鉉)의 『술몽쇄언』에 다음과 같이 잘 나타나 있다.

* 우리 모두 꿈속의 인생을 살아가고 있는 것이다.
* 꿈의 환상은 무상(無常: 일정치 않고 변함)하다.
* 죽고 사는 것은 큰 꿈이다. 깨고 잠자고 하는 것은 작은 꿈이다.
* 자면서 꿈꾸고 깨어서도 꿈을 꾸니, 사람의 일생이란 전부가 꿈이로구나.
* 마음속에 근심이 없는 자는 꿈이 맑고, 마음에 사려(思慮)가 있는 사람은 꿈이 산란하다.

* 호접몽의 사람과 나비는 다 꿈속의 환상일 뿐이다. 그러니 어찌 반드시 변하지 않는 참을 찾을 수 있다는 말인가?

* 세상 사람들은 눈을 감고 꾼 것을 꿈이라고 한다. 그리하여 눈을 뜨고서도 꿈이 있다는 것을 알 지 못한다. 온갖 념(念)이 생겼다가 없어지고 일 만 가지 양상이 나타났다가는 없어지곤 한다.

* 꿈에서는 시공을 초월하여 동에 있다가도 서에 있다가도 한다. 사람의 행동도 이익에 쫓아 따라다니는 것처럼 꿈의 환상만도 못하다. 세상에 꿈속에 있지 아니한 사람이 몇 사람이나 되는가.

* 인생이란 한낱 꿈일 뿐이다. 꿈속에서 일어나는 일체의 상황도 사물도 깨고 나면 한낱 환상일 뿐이다. 환상이란 실재하지 않는 허상(虛像)으로 참이 아니다. 우리 인생길에 있어서도 늙고 병들고 희로애락을 겪으면서 변하지 않는 것은 아무것도 없다. 결국 자고 깨는 것은 작은 꿈이요, 나고 죽는 것은 큰 꿈일 뿐이다.

또한 호접지몽(胡蝶之夢)의 장자(莊子)도 제물론(齊物論)에서도 다음과 같이 꿈과 현실의 허망함을 말하고 있다.

꿈속에서 술마시고 즐겁게 놀다가[夢飮酒者], 아침이 되어 구슬프게 울 수도 있고[旦而哭泣]

꿈속에서 울며불며 하다가[夢哭泣者], 아침이 되어 기분좋게 사냥을 나갈 수도 있네[旦而田獵]

바야흐로 한창 꿈속에서[方其夢也], 그것이 꿈이라는 것을 모르네.[不知其夢也]

꿈속에서 꿈을 점치다가[夢之中又占其夢焉], 깨어나서야 그것이

꿈이었음을 아네.[覺而後知其夢也]

　　또한 큰 깨어남이 있고서야, 이 삶이 커다란 꿈이었음을 알게 될 것이니[且有大覺, 而後知此其大夢也]

　　그럼에도 어리석은 사람은 스스로 깨어 있다고 여기어, [而愚者自以爲覺]

　　똑똑하게 알은체 하고 임금이니, 다스리는 자니, 하고 있으니 고루하구나![竊竊然知之, 君乎, 牧乎, 固哉!] ―제물론(齊物論), 『장자(莊子)』

　　이는 꿈과 현실의 차이가 없으며, 꿈이 현실이 아니고 현실이 꿈이 아니라는 것을 말하고 있다.

(3) 고사성어나 문학작품 속의 허망성

　　허망성의 꿈을 언급한 말들을 일상의 언어와 김대현(金大鉉)의 『술몽쇄언』, 『장자(莊子)』의 제물론(齊物論)에 나오는 말로 살펴보았지만, 고사성어나 문학작품의 제재로써 허망성으로서의 꿈이 투영되고 있다.

　　꿈에 나비가 된 장자의 호접지몽(胡蝶之夢) 이야기는 널리 알려져 있는 바, 꿈과 현실이 다르지 않음을 철학적으로 이야기하고 있다. 고사성어 속에도 꿈의 허망성을 다룬 것으로는 이공좌(李公佐)의 〈남가태수전(南柯太守傳)〉에서 유래된, 꿈속에 개미의 나라에 갔다 온 남가일몽(南柯一夢) 이야기가 있다. 또한 심기제(沈旣濟)의 〈침중기(枕中記)〉는 인생은 한낱 덧없는 허망한 꿈에 불과하다는 이야기를 담고 있다. 당나라의 노생(盧生)이 한단(邯鄲) 땅에서 여옹(呂翁)의 베개를 빌려서 베고 잠들어, 꿈속에서 부귀영화를 누리다가 인생의 덧없음을 깨닫고 깨어나 보니 아직 기장밥을 짓는 동안이었다는 내용으로, 노생지몽(老生之夢)·일취지몽

(一炊之夢)·황량지몽(黃粱之夢)·한단지몽(邯鄲之夢)·여옹침(呂翁枕)의 말로도 널리 알려져 있다.

한편 『삼국유사』에 전하는 조신몽(調信夢) 설화 역시 인생의 무상함을 꿈에 빌어 이야기하고 있으며, 이광수가 조신몽 설화에서 모티프를 빌려와 〈꿈〉이란 소설로 형상화하기도 했다.

8. 사실적 미래투시의 꿈

1) 사실적인 미래예지 꿈에 대하여

앞서 여러 가지 꿈이 발현되는 전개양상에 대해서 살펴보았다. 하지만, 모두가 부차적인 것들이요, 장차 일어날 일을 예지해주는 예지적인 꿈의 세계야말로 참다운 꿈의 세계라고 할 수 있다. 예지적인 꿈가운데, 비교적 단순하게 일어날 일 그대로 보여주는 것이 사실적인 미래투시 꿈의 세계이다.

생전 처음 접하는 장소나 환경임에도 불구하고, 왠지 눈에 익고 예전에 똑같은 현상을 겪어본 듯한 느낌을 받았던 경험이 있을 수 있는데, 이러한 것을 '데자뷰(Deja vu→ 프랑스어로 이미[Deja] 보았다[vu])' 또는 '기시감(旣視感)'이라 불리운다. 이처럼 꼬부라진 외래어로 '데자뷰'라고 하면, 오늘날 무슨 대단한 것이나 되는 것처럼 여기고 있다. 하지만, 이는 별거 아니다. 꿈에 본대로 현실에 그대로 나타나는, 사실적인 미래투시의 꿈으로 꿈속에서 미리 체험해본 것에 불과하다. 우리 선인들의 꿈이야기에 무수히 언급되어 있으며, 옛날부터 있어 왔다.

이 꿈의 특성은 가까운 장래에 일어날 일을 마치 현실에서 펼쳐지는 것처럼, 꿈속에서 사실적인 전개형태로 꾸는 경우이다. 우리의 신성(神性)의 정신능력은 자기 자신이나 주변에 장차 일어날 일을 꿈으로 예지해주고 있다. 이 경우에 꿈속에서 본 그대로 장차의 현실에서 그대로 펼쳐지고 있는 사실적인 미래투시의 꿈과 상징적으로 보여주는 미래예지 꿈이 있다. 사실적인 미래투시의 꿈은 꿈속에서 본 사람이나 장소를 현실에서 그대로 보게 되는 일로 이루어지는 꿈으로 대략 15% 차지하고 있으며, 우리가 꾸는 예지적인 꿈의 대부분은 난해한 상징으로 보여주는 상징적인 미래예지 꿈으로 80%를 차지하고 있다. 다만 일부 5%의 경우에 있어서는 사실적인 꿈과 상징적인 꿈의 표현수법이 병행하여 나타나고 있기도 하다.

또렷하게 잘 생각나지 않지만, 어렴풋이 무슨 일을 하게 되면 '아! 이건 어디서 본 듯한 장면이다.' 라고 머릿속을 스쳐 가는 순간, 알고 보면 꿈속에서 본 것이 사실적인 미래투시의 꿈으로 실현되고 있는 경우가 대부분이다.

이 경우의 꿈은 예지적 성격을 띠고 있지만, 꿈속에서 본 그대로 현실에서 일어나기에 꿈을 해몽할 필요도 없는 어찌보면 아주 단순한 꿈이다.

이러한 사실적인 미래 투시의 꿈은 신비한 꿈의 작업장의 여러 표현기법 중에 가장 단순한 것으로 나타나고 있다. 이 경우의 꿈들은 꿈속에서 있었던 일과 똑같이 실제로 현실로 나타난다. 따라서, 꿈속에서 로또와 관련지어 어떠한 숫자를 본 경우, 꿈속에서 본 그대로의 숫자가 로또 당첨 번호로 현실에서 그대로 실현될 수가 있으니 지속적인 관심을 기울일 필요가 있다.

또한 상징적인 미래예지 꿈이 예지는 가능하나 꿈의 실현을 막거나 벗어날 수 없음에 비하여, 사실적인 미래투시의 꿈은 꿈속에서 결과를 체험해 보았기 때문에 현실에서는 위험이 닥쳐오기 전에 피할 수 있도록 해 주고 있다. 사실적인 미래투시의 꿈은 오직 한 번뿐인 인생길에서 미리 시연(試演)을 해보게 해주고 있으며, 시행착오를 수정할 수 있도록 하게 해주고 있다.

우리가 꾸는 꿈의 대부분은 상징적인 꿈이며, 해몽의 주 대상으로 삼는 꿈도 상징적인 미래예지의 꿈이다. 꿈의 내용이 황당하며 현실에서 일어날 수 없는 분위기나 상황으로 전개되는 경우, 미래예지의 상징적인 꿈의 경우가 대부분이다. 사실적 미래투시의 꿈은 현실에서 보듯이 사실적인 전개로 이루어지는 꿈이다.

두 꿈의 차이를 예를 들어 살펴보자. 어느 군인의 꿈 체험담이다. 중학교 3학년 때, 어느 날 밤의 꿈이다. 친구들과 축구를 하고 있었다. 공을 드리볼하여 상대방 진영 쪽으로 공격해 들어가는데, 한 친구가 발을 걸었다. 순간 하늘 높이 몸이 붕 떠올랐다가 땅으로 떨어지면서 왼쪽 어깨 부분을 다치는 꿈을 꾸었다.

다음날 학교에서 돌아오는 길에 택시에게 받혀서 교통사고를 당했다. 다친 부위는 공교롭게도 꿈속에서 다쳤던 왼쪽 어깨 부분으로 수술까지 해야 했던 큰 사고였다.

이 꿈은 일어나기로 예지되어 있으며 피할 수 없었던 상징적인 꿈인가?, 아니면 앞으로 일어날 현실에서 피할 수도 있는 사실적인 미래투시적인 꿈인가? 독자 여러분께서 잘 알고 계시겠지만, 축구하다가 다치는 일로 실현된 것이 아닌, 교통사고로 실현되었으니, 이 꿈은 상징적인 꿈이다. 실제로 현실에서 친구와 축구를 하다가 발을 걸어 넘어져 왼쪽 어깨를 다칠 수도 있겠지만, 꿈속의 정황같이 친구가 발을 걸었다고 해서 하늘 높이 몸이 붕 떠올랐다가 땅으로 떨어지는 일은 현실에서는 일어나지 않는다. (만약 꿈속에서 옆으로 넘어져서 다치는 꿈이었으며, 현실에서도 실제로 그러한 일이 일어난다면 사실적 미래투시의 꿈으로 실현된 것이다.) 이 경우에 있어서 신성(神性)같은 우리의 정신능력이 자신에게 다가오는 위험적인 요소를 예지하고, 꿈을 통해 우리에게 알려주고 일깨워주고 있다고 해야 할 것이다.

2) 요즈음 사람들의 사실적인 미래투시 꿈사례

사실적인 미래투시 꿈의 사례를 간략하게 살펴본다.

① 꿈에서 산속의 산삼을 본 후에, 실제 그 자리에서 산삼을 발견하다.
② 전학 가기 전에 꿈속에서 본 얼굴이 실제로 전학을 간 교실에 앉아 있었다.
③ 꿈속에서 도둑이 들어와 무서워 떨고 있는 꿈을 꾸었다. 그후 이틀 후에 도둑이 창문을 넘어 들어온 일이 일어났다.
④ 꿈속에서 TV드라마를 보거나 뉴스를 들은 대로 현실에서 그대로 실현되었다.
⑤ 꿈속에서 친하게 지내던 언니가 아버님이 돌아가셨다고 슬프게 우는 꿈을 꾼 후에, 다음날 언니의 아버님이 교통사고로 돌아가시는 일이 일어났다.

⑥ 어느 학생의 꿈이다. 언니가 남자친구와 싸웠다며 방안에 들어오면서 짜증스럽게 우는 것이었다. 그 다음날 언니가 실제로 남자친구와 싸우고 들어오는 일로 실현되었다.

⑦ 제26회 로또 추첨결과(2003.5.31)에서 꿈에서 본 5개의 번호와 남자친구가 선택한 1개의 번호를 조합해 번호를 선택해, 구입한 로또 5게임이 2등 2개, 3등 1개, 4등 2개에 모두 당첨되었다. 사실적인 미래투시 꿈인 경우, 이처럼 꿈속에 나타난 숫자대로 로또 당첨 등이 이루어질 수 있다.

⑧ 아침부터 오후 늦은 시간까지의 다음날에 일어날 일을 꿈꾸고, 실제로 그대로 현실에서 일어나는 일로 실현되다. 이런 경우의 꿈은 현실에서 자신의 의지대로 바꾸어 진행시킴으로써, 꿈속과 다르게 사건이 진행되게 할 수가 있다. 즉 꿈속에서 골목을 도는 순간 자동차가 튀쳐 나와 다치는 꿈을 꾸었다면, 현실에서는 골목을 도는 순간 꿈속의 일을 생각하고 골목으로 들어가지 않음으로써, 사고를 미연에 방지할 수가 있는 것이다. 이러한 사실적인 미래투시의 꿈이든 상징적인 미래예지의 꿈이든, 앞으로 일어날 일을 어느 정도 추정하게 함으로써 마음의 준비를 하게 해주고 있으며, 이런 점에서 꿈은 우리 인생의 안내자와 같은 역할을 하고 있다고 해야할 것이다.

⑨ 이사한 날 밤에 16년 뒤의 개축된 집 모습을 본 꿈

지금은 돌아가신, 필자의 아버님에게 평생에 꿈의 영검스러움을 많이 경험하셨을 텐데, 좋은 사례 이야기를 하나 해달라고 부탁드리니 이 이야기를 해 주셨다.

1966년도의 일이다. 가게가 붙어 있는 집을 사고 이사를 한, 첫

날밤에 꿈을 꾸셨다고 했다. 당시의 집은 허름한 목조가옥이었다. 지붕은 루핑이라고 해서 기름종이를 덮은 집이었다. 한데 그날밤 꿈에 집이 앞쪽은 번듯한데, 뒤쪽은 내려앉은 이상한 모양의 집으로 되어 있다고 하셨다. '참 신기한 일이다. 앞뒤가 전혀 다른 모양의 집이 꿈에 나타나다니─'

그 후 1982년에 필자가 제대하던 해, 즉 16년이 지나서 집을 새로 짓게 되었다. 당시 춘천에서 무슨 행사가 있게 되어, 도시 미관상 길가에 있는 집을 새로 증축시에는 자금 지원을 해주는 때였다. 그리하여, 돈이 모자라 먼저 도로에 접한 앞면 부분만 2층 슬래브 집으로 올리게 되었다. 짓고 나니, 집 모습이 앞에서 보면 번듯하지만, 뒤쪽은 초라한 모양의 집이 되어, 처음 집을 사고 이사를 오던 날 밤에 꾸었던 꿈속의 모습과 똑같은 집이 된 것이었다.

⑩ 잘 닦으라는 꿈

필자의 꿈체험담이다. 1989년도의 일이다. 어느 날 밤잠을 자다가 잠결에 집사람의 잠꼬대를 하는 소리를 들었다. 잠꼬대는 "직표야! 잘 닦아라." 였다. 잠결에도 '어린 아들에게 뭘 잘 닦으라 걸까?' 라는 궁금증이 들었다. 그래서 나 자신도 잠결에 "뭘 잘 닦아."라고 장난삼아 물었다. 그러자 신기하게도 "이빨을 요." 라는 대답이 들려왔다. 일단 문답이 이루어져 궁금증이 해소된 나는 다시 잠속으로 빠져들었다. 그리고 그런 사실은 바쁜 생활 속에 잊혀졌다.

그 후 얼마 지나지 않아 시내로 출장을 나왔다가, 집으로 전화를 했다. 안부전화로 "별일 없느냐"고 아내에게 묻자, 아들의 이빨에 구멍이 났다는 것이다. 이웃집에 포도나무가 있었는데, 그 집에 자주 놀러가면서 포도를 자주 먹더니 이빨에 구멍이 났다는 것이었다. 그 순간에 나는 나 자신도 모르게 "직표, 오늘부터 이빨을 닦도록 해줘." 그와 동시에 얼마전 밤에 아내와 주고받은 문답이 떠올랐다. 그 당시 무슨 뜻인지 몰랐었지만, 오늘 이렇게 현실이 되어 나타난 것이다. 아들의 첫 이닦기는 이날부터 시작되었다. 아내가 잠결에 하는 잠꼬대였지만, 그 순간 아내는 장차 일어날 사실적인 미래투시의 꿈을 꾸고 있었으리라.

이밖에도 꿈속에서 미팅을 하던 사람과 똑같은 옷과 얼굴을 가진 남자가 나온 사례, 좋아하던 선생님이 갑자기 전근을 간다는 꿈을 꾸고 몇 달 뒤에 실제로 전근을 간 사례, 꿈속에서 장차 만나게 될 배우자에 대한 사실적인 미래투시의 꿈을 꾼 사례, 꿈에서 본 그대로 대형사고가 난 사례 등 다양하고 무수한 사실적인 미래투시의 꿈사례가 있다.

3) 선인들의 사실적인 미래투시 꿈사례

선인들도 각종 문집에 사실적인 미래투시에 대한 자신의 의견과 꿈사례를 남기고 있다. 류성룡은 이러한 미래예지적 체험에 대하여 다음과 같이 말하고 있다.

'아직 현실로 닥쳐오지 않는 미래의 일을 꿈에서 보게 되는 것이 어떤 이치인지를 알 수가 없으나, 그러나 사람의 마음은 본디 형체는 없지만 신령스러워, 일의 조짐을 먼저 알아내게 되는 것이다. 나는 평생에 꿈꾼 바 징험이 많았는데, 몸소 널리 돌아다닌 곳이 거의 반

이상은 꿈속에서 본 것이었다.'

—『西厓集』

꿈으로 미래를 예지한다는 사실을 긍정하면서, 꿈속에서 본 그대로 장차의 현실에서 일어나게 되는 사실적인 미래투시의 꿈을 자주 꾸었음을 밝히고 있다. 또한, 그러한 꿈을 꾸게 되는 것이 우리 인간의 정신능력의 활동에서 빚어지고 있다고 정확하게 언급하고 있다. 사실적인 미래투시의 사례를 살펴본다.

① 왕건의 부친인 용건(龍建)이 꿈속에서 한 여인을 만나고, 후에 영안성에 갔다가 꿈에 본 그 여인을 만나 자신의 부인으로 삼아 사람들이 그녀를 몽부인이라고 불렀다. —[崧岳集],『고려사』
② 이태조에게 조준(趙浚)이 벼슬길에서 물러나기를 청하는 꿈을 꾼 다음날에, 실제로 조준이 전(箋)을 올려 벼슬길에서 물러나기를 청하는 일로 실현된다. —『조선왕조실록』
③ 성현(成俔)의 미래예지 꿈체험담 4가지
　　조선조 1439년(세종 21)에 태어나서, 1504년(연산군 10)에 죽은 성현(成俔)은 일생의 자신의 꿈 체험에서 딱 들어맞은 4가지 미래예지 꿈사례를 그의『용재총화(慵齋叢話)』의 제 4권에 다음과 같이 적고 있다. 두 가지는 사실적인 미래투시의 꿈이며, 두 가지는 상징적인 미래예지 꿈이다.

　　무릇 꿈은 모두 사려(思慮)를 따라 이루어지는 것인데, 일일이 꼭 들어맞는 것은 아니지만, 내가 일찍이 기이한 꿈을 꾸고 부절이 들어

맞듯이 징험이 있었던 것이 네 번이었다. (여기에서는 사실적인 꿈 두가
지만 소개한다)

〈 몇 년 뒤에 일어날 일을 사실적으로 꿈속에서 체험 〉
　내가 나이 17~18세 때의 꿈에, 산 속에 들어가니 산이 기묘하고
물이 맑은데, 시내를 끼고 복숭아꽃이 어지럽게 피었으며, 어떤 절에
이르니, 푸른 잣나무 몇 그루가 그림자를 뜰 가에 비치고, 당에 오르
니 황금 부처가 있으며 노승의 염불소리가 숲속에 울리고, 물러가 별
실에 가니 단장한 몇몇 어여쁜 계집이 즐겁게 노는데, 사모 쓴 관원
이 술을 권하여 내가 취해 도망치다가 문득 하품하고 기지개를 켜는
바람에 깨었었다.
　수 년 뒤에 내가 백씨(伯氏)와 함께 대부인을 모시고 해주(海州)에
가서 하루는 신광사(神光寺)에서 놀았는데, 바위틈에서 흐르는 물이
나 수목이나 전당(殿堂)이 꼭 전에 꿈에서 본 것 같았다. 순찰사(巡察
使) 한공(韓公)이 또한 대부인을 위하여 재반(齋飯)을 베풀 때, 중 가운
데 노승이 염불하는 것이 또한 꿈에서 본 바와 같았고, 목사(牧使) 이
공이 나를 맞아 외실에서 고을 기생 수명이 곡에 맞추어 노래하며 목
사가 술을 권하여 나는 매우 취하여 돌아왔다.

　꿈을 꾼 후로부터 수년 뒤에 꿈속에서 본 것과 똑같은 일로 실현되었
음을 밝히고 있는 바, 우리가 꾸는 꿈 가운데는 해몽할 필요도 없이 이렇
게 꿈속에 본 그대로 현실에서 일어나는 사실적인 미래투시의 꿈이 있
다. 우리가 어디선가 본 듯한 현실속의 장면이 곰곰이 생각해보면, 꿈속
에서 본 광경인 경우가 여기에 해당된다.

〈 명나라에 가게 될 것과 황제의 얼굴을 본 꿈 〉

　내가 기축년에 대부인의 상을 받들어 파주(坡州)에 장사지내고, 초
려(草廬)에서 시묘살이를 하면서 지낼 때, 밤중에 등불을 켜고 남화경
내편(南華經內篇)을 읽다가 책상에 기댄 채 잠깐 졸았다. 꿈속에서 문
득 선경(仙境)에 이르렀는데, 그 궁실이 장엄하고 화려하여 완연히 인
간 세상에서는 볼 수 없는 것이었다. 어떤 사람이 검정 옷을 입고 전
(殿) 위에 앉았는데, 얼굴에 수염이 많으므로 나는 뜰아래에서 엎드
려 절하였다.

　나중에 백씨(伯氏)를 따라 명나라 북경에 갔더니, 그 궁실은 역력히
꿈에서 본 그대로였고, 황제의 얼굴 또한 꿈속에서 본 것과 같았다.

　꿈속에서 본 궁궐이 중국의 명나라 서울이었으며, 꿈속에서 본 사람
이 바로 중국의 황제이었던 사실적인 미래투시의 꿈으로 그대로 실현되
었음을 밝히고 있다. 성현은 그의 나이 31세 때인 예종 1년 1469년 기축
년 9월 모친상을 치렀으며, 그로부터 3년 뒤인 34세 때인 성종 3년 1472
년 임진년에 진하사(進賀使)였던 큰형인 성임(成任)을 따라 중국에 가게
되는 일로 실현되고 있다.

　앞의 두 사례는 꿈속에서 본 그대로 현실에서 일어나는 사실적인 미
래투시의 꿈으로 이루어졌으며, 이처럼 비교적 쉽게 꿈의 실현여부를 알
수 있기에 부절이 들어맞듯이 딱 들어맞았다고 적고 있음을 알 수 있다.

　사실 꿈의 예지대로 실현은 100% 이루어지고 있으나, 우리 인간이 꿈
의 상징의미를 정확하게 알 수 없기에, 그 꿈이 실현된 경우에도 모르고
넘어가는 경우가 있는 것이다. 예를 들어 아들의 머리가 깨져서 피가 나
는 꿈을 꾼 경우, 사실적인 일로 일어나지 않았다고 하여 꿈이 실현되지

않은 것은 아니다. 이 경우 상징적으로 아들처럼 소중하며 애착을 지녔던 증권투자에서 막대한 손실을 보는 일 등으로 실현될 수 있다.

④ 홍섬(洪暹) 자신이 판의금부사(判義禁府事) 될 것을 꿈꾸다.

　홍섬(洪暹)이 이조좌랑으로 있을 때, 금부(禁部)에 잡혀 형벌을 받은 일이 있었다. 이때 매를 맞다가 아픈 중에도 꿈을 꾸니, 관부 문이 크게 열리면서 나장이 큰 소리로 "판부사께서 들어오신다." 하는데, 자기 몸이 중문을 거쳐 들어와서 마루 위 의자에 앉으니, 여러 아전들이 엎드려 예를 하는 것이었다.

　꿈에서 깨자 이상히 여겼더니, 그 뒤에 귀양지에서 풀려나와 판의금부사(判義禁府事)가 되었는데, 모든 일이 하나같이 꿈속에서 본 것과 같았다고 한다. 이상한 일이다. ―『지봉유설』

　홍섬(洪暹)의 나이 31세 때인 1535년 이조좌랑으로 있을 때, 이러한 사실적인 미래예지 꿈을 꾸고 나서, 무려 28년 뒤인 그의 나이 59세 때에 꿈의 실현이 이루어지고 있다. 하지만 이렇게 오랜 기간이 지난 뒤에 꿈의 실현이 이루어지는 것이 상당수 있다. 태몽꿈의 실현은 평생에 걸쳐 이루어지고 있다.

⑤ 정철(鄭澈)의 귀양지와 아들의 급제, 이경의 죽음을 예지하다.

　정철이 일찍이 말하기를, "내 일생에 꿈과 현실이 많이 부합되었습니다. 신묘년의 꿈에 강계부사가 되더니 얼마 안되어 강계로 귀양살이를 갔고, 위리안치 중에 또 아들 종명(宗溟)이 대과에 장원으로 급제하고서 거리를 돌아다니는 꿈을 꾸었더니, 얼마 안 되어 별

시문과에 장원으로 급제하였고, 또 이경(李璥)이 종기로 진주에서 죽는 꿈을 꾸었는데, 이제 계장(啓狀)을 보니, 과연 그러하였소." 하였다. —『기재사초』

정철(鄭澈)이 강계로 이배되어 위리안치된 때에 꾼 사실적인 미래투시의 꿈처럼, 둘째 아들인 정종명(鄭宗溟)은 1592년 7월 의주행재소에서 실시된 별시문과에 장원으로 급제하는 일로 실현되고 있다. 또한 이경(李璥)이 등창으로 진주에서 죽는 일로 실현되고 있음이 『연려실기술』에 기록되어 있다.

⑥ 광해군이 쫓겨날 것을 사실적으로 꿈꾸다.

조국필(趙國弼)의 부인은 광해군의 처로 폐비된 유씨의 언니였다. 조국필이 광해군의 전성 시절에 꿈을 꾸었는데, 어떤 인가의 문 밖에 이르러 보니, 문위에 가로댄 상인방(上引枋)에 흰 글씨로 '훈의청에서 목숨을 마치리라.[終身訓醫廳]'는 다섯 글자가 쓰여져 있었다. 그 집에 들어가 보니 광해군이 상주의 옷을 입고 마루에 앉아 있는데, 흡사 변복을 하고 숨어 있는 듯 하였다.

그후, 인조반정으로 인하여 몸을 피해 달아난 광해군이 붙잡힐 때, 조국필(趙國弼)이 꿈에서 보았던 대로 숨어있던 광해군이 상주의 옷을 입고 붙잡히고 있어 사실적인 미래투시의 꿈으로 실현되고 있다. 또한, '훈의청에서 목숨을 마치리라.[終身訓醫廳]'는 문액(門額)에 쓰여져 있던 글자처럼, 의원과 관련된 의관 안국신(安國信)의 집으로 피신했다가 붙잡히는 일로 실현되고 있다. —『대동기문』 요약 발췌.

⑦ 이중열(李中悅)이 3년 6개월 뒤에 귀양가 있을 곳을 꿈꾸다.

　　이중열(李中悅)이 계묘년 봄에 아우에게 말하기를, "내가 꿈에 큰 고개 셋을 넘어가서 한 집을 빌려 자게 되었는데, 벚나무로 지붕을 덮은 판잣집이었다. 그 주인을 물으니 광릉(廣陵) 사람 이수장(李壽 長)인데, 자기 증조가 갑자년 사화를 피하여 이리로 들어와 살면서, 관가 퇴기(退妓)에게 장가들어서 아들을 낳았다 하더라." 하였다.

　　갑산에 귀양 와서 보니, 산천과 도로가 꿈에 보던 것과 꼭 같았 다. 남문 밖에 주인을 정했는데, 주인이 또한 이수장(李壽長)이라는 사람인데, 광릉군(廣陵君)의 후손으로 그 선대에 피난 와서 첩을 얻 어 산다 하니, 그 사실이 꿈에 보던 것과 꼭 같았다.《유분록》—『연 려실기술』제10권.

　　사실적인 미래투시 꿈의 극명한 사례로, 이중열(李中悅)이 중종 38년 1543년 계묘년 봄에 꿈을 꾸고 나서, 명종 1년 1546년 병오년 가을에 귀 양가게 되니, 3년 6개월 뒤에 꿈으로 실현되고 있다. 한편 최익현(崔益鉉) 도 여름 꿈에 반복적으로 물결이 사나운 곳과 평생 가보지 못한 곳을 보 는 꿈이 있었음을 밝히고 있는 바, 몇 개월 뒤에 제주도로 유배가는 일로 실현되고 있다.

　⑧ 임억령(林億齡)이 몽중시(夢中詩)로 부임할 곳을 꿈꾸다.

　　임억령이 꿈에 한 연을 짓기를, '바람은 마른 잎을 강 언덕에 날리 고, 구름은 먼 묏부리 바다위에 휘감고 있다.' 그 뒤 관동지방의 관찰 사가 되었는데, 삼척 죽서루에 오르니 보이는 것이 과연 이전의 꿈과 똑 같았다. —『松溪漫錄』

특이하게 꿈속에서 몽중시를 짓고 꿈에서 본대로 현실에서 그대로 일어나고 있음을 밝히고 있다. 보통의 사람이라면 단지 정경을 꿈으로 보여주는 것에 그치겠지만, 글을 하는 선비이기에 보다 강렬하게 마음속에 각인시키기 위한 수단 방편으로써, 몽중시를 짓는 상징표상으로 전개되어 나타낸 것이다. '자신의 지은 시구가 무엇을 의미하는가?'에 대한 궁금증으로 인해 오랜 세월동안 기억하게 해줌으로써, 무의식적으로 꿈으로 예지된 현실에 대한 마음의 준비를 하게 해주고 있는 것이다.

한편 기준(奇遵)은 기묘년에 대궐에서 숙직하다가 꿈에 본 내용을 시로 읊었다. 두어 달이 못 되어 함경도의 온성(穩城)으로 귀양갔는데, 꿈속에 본 것과 같았다고 밝히고 있다. 또한 김시양도 임자년(광해 4년)에 종성으로 귀양가서 꾼 꿈에, 남쪽 지방에 고을 이름이 해(海)자가 들어있는 꿈을 꾸고, 7년 만에 오랑캐의 변란으로 남쪽인 경상북도 영해(寧海)로 유배지를 옮기는 일로 실현되고 있음을 밝히고 있다.

⑨ 조석윤(趙錫胤)이 장원급제할 때까지, 노인이 과거 때마다 꿈을 꾸다.

조석윤은 배천 조씨로 인조 병인년 별시 문과에 올랐으나 급제가 취소되었다가, 무진년 생원과에 합격한 후 다시 문과에 장원급제했다. 당시 낮은 석차로 급제한 사람들이 장원한 사람을 찾아뵙고 인사 올리는 것이 예로부터의 관습이었는데, 머리칼과 수염이 희게 센 노인이 그를 찾아왔다. 얼굴을 들고 한참 쳐다보더니,

"희한하다, 희한해. 장원이 크기를 기다렸다가 겨우 급제했으니, 어찌 내가 늙지 않으리?"

"그게 무슨 말씀이십니까?"

"나는 과거장에서 세월을 다 보낸 호남 사람이오. 과거보러 갈 때마다 경기도 진위 고을 갈원에 묵기만 하면, 꿈에 꼭 한 아이가 나타나고 그리곤 낙방하더란 말이오. 그 때 이후로 그 아이 꿈을 꾸면 반드시 낙방한다는 사실을 알고, 꺼림칙한 마음이 들어 묵는 곳을 옮기기도 했지요. 그래도 소용이 없었고 길을 바꾸어 안성땅으로 들어와도 역시 그러해서, 끝내 어째 볼 도리가 없었소. 이번 과거 길도 또 그러길래 일찌감치 단념했는데, 뜻밖에 등제했기에 연유를 알 수 없더니, 이제 장원하신 분을 보니 완연히 꿈에 보던 그 소년이라 어찌 기이한 일이 아니겠소? 어떤 일이든 이루고 못 이루고는 인력으로 될 바는 아니니, 그저 입 다물고 있는 것이 옳소이다." —『대동기문』

장차 급제할 사람의 얼굴을 아이 때부터 꿈속에서 보아왔다는 신비한 꿈이야기이다. 이와 유사한 꿈으로 장차 자신의 배필이 되는 상대방을 성장과정에 따라 꿈속에서 보게 되는 경우가 있다. 또한 고려 명종이 잠저 시절에 장차 그대의 재상이 되는 사람이라는 꿈을 꾼 후에 과거에 합격한 민영모(閔令謨)가 꿈에 본 사람과 서로 비슷하므로, 이에 크게 중용한 꿈사례가 『고려사절요』에 보이고 있다.

⑩ 〈 몽중시로 지은 꿈의 일이 현실로 나타나다 〉

중국 서울에 갔다가 꿈에 절구(絶句)를 얻었는데, "한 시대 풍운아들 모였는데, 천년의 예악이 새로와라. 은혜 있는 물결 만리 길에, 꽃은 봉성 봄에 따뜻하네." 라고 하였다. 역관에 머문 지 다섯 달 만인 삼월 그믐에 이르러 떠났는데, 꽃과 버들이 성안에 가득하여 마치 꿈속에 보던 것과 같았다. —『지봉유설』

　이수광이 특이하게 장차 일어날 일을 꿈속에 시를 짓는 몽중시로써, 일어날 일을 예지해주고 있다. 이밖에도 선인들의 과거 급제에 대한 예지를 보여주는 꿈사례나, 관직의 부임지나 유배지를 예지해주는 꿈사례는 무수히 많이 있다. 보통은 사실적인 미래투시의 꿈이나 상징적인 미래예지 꿈으로 보여주고 있지만, 특이하게는 예지의 방법에 있어서 꿈속에서 시를 짓거나 얻게 되는 몽중시로 나타나는 경우도 있고, 또한 파자 표현으로 예지되는 꿈도 있다.

　이밖에도 손순효(孫舜孝)가 형인 손인효의 아들이 상주 차림을 한 탄괄(친상때 한 어깨의 옷을 벗어 매는 것과 머리를 삼으로 묶는 것)한 것을 꿈에 보고 형의 죽음을 예지한 이야기, 김례몽(金禮蒙)이 죽은 후에 문경공(文敬公)의 시호를 받을 것을 예지한 이야기, 꿈속에서 화려한 수레 뒤에 고귀한 수레가 뒤따라가는 정경이 좌참찬 윤승길(尹承吉)의 일행이라는 꿈을 꾼 후에 윤승길(尹承吉)과 그 부인이 잇따라 죽어 발인하게 되는 것을 보았다는 이야기 등 사실적인 미래투시의 꿈사례로 실현된 수많은 꿈이야기가 있다.

4) 외국의 사실적인 미래투시 꿈사례

　꿈의 상징기법은 동서고금을 막론하고 공통적으로 전개되고 있다는 바, 외국의 사실적인 미래투시의 꿈사례도 무수히 많다.

　① 부인의 꿈에 장군인 남편이 보로디노에서 패했다는 꿈을 꾸고 나

서, 지도를 찾아보았지만 찾을 수 없었다. 하지만, 꿈의 예지대로 별로 알려지지 않은 보로디노 마을 근처의 보로디노강 언덕에서 치열한 전투를 벌여 패하는 일로 실현되었다.

② 비행기가 추락하는 꿈을 꾼 후에 실제로 추락하다.

③ 꿈에서 황금맥이 묻혀있는 곳을 본 그 위치에서 금맥을 발견하게 되다.

④ 괴한이 자신에게 총을 발사하는 꿈을 꾼 후에, 실제로 총에 맞아 죽다.

⑤ 탐험가인 친구가 눈속에서 얼어 죽은 모습을 사실적으로 꿈꾸다.

⑥ 대낮에 졸다가 구두 수선공인 남편이 망치로 타살당하는 꿈을 꾼 후에, 실제로 남편이 강도에게 타살되고 범인의 인상착의를 신고한 아내에 의해서 살인범을 잡게 되다.

⑦ 새로 부임한 부목사의 꿈에, 마을에서 일어난 푸른색의 승용차로 유괴 살인한 사건의 범인이 의외로 존경받던 인물인 목사임을 꿈속에서 보여주게 되어 범인을 잡게 되다.

⑧ 지난번에 구입한 티켓이 멋지게 잭팟을 획득하는 꿈으로, 실제 당첨된 것을 알게 되다.

언제 복권이 당첨된 것을 아는가? 항상 꿈이 현실에 앞서간다. 즉, 꿈으로서 앞으로 일어날 행운을 일러주는 경우가 대부분이다. 그러나 이미 현실에서 당첨이 되었음에도 불구하고, 본인이 알지 못할 때, 또한 꿈으로 일러주는 경우가 있다. 이처럼 당첨 사실을 몰랐을 때, 꿈으로 일깨워준 사례는 수없이 많다.

⑨ 꿈속에서 '마나' 라는 말이 경마에서 우승한 신문을 보고, 2년뒤 실제로 경마에 나온 '마나' 라는 말에 과감하게 베팅을 하여 우승

을 하다.

⑩ 젊은 여자가 13계단의 사형대로 끌고 가는 꿈

어느 사업가의 꿈이다. 젊은 여자가 자신을 끌고 사형대인 13계단으로 끌고 올라가는 꿈을 꾼후에, 사업차 비행기에 타고자 비행기 트랩을 올라가면서 "─열 하나, 열 둘, 열 셋." 까지 셌을 때, 비행기 속에서 젊은 스튜어디스가 얼굴을 내밀은 순간 놀라서 들고 있던 가방을 떨어뜨렸다. 지난밤 꿈속에서 자신을 사형대로 끌고 가던 그 젊은 여자와 흡사했던 것이다. 이에 비행기 탑승을 포기한 바, 비행기가 원인불명의 사고로 말미암아 추락하는 일로 실현되었다.

이는 사실적인 미래투시와 상징적인 꿈이 결합된 사례이며, 사실적인 성격이 짙은 경우 꿈속대로 따르지 않을 경우 재난이나 화를 피할 수 있음을 보여주고 있다. 하지만, 상징적인 꿈의 경우에는 나쁜 일이 일어날 것이라는 예지만 가능할 뿐 피할 수 있는 것은 아니다. 꿈의 덕택에 죽음을 모면하였으니, 경고성 일깨움의 꿈으로 분류될 수도 있다고 하겠다.

이밖에도 프랑스 앙리 2세의 비참한 죽음을 사실적으로 예지한 꿈, 타이타닉호의 침몰을 예지한 꿈, 꿈에서 본 그대로 화산폭팔이 일어난 사례, 신혼 시절에 장차 태어날 아이의 일생을 사실적인 미래투시의 꿈으로 꾼 사례도 있다. 이처럼 사실적인 미래투시의 꿈사례가 외국에도 수없이 많이 있는 바, 꿈은 동서고금을 뛰어넘어 공통적으로 펼쳐지고 있음을 알 수 있겠다.

9. 상징적인 미래예지의 꿈

1) 상징적인 미래예지 꿈에 대하여

　이제부터, 진정한 꿈의 세계라고 할 수 있는 상징적인 미래예지 꿈에 대해서 살펴본다. 꿈은 단적으로 말해서, 미래에 일어날 일을 예지해주고 있다. 우리 인간의 영적인 정신능력의 발현으로, 자신이나 주변 사람들에게 일어날 일에 대해서 예지함으로써, 장차 다가올 일에 대한 마음의 준비와 슬기로운 극복을 해 주고 있다. 급작스런 불행이나 행운이 찾아오기 전에, 꿈으로써 앞서 조짐을 보여주고 있는 것이다.

　다만, 이 경우에 꿈을 꾼 사람이 처한 상황에 따라서, 사실적인 미래투시의 꿈으로 보여주거나, 계시적인 꿈으로 일러주거나, 알쏭달쏭한 상징적인 미래예지 꿈으로 보여주고 있는 바, 가장 대표적인 꿈이 상징적인 표상으로 전개되고 있는 상징적인 미래예지 꿈인 것이다.

　이러한 상징적인 미래 예지에 대한 꿈은 태몽을 비롯하여, 로또 복권의 당첨이나 사건·사고의 예지, 죽음예지, 변란 예지 등 무수히 많다. 이 경우에도 몇 시간 뒤나 다음날 또는 일주일, 몇십년 뒤, 심지어 태몽꿈의 경우에는 평생의 일을 예지해주고 있다.

다소 오래전 꿈이야기이지만, 고(故) 정일권 전 총리는 회고록에서 '10.26 일주일 전에 박정희 대통령의 서거를 직감하는 꿈을 꾸었다' 고 밝히면서 다음과 같은 꿈이야기를 적고 있다. 「박대통령이 피투성이가 되어 나타나 "丁형, 나좀 살려줘. 내가 너무 욕심부렸던 것 같아." "가망 없어. 나로 하여금 수많은 사람이 다쳤는데, 나라고 무사할 것 같지 않아"라며 가쁜 숨만 내쉬었다」고 술회하고 있다.

이러한 꿈이야기는 진솔한 고백인 회고록의 성격상 믿어도 좋은 사실일 것이다. 이런 예지적 성격의 꿈은 깨어나서도 생생하게 기억되는 특징이 있다.

성경에도 이집트의 7년 풍년과 흉년을 예지한 바로왕의 꿈을 해몽한 요셉의 꿈풀이를 비롯하여 여러 꿈이야기가 나와 있듯이, 꿈의 예지적 인 기능은 부인할 수 없는 사실이다. 이 글을 읽는 독자 모두는 자신이 꾸었던 꿈이 현실생활에 일어난 어떤 일과 일치하는 것을 경험했거나, 주변에서 일어난 신비스러운 꿈이야기를 들어보았을 것이다. 우리가 돼지꿈을 꾸고 나서 로또복권을 사는 경우, 자신도 모르게 꿈의 예지적 성격의 꿈의 영험함을 믿고 있는 것이다. '어젯밤 꿈자리가 안좋아서 걱정이야.' 또는 '어제 돼지꿈을 꾸었는데, 좋은 일이 일어날려나' 등등의 꿈과 실생활을 연결하여, 자신의 미래를 추측해보는 것은 꿈의 예지적 성격을 믿고 있는 것이라 할 수 있겠다.

특히나 우리 민족은 꿈의 예지에 대한 신비로움에 대하여 민속적인 신앙에 가깝도록 믿어왔다. 꿈은 발달된 현대과학의 힘으로도 규명할 수 없는 우리의 또 다른 초자아인 정신능력의 활동이다. 과거에서 현재에 이르기까지 동양과 서양을 막론하고 수많은 사람들의 꿈사례를 통해, 꿈의 미래예지적 성격이 극명하게 드러나고 있다.

이러한 예지적 기능의 꿈이야말로 꿈의 본질을 알려주는 것이라고 볼 수 있다. 따라서 실증사례도 가장 많으며, 흥미 있고 재미있는 이야기들이다. 본 장에서는 기록으로 남겨진 선인들의 예지적 꿈사례를 중심으로, 다양한 사례에 해설을 덧붙여 살펴보고 있다.

2) 요즈음 사람들의 상징적인 미래예지 꿈사례

상징적인 미래예지적인 꿈사례는 무수히 많다. 대표적인 사례를 간추려 살펴본다.

① 낯선 남자들이 몽둥이를 들고 쫓아오는 꿈→ 뜻밖에도 남편이 친구들을 데리고 한밤중에 집으로 와서, 밤늦게 술과 안주를 마련해 주는 일로 실현되었다.

② 돌아가신 어머니가 창문도 없는 추운 방에서, 자신을 슬프게 바라보고 있던 꿈→ 다음날 자동차 바퀴가 발등위로 지나가는 사고를 당하게 되었다.

③ 집안으로 들어온 뱀을 잡은 꿈→ 동생이 선을 보러가기 전에 꿈을 꾸었는데, 집안에 뱀이 들어 왔는데 누구도 뱀을 잡지 못하던 중 동생이 들어오더니, 뱀의 머리를 잡았더니 뱀이 꼼짝을 못하는 꿈이었다. 그후 동생이 결혼식을 올렸다.

④ 씨앗을 받아 꽃을 피워낸 꿈→ 노인으로부터 비단에 싸인 씨앗 5개를 받아 심어 꽃을 얻게 되었는데, 세 송이는 모두 싱싱한 붉은

꽃이었지만, 두 송이는 차례로 하얗게 말라죽어 간 꿈을 꾸었다. 그후 다섯 명의 아들을 두게 되었지만, 그 중의 한 아들은 6.25때 피살당했으며, 다른 한 아들은 홀로 지내다가 26세의 나이로 요절하는 일로 실현되었다.

이처럼 상징적인 미래예지 꿈은 놀라울 정도로 꿈의 예지대로 실현되고 있다. 유사한 사례로, 코스모스 꽃이 늘어선 것이 보기 좋아 뽑았으나 작다고 느껴서, 새로 다른 것을 뽑으려고 했는데, 줄기만 나오고 뿌리는 그대로 땅속에 있었다. 다시 충실하고 좋은 것을 골라 끝까지 다 뽑아내는 꿈을 꾼 주부가 있었다. 첫째는 아들을 낳았으며, 줄기만 뽑히고 뿌리는 땅속에 그대로 있던 꿈의 예지대로 둘째는 7개월째 유산했으며(아들이었음), 셋째로 꿈속에서 충실한 것처럼 튼튼하고 영리한 딸을 낳았다.

⑤ 밤길에 무지개가 펼쳐지는 꿈으로 대학 입학→ "수능 2일전에 꿈을 꿨죠. 밤이었습니다. 가족들과 함께 길을 걷고 있는 데, 정말 아름다운 무지개가 제 앞에 쫘아악 펼쳐지는거에요. 그후 원하던 대학에 들어갔습니다."

상징적인 미래예지 꿈으로 장차 앞으로 밝은 일이 있게 될 것을 예지해주고 있다. 꿈은 반대가 아닌 것이며 오직 상징표상의 이해에 있다. 아름다움, 풍요로움의 표상을 갖는 꿈은 현실에서 자신의 처한 상황에 따라 좋게 이루어지고 있다. '밤중에 무지개가 펼쳐지는' 이러한 황당한 전개를 보이는 것이 상징적인 미래예지 꿈의 특징이며, 이러한 상징적인 미래예지 꿈의 실현은 100% 이루어지고 있다.

⑥ 자신의 명정을 쓴 꿈→ 서예 교실을 운영하기를 간절히 바랐던 주

부의 꿈이다. 꿈속에서, 자신이 죽어 누울 칠성판에 깔린 붉은 비단에 '현비유인광주이씨' 라 적고 있었다. 꿈속에서 깨어나서는 섬뜩한 꿈이었으나, 꿈속에서는 당연하고 담담한 일이었다.

꿈을 꾼 후에, 현실에서는 남편의 적극적인 지원이 이루어져서 새로운 인생길을 걸어나가게 된 바, 상징적으로 죽음은 낡은 껍질을 벗고 새롭게 태어나는 것을 상징한다. 즉 기존의 상태나 여건에서 새로운 상황으로 나아가고자 할 때, 상징적으로 죽는 꿈으로 보여주고 있다.

⑦ 죽은 돼지가 들어온 꿈→ 필자 아내의 꿈사례이다. 2011년 5월 어느날 집안에 돼지가 들어온 꿈이었다. 그런데 돼지가 이어 죽는 꿈이었다.

꿈은 처한 상황을 잘 알 수 있는 있는 꿈을 꾼 자신이 가장 잘 해몽할 수 있다. 필자는 아내의 꿈이야기를 듣고, 일반적으로 누군가의 태몽을 대신 꿔 준 것이라면, 임신하지만 유산되는 일로 실현될 수 있다. 일반적으로는 다산(多産)과 함께 쑥쑥 커가는 왕성한 번성력을 지닌 돼지이기에, 재물의 상징인 경우인 재물이 생기려다가 무위로 돌아가는 일로 실현될 것으로 해몽을 했다.

보름여 뒤에 실제로 예지했던 대로 일은 일어났다. 몇 년전에 산속에 남향의 450여평의 밭을 구입하였는 바, 돈이 필요하여 묏자리로 매도를 하고자 하였다. 등기부 상에도 전(田)으로 되어 있어, 매수자가 마음에 들어 계약을 체결하고 계약금을 지불하고, 등기 이전을 위해 농지자격 취득 증명원까지 취득하였었다.

하지만 매수자가 밭의 정확한 경계를 알아보고자 실제 측량을 한 결과, 지적도와는 달리 밭이 아닌, 우측으로 10~20m씩이나 떨어진 엉뚱한 소나무 숲이라는 것이었다. 그러니 매수자는 꺼림칙하여 묏자리로 쓸 수 없다는 것이었고, 나아가 사기꾼 취급을 받는 지경에 이르렀다. 그리하여 계약금을 다시 돌려주고 심지어 측량비용까지 변상해주는 황당한 일로 실현되었다. 돼지가 들어왔지만 이내 죽은 돼지꿈의 예지가 헛된 수고로움으로 끝났던 것이었다.

그러나 죽은 돼지꿈의 상징의미를 잘 알았기에, 뜻밖의 일에 가슴 아파하지 않을 수 있었다. 인터넷 위성지도상으로 보면 번지수가 밭으로 나오고 있으며, 면사무소 직원은 그 땅에 농사를 짓지 않으면 벌금을 물린다고까지 말해 왔는데, 귀신이 곡할 노릇이었다. 후략―

다음은 한건덕 선생님의 꿈에 필자와의 운명적인 만남을 예지하고, 필자의 꿈연구의 진행과 1997년 『꿈해몽백과』를 공저할 것을 예지한 꿈 사례 두 가지를 소개하고자 한다. 1973년에 꾼 꿈이니 2012년 기준에서 본다면, 39년 전의 꿈사례이지만, 한 치의 오차도 없이 꿈대로 진행되어 가고 있는 중이며, 그 어떤 예지적인 꿈의 실증사례보다도 전율을 느낄 정도이다.

한건덕 선생님은 '꿈이란 미해결의 관심사와 미래사를 판단하고 예지한 고도의 지적산물(知的産物)'이라고 말씀하시고 있다. 또한, 한건덕 선생님의 여러 저서 중에 『나의 작품관계 꿈의 일지 분석』이 있는 바, '스스로의 꿈을 기록하고 장차 이렇게 실현될 것이다'를 밝힌 책이다. 꿈이 미래를 예지한다는 대명제에 대한 확신이 없다면, 또한 올바르게 해몽할 능력이 없다면, 시도하지도 못할 저서인 것이다. 또한 이 책은 꿈이 바로 실현되지 않고, 몇 년 후 심지어 몇십년이 지나서 실현된다는 사실에 대한 믿음과 확신이 없이는 불가능한 저서인 것이다.

⑧ 사나이가 돌탑을 허물어내고 작업하는 꿈, 여중생과 그림을 같이 그리는 꿈→ 한건덕 선생님과의 운명적 만남으로 공저를 하게 될 것을 예지

〈 사나이가 탑을 허물며 일을 하는 꿈 〉

햇빛이 화사하게 든 얕은 언덕에 황금색 잔디가 깔려 있고, 그 오른쪽에 상아탑이라고 생각되는 돌탑이 약 10여미터 높이로 솟아 있다. 돌탑 끝은 입체 삼각형으로 뾰족탑이 되었으며, 탑신의 대부분은 담쟁이 넝쿨로 뒤덮여 탑의 연륜이 상당히 오래된 것을 알 수가 있다. 이 때 그 탑 앞에 한 건장한 사나이가 웃통은 벗어 던진 채 서 있는데, 그는 탑의 밑 ⅓ 가량의 쌓여진 돌을 하나하나 뽑아서, 자기 키보다 긴 것을 저 쪽 언덕 너머로 떡 한 조각씩 던지듯 가볍게 모두 던져 버렸다.

그리고 그가 있던 곳엔 넓고 큰 홀이 생겼는데, 그는 그 안에 들어가 사닥다리를 놓고 천장 밑에서 무엇인가 일을 하고 있었다. 나는 왼쪽 언덕에 서서 이 광경을 지켜보다가, 홀 안으로 들어가 그가 떨어지지 않도록 사다리를 꽉 잡고 있었다.

이 꿈에서 돌탑 밑부분의 돌을 하나하나 제거한 것은 과거로부터 이어져 오는 학문적 논증을 제거하고, 거기에 어떤 새로운 연구 기관(홀)을 설립하는데 주역을 맡을 사람이 나타남을 뜻한다. 내가 그의 사다리를 부축한 것은 그의 일을 거든다는 뜻이니, 쌓아올린 돌 벽을

허물어 내는 그가 누구이며 어디 사는지 기다릴 수밖에 없다.

꿈 내용과 선생님의 꿈풀이를 요약해 적어보았다. 이 꿈은 선생님을
처음 뵈었을 때인 1996년 6월 말 경, '사나이 운운一' 하신 말씀이기도
하다. 그 당시 필자는 이 꿈이야기를 모르고 있었다. 필자가 1996년『현
실속의 꿈이야기』를 집필하는 과정에서, 우리나라에서 꿈연구를 해오신
고(故) 한건덕 선생님이 있다는 사실과 몸이 불편하시다는 사실만을 알
고 있었을 뿐이었다. 그리하여 선인들의 꿈이야기를 정리한 책을 출간한
후학의 입장에서, 꿈을 연구하신다고 하니 인사차 책을 한 권 보내드린
것뿐이었다.

그런데 선생님이 필자의 책을 보시고, 한 번 집에 방문해주기를 요청
하셨다. 그날 처음으로 광명의 어느 조그만 아파트의 한 방안에서 선생
님을 뵈었을 때, 연장자이시며 꿈에 대한 연구를 해오신 데 대한 존경의
표시로 예의를 갖추어 큰절을 올렸다.

그때 선생님이 중얼거리시기를,
"사나이가一" 필자는 무슨 뜻인지
몰랐다. 그날 선생님의 모습은 육체
적인 불편함은 차지하고라도, 힘겨
운 삶의 모습은 사람들의 꿈에 대한
무관심과 무지함이 투영된, 차마 글
로 여기에 옮기지 못할 정도로 비통
하다고 할 만큼 참혹한 모습이셨다.

각설하고, 이 꿈에 대한 자세한
꿈의 내용과 해몽의 모든 것은 선생

〈 그림 : 사나이가 탑을 허물어 일하는 꿈〉

님께서 1981년 9월 출간한 『꿈과 잠재의식』 제 1장 '꿈이란 무엇인가?' 책 서두에 그림과 함께 그대로 실려 있다.

그림 아래에는 다음과 같이 적혀 있다. 돌로 쌓아 올린 상아탑(과거의 꿈에 관한 학문적 업적) 밑 부분의 고인 돌 둘을 뽑아 언덕 너머로 던지고(기존 학설의 기초적인 이론을 폐기), 그 자리에 홀을 만드는 사나이(새로운 기초 학문의 정립을 시도하는 어느 학자)

선생님께서 1973년 1월 8일 밤에 꾼 꿈이라고 밝히고 있다. 당시의 선생님의 말씀이다. "이 꿈은 아직 실현되지 않았다. 하지만 이 꿈과 해석에 대해서, 반드시 실현될 것을 믿어 의심치 않는다."

꿈은 꿈을 꾼 자신이 가장 잘 해몽할 수 있는 바, 이 꿈을 꾸게 된 동기에 대해 다음과 같이 밝히고 있다. 미해결의 관심사인, '장차 나의 꿈의 연구가 뜻있는 사람으로 하여금 채택되어서, 꿈에 대한 기성학문을 변개할만한 일이 진행될 수 있을 것인가 알고자 했던 문제' 에 대해서 어떤 해답을 구한 꿈이라고 우선 추정할 수가 있다.

『꿈과 잠재의식』의 19쪽에 실려 있는 꿈의 마지막 부분의 언급을 그대로 전재하여 살펴본다.

　　"어느새 돌을 뽑아버린 탑 부분에는 큰 구멍이 생겼고, 나는 그 구멍안에 들어와 있었다. 먼저의 사나이가 하나의 사다리를 가져와, 구멍안 한쪽 벽 천장 밑에 비스듬히 세우고 올라섰다. 나는 그가 떨어지지 않도록 두 손으로 사다리를 잡고 있었고, 그는 그 위 천정쪽에 손을 대고 무엇인가 일을 하고 있었다. 그와 나는 아무 말도 건네지 않은 것 같았으나, 그와 나는 동업자라고 생각하고 있었다."

여기에 대해서 3∼4쪽에 걸쳐 자세한 꿈풀이를 해놓고 있는 바, 동업자에 대해서는 "내가 그의 일을 도우며 동업자라고 생각한 것으로 보아, 꿈속의 그 사람으로 동일시되는 어떤 사람의 일을 내가 도울 것임에는 틀림이 없다." 라고 언급하고 있다.

필자의 꿈풀이는 담쟁이 넝쿨로 뒤덮인 연륜이 오랜 탑은 그 동안에 선생님이 쌓아 올린 꿈에 관한 여러 학문적 업적 내지 저작물을 뜻하고 있다. 벽돌이란 여러 조각이 합쳐져서 이루어지는 노작의 결정체로 볼 수 있다.

여기에 사나이로 상징된 필자 자신이 선생님의 학문적 업적 내지 저작물 중에서 난해하거나 잘못된 것을 고쳐서(돌을 던져 버리고), 일반 사람들이 쉽게 이해할 수 있는 새로운 저작물을 선생님과 함께(떨어지지 않도록 사다리를 꽉 잡고) 이루어 낼 것(홀안에서 일을 하고 있음)임을 예지해주고 있는 꿈으로 보고 싶다.

그 첫 번째 결실이, 선생님의 꿈해몽 관련 글에다가 필자의 해설을 새롭게 다듬고 보태어 책임 집필하여, 1997년 선생님과 공저로 발간한 『꿈해몽 백과』인 것이다. (선생님께서는 출간을 보지 못하시고, 1개월여 전인 1997년 7월 29일에 운명하셨다.)

또한 선생님이 출간을 희망했던 책으로, 성경 속의 여러 비유적인 말씀을 꿈의 상징언어로 새롭게 해석한 『성경의 새로운 해석』이 있다. 선생님이 꾸신 또다른 꿈에서의 상징대로 표현하자면, 아직까지 시체가 지푸라기에 덮힌 채 무덤속에 들어갈 날만 기다리고 있는 중이다. (시체는 상징적으로 선생님의 원고로서, 무덤에 묻히지 못한 것은 책으로 출간되지 못한 상태를 가리키는 것으로, 필자가 선생님 살아 생전에 원고로 받았지만, 아직까지 책으로 출간되지 못했음을 밝힌다. 다만, 전혀 새로운 내용이 아닌, 1986년 출간된 『성경속의 꿈해석』 책 내용의 보완원고 성격을 띠고 있다.)

〈 여중생에게 그림을 가르치며 같이 그린 꿈 〉

　　어떤 교실 같은 곳에 뒤에 칠판이 있고, 교단의 아래쪽에 탁자 같은 넓은 책상이 있다. 그 저쪽에 중학생 또래의 여학생이 하나 앉아 있다. 나는 칠판과 교단 사이에 서서 다 닳아빠진 백묵 하나를 쥐고, 칠판에 그림을 그려 보이며 학생에게 그대로 종이에 그리기를 요구한다. 학생은 책상 전체에 펴놓은 넓은 종이에 그림을 그리기 시작했는데, 그 종이에 그 애와 번갈아 가며 나도 그림을 그렸다. 나중에 완성된 그림을 보니 한 폭의 풍경화가 사진을 찍은 듯 잘 그려져 있고, 가운데 부분이 더욱 잘 그려졌다. ―후략.

　　이 꿈은 실현되지 않은 꿈이다. 백묵이 다 닳았으니 내가 설명할 것이 별로 없을 마지막 때 있을 일이요, 공동작업자가 여중생 또래이니 비록 박식하더라도 꿈에 관해서는 별로 아는 것이 많지 않은 자요, 큰 백지에 그림을 그렸으니 어떤 작품 또는 논문 따위를 구성할 것이다. 그림이 잘 그려졌으니 문장 내용이 참신할 것이며, 그와 더불어 번갈아 가며 그렸으며 공동 작품임에 틀림이 없다. 그 여중생으로 동일시된 사람이 누구인지 자못 궁금하다. ―한건덕.

　　꿈의 작업장에서 이루어진 상징의 표현을 보고 있노라면, 새삼 꿈의 신비에 감탄하게 된다. 어느 유능한 소설가라 할지라도, 꿈의 궁전에서 펼쳐지는 오색의 무지개(상징적으로 표현되는 꿈의 세계)를 뛰어넘는 이야기를 지어낼 수가 없을 것으로 확신하는 바이다. 더구나 현재의 일도 아니고 오랜 세월 뒤에 이루어질 그 어떠한 사실이나 현상에 대해서는 더더욱 불가능할 것이다. 어떠한 꿈을 꾸고 나서, 그 꿈이 10년~20년 뒤에 실현되었을 때의 그 놀라움은 경험해보지 않으신 분은 모를 것이다.

맞선을 보러 가기 전에 상대방에게 안겨있는 꿈을 꾼 후에, 마음을 정하고 결혼을 한 사람이 있다. 우리는 어떤 꿈을 꾸게 되면 '꿈은 허황된 것이다' 고 말들을 하면서도, 내심으로는 꿈으로 나타난 그 어떤 상징적인 의미에 대해서 의미를 부여하고 그 뜻을 알아내고자 한다.

아마도 한건덕 선생님이 위에 사례로 든 이러한 꿈들을 꾸지 않으셨다면, 필자와의 『꿈해몽 백과』에 대한 공저의 책도 나오지 않았을지 모른다. 하지만, 꿈을 믿는 사람들에게 있어서는 이 모든 것이 운명의 길이요, 하늘의 뜻이라 할 수 있다.

필자가 그후에 '탑을 허물고 새롭게 작업하는 사나이의 꿈', '여중생과 그림을 그리는 꿈' 에 관한 한건덕 선생님의 꿈이야기를 읽으면서, '어쩌면 이런 일이 일어날 수 있을까?' 솔직하게 고백하자면, 필자가 기획하고 있는 전체 20여 권의 『홍순래 꿈해몽 대사전』을 통한 꿈에 관한 학문적 이론체계의 올바른 정립에까지 예지되고 있음에서, 신비한 꿈의 세계에 전율감마저 느낀다. 또한 선생님의 상징적인 꿈에 대한 정확한 미래예지의 해몽에 찬탄을 금할 수가 없다.

필자가 여중생으로 상징되어 등장된 바, 선생님의 꿈해몽 역시 탁월하신 견해이다. "공동작업자가 여중생 또래이니, 비록 박식하더라도 꿈에 관해서는 별로 아는 것이 많지 않은 자요," 1996년 선생님을 처음 만났을 때는 꿈에 관한 연구에 한해서는 이제 걸음마 단계에 있던 필자였다. 갓난아기나 어린애와 같이 그림을 그리는 표상으로 전개되지 않은 것이 다행일 것이다.

필자는 여중생으로 동일시되어 등장되었으며, 같이 그림을 그리는 꿈은 어떠한 논문이나 저서를 창작해내는 데 있어 공동으로 하게 될 것을 상징적으로 나타내고 있다. 또한 그림이 잘 되었다는 것은 훌륭한 작품이 될 것을 예지해주고 있다.

⑨IMF가 닥칠 것을 예지했던 꿈→ 사이트 이용자 꿈체험담이다.

지난 96년 초에 유학 생활 중에 꾼 생생한 꿈이다. '거리는 텅 비어 있고 차도 별로 다니지 않았다. 먼지만 뿌옇고 왠지 어수선한 분위기였다. 한 사람에게 무슨 일이냐고 물으니, 전쟁이 났다고 하였다. 총성도 없고 군인들도 보이지 않았는데, 그저 사람이 더 이상은 살지 않는 도시처럼 텅텅 비어 있었다. 모여 있던 사람들 중에, 유독 옷을 깔끔하게 차려 입은 여자가 내게 말을 걸어왔다. 전쟁이 나서 많은 사람들이 굶어 죽어가고 있다고.'

그 당시는 해몽을 못하고, 막연히 '북한이 혹시라도 전쟁을 일으키지는 않나' 하고 걱정했었는데, 1년이 지나 귀국 후 IMF를 겪으면서 비로소 알게 되었다. IMF는 소리 없는 전쟁이었고, 얼마나 많은 선량한 국민들이 고통을 겪어야 했던가를—.

올바른 해몽이다. 꿈의 예지대로 IMF라는 초유의 사태로 국민들이 고통을 겪는 일로 이루어졌으며, IMF는 소리없는 전쟁보다 더 지독한 것이었던 것이다. 이처럼 꿈이 생생하거나 반복적으로 꾸는 경우, 꿈으로 예지된 일이 중대한 일이며 그 실현의 나날이 점차 다가오고 있음을 뜻하고 있다.

'전쟁이 나서 많은 사람들이 굶어 죽어가고 있다고—' 꿈해몽은 상징의 이해에 있는 바, 전쟁의 꿈은 그 체험이나 전쟁에 관한 지식에서 형성되지만, 꿈속에서의 전쟁의 상징의미는 벅찬 외부적인 여건과의 대립에서 힘겹고 두려우며 고통스런 일을 겪게 됨을 뜻하고 있다. '많은 사람들이 굶어 죽어가고 있다' 는 꿈속의 말에서, 많은 사람들이 경제적으로 어려움에 처하게 되어 자살하거나 이혼하는 등의 고통과 시련의 나날이 있게 될 것을 예지해주고 있다.

유사한 사례로, 어느 회사원의 정초 꿈에 '한강물이 범람하여 개·돼지들이 막 떠내려 가는 꿈' 을 꾼 사람이 있었다. 꿈에서 깨어나 생각하기를, '올해는 장마가 크게 나겠구나' 생각하였지만, 그해 수해 등은 일어나지 않았다. 일어난 것은 IMF 사태로, IMF라는 국가 위기 상황을 상징적으로 나타낸 표상으로 받아들인다는 것이다. 이 역시 올바른 해몽이라고 여겨진다. 시골 할아버지까지도 IMF 시대에 '운운' 하는 세상이 되었으니, IMF란 괴물이 우리 국민들에게 준 고통이 '흙탕물인 한강에 개·돼지가 떠내려가는' 현실과 무엇이 다르랴. 한강물로써 우리나라를, 개·돼지의 짐승들로 힘없는 민초를 상징적으로 보여줌으로써, 장차 일어날 일에 대한 궁금증을 강렬하게 각인시켜 주고 있다.

또한 이렇게 정초에 꾸는 꿈으로 일년의 운세를 보여주기도 한다. 의료기관에 종사하는 어느 회사원의 꿈으로, 정초에 자신의 손가락이 네 개 잘리는 꿈을 꾸고 몹시 걱정하였다. 꿈의 실현은 그해에는 유독 직장에서 교통사고가 많이 나서, 네 명의 직원이 사망하는 일로 이루어졌다. 자신이 소속된 기관의 직원에게 일어날 사고의 예지를 자신의 손가락이 잘리는 꿈으로 상징적으로 나타내주고 있는 것이다. 이 경우 자신의 팔이 잘리는 꿈이었다면, '누구누구는 누구의 오른팔이다' 라는 일상언어의 관습적 상징처럼, 자신에게 있어 팔과 같이 소중한 사람이거나 일을 도와주는 아랫사람에게, 사건·사고가 일어나게 되거나 퇴사하여 결별하는 등의 일로 이루어지고 있다.

또한 노래를 잘 부르고 못부르고 사람마다 차이가 나듯이, 꿈을 꾸는 능력에도 개인별로 차이가 존재하고 있다. 자신에게 일어날 일을 꿈으로 예지하지 못하는 사람이 있는가 하면, 이렇게 자신에게 일어날 일뿐만 아니라, 자신의 주변인물 나아가 국가적·사회적으로 일어날 엄청난 사건이나 사고를 예지하는 사람이 상당수 있다. 이는 인간 정신 능력의 활동이 꿈을 통해 활발하게 일어나는 사람이다.

이처럼 우리가 꾸는 꿈의 분석을 통해, 장차 다가올 국가적 사회적인 큰 일이 일어나는 것을 예지해내는 일이 가능하다고 하겠다. 이처럼 엄청난 일이 일어날 것을 꿈으로 예지한다는 것은 어찌보면 인간의 무한한 초능력적인 정신활동의 세계를 믿는다면 지극히 당연한 것이다. 꿈의 세계야말로 우리 인간이 만물의 영장임을 여실하게 증명해주고 있다.

이밖에도 유성룡은 경복궁이 불타는 꿈으로, 허균은 꿈속에서 짓는 암울한 몽중시(夢中詩)로 임진왜란이 일어날 것을 예지하고 있는 바, 선인들의 사례에서 살펴본다.

⑩ 구덩이가 매몰되어 부대원 78명이 생매장되었다는 꿈→ 필자의 사이트(984.co.kr)에 올려진 이용자의 꿈체험기로, 1993년의 구포역 참사를 예지했던 실증사례이다.

〈 구포역 참사 예지 〉
제가 겪은 꿈 이야기를 쓰려고 합니다. 저는 꿈이 현실과 일치하는 경우가 많은 편입니다. 이 꿈은 제가 군대를 제대한지, 얼마 안되는 93년 3월의 꿈입니다. 새벽녘에 꾼 꿈이었습니다. 꿈속에서 누군가 제게 전화를 걸어온 사람이 있었습니다. 그 사람은 저를 "김 병장님이 아니냐"며 물었습니다. "그렇다"고 했고, "당신은 누구냐" 물었더니 그는 "김 병장님은 저를 잘 모르겠지만, 저는 잘 알고 있습니다."라며 말문을 열었습니다.

그는 제가 제대한지 얼마 안되어 제가 근무하던 부대로 발령을 받은 장교라서, 나는 그를 모르는게 당연할 것이라고 했습니다. 그는 제가 근무하던 부대에서 큰 사고가 났다고 했습니다. 부대에서 공사를 하던 중에, 사병들이 전원 투입되어 큰 구덩이를 파게 되었는데, 그만 작업 도중에 구덩이가 매몰되어 부대원 78명이 생매장되었다는 것이었습니다. 저는 꿈속에서 78명이 사망했다면, 실로 충격적이며 한편으로 슬픈 사고라고 생각했습니다.

꿈을 깨고서도 저는 그 꿈이 예지하고자 하는 바가 무엇인지, 골똘히 생각해 보았으나, 도무지 종잡을 수가 없었습니다. 그런데, 꿈을 꾼 지 일 주일 정도 지나서, 대형 열차사고가 발생했습니다. 공사 중의 연약한 지반으로 인해, 기차가 공사 중인 지반 옆으로 처박히는 사고였죠. 70명 정도의 사람이 사고로 죽었습니다. 그런데 하루가 지날 때마다, 중상자 중에 사망하는 사람이 늘면서, 일요일 저녁 라디오를 통해 뉴스를 듣던 중에, 이 사고로 인한 최종 사망자수가 78명이라는 발표를 듣게 되었습니다. 저는 그제서야 약 2주전 그 꿈에서, 그 장교가 말해준 '78명'이라는 사상자의 숫자를 떠올리고, 등골이 오싹해지는 전율을 느끼게 되었습니다. —후략.

1993. 3. 28일 구포역 입구에서 철길 지하 굴착공사로 인한 지반 붕괴로 인해, 부산으로 들어가던 무궁화 열차가 전복되는 대형 사고가 발생하여, 승객 78명이 숨지는 대형사고가 있었다.

윗 체험사례는 꿈을 믿는 사람에게도 신비할 정도의 상징기법이 전개되고 있다. 보통의 꿈은 보는 것으로 진행되지만, 이처럼 전화나 목소리를 듣는 꿈으로 진행되는 경우도 있다. 부대원 78명이 생매장 당했다는 꿈속의 말이, 78명이 사고로 죽게 되는 구포역 참사로 실현되고 있다. 그야말로 전율을 느낄 정도의 꿈의 세계이다.

이처럼 우리의 정신능력의 활동이 활발하여 꿈꾸는 능력이 뛰어난 일부 사람들은 자신이나 자신의 주변인물의 일뿐만 아니라, 국가적·사회적으로 커다란 사건이 일어날 것을 꿈으로 예지해주고 있다. 이 경우 사소한 꿈의 예지일수록 빨리 실현되고 있으며, 엄청난 사건의 예지일수록 꿈이 생생하고 강렬하며 현실에서 중대하고 의미있는 일로 일어나고 있으며, 현실에서 실현되는 데 있어 다소의 시일이 걸리고 있다.

예를 들어 태몽꿈의 특징은 생생하고 강렬하며, 그 꿈의 실현은 20~30년이 지난 뒤에 이루어지고 있는 경우가 대부분이다. 이밖에도 성수대교 붕괴 예지, 무장공비 청와대 습격사건 예지, 8.15 문세광 저격 사건 예지, KAL기 추락 예지, 씨랜드 화재사건 예지, 삼풍백화점 붕괴 사건 예지 등 커다란 국가적·사회적 사건을 예지해주는 사례가 있다.

일반적인 예지 꿈으로도, 할머니께서 돌아가신 이모할머니를 따라가시는 꿈을 꾸고 다리를 다친 사례, 꿈에 나타난 사람들 가운데 유독 희미하게 나타난 사람이 교통사고를 당한 사례, 널어둔 아기 기저귀가 빨간 핏빛으로 물드는 꿈으로 입술을 10바늘 이상 꼬맬 정도로 찢어지는 사고가 발생한 사례 등 예지적인 꿈사례는 밤하늘의 별 만큼이나 수없이 많다.

3) 선인들의 상징적인 미래예지 꿈사례

선인들의 상징적인 미래예지 꿈의 사례를, (1) 국가적 · 사회적 사건 예지 (2) 죽음예지 (3) 왕 · 황후 등극 및 귀한 신분 예지 (4) 과거 급제 · 관직 · 관운(官運) 예지 (5) 부임지나 유배지를 예지 (6) 태몽으로 나누어 살펴본다.

(1) 국가적 · 사회적 사건 예지 꿈
① 표범이 호랑이의 꼬리를 깨물어 자른 꿈

고구려 태조대왕 90년(서기 142년)에 한 표범이 호랑이 꼬리를 깨물어 자른 꿈을 꾸었다. 깨어서 그 길흉 여부를 물으니, 어떤 사람이 말하였다. "호랑이는 백수의 으뜸이고, 표범은 같은 종류의 작은 것 입니다. 그 뜻은 왕족으로서, 대왕의 후손을 끊으려고 음모하는 자가 있는 것 같습니다."

꿈의 예지를 무시한 왕은 이후 충신 고복장의 반대를 무릅쓰고, 아우인 수성에게 왕위를 물려주면서 태조대왕으로 물러나고, 아우인 수성이 왕위에 올랐다. 차대왕(次大王) 2년(147) 3월에 충신 고복장을 죽였다. 또한 차대왕 3년(148) 여름 4월에 왕은 사람을 시켜 태조대왕 의 맏아들 막근(莫勤)을 죽였다. 그 아우 막덕(莫德)은 화가 연이어 미 칠까 두려워, 스스로 목을 매었다.

— 『삼국사기』 요약 발췌

요약해 살펴본 바 『삼국사기』에 전하는 꿈사례로, 상징적인 미래예 지 꿈의 대표적인 사례이다. 표범이 호랑이의 꼬리를 깨물어 짜른 꿈의 해몽을 "호랑이는 백수의 으뜸이고, 표범은 같은 종류의 작은 것입니다. 그 뜻은 왕족으로서, 대왕의 후손을 끊으려고 음모하는 자가 있는 것 같습니다." 이는 올바른 해몽이다. 꿈속에 나타나는 호랑이나 고양이나 구렁이 기타 동물 등은 대부분 사람을 상징하고 있다.

태조대왕은 아우인 차대왕에게 왕위를 선양하였으나, 결국 아우인 차대왕은 충신과 두 조카를 죽였다. 이처럼, 태조대왕은 꿈의 예지에 대하여 가볍게 생각하고, 대비를 하지 않았기에 이러한 일로 일어난 것일까? 아니면 꿈 자체가 상징적인 미래예지 꿈으로 장차 그 실현이 이루어지게 되어 있던 것일까?

필자의 수많은 사례 연구를 통해 볼 때, 다만 경고성 성격의 꿈이 있기는 하지만, 상징적인 미래예지 꿈의 실현 자체를 우리 인간이 벗어나게 할 수는 없는 것으로 되어있다. 오직 선행을 베풀고 근신(謹愼)함으로써 장차 일어나는 일에 대하여 최소화한 사례는 있다.

꿈을 꾼 후로, 5년 뒤에 꿈의 예지는 실현되고 있다. 5년째에 충신인 '고복장'이 죽게 되고, 이어 6년째에 호랑이 꼬리로 상징되었던 자신의 두 아들이 죽게 되는 일로 실현되고 있다.

② 경복궁이 불타고 다음 번에는 올려 지으라는 꿈

임진왜란이 일어나게 되고 왜적이 물러가게 될 것을 예지한 류성룡(柳成龍)의 예지적인 꿈에 대한 기록을 살펴본다.

신묘년 겨울에 내가 우연히 하나의 꿈을 꾸니, 경복궁의 연추문(延秋門)이 불에 타서 잿더미가 된 것이다. 내가 그 아래를 배회하고 있으니, 곁에 어떤 사람이 있어 말하기를, "이 궁궐은 처음 자리를 정할 적에 지나치게 아래로 내려갔으니, 지금 만약 고쳐 짓는다면 마땅히 약간 높게 산 쪽에 가깝게 자리를 정해야 할 것이오” 라고 하였다. 내가 놀라 깨어나니 온 몸에 땀이 흘렀는데, 감히 다른 사람들에게 꿈을 말할 수 없었다.

이듬해 임진년 4월에 임금이 탄 수레가 왜적을 피해 경복궁을 떠나고, 세 궁궐인 경복궁·창덕궁·창경궁이 모두 불에 타서 잿더미가 되어버렸다. 적병이 팔도에 가득히 찼으며, 여러 사람들이 나라의 회복이 가망 없다고 의심하고 있었다. 나는 비로소 친하고 아는 사람에게 이 꿈 이야기를 말하고는, 또 이르기를 “꿈속에서 이미 경복궁을 고쳐 지을 일을 의논하였으니, 이는 곧 나라가 회복될 징조이므로 왜적을 족히 두려워할 것이 못되오.” 라고 하였다. 이윽고 왜적은 과연 패하여 물러갔으며, 임금의 행차는 도성으로 돌아왔던 것이다.

—『西厓集』,〈夢兆〉.

신묘년 겨울은 선조 24년, 1591년으로 임진왜란이 일어나기 5개월여 전이다. 류성룡은 꿈속에서 ‘경복궁이 불타 없어지고, 새로 짓는다면 산 쪽에 가깝게 올려 지어야 된다’ 는 이야기를 듣게 된다. 이 꿈을 꾸고 난 후에는 불길한 꿈으로 여겨서 꿈이야기를 할 수 없었으나, 왜적이 침입하여 국가의 안위를 걱정해야 할 때, 경복궁을 새로 짓는 논의로 미루어 장차 한양이 수복되고 왜적이 곧 물러나게 될 것을 예지한 꿈사례를 말하고 있다.

③ 암울한 夢中詩(몽중시)로 임진왜란을 예지
　　다소 특이한 사례로, 꿈속에서 시를 짓는 몽중시로써 장차 일

어날 임진왜란의 비극적 상황을 예지한 許筠(허균)의 『惺所覆瓿藁
(성소부부고)』에 나오는 이야기를 살펴본다.

내가 언젠가 꿈에 한 곳에 이르니, 거친 연기와 들풀이 눈길 닿는
데까지 끝없는데, 불탄 나무의 껍질 벗겨진 데에 다음과 같이 시를
적었다.

冤氣茫茫(원기망망) 원통한 기운 끝없어
山河一色(산하일색) 산하가 한 빛이로다.
萬國無人(만국무인) 온 나라에 사람 하나 없고
中天月黑(중천월흑) 하늘 가운데의 달도 침침하네

잠에서 깨어 몹시 언짢게 여겼었는데, 임진왜란에 서울이나 시골
을 막론하고 피가 흐르고, 집들이 불타 없어짐에 이르러서, 이 시가
지극히 옳은 것으로 바야흐로 징험이 되었다.

선인들의 꿈사례 가운데에는 이처럼 꿈속에서 시를 지었음을 밝히
고 있는 夢中詩(몽중시)가 상당수 있는 바, 이 사례는 허균이 임진왜란이
일어나기 몇 달 전에 꿈속에서 지은 몽중시로 잠을 깨고 나서 기록한 것
이다.

꿈속에서 시를 짓고 깨어나서도 기분이 언짢았음을 허균 스스로 밝
히고 있는 바, 장차 일어나게 될 임진왜란의 참화를 예지해주고 있다. 몽
중시 속에 등장하는 시어는 '冤氣(원기): 원통한 기운', '無人(무인): 사람
이 없다', '月黑(월흑: 달빛이 캄캄하다)' 등으로 시의 전반적인 분위기가

어둡고 음울하여 장차 병화(兵禍) 등 어두운 미래가 다가오고 있음을 예지해주고 있다. 산하(山河)는 우리의 국토를 상징하고 있으며, 원통한 기운이 차 있다는 것으로 백성들이 어려움과 고통에 시달릴 것을 상징적으로 보여주고 있는 것이다. '사람 하나 없는' 또한 전란으로 인하여 황폐한 정황을, '하늘 가운데의 달빛도 침침하네'로 밝은 광명이 비치지 아니하고 시련과 고난의 어려움에 빠져들게 될 것을 예지해주고 있다.

또한 '달빛도 침침하네'의 꿈의 상징기법은 소설이나 시에서의 문학적 상징의미와도 일맥상통하게 전개되고 있다. 예를 들면, 정철(鄭澈)의 가사작품인『관동별곡(關東別曲)』의 맨 끝 구절에 나오는, '명월이 천산만락(千山萬落)의 아니 비췬 데 없다'에서 밝은 달은 임금의 성총이나 은혜로움이 온 나라에 펼쳐지고 있음을 상징적으로 나타내고 있다.

한편, 세종이 지은 월인천강지곡(月印千江之曲)은 '달이 천 개의 강에 비쳐지는' 뜻이지만, 달빛은 부처님의 교화와 자비로움으로 천 개의 강으로 상징된 온 세상에 펼쳐짐을 나타내고 있다.

허균의 이 몽중시는 형식적으로는 四言四句(4언4구)의 비교적 간결한 시 형식으로써, 깨어나서도 쉽게 꿈속에서 지은 시의 내용을 기억하게 해주고 있는 것이 특징이다. 또한, 꿈속에서 지은 몽중시 속에 나오는 내용 중의 만국무인(萬國無人: 온 나라에 사람 하나 없고)은 삭막하고 쓸쓸한 시적배경으로, 변란과 고난 등의 어려움의 일로 실현될 것을 보여주고 있다. 앞서 요즈음 사람들의 사례에서 살펴본, '전쟁의 나서 길거리에 사람이 하나도 없었던 IMF를 예지한 꿈사례'와 유사성이 있음을 알 수 있겠다.

④ 몽중시로 임진왜란이 평정될 것을 예지

細雨天含柳色靑 보슬비가 하늘에 가득하니 버들은 푸른빛을 띠고
東風吹途馬蹄輕 샛바람이 길에 불어오니 말발굽이 가볍구나.
太平名官還朝日 태평해져 명관들이 조정으로 돌아오는 날
奏凱歡聲滿洛城 승전가를 올리니 기쁜 소리 장안에 가득하구나.
— 朴東亮(박동량)의 『寄齋史草(기재사초)』 하.

홍연길(洪延吉)의 아들이 지었다는 몽중시로, 꿈속에서 몽중시를 지은 것이 신묘년(선조 24년, 1591) 겨울의 일이니, 이는 4개월 여 뒤인 다음해 선조 25년 1592년 4월 일어나는 임진왜란으로 인한 국가 사직의 안위에 대한 예지를 보여주는 꿈으로 보아야 할 것이다. 또한 '보슬비 오는 날 버들은 푸른 빛을 머금었는데'에서와 같이, 버들이 푸른 때로 계절적 배경이 드러나고 있는 바, 실제로 난을 피해 의주로 몽진(蒙塵)한 임금을 비롯한 조정의 대신들이 한양에 다시 돌아오게 되는 때는 1593년 4월 18일 왜군이 도성에서 철수하여 남하한 이후에 이루어지고 있다.

⑤ 이항복이 자신의 죽음과 인조반정을 예지

무오년 5월에 이항복(李恒福)이 북청(北靑)에 귀양 가 있었다. 하루는 꿈에 선조가 용상에 앉아 있고, 유성룡(柳成龍)·김명원(金命元)·이덕형(李德馨)이 함께 입시하고 있었다. 선조가 이르기를, "혼(琿: 광해군의 이름)이 무도하여 동기를 해치고 어머니를 가두어 두니, 폐하지 않을 수 없다." 하니, 덕형이 이뢰기를, "이항복이 아니면 이 의논을 결정하지 못하겠으니 속히 부르소서." 하였다. 이에 항복이 깜

짝 놀라 깨어서, 자제들에게 말하기를, "내가 살아있을 날이 오래지 않을 것이다." 하더니 이틀 뒤에 죽었다. — 〈백사행장(白沙行狀)〉

이 꿈이야기는 장차 일어날 두 가지 사건을 예지해주고 있다. 하나는 이미 죽은 선조대왕을 비롯하여 이덕형(李德馨)이 자신을 불러와야 한다는 꿈을 꾸고 나서, 이항복 스스로 머지않아 자신이 죽게 될 것을 예지하고 있다. 또한 꿈속에서 들은 말인 '폐하지 않을 수 없다.'의 말처럼, 장차 광해군이 인조반정으로 인하여 왕위에서 쫓겨나게 될 것을 예지해주고 있다.

꿈속에 등장된 인물인, 류성룡(1542~1607), 김명원(1534~1602), 이덕형(李德馨)(1561~1613) 및 선조(1552~1608)는 이미 죽은 지가 5~11년이 지나 있던 때이다. 요즈음 사람들의 사례에서도 이처럼, 죽은 사람이 나타나 같이 가자고 하는 경우, 죽음으로 실현되고 있다.

"이항복이 아니면 이 의논을 결정하지 못하겠으니 속히 부르소서."라는 꿈을 꾼 무오년인 1618년 5월인 바, 그로부터 이틀 뒤에 자신의 죽음으로 실현되고 있으며, 그로부터 5년 정도 지나서인 1623년(광해군 15) 3월에 꿈속에서 선조가 한 말인 "혼(琿: 광해의 이름)이 무도하여 동기를 해치고 어머니를 가두어 두니 폐하지 않을 수 없다."의 말처럼, 광해군을 왕위에서 몰아내게 되는 인조반정이 일어나는 일로 실현되고 있다.

또한 이밖에도 홍대용(洪大容)이 중국의 육비(陸飛)에게 보낸 편지의 내용 중에, '황룡(黃龍)이 하늘로 날아오르는 꿈'으로 인조반정에서 능양군(綾陽君)의 성공적인 거사를 예지해준 꿈이야기가 있다.

⑥ 가짜 해가 산산이 부숴지는 것을 보는 꿈

송덕영(宋德榮)은 조선 중기의 무신으로 이괄(李适)의 난을 진압시에, 두 해가 나란히 나타나 서로 부딪치더니, 가짜 해가 결국 산산이 부서지고 마는 꿈을 꾸고서, 이괄의 난이 진압될 것을 예지하고 있다.

가짜 해의 상징 의미는 반란군의 괴수인 이괄을 상징적으로 보여주고 있다. 두 해가 서로 부딪친다는 것은 서로 간에 대립과 싸움을 뜻하고 있으며, 가짜 해가 산산이 부서지는 것은 반란군이 싸움에 패하여 이괄의 난이 진압될 것을 상징적으로 예지해주고 있다.

한편 꿈의 상징은 문학적 상징과도 일치하고 있다. 이와 유사한 사례로, 해에 관한 기록이 『삼국유사』에 향가인 월명사(月明師)의 도솔가(兜率歌)가 실려 전하고 있는 바, 배경설화 이야기 속에 하늘에 해가 두 개인 이야기가 나오고 있다. 이에 월명이 4구체 형식의 불교적이며 주술적인 성격을 띤, 미륵 신앙을 통한 국태민안(國泰民安)을 바라는 도솔가(兜率歌)를 지어 불렀더니, 하늘에 해가 둘인 변고가 없어졌다.

해는 만물을 비추는 따사로운 대상이며, 하늘에는 해가 하나이듯이, 그 상징성은 하나뿐인 임금을 상징하고 있다. 따라서 하늘에 두 개의 해가 나타났다는 것은 반란이 일어나서 '나도 왕이다'를 참칭하는 무리가 있었음이요, 한 해가 사라짐은 반란이 진압되었음을 뜻하고 있다.

문학적 표현에서도 '해'는 임금의 상징으로, 구름은 간신의 무리 등으로 쓰이고 있음을 쉽게 찾아볼 수 있다. 이백(李白)의 〈登金陵鳳凰臺(등금릉봉황대)〉에서 '總爲浮雲能蔽日(총위부운능폐일) 뜬구름이 해를 모두 가리니, 長安不見使人愁(장안불견사인수) 장안이 안보여 시름에 잠기게 하네' 시구에서 해의 상징이 임금을 뜻하고 있으며, 이를 송강 정철은 『관동별곡(關東別曲)』에서 '아마도 널구름 근쳐의 머믈셰라' → 지나가는 구름이 해 근처에 머물까 두렵구나(간신배들이 햇빛인 임금의 총명을 가릴까 두렵구나)라고 노래하고 있다.

(2) 죽음예지 꿈사례

① 등에 화살을 맞은 꿈

> 신무왕(神武王)이 왕위에 올랐다. 이에 자신이 지지하는 사람을 왕위에 올리기 위해 싸웠던, 이홍(利弘)은 두려워 처자식을 버리고 산속으로 도망하였는데, 왕이 기병을 보내 뒤쫓아 가서 잡아 죽였다. 그 후에 왕이 병으로 몸져 누웠는데, 꿈에 이홍(利弘)이 활을 쏘아 왕의 등을 맞추었다. 잠을 깨어나 보니 등에 종기가 났다. 이 달 23일에 이르러 왕이 죽었다. ―『삼국사기』

윗글은 『삼국사기』에 나오는 이야기로, 안정복(安鼎福)의 동사강목(東史綱目)에도 간략하게 나오고 있다. 국가적 사회적 변란이 일어나기 전에 꿈으로 예지되듯이, 죽음이나 질병이 있기 전에 꿈으로 예지되고 있다. 꿈속에서, 자신이 죽인 이홍(利弘)이 쏜 화살을 등에 맞았는데, 현실에서는 바로 화살을 맞는 자리에 등창이 나서, 장차 그로 인해 죽게 되는 일로 실현되었음을 보여주고 있다.

이와 유사한 사례로, 태종조의 김덕생(金德生)이 죽은 지 10여년 지나서 친구의 꿈에 나타나서, 아직 살아있는 자신의 애첩을 건드린 사람을 화살로 쏘아 죽였다는 꿈은, 현실에서는 애첩의 정부가 급작스런 복통으로 인해 죽는 일로 실현되고 있는 바, 이륙(李陸)의 『청파극담』에 실려 있다. 이로써 살펴보면, 꿈에서 화살을 맞거나, 창을 맞는 등등의 꿈이 그 맞은 부위에 질병의 실현으로 이루어지는 등 안좋게 이루어지고 있음을 알 수 있다. 꿈은 반대가 아닌 상징표상의 이해인 것이다.

② 이태조의 성난 얼굴을 보고 병이 나서 죽다

하륜(河崙)은 병신년(1416)에 함경도에 사명으로 갔다가 죽었다.
세속에 전해지기를, 공이 각처의 능침을 살피면서 함흥에 왔는데, 꿈
에 태조가 몹시 성낸 것을 보고 깬 다음 병을 얻어 정평(定平)까지 와
서 졸하였다고 한다. 나이는 70이다. 시호는 문충공(文忠公)이다. ―
『연려실기술』

이렇게 꿈속에서 꾸짖음을 당하는 경우에 현실에서 병을 얻게 되거
나 죽음 등의 안좋은 상황으로 빠져드는 일로 실현되고 있다. 이와 유사
한 경대승(慶大升)의 죽음 사례가 『고려사절요』에 다음과 같이 기록되어
있다. '가을 7월에 장군 경대승(慶大升)이 운명하였다. 경대승(慶大升)은
어느 날 밤에 홀연히 정중부가 칼을 잡고 큰 소리로 꾸짖는 꿈을 꾸고서
병을 얻어 죽었는데, 향년 30세였다.'

③ 가슴을 맞고 죽는 꿈

권씨 성을 지닌 재상이 남의 무덤을 파헤치고 장사를 지냈다. 그
밤에 풍수(風水) 이관(李官)의 꿈에 수염이 붉은 한 장부가 분노하여
꾸짖기를 "네가 어찌 나의 안택을 빼앗아 타인에게 주었는가. 화근
은 실상 네게 있다" 하면서 주먹으로 그의 가슴을 치니, 이관은 가슴
을 앓아 피를 흘리다가 잠깐 사이에 죽고, 얼마 아니 가서 재상도 또
한 나라의 죽임을 당하고 가문이 멸망하니, 사람들이 모두 무덤을 파
낸 까닭이라고 말하였다. ―『용재총화』8권.

이와 유사한 얼어맞는 꿈을 꾸고 죽은『고려사절요』에 나오는 사례를 요약해 살펴본다. 조염경이 과부가 된 그의 딸을 낭장 윤주보(尹周輔)에게 시집보내려 하였더니, 딸이 울며 말하기를, "남편이 죽은 지 며칠이 못 되어 갑자기 나의 뜻을 빼앗으려 한다." 하였다. 조염경이 강제로 윤주보와 혼인시켰더니, 윤주보가 꿈에 사위였던 김홍기(金弘己)가 자기를 치는 꿈을 꾸고 드디어 죽었다.

꿈은 반대가 아닌 상징의 이해임을 여실히 보여주고 있는 바, 이렇게 꿈속에서 싸움에 지거나 꾸중이나 비난을 듣거나, 심지어 얼어맞는 꿈은 질병이나 죽음 등으로 이루어지고 있다. 또한 일반적으로는 꿈속에 얼어맞은 부위 등에 병이 나게 되어 죽음으로까지 나아가기도 한다.

④ 이인로의 죽음을 예지한 꿈

『파한집』(破閑集)은 이미 이루어졌으나 아직 임금께 알려드리지도 못한 채, 불행히도 가벼운 병으로 홍도정(紅桃井) 집에서 돌아가셨다. 이에 앞서 집에 어린 손녀가 꿈에 보니, 청의를 입은 아이 열댓 명이 푸른 기와 일산을 받들고 문을 두드리며 소리 질러 부르는지라, 집안의 심부름하는 어린 종이 문을 닫고 힘껏 막았으나, 조금 있다가 잠긴 문이 저절로 열리며 청의를 입은 아이들이 날뛰면서 바로 들어와 축하의 예식을 하다가 잠시 후에 흩어져 가 버렸다. 그리고 얼마 안 되어 돌아가셨으니 어찌 옥루기(玉樓記)를 쓰게 하기 위해서 불러간 게 아니겠는가. ―『破閑集』

윗 글은 이인로(李仁老)의 서자인 이세황(李世黃)의 글로『파한집(破閑集)』의 발(跋)에 실려 있다. 부친의 죽음을 "하늘나라의 옥황상제가 거처한다는 누각의 옥루기(玉樓記) 글을 쓰기 위해서 불러 올려간 것이 아니냐'고 말하고 있다.

이처럼 현실이 아닌 하늘나라 등에서의 막중한 임무를 부여받는 것으로 죽음을 상징하는 유사한 사례로, 광해군때 임숙영(任叔英)의 죽음예지 꿈을 들 수 있다. 이웃에 사는 노파의 꿈에 "어젯밤에 꿈을 꾸니, 어떤 관리 하나가 손에 푸른 종이와 붉은 붓대를 들고는 급히 임숙영(任叔英)의 집을 찾았는데, 그때가 바로 숨을 거두실 무렵이었다."

한편『대동기문』에 기록된 한치형(韓致亨)의 죽음예지도 유사한 바, 집안 사람들이 하루는 꿈을 꾸었는데, 검은 옷 입은 수십 명의 사람들이 어깨에 오색 가마를 메고 하늘에서 위의(威儀)도 성대하게 내려오더니, 홀연 공을 가마에 태우고 올라가 버렸다. 얼마 있지 않아 공은 세상을 떠났다.

이밖에도 이 겸지(李兼之)는 꿈속에서 시구를 받고 죽음을 예지하고 있는 바,『해동잡록』3의 기록을 살펴본다. 이겸지(李兼之)는 꿈에 한 괴이하게 생긴 사람을 만났는데. 시를 지어 주기를, "세상은 홍진(紅塵)이 가득하고, 하늘 누[天樓] 위에는 자옥(紫玉)이 차다. 동황(東皇)이 팔폐를 구하니, 응당 가산(家山)을 생각지 말라." 하였다. 겸지가 그 꿈을 의심하였으나, 곧 저승에서 부른 것이다. 다음 해 등제하여 남효온이 축하하였더니, 머지않아 벼슬이 3품에 이르렀으나 일찍 죽었다.

⑤ 달이 떨어진 꿈 → 어머님 죽음을 예지

『패관잡기』에 나오는 이야기로, 서거정이 수양대군을 따라 명나라에 사은(謝恩) 사절로 가게 되었을 때, 달이 공중에서 떨어지는 꿈을 꾸고 나서 집에 어머니에게 변고가 있음을 직감하고 있다. 달은 음양으로 볼 때,

음의 상징이기에 '달이 공중에서 떨어지는 꿈'이 여자인 어머니의 죽음을 예지하는 상징적인 꿈으로 받아들이고 있다. 이렇게 달꿈이 음의 상징으로 여자를 상징한 예지적 꿈의 사례를 안정복(安鼎福)이 쓴 어머니의 행장(行狀)에서 살펴본다.

> 외조모께서 일찍이 네 개의 달이 함께 떠오른 꿈을 꾸셨는데, 세 번째 달은 매우 밝게 빛나는 반면에, 다른 달은 모두 구름에 가려져 빛이 흐릿하였다. 외조모에게 말씀하시기를, "달은 여자의 상(象)이다. 우리가 네 명의 딸을 두었고 꿈이 또한 이러하니, 이것은 셋째 딸이 필시 귀하게 될 징조이다." 하셨는데, 그 후 다른 따님들은 모두 운수가 막히었거나 과부가 되었다.
>
> ―선비공인이씨행장(先妣恭人李氏行狀), 『순암집』

덧붙이자면, 일반적으로 해의 태몽은 아들, 달의 태몽은 딸이지만 이는 절대적이지 않다. 요즈음 사람들의 태몽 사례로, 떠오르는 해의 태몽이었지만 딸로 태어난 경우도 있다. 이 경우, 여자이지만 성격이 활달하고 호탕하다든지 남성적인 성품을 지니고 있다. 마찬가지로 꽃의 태몽이었다고 해서, 절대적으로 딸을 낳지는 않는다. 연예인 김진의 태몽이 꽃의 태몽이듯이, 꽃처럼 귀공자나 얼짱의 남자인 경우도 있다. 작고 부드럽고 앙증맞고 귀여운 여성적 표상에 해당하는 상징물은 여아일 가능성이 높지만, 절대적이지는 않은 것이다. 따라서, 꿈속의 태몽 표상으로 아들·딸을 구분한다기보다는, 남성적·여성적 경향을 나타내주고 있다고 해야 할 것이다.

⑥ 용을 타고 강을 건너는 꿈으로 죽음 예지

　　진일(眞逸) 선생이 말하기를, "꿈에 이백고(李伯高)를 만났는데 이
　백고는 용이 되고 나는 용을 붙잡고 날아서 강을 건널 때, 내가 떨어
　질까 걱정하니 용이 돌아보고는, '내 뿔을 꼭 잡아라.' 하였다. 드디
　어 강 언덕에 그쳐서 보니, 초목과 인물이 모두 인간 세상의 것이 아
　니었다." 얼마 안 가서 백고는 주살 당하였고, 진일도 또 병이 들어
　죽었다. ―『해동잡록』3.

　　진일(眞逸) 선생은 성간(成侃)으로, 30세의 나이에 병으로 죽고 있다.
죽기 전에 성간(成侃) 본인의 꾼 꿈에, 이개(李塏: 伯高는 자임)를 만나 이개
는 용이 되고, 자신은 용을 붙잡고 날아서 강을 건너 초목과 인물이 모두
인간 세상의 것이 아닌 세상에 다녀온 이야기를 형인 성임(成任)에게 이
야기 하고 있다. 이에 형인 성임은 과거에 급제할 꿈이라고 좋게 해몽해
주지만, 인간세상이 아닌 새로운 곳에 나아간 꿈의 예지대로 꿈속의 용
으로 등장되었던 이개(李塏)는 김질(金礩)의 고변에 의하여 1456년(세조 2)
단종복위 운동의 실패로 주살당하고, 이어 성간(成侃) 본인도 병으로 죽
는 일로 실현되고 있다.

　　'강 언덕에 그쳐서 보니, 초목과 인물이 모두 인간 세상의 것이 아니
었기로―'에서 알 수 있듯이, 강을 건너는 꿈으로 이 生(생)에서 저 生(생)
으로 가게 될 것을 상징적으로 보여주고 있는 꿈이다. 원래 한자어인 '초
생(初生)'에서 우리말의 '초승'으로 바뀐 것처럼, '이生에서 이승으로,
저生에서 저승으로' 변한 말이다.

　　TV에서 '전설의 고향' 등을 보면, 저승사자가 와서 데려갈 때, 배를
타고 강을 건너는 장면이 자주 등장한다. 또한 죽었다가 살아난 사람들

이 한결같이 하는 말들로, 강을 건너가거나 날아서 가는 아래가 강물이었다는 말을 하고는 한다.

불교에서 쓰는 말로 피안(彼岸), 차안(此岸)이라는 말이 있다. 강건너 저쪽의 세계인 피안(彼岸)의 세계는 속되게는 죽음의 세계요, 좋게 말해서 번뇌와 괴로움을 벗어난 해탈의 세계이다. 또한 '요단강 건너가 만나리'라는 말이 있듯이, 강의 저쪽은 죽음의 세계를 뜻하고 있는 것이다.

꿈의 상징은 문학적 상징과 언어의 관습적 상징과 일맥상통하다는 말을 앞서 언급한 바 있다. 1968년 박목월의 〈이별가〉 역시 강을 사이에 두고 사별의 한(恨)을 읊고 있다. "뭐라카노, 저편 강기슭에서 / 니 뭐라카노, 바람에 불려서 이승 아니믄 저승으로 떠나는 뱃머리에서 / 나의 목소리도 바람에 날려서 뭐라카노, 뭐라카노 썩어서 동아 밧줄은 삭아 내리는데... ─후략"

⑦ 암울한 시를 짓고 죽음을 예지→ 조기종(趙起宗)의 시

조기종(趙起宗)이라는 사람이 나와 같이 공부하고 있었다. 그 때 조기종은 나이가 어려서 겨우 시문(詩文)의 구두(句讀)를 깨칠 정도였고 시를 지을 줄은 아직 몰랐다.

하루는 꿈에 어떤 빈집에 들어가니, 뜰 안이 널찍하고 쓸쓸한데 대추꽃이 새로 피어 있어 첫여름 같았으며, 뜰에는 풀이 갓 나있어, 따뜻한 바람이 불어오는 늦은 봄이었다. 두서너 사람의 서생이 거기에 있었는데, 평소에 아는 사람들은 아니었지만 조기종에게 시를 지으라고 권하니, 조기종은 즉석에서 한 수 짓기를,

"나무에는 대추 꽃이 활짝 피었고, 빈집에는 사람 없어 쓸쓸하구나. 봄바람은 끊임없이 불어오고, 만 리에는 풀빛이 새롭도다. 하였

다." 깨어난 뒤에도 그 시를 잘 기억하여 같이 공부하는 벗에게 말해
주고, 또 벽에 써 놓고 깊이 그것을 감상하였다. 그리고 나서 다음 달
에 조기종은 죽었다. —『秋江集』

꿈속에서 시를 짓는 몽중시(夢中詩)로 자신의 죽음을 예지한 특이한
시이다. 『추강냉화』,『소문쇄록(謏聞瑣錄)』, 홍만종의『시화총림』에도 같
은 이야기가 나오고 있다. 시의 '빈 집[空家]', '쓸쓸하도다' 등의 암울한
시구에서는 장차 일어나게 될 죽음예지를 상징적으로 일러주고 있음을
알 수 있겠다.

'대추 꽃이 활짝 피었고', '풀빛이 새롭도다' 등의 시구는 단순하게
보자면 밝은 표상이기도 하다. 하지만 이는 자연의 무한함에 대한 인간
의 유한함을 역설적으로 대비하여 강조하는 의미를 지니고 있다. 예를
들어, 왕유(王維)의 〈山中送別(산중송별)〉에서 '春草年年綠(봄풀은 해마다
푸르건만), 王孫歸不歸(그리운 님은 어찌하여 돌아오지 않는가)'라고 해서, 자
연의 변함없는 푸르름 속에 유한한 인간사를 대비하여 나타내고 있다.
유희이(劉希夷)의 〈代悲白頭翁歌〉의 유명한 구절인 '年年歲歲花相似 歲
歲年年人不同(해마다 꽃은 서로 비슷하지만, 해마다 사람은 같지가 않구나)'에
서도 자연의 무한함에 대하여 인간의 유한함을 대비하고 있음을 볼 수
있다. 또한 김소월의 〈금잔디〉에서도, "심심산천에 붙는 불은 가신 님
무덤가에 금잔디"라고 하여, 봄이 되어 이 산 저 산에 진달래꽃 철쭉꽃
등이 붉게 피어나지만, 사랑하는 님은 한 번 가서 다시 돌아오지 않은 인
간의 유한함을 자연의 무한함과 대비하여 한스러워하고 있음을 볼 수
있다.

위에서 볼 수 있는 바와 같이, '풀빛이 새로운' 시구는 자연의 변함없

고 무한함을 강조하여, 그와 대비되는 인간의 유한함을 극명하게 드러내고 있기에 죽음을 예지하는 몽중시(夢中詩)의 시구로 볼 수 있겠다.

⑧ 허난설헌의 요절을 예지한 몽중시
허난설헌(許蘭雪軒)이 자신의 죽음을 예지한 몽중시(夢中詩) 이야기를 살펴본다.

〈 몽유광상산시서(夢遊廣桑山詩序) 〉
  碧海浸瑤海(벽해침요해) 푸른 바닷물은 옥같은 바다에 스며들고
  靑鸞倚彩鳳(청란의채봉) 파란 난새가 아름다운 봉새와 어울렸네
  芙蓉三九朶(부용삼구타) 연꽃 스물 일곱 송이가 늘어져
  紅墮月霜寒(홍타월상한) 차가운 달빛 서리에 붉게 떨어졌네
                                          ─『蘭雪軒詩集』

허난설헌으로 널리 알려져 있는 許楚姬(허초희: 1563. 명종18~1589. 선조22)는 뛰어난 글재주가 있었음에도 불구하고 불우한 인생을 살다가 27세에 요절한 바, 꿈속의 신선의 세계에서 두 선녀를 만나서 시를 지어달라는 부탁을 받고 지은 시로, 인위적으로 시를 짓는 활동이 아닌, 자신도 알 수 없는 불가항력적인 힘으로 꿈속에서 시를 짓게 되는 몽중시의 창작행위가 이루어졌음을 밝히고 있다.
  이처럼 상징적인 미래예지 꿈의 특징은 자신의 의지와 상관없이 꿈의 상징기법에 의한 전개를 보여주고 있다. 정신능력의 활동에서 빚어내는 꿈의 세계는 필요에 따라 가장 적절한 상징기법의 표상으로 장차 일어날 일에 대한 예지를 보여주고 있다. 산신령이나 죽은 사람을 등장시

키거나, 동물이 말을 하거나, 훔치거나 죽이는 행위 등 평상시에는 일어날 수 없는 일들이 꿈속에서는 자신의 의지와는 상관없이 펼쳐지고 있다. 다만, 글을 아는 사람에게는 이렇게 꿈속에서 시를 짓는 몽중시에 담긴 시어의 상징의미로써, 장차 일어날 일을 예지해주고 있는 것이다. 그리하여, 꿈을 꾼 사람에게 보다 강렬하게 각인시키고, 궁금증을 갖게 해 장차 다가올 일에 대한 마음의 준비를 하게 해주고 있는 것이다.

동생인 許筠(허균)은 '누이는 기축년 봄에 세상을 떠났으니, 그 때에 나이가 27세였다. 그 '三九紅墮(삼구홍타)'의 말이 이에 증험되었다'라고 말하고 있다.

'三九紅墮'는 '27송이 붉게 떨어지다'로 연꽃의 상징이 허난설헌의 꽃다운 모습으로, 三九는 3에 9를 곱하면 27로써, 紅墮(홍타)의 '붉게 떨어지다'는 죽음을 상징하는 시어로써, 27세에 죽게 될 것을 예지하고 있는 상징적인 미래예지 꿈인 것이다.

또한 '하늘로부터 한 떨기 붉은 구름이 내리 떨어져 봉우리에 걸렸다.'의 하강의 이미지와 암울한 시상의 전개를 보여주고 있어, 장차 죽음 등의 안좋은 결과로 실현됨을 예지해주고 있다. 꿈으로 예지된 죽음의 실현기간을 살펴본다면, 을유년(1585) 봄에 죽음예지의 시를 짓고 나서 기축년 봄에 세상을 떠났으니, 꿈속에서 죽음예지의 시를 지은 후에 정확히 4년 만에 실현되고 있다.

이렇게 꿈속에서 장차 일어날 일을 시를 짓는 행위로 예지한 상징적인 미래예지의 몽중시에는 죽음예지를 비롯하여, 과거급제 · 승진 · 유배 · 국가적 변란을 예지한 몽중시 등 다양하게 보이고 있으며, 꿈의 미래예지적인 특성을 감안할 때 구체적으로는 '夢讖詩(몽참시)'이라는 용어 사용이 타당하다고 하겠다.

이밖에도 죽음예지에 관한 선인들의 무수한 사례는 '주요 실증사례 별 풀이'의 '8) 죽음예지 꿈'에서 중복되지 않게 다시 살펴볼 예정이다. 참고로 중국의 죽음예지 사례를 살펴본다.

〈 중국의 죽음 예지 꿈사례 〉

너무나 무수히 많다. 여기에서는 미래예지적 꿈사례를 간략히 살펴본다.

* 성도(成都) 금병산(錦屛山)이 무너지는 것을 본 촉한(蜀漢) 유선(劉禪) 의 꿈은 군사(軍師) 제갈량(諸葛亮)의 죽음으로 실현되었다.
* 신인(神人)이 나타나 철퇴로 자기의 오른쪽 팔을 내리쳐서 크게 놀라 깬 유비의 꿈은 오른 팔 격인 군사(軍師)인 방통(龐統)이 전사하는 것으로 실현되었다.
* 큰 산이 찢어지고 붉고 누른 금(金) 같은 물건이 흘려 나온 꿈

당(唐)나라 이허중(李虛中)은 등창이 나서 죽었다. 죽기 전의 꿈에 "큰 산이 찢어지고 붉고 누른 금(金) 같은 물건이 흘려 나왔다." 라고 한 바, 한유(韓愈)가 그 꿈을 해몽하기를, "산(山)이라는 것은 간(艮)인데, 간(艮) 은 등〔背〕이요, 찢어져서 붉고 누른 물건이 흐르는 것은 등창의 형상이며, 대환이라는 것은 크게 돌아간다〔大歸〕는 말이니, 죽을 것을 예고한 것이다." 하였다.

* 두 기둥 사이에서 제사지내는 꿈

공자가 죽기 전에 "내가 전날 밤에 두 기둥 사이에 앉아 전(奠)을 하는 꿈을 꾸었으니, 나는 아마도 곧 죽게 될 것이리라![予 昔之夜, 夢坐奠於兩 楹之間, 予 將死矣]" 은나라의 상례에서는 영구를 두 기둥 사이에 놓아두었다. 공자가 꿈에서 그 자신이 두 기둥 사이에 앉아서 제사 음식을 차

려놓는 것을 보고, 자신의 죽음을 예지하고 있다.

(3) 왕·황후 등극 및 귀한 신분 예지

왕위에 오르게 되거나 황후 등이 된다는 것은 개인의 운명으로 볼 때 커다란 일이다. 따라서 이런 경우에 꿈으로 예지되어 나타난다는 것은 당연한 일이라 하겠다. 또한 이러한 왕이나 황후 등극의 꿈사례에 있어서, 신성성을 미화하기 위해서라도 지어낸 거짓 꿈으로 조작하여 유포시킨 경우도 있을 수 있겠다.

① 원성왕의 등극을 예지한 꿈

이찬 김주원(金周元)이 처음에 상재(上宰)가 되어 있을 때, 원성왕은 각간으로서 차재(次宰)의 위치에 있었다. 차재의 위치에 있을 때의 어느 날, 복두(幞頭)를 벗고 소립(素笠)을 쓰고 12현금을 들고서 천관사(天官寺)의 우물로 들어가는 꿈을 꾸었다. 꿈에서 깨어나 사람을 시켜 해몽 점을 쳐보게 했다.

"복두를 벗은 것은 관직을 잃을 징조입니다. 가야금을 든 것은 목에 칼이 씌어질 징조입니다. 그리고 우물에 들어간 것은 옥에 들어갈 징조입니다." 이 해몽을 듣고 근심에 빠져 두문불출했다.

그 때 아찬 여삼이 찾아와서 만나자고 하였으나, 병이 났다는 핑계로 면회를 사절하고 나가지 않았다. 아찬은 재차 한번 만나고 싶다고 요청해 왔다. 그제야 그는 허락했다.

"복두를 벗은 것은 자기 위에 아무도 없게 됨을 말합니다. 소립을 쓴 것은 면류관을 쓸 징조입니다. 12현금을 든 것은 12세손이 대를 전해 받을 징조입니다. 그리도 천관사의 우물로 들어간 것은 궁궐로 들어가게 될 상서입니다."

그 뒤 오래지 않아 선덕왕은 붕어했다. 조정 안의 사람들이 상재의 자리에 있는 김주원을 받들어 왕으로 세우려고 그를 왕궁으로 맞아 들이려 했다. 그런데 그의 집이 북천의 북쪽에 있었는데, 북천의 냇물이 불어올라 건너올 수가 없었다. 이 기회에 먼저 대궐에 들어가 즉위했다. 이렇게 등극한 임금이 원성왕이다. —『삼국유사』

널리 알려진 원성왕(元聖王)의 왕위 등극을 예지한 꿈이야기를 살펴보았다. 원성왕이 꾼 꿈의 해몽은 여삼의 꿈해몽이 올바르기에 언급하지 않는다. 하지만, 이러한 상징적인 꿈의 실현은 현실에서 그 어떠한 행위에도 상관없이 꿈의 예지대로 이루어지고 있다. 굳이 북천신(北川神)에게 제사를 지내지 않는다 하더라도, 한 번 꾼 꿈의 실현은 새롭게 꿈을 꾸지 않는 한, 하늘의 뜻대로 꿈에서 예지된 대로 진행되고 있다.

원성왕(元聖王: ? 798)은 신라 제38대 왕으로 성은 김(金), 이름은 경신(敬信, 敬愼)으로 내물왕의 12세손이다. 선덕왕이 죽자 비가 와서 알천(閼川)이 불어 김주원이 건너오지 못했으므로, 신하들이 경신을 추대하는 일로 이루어진다.

이와 유사한 과거 급제를 예지한, 흥미로운 파자해몽의 예지적인 꿈이야기를 살펴본다.

〈 음의 유사성을 활용한 과거 급제의 파자해몽 〉

한 선비가 첩을 얻어 살면서, 본처를 박대하고 돌아보지 않았다. 이 선비가 하루는 꿈을 꾸니, 머리에 말[斗: 열 되가 들어가는 사각의 나무통]을 쓰고, 나막신[木履]을 신고, 허리에 기(箕)나무로 만든 띠를 두르고, 손에는 피가 흐르는 음호(陰戶: 여성 성기)를 쥐고, 사당(祠堂)으로 들어가는 꿈이었다.

첩이 꿈 이야기를 듣고 해몽하기를, "머리에 말[斗]을 쓴 것은 형벌을 받아 큰칼을 쓸 징조이고, 허리에 기나무 띠를 두른 것은 오랏줄로 묶일 징조이며, 나막신을 신은 것은 발에 나무 질곡(桎梏)을 차고 구금될 징조이다. 손에 피 흐르는 음호를 쥔 것은 머리가 잘려 피를 흘릴 징조이며, 사당에 들어간 것은 죽어서 혼백이 가묘(家廟)에 들어갈 징조이니, 대단히 흉한 꿈이다."라고 말했다.

그래서 선비는 그 날부터 걱정하며, 혹시 형벌을 받으면 집안이 다 망하니, '먼저 자기 혼자 죽으면, 집안은 보전할 수 있다'고 생각하고 미리 죽기로 작심해, 밥을 굶고 누워 죽기를 기다렸다.

이때 본처가 남편이 병이 나서 누웠다는 말을 듣고, 비록 박대를 받아 무정하지만, 그래도 인정상 위로하고 영결을 고하려고 남편을 찾아갔다. 남편 얘기를 듣고 보니 꿈 때문이라고 하기에, 그 꿈 얘기를 듣고 자기가 다시 해몽했다.

"머리에 쓴 말[斗]은 모가 난 물건이니 뿔이 달린 사모(紗帽)를 쓸 징조이고, 허리에 두른 띠의 기(箕)나무는, 기(其)와 비슷한 글자이니 '콩깍지('其'의 뜻이 콩 껍질인 '콩깍지'의 뜻임)'의 뜻이 된다. 벼슬아치들이 허리에 두르는 '각대(角帶)'를 흔히 '깍지'라고도 말하니, 이는 허리에 '각대'를 두를 징조이다. 그리고 관복 입은 대감들이 신는 장화 같은 가죽신을 '목화(木靴)'라고 하니, 글자로 보면 '나무 신'이니 '나막신'과 통하게 된다. 이렇게 해몽하는데, 그 다음이 더욱 재미있었다.

"붉은 피가 흐르는 여자 음호를 손에 쥐었으니, '음호(陰戶)'는 곧 우리말로 '보지(寶紙)'라, 그러니 '붉은 피가 흐르는 보지'는 '홍보지(紅寶紙)'이다. 이것을 풀이하면 '홍색(紅色) 보자기 안에 든 어지(御旨: 임금이 준 종이)'의 뜻이 되니까, '紅寶紙'는 결국 급제하고 임금에게서 받는 '홍패(紅牌)'와 같은 말이 된다. 그러니 급제하여 사모(紗帽) 쓰고, 허리에 각대(角帶) 두르고, 목화(木靴) 신고, 홍패를 손에 쥐고, 가묘에 들어가 급제 사실을 조상에게 고하는 꿈인데, 이 얼마나 좋은 꿈이냐?' 하고 말했다.

본처의 말을 들은 선비는 그게 맞을 것 같아, 곧 일어나 과거 준비에 열중하여 급제했다. 그리고는 첩을 내쫓고 본처와 행복하게 잘 살았으며, 뒤에 재상이 되었다 한다.(조선 후기)—『醒睡稗說』, 18번. 김현룡, 『한국문헌설화』 6, P492.

본처의 해몽은 아주 올바르다. 형상화와 음의 유사성을 이용한 절묘한 해학적인 해몽에 찬탄을 금치 못하는 해몽 사례이다. 필자는 점쟁이의 허황된 해몽이 아닌, 꿈의 상징에 대한 이해와 실증적 사례에 바탕을 둔 최고의 꿈해몽 전문가라고 자부하지만, 꿈의 해몽에 있어 음의 유사성을 활용한 논리정연한 전개에 입이 쩍 벌어질 정도이다. 2011년 출간한, 필자의 『한자와 파자』의 제 VI장 '파자해몽(破字解夢)'의 다양한 사례중에서 재인용한 바, 한자의 문자유희로서의 파자(破字)에 관심있는 분들의 일독을 권한다.

② 자신의 오줌이 나라가 넘쳐난 꿈 → 아들 현종(顯宗)의 왕위 등극 예지

경종이 죽자, 왕비(王妃)인 헌정왕후가 사제에 나와 거처하였다.

일찍이 곡령(鵠嶺)에 올라가 오줌을 누니, 나라 안에 넘쳐 흘러 모두 은빛 바다를 이루는 꿈을 꾸었다. 이에 점을 쳐 보니, "아들을 낳으니, 그가 한 나라의 왕이 될 것이다." 하므로 왕비(王妃)가, "내가 이미 과부가 되었는데, 어찌 아들을 낳을 수 있으랴." 하였었다. 후에 왕욱(王郁)이 마침내 조카인 왕비(王妃)와 관계하여 아기를 배었으니, 이 아이가 곧 순(詢)으로 훗날의 현종(顯宗))이다.

　　　　　　　—『고려사절요』제2권, 성종 문의대왕(成宗文懿大王). 임진 11년

　　　　　　　　　　　　　　　　　　　　　　　　　　　(992).

　　고려의 헌정왕후가 꾼 곡령(鵠嶺)에 올라가 오줌을 누니, 나라 안에 넘쳐흘러 모두 은빛 바다를 이루는 꿈은 자신의 영향력이 온 세상에 펼쳐질 것을 뜻하는 바, 현실에서는 자신이 낳은 아들이 왕위에 오르는 것으로 실현되고 있다. 이는『삼국유사』에 나오는 문희·보희의 꿈이야기와 유사하다.

　　목종의 모후 천추태후는 목종에게 아들이 없음을 기화로 자신과 연인이었던 김치양 사이에서 태어난 아이에게 왕위를 계승하고자 하였다. 이에 당시 태조의 유일한 혈통인 대량원군 순(詢)을 강제로 승려로 만들어 출가시켜 버렸다. 이뿐만 아니라 자객을 보내 왕순을 죽이고자 하였다. 그후 강조(康兆)의 정변으로 왕위에 추대되는 바, 그의 나이 18살이었다. 이렇게 왕이 될 가망성이 전혀 없었으며, 심지어 죽음의 위협을 받던 대량원군(大良院君) 순(詢)이 강조(康兆)의 정변으로 고려 제8대 왕인 현종(顯宗)으로 왕위에 오르게 될 것을 꿈으로 예지되고 있다.

③ 별이 떨어져 용으로 변했다가 또 사람으로 변한 꿈→고려 현종 등
  극 예지

  현종 원문대왕의 휘(諱)는 순(詢)이며, 안종(安宗) 욱(郁)의 아들이
다. 처음에 머리를 깎고 절에 있었는데, 그 절의 중이 일찍이 꿈을
꾸기를, 큰 별이 절 뜰에 떨어져서 용으로 변하였다가 또 사람으로
변하니 곧 왕이었다. 이로 말미암아 왕을 기이하게 여기는 이가 많
았다.

  다른 절인 신혈사(神穴寺)로 옮겨 거처하였는데, 또 꿈에 닭소리와
다듬이 소리를 듣고 술사(術士)에게 물으니 방언(方言:우리말)으로 해
석하기를, "닭의 울음소리는 '꼬끼오' 하는 것이니 '고귀위'로 고귀
한 자리[高貴位]에 오를 징조요, 다듬이질 소리는 '어근당어근당' 하
고 나는 것이니, 그것은 왕위가 가까워진 것[御近當]을 뜻하는 것입
니다. 이는 즉위할 징조입니다." 하였다. 그후 목종 12년(1009) 2월에
군신들의 영접을 받으며 왕위에 올랐다.

                           ―『고려사절요(高麗史節要)』현종 원문대왕.

  절의 중의 꿈에 별이 떨어져 용으로 변하고 다시 사람으로 변하는 표
상에서, 꿈속에 나타난 인물이 귀한 인물이 될 것임을 예지해주고 있는
바, 대량원군 왕순(王詢)이 장차 강조의 정변으로 현종으로 왕위에 오르
는 일로 실현되고 있다.

  또한 꿈에 닭소리와 다음잇소리를 듣고, 닭의 울음 소리는 '꼬끼오'
하는 것이니 '고귀위'로 고귀한 자리[高貴位]에 오를 징조요, 다듬이질 소
리는 '어근당어근당' 하고 나는 것이니 그것은 왕위가 가까워진 것[御近
當]을 뜻하는 파자해몽의 풀이로 왕위로 오르게 될 것을 예지해주고 있다.

④ 몸에 세 서까래를 진 꿈 → 이성계의 왕위 등극 예지

중 무학(無學)이 안변 설봉산(雪峰山) 아래 토굴에서 살았다. 이성
계 태조가 잠룡(潛龍) 시에 찾아가서 묻기를, "꿈에 허물어진 집안으
로 들어가서 세 개의 서까래를 지고 나왔으니, 이것이 무슨 징조요."
하니, 무학이 축하하며 말하기를, "몸에 세 서까래를 진 것은 바로
'왕(王)' 자의 형상입니다." 하였다.

또 묻기를, "꿈에 꽃이 떨어지고 거울이 떨어졌으니, 이것은 무슨
징조요?' 하니, 곧 대답하기를, "꽃이 날리면 마침내 열매가 생기고,
거울이 떨어질 때에 어찌 소리가 없으리오." 하였다. 태조가 크게 기
뻐하여 그 땅에다 절을 창건하고 그 절을 석왕(釋王)이라고 이름하
였다. ―『연려실기술』제1권 태조조(太祖朝)

이 꿈이야기는《순오지(旬五志)》에도 실려 있는 바, 등에 세 개의 서까
래를 진 모습을 한자로 형상화하여 王자로 파자해몽하고 있다. 이성계가
왕의 자리에 오르는 것이 하늘의 뜻이었음을 민중들에게 꿈의 신비성을
빌어 믿도록 한 거짓 지어낸 꿈이 될 수도 있겠다.

또한 꽃이 떨어지고 거울이 깨지는 꿈의 해몽도 '꽃이 날리면 마침
내 열매가 생기고, 거울이 떨어질 때에 어찌 소리가 없으리오' [花落終有
實, 鏡墜豈無聲]로 좋은 일이 일어날 것으로 해몽하고 있다. 이러한 꿈이
야기는 구전되다가 〈춘향전〉 등의 이야기속에 삽입되는 바, 〈춘향전〉에
서 옥중에 갇혀서 이도령을 기다리는 춘향의 꿈에, '거울이 깨지는 꿈'
과 '술병의 모가지가 달아 난 꿈'을 꾸게 되는 바, 거울이 깨지니 소리가
크게 날 것이요, 술병은 술 병목을 들고 다니게 마련인데 병목이 깨지었
으니 받들고 다니게 되는 것이니, 필시 사람들이 귀히 모시는 몸이 된다

고 풀이하고 있다.

⑤ 햇바퀴 가운데에 아기가 앉아있는 꿈→ 세종의 등극 예지
『조선왕조실록』에 실려 있는 기록으로 '햇바퀴 가운데에 이방원(후에 태종)의 셋째 아들이 앉아있던 꿈'으로, 이방원은 형인 방간과의 세(勢)대결에서 이겨서 왕위에 오르게 되며, 장차 셋째 아들인 충녕대군(忠寧大君)이 왕위를 물려받아 세종으로 왕위에 등극하는 것을 예지한 꿈의 기록을 살펴본다.

처음에 방간의 난이 바야흐로 일어날 즈음에, 이화(李和)와 이천우(李天祐)가 정안공(靖安公) 이방원을 붙들어서 말에 오르게 하니, 부인이 무녀(巫女) 추비방(鞦轡房) 유방(鍮房) 등을 불러 승부를 물었다. 모두 말하기를,
"반드시 이길 것이니 근심할 것 없습니다." 하였다.
이웃에 정사파(淨祀婆)라는 자가 사는데, 그 이름은 가야지(加也之)이다. 역시 그가 왔기에 부인이 이르기를,
"어제 밤 새벽녘 꿈에, 내가 신교(新敎)의 옛집에 있다가 보니, 태양(太陽)이 공중에 있었는데, 아기 막동(莫同)이가(세종의 아이 때의 이름) 해 바퀴 가운데에 앉아 있었으니, 이것이 무슨 징조인가?"
하니, 정사파가 판단하기를,
"공(公)이 마땅히 왕이 되어서 항상 이 아기를 안아 줄 징조입니다." 하였다. 부인이 말하기를, "그게 무슨 말인가? 그러한 일을 어찌 바랄 수 있겠는가?" 하니, 정사파는 마침내 제 집으로 돌아갔었다.
이때에 이르러 정사파가 이겼다는 소문을 듣고 와서 고하니, 부인

이 그제서야 돌아왔다.—정종 2년 경진(1400) 1월 28일『조선왕조실록』1집 162면. 〈제2차 왕자의 난. 방간을 토산에 추방하다 〉

이 꿈은 제 2차 왕자의 난인 방간의 난을 앞두고, 훗날 태종이 되는 정안공(靖安公) 이방원의 부인이 꾼 꿈에 관한 기록이다. 태양(太陽)이 공중에 있었는데, 훗날 세종이 되는 셋째 아기 막동(莫同)이가 해 바퀴 가운데에 앉아 있는 꿈을 꾸게 된다.

방간의 난은 1400년(정종 2) 왕위 계승을 둘러싸고 형제였던 방간과 방원(芳遠) 두 왕자 간의 싸움으로, 일명 제2차 왕자의 난 또는 박포(朴苞)의 난이라고도 한다. 훗날 태종이 되는 이방원은 1차 왕자의 난을 통해 이복동생인 방번·방석 및 정도전 등을 제거했으나, 2차로 친형인 방간과의 세 대결을 벌이게 된다.

박포는 제1차 왕자의 난 때, 정도전(鄭道傳) 등이 방원을 제거하려 한다고 밀고하는 등 공이 많았다. 그러나 논공행상 과정에서 일등공신에 오르지 못해 불만을 품고 있던 중, 형인 방간이 동생인 방원에 대해 불평하자, 박포는 방원이 장차 방간을 죽이려 한다고 거짓 밀고하여 방간의 거병을 선동하여 서로 사병을 동원해서 싸우게 된다.

이 싸움의 와중에서 이방원이 탔던 말이 홀로 상처를 입고 집으로 들어오자, 이방원의 부인은 남편인 이방원이 죽었으며 싸움에서 패한 줄로 믿고 자결하려고까지 하나, 주변의 만류로 미수에 그치게 된다. 사실은 이방원의 말을 부하에게 빌려준 것이었으며, 결국 이방원은 싸움에서 승리하게 된다. 하지만 방간은 형이라 죽이지 않고 토산(兎山)으로 유배를 보내며, 박포는 사형시킨다.

해는 하늘에서 광명을 비추는 단 하나뿐인 존재로 임금의 상징을 지니고 있다. 따라서 남편인 정안공(靖安公) 이방원이 방간의 난에서 승리하게 될 것과, 햇바퀴 위에 앉아있던 막동(莫同)이가 후계자가 되어 왕위에 오르게 될 것을 예지해주고 있다. 남편이 죽은 줄로 믿고 따라서 자결하고자 했을 때, 꿈을 믿었기에 결행하지 못했을 수도 있다.

널리 알려진 대로, 태종의 첫째 아들인 양녕대군(讓寧大君)과 둘째 아들인 효령대군(孝寧大君) 등 위의 두 형을 건너 뛰어 정상적인 왕위 계승을 무시한 채, 셋째 아들인 막동(莫同)이 충녕대군(忠寧大君)이 왕위에 오르게 되어 세종이 된다.

제2차 왕자의 난인, 방간의 난이 일어난 1400년에 어머니가 셋째인 아기 막동(莫同)이가 해 바퀴 가운데 앉아 있는 꿈을 꾸고 난 후로부터 18년 뒤에, 원칙적으로는 장자가 아니기에 왕위에 오를 수 없었던 셋째 아들인 충녕대군(忠寧大君)이 왕위에 오르게 되는 일로 실현되고 있다. 당시 왕세자는 형인 양녕대군(讓寧大君)이었으나, 태종은 충녕이 왕위에 적합하다고 판단해 1418년 6월 세자로 책봉되며, 8월 왕위를 아버지인 태종으로부터 양위 받아 왕위에 오른다.

우리가 오늘날 사용하고 있는 한글의 창제가 세종에 의해 이루어진 바, 역사에 가정은 없는 일이겠지만, 셋째인 세종이 왕위에 오르지 않았더라면 우리 글자의 창제가 늦추어졌던가 아직까지 한문을 사용하고 있을 수 있겠다. 태종이 왕위 계승에 있어 셋째인 충녕대군을 선택한다는 것이 18년 전에 꿈으로 예지되었으며, 그 결과 오늘날 우리 민족이 전세계에서 가장 우수한 표음문자인 한글을 사용하고 있는 이 모든 것이 신비로울 뿐이다. 현재 절판된, 필자가 2007년에 중앙북스에서 출간한 『꿈으로 본 역사』에서 재인용하였음을 밝힌다.

이밖에도 박석명(朴錫命)이 꿈속에서 황룡이 자기 옆에 있는 것을 보고 깨어서 돌아다보니, 이방원이 있는 것을 보고 장차 왕위에 오르게 될 것을 예지한 꿈사례가 있다. 이방원은 동복(同腹)의 6형제 중에 다섯 번째이며, 계비 소생의 방번·방석의 두 이복동생이 있어서 왕위로 오르기는 어려운 상황이었으나, 1·2차 왕자의 난을 거쳐 힘겹게 왕위에 오르는 바, 이러한 모든 것이 오래전부터 꿈으로 예지되고 있음을 보여주고 있다.

⑥ 태조(太祖) 이성계가 세조에게 금인(金印)을 준 꿈→ 세조 등극 예지

임운(林芸)이 사관(史官) 김유(金紐)에게 말하기를,

"들건대 자네가 《세조실록(世祖實錄)》을 편수(編修)한다고 하는데 그러한가?' 하니, 대답하기를 "그렇다." 하였다.

임운이 말하기를, "예전에 세조께서 잠저(潛邸)에 계실 때 꿈에, 태조(太祖)께서 세조께 금인(金印)을 주며 말씀하시기를, '이것은 전가(傳家)의 보물인데 이제 너에게 천명(天命)이 있으므로, 와서 주는 것이다.' 하시니, 세조께서 굳이 사양하였으나 이루지 못하고 드디어 받고서 절하시는 것을 보고, 이튿날 세조께 그 꿈이야기를 아뢰었더니, 세조께서 꾸짖어 말씀하시기를, '네가 어찌하여 그런 말을 내느냐? 다시 그 꿈이야기를 말하면 죽이리라.' 하셨다. ──예종 1년 기축(1469) 8월 7일(무오). 〈임운이 사관 김유에게 《세조실록》을 편수하는가 묻다.〉

임운(林芸)의 꿈에, 세조가 임금에 오르기 전의 잠저(潛邸) 시절에, 태조 이성계가 세조에게 금인(金印)을 내려주면서 "이것은 전가(傳家)의 보

물인데, 이제 너에게 천명(天命)이 있으므로 와서 주는 것이다." 라고 내려주니, 사양하다가 세조가 받는 꿈을 꾸었다고 밝히고 있다.

이에 세조에게 꿈이야기를 한 바, '발설치 말라' 고 하였다. 그후 한명회, 조득림 등을 통하여 그런 꿈이 있다는 사실을 아뢰게 하였으나 이루어지지 않은 바, 이제 세조가 승하하여 세조실록을 편찬하게 된 마당에 꿈이야기를 기록할 것을 사관(史官) 김유(金紐)에게 부탁하고 있다.

이미 세조가 죽은 뒤에 편찬하게 될 『세조실록』에 그러한 사실이 있었다고 기록을 집요하게 요청하는 것으로 미루어, 그러한 꿈을 꾼 것을 사실로 볼 수 있겠다. 역사적으로 수양대군인 세조가 단종을 몰아내고 왕위에 오르는 바, '금인(金印)을 내려주면서 너에게 천명(天命)이 있다' 라는 꿈의 예지대로 실현되었다고 볼 수 있다.

하지만 이러한 꿈이 임운(林芸)이 실제로 꾸었는지에 대해서는 생각해볼 필요가 있다. 아랫사람으로서 모시는 윗사람의 의중을 간파하고, 지어낸 거짓 꿈이야기를 빌어 듣기 좋은 말로 아첨을 하거나, 단종을 제거하는 등의 모종의 행위를 할 것을 꾀하고 있다고도 볼 수 있다.

⑦ 한 어린아이가 구름을 잡고 올라간 꿈 → 조선조 명종 즉위를 예지
　인종 11년 여름, 내가 선천 임반역에서 잤는데, 늙은 역졸이 말하
기를, "밤 꿈에 하늘이 갑자기 무너지더니, 한 어린아이가 구름을 잡
고 올라갑디다." 하였다. 얼마 되지 않아 인종이 돌아가시고, 명종이
즉위하니 나이 아직 어렸다. 그 꿈이 바로 증험이 있었다.
―『송계만록』 하

권응인(權應仁)은 늙은 역졸이 말한 꿈이야기의 체험 사례를 적고 있

다. 이렇게 국가적 · 사회적으로 장차 일어날 커다란 사건을 일개 평범한 사람들이 꿈으로 예지하는 경우가 상당수 있다. 꿈을 꾸는 능력인 정신 능력의 활동이 활발한 사람들에 있어서는 자신이나 자신의 주변인물에게 일어날 일은 물론, 국가적 · 사회적인 중대한 사건의 예지를 꿈을 통해서 알아내고 있다.

하늘이 무너지는 꿈으로 당시 임금이었던 인종의 죽음을 예지한 꿈으로도 볼 수 있으며, 한 어린아이가 구름을 잡고 올라가는 꿈에서, 나이 어린 12세의 명종이 즉위하는 것을 예지한 꿈으로 볼 수 있다.

⑧ 이름을 탁(晫)으로 고치고 왕위에 오른 꿈→ 고려 명종의 왕위 등극 예지

겨울 10월에 왕이 이름을 탁(晫)으로 고쳤다. 일찍이 잠저에 있을 때에, 꿈에 어떤 사람이 이름을 천탁(千晫)이라 짓더니, 얼마 안 가서 왕위에 올랐다. 이때에 와서 금주(金主)와 이름이 같으므로 고치고자 하여 재상들에게 의논하여 지어 올리게 하니, 참지정사 최당(崔讜)이 탁(晫) 자를 지어 올렸다. 왕이 마음속으로 이를 이상하게 여겨, 드디어 이름을 고쳤다. —『고려사절요』 제13권. 명종(明宗)

고려의 명종(明宗)이 왕위에 오르기 전인 잠저 시절에 꾼 꿈은, 누군 가가 이름을 탁(晫)으로 고치고 왕위에 오르게 되는 꿈이었다. 명종(明宗)은 고려 제 19대 왕으로, 뜻밖에 무신의 난으로 인하여, 형인 의종이 폐위되고 무신들에게 추대되어 즉위하게 된다. 그러나 자신의 '호(晧)'의 이름이 그후 금나라의 왕과 이름이 같아, 이름을 새롭게 고치는 과정에서, 어릴 때 이름을 탁(晫)으로 고치고 왕위에 오르게 되는 꿈과 같이, 왕이

되고 나서 자신의 이름을 탁(晫)으로 고치고 있다.

즉 어릴 때 꿈속에서 이름을 고쳤던 사람이 바로 자신의 또다른 자아를 상징적으로 보여주고 있다. 이렇게 꿈속에서 또다른 자신이나, 자신으로 상징된 인물이나 동물을 보게 되는 사례가 많다.

이밖에도, 고려 후기의 문신인 최여해(崔汝諧)는 익양부(翼陽府)의 전첨(典籤)으로 있을 때, 익양공(翼陽公: 훗날 명종)이 태조가 홀(笏)을 주는 것을 받고 어좌(御座)에 앉는 꿈을 꾸고 나서, 장차 명종이 왕위에 오르게 될 것을 예지하고 있는 바, 뒤에 무신의 난으로 인하여 명종이 즉위하자 그 인연으로 높은 벼슬에 제수되고 있다.

또한 명종이 꿈속에서 '居年九九九(거년구구구)' '享位七七二(향위칠칠이)'의 시구를 받는 바, '居年九九九'는 세 개의 九가 되니 39의 숫자가 되어, 명종이 1131년에 출생하여 1170년에 임금에 오르기 전까지의 39년간을 뜻하며, '享位七七二'은 七 더하기 七을 해서 얻어진 十四에 다시 二를 곱하면 28의 숫자가 되기에, 28년간의 재위기간을 예지한 파자해몽 꿈사례가 『신증동국여지승람』에 나오고 있다.

⑨ 바다의 용이 뱃속으로 들어온 꿈 → 왕건의 비 장화왕후가 되다
　　고려 태조 장화왕후(莊和王后) 오씨의 아버지는 다련군(多憐君)이었다. 대대로 목포에서 살아 왔었다. 다련군은 사간(沙干) 연위(連位)의 딸 덕교를 아내로 맞아서 딸을 낳았다. 어느 날 그 딸이 꿈을 꾸었는데, 바다의 용이 뱃속으로 들어오는 것이 아닌가!
　　　　　　　　　　　　　　　　　　　　—『신동국여지승람』제35권.

평범한 신분의 처녀로서, 용이 자신의 뱃속으로 들어오는 꿈을 꾼 후

에, 왕건을 만나게 되어 장화왕후가 되어 혜종을 낳게 되고 있다. 이렇게 우리의 역사적 사건 뒤에는 꿈이야기가 담겨져 있다. 뱃속으로 용이 들어오는 것은 용으로 상징된 귀한 인물이 다가오게 되거나, 태몽으로 귀한 인재를 낳게 될 것을 상징적인 미래예지 꿈으로 보여주고 있는 것이다.

유사한 사례로, 숙종대왕이 어느 날 낮잠을 자다가 장희빈이 있는 궁에서 조그마한 용 한 마리가 피투성이가 되어 꿈틀거리는 것을 보았다. 대왕은 하도 이상하여 장희빈 궁으로 가 보았더니, 장희빈이 질투심에 불타 최숙빈을 곤장으로 쳐서 피투성이가 되어 있었다. 이때 왕이 오는 것을 알고 독안에 감추어 둔 것을 대왕이 목격하게 되었다. 최숙빈은 이미 왕자를 잉태하고 있었는 바, 장희빈의 행위로 인하여 뱃속의 아기는 자칫하면 유산될 수 있었던 상황에서, 숙종 임금의 꿈에 피투성이의 용으로 나타남으로써 위험에서 벗어나게 되고, 훗날 후사가 없었던 경종의 뒤를 이어 영조 임금이 되고 있다.

⑩ 해와 달이 하늘에서 떨어져 가슴속으로 들어온 꿈→ 왕후가 될 것을 예지

인열왕후(仁烈王后)는 한준겸(韓浚謙)의 딸로 조선 인조의 왕비이다. 처녀 시절의 꿈에 집의 지붕이 활짝 열리면서, 해와 달이 하늘에서 떨어져 가슴속으로 들어온 꿈을 꾸었다. 장차 혼례를 치르려 할 즈음에 홍역을 앓아 거의 위험한 상태에 이르렀는데, 아버지인 한준겸의 꿈에 선조가 나타나 말하기를 '걱정하지 말라. 병은 자연히 낫게 될 것이다.' 고 하였다. 그런데 과연 얼마 있다가 그 말대로 되었으므로 한준겸이 더욱 마음속으로 기이하게 여겼다.

—장유(張維), 『계곡집(谿谷集)』제11권.

간추려 살펴보았다. 한 나라의 국모가 되는 데 있어 어찌 꿈에 상서로운 징조가 없을 수 있겠는가? 조선 인조의 왕비가 되는 인열왕후(仁烈王后)의 나이 13세 때인 1606년(병오년)으로부터 17년 뒤에, 1623년(계해년)에 인조반정으로 남편인 능양군이 왕위에 오르게 된다.

꿈에 집의 지붕이 활짝 열리면서 해와 달이 하늘에서 떨어져 가슴속으로 들어오는 꿈을 꾼 시점이 대략적으로 20세 처녀 시절에 꾼 꿈으로 본다고 해도, 그로부터 10년 뒤에 왕비가 될 것을 꿈으로 예지하고 있다. 해와 달은 하늘에 빛나는 하나밖에 없는 존재로, 왕이나 왕비의 상징성에 부합되며, 이러한 해와 달이 가슴속에 들어오는 꿈은 장차 그러한 지위로 나아감을 상징하고 있다. 또한 홍역을 앓아 위독한 상황에서 이미 1608년(무신년)에 죽은 선조가 나타나 병이 회복될 것을 계시적으로 일러주고 있는 바, 장차 귀인이 될 것을 예지해주고 있다.

(4) 과거 급제 · 관직 · 관운(官運) 예지

선인들의 과거급제나 낙방 등 과거에 관련된 예지적 꿈사례는 무수히 많다. 선비들은 먼저 자신의 학문을 닦은 후 사람들을 다스리는 수기치인(修己治人)의 실천방안으로써, 또한 입신양명(立身揚名)의 자신의 이상을 펼치는 관직에 나아가기 위한 과거에 지대한 관심을 지니고 있었다. 따라서 이러한 자신이 궁금히 여기는 과거의 급제나 승진 등 주관심사에 대하여 꿈으로 예지되는 일은 당연한 일이라 하겠다. 이 경우 자신의 꿈에 용꿈이나 기타 좋은 꿈의 전개로 예지되어 나타나는 경우가 가장 많지만, 임금의 꿈에 보이게 됨으로써 등용되거나, 꿈속에서 짓거나 받게 되는 몽중시(夢中詩)로 예지되어 나타나는 경우도 있다. 사례를 살펴본다.

① 사다리가 성문에서 대궐에 이르는 꿈

　　이의민(李義旼)은 경주(慶州) 사람으로, 키가 8척이나 되고 힘이 남보다 뛰어나게 세었다. 아내를 데리고 남부여대하여 서울에 이르니, 마침 어두운 밤이어서 성문이 이미 닫혀 있었다. 성의 남쪽 여관에 들어 자게 되었는데, 꿈에 긴 사다리가 성문에서 대궐에 이르는 것이 있어서 사다리를 타고 올라가 보았는데, 깨고 나서 이상하게 여기었다. ―『고려사절요』제12권.

　　『고려사』에는 성 남녘에 있는 연수사(延壽寺)에서 하룻밤을 지낸 것으로 나오고 있다. 이의민(李義旼)이 사다리가 성문에서 대궐로 놓인 것을 타고 올라가는 꿈을 꾼 후에 관운이 순조롭게 올라가고 있다. 물론 정중부의 난에 사람을 많이 죽이거나 의종의 살해 등 안좋은 짓을 하지만, 이의민 본인은 꿈을 꾼 후에 꿈의 예지대로 천한 신분에서 대장군의 직위에까지 나아가는 것으로 실현되고 있다.

　　또한 소금과 채를 파는 것이 직업이었던, 이의민의 부친 이선(李善)이 꾼 꿈이야기가 고려사에 다음과 같이 전하고 있다. 이의민이 어렸을 때, 이의민이 청의(靑衣)를 입고 황룡사(黃龍寺) 9층 탑(塔)에 올라가는 꿈을 꾸고, 그는 이 아이가 반드시 큰 귀인(貴人)이 되리라고 생각하였다. 꿈은 반대가 아닌 상징의 이해에 있는 바, 9층 탑 위에 올라가는 꿈은 장차 귀한 직위에 올라갈 것을 예지하고 있다. 이와 유사한 꿈사례로, 고려 태조가 일찍이 9층 금탑이 바다 가운데 서 있는 것을 보고 그 위에 올라가는 꿈을 꾸었다고 『고려사절요』에 기록되어 있다.

　　일찍이 이의민 꿈에 오색 무지개가 양편 겨드랑이에서 일어나는 꿈을 꾸고 자부심이 강하였으며, 옛 도참(圖讖)에 "용손은 12대에 다한다. [龍孫十二盡]'란 말을 믿고서, 왕씨가 12대에서 끝나고 '十八子(십팔자)' 왕위설의 참설대로 李(이)씨인 자신이 왕위에 오를 수 있다고 여겼다. 나중에 최충헌 일파에 의해 미타산에서 살해되기에 이른다.

② 규성(奎星)이 이규보의 급제를 알려준 꿈

　　이규보(李奎報)는 처음에 인저(仁氐)라고 이름 하였는데, 과거 시험에 나아가려고 했을 때, 규성(奎星)이 급제를 알려주는 꿈을 꾸었다. 이에 규성에 보답한다는 의미로 규보(奎報)로 이름을 고치게 된다.

　　이와 유사한 선인의 사례로, 과거를 보러 갈 때 꿈에 거북 한 마리를 잡았다. 그래서 이름을 일귀(一龜)라고도 하였다. 과거 발표 날 전 시관(試官)의 꿈에 거북 한 마리가 나타나서 말하기를, "함께 공부한 사람들은 모두 급제하였는데, 나 혼자만 버림을 받았다." 하였다. 시관이 모두 놀라 깨어서 떨어진 답지 중에서 찾아내어, 병과(丙科)의 우두머리로 뽑았다.

　　또한 이규보의 몽험기(夢驗記)가 있는 바, 젊은 시절 꿈에 사당에 가서 당하에 절하고, 법왕으로부터 "길 위에 달리다가 축이 부러진 수레와 같으니, 금년을 넘기지 못하고 이곳을 떠나게 될 것이라."라는 말을 듣게 되는 바, 그 해에 과연 동료의 참소를 받고 파직을 당하게 되었음을 밝히고 있다.

③ 머리 위에 불기둥을 보는 꿈

　　김심언(金審彦)은 고려 때 사람이다. 처음에는 상시(常侍) 최섬(崔暹)을 따라서 배웠는데, 최섬이 앉아서 졸다가 김심언의 머리 위에 불기운이 있어서 하늘에 뻗치는 것을 꿈꾸고, 마음으로 기이하게 여겨 딸을 주어 심언의 아내로 삼았다. 성종 때에 과연 과거에 급제하여 벼슬이 '내사시랑평장사(內史侍郎平章事)'에 이르렀다.

—『신증동국여지승람』제36권.

이 이야기는 『고려사절요』에도 실려 있는 바, 머리 위에 불기운이 하늘에 뻗치는 표상에서 장차 귀한 인물이 될 것임을 예지하고 있다.

④ 뱀이 말 위에 서려 있는 꿈

중종 때에 알성시(謁聖試)로 선비를 뽑았다. 정번(鄭蕃)·류항(柳沆)·어숙권(魚叔權)이 함께 선발 시험에 참가하였다. 시험 날, 어숙권은 꿈에 뱀이 말위에 서려 있는 것을 보았다. 합격의 등급을 정할 적에, 류항(柳沆)이 첫째요, 어숙권(魚叔權)이 다음이었다. 류항은 뱀띠[巳] 생, 어숙권은 말띠[午]생이었던 바, 류항이 어숙권의 위에 있게 될 것을 꿈으로 예지한 몽참(夢讖)이었던 것이다. 인간의 일이란 미리 정해진 것 아님이 없으니, 자기 분수 밖의 것을 구하는 것은 어떻게 하자는 것인가? —權應仁(권응인), 『松溪漫錄(송계만록)』

꿈의 상징은 다양하게 나타나고 있으며, 이 꿈사례에서는 장차 과거급제의 등급을 '뱀이 말 위에 서려 있는' 등의 상징적인 표상으로 나타나고 있다. 또한 이수광(李睟光)의 『지봉유설(芝峯類說)』〈몽매(夢寐)〉에는 신비한 꿈으로 과거급제 및 승진으로 이루어진 사례가 나오고 있다.

이밖에도 매화(梅花)의 개화로 관직 임명을 예지한 사례가 있는 바, 매화의 싱싱함과 아름답게 꽃이 핀 여부에 따라서 현실에서 관직의 품계

고하가 정해지는 일로 이루어지고 있다. 이처럼 꿈속에서 꽃이나 식물 등이 등장하는 경우, 싱싱하거나 아름다울수록 그로 상징된 사람이나 대상이 귀하고 좋게 이루어지고 있다. 예를 들어, 꽃이 시들은 것을 보는 태몽꿈에서는 유산·요절이나 신체적 이상이나 질병 등을 가져오게 되며, 일반적인 꿈의 경우에는 일의 실패·좌절이나 신분·명예의 몰락 등으로 이루어지고 있다.

⑤ 꿈에 큰 붕새를 쏘아 얻는 꿈

> 권 맹손(權孟孫)은 일찍이 꿈속에서 큰 붕새를 쏘아서 얻었는데, 이튿날 세종이 친히 성명을 써서 첨지붕추부사 벼슬을 주었으므로, 유방선이 시를 지어 축하하여 이르기를, "진기한 새의 길한 꿈 응당 알리기를 먼저 하였고, 임금의 붓으로 친히 쓰시니 특별히 영화가 있네." 하였다. ─『해동잡록』6

권맹손이 꿈속에서 커다란 붕새를 쏘아서 잡은 꿈을 꾼 후에, 벼슬을 얻고 있다. 이처럼 꿈은 반대가 아닌, 상징표상의 이해에 있다. 꿈속에서 동식물이나 무언가를 얻는 꿈은 얻은 물건으로 상징된 재물이나 이권·권세를 얻는 일로 실현되고 있다. 이 경우에 귀한 물건일수록 좋으며, 반면에 잃어버리는 꿈은 실직이나 훼손 등의 안좋은 일로 실현되고 있다.

유사한 사례로 『해동잡록(海東雜錄)』에 신광한(申光漢)의 기이한 꿈 이야기가 실려있다. 신광한이 어릴 때 꿈에 문채(紋彩)있는 봉이 날아와 집 모서리에 모였다. 그가 입을 여니, 봉이 날개치며 날아 입속으로 들어왔다. 이때부터 빛나는 재주가 날로 진보하였다. 그래서 탄봉설(呑鳳說·봉새를 삼켰다는 글)을 지어 그 기이한 일을 기록하였는데, 늙어서 또 꿈을 꾸니 빛깔 있는 새가 입으로 들어와 대제학으로 승진하였다. 또한 이헌국 (李憲國)이 젊었을 때 꿈을 꾸니, 문익공 정광필(鄭光弼)이 먹 두 자루를 내다가 한 개는 정유길(鄭惟吉)에게 주고 한 개는 자기에게 주는 꿈이었다. 그후 두 사람 모두 벼슬이 모두 좌의정에 이르는 일로 실현되고 있다.

⑥ 세 유생의 과거급제 꿈

　　옛날에 유생 세 사람이 과거 시험장으로 나아가려 할 때, 한 사람 은 거울이 땅에 떨어지는 꿈을 꾸었고, 한 사람은 쑥대묶음[艾夫]이 문 위에 걸린 꿈을 꾸었으며, 또 한 사람은 바람이 불어 꽃이 떨어지 는 꿈을 꾸었다.

　　해몽하기를, "쑥대(액막이로 방문 위쪽에 걸어두는 쑥묶음)은 사람들 이 우러러보는 바요, 거울이 떨어지면 어찌 소리가 없겠는가?, 꽃이 떨어지면 응당 열매가 있을 것이니, 세 사람이 함께 이름을 이루리 라." 하였는데, 세 사람이 과연 모두 과거에 급제하였다.

　　　　　　　　　　　　　　　　　　　　—『용재총화(慵齋叢話)』제6권.

　　이 꿈이야기는 구전되다가 춘향전 속에도 삽입되고 있는 바, 일반적 으로는 꽃이 떨어지는 꿈, 거울이 깨지는 꿈은 일이 실패로 이루어지는 흉몽이라고 할 수 있다. 꿈은 어찌 보면 반대로 해석하는 것이 맞는다고 생각하기가 쉽다. 하지만, 절대로 그렇지 않다. 이는 머리카락이나 이빨 이 빠지는 꿈, 신체가 훼손되는 꿈, 신발을 잃어버리는 꿈 등이 대표적인 흉몽으로 이루어지고 있음에서 잘 알 수 있겠다.

⑦ 공민왕 꿈에 신돈이 나타나 구해주는 꿈→ 임금에 중용되다

　중 변조(遍照)는 본래 옥천사(玉川寺) 여종의 아들인데, 어머니가
천하므로 그 무리에 끼지 못하였다. 이에 앞서 공민왕이 일찍이 꿈을
꾸었는데, 어떤 사람이 칼을 빼어서 찌르려 하자, 어떤 중이 구하여
주어서 곤경을 벗어났다. 왕이 기억하고 있었는데, 마침 김원명(金元
命)이 변조를 데리고 와서 왕께 뵈이니, 그 얼굴이 꿈에 본 중과 같았
다. 왕이 매우 이상하게 여겨 같이 말하여 보니, 자못 말솜씨가 뛰어
나고 스스로 도를 얻었다고 하였다.

　　　　　　　　　　　　　─『연려실기술』제1권. 태조조(太祖朝) 고사본말(故事本末)

　『고려사절요』에도 이와 유사한 기록이 나오고 있는 바, 공민왕이 신
돈을 중용함에 신비한 꿈이 있었음을 알 수 있겠다.

⑧ 용 한 마리가 종루에서 일어나 하늘로 올라가는 꿈→ 기룡(起龍)

　선조대왕이, 종루가(鐘樓街 지금의 종로)에서 용이 일어나 하늘로
올라가는 꿈을 꾸고 나서 인재를 물색했는데, 무과(武科)에 급제한 공
을 얻고 괴이하게 여겨 '起龍'의 이름을 하사했다."

　　　　　　　　　　　　　　　　　　　　　　　　　　　　　─『송자대전(宋子大全)』

　정기룡(鄭起龍)은 조선 중기의 무신으로, 초명(初名)은 무수(茂壽)였는
데 1586년 무과에 급제한 뒤 왕명에 따라 기룡으로 이름을 고쳤다. 이밖
에도 세종이 용 한 마리가 잣나무를 감고 있는 꿈을 꾼 바, 잣나무 아래에
누워 잣나무에다 발을 걸치고 자고 있던 최항(崔恒)이 장원이 된 사례가
있다. 또한 읍재(邑宰)가 낮잠을 자다 꿈에 나무 위에 쌍룡이 얽혀 있는

것을 보고 나무위에 올라가 있던 조간(趙簡)이 장차 크게 될 것으로 믿고, 공부를 시켜 후에 과거시험에 1등으로 급제하고 있다.

또한 김자의(金子儀)와 같이 임금의 꿈에 급제한 사람의 이름과 비슷하여 중용된 사람도 있으며, 조진관(趙鎭寬)은 임금의 꿈에 현자(賢者)를 만나 함께 나라 일을 의논하는 꿈으로 등용되고 있다. 이렇게 임금의 꿈이나 재상의 꿈과 관련을 맺거나 꿈속에 용으로 등장되어 중용된 사례가 상당수 있다. 한편 다른 사람이 급제할 것을 꿈으로 예지한 사례도 무수히 보이고 있는 바, 꿈으로 구비전승되어 전해오는 과거급제 예지의 꿈 이야기들은 대부분 용꿈의 전개를 보이고 있다.

⑨ 문무(文武)의 장원을 예지한 몽중시(夢中詩)

나의 고조 제학(提學) 공의 이름은 어변갑(魚變甲)인데, 영락 무자년에 문과회시(文科會試)에 급제하였다. 대제학 정이오(鄭以吾) 공이 꿈에 시를 짓기를,

三級風雷魚變甲 세 번의 바람과 천둥으로 고기는 甲 있는 것으로 변하고

一春煙景馬希聲 한 봄의 아지랑이 자욱한 풍경에 말울음소리 드물구나.

雖云對偶元相敵 비록 짝으로 대함에 원래 필적하다고 하지만

那及龍頭上客名 어찌 용문에 있어서 윗자리에 이름이 미칠 줄이야.

하였는데 공이 과연 전시(殿試)에 첫째로 급제하였다.

—『패관잡기』

꿈속에서 짓는 몽중시로 문무의 장원을 예지한 신비하고 특이한 꿈 사례이다. 이 시는 태종 무자년에, 당시에 대제학지공거(大提學知貢擧)였던 정이오(鄭以吾)가 전시(殿試)에 감독하기 전날 밤 꿈에 지은 시이다. 몽중시(夢中詩)에 사용된 시의 끝 구절인 '고기가 갑(甲) 있는 것으로 변하고[魚變甲]', '말울음소리 드무니[馬希聲]'의 '어변갑(魚變甲)' '마희성(馬希聲)' 이름을 가진 사람이 과거에 급제하는 일로 실현되고 있다. 시험 결과인 방이 붙었는데, 어변갑이 문과의 장원이 되었고, 마희성이 무과의 장원이 되었다.

이 꿈이야기는 『지봉유설』 신형부〈몽매(夢寐)〉를 비롯하여, 『패관잡기』·『해동잡록』·『문봉집』·『지퇴당집』·『동시화』 등 여러 문헌에 실려 있어, 당시 사람들이 신비스러운 꿈이야기로 널리 회자되었음을 알 수 있겠다. 대제학지공거였던 정이오가 시험 고시관으로서, '누가 장원을 할 것인가'에 대한 잠재의식적인 궁금증에서 꿈에서 상징적인 몽중시를 짓는 것으로 형상화되어 예지해준 것으로 보아야 할 것이다.

이밖에 기이한 꿈사례로 두 마리의 봉(鳳)이 그 꼬리가 불에 타면서 하늘로 올라가는 것을 본 꿈으로, 이름자에 봉(鳳)자가 들어있는 민덕봉(閔德鳳), 구봉령(具鳳齡) 두 사람이 과거에 급제할 것을 예지한 사례가 있다.

(5) 부임지나 유배지를 예지

과거 급제에 대한 예지를 보여주는 꿈사례가 상당수 있는 것처럼, 관직의 부임지나 유배지를 예지해주는 꿈사례도 무수히 있다. 이 경우 보통은 사실적인 미래투시의 꿈이나 상징적인 미래예지 꿈으로 보여주고 있지만, 특이하게는 예지의 방법에 있어서 꿈속에서 시를 짓거나 얻게 되는 몽중시로 나타나는 경우도 있고, 또한 파자표현으로 예지되는 꿈도 있다.

① 개성의 만월대에 있게 되는 꿈→ 임지를 예지

이덕형은 선조 36년 1603년 가을에 시강원(侍講院)에 입직하였던 날, 꿈에서 개성의 만월대에 있게 되는 꿈을 꾸게 된다. 깨어난 후에 가보고 싶었던 곳이며, 늙으신 어버이를 생각하고 가까운 경기어사(京畿御史)로 나가고자 힘쓴다. 하지만, "시강원의 장관이니 내보낼 수가 없는 즉, 딴 사람으로 고쳐 보내도록 하라."는 임금의 명령으로 못나가게 된다. 그러다가 이듬해 갑진년 봄에 뜻밖의 특명을 받고 개성부(開城府)의 시재어사(試才御史)가 되는 일로 실현되고 있다.

일반적으로 중대한 일의 실현일수록 꿈을 꾸고 나서 상당한 기간이 지나서 이루어지고 있는 것이 보편적이다. 사소한 일의 실현일수록 꿈은 빨리 이루어지고 있다.

② 강계부사(江界府使)가 된 꿈→ 귀양지를 예지

선인은 평생에 꿈이 반드시 맞았다. 신묘년에 화를 당하여 남양(南陽) 구포(鷗浦)로 나가 살았는데, 새벽녘에 곁에 있는 사람을 보고 말하기를,

"꿈에 내가 강계 부사(江界府使)가 되었으니 그곳이 유배지가 될 것이다." 하였는데, 얼마 있다가 서울에서 사람이 와서 말하기를, 진주로 정배(定配)되었다고 하니, 선인께서 탄식하기를, "평생에 꿈을 믿었는데, 늙으니 꿈도 맞지 않는다." 하였다. 그런데 남쪽으로 내려

간 지 며칠 만에 대간의 논쟁으로 강계로 유배지가 옮겨졌다.

—후략—. 『기옹만필(畸翁漫筆)』

송강 정철이 꿈의 예지력에 있어 탁월하였음을 알 수 있는 바, 정철의 넷째 아들인 정홍명(鄭弘溟)이 돌아가신 부친에 대하여 쓴 꿈사례이다. 사실적인 미래투시의 꿈이라면, 실제로 강계부사가 되는 일로 일어나게 된다. 꿈은 처한 상황을 가장 잘 알고 있는, 꿈을 꾼 자신이 가장 잘 해몽할 수 있다. 정철이 이 꿈을 꾸게 된 때는 죄를 받아 처벌을 기다리던 당시의 꾼 꿈이다. 그러기에 꿈속에서 강계부사가 된 것으로써, 장차 강계로 귀양가게 될 것을 짐작하고 있다. 필자의 경우도 인사발령 전에 꿈속에서 발령지의 지명을 꿈꾼 경우가 있다.

③ '옛날에 살던 집을 새로 이웁시다' 라고 하는 꿈→ 또다시 귀양을 가다

신정희(申正熙)의 아버지 신헌(申櫶)은 철종 초에 興陽(高興) 녹도(鹿島)에서 6년 동안 유배생활을 하다가 풀려 나왔다.

임오년(1882) 설날 아침에 신정희가 대궐에서 진하식(陳賀式)을 마치고 돌아와 몸이 피곤하여 옷도 벗지 않고 잠을 자고 있는데, 녹도의 옛집 주인이 꿈속에 나타나 "옛날에 살던 집을 새로 이웁시다." 하고 청하였다.

잠에서 깨어난 신정희는 기분이 매우 나빴다. 이런 일이 있은 후 그는 임자도(荏子島)로 유배되었다. 신정희는 손님과 함께 그때의 이야기를 하면서 미리 정해진 운명은 피할 수 없는 것이라고 탄식하였다. —『매천야록』

옛집 주인이 나타나 "옛날에 살던 집을 새로 이웁시다." 하고 청하는 꿈이, 아버지인 신헌(申櫶)이 귀양살이를 하다가 풀려난 상황에서, 아들인 신정희(申正熙)가 또다시 귀양을 가는 것으로 실현되고 있는 상징적인 미래예지 꿈사례이다. 집의 상징은 일반적으로는 회사·기관을 상징하지만, 여기에서는 귀양지를 상징하고 있다고 하겠다.

(6) 태몽 관련

상징적인 미래 예지적 꿈의 가장 대표적인 것으로 태몽을 들 수 있는 바, 여기에서는 선인들의 태몽사례를 간략히 소개하며, 보다 자세한 것은 필자가 2012년 앞서 출간한 『태몽』을 참고하기 바란다.

역사적인 인물에 대한 태몽은 다양하지만, 대부분 해나 별 기타 좋은 표상으로 전개되고 있다. 해·달·별 등이 하늘에 떠서 만물을 비추며, 만인이 우러러보는 표상이라, 귀한 존재로 이름을 크게 떨치거나 업적·권세·사업 등에서 빛나는 존재가 됨을 상징하고 있다.

① 해·달·별의 태몽 사례
* 강감찬→ 큰 별이 품에 안기다.
* 김이(金怡)→ 꿈에 해가 들어오다.
* 인현왕후(仁顯王后)→ 해와 달이 두 어깨에서 떠오르다.
* 김태현(金台鉉)→ 밝은 별이 품에 안기다.
* 일연→ 태양이 몸을 비추다.
* 조인규→ 해가 품안으로 들어오다.
* 원효대사→ 유성(流星)이 품속에 떨어지다.
* 자장율사→ 별 하나가 품에 들어오다.

* 김유신→ 세 별이 내려오다, 황금갑옷을 입은 동자가 내려오다. 세 별이 내려온 태몽으로 우러름을 받는 귀한 인물이 될 것을 예지해주고 있다. 또한 갑옷을 입은 동자가 구름을 타고 방안으로 드는 꿈에서, 장차 갑옷과 관련지어 장수로써 크게 이름을 떨치게 될 것을 태몽꿈으로 예지해주고 있다.

* 여운형→ 태양이 이글거리는 꿈

② 사물이나 사람 관련 태몽 사례

* 정여립(鄭汝立)→ 그 부친의 꿈에 무신의 난을 주도한 정중부를 보는 꿈이었던 바, 1589년(선조 22) 기축년(己丑年) 10월에 정여립이 역모를 일으키게 된다. 이처럼 꿈속에 사람이 태몽 표상으로 등장하는 경우, 나타난 사람과 체격이나 성품, 학식이나 인생의 운명길이 유사하게 전개되고 있다.

* 죽지랑→ 거사가 죽어서 죽지랑으로 탄생

『삼국유사』에 나오는 이야기이다. 처음에 술종공이 삭주도독사가 되어 장차 임지로 가는데, 죽지령에 이르렀을 때 한 거사가 그 고갯길을 닦고 있었다. 공이 그걸 보고 감탄하고 칭찬하니, 거사 역시 공의 위세가 혁혁함을 좋게 여겨 서로 마음이 통하게 되었다. 공이 부임하여 다스린 지 한 달이 되었을 때 꿈에 거사가 방 가운데로 들어오는 것을 보았는데, 그 아내도 같은 꿈을 꾸었으므로 매우 놀랍고 괴이하게 여겼다. 이튿날 사람을 시켜 그 거사의 안부를 물으니 사람이 말하기를 "거사는 죽은 지 며칠이 되었다" 하였다. 심부름 갔던 사람이 돌아와 보고하니, 그 죽은 날이 꿈을 꾸던 날과 같았다. 공의 아내가 꿈을 꾸던 날부터 태기가 있어 아이를 낳으니 이름을 죽지(竹旨)라 하였다.

　유사한 사례로, 머리가 크고 정수리가 평평하여 성(城)과 같았으므로 이름을 대성(大城)이라 하였던 가난한 집의 아이가 죽어서 국상(國相) 김문량(金文亮)의 집에 태어나고 있는 바, "모량리 대성이란 아이가 지금 네 집에 태어날 것이다." 라는 계시적 꿈으로 태몽을 예지해주고 있다. 그리하여, 현세의 부모를 위하여 불국사를 창건하고, 전세의 부모를 위하여 지금의 석굴암인 석불사(石佛寺)를 창건하였다 한다.

* 강수(强首)→ 꿈에 뿔이 달린 사람을 보는 태몽인 바, 출생 후에 머리 뒤편에 뼈가 불쑥 나오다.

* 정몽주(鄭夢周)→ 어머니가 임신하였을 때, 난초 화분을 안다가 놀라 떨어뜨리는 꿈이었던 바, 처음에 이름을 몽란(夢蘭)이라 하였다. 아홉 살이 되었을 때에 어머니가 흑룡이 동산의 배나무 위에 올라가는 꿈을 꾸다 놀라 깨어 나와 보니 바로 공이었다. 그래서 이름을 또 몽룡(夢龍)이라 하였다. 관례(冠禮)하면서 지금의 이름 몽주(夢周)로 고쳤다. —『연려실기술』

　정몽주의 어릴 때 이름은 몽란(夢蘭) 또는 몽룡(夢龍)이었음을 알 수 있으며, 또한 꿈에 훌륭하게 생긴 사람이 나타나, "나는 중국의 주공(周公)인데 천제(天帝)의 명으로 너희 집에서 태어나기로 하였다." 이렇게 꿈에 중국의 주공을 보고 낳았다고 해서, 몽주(夢周)란 이름이 생겼다고 한다. 이처럼 태몽이 하나뿐만이 아니고, 경우에 따라서 이렇게 태몽으로 여러 가지를 꾸기도 한다는 것을 알 수 있겠다.

　또한 태몽표상으로 등장된 사물이나 동물이 깨지거나 사라지거나 훼손되는 경우, 장차의 인생길에서 요절이나 병마(病魔) 등으로 인하여 시달리게 되는 일로 이루어지고 있다. 난초 화분을 떨어뜨리는 태몽 꿈의 실현이 장차 장차 선죽교에서 타살되는 비운을 예지케 해주고 있다.

* 성희안(成希顔)→ 어머니의 태몽에, 한 신선이 와서 지팡이를 주면서, "이것을 짚으면 네 집에 복록이 일어나게 되리라." 하였다.

* 하경복(河敬復) → 어머니의 꿈에 자라가 품속으로 들어오는 태몽을 꾸고 임신하여 그를 낳았으므로, 어릴 때 이름이 왕팔(王八)이었다.

* 김일손(金馹孫)→ 그의 아버지는 용마(龍馬)의 꿈을 꾸고 세 아들을 낳아 준손(駿孫)·기손(驥孫)·일손(馹孫)이라 이름을 지었는데, 모두 문장으로 세상에 이름이 나고 과거에 올랐다. 용마(龍馬)의 태몽 또한 좋은 표상이다. 훌륭한 말의 표상이기에 커다란 인물이 될 것임을 예지해주고 있다.

* 숙종→ 이불 속에 용이 있는 꿈.

언젠가 효종의 꿈에 명성왕후 침실에 이불을 씌워 놓은 물건이 있어서 떠들고 보았더니 용이어서, 꿈을 깬 효종이 장차 원손(元孫)을 얻을 태몽이라고 기뻐하였다.

* 강항(姜沆)의 자식 태몽→ 새끼 용이 물위에 떠 있어서 이름을 '용(龍)'이라고 지었던 어린 아들은, 새끼용처럼 장성하지 못하고 왜적으로 인하여 어린 나이에 조수(潮水)의 물에 죽게 되는 일로 실현되고 있다.

4) 외국의 상징적인 미래예지의 꿈사례

꿈은 상징의미와 상징기법에 있어 동서고금을 통하여 보편성을 띠고 있다. 외국의 상징적인 미래예지의 꿈사례 역시 무수히 많은 바, 단편적으로 소개한다.

① 『꿈의 열쇠(Onirocriticon)』 → 예지적 꿈사례집

고대 후기 꿈해석의 위대한 권위자인 아르테미도로스의 『꿈의 열쇠』에 수많은 예지적 꿈사례가 실려있는 바, 대표적으로 '코가 없어진 꿈'의 흥미있는 사례를 발췌하여 간략히 살펴본다.

코가 없어지는 꿈을 꾼 사람이 있었다. 그는 향수 가게를 하고 있었는 바, 코로 향수를 맡는 것이니 이후 가게가 망하게 되었다. 또다시 코가 없어지는 꿈을 꾸고 나서, 공문서 위조 등으로 시민권이 박탈되는 일로 실현되었다. 코는 사람의 얼굴에서 명예나 자존심 등을 상징한다. 관습적 언어의 상징으로 '야코 죽다' 는 속된 말은 '양코' 에서 온 말로, '사람의 기(氣)가 꺾이다' 의 뜻을 지닌다. 또 다시 코가 없어지는 꿈을 꾼 바, 병으로 죽게 되었다. 시체에게는 코가 먼저 문드러져서 없는 것이다.

이처럼 아르테미도로스는 예지몽에 지대한 관심을 지녔으며, 꿈을 해몽하는 주된 목적은 꿈꾼 자에게 앞으로 행동의 방향을 제시하는 것이라고 보고 있다.

② 성경의 예지적 꿈

꿈을 '잊혀진 하나님의 언어' 라고 말하는 외국의 학자가 있는 바, 성경속에는 수많은 꿈이야기가 나오고 있어, 성경은 꿈의 역사라고 할 수

도 있다. 마리아가 성령으로 임신했다고 꿈으로 계시해주는 이야기로부터, 야곱이나 요셉의 꿈이야기, 아비멜렉의 꿈, 바로왕과 두 관원장의 꿈, 느브갓네살 왕의 꿈, 아브람, 이사야, 예레미아, 에스겔, 다니엘, 아모스, 스가랴, 기드온, 솔로몬, 베드로, 바울의 꿈이야기 등 수많은 꿈이야기가 나오고 있다.

따라서, 자신이 크리스찬이라고 해서, 꿈의 세계를 부정시하거나 미신시해서는 안된다. 꿈의 세계는 미신이 아닌, 정신과학의 세계로 우리 인간의 정신능력의 활동으로 빚어지는 영적인 세계인 것이다. 한평생 꿈 연구에 바쳐오신 스승이신 고(故) 한건덕 선생님도 『성경속의 꿈해석』 등 성경과 꿈에 대한 여러 권의 저서를 남겼다.

성경에 나오는 계시적인 꿈에 대해서는 앞서 살펴본 바 있다. 여기에서는 상징적인 미래예지 꿈 위주로 간단한 해설을 덧붙여 살펴보았다. 자세한 것은 추후 출간예정인 [꿈으로 본 성경]을 참고하기 바란다.

〈 요셉의 꿈 〉

성경 창세기 37장에 나오는 요셉이 꾼 꿈은 두 가지였다. "우리가 밭에서 곡식을 묶더니, 내 단은 일어서고 당신들의 단은 내 단을 둘러서서 절하더이다.""해와 달과 열한 별이 내게 절하더이다."

여기에서는 꿈 내용은 다르지만 뜻하는 바는 같은, 두 가지의 상징적인 미래예지 꿈의 전개가 나오고 있다. 하지만 꿈의 상징성은 비교적 단순해서 누구나 쉽게 그 뜻의 의미를 파악할 수 있을 정도이다. 꿈은 반대가 아닌 것이다. 다만 그 상징성의 이해에 있다. 절을 한다는 표상이 무엇을 뜻하는 지는 우리 모두 잘 알고 있다.

요셉은 그의 아버지 야곱이 네 명의 부인에게서 낳은 열두명의 아들

중에 열한 번째 아들이다. 다른 형제들에게 시기를 받게 되고, 결국은 꿈을 이야기 한 미움을 받아, 낙타를 타고 이집트로 여행하는 장사꾼들에게 팔려가, 노예로 생활하다가 누명을 쓰고 감옥에 갇히게 된다. 하지만, 바로왕의 신하 두 사람의 꿈을 해몽해주게 되고, 그것으로 인하여 바로왕의 7년 풍년 7년 흉년 꿈을 해몽해주게 됨에 이르러, 이집트의 총리대신에까지 오르게 된다.

그리하여 바로왕의 꿈에서 예지해 준 대로 중동지방에 흉년이 들게 되어, 식량을 사기 위해 이집트로 몰려오게 된 10명의 형들이 요셉의 앞에 무릎을 꿇고 머리를 조아리며 사정을 하기에 이른다. 결국은 상징적인 미래예지 꿈의 실현이 13년이 지나서 이루어지게 된 것이다. 이처럼 황당하게 전개되는 상징적인 미래예지 꿈의 실현은 꿈에서 예지된 대로 반드시 이루어지며, 그 결과는 피할 수 없음을 보게 된다.

〈 바로왕 신하 두 사람의 꿈(사형과 살아나는 꿈) 〉

창세기 40장에 나오는 이야기이다. 요셉이 누명을 쓰고 감옥에 갇혔을 때, 이집트 왕인 바로왕의 술 맡은 관원장과 떡 굽는 관원장도 죄를 지어 갇혀 있은 지가 수일이었다.

하루는 술 맡은 자와 떡 굽는 자 두 사람이 각각 몽조(夢兆)가 다른 꿈을 꾸었다. 술 맡은 관원장이 그 꿈을 요셉에게 말하여 가로되, "내가 꿈에 보니 내 앞에 포도나무가 있는데 그 나무에 세 가지가 있고 싹이 나서 꽃이 피고 포도송이가 익었고 내 손에 바로의 잔이 있기로, 내가 포도를 따서 그 즙을 바로왕의 잔에 짜서 그 잔을 바로왕의 손에 드렸노라"

요셉이 그에게 이르되, "그 해석이 이러하니, 세 가지는 사흘이라. 지금부터 사흘 안에 바로가 당신의 전직(前職)을 회복하리니, 당신이 이전에 술 맡은 자가 되었을 때에 하던 것같이 바로왕의 잔을 그 손에 받들게 되리이다. 당신이 잘 되거든, 나를 생각하고 내게 은혜를 베풀어서 내 사정을 바로왕에게 고하여 나를 건져내소서. 나는 히브리 땅에서 끌려온 자요, 여기서도 옥에 갇힐 일은 행하지 아니하였나이다."

떡 굽는 관원장이 그 해석이 길함을 보고 요셉에게 이르되, "나도 꿈에 보니, 흰 떡 세 광주리가 내 머리에 있고, 그 윗 광주리에 바로왕을 위하여 만든 각종 구운 식물이 있는데, 새들이 내 머리의 광주리에서 그것을 먹더라." 요셉이 대답하여 가로되, "세 광주리는 사흘이라. 지금부터 사흘 안에 바로가 당신의 머리를 끊고 당신을 나무에 달 것이니, 새들이 당신의 고기를 뜯어 먹으리이다." 하였다.

제 3일은 바로왕의 생일로, 바로왕이 모든 신하를 위하여 잔치를 열었다. 그때에, 바로의 술 맡은 관원장은 전직을 회복하매 그가 잔을 바로의 손에 받들어 드렸고, 떡 굽는 관원장은 매여 달려 요셉이 해몽해준 것과 같이 되고 있다.

요셉이 해몽해 준 두 사람의 꿈은 앞으로 일어날 일을 예지해준 상징적인 미래예지 꿈이다. 이러한 상징적인 미래예지 꿈은 앞으로 일어날 일을 예지해주고 있으며, 또한 그 꿈의 결과를 피할 수 없다. 꿈에 나타난 모든 숫자 표상의 개념은 다 의미가 있다. 세 가지, 세 광주리로 표상된 3이란 숫자에서 3일 뒤에 일어날 것을 말하고 있다. 이 꿈의 결과에서는 3일 뒤로 실현되었지만, 경우에 따라서는 세 사람 세 가지 일 등 3과 관련지어 어떠한 일이 일어나는 것은 틀림이 없다.

꿈은 반대가 아닌, 오직 상징 표상의 이해에 있다. 이빨이 빠지고 신발을 잃어버리는 꿈이 좋을 리가 없는 것이다. 요셉은 이러한 꿈을 해몽해준 덕택에, 바로왕의 꿈(7년 풍년, 7년 흉년 예지꿈)을 올바르게 해몽해주게 됨으로써 총리대신에 오르게 된다.

〈 바로왕의 꿈(7년 풍년, 7년 흉년 예지꿈) 〉

창세기 41장의 이야기이다. 바로왕이 꿈을 꾼즉, 그 하나는 일곱 마리의 살진 암소가 나일 강변에서 풀을 먹고 있으니까, 여윈 수소 일곱 마리가 강에서 나와 살진 암소를 잡아먹었다. 또 하나의 꿈은 벼 한 줄기에서 벼이삭 일곱의 풍성히 열매를 맺으니까, 다른 줄기의 마른 벼이삭 일곱이 나와 풍성한 열매를 다 없애 버리는 꿈이었다.

이에 사람들을 불러 꿈의 해몽을 하게 하였으나, 해몽하는 사람이 없었다. 때마침 전날에 요셉의 해몽대로 극적으로 살아난 술을 맡은 관원장이 바로왕에게 요셉이 해몽을 잘함을 고하여, 감옥에 억울한 누명을 쓰고 갇혀있던 요셉을 불러들이게 된다.

이에 요셉이 해몽하기를, 바로왕의 꿈은 두 가지이나 뜻하는 바는 한 가지이다. 하나님이 그 하실 일을 바로왕에게 꿈으로 예지한 것으로, 일곱 좋은 암소는 일곱 해요, 일곱 좋은 이삭도 일곱 해니 그 꿈은 하나이라. 그 후에 올라온 파리하고 흉악한 일곱 소와 속이 빈 일곱 이삭도 일곱 해를 뜻함이니, 장차 온 애굽 땅에 일곱해 큰 풍년이 있겠고, 그후에 일곱 해 흉년이 들게 될 것으로 해몽을 하고, 명철하고 지혜있는 사람을 택하여 대비케 할 것을 일러주게 된다. 이에 바로왕은 요셉을 애굽의 총리로 임명하여, 장차 일어날 일에 대비하게 된다.

이 역시 상징적인 미래예지 꿈의 전형이다. 이러한 상징적인 미래예지 꿈은 앞으로 일어날 일을 예지해주고 있으며, 또한 그 꿈의 결과를 피할 수 없는 특징이 있다. 다만, 사실적인 미래투시적인 꿈의 경우에는 꿈대로 진행되지 않게 할 수는 있다. 또한 꿈속에서의 숫자 표상은 반드시 현실에서 관련을 맺고 있다. 다만 상징적으로 비틀어져 있어 실현되기까지는 쉽게 그 의미를 이해할 수 없을 뿐인 것이다.

바로왕이 꾼 두 꿈의 표상은 서로 다른 표상이지만, 그 표현 기법에 있어서는 하나의 꿈으로 보아야 한다. 농사에 핵심표상인 소와 이삭을 꿈의 제재로 삼아, 풍요로움의 표상이 파리한 표상에게 잠식당하는 표상으로써, 7년의 풍년 뒤에 7년의 흉년이 있게 될 것을 예지해주고 있는 것이다.

꿈의 표상은 풍요로움이 있은 뒤에 어려움이 있을 것을 예지해주고 있는 바, 그리 난해한 표상은 아니다. 하지만 이렇게 정확하게 7년의 풍년 뒤에 7년의 흉년이 있게 될 것을 해몽한 요셉의 능력은 뛰어난 것이라 해야 할 것이다.

우리는 하룻밤 사이에 여러 꿈을 꾸기도 한다. 하지만 이 경우에 있어서도 서로 다른 꿈으로 보이지만, 그 뜻하는 바는 하나인 경우가 많다. 이래도 꿈의 예지를 믿지 못하겠느냐? 하면서 잠재의식이 강조하여 예지하고 일깨워주고 있는 것이라고 해야 할 것이다.

반복되는 꿈도 마찬가지이다. 반복해서 꿈으로 보여줌으로써, 꿈의 예지를 믿게 하려는 데 있다. 생생하게 기억되는 꿈도 나름대로 의미가 다 있다. 기억이 생생하다는 것은 꿈으로 예지된 일이 반드시 일어나며, 또한 중요한 일이라는 것을 일깨워주고 있는 것이다.

이처럼 꿈의 세계는 다름아닌 우리 잠재의식이 만들어내고 일러주는 깨우침의 세계인 것이다. 예지하고 일깨워줌에 있어 유사한 표상으로 다양하게 일러주기도 하고, 반복적으로 보여주기도 하면서, 장차 다가올 어떠한 일에 대한 마음의 준비를 하게 해주고 있는 것이다.

〈 나무가 자라 올랐다가 베어진 꿈 〉
성경의 다니엘서에 나오는 느브갓네살 왕의 꿈이다.

내가 본즉 땅의 중앙에 한 나무가 있는 것을 보았는데 높이가 높더니, 그 나무가 자라서 견고하여지고 그 높이는 하늘에 닿았으니, 그 모양이 땅 끝에서도 보이겠고, 그 잎사귀는 아름답고, 그 열매는 많아서 만민의 먹을 것이 될 만하고, 들짐승이 그 그늘에 있으며, 공중에 나는 새는 그 가지에 깃들이고, 육체를 가진 모든 것이 거기에서 먹을 것을 얻더라. 또 본즉 한 거룩한 자가 하늘에서 내려왔는데, 그가 소리를 질러 "그 나무를 베고, 그 가지를 자르고, 그 잎사귀를 떨고, 그 열매를 헤치고, 짐승들을 그 아래에서 떠나게 하고, 새들을 그 가지에서 쫓아내라. 그러나 그 뿌리의 그루터기를 땅에 남겨 두고, 쇠와 놋줄로 동이고, 그것을 들 풀 가운데에 두어라. 그것이 하늘 이슬에 젖고 땅의 풀 가운데에서 짐승과 더불어 제 몫을 얻으리라. 또 그 마음은 변하여 사람의 마음 같지 아니하고, 짐승의 마음을 받아 일곱 때를 지내리라"

느부갓네살 왕은 이 꿈을 꾸고, 바벨론의 모든 박사들이 꿈을 해석하지 못하자, 다시금 하나님의 종 다니엘에게 그 꿈의 해석을 부탁하게 된다.

이에 다니엘은 "왕께서 보신 그 나무가 자라서 견고하여지고, 그 높이는 하늘에 닿았으니 땅 끝에서도 보이겠고, 그 잎사귀는 아름답고 그 열매는 많아서 만민의 먹을 것이 될 만하고, 들짐승은 그 아래에 살며 공중에 나는 새는 그 가지에 깃들었나이다. 왕이여! 이 나무는 곧 왕이시

라. 이는 왕이 자라서 견고하여지고 창대하사, 하늘에 닿으시며 권세는 땅 끝까지 미치심이니이다. 왕이 보신즉 한 거룩한 자가 하늘에서 내려와서 이르기를, 그 나무를 베어 없애라. 그러나 그 뿌리의 그루터기는 땅에 남겨 두고. 쇠와 놋줄로 동이고. 그것을 들 풀 가운데에 두라. 그것이 하늘 이슬에 젖고, 또 들짐승들과 더불어 제 몫을 얻으며, 일곱 때를 지내리라 하였나이다. 왕이여 그 해석은 이러하니이다. 곧 지극히 높으신 이가 명령하신 것이 왕에게 미칠 것이라. 왕이 사람에게서 쫓겨나서, 들짐승과 함께 살며, 소처럼 풀을 먹으며, 하늘 이슬에 젖을 것이 이와 같이 일곱 때를 지낼 것이라. 그 때에 지극히 높으신 이가 사람의 나라를 다스리시며, 자기의 뜻대로 그것을 누구에게든지 주시는 줄을 아시리이다.

또 그 나무뿌리의 그루터기를 남겨 두라 하였은즉, 하나님이 다스리시는 줄을 왕이 깨달은 후에야 왕의 나라가 견고하리이다. 그런즉 왕이시여 내가 아뢰는 것을 받으시고, 공의를 행함으로 죄를 사하고, 가난한 자를 긍휼히 여김으로 죄악을 사하소서. 그리하시면 왕의 평안함이 장구하리이다." 하였다. 그후 이 모든 일이 느부갓네살 왕에게 일어나게 된다.

다니엘이 나무를 느부갓네살 왕이라고 해몽하는 것은 매우 올바른 해몽이다. 유사한 실증사례로, 오래된 고목나무의 가지가 바람에 부러져나가는 꿈을 꾼후에, 시어머니가 중풍을 맞아 한쪽 팔을 못쓰게 된 사례가 있다. 꿈속에서 동물들은 대부분 사람을 상징하는 경우가 많다. 마찬가지로 식물도 사람의 상징으로 등장되는 경우가 많다. 특히 태몽 표상에서 씨앗이나 열매, 나무나 꽃들이 태아의 상징표상으로 등장되고 있다. 이 경우 탐스럽고 좋은 표상일수록 좋으며, 시들고 썩었거나 벌레먹은 표상은 유산이나 요절로 이루어진다. 절벽에 앙상하고 볼품없던 꽃으로 매달려 있던 것을 보는 태몽이 있었다. 태몽 꿈의 예지대로 6개월뒤에 뜻밖의 안좋은 일로 인하여 뱃속의 아이를 유산하는 일로 이루어진 꿈사례가 있다.

느부갓네살 왕은 태평세월을 누리는 동안 다시 교만한 마음이 생겨나고, 다니엘의 권고를 무시하였다. 하루는 왕궁 지붕을 거닐면서, 세계의 경이라고 부르는 바벨론 성을 바라보며 말하기를, "이 큰 바벨론은 내가 능력과 권세로 건설하여 나의 도성을 삼고, 이것을 내 위엄의 영광을 나타낸 것이 아니냐"고 교만하게 말할 때, 하늘에서 소리가 나서 말하기를 "느부갓네살 왕아! 네게 말하노니, 나라의 왕위가 네게서 떠났느니라"고 하였다.

그날로부터 왕은 정신을 잃고 미친 사람이 되어, 7년 동안 들짐승처럼 풀을 먹고 지내게 된다. 그러나 그 기한이 찬 후에, 느부갓네살은 하늘을 우러러 보았더니, 다시 제정신으로 돌아오게 된다. 다시 하나님의 은총을 입어 왕좌를 찾고 모든 위엄과 왕의 영광을 회복하게 된다.

이 밖에도 구약의 다니엘서에는 느부갓네살이 꾼 기이한 꿈을 해몽해주는 이야기가 나온다. 느부갓네살 왕이 자신이 꾼 꿈을 바빌론의 박사들이 알아내지 못하자, 모두 죽이라고 명령을 내린다. 이에 다니엘이 하나님의 도움을 얻어, 꿈을 풀이하는 이야기가 나오고 있다.

③『데카메론』→ 동물이 가슴을 물어뜯는 꿈으로 애인 죽음 예지

다음은 보카치오의 『데카메론』에 나오는 꿈이야기를 간추려 살펴보았다. 『데카메론』은 페스트를 피해, 교외의 별장에서 10명의 남녀가 10일 동안 하루에 10가지씩 이야기를 나눈 100편의 이야기로 되어 있는 바, 넷째날의 주제인 '사랑이 불행한 결과로 끝난 이야기'의 다섯째와 여섯째 이야기 중에 꿈과 관련된 이야기가 나온다. 서양 사람들의 꿈에 대한

인식을 살펴보시기 바란다.

〈 사나운 동물이 가슴을 물어뜯는 꿈→ 심장마비로 죽게 될 것을 예지 〉

'안드레우올라' 처녀는 '가브리오토' 라는 젊은이와 사랑에 빠지게 된다. 어느날 그녀는 꿈을 꾸게 된다. 그녀의 아름다운 정원에 가브리오토와 밀회 중에, 그의 몸에서 뭔가 거무스름한 무서운 괴물이 가브리오토를 그녀의 팔에서 빼앗아 땅 속에 스며들어가는 꿈을 꾸었다. 꿈이 걱정되어 연인과의 만남을 회피하자, 가브리오토는 꿈을 믿는다는 건 어리석기 짝이 없는 일이라고 말하면서, 자신의 꿈이야기를 들려준다.

"아름답고 쾌적한 숲속에서 사냥을 하고 있다가, 지금까지 본 일이 없는 대단히 귀엽고 아름다운 새끼 암사슴을 붙잡은 꿈이오. 그것은 눈보다 흰 사슴으로, 대뜸 나를 따르고 나에게서 떨어지지 않으려 한단 말이오. 나는 아주 귀여워 달아나지 않도록, 목에 금목걸이를 끼우고 금사슬을 매달아 꼭 쥐고 있었소. 그런데 그 새끼 사슴이 머리를 내 가슴에 대고 쉬고 있을 때, 어디서인지 숯같이 새까맣고 보기에도 무서운 굶주린 사냥개가 나타나 내 쪽을 향하여 달려오지 않겠소. 그놈에게 내가 도저히 대항할 수 없을 것같이 느껴졌소. 그 개는 나의 왼쪽 가슴을 향해 덤벼들어 이빨이 심장에 닿을 정도로 꼭 물어뜯더니, 그만 심장을 물어 버린 채 달아나고 말았소. 나는 너무나 고통스러워 하다가 꿈에서 깨어, 곧 어떻게 되었는가 하고 왼쪽 가슴에 손을 대어 보았으나 아무 일도 없었소. 그러니 이런 꿈에 무슨 의미가 있겠소?"

그렇지 않아도 무서운 꿈에 떨고 있던 처녀는 그것을 듣자 더욱 무서워지고 말았다. 그러나 연인의 기분을 상하게 해서는 안 되겠다고 생각하고, 몇 번이고 그를 껴안고 키스하면서 사랑의 쾌락에 몸을 맡기고 있기는 했으나, 아무래도 마음에 꺼려 몇 번이나 그의 얼굴을 바라보기도 하고, 어디선가 검은 괴물이 나타나지나 않을까 하고 두리번거리며 사방을 돌아보곤 했다.

그런데 갑자기 가브리오토가 깊은 한숨과 함께 그녀를 안은 팔에 더욱 힘을 주어 꽉 끌어안으며 소리치듯이 말하는 것이었다. "아아, 괴로워 죽을 것 같아, 도와줘." 그러더니 털썩 풀 위에 쓰러지고 말았다.

"아니, 왜 그래요," 가브리오토는 아무 대답도 없이, 온 몸이 땀투성이가 되어 괴로운 듯 허덕이고 있다가 곧 숨을 거두고 말았다.

　　　　　　　　　　　—후략—『데카메론』, 넷째날 여섯째 이야기.

여자는 애인과 밀회중 무서운 괴물이 나타나 애인을 뺏어가는 꿈을 꾸게 되고, 남자는 귀여운 암사슴을 붙잡아 함께 있던 중, 달려온 무서운 사냥개에게 심장을 물린 후 고통스러워하는 꿈을 꾸었다. 여자의 꿈은 애인이 실제로 등장한 사실적인 요소의 꿈과 괴물이 빼앗아가는 상징적인 꿈의 복합적으로 전개되고 있다. 곧이어 다가올 애인의 죽음을 상징적인 꿈으로 예지해주고 있다. 남자의 꿈은 철저한 상징적인 미래예지 꿈으로 되어 있다.

이러한 상징적인 미래예지 꿈의 결과는 예지만 해줄 뿐 피할 수 없다는 것을 누누이 말씀드린 바가 있다. 다만, 이 꿈에서는 비교적 간단한 상징표상으로 되어 있지만, 난해한 상징의 꿈인 경우에 그 꿈이 실현되기까지 우리 인간으로서 꿈의 의미를 정확하게 알 수 없는 경우가 많다.

귀여운 암사슴이 무엇을 상징하고 있는지, 독자 여러분은 다 아실 것이다. 사랑스런 애인을 뜻하고 있으며, 또한 이겨낼 수 없는 무서운 사냥개에게 심장을 물리는 꿈의 상징성이 심장마비로 죽게 될 것을 예지하고 있다. 무서운 사냥개가 병마(病魔)를 나타냈다고 볼 수 있으며, 또한 물린 부위와 관련지어 일어나고 있음을 알 수 있다.

일자무식의 시골 할머니가 꾸게 되는 꿈의 상징 표현이, 유명한 소설가가 지어낸 그 어떤 문학적인 비유적인 표현보다, 오묘하며 완벽한 상징 체계를 지니며 전개되고 있다. 필자는 단언한다. 꿈의 해몽은 점쟁이에게 물어볼 것이 아니라, 문학적 상상력이 뛰어난 사람에게 도움을 청하는 것이 바람직하다. 가장 올바른 해몽을 할 수 있는 사람은 꿈의 상징 기법에 대한 어느 정도의 이해만 있다면, 바로 꿈을 꾼 자기 자신인 것이다.

제IV장
꿈의 상징표상에 대한 이해

1. 꿈의 상징표상에 대한 이해

　꿈은 상징적인 표현으로 장차 일어날 일을 예지해주고 있다. 따라서 이러한 상징적인 미래예지적인 꿈을 이해하는데 있어서, 꿈의 상징표상을 이해하는 것이 절대적이라 할 수 있다.

　꿈은 꿈의 언어가 있다. 꿈의 언어는 바로 '상징' 이다. 따라서 우리가 꿈을 이해하거나 꿈을 해몽한다는 것은 꿈의 언어인 상징을 올바르게 이해하는데 있다. 이 상징이란 말은 문학에서 많이 쓰이는 말인 바, 1: 다 (多)의 특징을 지니면서, 원관념이 드러나지 않고 숨어있는 경우이다. 예를 들어서, '해' 의 상징은 희망, 밝음, 기쁨, 광명이 될 수 있다. 마찬가지로 호랑이는 절대 권력이나 권세, 무서운 사람, 깡패, 사나운 남성 등을 상징하고 있다.

　이러한 꿈의 상징은 문학적 상징이나 우리 일상 언어생활의 관습적인 상징과 일치한다는 것을 앞서 제 1장의 꿈의 상징과 관습적 문학적 상징에서 사례를 들어 언급한 바 있으며, 나아가 우리의 토속적 민간신앙과도 일맥상통하고 있음을 앞서 언급한 바 있다.

　제 IV장의 '꿈의 상징표상에 대한 이해' 에서는 이러한 꿈의 상징을 이해하는데 있어서, 딱딱한 이론적인 글이 아닌, 실제 일어난 실증적인 사례에 필자의 해설을 덧붙여 살펴보고자 한다. 필자는 지난 몇 년간 '스포츠경향' 신문에 꿈에 관한 다양한 글을 연재해온 바, 다음의 글들은 연재물 초고의 글을 다듬어 실었다.

〈 뱀이 달아나는 꿈을 꾸고, 교통사고로 첫째 아이를 잃은 꿈 〉

1999.5월 어느 날의 전화 상담 내용이다. 어느 아주머니 한 분이 전화 상담을 신청해왔다. 바쁜 와중이라 전화 상담 시간을 내기 어려웠으나, 왠지 모르게 상담을 뿌리치기에는 전화를 통해서 들려오는 목소리에 애처로움이 있었다.

작년 겨울의 꿈이라고 했다. 여기 저기 꽃들이 피어 있는 야트막한 야산으로 둘러싸인 곳에, 어느 한 쪽 평지에 망태기 같은 곳에 뱀 한 마리와 다른 짐승 하나가 있었다고 했다. 그런데 그 망태기의 구멍 속으로 쏘~옥 뱀이 빠져 나오더니, 인근의 숲속으로 도망가는 꿈을 꾸었다고 했다.

순간, 필자의 입에서 "안좋은 꿈인데요, 태몽이라면 유산할 지도 모르는—" 그 순간 아주머니 입에서 한숨이 흘러나왔다, 얼마 전에 5살난 아들이 교통사고로 죽어서, 오늘이 바로 49재를 지내고 오는 길이라고 했다. 꿈은 작년 겨울 무렵에 꾸었는데, 꿈속의 배경이 화창한 봄날이라서 이상하게 생각했는데, 오늘 가서 보니까 아들을 묻은 곳의 자연 경관 모습이 바로 꿈속의 배경과 일치하더란 말을 덧붙이면서—.

살고 있는 집이 2층이라, 집 길 바로 앞에서 아들이 "엄마" 하면서 돌아오는 모습을 보고 반기는 순간, 집안에서 잠에서 깨어난 둘째 아기의 울음소리가 들려오기에 달래주기 위해 방안으로 들어갔다 나온 사이에, 아들이 바로 눈앞에서 교통사고를 당해 사망하게 되었다고 하셨다.

아주머니는 아들의 죽음이 자신이 아이를 잘못 보살펴서 그러한 일이 일어난 것이 아니냐? 또한 지난날의 꿈이 하도 생생하고 내심 불안해하고 있었던 터이라, 꿈의 의미를 미리 알았다면 미리 막을 수 있었던 것이 아니냐? 등등 여러 가지를 물어오셨다.

필자는 "절대로 아들에 대한 관심이 없어서 그러한 일이 일어난 것이 아니다. 죄송하지만, 그것이 아들의 운명의 길이었다. 나쁜 꿈을 꾸었다고 해서 나쁜 일이 일어난 것이 아니라, 나쁜 일이 일어나기로 정해져 있던 것을 꿈으로 예지해줌으로써, 아들의 죽음에 대한 마음의 준비를 꿈을 통해서 일깨워주고 있었던 것일 뿐이다. 마음의 자책감을 털어버리시고, 현실의 생활에 충실하시기 바란다" 는 요지의 말씀을 해 드렸다.

어느날 갑자기 사랑스런 아들의 죽음이 다가왔을 때, 그러한 충격적인 일을 담담하게 맞이할 수 있는 사람은 이 세상의 부모 가운데 아무도 없을 것이다. 이러한 경우에 불길한 꿈을 통해 장차 앞으로 일어날 일에 대한 마음의 준비를 하게 해주고 있는 것이다.

우리가 꾸는 꿈에 등장되는 동물은 상징적으로 사람을 뜻하는 경우가 대부분이다. 아마도 태몽으로 뱀꿈을 꾸었는지도 모른다. 뱀이 숲속으로 달아나는 표상이 현실에서는 사랑스런 아들이 교통사고를 당하여 세상을 떠나, 자연으로 돌아가는 것으로 실현되고 있다.

〈 고양이가 품에 안긴 꿈 〉

사이트 이용자의 글이다. 아내가 보내온 꿈사례를 살펴본다. "결혼전 꿈이랍니다. 신랑집에 암고양이 한 마리가 들어왔는데, 냉장고 밑에 들어가서 다른 식구들이 아무리 불러도 나오질 않더니, 신랑이 "나비야" 불렀더니 나와서 신랑 품에 안겼대요. 그리고 그 며칠 후에 저를 만났고,

결국 결혼에 골인했답니다."

일반적인 단순표상으로 보자면, 꿈에서 고양이나 원숭이 등장 꿈은 좋지가 않다. 하지만 중요한 것은 꿈이 어떻게 전개되었느냐에 달려있다고 하겠다. 다른 사람이 아무리 불러도 꿈쩍도 하지 않다가, 신랑이 불렀을 때 나와서 품에 안기는 꿈에서, 암고양이로 상징된 이성과의 연분을 맺게 될 것을 상징적으로 예지해주고 있다.

이밖에도 반지나 목걸이·과일 등을 얻는 표상도 연분을 맺는 일로 실현되고 있다. 처녀의 경우에 꽃병을 얻거나 훔쳐온 꿈도 흠모하는 남성과 결혼하게 될 것을 예지해주고 있다. 이 경우에 처녀 자신이 꽃의 상징이라면, 꽃이 들어가는 꽃병은 자신이 안주할 이성의 남자를 상징하고 있는 것이다.

'꿈은 미래를 예지해준다.' 라는 대명제 하에서 살펴본다면, 결혼에 앞서서 연분을 맺을 인연을 꿈으로 예지해주는 것은 당연한 것이라 할 수 있겠다. 결혼 적령기에 있는 사람이라면 다음과 같은 꿈을 꾼 경우에 있어서, 애정 연분으로 실현되어, 자신의 반려자를 얻게 되는 좋은 꿈이라고 할 수 있겠다. 주요 사례만을 몇가지 소개해본다.

- 보석이나 반지를 사거나 훔쳐 갖는 꿈
- 남의 밭에서 청과류를 몰래 따오거나, 과일나무에서 과일을 따오는 꿈
- 뱀 호랑이 강아지 사슴 등 동물이 따라오거나 물리는 꿈
- 새 신발을 사 신거나, 남의 신발을 신는 꿈
- 물고기 등을 잡는 꿈
- 웨딩드레스를 입고 활보하는 꿈
- 꽃이나 꽃병을 받거나 훔쳐오는 꿈

- 허벅지 등에 탄환을 맞는 꿈

이상에서 살펴본 것처럼, 이성의 상대방으로 상징된 동식물이나 사물을 얻거나 가져오는 꿈을 꿀 경우, 이성과의 연분 애정을 맺는 일로 실현되고 있으며, 처한 상황에 따라 재물이나 이권을 얻게 되거나 승진이나 합격 등 좋은 일로도 실현 가능하다.

참고적으로 결혼(結婚)과 혼인(婚姻)의 차이점은 무엇일까? 법적인 승인 여부나 시대에 따라 다르게 부르는 것이 아닌, 결혼(結婚)은 일본식 한자어, 혼인(婚姻)은 우리나라 한자어이다.

이러한 혼인은 인륜지대사(人倫之大事)라고 한다. 평생의 반려자를 얻는다는 것은 자신의 인생길에서 무엇보다도 중요한 일이라고 할 수 있겠다. 이 세상에 모든 것은 다 변한다. 사람의 성격이나 외모도 변하고, 경제적인 여건도 변할 수 있다. 하지만, 결혼에 앞서서, 우리가 사려깊게 선택해야 할 것은 그 사람의 외모나 경제적인 여건이 아닌, 올바른 사람됨이어야 한다. IMF 이후에 배우자의 선택에 있어 경제적인 가치 기준이 최우선시 되어가고 있음을 볼 때, '그래도 이건 아닌데' 라는 노파심을 떨쳐버릴 수가 없다. 인생에서 진정한 행복은 배우자의 경제적인 여건보다는, 눈빛과 마음이 통하는 따사한 인간미와 정겨운 대화에 있어야 할 것이다.

〈 금연몽, 군대몽, 로또몽에 대하여 〉

우리가 꾸는 꿈에는 여러 가지가 있다. 앞서 여러번 살펴본 바 있지만, 강조의 의미로 다시 한 번 실증적인 여러 꿈사례의 전개 양상에 따라 살펴보고자 한다.

첫째, 상징적인 미래예지 꿈이 있다. 이는 앞으로 일어날 일을 상징적인 표상으로 보여주고 있다. 호랑이가 처녀에게 달려드는 꿈은 장차 호랑이로 표상된 남자가 구애행위를 해올 것을 예지해주고 있다. 이 꿈은 우리가 꾸는 대부분의 꿈으로, 현실에서 일어날 수 없는 황당한 전개를 보이고 있는 것이 특징이다. 태몽꿈, 사건·사고의 예지 꿈, 복권당첨 꿈 등을 들 수 있다.

둘째, 사실적인 미래투시의 꿈이 있다. 이 꿈의 특성은 앞으로 일어날 일을 마치 현실에서 펼쳐지는 것처럼 사실적인 전개형태로 꾸는 경우이다. 꿈속에 보았던 장소나 사람이 현실에 그대로 나타나는 경우이다.

셋째, 자신의 내면세계의 불안·공포·초조감이나, 자신의 억눌린 소망이 표출되는 꿈이 있다. 현실에서 어려움을 겪거나 심리적인 압박을 받을 때 꾸어지거나, 또는 현실에서 이루지 못한 자신의 억눌린 잠재의식의 바람이 꿈을 통해 시연(試演)해봄으로써 해소케하는 경우의 꿈이다. 뺑소니 운전사가 경찰관에게 쫓기는 꿈, 굶주린 상태에서 맛난 음식을 배불리 먹는 꿈 등이 여기에 속한다.

넷째, 자신의 신체 내·외부의 이상이나 주변의 위험사항에 대해 꿈을 통해 알려주는 경우이다. 우리의 의식세계가 미처 알아차리지 못하는 사항에 대해, 잠재의식의 정신활동의 세계인 꿈은 우리에게 알려주고 일깨워주고 있는 것이다.

다섯째, 창조적인 사유활동의 꿈이 있다. 이는 꿈을 통해 우리의 잠재의식의 정신활동이 극대화됨으로써, 현실에서는 불가능한 발견·발명이나 창조적인 아이디어를 가능하게 해주고 있다.

여섯째, 영적(靈的)인 대상과의 교감이 꿈을 통해 이루어지고 있다. 꿈속에 조상님이나 산신령 기타 동식물이 나타나 말로 일러주는 계시적인 성격의 꿈이 있다.

일곱째, 지어낸 거짓 꿈이야기를 들 수 있다. 자신의 목적을 달성하기 위해, 거짓 꿈이야기 또는 꿈에 의탁하여 자신의 말못할 이야기를 나타내고 있는 경우이다.

우리가 흔히 쓰는 말로 예지몽이란 말이 있듯이, 구체적으로 여러 가지 말을 만들어낼 수가 있다. 예를 들어, 금연몽이란 말을 만들어낼 수 있다. 이는 현실에서 분명히 담배를 끊었지만, 꿈속에서는 담배를 피는 꿈이다. 이러한 금연몽의 경우, '꿈에 본 내 고향' 이란 말이 있듯이, 현실에서의 담배를 피우고 싶은 욕구를 꿈을 통하여 대리만족을 얻게 되는 경우이다. 잠재의식적으로 담배를 피우고 싶은 욕구가 남아있는 경우, 이러한 담배피는 꿈을 꿈으로써, 꿈을 통한 대리만족을 얻을 수 있기에, 이러한 경우에 금연몽은 소망 표출의 꿈으로 볼 수도 있다.

때로는 금연에 실패했다고 땅을 치면서 자책하다가 꿈에서 깨어나서는 안도의 한숨을 내쉬는 사람도 있다. 이 경우 '담배를 끊어야지' 하는 강박관념에서 이러한 꿈을 꿀 수가 있다. 자신이 '담배를 다시 피우게 되면 어쩌지' 하는 불안심리에서, 우리의 정신능력의 활동으로 이러한 꿈을 연출해내는 것이다. 필자 또한 담배를 피우고 있지만, 다시 인생길을 되돌릴 수 있다면, 담배를 피우게 되는 인생길만큼은 정말로 피하고 싶다.

'군대몽' 은 자신이 다시 군대에 가게 되었다든지, 군인이 되어 있는 꿈이다. 이러한 군대몽 또한 불안한 잠재의식의 심리에서 나오고 있다. 비교적 제대한 지 얼마 안 되어서 이러한 꿈을 꾼다면, 군대에서 지긋지긋한 생활을 했을 경우, 그러한 군대에 다시 가는 것은 끔직한 일로 여겨서, 잠재의식적으로 꿈으로 표출될 수 있다. 하지만, 상징적인 미래예지 꿈의 입장에서 본다면, 다시 군대에 가는 꿈은 군대로 상징된 규율과 제약이 엄격한 어떠한 기관 단체 등에 소속이 되거나 가입하게 되는 것을 뜻한다. 사법시험이라든지, 입사 시험을 앞두고 이런 꿈을 꾸었을 경우, 상징적인 미래예지의 꿈의 입장에서 본다면 합격의 꿈이다.

또한 로또몽이라고 필자가 이름붙여 본다. 로또에 당첨되는 꿈을 꾸었다는 수많은 사람들의 사례가 있다. 이러한 꿈을 꾼 경우, 사실적인 꿈이라면, 실제 로또에 당첨될 수도 있겠지만, 대부분의 경우에는, 현실에서 돈에 쪼달리는 경우에 꿈을 통한 대리만족을 얻게 되는 일로 그치고 마는 것이다. 이 경우의 꿈에 있어서도, 상징적인 꿈이라면 로또에 당첨된 꿈으로 경품에 당첨되거나, 기타 재물적인 횡재수를 얻는 일로 이루어질 수도 있다.

〈 키스하는 꿈에 관하여 〉

꿈에는 여러 가지가 있다. 또한 같은 꿈이라고 하더라도, 꿈을 꾼 사람이 처한 상황에 따라 달리 실현되고 있다.

심리표출의 꿈이라면, 애인하고 키스하고 싶은 자신의 그러한 억눌린 잠재적인 욕구가 꿈으로 표출되어 나타나기도 한다. 그리하여 꿈을 통한 대리만족을 하게 해주는 소망표출의 꿈이 될 수도 있다. 이러한 프로이트식의 해몽은 자신의 바람이 꿈으로 투영되었다고 생각하면 그만인 경우가 대부분이다.

또한 생생하게 실감나게 전개되는 키스의 꿈이었다면, 장차 애인이나 이성과 실제로 키스하게 될 것을 사실적으로 보여주는 미래투시의 꿈일 수도 있다.

하지만 우리가 꾸는 꿈의 대부분은 상징적인 미래예지 꿈이며, 따라서 꿈의 해몽도 꿈을 꾼 사람의 처한 상황을 고려하여, 꿈의 언어인 상징적인 의미를 알아내는 방향으로 전개되어야 한다. 우리가 꾸는 대부분의 키스하는 꿈은 상징적으로 어떠한 대상과의 탐색 · 결합 · 성사 · 체결의 의미를 지니고 있다. 꿈은 반대가 아닌 상징의 이해에 있기에, 이 경우 발전적으로 기분좋은 성행위를 하는 꿈에까지 나아가면 아주 좋은 꿈이다.

필자의 경우, 처녀와 신선한 감촉의 키스를 하는 꿈으로 50여년간 거래가 없었던 처녀지같은 땅을 매입하게 되는 일로 실현되었다. 일반적인 상징적 미래예지 꿈에 있어서는 이성과 키스하는 꿈을 꾸면, 이성으로 상징된 어떠한 소식에 접하거나 상대방의 속마음을 알아내며, 고백을 듣는 등의 일을 체험한다. 또한 자신이 관심을 가지고 있었던 취업이나 일거리 또는 어떠한 대상(외국어 공부, 사업, 주식투자 등등)으로부터 성취나 성공 등 좋은 결말로 실현된다. 그 애인이 실제 인물로 해석될 때는 상대편에게서 기쁜 소식이나 고백 등을 들을 수 있을 것이므로, 결혼 승낙을 얻기 원했던 사람은 현실에서 그 소원이 이루어진다. 그러나 키스가 불만스럽게 끝나면, 자신의 노력에도 불구하고 어떠한 대상이나 일거리 또는 사람에 대한 자신의 시도가 마음에 흡족치 않게 되거나 이루지 내지 못하는 일로 실현된다. 상대방의 자백이나 용서를 받으려고 노력하지만 성과는 없거나, 궁금한 일에 대한 소식을 들으려 해도 좋은 소식을 듣지 못하게 된다.

키스꿈에 대한 어느 고3 수험생인 여학생의 꿈사례이다. 지하철 안에서 승객으로 탤런트 문성근과 같이 있었는데, 느닷없이 문성근과 키스를 하게 되는 꿈을 꾸었다. 꿈을 꾸고 나서 얼마 후에, 자신이 원했던 서강대에 합격하게 되었는 바, 왜 하필이면 수많은 연예인 가운데 문성근과 키스하는 꿈을 꾸었는가에 대한 궁금증이었다. 나중에 알고 보니, 바로 문성근이 서강대 출신이었던 것이다.

이처럼 꿈의 상징은 절묘해서, 우리 인간의 상상력을 뛰어 넘는다. 우리가 꾸는 꿈에 '개꿈은 없다' 고 할 수 있겠다. 대부분의 모든 꿈에는 다 상징적인 의미가 있으며, 사실적인 미래투시의 꿈이거나, 하다못해 자신의 소망이나 불안감 등이 꿈으로 표출되기도 한다. 일반적으로 꿈속에 나타난 애인과 만족스런 키스가 이루어진 경우, 자신이 관심을 가지고 있었던 일거리나 어떠한 대상(외국어 공부, 사업, 주식투자 등등)으로부터 진행이나 성취, 허락이나 성공 등 좋은 결말로 실현되고 있다. 오늘밤은 우리 모두 멋있는 이성과의 좋은 키스 꿈을 꿔보자!

〈 성행위하는 꿈에 대하여 〉

우리 인간의 끊이지 않는 관심의 대상은 성(性)에 관련된 이야기들과 돈(재물)에 관한 이야기들이다. 다소 저속하지만 흥미로운 이야기를 해본다. 어느날 우연히 도깨비 방망이를 얻었다면, 우리는 무엇을 할 것인가? 남자라면, '예쁜 여자 나와라 뚝딱!' '좋은 집 나와라 뚝딱!' '금(재물) 나와라 뚝딱!' 마찬가지로 다른 사람의 눈에 띄지 않는 도깨비감투가 생겼다면, 무엇을 하고 싶을 것인가? 독자 여러분의 상상에 맡겨둔다.

운우지정(雲雨之情)이란 말이 있다. 성행위하는 것을 한자성어로 일컫는 말이다. 다르게는 인연을 맺는다고도 한다. 꿈에서 자신의 애인과 성행위하는 꿈을 꾸었다면, 어떤 의미가 담겨있을까? 이 경우 크게 세 가지로 해몽할 수 있다.

① 프로이트는 꿈은 소망의 표현이라고 말하고 있다. '꿈에 본 내 고향' 이란 말이 있는 것처럼, 평상시에 잠재의식적으로 애인과 성행위를 하고 싶은 마음에서 이러한 성행위의 꿈을 꿀 수가 있다고도

하겠다.

② 사실적인 전개의 꿈이라면, 장차의 현실에서 꿈에서의 본 그대로 일어나는 일로 실현될 수 있다. 이런 경우 특별한 해몽은 필요 없다.

③ 꿈 내용이 과장되고 황당한 전개라면, 상징적으로 장차 일어날 일을 예지해주는 꿈으로 대부분의 꿈이 여기에 해당된다. 이 경우 꿈 속에서의 애인은 실제의 애인이 될 수도 있지만, 애인으로 동일시된 어떠한 인물이나, 애인으로 상징된 애착을 가지고 있는 일거리나 작품·사업·대상 등으로 표현이 될 수도 있다. 이 경우 성행위를 맺는 꿈은 애인으로 상징이 되는 자신의 계획된 일거리·작품·대상 등과 어떠한 결사·결합이나 계약의 성사 등을 이루게 될 것을 예지해주고 있다. 이 경우 만족한 성행위를 하는 꿈이 좋은 꿈으로, 소원의 성취나 만족함 등을 경험하게 된다. 동네 슈퍼 아줌마와 격렬한 성행위를 하는 꿈을 꾼 후에 복권에 당첨된 사례가 있으며, 남편이 다른 여자를 데려와 자신이 보는 앞에서 성행위를 하는 꿈으로 아파트 분양에 당첨된 사례가 있다.

성행위와 관련된 꿈해몽을 간략히 살펴보면, 다음과 같다.

- 일반적으로 성행위 꿈을 꾸었을 경우, 부동산 매매 체결이나 결합 성사 등으로 이루어진다.
- 이성의 성기가 유난히 돋보이는 상태에서 만족한 성행위를 하는 꿈은 자기가 성취시키려던 일이 다른 사람의 찬사를 받는다.
- 대담무쌍하게 대중 앞에 성기를 내놓고 과시 또는 성행위하는 꿈은 자기 작품이나 자식 등 자기 일을 다른 사람 앞에서 자신만만하게

과시하게 된다.

- 성행위 당시의 나체는 상대방에게 아무것도 감추거나 비밀로 하지
않고 공개적으로 일을 추진시키는 것을 뜻한다.
- 애인이나 상대방을 강제로 성행위하는 꿈은 현실에서 난관을 극복
하고 어떠한 성취를 강제적으로 이루어내는 일로 이루어진다.
- 성행위하는 대상이 어린 여중생으로 나타난 경우, 상징적으로 어린
여중생으로 표상되어 나타난 만큼, 관련을 맺게 되는 대상이 이제
시작된 지 얼마 안된 아직 미숙한 단계에 있게 됨을 뜻한다.

〈 조상이 나타나는 꿈에 대하여 〉

먼저, 조상이 현몽하여 자손이 위태로움에 빠지게 된 것을 일깨워 준
이야기와 조상꿈 사례를 요약해 살펴본다.

백사(白沙) 이항복이 태어난지 돌이 못되어서, 유모가 안고 우물 근
처에 다니다가, 그를 땅에 내려놓고 앉아 졸았다. 이항복이 기어서
장차 우물로 들어가려 할 즈음에, 유모의 꿈에 기다란 수염을 한 노
인이 막대기로 그 유모의 정강이를 후려쳐 가로되 "어찌 아이를 보
지 아니하고 졸고 있나뇨?" 유모가 아픔을 견디지 못하여 놀라 깨어
급히 달려가 이항복을 구하였다. 그후 이항복의 선조제사(先朝祭祀)
를 지낼 때, 익재 이제현(李齊賢)의 화상(畵像)을 방안 가운데에 걸었
거늘, 유모가 보고 크게 놀라 말하기를 가로되 "지난번에 나의 정강
이를 친 분이 곧 이 화상(畵像) 모양이라." 하였다. —『청구야담』

* 돌아가신 시어머님이 꽃을 한 송이 주는 꿈→ 마티즈 당첨

* 돌아가신 외할머니를 보는 꿈→ 관광복권 아토스 승용차 당첨
* 돌아가신 어머니가 꿈속에서 자신의 이름을 애타게 부른 꿈→ 또또복권 5억 6천만원 당첨
* 돌아가신 아버님이 하얀 보따리를 주시는 꿈→ 더블복권 1등 3억원 당첨
* 돌아가신 아버님이 돈 다발을 쥐어준 꿈→ 또또복권 5억원 당첨
* 어머니와 형, 역시 이미 고인이 된 사돈이 꿈에 나타나서, 어렸을 때 한동네 살았던 아가씨를 들먹이며 결혼을 하라고 하는 꿈→ 자치복권 1천만원에 당첨
* 돌아가신 아버님이 나타나 환하게 웃으시며 "이제 고생은 그만 하거라."는 말씀과 함께 복권을 한 장을 주시는 꿈→ 제1157회 주택복권 1등 3억원 당첨
* 돌아가신 아버지가 희미한 모습으로 어머니와 함께 나오는 꿈→ 어머니가 목 수술을 하게 되었다.
* 시어머니의 할아버지가 어딘가를 가자고 조르는 꿈→ 시어머니가 아프게 되셨다.
* 돌아가신 할머니가 꿈속에 검은 얼굴로 나타난 꿈→ 신혼 초에 부인과 물건을 부수고 얼굴을 할퀴는 등 심하게 다투었다.

살펴본 바와 같이 조상꿈의 실현은 다양하게 이루어지고 있다. 필자가 꿈에 관하여 연구를 하다 보니, 사람들이 돌아가신 부모님이나 조상이 나타난 꿈에 관하여 좋은 것인지 나쁜 것인지 종종 묻기도 한다. 이에 대하여, 필자는 (로또)복권 당첨자 가운데에는 조상꿈을 꾸고 당첨된 사람이 많으며, 반면에 실직이나 교통사고 등 어떠한 불길한 일이 있을 때

조상꿈을 꾼 사례를 예로 들면서, '조상꿈이 좋을 수도 나쁠 수도 있으며, 꿈이 어떻게 전개되었는가에 따라 달라질 수 있다'고 말하고 있다.

특이하게는 꿈을 꾸는 개인차에 따라 꿈속의 상징물이 특정된 의미를 지니기도 한다. 돌아가신 할머니만 보면, 좋은 일이 일어난다고 말하는 사람들이 있기는 하다. 반면에 특정한 조상이 나타나기만 하면, 안좋은 일이 일어난다고 하는 사람도 있다. 그러나 조상꿈인 경우에 있어서, 좋거나 나쁜 꿈의 구별은 간단하다. 일반적으로 조상이 밝은 모습으로 나타나거나 좋은 말씀이나 귀한 물건을 주시는 꿈은 좋은 꿈이요, 반면에 어둡거나 꾸짖는 모습이나 좋지 않은 말씀을 하시는 경우에는 흉몽에 속한다.

실로 꿈은 반대가 아닌, 상징의 이해에 있음을 여실히 보여주고 있다. 굳이 외국 학자인 '융'의 집단 무의식의 상징에 대하여 이야기 하지 않더라도, 조상에 대하여 기리고 받들며, 신성시하고 절대시하는 우리 민족 정서상 조상이 꿈속에 자주 등장되고 있음은 당연한 일이라 볼 수 있겠다.

이 경우 과학적으로 보자면, 꿈속에 나타난 조상의 영혼이 실재하는 것이 아닌, 효과적으로 전달하기 위한 꿈의 상징기법의 하나인 것이다. 산신령이 등장한다거나, 동물들이 말을 한다거나 등등 그때그때마다 적절한 상징기법으로 우리들에게 예지해주고 일깨워주고 있는 것이다. 이러한 꿈의 세계는 우리 인간의 가진 육감(六感)의 세계를 넘어, 우리의 정신능력이 발현되는 제 7감(七感)의 정신과학의 영역으로, 앞으로 우리 인간의 정신능력에 대한 많은 연구가 있어야 할 것이다.

〈 뺨을 맞는 꿈 〉

　현직에 있는 어느 교감 선생님의 꿈이야기이다. 밤에 꿈속에서 길을 가고 있는데, 불량 청소년들이 서로 패싸움을 하고 있었다. 그대로 지나갈 수가 없어서 다가가서 "이게 무슨 짓들이냐" 하면서 싸움을 말리려 했다. 그랬더니 그 중에 한 놈이 "당신이 누군데 이래라 저래라 하는거냐" 하면서 갑자기 뺨을 때리는 것이었다. 꿈에서 깨어나서 기분이 언짢고 찜찜한 것이 별로 안 좋았다.

　다음날 학교에 출근하여 10시쯤 되었을 때였다. 전화가 걸려와서 수화기를 들으니 교감선생님을 찾는 것이었다. 전화를 바꾸자마자 욕설이 튀어 나왔다. "당신들 학생지도를 어떻게 하고 있는 것이냐. 선생이면 다냐! 학생을 그렇게 때리는 폭력교사가 어디 있느냐! 내가 경찰서에 고발하려다가 먼저 전화하니, 앞으로 한 번만 더 이러한 일이 있을 때는 그 때는 큰일이 날줄 알아라!" 등등의 말을 퍼부으며 자신이 누구인지, 무엇 때문에 그러는지 자세하게 밝히지도 않은 채, 일방적으로 전화를 끊는 것이었다.

　꿈은 반대가 아닌 상징의 이해에 있다. 간밤 꿈에 불량 청소년에게 난데없이 뺨을 맞는 꿈이 오늘 현실에서는 이처럼 학부모에게 항의전화를 받는 일로 실현된 것이다. 하지만 이렇게 그 다음날로 꿈이 실현된 것이 어찌보면 다행스런 일인지도 모른다. 중대한 일의 예지는 보름 뒤나 한두 달 뒤에 실현되기도 한다. 이 경우라면, 학부모가 술에 취해 학교에 찾아와서 폭력을 휘두르고 폭언을 일삼는 일로 실현되는 방향으로 전개될 것이다.

　필자가 교직에 있다 보니, 요즈음 들어 세태의 변화에 대하여 허망함을 자주 느낀다. 이제는 물러날 때가 된 것이 아닌지 반문해보면서, 나 자신에게 잘못된 점이 없는 지 반성을 하게 된다. 우리 사회도 변해가듯이 10년 전, 아니 몇 년 전에 비해서 학교도 급격히 변해가고 있다.

필자가 어릴 적에는 복면강도 소리를 듣다가 이제는 토막살인을 넘어서, 아버지가 딸자식을 성폭행하거나, 자식이 부모를 죽이는 등 온갖 패륜적 범죄가 사회면을 장식하고 있다. 사회적 여건이 그렇게 변화하다 보니, 학교에서 펼쳐지는 것도 상상이상으로 펼쳐지고 있다. 더구나 학력위주의 입시에 치중하다보니, 참된 인성교육은 뒷전으로 밀려나고 있는 교육계 현실이다. 담배를 피우는 학생은 애교에 가까울 정도이고, 거친 행동을 하고 싸가지 없는 말을 예사로 하는 가정교육이 잘못된 비뚤어진 학생들이 상당수 있다. 며칠 전의 뉴스에는 칼로 교사를 협박한 이야기도 나왔다. 부모들은 자녀 하나나 둘을 두고 온갖 정성을 쏟아왔겠지만, 정작 그러한 애들이 자기 자신 귀한 줄만을 알지 남을 배려할 지도 모르는, 못된 송아지새끼가 되어가고 있다.

학생들이 도에 지나치는 잘못을 저지르는 경우가 많다. 그것도 주의를 두세 번 주었음에도 불구하고 자신의 잘못을 뉘우치기는커녕, 교사한테 대드는 학생이 상당수 있다. 또한 부모조차 '그 학생에 그 아비라', 자신 자식의 잘못을 나무라기는커녕 역성을 들고 나서는 실정에 있다.

교사들이 학교생활에 있어서 가장 힘든 것은 열악한 교육여건도 아니요, 교장 교감의 간섭도 아니요, 과중한 업무나 수업부담도 아닌 것이다. 그것은 바로 수업시간에 예의 도덕에 어긋난 행동으로 속을 썩이는 못된 학생들이다. 지구의 종말은 천재지변에서 온다기보다, 우리 인간 도덕 윤리의식의 붕괴에서 비롯될 것이며, 이러한 모든 것이 우리 교육에 달려있다고 해야 할 것이다.

어느 아파트에 있었던 일이다. 아이가 출입이 금지된 잔디밭에서 불을 지르고 장난을 하기에 아파트 관리인이 나무라고 있었다. 그것을 본 부모가 자식을 나무라기는커녕, 관리인을 향해서 삿대질을 하면서 "당신이 뭔데 귀한 자식을 나무라고 야단이냐. 모가지 짤리고 싶냐" 라며 거친 폭언을 퍼부었다는 신문기사가 나온 적이 있다. 제 자식이 귀한 줄만 알고 '오냐 오냐' 하는 사이에 더욱 더 삐뚤어진 못된 놈이 되어가는 오늘날의 현실이 아닌가 한다.

〈 절벽에서 굴러 떨어진 돌을 머리에 맞는 꿈 〉

필자가 오래 전, IMF 시절에 꾼 꿈이야기이다. 어느 일요일 밤 꿈에, 절벽에서 굴러 떨어진 돌에 맞아 머리에 큰 혹이 나는 꿈을 꾸었다. 꿈속에서 절벽위에 친구들이 있다고 생각되었다. 그래서 위쪽에 대고 소리치기를 "야! 이 자식들아. 돌멩이가 떨어진다면 떨어진다고 알려줘야 피할 것 아냐" 라고 화를 내는 꿈이었다.

꿈을 깨고 나서 안좋은 꿈이라고 생각했다. 다만 머리 위에 돌이 떨어졌으나, 큰 혹이 나는 정도로 전개되었을 뿐, 머리가 깨지거나 피가 나는 꿈이 아니었기에, 머리에 약간의 부상을 입게 되거나, 재물의 손실이나 곤역을 치르는 일로 실현될 것을 생각했다. 이렇게 황당하게 전개되는 상징적인 미래예지 꿈의 경우에, 꿈의 실현을 막거나 피할 수는 없겠지만, 삼가고 근신한다면 최소화할 수는 있을 테니, 매사에 신중한 행동을 함으로써 큰 화를 면하고 조그마한 일로 실현되기를 바랐다.

월요일에 동문회 총무에게서 인사발령이 나게 되니, 송별연 겸해서 토요일 저녁에 동문 모임이 있다는 연락을 받았다. 인생을 살다보니 그래도 세상 살아가는 이야기를 나누고, 정겨운 시간을 갖게 되는 동문 모임이 제일 부담이 없는 모임이었다. 그리하여, 바쁜 와중에 잊지 않고, 토요일에 약속 장소로 갔다. '술 한잔 하리라' 마음을 먹었기에 택시를 타고 갔으나, 이상하게도 친구들이 없는 것이었다. 알아본 즉, IMF로 인한 특수상황으로 발령이 나지 않아, 사정이 생겨 동문모임이 취소되었으나, 필자에게는 미처 취소 연락을 못한 것이었다.

허탈한 마음에 돌아서 걸어 나오는데, 택시 잡기도 어려운 곳이고, 어느 정도 걷다보니 집도 멀지 않아 택시비 아까운 생각에 집에까지 걸어 가기로 마음먹었다. 20~30분 걸어 돌아오는데 그날따라 날씨가 매서운 편이었다. 추위를 무릅쓰고 돌아오면서, "나쁜 놈들 취소되었다면, 취소 되었다고 연락을 해야 알 것 아냐" 라고 친구놈들 욕을 많이 했다. 집에 거의 다다른 순간, 문득 일주일 전의 꿈을 떠올리고는 비로소 일주일 전의 꿈의 실현이 이루어진 것을 알았다.

"돌멩이가 떨어진다면 떨어진다구 알려줘야 피할 것 아냐" 라고 화를 내는 꿈의 실현이 "동문 모임이 취소되었다면, 취소되었다고 연락을 해야 알 것 아냐" 로 실현된 것이었다. 머리의 혹의 상징이 매서운 추위에 고생을 하며 걷게 되는 일을 뜻했던 것이었다.

이러한 것이 바로 상징적인 미래예지 꿈인 것이다. 꿈의 상징의미와 현실에서 벌어진 일의 전개과정과 하나도 틀리지 않는다. 필자는 나쁜 꿈이 나쁜 일로 실현되었다고 해서, 그 꿈이 실현되었다고 보지 않는다. 즉, 꿈의 상징표상과 현실에서 실현된 일의 전개과정이 일치해야 비로소 그 꿈이 실현되었다고 할 수 있다. 우리가 꾸는 꿈을 반대가 아닌 상징으로 꿈을 해몽해보면, 신비한 꿈의 세계에 대해서 알게 될 것이다. 우리 모두 꿈의 일지를 써보자! 그렇게 된다면, 자신의 꿈이 어떻게 실현되는 지를 알 수 있다. 어떤 꿈은 일주일 이내에 실현되기도 하고, 어떤 꿈은 몇 달 뒤에 이루어지기도 한다.

꿈에 대한 연구를 하면서 어떠한 꿈이든지 필자가 해몽할 수 있지만, 실로 필자가 번뇌하는 것이 하나 있다. '과연 우리 인간의 운명이 예정되어 있는가?' 앞서 예로든 꿈의 사례에서 알 수 있듯이, 일요일 밤에 돌이 굴러 떨어지는 꿈을 꿀 당시에, 다음주 토요일에 동문 모임에서 필자 자신이 곤욕을 치르게 될 일이 예정되어 있었다고 생각할 수밖에 없다는 사실이었다.

또한 장차 태어날 아기의 인생의 청사진이라 할 수 있는 태몽을 예로 들지 않더라도, 좋은 꿈을 꾸고 로또에 당첨된 사람, 반면에 나쁜 꿈을 꾸고 교통사고 등을 당한 사람들―. 꿈은 정말로 우리 인간의 앞날을 예지해준다고 단정을 짓지 않을 수 없다. 프로이트는 꿈에 있어서 잠재의식의 심리적인 측면을 언급했지만, 그것은 신비한 꿈의 세계의 극히 일부분이며, '꿈은 미래를 예지해준다' 는 대명제를 우리 모두 부정할 수는 없을 것이다.

〈 전쟁에 관한 꿈에 대하여 〉

먼저 북한의 연평도 도발 이후에 쓴 글임을 밝힌다. 북한의 연평도 포격 도발로 빚어진 남북간의 긴장은 심각한 단계에 와 있다. 정부는 재차 도발이 있을 경우에, 보다 강력한 물리적인 제재를 가한다고 공언한 상태이다. 그러다 보니, 모든 국민들도 앞으로 어떻게 상황이 전개될 것인지에 촉각을 기울이고 있기도 하다. 이러한 여건에서는 불안 심리가 표출되어 전쟁에 관한 꿈이나 군대에 다시 가는 꿈 등을 꾸기도 한다. 이 경우 불안심리가 표출되어 형성된 꿈의 경우에는 굳이 해몽할 필요조차 없다.

하지만, 종종 장차 일어날 일을 전쟁에 관한 꿈이나 군대에 가는 꿈으로 상징적으로 보여주기도 한다. 기업합병을 앞두고 있는 회사의 임원인 경우에는 물론 전쟁에서 이기는 꿈이 좋다. 상징적으로 전쟁에 이긴다는 것은 어떠한 타 집단과의 경쟁에서 승리함을 상징한다.

꿈의 상징은 바둑이나 장기, 화투나 카드, 게임 등에서의 승패 역시 마찬가지이다. 이 경우 상대방을 완전하게 제압할수록 현실에서는 완벽한 승리를 가져온다. 또한, 처한 상황에 따라 각기 엄청난 좋은 일로 실현된다. 주식투자자는 대박을 얻게 되고, 어부는 만선의 기쁨을 누리게 되며, 일반인의 경우 성공이나 명예를 드날리게 된다.

이처럼 전쟁의 꿈은 그 체험이나 전쟁에 관한 지식이나 불안감에서 형성되지만, 일반적으로는 전쟁과는 상관없는 힘겹고 두려우며 고통스런 일을 상징적으로 암시하고 있으며, 이기는 꿈이 현실에서 자신의 뜻대로 이루어지는 일로 실현된다.

특수한 경우도 있다. 예를 들어 꿈속에서 전투를 하다가 무릎에 총을 맞고 깨어난 경우에, 현실에서는 무릎이 꺾여져 자고 있었기에 무릎부분에 쥐가 나는 일로 실현된 사례가 있는 바, 이는 신체외부의 이상(異常)을 알려주는 꿈으로 실현되고 있다. 물론 이 경우에도 상징적으로 실현되는 경우, 총을 맞은 부위에 교통사고 등이나 기타의 일로 인하여 무릎부분을 다치는 일로 실현될 수도 있겠다.

전쟁에 관한 단편적인 꿈해몽을 요약하여 살펴본다.
- 전쟁이 치열하면 치열할수록, 사업은 복잡해지거나 난관에 부딪히게 된다.
- 전쟁에서 승리하면 일의 성취를 뜻하고, 패배하면 일의 실패를 암시한다.

- 전쟁이 났다고 군대가 이동하는 것을 보면, 사업이 크게 시작되거나 사업결과가 발표된다.
- 자기가 선전 포고문을 낭독하면, 성명서를 내거나 사업 계획서를 발표할 일이 생긴다.
- 전투 끝에 적진을 점령하면, 자기가 계획하는 일이나 소원이 크게 성취된다.
- 포로가 되는 꿈은 제약이 따르는 어떠한 기관 · 단체에 소속되게 되거나, 어떠한 기관(사람)에 청원한 일이나 작품이 성취되거나 당선되며 소문난다. 대입 수험생이나 취업을 바라는 사람의 경우에 이런 꿈을 꾸면, 상징적으로 볼 때 합격의 꿈이다.
- 간첩을 잡으면, 암거래 상품을 취급하거나 중개해서 상품 · 일 등을 얻는다.
- 적의 동정을 탐색하면 사업체를 물색하거나, 상대방의 심리 분석, 사업 · 학문의 연구, 고적 탐방 등을 하게 된다.

전쟁과 관련된 군대에 관한 꿈 역시 마찬가지 해몽이 가능하다. 불안 심리의 표출로 인하여 다시 군대에 가는 꿈을 꿀 수가 있으며, 상징적으로는 군대와 같이 단체행동이나 제약이 심한 수련회나 합숙훈련, 재교육 등에 강제적으로 선발되어 가게 되는 일로 실현될 수 있다.

〈 친구에게 보석을 준 꿈 〉
먼저 필자의 사이트에 아이디 '크리스탈' 로 올려져 있는 회원의 꿈 체험담(2010.08.16)을 살펴본다.

10년 전 고3 때의 일이에요. 친한 친구와 나란히 같은 대학, 같은 과에 지원을 했습니다. 원래 그 친구는 그 과에 지원할 생각조차 없었어요. 그래서 제가 그 과에 관한 이런 저런 이야기를 했었고, 그 친구는 "그러냐" 하고 말았죠. 그런데 그 친구가 저와 같은 과를 쓴 거였어요. 부모님과 오빠들에게 상의했더니, "괜찮을 것 같다"고 하셨다면서요. 예민한 문제라 저는 기분이 약간 상하기도 했지만, 친한 친구와 대학 생활을 같이 하면 좋을 것 같기도 했죠. 발표날에 친구는 예비후보 9번, 저는 10번이었어요.

그리고, 대학 최종 합격 발표를 며칠 앞두고 꿈을 꿨어요. 우리가 같이 다니는 교회에서, 물이 가득찬 교회 바닥에 떨어진 많은 보석들을 보았고, 특별한 보석을 찾는 것처럼 이곳저곳을 찾고 있었어요. 그러다 주먹보다 조금 작은 크기의 보석을 발견했어요. 그리고는 그 친구에게 "이거 너 가져"라며 건네주었어요. 꿈에서 깬 저는 기분이 좀 이상했지만, 별 일 아니라고 여기고 있었어요.

그리고 최종 합격 발표날, 저는 당연히 저와 그 친구가 나란히 붙었을 거라고 생각했는데ㅡ, 그 친구만 붙고 저는 끝내 떨어졌더라고요. 그제서야 알았죠. 꿈의 의미가 무엇인지를ㅡ. 지금도 그 꿈을 생각하면 약간 씁쓸하기도 합니다.

꿈은 반대가 아닌 상징의 이해임을 여실히 보여주고 있다. 불합격의 꿈사례를 들어 뭣하지만, 역(逆)으로 살펴보자면 이렇게 귀한 물건이나 보석을 줍거나 얻는 꿈은 합격의 꿈사례이다. 친구에게 보석을 주는 꿈이었으니, 친구가 처한 상황에 따라 이권이나 재물을 얻게 되거나 태몽으로 이루어질 수도 있다. 또한 꿈속에서 밝고 아름답고 풍요롭고 희망차게 전개되는 꿈도 장차 시험에 합격할 것임을 예지해주고 있다.

꿈의 효용은 장차 일어날 일에 대한 마음의 준비를 하게 해주는데 있다. 결코 안좋은 꿈을 꾸었다고 해서, 시험에 낙방한 것은 아닌 것이다. 이러한 꿈을 안꾸었다고 하더라도 불합격하는 것은 운명의 예지로 정해진 것이었으며, 피할 수 없는 일이었던 것이다. 안좋은 꿈으로 어렴풋하게 예지해줌으로써, 장차 일어날 일에 대한 마음의 충격을 완화시키고, 슬기로운 극복을 하게 해주는 데 있다.

우리의 보이지 않는 운명의 길은 대학입시철을 앞두고, 인사철을 앞두고, 주식 · 부동산 매매 등 우리 인생의 어떠한 중대한 선택의 길을 앞두고, 우리를 시험에 들게 한다. 이 길이 올바른 것일까 저 길이 올바른 것일까. 하지만, 꿈의 예지를 믿는 운명론적 입장에서는 우리 인간은 타산적인 고민을 할 필요는 없다. 가을 바람에 단풍이 흩날리듯이, 대우주의 보이지 않는 불가사의한 운명의 예정된 길로 나아가게 하고 있을 뿐인 것이다.

이러한 예정된 운명의 길에 굳이 변화를 가져올 수 있는 길이 있다면, '지성이면 감천'이란 말이 있듯이, 주어진 운명의 길에서 최선의 노력을 다하면서, 많은 복덕(福德)을 쌓아나가는데 달려 있다고 하겠다. 필자는 '자신의 운명의 길의 변화 여부는 자기 자신이 어떻게 만들어나가느냐에 달려있다'는 요지의 말을 한 바 있다. 현재 자신에게 주어진 길이 재앙(災殃)의 길이 될 것인지, 담금질 하듯이 자신을 혹독하게 달구어 새롭고 높은 세계로의 비상을 가져오게 될 것인지는, 오직 자기 자신에게 달려 있는 것이다. 그리하여 자신의 운명의 길이 밝음으로 변화될 때, 새로운 밝고 풍요롭고 아름다운 꿈을 꾸게 될 것이며, 이로써 운명의 길이 변화되었음을 꿈을 통해서 예지해주고 있는 것이다.

〈 포로가 되어 불에 타 죽는 꿈 〉

어느 회사원의 꿈사례이다. "내가 포로가 되어 일렬로 섰다. 죽일 사람을 가려내는 중 땅속을 파고 그 속에 들어가라고 하기에, 화약을 입에 물고 들어가 고개를 숙였다. 그들이 불을 붙이는 바람에 훅하는 감각을 느끼며 결국 불에 타 죽었다."

필자의 스승이신 고(故) 한건덕 선생님의 해몽에, 필자의 의견을 곁들여 살펴본다. 계획하던 일이 성사되는 꿈으로 풀이하고 있는 바, 올바른 견해이시다. 포로가 된다는 것은 어떤 대상이나 세력권 안에 들어가게 됨을 상징적으로 보여주고 있다. 이 경우 불에 죽는 꿈은 기존의 자신이 낡은 껍질을 벗고 새로운 탄생을 의미하는 바, 생명처럼 아끼고 열정을 다하는 자기의 일거리가 성취됨을 뜻한다.

지금 어떤 일을 계획하고 있으며, 절실한 문제가 무엇인지도, 후일 생겨날 일이 무엇인지는 모르나, 포로가 되는 것은 어떤 기관에 제출한 일거리가 심한 과정을 거칠 일이거나, 어떠한 기관 단체나 훈련에 소속되게 될 것을 예지해주고 있다. 이 경우에 살리는 사람은 채택되지 않지만, 죽이는 사람을 채택됨을 뜻한다. 죽는다는 것은 새로운 탄생의 길을 걷게 될 것을 상징적으로 보여주고 있다. 포로가 된 것은 어떠한 일들에 있어 1차적인 선발 대상에 든 것이고, 죽임을 당하는 것이야 말로 최종선택으로 새롭게 태어나는 것을 뜻한다.

땅속을 파고드는 것은 그 사업기반의 일각을 차지하는 것이요. 화약을 입에 문 것은 크게 세상에 소문내고 과시한 근원을 가지고 있는데, 여기에다 불을 붙였으니 일은 결판이 나고 만다. 이 때에 고개 숙인 것은 당국의 처분을 기다리는 행위이고, 화약이 폭발해서 타 죽었으니 그 일거리는 그 기관에서 완전히 새롭게 태어나게 되며, 이 경우 크게 폭음이 났다면 크게 소문날 것이다.

〈 종이나 노예가 된 꿈 〉

필자의 꿈체험담이다. 어디론가 가고 있는 차안에서 강제로 절벽 같은 아래로 굴러 떨어졌다. 밑에는 다른 사람들도 있었으며, 절벽 위쪽에서 누군가가 "너희들은 노예야! 이제부터 내 말을 안 들으면 힘들거야. 열심히 일해서 수확한 것을 바쳐야 돼!' 라고 외치는 꿈이었다.

이는 필자가 대학원 박사과정 입학시험 합격발표를 앞둔 전날, 필자가 꾼 꿈이다. 특이한 것은 꿈속에서 외치는 사람의 목소리가 면접을 보았을 때의 교수님의 목소리로 여겨졌다. 꿈의 상징의미를 이해한다면, 꿈을 꾼 본인 자신이 가장 잘 해몽할 수 있다. 필자는 꿈의 의미를 되새겨, 어떤 새로운 곳에 소속되어 다소 힘드는 노력을 해야 할 것을 일러주는 합격예지의 꿈으로 받아들였다. 장차 각종 과제물을 내거나 논문작성 등 장차 혼신의 힘을 기울여야 함을 노예가 되어 혹사당하는 상징적인 꿈으로 보여주고 있는 것이다.

이처럼, 꿈속에서 자신이 종이나 노예가 된 꿈은 어떠한 단체나 기관에 속해서 벗어날 수 없게 되는 일을 상징하고 있다. 대학입시를 앞둔 수험생이 이러한 꿈을 꾸면 합격의 일로 실현되며, 취업을 앞둔 사람이 이러한 꿈을 꾸면 취직으로 이루어진다. 또한 성경과 관련지어 보면, 하나님의 종이란 하나님이 택해서 어떤 전문 분야의 일을 그가 전담하는 최고의 권위자를 뜻하고 있다.

이렇듯이 꿈의 상징의미로 본다면, 노예가 되는 꿈은 나쁘다고만 할 수 없다. 하지만, 현실에서 노예나 포로가 되는 것은 끔찍한 일임에도 불구하고, 그러한 어리석은 삶을 살아가는 못난이들이 있다. 철없는 중학생들이 여교사를 희롱하는 동영상이 유포되기까지 하는 교권이 추락한 현실을 개탄하면서, 노예 근성의 학생들을 서글프게 생각한다. 무섭게 하는 선생님 앞에서는 순한 양인척 행동을 하고, 만만한 여선생이거나 인간적으로 대해주는 선생님 앞에서는 안하무인격으로 날뛰고 있는 학생들이 많다. 이런 학생들이 공부는 잘한다지만, 영악하기 짝이 없다. 채찍 앞에서 굴종을 보이는 학생들이야말로, 가장 불쌍한 삶을 살아가고 있지 않은지 반문해본다.

〈 집안에 구더기가 가득한 꿈 〉

먼저, 필자의 사이트에 '트럼프'의 아이디로 올려진 글을 소개한다.

꿈에서 제가 집을 넓히려고 알아보다가, 어느 집 2층이 비어 있다고 해서 얻기로 했는데, 집이 많이 낡았더군요. 그래서 딸아이와 함께 빗자루로 쓸면서 집을 청소하는데, 얼마나 많은 구더기가 득실대는지 징그러워서 혼났어요. 크기는 작은데, 선명하고 정말 숫자가 너무 많아서 빗자루로 쓸어도쓸어도 득실거려서 징그럽고 무서워 혼났어요. 일어나자마자 홍박사님 사이트로 확인하니, 구더기는 돈이라고 하더군요.

출근해서 꿈얘기를 하니, 나이 드신 어른 역시 "돈이라며 좋은 일 있겠다"고 하셨는데도, 저는 그 구더기가 너무 징그러워 불안했습니다. 그런데 그날 오후 오랫동안 보류 중이던 건 이외에도, 생각지도 않은 분들이 갑자기 찾아오셔서 좋은 계약들이 연달아 성사되어 너무 놀랐습니다. 저는 또 다시 사무실 사람들한테 무당이라는 소리를 들었구요. 그런데 왜 이렇게 꿈을 자주 꾸는 거지요?

2004년 6월 15일(화) 신문기사로 소개된 이와 유사한 사례를 들어보면, 노회찬 전 의원이 국회의원 당선 전에 아내 김지선씨가 꾼 꿈을 들 수 있다. 총선 전에 꿈을 꿨는데, 집안에 구더기 비슷한 벌레가 가득 나오더라는 것이다. 김씨는 '꿈속에서는 손님이 오실 텐데 벌레가 나와서 어쩌나' 하고 걱정했는데, 꿈에서 깨보니 느낌이 나쁘지는 않았다며 "어머니께 말씀 드리니 길몽이라고 하시더라" 고 말하고 있다.

또한 이와 유사한 사례로, 새롭게 음식점 장사를 시작한 사람의 전날 밤에 쓸어도쓸어도 구더기가 나오는 꿈을 꾸었는 바, 그후 가게에 엄청난 손님이 몰려드는 일로 실현된 사례가 있다.

예를 든 세 꿈에서 공통적으로 구더기가 나오고 있는 바, 구더기가 사람 등의 인적자원이나 재물의 상징으로 등장되고 있음을 알 수 있다. 구더기는 더럽고 징그러운 것이라, 이러한 구더기들이 들끓는 꿈이 어찌 보면 안좋게 보이지만, 상징적인 의미로 따져본다면, 구더기가 찾아오는 사람들을 상징하고 있기에, 꿈은 반대가 아닌 상징의 이해에 있음을 알 수 있겠다. 꿈은 꿈을 꾼 사람의 처한 상황에 따라 달리 실현되며, 유사한 사례로 어느 보험외판원이 다리에 딱정벌레 같은 것이 새까맣게 달라붙는 꿈을 꾼 후에 수많은 보험 계약을 성사시킨 바가 있다.

이처럼 상징적인 꿈에서 벌레는 인적자원이나 일 등을 의미하는 경우도 있지만, 더럽고 징그러운 해충은 대부분 안 좋은 일 · 우환 · 질병 · 고통거리 · 문제점 · 방해물 등으로 상징이 되고 있다. 꿈속에서 이러한 벌레가 등장했을 경우 일반적으로는 현실에서는 시달림을 당하게 되는 일로 실현되고 있으며, 이 경우에 모두 죽이거나 쫓아내는 등의 표상이 고통거리나 문제점을 해결하고 처리하게 됨을 의미한다. 사례로, 발에서 벌레가 나온 꿈을 꾼 후에, 무좀이 사라진 사람이 있다.

'그런데 왜 이렇게 꿈을 자주 꾸는 거지요?' 라는 물음을 제기한 바, 행복한 비명을 지르고 있다고 해야 할 것이다. 노래를 잘 부르고, 달리기를 잘 하는 것이 좋은 것처럼, 꿈을 잘 꾸는 사람이 좋은 것이다. 노래 잘 부르기, 달리기 잘하기 등은 우리 인간의 육체적인 능력이 발휘되고 있는 것이라면, 꿈꾸는 능력은 제 7의 감각이라고 할 수 있는 우리 인간의 정신능력의 활동에서 빚어낸 오묘한 세계인 것이다. 우리 인간은 흔히 오감을 가지고 있다. '색성향미촉'의 '보고, 듣고, 냄새맡고, 맛보고, 촉각을 느끼는—. 육감도 지니고 있다. 이때의 육감을 한자로 쓰면 肉感(육감)이 아닌 六感(육감)으로 쓰며, 우리 인간의 여섯 번째 감각으로, 마음으로 느끼는 감각이다. 아내는 남편이 바람을 피우는 것을 보거나 듣지 못했지만, 안하던 행동을 하는 남편의 행동으로, 바람을 피우고 있음을 직관적으로 알아차리는 경우가 대부분이다.

　비유하자면, 우리 인간의 꿈꾸는 능력은 제 七感(7감)의 세계라고 명명할 수 있겠다. 이러한 七感(7감)의 세계는 많이 배웠다고, 나이 들었다고 발휘되는 것이 아닌, 태어날 때부터의 개인별로 천차만별로 나타나고 있다. 여러 사례로 살펴보아 굳이 덧붙인다면, 부모로부터의 유전적인 요소가 있음을 부인할 수는 없다. 이수광은 그의 백과사전인 『지봉유설』에서 '蒙昧(몽매)'의 독립된 항목으로 꿈을 다루고 있는 바, 그의 아들인 이민구도 꿈에 대한 각종 기록을 남기고 있다. 거미가 누구에게 배워서 거미줄을 치는 것이 아닌 천부적인 능력이듯이, 앞날을 예지하는 꿈꾸는 능력 또한 우리 인간이 하늘로부터 부여받은 최대의 선물인 것이다.

〈 시체에 관한 꿈에 대하여 〉

'노예가 되는 꿈', '구더기에 관한 꿈'에 이어, 시체에 관한 꿈을 이야기하자니, 죄송스럽다는 말씀을 전한다. 하지만, 이는 꿈의 언어를 일상의 언어로 볼 때의 기준이다. 꿈의 세계의 언어는 상징적인 언어이며, 이는 일상의 관습적인 언어와도 일맥상통하고 있다. 예를 들어 옷을 잃어버리는 꿈을 꾸면, 실직하게 되는 일로 실현된다. 일상에서, 상사가 부하직원에게 야단을 칠 때, "너 옷벗고 싶어"라고 말했을 때, 우리는 이 말 속에 담긴 의미를 다 알고 있다. 마찬가지로, '꽃뱀에게 물렸다.' '신발을 거꾸로 신었다,' '아이고 우리 강아지, 귀여워죽겠네' (부모가 귀여운 자식을 두고 말할 때), 오늘 자식들 밥벌이 잘 했습니까?(증권방송 해설가가 매수한 주식들이 많이 올랐는가의 뜻으로) 등등에서 알 수 있듯이 꿈의 상징 언어가 일상의 관습적 언어와 같은 의미로 쓰이고 있음을 알 수 있다.

시체 꿈에 대한 이해를 돕기 위해, 필자의 사이트에 올려진 시체에 관한 꿈체험기 두 사례를 먼저 살펴본다.

① 시체 꿈으로 계약 성사

저는 아기들 꿈을 꾸면 불길하고 재수없는 일들이 생기고, 시체 꿈을 꾸거나 누군가 죽거나 죽이는 꿈을 꾸면 좋은 계약을 합니다. 어떤 날 꿈속에서 제가 아는 여자가 자동차에 치여 그 자리에서 즉사하더니, 다음 날 제가 계약을 하더군요.

며칠 후에는 조그만 덤프 트럭이 무엇인가 싣고 와서 뒤 짐칸을 들어올리고 문을 여니까, 쓰레기 같은 것들이 쏟아지더라구요. 그런데 그건 쓰레기가 아니라 시체들이었습니다. 제 기억으로는 시체 17~20여 구였는데, 그 중에서 3명이 갑자기 살아나더니 걸어가 버리더라구요. 그런데 그로부터 1달여간, 제가 계획하던 수많은 계약 건들 중 2~3건이 성사되지 못하고, 10여건 이상의 계약들을 하게 되었답니다. ─아이디: 트럼프, 2010.09.19.

② 시체 꿈으로 수상(受賞)

꿈에, 바닷가 모래사장을 걷는데 한 곳에 갑자기 구더기가 많아지며 구멍이 파지기 시작하더군요. 구멍이 점점 커지더니 남녀 시체 두 구가 아래위로 겹쳐서 손을 꼭잡고 드러나더군요. 그런데 머리 위로 팔을 뻗어 두 손을 깍지를 낀 그 모습이 너무 아름다워서 감동하다가 꿈을 깼죠.

현실에서는, 직장에서 남자선배랑 제 (여자)가 동시에 상을 타게 되었어요. 둘이 파트너였거든요. 후후 웃기죠. ─아이디: 나라. 2010.04.23.

이밖에도 불붙은 시신이 쫓아온 꿈으로 새로 개업한 분식점이 번창한 사례가 있으며, 땅속에서 시체가 튀어 오르는 꿈을 보고 복권에 당첨된 사례가 있다. 또한, 길가에 시체가 즐비한 것을 본 후에, 제작된 영화가 대박을 터뜨린 감독의 꿈사례가 있다.

이처럼 시체는 성취된 업적이나 작품·재물·유산을 상징하며, 또한 사건의 진상, 비밀스런 일, 거추장스런 일, 부채·증거물 등을 상징하기도 한다. 따라서 일반적으로 이러한 시체를 맞아들이거나 걸머지고 오면 소원이 성취되고, 재물이나 이권 등이 생기게 되며, 시체를 내다버리면 모처럼 얻은 일의 성과나 재물을 잃게 된다.

마찬가지로 시체가 되살아나면, 성사시킨 일이 수포로 돌아가거나 사업자금을 되돌려 주게 된다. 또한 장례를 지내는 꿈은 시체로 상징된 어떤 일거리나 대상의 마무리나 처리를 상징적으로 나타내며, 꿈속에서 죽은 시체를 화장해 버리는 것은 어떤 일에 대한 성과나 업적을 소멸시켜 버리는 일로 실현되고 있다.

꿈은 꿈을 꾼 사람이 처한 상황에 따라 달리 실현되는 바, 개천에 빠져 있는 시체가 "종합진찰을 받아 봐야 해." 하고 말하는 꿈을 꾼 저자의 경우에, 어떤 잡지사에 투고한 작품이 심사에 통과되어 발표된 것으로 체험되었다. 종합진찰이 작품을 심사하는 상징 표상으로 실현되었음을 알 수 있겠다.

흔히 '꿈은 반대'라고 한다. 하지만 이는 절대적으로 틀린 말이다. 이빨 빠지는 꿈, 신발 잃어버리는 꿈 등이 절대적인 흉몽인 데서 알 수 있듯이—. 다만, 현실에서는 좋지 않은 시체꿈이 꿈의 상징에서는 업적이나 성취로, 죽음의 꿈이 새로운 탄생 부활의 의미를 담고 있듯이, 일상의 기준에서 좋지 않다고 인식되는 것이 꿈의 상징 의미로 볼 때는 좋은 해몽이 되고 있다. 꿈해몽은 반대가 아닌, 오직 상징의 이해에 있는 것이다.

〈 주식투자와 꿈 〉

필자는 몽생몽사의 별명답게, 모르는 사람을 만나면 꿈에 관한 실증적인 체험을 이야기해 달라고 부탁하고는 한다. 다음의 이야기는 꿈의 체험담을 물었을 때, 어느 택시 기사분에게 들은 이야기이다.

돌아가신 어머니가 나타나서, "고구마 가져다 먹어라, 너만 먹지 말고 형도 나눠주고 그래라" 라고 일러주는 꿈을 꾸었다고 한다. 그래서 필자가 말하기를, "좋은 꿈 꾸셨네요. 재물이 들어오는 꿈인데, 그래 어떻게 실현되었나요?"

다음날 한 손님을 태웠고, 어쩌다 주식이야기를 나누게 되었는 바, 손님이 말하기를 자신은 모 신문사 기자인데, "OOO 주식을 사보세요" 라고 한 마디 일러주고 내리더라는 것이었다. 택시 기사는 간밤의 꿈을 떠올리고 형에게 이야기한 바, 꿈을 믿는 형은 그 주식에 8천만원을 투자 하였는 바, 며칠 후에 연속 상한가를 가게 되어 많은 재물적 이익을 남긴 사례가 있다. 또한 사례로 들기에는 적절치 않지만, 예쁜 소녀의 항문을 벌리고 똥냄새를 빨아댄 꿈으로, 주식에서 5700만원 대박을 터뜨린 사례가 있다.

필자의 꿈체험을 사례로 들어본다. 오래전 주식투자에서 엄청난 손실이 있기 전, 그 무렵 필자는 바둑 두는 꿈을 자주 꾸었다. 어느날 꿈에서는, 저 멀리서 상대편이 내 대마를 잡으려고 포위망을 좁혀 오는 것을 알게 되는 꿈이었다. 당시에는 필자의 건강이 악화되는 것으로만 생각했었다. 하지만, 주식투자에서 재물의 손실이 바둑돌로 상징되어, 어려운 상황에 놓이게 되는 날이 얼마 남지 않았음을 보여주었던 상징적인 미래 예지 꿈이었던 것이다.

필자의 유사한 꿈체험으로, 몇년전 서브프라임 사태가 일어나기 일주일 전의 꿈이다. 역시 꿈속에서 바둑을 두는 꿈이었다. 그런데 나 자신이 꿈속에서, 흔히 바둑에서 호구(虎口)라고 하는 곳에 바둑돌을 놓는 순간에, 많은 양의 내 바둑돌이 후다닥 따여 나가는 것이었다. 잠에서 깨고 나니 아주 찜찜한 꿈이었지만, 벌써 내가 매수한 종목에서 상당한 액수의 손실이 난 상황이었기에, 주식을 매도하지 못하고 체념적으로 '어떤 일이 일어날 것인가' 지켜보는 것뿐이었다. 하지만 꿈의 결과는 불길한 예지대로, 서브 프라임 사태로 인한 처절한 폭락으로 실현되었던 것이다.

필자의 경우 바둑을 두는데 있어, 상대편의 돌을 몇 개 잡아 먹는 꿈은, 며칠 안으로 단타로써 조그만 수익이 나는 일로 실현되고는 한다. 혹은 주식하는 사람들의 꿈에 엘리베이터 등을 타고 위로 오르면 증권 시세가 오르고, 내려오면 증권 시세가 떨어진다. 한편으로는 학부모의 경우, 자식의 성적이 오르내리는 것으로 실현되기도 한다.

또한 필자의 꿈체험기로 꿈속에서 아들의 머리가 깨져 피가 나는 꿈을 꾼 적이 있다. 꿈은 결코 반대가 아닌, 상징의 이해에 있다. 사실적인 꿈의 요소가 있다면 실제 아들이 사고 등으로 인하여 다치게 되는 일로 실현되겠지만, 우리가 꾸는 꿈의 대부분은 상징적으로 이루어지고 있다. 꿈속의 자식은 실제의 자식이 아닌, 자신에게 있어 자식처럼 소중한 어떤 일거리 대상을 상징하고 있다. 주식투자가에게 있어서는 자신이 매입한 종목이 자식이 될 수 있으며, 새로 승용차를 구입한 사람에게는 자동차가 애지중지하는 자식의 상징으로 등장되고 있다. 필자의 경우에 주식에서 막대한 손실이 일어나는 것으로 실현되었으며, 새로 차를 구입한 사람은 자동차의 앞부분이 파손되는 일로 실현되었다.

이러한 꿈의 상징은 일상적인 언어의 관습적인 상징과도 일맥상통하고 있다. 어느날 차안에서 증권 방송을 듣는데, 증권방송 사회자가 "여러분 오늘 자식들 밥벌이 잘 했습니까." 라고 말하는 것을 들을 수 있었다.

한편 아내는 그 당시의 꿈에, 남편인 필자가 장 항아리의 장을 퍼다 버리는 꿈을 꾸었다고 한다. 장이나 소금 · 쌀 · 연탄 · 땔감 · 물 · 흙 등이 재물의 상징으로 등장되기도 하는 바, 이 경우 가져오는 꿈은 재물이 생기게 되며, 나가는 꿈은 재물을 잃게 되는 일로 실현된다.

IMF 이후로, 모든 가치평가의 기준이 재물적 · 경제적인 면에 중점을 두는 방향으로 나아가고 있다. 취업난이다 뭐다 해서, 물질적 · 경제적인 면에 사람들의 관심이 온통 쏠려 있는 작금의 현실이다. 혼인에 있어서도 사람됨보다 자산적인 면을 중시하고, 상당수의 부부가 경제적인 이유로 이혼을 하고 있다.

오늘날 주식에 관심이 없던 사람들도 펀드다 뭐다 해서, 많은 사람들이 주식에 관심을 쏟고 있다. 하지만 필자가 보기에 경제 여건이나 기업적인 가치에 대한 냉철한 판단과 자신의 신념과 소신으로, 장기 투자를 해나가는 사람보다는, 대부분의 사람들이 단기간에 일확천금의 대박을 내려고 하는 경우가 많다. 그러다 보니 미수니 신용이니, OO 스탁론이니 하는 투기에 가까운 무리한 주식투자를 하고 있다. 이 점에 있어서는 아이러니하게도 필자 또한 예외가 아니다. 실로 위태위태한 줄타기를 하고 있는 것과 같은―.

불교에서는 삼독(三毒)이라고 하여, 우리 인간이 경계해야 할 것으로, 탐(貪: 탐욕)·진(嗔: 화내는 것)·치(痴: 어리석음)를 들고 있다. 자신이 탐욕에 빠져 냉철함을 잃어버리고 있지 않은 지, 주식투자에 있어서도 마음을 비우고, 한 발 뒤로 물러나서 지켜보는 마음의 여유를 지녀보자. 주식을 모르는 사람은 결코 가까이 가지 말 것이며, 이미 빠져 버린 주식투자라면, 피할 수 없는 주식투자라면, 주식에 얽매이기 보다는 주식을 즐기는 여유를 지녀보자. 주식투자가 자신을 어디로 몰아가고 있는 지, 한 번쯤은 뒤돌아보는 지혜를 지녀보자!

〈 재물을 잃는 꿈 ― 지나친 욕심이 화를 부른다. 〉

필자의 나이는 50을 훌쩍 넘긴 중반이다. 살아오면서 재물에 대한 필자의 생각도 많이 달라진 것 같다. 젊은 날의 대학시절에는 재물에 대한 욕심이 비교적 없었던 것 같다. 국어교육과였기에, 공자님의 "군자는 먹음에 배부름을 구하지 않으며, 거처함에 편안함을 구하지 않는다.[子曰

君子食无求飽, 居无求安' 말씀처럼, 재물이란 것은 살아가는데 있어서 최소한의 충족만 되면 되는 것으로 알고 살아왔다.

교직에 들어와서도, 자전거를 타고 다니고, 소형 오토바이에서 중고 자동차를 타고 다니면서, 근검 절약이 생활의 미덕으로 알고 지내왔다. 하지만, 어느날 주변을 둘러보니, 경제적인 돈 문제가 주요 관심사가 되어 있는 것이었다. 결정적으로 IMF가 터지면서, 사람들의 모든 주요 관심사가 경제적인 면에 치우쳐지고 있음을 본다. 주변을 둘러보면 넉넉한 삶을 살아가는 친구들보다는, 실직한 친구들이나 경제적으로 힘겹게 어렵게 살아가는 친구들이 너무 많다.

언제부터인가 필자도 재물에 대한 욕심이 생겨난 것 같다. 아니 오늘의 현대인이라면, 우리도 모르는 사이에 재물적인 욕심에 너나 할 것 없이 휘말려 들어가 있는 것 같다. 이전의 은행에 적금을 들고 저축하는 고지식한 성실한 삶에서, 언제부터인가 부동산이다 펀드다 주식이다 해서, 축재의 수단에 너나없이 온 신경을 다 기울이고 있다. 그러다 보니, 우리 자신도 모르게 재물적 이익에 눈이 멀어, 빚을 내서 무리한 부동산 투자나 주식투자에 발을 담근 자신을 발견하게 된다. 그러다보니 집값 하락으로 '하우스푸어' 라는 말처럼 명목상의 집만 있을 뿐, 빚을 내서 구입한 집의 이자돈을 갚기에 허덕거리거나, 일확천금의 수익을 내고자 투자했던 주식이 어느날 뜻밖의 부도나 상장폐지의 날벼락 같은 소식에 한 순간에 나락으로 떨어져 나가기도 한다.

필자 또한 이러한 유혹의 길에서 헤어나지 못했다. 그 무렵에 꿈을 꾸었다. "나 자신의 도시락이라고 세 개를 가지고 있었는데, 그 중의 하나를 어떤 놈이 가져간 것이어서, 누가 내 허락도 없이 가져갔다고 기분 나빠 하는 꿈" 이었다. 깨어보니 꿈이었기에, '아! 내 재물이 나가는 일이 일어나겠구나, 주식투자하는 것 정리해야지' 하는 생각을 하고는 다시 잠을 청했다. 다시 꿈을 꾸었다. 이번 꿈은 자동차 시동을 걸려고 하는데, 시동이 걸리지 않는 것이었다. 기름을 가득 채워두었다고 알고 있었는데, 계기판을 보니 기름이 하나도 남아 있지 않는 꿈이었다.

두 꿈 모두 재물이 나가게 될 것을 예지해주는 꿈으로, 꿈의 예지만 가능할 뿐 꿈의 실현자체를 막을 수 없는 상징적인 미래예지 꿈이었다. 꿈의 결과는 투자했던 주식이 회사 관계자의 횡령으로 인하여 거래정지되는 일로 실현되어, 이로 인하여 자동차 기름으로 상징된 내 곳간이 텅텅 비게 될 것을 예지한 꿈이었다. 꿈의 예지대로 가지고 있는 마이너스 통장이 한도에 모두 달랑달랑 거리는 요즈음의 현실이다.

부부는 일심동체라는 말이 있듯이, 필자의 아내 또한 그날 밤에 꿈을 꾸었다. 앞 이빨이 반쯤 떨어져 나가고, 여러 개의 김치통이 있는데 어느 김치통 앞에만 가면 악취가 몹시 나는 꿈이었다. 이빨이 부러진 표상은 재물의 손실로 실현된 것이고, 악취로써 더러운 행위의 횡령을 상징한 절묘한 꿈의 상징에 감탄을 금할 수 없다.

아내는, 당신이 그동안 술먹고 다니고 방탕한 생활을 해서 벌을 받아 그런 것이라고 말하고 있다. 필자 역시 잘 알고 있다. '그래 내가 천벌을 받은 거야. 그동안 그 이전에 비하여, 나태한 삶과 방탕한 생활을 살아온 것에 대한 하늘의 벌이야. 그동안 가정의 소중함, 나 자신의 소중함, 나의 인생길의 소중함을 깨닫지 못하고, 막가는 인생처럼 살아온 것에 대한 하늘의 경고요 일깨움이라고—.' 다만, 너무나 아쉬운 마음을 금할 수는 없다. 나 자신이 허망되게 재물을 날리지 않았다면, 보다 가치있고 보람있게 쓸 수 있는 곳이 그 얼마나 많았을텐데—. 이 모든 것이 그 동안의 방탕한 생활에 대한 천벌이고, 나 자신의 분수에 넘치는 재물을 탐낸다는 것이 욕심이고 화를 불러오는 길이었음을 뉘우치며 이 글을 마친다.

〈 꿈의 예지 — 운명의 길을 만들어 나가자! 〉

앞서 필자의 사례를 들어, '재물을 잃는 꿈'을 이야기한 바 있다. 필자는 도시락을 잃어버리는 꿈, 기름이 없어서 시동이 걸리지 않는 자동차 꿈을 꾸었다. 반면에, 필자의 아내는 앞 이빨이 반쯤 떨어져 나가고, 김치통에서 악취가 몹시 나는 꿈을 꾸었다.

부부가 같이 꾼 불길한 꿈의 실현은 필자가 매수한 주식의 거래정지로 인한 막대한 재물적 손실로 실현되었는 바, 이렇게 보이지 않는 운명의 길에서, 꿈은 장차 일어날 일을 예지해주고 있다. 이 경우에 부부가 같이 꾸기도 하며, 하루 저녁에 몇 개의 꿈을 꾸기도 하며, 며칠 간 반복적으로 꾸기도 한다. 이는 꿈으로 예지된 일이 중대한 일이며, 꿈의 실현이 점차 다가오고 있음을 뜻한다.

또한 이렇게 꾸는 꿈의 대부분이 장차 일어날 일을 상징적으로 보여주는 상징적인 미래예지 꿈이며, 이 꿈의 특성은 장차 일어날 일의 예지는 가능하지만, 꿈의 실현을 피하거나 벗어날 수 없는 특징을 지니고 있다. 아내가 함께 꿈을 꾸지 않았다면, 필자는 아주 난처한 상황에 처하게 되었을지 모른다. 하지만 아내 또한 불길한 꿈을 꾸었기에, 운명적 체념으로 받아들이며, 부부가 함께 슬기로운 극복을 위해 힘쓰고 있는 중이다.

지나온 인생길을 더듬어보면, 충격적이고 안좋게 다가왔던 일로 인하여 나 자신을 돌아보게 되고, 더욱 더 노력하여 보다 새로운 세계로 나아가게 된 계기가 되는 일로 실현되는 경우가 많았다. 사건이 벌어진 그 당시에는 괴롭고 어둠의 시간이었지만, 그러한 어둠속에서야 말로 자신을 성찰하게 되고, 새로운 희망의 빛을 향하여 나가는 깨달음의 기간이었던 것이다. 주요한의 '불놀이' 시구에 나오는 '그림자 없이는 밝음도 있을 수 없다는 것을' 새삼 떠올리게 한다.

이렇게 필자처럼, 아니 꿈을 꾸는 모든 사람들에게는 자신의 운명의 길이나 자신의 주변인물에게 일어날 일에 대하여 꿈으로 예지한 수많은 사례가 있다. 태몽이라든지, 로또(복권) 당첨, 사건·사고, 연분·애정, 성취 등 인생길의 커다란 운명적인 변화에 있어 빠짐없이 꿈은 등장한다.

우리가 살아가는 이 세상에는 과연 보이지 않는 운명의 길이 있는 것일까? 또한 이러한 운명의 길에 앞서 꿈으로 예지되는 것일까? 필자가 있는 이곳 춘천은 2003년도에 로또 복권사상 400억원에 가까운 최대 당첨금액이 터진 곳이다. 당첨자에게 있어 로또 당첨은 운명의 길이었을까? 또한 당첨에 있어 운명적인 꿈을 꾸었을까? 용을 붙잡은 꿈을 친구가 대신 꿔주었다고 하는 바, 그렇다면 운명의 길이 정말로 예정되어 있다는 것인가?

또한 이러한 운명의 길은 변화시킬 수 없는 것일까? 몇 년 전에 필자의 뜻과는 상관없이, 직장에서 담당부서가 다른 곳으로 바뀌긴 바가 있었다. 이러한 조치에 대하여 젊은 날이었더라면 그대로 받아들였겠지만, 당시의 필자 생각은 나이 50이 넘어서는 자신의 운명의 길은 자신이 책임져야 하며, 또한 자신이 만들어나가야 한다는 생각에, 끝내 필자의 주장을 관철시켜 되돌린 적이 있었다. 이처럼 숙명(宿命)과 달리 운명적(運命的)인 길은 정성과 노력 여하에 따라, 자동차를 운전해나가듯이 운명의 길을 변화시킬 수 있다고 필자는 믿는다. 이 경우에 있어 보이지 않는 운명의 길을 예지해주는 세계가 바로 꿈인 것이다.

대학 시절 교육학 시간에 들은 이야기 중에, 교육의 목표는 '바람직한 방향으로의 변화를 가져오게 하는 것' 이라는 말을 지금껏 기억하고 있다. 우리 모두 자신에게 부여된 운명의 길을 좋은 방향으로 변화시켜보자! 남모를 선행을 베풀고, 성실함과 노력하는 삶의 자세로 살아간다면, 자신의 운명의 길을 좋은 방향으로 변화시켜 나갈 수 있을 것이며, 그러한 운명의 길을 미리 예지해주어 장차 다가올 일에 대한 마음의 준비 및 슬기로운 극복을 하게 해주는 것이 꿈의 세계임을 믿어 의심치 않는다.

⟨ 다양한 꿈체험기 소개 ⟩

필자의 사이트에 글을 올린 이용자의 다양한 꿈체험기에 간략한 해설을 붙여 살펴본다. 꿈에 대한 이해를 돕는데 있어서, 어떠한 현학적인 말보다도 실제로 일어났던 일을 이야기하는 꿈체험기가 우리에게 공감을 주고 있으며, 꿈의 실체에 더 가까이 다가가도록 해주고 있다. 꿈의 상징의미를 염두에 두고, 읽어보시기 바란다. 수수께끼를 풀어나가는 것이상의 지적 즐거움을 선사해주고 있다.

① 밀려오던 물에서 가방을 들고 빠져나온 꿈

재수해서 마지막 대입시험을 칠 때 꾼 꿈이예요. 제가 갯벌에서 놀고 있는데, 물이 천천히 밀려와서 급하게 빠져 나왔습니다. 그런데 가방을 두고 와서 다시 갯벌로 뛰어가 가방을 들고 나오는데, 물이 허리까지 차더군요. 그래도 끝까지 뭍으로 나와, 가방을 품은 채 바다를 바라보는 꿈이었어요. 결국 8대1의 경쟁에서 합격했던 것이 생각이 나네요. —아이디: 만개, 등록일 : 2008.09.23

실증적인 대입 합격의 꿈사례이다. 이 경우 물에서 빠져나오는 꿈이 길몽이다. 또한 악착같이 가방을 들고 나온 데서 합격으로 실현되고 있다. 또한 파도가 치는 꿈을 꾸면, 현실에서 꼭 시비수가 있었다고 밝히고 있는 바, 이 경우 세찬 격랑이 치는 평온하지 않은 바다이었을 것이다. 다른 사례로, 물에 빠진 꿈으로 교통사고가 난 사례가 있다. 꿈에 세 아이가 물에 빠졌는데, 한 아이는 물가로 나오고, 한 아이는 물가에 걸쳐있고, 한 아이는 물속에 있었다. 꿈의 실현은 교통사고가 났는데, 한 아이는 무사하고, 한 아이는 중상, 한 아이는 사망으로 실현되었다.

② 홍수가 나더니 맑게 개인 꿈

남편이 본사의 부름을 받고, 지방에서 수도권으로 이사가 결정되었을 때 꾼 꿈이었어요. 지방의 집을 팔면, 수도권에서는 전셋값이라 걱정을 많이 했었는데요. 하루는 꿈에서 비가 엄청나게 오더군요. 그래서 홍수가 나기 전에, 동네사람들과 함께 산에 올라갔었죠. 비가 어찌나 퍼붓던지, 마을이 바다처럼 흙탕물로 넘실거리고, 저는 그것을 산꼭대기에서 홀로 구경을 하고 있었습니다.

그런데 갑자기 비가 그치더니, 물색이 푸른빛으로 변하고 파도도 잠잠해지더니, 집 두 채가 떠올랐습니다.

꿈의 결과는 힘든 일도 많았지만, 예전 집값의 두 배인 새집으로 이사와 잘 살고 있습니다. ─아이디: 만개

물이 맑고 잔잔해지는 꿈으로, 모든 것이 순조롭게 풀리게 될 것을 예지해주고 있다. 또한 집 두 채가 떠오른 꿈으로 미루어, 앞으로 주택 한 채를 더 구입하게 되는 일로 실현될 수 있다. 꿈의 예지는 한 치의 오차도

거짓도 없다. 다만, 우리 사람의 잘못된 해몽만 있을 뿐이다.

③ 구두(신발)를 받아 신는 꿈

올림픽 단상위에 1등 자리(금메달 자리)에 제가 올라갔습니다. 그리고 메달 대신에 어떤 사람으로부터 구두를 받아 신었는데요. 별로 마음에 들지 않았지만, 그냥 신었는데 너무 딱 맞아 뒷꿈치에 피가 났답니다. 굽높은 검정 세무 구두였어요. 그리고 중매로 결혼했어요. — 아이디: 만개

신발의 상징의미는 크게 두 가지로, 의지하는 사람이나 직장의 상징으로 자주 등장되고 있다. 따라서 신발을 얻는 꿈을 꾸면, 결혼을 하게 되거나 직장을 얻게 된다. 또한 신발을 고르는 꿈은 중매 등으로 이성을 고르는 일로 실현된다. 이 경우 꿈속에서의 생각이나 느낌 그대로 현실에서 이루어지고 있다. 신발이 별로 마음에 들지 않은 것처럼, 처음에는 이성의 상대방이 다소 못마땅한 면도 있게 되지만, 딱 맞아서 신은 것처럼 현실에서 결혼으로 이루어지고 있다. 뒷꿈치에 피가 난 것 또한 결혼하는데 있어서, 일부의 재물적인 손실이나 희생이 따르게 될 것을 예지해주고 있다.

④ 신발을 신고 가버린 꿈

산속에 한옥 비슷하게 지어진 큰 음식점이 있었고, 누군가가 구경시켜주었어요. 그런데 좀 썰렁한 느낌이었고요. 신발장을 열어보니 신발이 딱 하나 있기에, 신발이 조금 큰듯한데 나름 괜찮고 하나밖에 없어서, 제가 그걸 신고 와 버렸어요. 제가 구경하는 것을 지켜보던

일하는 여자 둘은 제가 안 갔으면 하는 눈치였어요.

그 꿈을 꾼 후에 한 남자를 알게 되었는데, 학원을 경영하는 사람이었어요. 학원 구경 오라고 초대하기에, 몇 번 가서 구경하고 일도 좀 도와주고 하며 지켜보다가 사귀게 되었어요. 하지만 몇달후 헤어졌어요. 그 사람이 많이 붙잡았는데, 안맞는 부분이 많아서 헤어지게 되었구요. 학원에서 그 사람 누나도 일하고 계셨는데, 누나와 그 사람 어머니가 서운해하셨다고 들었어요. 지나고 보니 꿈내용과 비슷한 것 같아요 ―아이디: 이슬딸기

신발 꿈이 인연맺음과 관련되는 유사한 꿈이다. '신발을 신고 가버린 것, 안 가기를 바랬는데 간 꿈' 으로 인연이 맺어지지 않는 것으로 실현되었다고 보아야 할 것이다.

〈 연예인 태몽에 관하여 〉

연예인 관련 새로운 사례를 중심으로 살펴본다. 보다 자세한 것은 필자의 출간도서인『태몽』을 참고하시기 바란다.

① 백호(흰 호랑이)를 안아준 꿈

배우 이선균·전혜진 부부의 태몽이다. 이선균은 "미로같은 영국식 정원에서 머리 큰 백호 한 마리가 무섭게 쫓아오는데 친근하게 안아줬다." 며 "잠에서 깨고 나서 태몽이라는 걸 느꼈다." 고 털어놔 눈길을 끌었다. ―[TV리포트 요약 발췌]

이선균 전혜진 부부는 2009.11.25일 아들을 낳았는 바, 호랑이 태몽은 아들을 낳을 가능성이 높으나 이 역시 절대적인 것은 아니다. 커다란

백호이니, 장차 큰 인물로 부귀와 권세를 누릴 좋은 태몽이다. 친근하게 안아주는 꿈이었으니, 태몽으로 실현되었으며, 이 경우 쫓아내는 꿈은 유산이나 기타 안좋은 일로 이루어지고 있다.

② 자두 꿈, 대통령꿈

주영훈과 이윤미는 지인들이 잇따라 태몽을 꿔, 이후 병원을 찾아 검사를 하였으며, 본인들도 각각 태몽을 꿨음을 밝히고 있다. 이윤미는 "탱글탱글한 자두가 냉장고에 있기에 집었는데 물컹하더라"며 "싱크대에서 다시 탱글탱글한 자두를 집었다"고 밝혔다. 이어 주영훈은 "전직대통령이 꿈에 나와 엔터테인먼트 회사를 하나 물려준다고 하더라. 자동차도 물려주더라"며 "복권인 줄 알았는데, 하나도 안 맞더라. 김 빠질까봐 말도 안 했다. 알고 보니 태몽이라더라"고 전했다.

2010년 3월 딸을 출산한 바, 꿈에서 동식물이 아닌, 대통령이나 유명인사 등 인물이 등장되는 사례도 상당수 있다.

③ 용이 하늘로 날아오른 꿈

SBS생방송 로또추첨 방송을 하는 설초록(23)씨는 "어머니가 저를 낳기 전에 용이 하늘로 날아 올라가는 용꿈을 꾸셨데요" 하고 밝히고 있다. 용꿈의 태몽은 권세나 부귀영화의 성취로 이루어지는 좋은 태몽이다.

현재 그녀는 미스코리아나 수퍼모델이 하는 로또걸을 맡고 있는 바, 광고 등 CF와 영화와 방송에서 패널과 MC로 나서 활발한 연예계 활동을 하고 있는 바, 용이 날아오른 태몽이 좋음을 여실히 보여주고 있다.

④ 에메랄드빛 구렁이 태몽

2010년 SES 슈는 SBS 파워FM(107.7MHz) '박소현의 러브게임'에 출연해 태몽과 관련한 이야기를 꺼냈다. "태몽은 친언니가 나대신 꿨다. 어느 날 언니 꿈에 에메랄드빛의 예쁜 흰 구렁이가 나왔다고 하더라. 결혼한 언니가 본인의 임신으로 기대하는 눈치였지만, 그게 내 태몽이라는 건 나만 눈치챘다"고 했다. "그때만 해도 임신 소식을 나 혼자만 알고 있을 때라, 내색은 못 하고 혼자 신기해했었다"며 뒷얘기를 털어놓았다.

뱀은 딸, 구렁이는 아들을 낳을 확률이 높지만 절대적인 것은 아니다. 또한 꿈속의 표상이 예쁘고 앙증맞을 경우 딸일 가능성이 높다. 2010년 6월 23일 남아를 출산한 바, 이처럼 태몽을 주변인물이 대신 꿔주기도 한다. 배우 신현준도 강혜정의 결혼에 "태몽을 내가 꾼 것 같다"고 발언한 바 있다.

한편 태몽을 기억못하거나 없는 경우도 있다. 하지만 이 경우 주변인물이 대신 꿔주기도 한다. 예를 들어 조형기는 "어릴 때 어머께 저 낳을 때 어떤 태몽을 꿨냐"고 물어본 바, 어머니가 '너는 태몽이 없다'고 말해 서운한 감정이 들었다"며 밝히고 있다. 또한 이수근도 어머니에게 태몽이 뭐냐고 물었는데, 그 말을 하자마자 어머니가 태몽은 대한 말씀이 없었다고 밝히고 있다.

〈 파자해몽에 관하여 〉

필자가 2011년 새롭게 출간한 『漢字와 破字』에서는 파자의 여러 다양한 활용사례와 파자해몽을 중점적으로 살펴보고 있다. 파자해몽(破字解夢)이란 꿈을 해몽하는 데 있어, 한자를 깨뜨리거나 합쳐서 살펴보는 문자유희인 파자(破字)의 원리를 활용하여 살펴보는 것이다. 널리 알려진 파자해몽의 예로, '이성계가 빈 집에 들어가 서까래 세 개를 등에 짊어지고 나온 꿈'을 해몽하여, 서까래 세 개는 '三'의 모양이 되고, 등에 짊어진 것을 'ㅣ'으로 형상화한 것으로 장차 왕이 된다는 예지로 해몽되는 경우이다.

또한 온 동네 닭이 일시에 울었다고 하는 꿈이야기도 전하고 있다. 이 경우에는 음의 유사성을 이용하여 파자해몽하고 있다. 닭의 울음 소리는 '꼬끼오' 하는 것이니, '고귀위'로 고귀한 자리[高貴位]에 오를 징조로 해몽하고 있는 바, 이성계가 왕의 자리에 오르는 것이 하늘의 뜻이었음을 민중들에게 꿈의 신비성을 빌어 믿도록 한 거짓 지어낸 꿈이 될 수도 있겠다.

두가지 파자해몽의 사례를 들어 살펴본다.

① 구비전승되어 오는 '田' 자 파자해몽의 이야기

구한말 고종이 꿈에 '田' 자가 나타나는 꿈을 꾸었다. 이에 "내가 간 밤에 꿈을 꾸었는데 '田' 자가 보이더라, 좋은 꿈이냐 나쁜 꿈이냐" 모든 신하들이 다 아뢰기를, "田(밭 전) 자가 반듯하니 좋은 꿈입니다" 최익현 선생이 한숨을 쉬고 탄식을 하며, "불길한 꿈입니다. 해몽을 하겠습니다."

- 魚失頭尾하니 机上之肉이라 (어실두미하니 궤상지육이라)

생선이 대가리와 꽁지를 잃으니, 도마 위에 오른 고기라.

- 甲字에 無足하니 勇兵이 無日이라 (갑자에 무족하니, 용병이 무일이라)

甲 字에 다리가 없으니 용감한 병사가 있어도 쓸데가 없다.

- 十字에 四圍하니 衆口難防이라(십자에 사위하니, 중구난방이라)

十의 네 곳을 에워싸니 여러 사람의 입을 막지 못한다.

- 左日右日하니 二君之象이라(좌일우일하니 이군지상이라)

왼쪽도 해 오른 쪽도 해이니, 임금이 둘이라.

—『한국구비문학대계』1-1. (고종의 '田' 자 해몽)

해는 하나밖에 없으며 밝게 빛나는 바, 임금의 상징으로 널리 쓰여왔다. '田' 자의 파자해몽에서 해가 둘이니 임금이 둘이라는 해몽으로, 안 좋은 결과로 풀이하고 있다. 여기서는 해가 둘인 '田' 자의 꿈을 꾸었으니, 일본의 영향이 점차 끼쳐와 실권없는 임금이 되는 것을 상징하는 꿈으로 볼 수 있겠다.

② 커튼에 '姦' 자가 새겨져 있던 꿈

오래 전의 꿈사례이다. 꿈의 예지력이 뛰어난 노처녀가 있었다. 나이가 나이인만큼 시집을 가기 위해 애쓰고 있었지만, 쉽사리 연분이 맺어지지 않는 편이었다.

그러던 중에, 한 남자를 사귀게 되었다. 수려한 외모에 능력도 재력도 있어 보이는 젊은 사업가였다. 호감을 느끼고 사귀어, 장차 결혼을 약속하기에 이르렀다. 하지만 사랑은 맹목이라고 하였던가? 한번 빠져든 달콤한 사랑에, 주변에서 '그 남자가 어쩌고 저쩌고' 하는 소리도 귀 기울여 듣지 않았으며, 남자가 사업상 급전이 필요하다고 하여, 그동안 저축한 돈을 빌려주기까지 하면서도, 장차 결혼을 약속한 남자의 굳은 사랑을 의심치 않았다.

그러던 어느날 꿈을 꾸었다. 붉은 촛불이 켜져 있는 화려한 침실의 분홍색 커튼에 한자(漢字)가 한 글자 새겨져 있는 꿈을 꾸었는데, 바로 '姦

(간사할 간)' 자가 새겨져 있는 꿈이었다. '姦(간사할 간)' 자의 뜻이 좋지 않기에, 평소에 꿈을 믿고 있었던 그녀는 무언가 석연치 않은 느낌이 들었다. 이에 그때까지 사귀던 남자를 뒷조사 해보니, 그 남자는 무일푼에 제비족같은 남자로, 그 이전에도 여러 여자를 울린 적이 있었던 전력이 화려한 사람이었던 것이었다. 이에 파혼하고 남자를 고소한 바, 장차 닥쳐올 불행을 꿈속에 등장된 한자(漢字)에 담긴 뜻으로 암시를 해주는 꿈이었던 것이다.

일반적으로는 꿈속에서 동물이나 사람의 어떤 행위의 전개로써 보여주지만, 이렇게 한자나 어떠한 문자나 기호가 꿈속에 등장되는 경우도 있다. 姦(간) 자가 나타난 꿈의 경우에 있어서는 한자의 뜻만 안다면 비교적 쉽게 해몽할 수 있었지만, 난해하게 전개되는 파자해몽도 상당수 있으며, 이렇게 미래예지 뿐만 아니라 자신이나 주변에 다가올 위험에 대하여 일깨워주는 꿈이 있다.

특히나 뜻밖의 재물이나 이권에 대한 사기나 횡령 사건 등에 있어서, 꿈으로 미리 예지해주는 경우가 많다. 동업을 약속한 사람이 꿈속에 등장하여 검은 연기를 폴폴 내뿜으면서 말을 한다거나, 혀가 입 밖으로 나왔다가 들어가는 꿈은 상대방이 모종의 흉계를 꾸미고 있음을 보여주고 있다.

〈 꿈의 맹신과 허황된 꿈해몽에 대하여 〉

꿈은 인간의 고도의 정신능력의 발현에서 비롯되는 정신과학의 세계이다. 하지만, 일부의 사람들 가운데는 꿈해몽은 미신이며, 꿈해몽은 점쟁이나 역술가가 하는 것으로 잘못 알고 있다.

필자는 점쟁이도 아니며, 어떠한 신기(神氣)가 있어 신들린 사람도 아니다. 그저 성실한 삶을 살아가고자 노력하는 고교 국어교사이다. 그동안 국내 최대·최고의 꿈해몽 전문사이트인 '홍순래 박사 꿈해몽' 사이트를 통하여, 실증적인 사례와 꿈의 상징의미를 통한 꿈연구에 매진해왔다. 꿈에 관해서 8권의 저서를 냈으며, 앞으로도 [홍순래 꿈해몽 대백과]를 비롯하여 지속적으로 꿈관련의 다양한 저서를 출간할 예정이다. 인터넷 사이트에 올려져 있는 '꿈해몽 기초상식 10'을 비롯하여 수많은 글들이 필자의 글임에도 불구하고, 이름도 밝혀지지 않고 떠돌아다니고 있는 현실이다.

꿈연구를 하다보니, 점쟁이나 일부의 사람들이 꿈을 맹신적으로 믿거나 엉터리 해몽을 하고 있는 것을 종종 본다. 일부의 못된 점쟁이는 스승인 한건덕 선생님이나 필자의 책을 표절하여 자신의 글인양 적어놓고 있다. 나아가 방송에 인터뷰하면서도 위험천만한 엉터리 주장을 서슴지 않고 있다.

모 케이블 TV 방송에서, 엉터리 역술인의 태몽관련 인터뷰로 '꿈은 반대'라는 내용을 본 적이 있다. 하늘에서 시커먼 철근이 떨어지는 것을 붙잡는 태몽을 꾸고 태어난 여아에 대한 풀이를 하면서, '쇠붙이는 남아의 상징이지만, 꿈은 반대이니 여아가 태어났다.'고 엉터리 태몽풀이를 하는 역술인을 본 적이 있다. '아니, 꿈이 반대라니' 이 무슨 뚱딴지같은 소리이며, 엉터리 근거없는 말로 떠들어대는지 도무지 이해할 수 없다.

꿈은 결코 반대가 아닌, 상징의 이해에 있다. 태몽으로 남성적이냐 여성적이냐를 보여주는 것이지, 태몽으로 아들딸을 예지해주는 것은 아닌 것이다. 이 경우 태어난 아이가 여아인 경우, 철근의 이미지처럼 강인하거나 장차 철근과 관련된 직업으로 나아갈 수가 있다.

이러한 꿈의 상징은 문학적 상징이나, 일상의 관습적 상징과도 일맥상통하고 있다. 따라서 꿈의 상징의미를 이해하고 있는 문학도에 비해서, 점쟁이나 역술인은 올바른 해몽을 할 수가 없는 사람들이다. 꿈을 해몽하는데 있어, 꿈을 꾼 사람의 생년월일 등의 사주는 아무런 소용이 없는 것이며, 중요한 것은 꿈을 꾼 사람이 처한 상황이나 마음먹고 있는 바에 대한 이해이다.

다만 솔직한 고백으로, 이제 막 신이 내렸다고 하는 강신무(降神巫)에 대한 존재를 부인하지 않는다. 과학적으로 입증할 수 없지만, 우리가 알 수 없는 신비한 영적 세계가 존재하고 있으며, 이러한 영적 세계의 발현이 강신무를 통하여 접신(接神)되어 우리 인간들에게 내리는 말인 신탁(神託)과도 같은 공수의 말이 있을 수 있다. 이러한 강신무의 접신(接神)을 통해 나오는 말인 경우, 우리 인간의 말이 아닌 어떠한 영적 세계의 힘을 빌어 진행되기에, 꿈해몽에 있어서 상징의미에 대한 해석을 뛰어넘어 직관적인 올바른 의견 제시가 가능하다고 보여진다.

한편 꿈해몽으로 주가를 예측하는 사람도 있다. 하지만, "꿈에 대통령 만나면 팔아라"는 그의 주장은 위험한 꿈해몽이다. 대통령이 최고의 권위를 가지고 있기에, 꿈에서 대통령을 만나면 주가가 꼭지점에 있다는 것이니, 이후 주가는 내릴 수밖에 없다는 그의 주장이다. 하지만 중요한 것은 꿈이 어떻게 진행되었느냐와 꿈을 꾼 사람이 처한 상황에 달려있다. 대통령을 만나 즐겁게 이야기하거나 무언가를 받은 사람에게 나쁘게 꿈이 실현될 리가 없다.

로또에서 2등에 당첨된 사람의 꿈사례이다. "당첨일 이틀 전쯤, 50평대 아파트로 이사가는 꿈을 꿨다. 그런데 아파트 계약도 한 적 없고, 계약금을 낸 적도 없고, 잔금도 치르지 않았는데, 모두들 '여기가 니집이야' 말해 꿈속에서도 어리둥절했다"고 한다. 좋은 꿈이다. 50평 아파트가 자신의 집이니, 좋은 아파트로 상징된 이권이나 재물을 얻게 될 것을 예지해주고 있다.

하지만 한발 더 나아가, "만약 살던 집이 무너지거나 이사가려는 집이 눈앞에서 무너지면, 더없이 좋은 꿈이라고 하더라. 꿈 덕분에 2등에 당첨됐으나, 1등을 놓친 것이 아쉽다"고 말하고 있다. 이 역시 확실치 않은 꿈해몽이다. 집이 무너지는 꿈으로 누군가 죽을 수 있고, 집으로 상징된 회사가 망하는 일로 실현될 수도 있다. 이사가려는 집도 이직한 회사가 망하는 일로 실현될 수도 있다.

더 황당한 로또 관련 꿈해몽은 꿈속에서 나타난 사물을 숫자로 바꿔 번호를 찍는다는 것이다. 자동차가 보이면 45번, 건물은 23번, 뱀은 24번 이런 식이다. 필자가 보기에는 전혀 근거가 없는 엉터리 해몽이다.

나아가 당첨될 로또 번호를 적중시키는 시스템이 있다고 한다. 신(神)의 영역에 인간이 도전장을 내밀은 셈이다. 이 글을 읽는 독자 여러분의 판단에 맡긴다. 로또 1등 예측 시스템에 발을 디뎌야 하는지, 선행을 베풀며 성실한 생활을 해나가는 가운데 하늘이 복을 내려주기를 기다리는 편이 나은지―.

2. 한국인의 꿈 TOP 10

우리 한국 사람들이 가장 많이 꾸는 'TOP 10'의 꿈에 대하여, 1) 이빨이 빠지는 꿈 2) 똥(대변)에 관한 꿈 3) 조상에 관한 꿈 4) 무덤·시체·장례에 관한 꿈 5) 성행위 꿈 6) 자신(타인)이 죽는 꿈 7) 죽이는 꿈 8) 뱀·구렁이 꿈 9) 임신 출산하는 꿈 10) 신발 꿈의 순서로 살펴본다.

1:1의 꿈해몽에 있어서 이 책에 소개한 대로 꿈이 100% 실현되지는 않는다. 먼저 꿈의 실현이 처한 상황에 따라 다르게 실현될 수 있음을 염두에 두어야 한다. 꿈의 언어는 상징이기에, 원칙적으로 '무슨 꿈은 어떻다'는 식의 '1:1'의 점쟁이식 꿈해몽은 존재하지 않는다. 앞서 '호랑이에게 물린 꿈'이나 '해가 떠오른 꿈'의 다양한 실현 가능성 사례를 살펴본 바 있듯이, 처한 상황에 따라 달리 실현되는 '1: 다(多)'의 해몽이 올바른 것이다. 이는 '이빨이 빠지는 꿈'을 비롯하여 TOP 10 꿈 모두 마찬가지이며, 모든 상징적인 꿈의 해몽에 있어 해당된다.

꿈의 상징은 시대와 지역을 초월하여 보편성을 띠고 있다. 따라서 누구에게는 이빨 빠지는 꿈이 좋은 일로 일어나고, 누구에게는 나쁜 일로 일어나는 것은 아니다. 또한 각 민족에게 있어서도, 특수한 경우를 제외하고는 대체적으로 상징성은 보편적이며 공통적이다. 우리 민족에게만 이빨 빠지는 꿈이 나쁜 일로 실현되는 것은 아니다. 서양의 코쟁이가 꾸더라도 우리 민족과 유사하게 일어나는 것이 꿈의 상징인 것이다. 또한 상징의미가 시대적으로 변하거나 하는 것이 아니다. 선인들이 이빨 빠지는 꿈의 실현과 현재의 우리들이 꾸는 꿈의 상징의미가 다르게 적용되지는 않는다. 이런 점에서, 선인들의 실증적인 꿈사례는 우리에게 있어 소중한 무형의 자산인 것이며, 필자가 이 책에서 다양한 선인들의 사례를 중시하여 실증사례로 소개하는 것도 우리에게 공감을 불러일으키는데 있다.

상징에 대한 설명으로 한발 더 깊이 들어가, 은유와 상징의 차이에 대해서 살펴보자. 은유법(隱喩法)은 숨어서 비유하는 것으로 'A는 B이다'의 형식으로 원관념과 보조관념이 함께 나온다. 예를 들어 '내 마음은 호수여' 하면, 마음이 원관념이고 호수가 보조관념이다. 둘 사이의 유사성이 있게 되어, '내 마음은 호수처럼 맑고 잔잔하고 아름답고 깨끗하다'의 해석이 나온다. 그러나 상징에 있어서는 원관념은 감추어지고 드러나지 않는다. 보조관념인 '호수' 만이 등장될 뿐이다. 다른 예로 '해야 솟아라'에서 보조관념인 '해' 만 등장될 뿐이지, 원관념은 등장되지 않기에, 처한 상황에 따라 '해' 에 대한 다양한 해석이 내려질 수 있다. 꿈의 세계는 상징의 이해에 있으며, 이러한 상징이 바로 꿈의 언어인 것이다.

'이빨 빠지는 꿈은 누군가 죽는다' '똥(대변)꿈은 재물이다' '조상꿈은 좋다' 식의 'A는 B이다' 의 꿈해몽이란 것은 존재해서는 안되는 위험한 해몽이며, 잘못된 해몽인 것이다. 꿈의 상징은 A는 B일 수도 있고, A는 C일 수도 있으며, A는 Y일 수도 있고, 나아가 복합적으로 A는 BC일 수도 있으며, A는 BCY일 수도 있는 것이다.

따라서 필자의 『꿈이란 무엇인가?』에서는 '1:1'의 점쟁이식 꿈해몽은 모두 생략하고, '실증적인 꿈사례'만을 소개하고자 하였으나, 독자들의 편의를 위해 주요한 것만을 수록함을 밝힌다. 굳이 비유하자면, 1:1의 점쟁이식의 꿈해몽은 '물고기를 잡아주는 것'이고, 실증사례는 '물고기를 잡는 방법을 알려주는 것'이라 할 수 있다. 잡아주는 물고기만을 먹는 경우에는 물고기를 스스로 잡아먹을 수 없으며, 또한 입맛에 맞는 물고기만 먹다보니 새로운 물고기를 주게 되어도 먹을 줄 모르게 될 수 있다.

사족으로, 독자 여러분들은 이 책에 소개된 수많은 실증사례에 대해서 관심을 지녀 주실 것을 부탁드린다. 꿈해몽에 있어 왕도는 없으며, 오직 실증사례에 바탕을 둔 상징에 대한 이해에서 비롯되고 있음을 알아두시기 바란다.

1) 이빨이 빠지는 꿈

(1) 이빨이 빠지는 꿈에 대하여

이빨이 빠지는 꿈은 사람들이 가장 많이 꾸는 꿈으로써, 머리카락이 빠지거나 손·팔·다리 등이 잘려나가는 꿈과 더불어 대표적인 신체에 관련된 흉몽에 속한다. 하지만 이빨이 빠진다고 꼭 누군가가 죽는 것이 아니다. 이빨로 상징된 주변의 누군가가 병들거나, 해고를 당하거나, 사고를 당하거나, 어떠한 대상이나 일거리와의 결별 등의 안 좋은 일로 실현되고 있는 경우도 많다.

이처럼 '이빨'은 가족의 식구를 상징하는 것뿐만이 아니라, 회사나 기관·대상의 구성원이나 구성요소의 표상재료로 등장한다. 이 경우 입이 가족이나 기관이나 회사를 상징하고, 이빨들은 가족이나 회사의 구성원이나 어떤 일거리나 대상·시설물을 상징하고 있다. 따라서, 이빨이 빠지는 꿈이 가족이나 직장 동료 중 누군가 사망이나 감원되는 일로 실현되거나, 일거리에 문제가 발생하거나 회사 내부의 시설물 중 어떤 것이 파손될 일로 실현되고 있다.

마찬가지로 이빨이 녹아내리거나 부러지는 꿈은 가족이나 친지 및 회사의 누군가의 죽음이나 질병으로 실현되거나, 하고자 하는 일이나 사업이 좌절되거나 문제 발생으로 실현되고 있다. 이러한 이빨빠지는 꿈의 상징의미는 여러 사람의 꿈에 안좋은 일로 공통적으로 실현되고 있다. 다만 사실적인 요소가 있는 경우, 실제로 엿 등을 먹다가 이빨이 빠지는 일이 일어날 수도 있다. 또한 썩은 이빨이 빠지는 꿈 등은 현실에서 고민이나 근심·걱정이 해소되는 일로 좋은 일로 실현되기도 한다. 드물게는 이빨이 대롱대롱 매달려 빠지기를 바라다가, 빠지는 꿈을 꾼 사람이 즉석복권에서 아슬아슬하게 당첨되는 일로 실현된 사례도 있다. 하지만, 이 경우에 있어서도 본인이 꿈속에서 빠지기를 바랐기에 좋은 일로 실현된 것이다.

(2) 이빨 꿈해몽 요약

- 이빨은 가족, 친지, 직원, 권력, 방도, 조직, 거세, 생리 등을 상징한다.
- 이빨이 빠지는 꿈은 동기나 친척 또는 자신의 주변에 있는 누군가가 죽거나 병이 들게 되며, 도움을 주는 사람과 결별하게 된다.
- 대체적으로 윗니가 빠지는 경우 사람을 상징하는 경우에는 윗사람, 아랫니는 아랫사람, 어금니는 중요한 어른이나 먼 친척, 앞니는 존속 또는 비속, 덧니는 첩이나 애인 또는 사위나 양자가 죽는다.

- 이빨이 빠진 자리에서 피가 나는 경우, 누가 죽거나 퇴직 또는 거세 등으로 재물에 손실이 온다.
- 이빨이 흔들리는 꿈은 신원이 위태롭거나 사업과 조직 등에 어려움 이 닥쳐와 위태로움을 겪는 일로 실현된다.
- 이빨이 몽땅 빠져버리는 꿈은 회사내의 조직이나 사업 등을 새롭게 경신할 일이 생기고, 일부만 남으면 가문 또는 사업 등이 몰락한다.
- 이빨이 부러지는 꿈은 재물의 손실이나 교통사고나 질병, 일거리나 대상의 좌절 등과 관계한다.
- 자기 이빨이 검거나 누렇게 때묻어 있는 꿈은 집안이나 사업에 근심 이나 걱정이 생긴다.
- 뽑혀진 잇새가 마음에 걸려 허전함을 느끼는 꿈은 주변의 친지나 친 구들과 소원해지거나 고독을 면치 못한다.
- 앓던 이빨이 빠지는 꿈은 좋은 꿈이다. 근심이나 걱정이 해소되거 나, 질이 나쁜 고용인을 해고하게 되거나, 속을 썩이던 일거리 대상 이 해결된다.
- 상대방의 이빨이 빠져 피가 나는 것을 보는 꿈은 다른 사람의 죽음 이나 경제적인 몰락 · 퇴직 등으로 실현된다.
- 어린이의 이빨이 다시 나는 것을 보는 꿈은 소원의 성취나 사업의 융성을 가져온다. 또한 사람의 상징인 경우 인적 자원이나 식구가 늘어난다.
- 덧니가 생긴 것을 거울에 비쳐보는 꿈은 첩 또는 애인이 생기게 되 거나 동업자가 생긴다.
- 의치를 하는 꿈을 꾸는 경우에, 양자 · 의형제 · 직원 등을 새롭게 맞 아 불러들이는 일로 실현된다. 의치가 일거리 대상의 상징인 경우,

마음에 드는 일거리나 대상을 새롭게 얻게 되는 일로 실현된다.

- 이빨의 상당부분이 빠져서 의치를 해 넣는 꿈은 상당수의 직원을 새롭게 교체하게 되거나, 기존의 사업방도나 시설물을 새롭게 하는 일로 실현된다.

- 어떠한 동물이나 대상에서 이빨을 고치는 약을 구하는 꿈은 어느 기관이나 단체에서 협조적인 지원을 얻게 되거나, 물질적인 지원을 얻게 된다.

- 사람이나 동물을 물었다가 놓는 꿈은 상대방에게 타격을 가하게 되거나 막대한 영향을 끼치게 된다. 반면에 상대방에게 물리는 꿈은 상대방으로부터 제약을 받거나 종속적인 계약이나 유대관계를 맺게 된다.

- 사람이나 짐승의 고기를 이빨로 뜯어먹는 꿈은 어떤 작품이나 일거리·대상에서 성취를 이루거나 이해하고 체득할 일을 뜻한다. 이 경우 맛있게 먹는 꿈일수록 좋은 결과로 이루어진다.

(3) 이빨이 빠지는 꿈의 실증적인 사례 요약

① 이빨이 빠진 꿈→ 주변 누군가의 죽음 예지

* 아이의 이가 듬성듬성 나있는 꿈을 꾸고 나서, 일주일 후에 줄초상을 치르는 일로 실현되었다.

* 자식이 화상을 입어 병원에 입원하여 간호중인 어머니가, 아래 어금니가 딱 빠지는 소리에 놀라 깬 꿈은 현실에서는 병원에 중이염 수술을 받기 위해 걸어 들어온 30대 중반 여자가 수술이 잘못되어 불의의 죽음으로 실현되었다.

② 이빨이 빠지거나 부러지거나 끊어진 꿈→ 죽음이나 질병, 다치게

되는 일로 실현.

* 윗니 · 아랫니가 빠지는 꿈을 꾼 후에, 남편과 아이가 부상을 당하
 였다.

* 윗니 · 아랫니 모두가 갑자기 모래가 된 듯 우르르 부서지며 쏟아 뱉
 는 꿈을 꾼 후에, 며칠 뒤 어머니가 병원에 입원하시고, 동생도 몸이
 아프게 되었다.

③ 흔들리는 이빨을 제자리에 놓는 꿈→ 사고나 위태로움을 수습하
 는 일로 실현

　　동생을 둔 주부의 꿈 이야기로, 아래 어금니가 흔들리는 것을
 도로 잡아서 제자리에 놓는 꿈이었다. 며칠 뒤에 대학생인 남동생
 이 카페에서 술을 먹다가 사소한 일로 시비가 벌어지고, 싸움 끝에
 상대방을 크게 다치게 했다. 이에 경찰서로 넘어가고 유치장에 갇
 혀서 형을 살게 될 즈음에, 운 좋게 기소유예로 풀려 나오게 되었
 다.

④ 이빨이 몽땅 힘없이 죄다 빠지는 꿈→ 대입, 입사 시험 때 불합격
　　전날 이빨이 몽땅 힘없이 죄다 빠지는 꿈을 꾸고 나서, 찜찜한
 마음으로 발표 장소로 가서 보니 낙방으로 현실화되었다.

⑤ 어금니와 앞 이빨 모두가 빠지는 꿈→ 사람과의 결별
　　어금니와 앞 이빨 모두가 빠지는 꿈을 꾼 다음날 오후에, 사귀
 던 애인이 전화상으로 절교를 선언하는 일로 실현되었다.

⑥ 아랫니가 빠지는 꿈→ 어떠한 일의 무산
　　아랫니가 빠지는 꿈을 꾸었는데, 다음날 동서가 아기를 유산했
 다는 소식을 듣게 되었다.

⑦ 이빨 전체를 뽑았다 다시 낀 꿈→ 새로운 구조 조정

갑자기 이빨 전체가 빠져 손에 받아 놓았다가 다시 제자리에 끼어 맞추어 놓았던 꿈을 꾸었는데, 회사가 기구개편을 단행하였다.

⑧ 이빨을 강제로 빼내는 꿈→ 스스로 취업면접 포기

면접 보러 가기 하루 전날 꿈이다. 이빨을 한 개도 아닌 두 개를 내가 강제로 빼는 것이었다. 그때 갑자기 '아! 떨어졌구나' 하는 생각이 스쳐지나갔다. 이빨 빠지는 꿈이 나쁘다는 것은 누구나 아는 사실이지만, 혹시나 하고 이런 것을 감수하고 면접보러 갔다. 그런데 하는 일이 내가 생각하는 것과 많이 틀렸고, 면접에 붙더라도 '난 이 일을 하지 않겠다.' 고 생각을 했다. 그런 생각을 하니, 면접도 대충 보는 듯 마는 듯이 하고 그 회사를 빠져 나왔다. 결과는 당연히 낙방이었다.

이 경우에 본인이 강제로 이빨을 빼는 꿈이었으니, 본인의 합격하고자 하는 의지가 없이 스스로 포기하는 면접으로 진행되었을 것이다.

⑨ 이빨을 강제로 뽑히는 꿈→ 타의에 의한 일거리 · 대상의 좌절

신문의 연재가 타의에 의해 중단될 것을 예지한 필자의 꿈 사례이다. 1998년도 여름 무렵에 꿈속에서 어딘가에 갔는데, 장면이 바뀌면서 강제로 치과의자 같은데 앉히고는, 양팔을 붙잡아 꼼짝 못하게 하더니, 강제로 필자의 어금니를 뽑는 것이었다. 필자는 뽑히지 않으려고 애를 썼으나, 불가항력적으로 이빨이 뽑힌 것이었다. 이어 장면이 바뀌더니, 거울에 이빨이 빠진 흉칙한 모습을 스스로 비춰보는 것이었다. 거울에 비쳐진 이빨이 빠진 얼굴 모습은 정말로 보기 흉할 정도였다.

그후 한 달이 다 되어갈 무렵, 뜻밖의 스포츠 신문 연재물의 강제

적인 중단으로 실현되었는 바, 무엇보다도 실증적인 꿈 사례에 대한 자료수집의 소중한 기회를 잃은 것을 안타까워했다. 커다란 어금니가 강제로 뽑히는 꿈이었으니, 어금니로 표상된 어떠한 큰 영향력을 지닌 것과의 사별·결별이 예지된 꿈이었던 것이다. 또한 이렇게 꿈으로 예지해줌으로써, 장차 일어날 뜻밖의 현실에 대해 운명적으로 받아들이게 마음의 정리를 하게 해 주었던 것이다.

⑩ 이가 모두 다 빠지는 꿈→ 애정의 대상과의 결별

　이가 모두 다 빠지는 꿈을 꾼 다음날, 자신이 키우던 토끼 새끼 9마리가 죽었다.

⑪ 이빨이 빠지려고 대롱대롱 거려, 빠지기를 바라다가 마침내 빠졌던 꿈→ 즉석식 복권으로 당첨.

　특이한 사례로 여러 사람이 돈을 모아 산 즉석식 복권에서 한 사람이 당첨되자, 쌓여있던 즉석식 복권의 나머지 한 장에서 당첨이 나오기로 되어 있던 상황에서, 남아있던 즉석식 복권을 서로 나눠갖고 화장실로 들어가서 확인 작업에 들어간 결과, 간밤꿈에 이빨이 빠지기를 바랐던 사람이 즉석식 당첨에 당첨되는 일로 실현되고 있다.

⑫ 이빨이 빠지는 꿈→ 사실적인 꿈으로 실현될 수도 있다.

　이빨이 빠지는 꿈을 꾼 다음날 실제로 옥수수엿을 먹다가 이빨이 빠지게 되다. 이는 사실적인 미래투시의 꿈으로 실현된 경우이다.

(4) 이빨 빠진 꿈에 대한 상담 사례

① 이빨이 모두 빠지고 피가 많이 흐른 꿈

상담내용: 전 남편과 별거중이고 아이와 둘이 살고 있는 회사원입니다. 어젯밤 꿈을 꾸었는데, 이빨이 몽땅 빠지고 그 자리에서 피가 철철 흘러서 너무나 끔찍한 꿈이었습니다. 꿈이 너무 끔찍해서 기분이 좋지 않습니다.

답변: 솔직한 의견으로 안 좋은 꿈이네요. 일반적으로 이빨이 빠지는 꿈은 거의 대부분 흉몽이지요. 썩은 이빨이 빠진 것을 제외하고, 대부분 누군가의 죽음·질병·결별·좌절·실패·실연 등을 상징합니다. 현재로서는 사업이나 일거리·대상에서의 좌절 가능성이 높지만, 기타의 가능성도 무시할 수 없네요. 피가 철철 흐르는 것도 재물의 막대한 손실 등 피로 표상된 소중한 것을 잃게 되는 것을 의미한다고 볼 수 있습니다. 상징적인 미래예지 꿈이기에, 꿈의 실현 자체를 막거나 벗어날 수 없을 것입니다. 장차 다가올 일에 대한 마음의 준비를 해서 슬기로운 극복을 하시기 바랍니다.

② 치과에서 이빨을 뺀 꿈

상담내용: 빼는 건 아니고 뺀 상태였는데요. 치과 진찰실 의자에 앉아서 이빨을 벌리고 있는데, 어금니를 제외한 이빨 중 윗니 몇 개, 아랫니 몇 개가 드문드문 빠져있는 상태입니다. 근데 기분은 나쁘지 않고 개운합니다. 앓던 이를 뺀 느낌이랄까? 시원합니다.

답변: 자신의 처한 상황이 없는 경우 올바른 해몽이 되지 않을 수 있습니다. 이빨이 빠지는 꿈과 뺀 꿈은 다릅니다. 보통 이빨 빠

지는 꿈이 좋지 않으나, 예외는 있지요. 다행스런 꿈으로 보입니다. 썩은 이빨을 빼는 꿈은 근심·걱정의 해소를 뜻하지요. 스스로 이빨을 빼는 표상은 이빨로 표상된 어떤 사람이나 일거리·대상을 스스로 정리하는 일로 실현될 가능성이 높고요. 무엇보다 꿈속에서 빼고 나서 개운하고 시원한 느낌을 받았다는 것이 중요합니다. 현실에서도 시원하고 깨끗한 마무리 등으로 이루어질 것입니다. 지금 하는 일을 시원스럽게 정리하는 것도 가능한 일이겠지요. 어금니를 제외한 이빨이라고 했으니, 어금니로 표상된 근간이 되는 것은 변동이 없고요. 윗니·아랫니 등으로 미루어, 한 가지가 아닌 복수의 개념이 적용되는 꿈입니다.

③ 아주 낡고 악취가 심한 이빨을 뱉어낸 꿈

   상담내용: 꿈에서 갑자기 제가 무언가를 뱉어냈는데 이빨이었습니다. 자세히 보니 치과에서 만들어 넣은 이빨이었습니다. 그런데 그 쇠 이빨이 절반으로 갈라져 벌어져있었고, 색깔이며 냄새가 이만저만이 아니었습니다. 꿈에선 뭔지 모르게 기분이 아주 좋았습니다. 꿈이 너무나 생생합니다. 이빨이 빠지면 누가 죽는다고들 하던데요? 해몽 좀 해주세요.

   답변: 처한 상황이 없는 경우 올바른 해몽이 되지 않을 수 있습니다. 이빨 빠짐의 꿈이 반드시 죽음을 예지하지는 않습니다. 보통은 이빨 빠지는 꿈이 안 좋지요. 하지만 이 꿈의 결과는 나쁜 일로 실현되지는 않을 것입니다. 썩은 이빨을 뱉어내는 꿈이었으니까요. 꿈속에서 기분이 좋았던 느낌도 그렇고요. 아마도 오랜 동안 속을 썩이던 사람이 떨어져 나가거나, 번거롭고 귀찮은 일이나

대상에 대한 어떤 문제가 해결될 것이고요. 치과에서 해 넣은 이빨 표상이었으니, 본래부터 있던 것이라기보다 나중에 자신의 영역에 들어온 일거리 대상이거나 부정한 사람을 결별하고 정리하는 일로 실현될 듯하네요.

이하 제한된 지면상, 상담사례는 생략하며 앞서 언급한 다양한 실증사례를 음미해 보기 바란다.

2) 똥(대변)에 관한 꿈

(1) 똥(대변)꿈에 대하여

꿈은 상징의 언어이다. 꿈의 세계에서 대변이나 소변 꿈은 주로 재물과 관련지어 실현되는 특징이 있다. 돼지꿈도 재물과 관련지어 실현되지만, 태몽이나 어떠한 탐욕스런 사람을 상징할 수 있는데 비하여, 똥꿈은 90% 이상 재물의 상징으로 등장되고 있다.

똥, 오줌, 맑은 물, 흙, 소금, 땔감, 연탄, 된장 등은 재물을 상징하는 대표적인 표상이다. 옛날 농경사회에서는 똥이나 오줌을 삭혀서 거름으로 활용된데서 재물을 상징하고 있다. 또한, 누런 색깔 때문에 황금의 재물과 연관짓기도 한다.

자신이 똥을 누거나, 산더미같은 똥을 보거나, 똥을 온 몸에 뒤집어쓰거나, 깊이 빠진다거나, 밟는 꿈은 복권당첨 등 재물이나 이권을 얻는 일로 실현될 것을 예지해주는 경우가 많다. 또 변소 안이 누런 대변으로 차 있어 놀라거나, 옷에 묻히는 꿈도 마찬가지다. 하지만 똥꿈이라고 다 좋은 것은 아니다. 꿈의 전개가 어떻게 되었느냐에 따라 달려있다. 똥을 내다 버리는 꿈은 재물의 손실, 똥의 냄새가 고약한 경우 소문거리를 상징 되기도 한다.

이밖에도 똥 꿈은 배설행위로 인하여, 정신적 억압으로부터의 해소, 소원 충족을 뜻한다. 그래서 화장실에서 뜻대로 일을 치르는 꿈은 하고 자 하는 일이 순조롭게 진행됨을 뜻한다. 반면 화장실이 지저분하거나 문이 안 열려 일을 치를 수 없었던 꿈은 하고자 하는 일의 좌절 등으로 실 현되고 있다.

(2) 똥(대변) 꿈해몽 요약

일어날 가능성에 대한 모든 추정 해몽을 예로 들어 소개하기에는 어 려움이 있다. 처한 상황에 따라 다르게 실현될 수 있음을 알아두시기 바 란다.

- 누런 대변을 만지는 경우, 돈이나 기타의 일로 재물을 얻는다. 그러 나 탁하고 묽은 아주 적은 대변을 만지는 꿈은 불쾌 · 불만을 체험하 게 된다.
- 자기가 누운 대변이 산더미같이 높이 쌓인 경우에, 정신적 · 물질적 인 사업이 크게 이루어진다.
- 방안 · 마당 · 변소 등에 쌓여 있는 대변을 뒤적이는 경우, 상당한 정 신적 · 물질적인 자본을 취급하게 된다.
- 수북이 쌓인 대변을 삽으로 옮기는 경우, 사업자금이나 작품원고를 이전할 일이 생긴다.
- 자기가 배설한 대변이나 상대방의 것이 옷 · 발 · 엉덩이에 묻어 곤 란을 받는 꿈인 경우, 부채로 고통 받거나 창피를 당한다.
- 대변을 구덩이나 비료 통에 넣는 경우, 그 횟수만큼 자금을 투자하

거나 저축하게 된다.

- 대변을 밭에다 뿌리거나 고랑마다 붓는 경우, 사업상 투자할 일이 생기거나 주식 매수 금액을 늘려가는 일로 실현된다.

- 대변 통이나 소변 통에 빠지면 큰 횡재수가 생긴다. 다만 악취를 느끼지 않아야 좋다.

- 화장실을 청소하는 경우, 재물의 상징인 경우에는 재물의 손실이 있게 된다. 일거리 · 대상의 상징인 경우에는 근심 · 걱정이 해소된다.

- 사람이나 동물이 있어 배설하지 못하는 경우, 어떤 방해되는 일로 소원이 성취되지 않는다.

- 배설이 잘 되지 않거나 상대방의 대변이 널려 있어 발 디딜 곳이 없어 배설하지 못하는 경우, 사업 · 생산 · 청탁 · 입학 · 취직 · 결혼 등의 일이 이루어지지 않는다.

- 화장실을 찾아도 마땅한 곳이 없어 들어가지 못하는 경우, 입학 · 취직 · 청탁 · 사업 등의 일이 이루어지지 않는다.

(3) 똥꿈의 실증적 사례

① 온 산이 노란 똥으로 뒤덮인 꿈→ 복지복권 구입 후 프린스 승용차에 당첨

② 다이아몬드를 가져오다가 똥물에 빠지는 꿈→ 복권당첨.

　　슈퍼 주인인 김씨는「신밧드」가 가득 싣고 온 보물 중 다이아몬드를 갖고 오다가 똥물에 빠지는 꿈을 꾸었다. 꿈을 꾼 바로 다음날 복지복권 1천만원에 당첨되었는 바,「신밧드」는 당첨된 복지복권의 캐릭터였다.

③ 노란 똥을 두 줄로 일보는 꿈→ 기업복권으로 아반떼 승용차 당첨.

"널빤지로 된 변기였어요. 일을 보는데 그만 옆에다 실례를 했지 뭡니까. 그런데 이상한 것은 변의 색깔이 죽은 색이 아니라 노란 것이 꼭 엿가락 같았어요. 젓가락 모양으로 2줄로 나란한 것을 휴지에 싸서 변기에 넣었지요."

④ 화장실에 한쪽 발이 빠지는 꿈→ 국내 여행권에 당첨.

　"아주 지저분한 재래식 화장실이었어요. 똥이 그득한 곳에서 일을 보다가 그만 한쪽 발이 빠지는 꿈을 꿨어요." 이 경우 꿈속에서 기분이 나쁘지는 않았다고 하는 바, 변기에 한쪽 발이 빠지는 꿈으로 사고를 당한 사례도 있다.

⑤ 자신의 대변이 자신의 키보다 높았던 꿈→ 저자의 경우에 정신적 산물인 작품원고를 대량 집필하는 일로 실현되었다.

⑥ 길바닥에 사람들이 대변을 여기저기 누워 연이어져 있는 곳을 걷다가, 한 사람의 변을 밟아 불쾌했던 꿈→ 여러 사람이 각각 발표한 기사거리 중 한 사람에 의해서 비판받고 창피당할 것을 예지한 꿈이었다.

⑦ 형체도 없는 검은 똥이라고 여겨지는 것을 강제로 먹는 꿈→ 마음고생만 하게 되고 재물 운이 없게 된다. 아파트에 당첨되었으나 계약금만 준비하는 등의 번거로운 일만 하고 실익이 없는 일로 실현되었다.

⑧ 꿈에 화장실 통속에 빠진 꿈→ 자신이 하는 일이나 사업이 잘된다. 현실에서는 장사가 잘되는 것으로 실현된다.

⑨ 발밑에 소똥이 가득한 것을 밟는 꿈→ 부동산이 자신의 앞으로 명의가 이전되는 일로 실현되었다.

⑩ 곱고 노란 똥을 밟았는데 누군가가 엿보고 있었고, 그 똥을 신문지

에 조금 담아서 버리는 꿈→ 그날 저녁 남편의 월급이 좀 비어 있었고, 나가는 돈이 많은 일로 실현되었다.

⑪ 똥을 누었는데, 누군가 지켜보는 꿈(학생의 꿈)→ 방송국에 보낸 엽서가 당첨되어 상품이 왔으나, 자신에게 소용없는 자동차 용품이기에 아버님에게 드리는 일로 실현되었다.

⑫ 변기통 안에 빠지는 꿈→ 월드컵 복권 4억원에 당첨.

　　꿈속에서 화장실을 찾아 헤매었는데, 아무리 둘러봐도 건물 하나 없는 허허벌판이었다. 한참을 끙끙거리다 저 멀리 가물가물 보이는 것이 하나 있었는데, 희미하게나마 빙빙 돌아가는 둥그런 나무판자 하나가 눈에 들어왔다. 유씨는 그곳에 휘적휘적 걸어가 판자 위로 올라가 유씨도 함께 빙빙 돌고 있었는데, 갑자기 판자가 화장실 변기통으로 변하는 것이 아닌가. 당연히 어지러운 유씨는 중심을 못 잡아 변기통 안으로 빠졌다. 그 양옆으로는 황금색 변이 철철 흘러넘치고 있었다. 이상하게도 유씨는 더럽다는 생각보다는 물속과 같은 편안한 느낌이었다고 호흡도 막히지 않고 불편한 것이 없었다.

　　꿈을 꾸고 나서 길몽으로 여기고 복권을 구입한 바, 월드컵 복권 4억원에 당첨되었다.

3) 조상에 관한 꿈

(1) 조상 꿈에 대하여

돌아가신 부모님이나 조상이 꿈속에 나타나는 경우, 꿈속에 나타난 모습이나 분위기의 정황에 따라 길흉이 각기 달리 실현되고 있다. 조상

꿈은 계시적 성격의 꿈으로도 이해할 수 있으며, 꿈의 상징기법으로 조상이나 산신령 등을 등장시켜 일깨움을 주고 있다.

조상이 밝은 모습으로 나타나 무언가 좋은 선물을 주거나 말씀을 해주는 경우에, 로또(복권)에 당첨되거나 사업이 잘 되는 등 좋은 일로 실현되고 있다. 반면에 음울한 모습으로 조상이 나타난 경우에, 안 좋은 일이 일어날 것을 예지해주고 있다. 돌아가신 부모님이 창가에서 근심어린 눈으로 지켜보는 꿈을 꾼 경우에 사고가 일어난 꿈 사례가 있으며, 돌아가신 시아버님이 나타나 눈물을 흘리는 꿈을 꾼 후에, 남편이 실직한 사례가 있다.

(2) 조상 꿈해몽 요약

- 꿈속에 나타나는 조상 또는 고인은 상징적으로 집안 식구, 직장인, 아는 사람 등의 윗분의 동일시이거나, 어떤 일의 상징물일 수 있다.
- 새로운 일에 착수할 때 조상이 어떠한 모습으로 나타났는가에 따라 장차의 집안 운세나 일거리 대상에 대한 길흉을 예지한다.
- 죽은 자식이 나타나는 경우, 애정을 지닌 어떤 아랫사람을 상징하거나 자신이 애착을 가지고 성사시키려는 일거리나 대상을 상징한다.
- 조상에게 큰절을 하는 경우, 집안 또는 기관에서 어떤 상속을 받거나 소청할 일과 관계한다.
- 조상이 소나 말을 집으로 끌어오는 경우, 며느리 · 직원 · 재물 등을 얻게 된다. 때로는 관직에 오르는 등 사업의 번창 등으로 실현된다. 이 경우, 끌어다 맨 두 마리 중에 한 마리가 죽으면 하나의 일이 무산되거나, 혹은 직원 중의 한 사람이 죽을 수도 있다.
- 조상이 집을 나가거나 울거나 자손을 근심어린 표정으로 어루만지

는 경우, 집안에 우환이 생기거나 위험에 직면한다.

- 신령 또는 조상이 노하거나 사나운 얼굴로 바라보는 경우, 현실에서 안좋은 일이 일어나고 있어 시급하게 해결해야 할 일이 있게 된다.
- 조상이 우는 것을 보면, 집안에 우환이 생기거나 가족에게 불행한 일이 생긴다.
- 집안을 망하게 했던 조상을 만나는 경우, 그들과 동일시되는 윗사람으로 인해 어려운 여건에 처하게 된다.

(3) 조상 꿈에 대한 실증적 사례

조상이나 부모가 나타나 근심스럽게 쳐다보고 있는 경우, 사고나 질병 등 불길한 일을 예고하기도 한다. 돌아가신 할머니가 꿈속에 검은 얼굴로 나타나 노려본 꿈을 꾼 신혼부부는 물건을 부수고 얼굴을 할퀴는 등 심하게 다투는 일로 실현된 사례가 있다. 하지만 꿈에서 돌아가신 부모님이나 조상이 밝은 모습으로 나타나는 경우, 대부분 좋은 일을 예지해주는 것으로 실제 로또(복권) 당첨 같은 행운이 실현된 예가 많다.

① 돌아가신 아버님이 돈 다발을 쥐어 주는 꿈→또또복권 5억원 당첨
② 돌아가신 어머니가 황소 두 마리를 끌고 추수하는 꿈→로또 제45회 추첨에서, 83억원에 당첨
③ 돌아가신 시어머님이 꽃을 한 송이 주는 꿈→마티즈 당첨!
　　시어머니가 곱게 한복을 차려입고 꽃을 한 송이 주는 꿈으로, 다음 날 복지복권으로 마티즈에 당첨되었다.
④ 돌아가신 어머니가 꿈속에서 자신의 이름을 애타게 부른 꿈→또

또복권 5억 6천만원 당첨.

"그 때 제 이름을 부르시던 어머니의 모습이 어쩌나 생생한지 지금도 눈앞에 어른거리는 것 같아요."

⑤ 아가씨와 결혼하라는 꿈→ 자치복권 1천만원에 당첨.

3년 전에 세상을 떠난 어머니와 형, 역시 이미 고인이 된 사돈이 꿈에 나타나서, 어렸을 때 한동네 살았던 아가씨를 들먹이며 결혼을 하라고 하는 꿈이었다. 일반적으로 결혼은 어떠한 대상과의 결합 · 성사 · 체결을 상징하고 있다.

⑥ 돌아가신 아버님이 나타나 말씀하신 꿈→ 주택복권 1등 3억 당첨.

꿈속에서 돌아가신 아버지께서 환하게 웃으시며 "이제 고생은 그만 하거라." 는 말씀과 함께 복권을 한 장을 주셨다. 다음날 바로 주택복권을 구입했고, 그날 이후에도 복권에 당첨되는 꿈을 꾸기도 하였다. 제1157회 주택복권에서 당첨되었다.

⑦ 돌아가신 아버님이 화는 내는 꿈→ 위급한 일이 닥쳤음을 일깨움.

동생이 외딴 섬에서 급성맹장염으로 사경을 헤매게 되는 일이 일어났는 바, 긴급으로 헬기를 동원하여 응급수술로 치료하는 일로 실현되었다.

⑧ 하얀 모시 저고리를 입고 머리에 비녀를 꽂은 얼굴이 하얀 시어머님이 나타나는 꿈→ 안좋은 일이 일어날 것을 예지.

꿈에 나타난 후에 보름 후에 암으로 고생하시던 큰 시숙님이 돌아가셨고, 일년이 채 안돼서 둘째인 시누이가 시숙님과 같은 병으로 돌아가셨다. 그후로도 집안에 궂은 일만 생길라치면 시어머니는 내 꿈에 찾아와 나를 불안하게 만든다. 삼년 전 셋째인 시숙님이 돌아가실 때도 큰 아주버님과 시누이를 동반하여 나타나셨다.

⑨ 돌아가신 아버님으로부터 하얀 보따리를 선물 받는 꿈→ 더블복권 1등 3억 원 당첨.

"이틀 연속으로 돌아가신 아버님께서 꿈에 나타나셨습니다. 똑같이 무슨 하얀 보따리를 주시는 꿈이었는데, 그게 이런 큰 돈복을 안겨줄 줄은 정말 몰랐죠"

이렇게 중복되는 꿈은 어떠한 일이 반드시 일어남을 보여주고 있다. 무엇을 받는 꿈은 받은 물건으로 표상된 이권·재물·권리·명예를 획득하게 된다.

이밖에도 얼굴 한번 못보고 돌아가신 시아버지가 나타난 꿈, 꿈속에 이미 고인이 된 아버님과 형님이 나란히 서있는 모습이 보이는 꿈, 시부모님이 나타나서 온화한 웃음을 보이는 꿈, 지팡이를 짚은 백발 할아버지를 보는 꿈, 비오는 날 버섯이 뭉게뭉게 자라나면서 그 속에서 돌아가신 어머니가 나타난 꿈, 돌아가신 할아버지가 두 손을 꼭 잡아주는 꿈, 돌아가신 아버님께 기도를 드린 꿈, 죽은 남편의 모습에서 숫자 '1'이 입체적으로 서서히 눈앞으로 다가온 꿈, 돌아가신 아버지와 함께 모내기를 하는 꿈, 돌아가신 할머니와 기분 좋게 염색을 한 꿈, 돌아가신 아버님이 돈다발을 쥐어 주는 꿈, 죽은 남편이 돈뭉치와 집문서를 주고 가는 꿈, 돌아가신 아버님이 집을 사 주시는 꿈, 돌아가신 할머니가 보따리 두 개를 주신 꿈, 돌아가신 어머니가 집으로 들어오는 광채나는 구슬을 가리키며 '빨리 주워 담으라'고 채근해 정신없이 퍼담는 꿈으로 로또(복권)에 당첨되고 있다.

또한 꿈속에서 돌아가신 시아버지를 본후에 산삼 6뿌리를 캔 사례, 꿈속에서 돌아가신 할아버지로부터 안내된 장소에서 산나물을 뜯던 40

대 부부가 산삼 32뿌리를 캔 사례가 있다. 이밖에도 조상이 나타나 오래 전에 이장한 산소의 위치를 알려주거나, 누군가 암장한 사실을 일깨워주거나, 임신되었음을 계시해준 사례가 있다.

4) 무덤 · 시체 · 장례에 관한 꿈에 대하여

(1) 무덤 · 시체 · 장례에 관한 꿈 개괄

무덤은 집 · 기관 · 단체 · 회사 등을 상징한다. 그러므로 죽은 사람을 묻어두는 것은 성사된 작품이나 일거리를 어떤 기관이나 회사에 보관함을 뜻하고, 그 시체가 돈을 상징할 경우에는 돈을 은행에 예금해 둘 일이 있게도 된다. 또한 무덤을 파헤쳐 놓는 것은 회사나 집안 내부의 일을 공개 발표할 일이 있으며, 그 안에서 시신이나 부장물을 끄집어내는 것은 기관이나 회사에 예치했던 일거리 · 돈 · 작품 등을 회수하는 일을 나타낸다.

시체는 성취된 일이나 작품 · 재물 · 돈 · 유산 및 사건의 진상, 비밀스런 일, 거추장스런 일, 부채 · 증거물 등을 상징한다. 민속적인 꿈해몽에서도 '꿈속에서 시체를 묻거나 잘 보살펴 주면 재물이 생긴다.' 고 전해오고 있다. 복권당첨자 가운데에는 시체를 보고 당첨된 사례가 상당수 있으며, 영화감독의 꿈에 길가에 시체가 즐비한 것을 본 후에, 제작된 영화가 대박을 터뜨린 사례가 있다. 시체가 집안에 들어오는 꿈이 좋으며, 나가는 꿈은 사업이나 일의 좌절로 실현된다. 장례를 지내는 꿈은 시체로 상징된 어떤 일거리나 대상의 마무리, 처리를 상징적으로 나타낸다. 그러나 시체를 화장해 버리는 것은 어떤 일에 대한 성과나 업적을 소멸시키는 일로 실현된다.

장례는 어떠한 일의 마무리 성취로 나아감을 상징한다. 자신이 상제가 된 꿈은 정신적 · 물질적 자산 승계의 1순위가 됨을 뜻하며, 승진 · 합격이나 유산 상속을 받거나 관직에 오르게 된다. 그러나 사실적인 미래투시의 꿈인 경우, 실제로 상(喪)을 당하는 일로 이루어진다.

(2) 무덤 시체 장례에 관한 꿈해몽 요약

- 조상의 무덤은 실제의 조상의 산소, 또는 자기를 도와 줄 협조자로서의 기관이나 회사 · 단체의 상징이다.
- 시체는 업적 · 성취물의 상징이며, 시체를 관에다 담는 것은 성취나 마무리를 성공적으로 이루어내게 된다. 시체가 든 관을 누군가와 맞들고 있으면 두 사람이 관계하는 어떤 일이 이루어진다.
- 죽은 시체가 살아나는 꿈은 이미 성취한 일거리 · 대상에서 문제가 발생하고 난관에 부딪힌다.
- 시체가 무서워서 도망치면 성취가 이루어지지 않으며, 재물이나 이권을 얻지 못하는 일로 이루어진다.
- 사랑하는 자식의 시체를 보고 크게 우는 꿈은 애정과 애착을 지니고 추진하는 일거리 · 대상에서 성취를 이루어내게 되어, 널리 알리게 되는 일로 실현된다.
- 시체에 절을 하는 꿈은 소원성취, 사업의 번창이나 유산상속의 좋은 일로 이루어진다.
- 머리가 잘려나간 시체는 어떤 일의 초반부나 상층부는 제거되고, 그이하의 일만 성취될 수가 있다.
- 시체가 몇 배 몇십 배로 불어나 방안에 가득차는 경우, 장차 큰 부자가 되거나 사업이 크게 증진된다.

- 시체가 되살아나는 경우, 성사시킨 일이 수포로 돌아가거나 사업자
  금을 되돌려 주게 된다.
- 시체가 무서워서 도망치는 경우, 모처럼 돈이 생기려 해도 얻지 못
  하거나 일의 성과가 자기 것이 되지 않는다.
- 시체를 맞아들이거나 걸머지고 오는 경우에 소원이 성취되고 돈·
  재물 등이 생기며, 시체를 내다버리면 모처럼 얻은 일의 성과나 재
  물을 상실한다.
- 시체를 무덤 속에 묻는 경우 재물의 보관이나 일의 성과를 어느 기
  관에 위탁하게 되며, 공동묘지에 묻으면 사회사업에 투자할 일이 생
  긴다. 시체를 가매장하는 것은 거의 다 이루어진 일이 완전한 마무
  리를 짓지 못하게 되어, 상당한 시일이 경과해야 그 일에 대한 매듭
  이 지어진다.
- 시체를 내다버리는 경우, 모처럼 얻은 일의 성과나 재물을 상실한
  다. 그러나 자기가 죽인 시체를 땅을 파고 묻는 꿈은 어떤 사건을 깨
  끗이 처리하거나 비밀에 부칠 일이 생긴다.
- 시체에 구더기가 우글거리는 것을 보는 경우, 어떠한 일이 성사되어
  막대한 돈을 벌거나 2차적인 사업 성과를 얻게 되어 많은 사람을 감
  동시킨다.
- 시체가 불어나 커지면서 쫓아오는 경우, 많은 빚을 걸머지고 심적
  고통을 받거나 생활고에 허덕이게 된다.
- 시체 썩는 냄새를 맡는 경우, 일이 성사되거나 재물을 얻어 세상에
  널리 소문난다. 그러나 시체가 썩어 냄새가 고약한 경우, 안좋게는
  부정축재로 소문이 난다.
- 시체를 길가에 내놓는 경우, 일의 성과를 세상에 광고할 일과 상관

한다.
- 자기의 총에 맞아 죽은 수많은 시체들을 보는 꿈은 막대한 재물이나 성취를 이루어내게 되거나, 자기의 뜻에 따라 협조해 줄을 얻게 된다.
- 죽인 시체에서 소지품을 빼앗아 가지는 경우, 어떤 일을 성취한 후 물적 증거를 가지게 되거나 소득이 생긴다.
- 관이 훌륭하면 그 업적이 찬란한 것을 나타낸다.
- 관속의 어린아이의 시체는 저자의 경우에 소작품이 지상에 발표됨을 보거나 일의 성과가 나타남을 본다.
- 관속의 시체가 살이 별로 없고 뼈만 앙상하게 보이는 꿈은 저자의 경우에 작품이나 기삿거리가 당국에 의해 내용은 별로 없이 골자만 소개 되었다.
- 관속에 시체가 없는 경우, 사기를 당하거나 결혼이나 결사가 수포로 돌아가며 성취가 무산된다.
- 관을 놓고 꽃다발을 바치는 경우, 성사된 어떤 일이나 작품 등을 기리고, 명예나 감사표시를 하는 일을 뜻한다.
- 관을 상여에 얹고 장례 행렬을 이루는 것은 자타의 사업성과를 매스컴을 통해서 광고·선전할 일이 있으며, 따르는 장례행렬은 그 업적을 기리거나 추종하는 사람들이다. 또한 장례행렬 앞에 들고 가는 만장(挽章)들 하나하나는 그 업적에 대한 평가서 또는 선전문들을 뜻한다.
- 육친의 누가 죽었는데도 슬프지도 기쁘지도 않은 채 무표정해하는 꿈은 재물·이권의 획득이나 사업성취 등이 당연한 일로 여겨지는 일로 실현된다.

- 해골은 돈 · 증서 · 상장 · 업적 · 증거물 · 작품의 핵심 등을 상징하며, 누가 유골을 가져오는 경우 저술한 글이 출판되거나, 증서 · 합격증 · 상장 등이 주어진다.

(3) 무덤 · 시체 · 장례에 관한 꿈 실증사례

① 저자의 경우에 물에 떠내려온 여인의 시체를 보는 꿈은 어떤 회사에서 출판된 센세이셔널한 책을 보게 되는 일로 실현되었다.

② 방에 4~5구의 시체가 미이라로 되어 있고 자기도 미이라가 될 거라고 생각한 꿈은, 똑같은 성격의 문예작품이나 논문 따위가 과거에 발표된 일이 있었다는 것을 예지한 것이었다.

③ 경사진 언덕의 한 지점에 사람들의 손가방이 첩첩이 쌓여있는 것을 본 꿈은 납골당을 짓는 일에 착수하게 되었다.

④ 거리를 떠돌아다니던 방랑객이 마당에 와서 죽은 꿈은 저자의 경우에 방랑객으로 표상되는 어떠한 저작물, 사업이 완성되는(죽은 것) 일로 실현되었다.

⑤ 시체를 보자기에 싸서 밖에다 내다 놓는 꿈은 얻게된 재물이나 이권을 포기하는 일로 이루어진다. 현실에서는 아파트 당첨되었으나 포기하는 일로 이루어졌다.

⑥ 목욕탕 속에 죽은 시체의 피가 탕물을 붉게 물들이거나 피로 가득차 있는 것을 본 저자의 경우, 어떤 책을 저술해서 사람들을 감화시키거나 논문 등이 당국에 채택되고 선풍적인 일로 이루어졌다.

⑦ 3~4세 가량의 어린아이를 솥에다 넣고 삶아 6~7개의 상자에 담는 것을 본 꿈은 논문 등을 당국에 제출해서 학위증을 받은 것으로 실현되었다.

⑧ 일본의 유명한 꿈 연구가인 '미야기오도야'의 꿈에 의하면, 일본의 어느 해변가에 뼈만 있는 송장 셋이 서 있더니, 차례로 하나씩 바다로 뛰어들어 헤엄치는 것을 보고 "저것 좀 보아라" 하며 악을 썼다고 한다.

　이 꿈에서, 꿈에 관한 설명은 제거하고 내용의 핵심만 사전형식 (뼈만 있는)으로 저술할 책 세 권(송장)을 뜻하고 있으며, 송장(작품)들이 바다에 들어가 헤엄쳤으니 세상에 널리 읽히게 될 것을 예지한 꿈이었다.

⑨ 시체가 갈 곳을 찾지 못하다가 구덩이에 지푸라기로 덮는 꿈→ 출간에 어려움을 겪음. 작가가 자신의 원고를 여러 출판사에 타진했으나 거절당하다가(거리를 배회) 어느 출판사와 계약을(웅덩이로 들어감) 하게 되나 책으로 출간되기에는 다소간의 시일이 걸린다는 것(지푸라기로 덮는 꿈)을 예지한 꿈이었다.

⑩ 4구의 시체를 보는 꿈을 꾸고 다음날 복권 10장을 샀는데, 그 중 하나가 당첨되었다.

⑪ 땅에서 시체가 불쑥 튀어 오르는 꿈→ 684회 주택복권에 당첨.

　복권을 구입하기 전날 밤 꿈에, 땅을 파는데 10원짜리 동전부터 500원짜리까지 차례로 나오더니, 나중엔 시체가 불쑥 튀어 올랐다. 꿈의 실현은 주택복권 2장을 구입, 그 중 1장이 1등에 당첨되는 행운으로 이루어졌다.

⑫ 죽은 형수가 되살아났다가 다시 죽는 꿈→ 주택복권 당첨.

　죽은 형수를 묶어 염(殮:죽은 이의 몸을 씻긴 후에 옷을 입히는 일)을 했다. 그런데 되살아나서 횡포를 부리다가, 돈을 공중에 던져 탁구 라켓으로 쳐서 돈이 모두 땅에 떨어졌다. 나는 얼른 그 중의 하나를 라켓 위에 올려놓았다. 그랬더니 다시 형수는 죽었다.

　현실에서는 복권 추첨 광경을 지켜보는 가운데, 아슬아슬하게 자기 번호가 빗나갈 뻔하다가 당첨되는 일로 실현되고 있다.

⑬ 시체더미에 불 지르는 꿈→ 영화홍행 대박.

　2008년 1월 개봉된 '우리 생애 최고의 순간'의 배우 조은지는 영화 촬영이 본격적으로 들어가기 전, 어느 날 밤 이상한 꿈을 꾸었다. "판자 집 같은데서 내가 걸어 나가는데, 눈앞에 열을 잘 맞춘 시체들이 끝도 없이 펼쳐져 있더라. 왜 그랬는지는 모르겠지만, 내가 시체들에 불을 지르기 시작했다. 시체들이 불타기 시작하는데 정말 장관이었다."

⑭ 온산에 시체가 있던 꿈→ 영화 홍행 대박.

　영화 '투사부일체'의 정준호의 꿈체험담이다. "어마어마하게 큰 산에 불이 나 도망을 가는 꿈이었어요. 한참을 도망가다 웅덩이에 뛰어들어 불을 피했어요. 그리고 나서 잠시 후 택시에서 잠이 다시 들었는데, 온 산에 시체가 널브러져 있었어요."

　시체로 상징된 업적이나 성과물이 넘쳐나게 될 것을 예지해주고 있는 상징적인 미래예지 꿈이다. 정준호는 이후 서울 최고의 명당 터에 위치한 집을 사는 행운이 생겼고, 영화와 CF 제의가 쏟아져 들어왔으며, 대박 꿈의 예지대로 '투사부일체'는 전편보다 뛰어난 관객동원 612만을 기록했다.

⑮ 베로 된 상제 옷을 입고 시험을 치르는 꿈→ 승진시험 합격.

　경기도 지방 경찰청 교통과에 근무하는 현직 경찰관의 꿈사례이다. "1984년 제가 순경에서 경장 진급시험을 볼 때입니다. 저는 베로 된 상제옷을 입고 시험장에서 책상에 앉아 시험을 치르고 베로 된 상제옷을 그대로 입은채 나오는 꿈을 꾼 것입니다."

상제가 된 표상은 어떠한 대상이나 사람으로부터 무언가를 계승하고 물려받는다는 상징의미를 내포하고 있다. 구 소련에서 장례의원장이 권력을 승계한 사실, 김정일 사망시에 벤츠차를 운구해가던 8인의 장례위원이 정권의 실세임을 드러내고 있음을 연상하기 바란다.

⑯ 친구 아버님의 초상집에 문상 가는 꿈→ 복권 당첨.

또또복권 제66회 2차 추첨(2001.11.25)에서 또또복권 사상 최고액인 10억원에 당첨된 송 할아버지(대전시, 65세)는 당첨되기 며칠 전, 10년 전 돌아가신 친구 아버님의 초상집에 문상 가는 꿈을 꾸었다.

"방안에는 혼자밖에 없었고, 시신을 저 혼자 물끄러미 바라보다 꿈에서 깨어났어요. 10년전 임종하신 어른의 모습이 얼마나 선명하게 보이던지, 꿈에서 깨어나 며칠 동안 머릿속에서 떠나질 않아 이상하다고 생각했는데, 그 꿈이 이런 큰 행운을 몰고 올지 정말 몰랐습니다."

⑰ 문상가서 시체에 절하는 꿈→ 소원 성취

오래전 필자의 꿈체험담이다. 서울로 대학원(박사과정)을 다니던 1998년 11월의 어느날, 여관에서의 꿈이다. 무슨 운동모임이 끝나고 식사하러 간다고 어느 식당으로 들어서는 순간 장면이 바뀌어, 아버님에게 이끌리어 어느 집으로 문상을 들어가는 것이었다. 그런데 들어가려는 순간, 신발 한 쪽이 벗어지지가 않는 것이었다. 수차례 애를 쓴 끝에 간신히 신발을 벗고, 마루로 올라섰다. 중앙 제단에는 관이 놓여 있었다. 관을 향하여 절을 하려는데, 관에서 흘러나온 피고름 물줄기가 두 갈래로 흘러내리고 있었다. 꿈속에서도 그 피고름 물을 피하면 상주가 싫어할 것으로 생각하고, 무릎에 묻히면서까지 재배를 하고, 이어 상주와 절을 하고는 순간 깨어났다.

꿈의 실현은 신발이 잘 안벗겨졌듯이 시일을 끌다가, 시체에 절을 올린 표상대로 당시에 바라던 PC통신 천리안에 정보제공을 하게 되는 일로 실현되었다.

⑱ 불붙은 시신이 쫓아온 꿈→ 식당 사업의 번창

독자의 꿈체험담이다. "87년, 전 재산을 들여 점포 10여평 되는 곳에 조그만 식당(분식점)을 개업하던 날 밤의 꿈입니다. 꿈속에서 상여가 지나가는 꿈인데, 저의 가게 앞에서 쉬어간다고 멈추더니, 갑자기 시신을 꺼내서 불을 붙이는 겁니다. 나는 너무 무서워서 멀리 도망치려는데, 그 불붙은 시신은 저를 막 따라왔어요. 끝까지 따라오기에, '식당에 들어와서 문을 잠그면 되겠다' 싶어 식당으로 들어 왔는데, 아니 이건 또 한 번 크게 놀랄 일. 저보다 불붙은 시신이 먼저 들어와 있더군요. 놀라 깼는데 꿈이었습니다. 그 뒤로부터 아이들도 잘 자라고, 모든 일이 순조롭게 풀리면서 3년 장사 끝에 6세대가 살고 있는 미니 3층 주택을 마련했습니다."

5) 성행위 꿈에 관하여

(1) 성행위 꿈에 대하여

성적 욕망은 우리 인간이 가진 욕망 중에 가장 강렬하게 인간을 지배한다. 혹자는 부부싸움의 표면적인 이유는 돈이나 성격차이·시댁문제 등등을 들고 있지만, 근원적인 밑바탕에는 성적인 욕구의 불만족에서 일어나고 있다고 주장하고 있다.

이러한 주장이 100% 맞다고 볼 수는 없지만, 부부싸움에 있어서 내면의 잠재심리 깊숙한 곳에 숨겨져 있는 성적(性的)인 욕망의 해소 여부를 간과할 수 없을 것이다. 아내나 남편이 사소한 일에도 별 이유없이 짜증을 내는 경우, 그 내면의 밑바닥에는 성적인 욕망이 해소되지 않은 경우가 종종 있다. 일찍이 여기에 대해서는, 모든 행동의 근원에 억눌려져 있는 성적 충동에 대해서 프로이트가 설파한 바가 있다. 또한 인터넷의 여러 싸이트에서 가장 활발하게 이루어지고 있는 것을 들자면, 증권 정보와 남녀 만남을 주선해 주는 곳을 들 수 있다.

성행위의 꿈은 여러 각도에서 살펴볼 수 있다. 자신의 억눌린 성적 욕망이 꿈으로 표출되기도 하며, 잠자는 동안 성기 또는 성감대를 자극하는 어떤 내외부적인 자극으로 인하여 성행위에 대한 꿈을 꿀 수도 있다. 몽정의 경우, 성적행위에 대한 강렬한 욕망을 극대화하여 보여주고 있는 것이다.

이러한 성행위의 꿈은 현실에서는 윤리 · 도덕적 굴레에 묶여 상당한 억제를 받고 있지만, 꿈속에서는 가장 자유롭게 표현되며 황당하게 전개되기도 한다. 상징적인 성행위 꿈에 있어서는 성욕의 경향과 성행위의 여러 표현 수단을 상징 재료로 삼아서, 부동산의 매매계약의 성사, 다른 사람과의 교분, 어떠한 일과의 성사 여부, 관심도 여부 등 현실에서 앞으로 일어날 일을 어떠한 일들을 상징적으로 예지해주고 있는 것이다. 물론 마음에 드는 대상과 기분좋은 성행위의 꿈이 현실에서 가장 흡족한 결과로 이루어지며, 성행위시에 뜻대로 이루어지지 않는 꿈은 일의 좌절이나 결합 · 성사의 실패로 이루어진다. 또한 변태적인 성행위는 그 전개에 따라 각각의 상징적인 의미와 암시적인 뜻을 내포하고 있다.

따라서 꿈속의 상대방은 실제 인물이 아니라, 상징적으로 표상된 다른 사람의 동일시이거나 일거리의 상징물로 표상되어 나타났기에, 꿈속에서의 성행위의 꿈을 죄악시하여 자기의 인격과 결부시켜서는 안 된다. 예를 들어 근친상간의 꿈을 꾸거나, 미성년자와의 성행위, 펠라치오, 동물과의 성행위 등등 이 모든 것은 정신능력의 활동에서 빚어내는 꿈의 상징 표상 전개수단의 하나인 것이다.

스승이신 고(故) 한건덕 선생님의 글을 밑바탕으로 필자의 해설을 덧붙여 살펴본다.

(2) 성행위 꿈의 꿈해몽 요약

- 일반적으로 성행위 꿈을 꾸었을 경우에 부동산 매매 체결로 이루어지며, 장차 일어날 일, 계약·점유·탐지 및 기타 소원 경향 등의 성사 여부를 가름하는 일과 관계한다.
- 이성의 성기가 유난히 돋보이는 상태에서 만족한 성행위를 하는 경우, 자기가 성취시키려던 일이 다른 사람의 찬사를 받는다.
- 대담무쌍하게 대중 앞에 성기를 내놓고 과시 또는 성행위하는 경우, 자기 작품이나 자식 등 자기 일을 다른 사람 앞에서 자신만만하게 과시하게 된다.
- 성행위 당시의 나체는 상대방에게 아무것도 감추거나 비밀로 하지 않고 공개적으로 일을 추진시키는 것을 뜻한다.
- 애인이나 상대방을 강제로 성행위하는 꿈은 현실에서 난관을 극복하고 어떠한 성취를 강제적으로 이루어내는 일로 이루어진다.
- 애인이 어린 여중생으로 나타난 경우, 상징적으로 어린 여중생으로

표상되어 나타난 만큼 관련을 맺게 되는 대상이 이제 시작된 지 얼마 안된 아직 미숙한 단계에 있게 됨을 뜻한다.

- 상대방의 육체를 완전 정복하는 만족한 성행위를 하는 경우, 계획한 일이나 뜻밖의 일이 만족스럽게 성취된다.
- 성행위의 좌절이나 미수는 일의 미수·불만·불쾌 등을 체험한다.
- 이성이 애정을 표시하는 꿈은 어떤 사람이나 또는 일거리나 대상에 유혹당하거나 애착이 생긴다.
- 이성에 대하여 욕정이 생겼음에도 성행위로 나아갈 수 없었던 경우, 이성으로 상징된 어떠한 사람이나 일거리 대상에서 뜻대로 이루어지지 않거나 불쾌·불만 등의 일을 체험한다.
- 이성에 대하여 욕정이 생기지 않는 경우, 어떤 일거리나 대상 또는 사람과 상관해서 무관심하거나 당연한 일로 생각되는 일을 체험한다.
- 유부녀와 간통하는 꿈은 자신의 영역이 아닌 남의 일에 간섭하여, 그 일이 자기에게 이롭게 종결된다.
- 성행위시에 불의의 침입자가 있어 성교를 중단하는 꿈은 어떤 사건 또는 방해자로 인해서 일이 단절되어 불쾌를 체험한다. 매매계약 등이 이루어지려다가 방해여건으로 이루어지지 않는다.
- 부부간에 성행위하는 꿈은 집안의 계획한 일이나 애착을 가진 일이 성사된다. 또한 사업상의 계약이 성립되기도 한다.
- 키스 후에 성행위하는 꿈은 기다리던 일의 소식이나 끌어온 일이 성취되며 계약이 성립된 소식을 듣게도 된다.
- 처녀와 성행위하는 꿈은 새로운 일거리 대상과 관련 맺어지는 것을 뜻하며, 늙은 여성과 성행위하는 꿈은 오래된 일을 성사시키게

된다.

- 어린아이와 성행위의 꿈은 작고 미약하며 성숙되지 않은 사람이나 그러한 대상과 관련맺어지게 됨을 뜻한다.
- 수도자가 미인과 만족할 만한 성행위를 하는 꿈은 어떤 진리를 깨달음을 뜻하거나, 새로운 세계에 눈을 뜨게 되는 것을 뜻한다.

(3) 상황과 상대에 따른 성행위 꿈의 의미

꿈의 성격에는 여러 가지가 있다. 따라서 꿈속에서 성행위의 꿈을 꾼 경우, 꿈을 꾼 사람이 처한 상황에 따라 달리 살펴보아야 할 것이다.

성행위 꿈이 과거의 체험으로부터 성적 표상물을 이끌어 오거나, 현재의 신체적 자극으로 인해 잠자는 도중 성기가 발기되어 그 자극이 표상 재료를 이끌어올 수도 있다. 혈기 왕성한 남자의 경우 몽정(夢精)을 수반하면서 꿈이 이루어지기도 한다. 이러한 몽정을 수반하는 대부분의 성행위의 꿈은 특이한 경우를 제외하고는 상징적인 어떤 의미가 있다기보다는, 몽정을 하기 위한 수단으로써 강렬하고 자극적인 장면을 빚어내어 사정을 극대화하기 위한 꿈의 무대장치이며 상징기법이다.

또한 성행위에 대한 간절한 소망이 꿈을 통해 해소되기도 한다. 현실에서 이룰 수 없던 억눌린 성적충동의 욕망이 꿈을 통해 대리만족케 하는 수단으로 꿈이 이루어지고 있는 것이다. 아주 드물게 사실적인 미래투시의 꿈으로 이루어질 수도 있다. 즉, 전에 본 적도 없는 어떠한 이성과의 만남이나 성행위의 꿈이 꾸어진 경우, 가까운 장래에 실제 그 이성과 사귀게 되고 나아가 성행위까지 이르게 되는 일로 실현될 수도 있는 것이다.

하지만 대부분의 꿈에 있어서 성행위의 꿈은 상징적인 미래예지의 꿈으로 살펴보아야 할 것이다. 즉 성행위의 행동 및 꿈속에 나타난 인물이 뜻하는 상징의미의 파악에 중점을 두어야 할 것이다. 꿈속에서 성행위하는 꿈은 다음 날 또는 가까운 장래에, 일·사건·계약·점유·탐지 기타 소원의 경향 등의 성사 여부를 가늠하는 꿈이다. 꿈속에서 상대방 육체를 완전히 점령할 수 있으면, 자기가 계획하는 일이나 돌발적인 사건으로 기쁨과 만족감을 체험할 수 있을 것이다. 성적 충동이 발동하였으나, 상대방이 성행위를 거절하는 꿈은 현실에서 어떠한 계약이 성사되지 못하거나, 자신의 일이 순조롭게 이루어지지 않게 된다. 일에 대한 미수, 중절, 욕구불만, 감정의 불쾌 등 다각도로 현실에서 어떤 형태로든 불만족을 체험하게 된다. 마찬가지로 죄의식을 가지고 성행위하는 꿈이었다면, 일은 성취돼도 떳떳하지 못하고 약간의 불쾌를 체험하게 된다.

꿈속의 정황은 그것이 과거의 되풀이나 현재를 묘사하는 데 그치지 않고, 미래의 현실에서 체험돼야 할 사건이나 감정의 경향을 상징물로 바꿔놓여져 있다는 것을 명심해야 할 것이다.

〈 성행위의 상대 〉

꿈속에서의 성행위 상대는 자기 배우자나 애인, 아는 사람이거나 모르는 사람, 남녀노소를 불문할 수도 있고, 심지어는 근친의 누구이거나 선녀나 귀신 등의 신령적인 존재, 드물게는 동물과 상관할 수도 있다.

이들은 모두가 꿈이 빚어낸 상징기법의 하나로써, 실제 인물이 아니라 그 어떤 인물을 상징적으로 나타냈거나, 자신이 애착을 가지고 성사시키려는 일거리나 사업 대상의 상징 표상으로 등장되고 있다. 즉, 상징적인 미래예지 꿈에 있어서 꿈속의 등장인물은 모두 실제 인물이라기보다는 상징성을 띠고 전개되고 있다. 따라서 꿈속에서 어떠한 여성이 등장한 경우 여성적인 성향의 일거리이거나 부드러움 등 여성적인 속성에 가까운 일로 실현될 가능성이 높다. 다시 예를 들어보면, 어머니와 성행위를 하는 꿈인 경우, 상징적인 미래예지 꿈에 있어서는 어머니로 표상된 부드럽고 자애로운 직장의 상사와 함께 어떠한 일을 함께 추진하는 일로 실현될 수 있는 것이다. 다음의 글들을 성행위에 대한 상황과 상대의 상징의미를 생각해보면서 일어보기 바란다.

〈 대중 앞에서 성행위하는 꿈 〉
다수인이 지켜보는 가운데서 부끄러움 없이 어떤 사람과 성행위하는 꿈은 어떠한 일거리나 사업 대상에 대해서, 여러 사람이 관심을 가지거나 지켜보는 가운데서 성취시킬 일이 있을 것이다. 이 경우 흡족한 성행위의 꿈일수록 이루어지는 성취도와 비례하게 된다.

〈 강간하는 꿈 〉
상대방 여자가 싫어하는 것을 강간해서 성행위를 하는 꿈은 현실에서 어떤 일거리나 대상을 강압적으로 성취시키는 것을 뜻한다. 사람일 경우 설득시켜 내편으로 만드는 데 있어, 어려움이나 고통은 따르겠지만 강제적으로 강압적으로 자신의 목적을 달성하는 것을 뜻한다. 상대방이 반항이 심해 성행위로 나아가지 못한 꿈은 현실에서 남의 시비나 도전, 일의 어려움 등으로 좌절되고 불쾌를 체험하게 된다.

〈 유부녀와 간통하는 꿈 〉
사실적인 미래투시의 꿈에 있어서는 꿈대로 실제 간통이 이루어지며, 소망 표현의 꿈이라면 평소에 잠재의식적으로 마음먹은 일이 꿈을 통하여 나타나는 수도 있다. 이처럼 꿈을 해몽하는데 있어서, 상징적인 표상에 대한 해몽에 앞서, 심리표출의 꿈이나 사실적인 미래투시의 꿈으로 실현될 가능성이 있다는 점을 간과하지 말아야 한다.

다만 대부분의 경우에 있어서 우리가 말하는 꿈해몽은 상징적인 미래예지 꿈의 표상 전개의 이해에 있다. 유부녀는 자신의 영역이 아닌, 남의 일거리나 사업의 상징이다. 간통하는 꿈은 그러한 일거리나 대상에 자신이 간섭을 하고 참여를 함을 뜻한다. 역으로 누군가가 자기 집 식구의 누구를 간통하는 것을 보면, 어떤 자가 자기 사업이나 일거리나 영역에 접근하거나 영향력을 행사하게 되는 것을 뜻한다. 이 경우 나이가 적은 아랫사람이면 이제 시작한 것이거나 연륜이 짧은 일, 나이 많은 사람이라면 시작한 지 오래된 일을 가리킨다.

〈 부부가 성행위하는 꿈〉

부부간에 성행위하는 꿈은 집안의 계획하는 일이나 뜻밖의 일이 성취되어 기쁨을 맛보게 된다. 또한 자기가 애착을 가지는 일거리가 어떤 기관에서 성취될 수도 있다. 또한 아내로 상징된 자신에게 호의적인 사람과 만나게 되거나, 어떠한 일을 같이 추진하는 일로 실현된다. 이 경우 역시 '기분좋게 했느냐'의 여부에 따라서 달라지게 된다. 꿈은 반대가 아닌 상징의 이해에 있는 것이다.

〈 성행위시에 방해를 받는 꿈 〉

성행위시 불의의 침입자가 있어 성행위에 방해를 받는 꿈은 어떤 사건 또는 방해자로 말미암아 추진하고 성사시키려고 하는 어떤 일에 장애가 발생함을 뜻한다. 예를 들어, 집을 사거나 매매 계약을 하려는데 이런 꿈을 꾸면, 그 계약은 뜻밖의 방해자가 나타나 어떤 사정으로 인해 성립되지 않는다. 마찬가지로 꿈속에서 남이 볼까봐 두려운 생각을 가지면서 성행위를 끝내는 꿈이었다면, 일의 성사는 이루어지지만 두려움과 불안 가운데서 일을 성취시키게 된다.

〈 성행위를 하면서 성병에 걸릴 것을 걱정하는 꿈 〉

성행위 꿈이 결합 · 성사 · 매매 체결의 상징의미를 지니는 바, 성병의 유무는 어떤 일의 성취에 있어 어떠한 난관이나 어려움을 있음을 걱정하는 일로 실현된다. 예를 들어, 필자의 경우 유부녀와 성행위를 하기 전에, '성병이 있으면 어쩌지' 걱정했던 꿈은 부동산 매매 체결에 있어 구입하고자 하는 부동산에 하자 여부를 걱정하는 일로 실현되었다.

〈 변태적인 성행위에 대하여 〉

성행위에 있어서 다양한 변태적인 행위는 각각 나름대로 다양한 상징의미를 함축적으로 나타내고 있다. 뒤로부터 성행위하는 꿈은 어떤 사람의 이면상을 알아낼 일이 있고, 직접적인 진행이 아닌 우회적인 관계가 맺어질 수 있다. 예를 들어 누구를 만나러 갔는데, 그가 부재중이어서 그 집 식구의 누구에게 어떤 청탁을 하고 온다는 식이다.

상대방이 상위에 있게 되는 체위는 상대방 사람에게 억제를 받으며 자신이 수동적인 위치에 놓이게 된다. 상대방이 옷을 입고 성행위하는 꿈은 상대방이 자신을 밝히려 하지 않거나 위신에 대해 조금도 손상 받지 않으려는 태도를 취한다. 또한 동성끼리의 성행위는 동업을 하게 되거나, 어떠한 일의 진행에 성격이나 크기나 규모가 비슷한 두 집단이 맺어지는 것을 뜻하고 있다.

〈 성기가 두드러지게 돋보이는 꿈 〉

상대방의 성기가 꿈속에서 두드러지게 돋보여 만족하고 통쾌한 성행위를 끝내면, 현실에서 자기가 추구하고자 하는 일의 독특한 점이 세상에 널리 알려지고 통쾌한 기분을 체험할 수 있게 된다. 반대로 성기가 빈약하고 성행위 자세가 불편하면, 관련 맺어질 대상이나 사람이 자본금이 빈약하거나 열악한 여건에 있음을 상징하고 있다.

〈 한 여자를 윤간하는 꿈 〉

창녀(또는 어떤 여자) 하나를 놓고 여러 사람이 윤간하는 꿈은 창녀로 표상된 어떤 일거리나 대상 또는 사람에 대해서 여러 사람이 함께 이루거나 공동의 성취를 이루게 되는 일이 생긴다. 예를 들어 여러 사람이 술과 안주를 놓고 같이 먹고 마시며, 토의를 하는 등의 술자리에서 즐거운 일이 생긴다. 이 경우 술과 안주(창녀)를 놓고 마시는 것이 꿈에서는 창녀를 윤간하는 일로 표상되어 나타난 것이다.

이 경우 즐겁게 여러 사람이 성행위하는 꿈은, 모두가 만족하는 타협이 이뤄지고 좋은 성과를 얻을 수 있다. 하지만, 서로가 성행위를 먼저 하려고 하는 표상으로 전개되었다면, 어떠한 일의 권리에 있어 서로가 자신의 주장을 펼치게 되며, 자신이 먼저 독점 계약을 하고자 하는 일로 실현된다.

〈 두 처녀와 성행위하는 꿈 〉

두 사람(또는 그 이상)의 처녀를 순서대로 한 장소에서 성행위를 끝내는 꿈은 현실에서 두 가지 이상의 작품이나 일거리가 한 장소, 한 기관에서 차례로 성취시킬 일이 있게 된다. 저자의 경우, 출판사에서 2권의 저서를 출간하게 된다. 이 경우 꿈속에 나타난 숫자의 표상과 현실에서 벌어지는 일과는 일치한다.

〈 헤어진 사람과 성행위하는 꿈 〉

생이별 또는 사별한 여자, 헤어진 애인을 꿈속에서 만나 서로 성행위하고 만족해하는 꿈은 현실에서 자기가 잊었던 일이나 보류했던 일거리나 대상에 대하여 애착을 가지고 다시 착수해서 성공시키게 되는 일로 실현된다.

〈 남들이 성행위하는 것을 보는 꿈 〉

남들이 성행위하는 것을 보는 꿈은 현실에서 타인의 누구가가 어떤 사업을 성취시키는 광경을 목격하게 되거나, 또는 두 사람이나 대상과의 결합 · 계약체결 · 관련맺음 등을 보게 된다.

〈 성욕을 해소시키지 못하는 꿈 〉

여자의 완전 나체 · 반라 등을 보고 성욕이 발동하였으나, 그 성욕을 충족시키지 못하는 경우의 꿈은 불쾌한 꿈이다. 성행위에까지 나아가지 못한 꿈은 현실에 있어서 어떠한 일거리나 대상 또는 사람에 있어 뜻대로 성취하고자 하나, 좌절되거나 욕구 불만을 느끼게 된다. 이 경우, 자신이 처한 현실에 따라 앞으로 관계하게 될, 부동산 · 증권 · 노름 · 낚시 · 어학공부 등 어떠한 대상이나 사업 · 일거리 등에서 자신의 뜻대로 이루어지지 않는다.

〈 신령적인 존재와 성행위하는 꿈 〉

꿈속의 등장인물은 상징표상의 존재로 그들은 실존이 아니라, 잠재의식의 정신활동으로 빚어낸 어떤 인물의 동일시거나 관념적인 일의 상징물이다. 예를 들어 늙은 여자와 성행위 꿈은 오래된 일거나 성숙한 단계에 있는 대상이나 일을 성취시킬 것이다. 또한 어린 소녀와의 관계라면 이제 막 시작한 일을, 처녀와의 관계는 가장 알맞은 때나 어느 누구도 아직까지는 관련을 맺지 않은 것임을 상징적으로 나타내주고 있다.

신령적인 존재와 성행위하는 꿈은 창작의 어떤 영적인 일이나 신앙적인 일에 몰두하고 희열을 느끼게 된다. 하지만 성행위를 중단하거나 성사 못하면 현실에서 불쾌한 체험으로 이루어진다.

〈 정신 수도자가 성행위의 꿈을 꾸는 경우 〉

정신 수도자가 성행위하는 꿈은 사실적인 미래투시의 꿈이나 억눌린 성적 충동의 꿈이 아닌, 상징적인 미래예지 꿈으로 보아야 할 것이다. 도덕성이 있거나 정신 수도자(승려, 수녀, 성직자)가 꿈속에 나타난 미인이나 선녀 등과 흡족한 성행위를 하는 꿈에 수행(修行)이 허물어졌다고 한탄할 필요는 없다. 오히려 성행위하는 꿈이 일이 성사되거나 완성을 뜻하는 좋은 꿈이다.

다산 정약용도 유배지에서 꿈에 나타난 여인을 물리친 것을 기록하고 있다. 유학자로서 유혹에 넘어가지 않음을 다행스럽게 여기고 있으나, 꿈의 실현은 유배지에서 풀려날 뻔 하다가 무산되고 있는 바, 상징적인 미래예지 꿈의 입장에서는 꿈속에서 즐거운 성행위가 이루어져야 유배지에서의 풀려남 등의 좋은 일로 실현될 것을 예지해주고 있는 것이다.

〈 근친 상간의 꿈 〉

꿈은 꿈의 언어인 상징으로 보아야 한다. 꿈속의 등장인물은 상징적인 의미를 갖는 잠재의식이 만들어낸 창작표상인 것이다. 예를 들어 아버지와 성교하는 꿈을 꾼 딸의 경우, 아버지는 아버지가 아닌, 아버지로 표상되어 나타났던 회사의 사장과 어떠한 관련을 맺는 일로 실현될 것이다. 예를 들어 비서로 발탁되거나, 사장으로부터의 어떤 제의를 받게 되는 일로 실현될 수 있다. 즉, 꿈속에서 상대가 된 근친은 실제의 근친이 아니라, 직장이나 사업 관계로 알게 된 어떤 사람의 동일시이고, 그 사람에게 기울인 존경·사랑·성의와 맞먹는, 그리고 애착을 가지고 성사시키려는 어떤 일거리를 상징하고 있다. 따라서 성행위는 그 일의 성사 여부를 가늠하는 상징 표현이므로 조금도 놀라고 부끄러워할 필요가 없다. 즐거운 성행위였다면, 좋은 관련맺음으로 맺어질 것이다.

〈 어린아이를 성폭행하는 꿈 〉

이 역시 상징적인 미래예지 꿈의 입장에서 살펴보아야 할 것이다. 현실에서는 부도덕한 일이고, 있을 수도 없고, 일어나서도 안되는 일이지만, 꿈속에서는 앞으로 일어날 일을 상징적으로 보여주기에 적합한 표현수단을 찾아 전개되고 있는 것이다.

어린아이는 그 일거리가 작고 미약하며 성숙되지 않은 일 또는 지식이 자기만 못한 어떤 사람, 그리고 더욱 열성과 사랑·애착 등을 가지고 성취시켜야 할 일거리의 상징물이다. 어린이와 성행위하는 꿈은 시작단계에 있는 어떤 일거리나 대상과 관련을 맺게 되거나, 경험이 미숙한 사람이나 순수한 사람을 만나게 되는 일로 실현될 것이다.

〈 동물과 성교하는 꿈 〉

꿈속에서 남성이 어떤 동물을 붙잡고 성교를 하거나, 여성이 호랑이나 뱀같은 동물에게 피동적으로 성교를 당하는 꿈이 있을 수 있다. 이 역시 꿈의 언어인 상징으로 풀이하면 쉽게 이해될 수 있다. 예를 들어, 한 여인의 꿈에 호랑이가 덤벼서 만족할 만한 성행위를 했다면, 호랑이는 백수의 왕으로서 명예와 권세의 상징물이고, 성행위는 결합 성사와 일의 성취를 뜻하고 있다. 처한 상황에 따라서, 호랑이로 상징된 사람과 인연을 맺거나, 승진이나 합격, 로또 당첨 등 좋은 일로 이루어지고 있다.

〈 동물 곤충류가 교미하는 꿈 〉

꿈속의 동물이 어떤 사람을 표상하여 나타내는 동일시라면, 현실에서 실제 인물들이 단체를 조직하거나 실제 성교 장면을 목격할 수 있게 된다. 그 동물이 재물의 상징표상이라면 합자 형식을 취하거나 재산이 증가되는 광경을 목격할 수 있다. 예를 들어, 자기 집 암돼지가 있는 곳에 남의 집 수돼지가 와서 교미하는 꿈이라면, 자신의 사업에 다른 사람이 새로운 합자 형식의 사업이 마련된다.

곤충류 역시 교미가 뜻하는 상징적인 의미 그대로 이루어진다. 다만, 곤충이 상징하는 의미 그대로 실현된다. 파리 · 모기 등의 해충의 교미는 상징의미 그대로 달갑지 않은 사람들끼리의 연합이나 자잘한 일 · 사업의 관련을 맺게 되는 것을 보는 것으로 실현될 것이다. 그리고 꿈속에서의 좋고 나쁨의 느낌대로 현실에서 그대로 실현되고 있다.

〈 여자 옷을 하나하나 벗기는 꿈 〉

어떤 여자의 옷을 알몸이 될 때까지 하나하나 벗기는 꿈을 꿀 수가 있다. 물론, 실제로 사실적인 미래투시의 꿈으로 꿈과 똑같은 일이 가까운 장래의 현실에서 실현될 수도 있겠다. 또한 프로이트 식으로 보자면, 평상시에 여자의 옷을 벗겨보고 싶다는 억눌린 성적(性的) 충동의 욕구가 꿈을 통해서 표출된다고 볼 수 있다. 그럼으로써 꿈을 통해서나마 소망충족의 대리만족을 얻게 된다고 보는 경우이다.

하지만, 우리가 주 연구대상으로 삼는 상징적인 미래예지 꿈에 있어서는 꿈속에 등장한 여자는 여자가 아닌, 그 어떤 대상(어학 공부)이나 사물·일거리를 상징적인 표상으로 등장시키고 있음을 알아야 할 것이다. 이 경우 꿈은 꿈을 꾼 사람이 처해진 상황에 따라서 다르게 실현된다. 꿈속에서 여자로 상징되어 나타난 새로 산 기계류이거나, 새로 산 책이 상징적인 표상물로 나타난 것이다, 옷을 벗기는 행위는 기계를 하나하나 분해하여 살펴보게 되거나, 새로운 책의 내용을 하나하나 탐구 또는 연구해 볼 일이 있게 됨을 예지해주고 있다.

이 경우에 있어서도 꿈을 꾼 사람이 처한 상황에 따라서, 달리 실현된다. 대학생이 꿈을 꾼 경우라면 일본어나 중국어 등 어학공부를 해나가는 일로 실현될 수도 있다. 회사원이라면 주식을 알게 되어 주식 공부를 해나가는 것을 상징하고 있다. 부동산 관계자라면 토지나 건물에 어떠한 하자가 없는지 꼼꼼히 따져보는 일로 실현될 지 모른다. 돈을 빌려준 사람이라면, 차용 증서나 그 밖의 어떤 문서 내용에 잘못이 없는가 따져볼 일도 생긴다.

〈 여자를 애무하는 꿈 〉
꿈속의 인물이 자신이 짝사랑하는 이성(異性)이었을 경우, 그녀와 애무를 하고 싶은 억눌린 잠재의식의 충동이 꿈으로 표출되어 대리만족을 하게 해주는 소망 표현의 꿈으로 되는 경우도 있다. 이 경우 역시 해몽의 필요성이 없는 자신의 바람을 꿈으로 투영시킨 것에 불과할 따름이다. 생생하게 실감나게 전개되는 꿈이었다면, 장차 관계하게 될 이성과의 관계를 사실적으로 보여주는 미래투시의 꿈일 수 있다.

상징적으로 애무의 꿈은 어떠한 대상이나 일거리에 대해서 알아보고 추진하는 것을 의미한다. 이 경우, 상대방 대상이 애무를 거절하는 꿈은 자신의 뜻대로 일이 이루어지지 않으며, 완전한 성취나 마무리보다는 탐색하고 알아보는 정도에 그칠 수 있다. 기분좋은 성행위까지 나아가는 꿈이 성취나 결합·성사로 이루어진다.

또한 남자가 꿈속에서 이러한 행위를 하면서 흥분되어 夢精(몽정)을 하였을 경우, 꿈에 있어서 어떤 상징적인 의미가 있다기보다는, 몽정을 위하여 꿈이 만들어낸 창작표상인 것으로, 꿈에 어떤 특별한 의미를 부여할 필요는 없다.

또한 여자의 입장에서 애무를 당하는 꿈은 어떤 사람에게 자기 비밀의 내용을 털어놓게 되거나, 자신을 드러내 보이게 되는 일로 실현된다. 애무를 당하는 꿈이었기에 수동적으로 남에 의해서 이루어지게 될 것이다.

〈 자신이 나체로 있는 꿈 〉

자신이 다른 사람 앞에서 혼자 옷을 벗거나 어떤 행동을 하였다면, 현실에서 어떤 사람 앞에서 자기의 신상문제를 적나라하게 털어놓고 의논할 일이 있게 된다. 이 경우 자신의 나체에 부끄러움을 느끼지 않고 당당한 것이 좋다. 예를 들어 입사 면접을 보는 여자가 떳떳하게 자신의 주장을 하는 일로 실현될 수 있다. 또한 자기의 나체를 감추려 하지만, 옷이 없고 가리지 못하거나, 강압을 받아서 꼼짝도 못하고 당황하는 꿈이라면, 입사 면접에서 소극적이며 자신의 의견을 내세우지 못하게 된다.

일반적으로는 자신이나 자신의 일거리·대상이 어려운 여건에 처하게 되어 벗어나려 하지만, 도와주는 사람도 없이 곤경에 처하게 될 것을 예지해주고 있다. 따라서, 나체를 부끄러워하거나 숨는 꿈의 경우에는 자존심이나 명예의 손상 등 안 좋게 이루어진다. 하지만 자신의 나체를 당당하게 자랑스럽게 생각하는 꿈이었다면, 일·사업 등에서 좋은 일로 실현된다.

〈 몽정에 대하여 〉

몽정(夢精)이란 수면중 꿈을 꾸면서 쾌감을 동반하여 사정하는 것을 말한다. 이때, 몽정에 대한 꿈의 역할은 사정을 극대화하도록 도와주는 역할을 하고 있다. 즉, 억눌린 성적 충동이나 욕망이 꿈을 통해 극대화되거나 각종 변태적인 행위들을 가능케 함으로써, 성적인 흥분을 유도시켜 사정을 하도록 도와주고 있는 것이다. 이러한 경우에 꿈에 있어서는 황당한 전개를 보이는 경우가 대부분이며, 이러한 꿈에 있어서 억지로 해몽을 시도할 필요는 없다. 몽정을 유도하기 위한 꿈이었을 뿐, 꿈속에 어떠한 특별한 뜻이 담겨 있는 것은 아니다. 짝사랑하는 사람과 성행위를 하게 된다든지, 낮에 경험했던 억눌렸던 성적 충동을 꿈으로 해소시키면서 몽정으로 실현되고 있는 것이다.

(4) 성행위 꿈의 실증적 사례

① 몽정의 꿈→ 자극적인 꿈의 무대를 통해 사정을 하게 해준다.

필자의 예로 청소년 시절에, 시내에 나갔다가 한 여성이 하얀 원피스의 짧은 미니스커트를 입은 모습을 본 일이 있다. 너무나도 멋있어 보이고 섹시해 보였던 그녀의 아름다운 모습은, 그날 밤에 몽정으로 실현되었던 아련한 기억이 있다.

② 음부 안에 도마뱀의 머리같은 것을 감추고 있는 여자를 본 꿈→흉계(성기 속의 동물)를 가지고 있는 것으로 실현되었다.

③ 유부녀와 성병을 걱정하면서 성행위 하는 꿈 → 부동산 매매 성사.

　　필자의 꿈체험담이다. 꿈속에서 유혹하는 유부녀에게 다가가려는 순간 '성병이 있으면 어떻게 하지' 걱정하다가 '창녀도 아닌 유부녀에게 무슨 성병이 있으려고—' 생각하고 유부녀와 성행위를 했던 꿈은 유부녀로 상징된 집을 구입하는 일로 이루어졌다. 성행위 꿈은 대부분의 경우에 부동산 매매 체결 등으로 이루어지고 있음을 알고 있었던 필자였다. 성병의 상징의미는 구입하게 될 부동산 집의 하자(瑕疵)의 유무로 상징되어 나타났으며, 성병이 없다고 생각한 것처럼 하자는 있지 않았다. 이 경우 상대방이 피임하는 꿈인 경우에는 흡족한 실현으로 이루어지지 않는다.

④ 남편이 모르는 여자와 성행위하는 꿈→아파트 분양 당첨

　　필자 사이트의 꿈체험기 란에 올려진 글을 전재하여 살펴본다.

　　"지난달인가 꿈해몽 요청을 하였었는데, 아이 아빠가 모르는 어떤 여자랑 성관계를 하였고, 해몽은 부동산 매매와 관련지어 성사된다는 요지의 답변을 해주셨습니다. 정말 해몽 받고 3일 후에 아파트를 분양 받았고, 저와 아이 아빠는 참 신기하게 생각하고 있으며, 요즘 꿈을 꾸게 되면 이 사이트를 이용을 많이 하게 되더군요."

필자의 '홍순래 박사 꿈해몽(http://984.co.kr)' 사이트는 실증사례에

바탕을 둔 국내 최대·최고의 방대한 자료가 축적되어 있다. 자료 검색 및 꿈체험기를 읽거나 쓸 수 있으며, 온라인 상담 및 전화상담을 할 수 있다. 독자 여러분들의 많은 애용을 바란다.

⑤ 여자를 소개받아 침대에서 성행위를 하는 꿈→ 자료 수집 성취

 "꿈의 배경은 어느 건물의 복도, 확실치는 않지만, 아마 2층이었던 것 같으며, 내가 꿈속에서 늘 익숙한 어느 남자 친구로부터 여자를 소개 받는다. 그리고 그 여자와 좀 어두운 방안으로 들어가 옷을 벗고 침대에서 성행위를 했다.

 꿈을 꾸었을 당시, 나는 어느 분야에 관한 자료를 수집하고자 했는데, 자료를 어디에서 구하고 어떻게 수집 정리할지 몰라서 안타까워했다. 그런데 그 꿈을 꾼 지 이틀 후, 생각지도 않았던 학교 후배에게서 전화가 와서, 만나기로 했다. 어느 카페(분위기가 어두움)에서 만났는데, 그 후배는 친구 한 명과 같이 나왔다. 그래서 셋이 여러 이야기를 나누던 끝에 그 후배와 같이 온 친구가 내가 모으고자 했던 자료를 많이 가지고 있고, 그 분야에 관심도 있다는 것을 알게 되어 많은 도움을 받았다."

오래전의 꿈동호회 모임의 회원이었던 분의 체험담이다. 상징적으로 여자는 여자가 아닌, 자신이 알고자 했던 어떠한 대상이나 자료를 뜻하는 바, 성행위로까지 나아갔기에 현실에서는 많은 자료를 얻는 일로 실현되고 있다.

⑥ 상대방이 성관계를 맺으려다 그치는 꿈 → 은행대출 연장불가 통보를 받음

　　어느 처녀의 꿈사례이다. "어떤 낯선 사람이 내게 굉장한 호의를 보인다, 내 유방을 만지며 어쩔줄 몰라 하며 성관계를 맺기를 간절히 원하는 듯하다. 성관계를 맺으려는 찰나에 어떤 여자가 방문을 열자, 상대방은 싸늘히 식어 더 이상 다가오려고 하지 않는다."

　　대출받은 돈의 만기일은 다가오는데, 대출이 연장되지 않는다는 통보를 받게 되는 일로 실현되었다. 남녀가 합쳐지는 상징적 표상으로 만족스런 성관계는 성사나 체결 등 일거리에 대한 만족을, 성교를 맺지 못하거나 방해를 받거나 불만족을 느낀 경우에는 흡족치 않은 일로 실현된다.

　　낯선 사람은 은행원을 의미하는 것으로 여자는 부동산 대출건으로 상징되었으며, 처음에 호의를 베푼 것은 대출심사에 올려놓고, 유방을 만지는 것은 부동산에 대한 가치 등을 알아보는 것으로 볼 수 있겠다. 성관계를 맺고자 하는 것은 은행건과 관련된 계약을 맺기를 바라는 것을 의미하나, 낯선 여자가 들어와 방해를 해서 상대방이 싸늘이 식었듯이, 생각지도 못한 일이 생겨 계약의 연장이 불가능하다는 통보를 받는 일로 실현되었다.

⑦ 옆에 앉은 한 여자의 크고 탐스런 유방을 등 뒤에서 만져본 꿈→ 출판사와 출간 타진.

　　고(故) 한건덕 선생님의 사례이다. 옆에 앉았다는 것은 자신하고 어떠한 인연이 맺어질 것이요, 여인의 유방으로 표상되는 어떠한 기관·단체·회사·사업·출판사 등과 관련이 있게 될 것을

예지해주고 있다. 또한 크고 탐스런 유방이라는 표상에서, 인연을 맺게 될 단체·기관·사람이 풍부하고 여유로움을 나타내주고 있다. 다만 등뒤에서 만져본 것에 그치는 소극적인 행위로써, 발전적인 성행위까지 이루어지지 않았다. 현실에서는 자금이 넉넉한 한 출판사를 물색해서 책 출판을 교섭하였으나, 교섭은 수포로 돌아갔다. 이는 꿈속에서 기분좋게 하는 성교를 하지 않았으므로, 일이 성사되지 않은 것으로 보아야 할 것이다.

⑧ 아내가 아닌 다른 여자와 정사를 즐기는 꿈 → 주택복권 1098회차 추첨에서 1·2등 3억6천만 원에 당첨.

"참으로 민망한 꿈을 꾸었어요. 아내가 아닌 다른 여자와 정사를 즐기는 꿈이었으니까요. 그런 꿈은 잠깐으로 끝나는게 보통인데, 이건 얼마나 길기도 했는지…. 이전에 다니던 회사 근처 식당의 뚱뚱보 아줌마랑 말입니다. 게다가 얼마나 성행위가 화끈했던지, 잠에서 깨어나서도 아주 생생했어요"

꿈속에서도 기분좋은 성행위를 하는 것은 아주 좋은 꿈으로써, 복권 당첨으로 실현되고 있다. 꿈속에서는 여자를 강제로 강간하는 꿈이라도, 본인의 기분만 흡족하면 아주 좋은 꿈이다. 일반적으로 강간하는 꿈은 현실에서는 어떠한 대상이나 부동산 같은 것을 본인이 주도적이고 강압적으로 추진하여 성사시키는 일로 실현될 것이다. 마찬가지 다른 예로, 꿈속에서는 마음에 드는 어떤 물건을 훔쳐오는 꿈도 좋은 꿈이다. 현실에서는 적극적으로 성취하는 일로 이루어진다. 살인의 꿈도 마찬가지이다. 정복·제압하고 복종시키는 상징의미가 있다. 따라서 꿈의 언어인 상징의 세계를 일상의 도덕관념이나 판단기준으로 보는 것은 어리석은 일이며, 꿈해몽은 꿈의 언어인 상징의 세계를 이해하는 것에 달려 있다.

ⓒ 모르는 여자와 성행위 꿈→ 인터넷 즉석복권 50만원 당첨.

> "꿈속에서 낯 모르는 여자와 정사를 나눴습니다. 나름으로 만족했어요. 그 여자는 자신의 성기에 이상하게 생긴 피임 장치를 하고 있더군요. 나와의 관계 후에, 그 피임장치들을 떼어내는 것을 보며 잠에서 깨어났어요. 다음날 점심시간에 심심풀이로 인터넷으로 즉석복권을 긁었는데, 50만원 당첨!"

상징적으로 성행위시에 상대방이 피임을 하는 꿈이라면, 일반적으로 어떠한 계약 성사나 체결의 단계에서 이루어지기는 하겠지만, 자신의 뜻대로 계약조건이 이루어지지 않고 다소 아쉬운 계약 조건이 된다든지, 자신의 영향력을 완전히 행사하지 못하는 일로 이루어진다고 볼 수 있다. 물론 50만원 당첨도 큰돈이지만, 아쉬운 당첨 결과라 할 것이다. 앞서의 화끈한 성행위 결과가 3억 6000만원에 당첨된 것과 비교한다면, 아주 사소한 결과로 실현된 것이라 볼 수 있다. 피임장치 등으로 장애를 받았던 성행위의 상징성이 인터넷 즉석복권 추첨의 진행과정에서 아슬아슬하게 몇 개의 번호가 비껴나가서, 이렇게 적은 당첨금에 당첨되는 일로 실현되었다고 보아야 할 것이다.

⑩ 어머니와 성교(性交)한 꿈→ 정권 획득

외국의 꿈사례이다. '줄리어스 시이저'가 어머니와 성교하는 꿈을 꾸었다는 이야기가 전해졌는데, 이 꿈을 당시의 해몽가들은 '시이저'가 대지(大地)를 소유하게 될 길몽이라고 해석했다.

상징적인 미래예지 꿈의 입장에서, 어머니는 어떤 일거리·대지·고향 등을 상징할 수 있고, 성교는 일의 성패 여부를 상징하므로, '시이저'가 장차 커다란 대지나 큰 권리를 소유하는 현실로 실현될 것이기 때문이다.

6) 자신(타인)이 죽는 꿈

(1) 죽는 꿈에 대하여

꿈속에서 자신이 죽거나, 다른 사람이 죽는 것을 보는 꿈이 사실적으로 전개되는 꿈의 경우에는 실제로 자신이나 주변의 누군가에게 사고가 일어날 수도 있다. 하지만 우리가 꾸는 대부분의 상징적인 미래예지 꿈의 입장에서는, 현실에서의 죽음이란 두렵고 숨막히는 일이지만, 꿈속에서의 죽음은 재생이자 부활로써 낡은 껍질을 벗고 새롭게 태어나는 최고의 길몽에 속한다. 오토바이에 치어 죽는 꿈으로 복권에 당첨된 사람이 있는 바, 새로운 인생길로 나아가게 될 것을 꿈에서는 자신이 죽는 상징으로 보여주고 있는 것이다.

이때, 피를 온통 뒤집어쓰고 죽는 꿈은 더욱 좋다(널리 알려진다). 이 경우 피는 진리·사랑·재물·생명력·감화력·돈 등을 상징하여 꿈에서 피를 덮어쓴다는 것은 이러한 영향력을 받게 되는 것을 뜻한다. 다만, 자기 몸에서 피가 나면 정신적 물질적인 손실이 있게 될 수도 있으며, 꿈속의 자기가 일의 상징일 때는 남에게 사상적 감화를 줄 수 있게 된다.

종교적인 의미에서의 죽음은 신(神)앞에 자기가 지은 죄를 회개하고 그 심령이 거듭남을 뜻한다. 또한 자살하는 꿈은 자신의 의지로 새로운 길로 나아가게 될 것을 뜻하며, 새로운 일에 착수하거나 신분·직위·사업·집 등이 새로워진다.

(2) 죽는 꿈 해몽 요약

- 죽는 꿈의 상징의미는 지금까지 관심을 갖고 있거나, 벅차게 생각했거나, 성취해야만 했던 일 등이 새로워지거나 이루어짐을 뜻한다.
- 자기가 수술을 받다 죽는 꿈의 경우, 집의 매매·결혼·사업이나 심사중인 작품 등이 성취된다.
- 자연사하는 꿈을 꾼 경우에는 자신의 죽음이 아닌 어떤 일거리나 작품 따위가 성사될 것을 예지하는 꿈이다.
- 저절로 죽었다고 생각되는 경우, 어느 기관이나 사업장에 위탁한 일이 노력하지 않고 성취됨을 체험한다.
- 죽었다는 소식을 듣는 꿈은 자타의 일거리나 작품이 성사되거나, 어떤 사람이 자기에게 협조해 주겠다는 언질을 받아낼 수도 있다.
- 누가 죽을 것이라고 생각하는 꿈은 상징적으로 예기치 않은 일이 이루어지거나 미확인된 일이 조만간 성사된다.
- 자동차는 어떤 회사나 단체를 상징하므로, 깔려 죽는 꿈은 자기의 일거리나 작품 따위가 그런 곳에서 성사된다. 또한 바위·건물·동물·흙더미·나무 자동차 등에 치이는 꿈은 어떤 기관이나 세력 단체에 의해서 일이나 사업이 성취된다.
- 죽은 사람의 사진이나 유서가 부쳐져 오는 꿈은 작가의 사진이나 프

로필·기삿거리가 지상에 발표된다.

- 은사가 죽었다는 부고가 오는 꿈은 어떤 윗분의 작품이나 프로필이 신문·잡지에 게재된다.

- 아는 사람이 죽어 유물을 보내오는 꿈은 그 사람이 성취한 일이나 책 같은 것이 부쳐져 온다.

- 부고를 받는 꿈은 사업이나 소원이 성취된 기별을 받거나, 입학 통지서나 합격 통지서 등을 받게 된다. 단, 사실적인 미래투시 꿈인 경우 실제로 부고를 받을 수 있다.

- 부모가 죽어서 통곡하는 꿈은 정신적·물질적인 유산을 물려받게 되거나, 작품이나 사업 등이 성취된다.

- 죽은 자가 되살아나는 것을 보는 꿈은 자기가 성취시켰다고 생각하는 일이 수포로 돌아간다.

- 자기의 애완동물이 죽었다가 되살아나는 꿈은 어느 기관에 제출했던 글이나 작품이 되돌아온다.

- 폭발물이 터져서 죽는 꿈은 혁명적이고 창의적인 일이 성사되어 세상에 크게 소문난다.

(3) 죽는 꿈에 대한 실증적 사례

① 물고기에게 잡혀 죽임을 당한 꿈→ 학도병을 피함

　　내 일생을 통해 가장 큰 위기와 시련을 겪은 일이 있었다. 일제 말기의 학도병 사건이었다. '일본 군대로 끌려가 생명을 잃다니?' 하는 생각을 해보라. 그렇게 가슴 아프고 답답한 일이 또 어디 있겠는가? 이런 문제를 놓고 고민할 즈음이었다. 어떤 날 밤의 꿈이었다.

　　[내가 넓은 바닷가 바위 밑에 앉아 낚시질을 하고 있었다(생시에는

없는 일이었다). 드리운 낚싯대 끝이 흔들거리기 시작하더니, 큰 물고기가 걸려 나왔다. 물고기는 붕어 모양을 하고 있었는데, 그 크기는 고래와 같았다. 질겁을 한 나는 도망을 치려 했으나, 순식간에 그 물고기의 밥이 되고 말았다.]

꿈에서 깨고 보니 가슴이 들먹였고 호흡이 가쁘게 쉬어지고 있었다. 너무나 순식간의 일이었다. 이런 꿈을 꾼 뒤 오랜 세월이 흘렀다. 생명의 위기를 벗어날 꿈이었던가 싶었다. 그때 나는 운명적으로 학도병을 피했고, 그 당시의 위기를 다행히 벗어날 수가 있었다. ─학도병을 피할 꿈 / 연세대 교수 김형석

② 교통사고가 나서 안락사 하는 꿈→ 직장에서 우수한 근무 성적을 받음

안녕하세요. 저는 25세의 직장 여성입니다. 제가 직장 동료 차를 타고 가다가 차 사고가 나서 안락사 하게 되었습니다. 고통을 전혀 느끼지 않았습니다. 사방은 캄캄하고 느낌만 존재했습니다. 작은 촛불이 보이고 제가 눈물을 보입니다. 주위에선 절 응원하는 소리가 들렸고, 세 명의 후보가 보였습니다. 제 이름이 유난히 돋보이더군요. 직감적으로 느낌이 좋았습니다. 두 달 후 직장에서 세 명의 후보 중 가장 좋은 근무 성적을 받게 되는 일로 실현되었습니다.

③ 물에 빠져 죽은 조카애의 머리만 건졌던 꿈→ 주식투자를 하여 큰 이익을 냄

한 부인의 꿈에 연못에 조카애가 빠져 큰일났다고 막대기로 휘저어 올려 낸 것이 몸뚱이는 없고 머리만 남아 있어 대성통곡을 하

였다. 이 꿈은 주식 투자를 함에 있어서 최고 액수(머리)를 얻을 것을 예지한 꿈으로 대성통곡한 것이 크게 기쁨을 만끽할 수가 있었던 일이다. 여기서 대성통곡이란 널리 알리고 크게 소문 낼 것이 있음을 나타내고 있다.

④ 3년후 촛불이 꺼지면 죽는다는 꿈 → 실제 남편의 죽음으로 실현

"허리도 구부정하고 머리가 하얗게 센 어떤 할머니가 우리집 화단에 쪼그리고 앉아 있었습니다. 그리고 그 화단 옆에는 담이 하나 있는데, 그 위엔 다 꺼져가는 촛불이 있었습니다. 그 할머니는 지나가는 어느 한 사람을 가리키며, 저에게 이런 말을 했습니다. "3년 후 이 촛불이 꺼지면 저 사람은 죽는다." 라고 그래서 저는 "저 사람이 누굽니까?" 하고 물어보았지만 할머니는 대답이 없었습니다. 꿈에서 깨어나, 저는 그 꿈이 너무나 무섭게 느껴졌고 한동안 그 꿈을 잊을 수 없었습니다.

그 꿈을 까마득히 잊고 있던 몇년 후, 어느날인가 남편이 아프기 시작했습니다. 그리고 남편이 이런 꿈이야기를 한 적이 있었습니다. 꿈에 고향 산소에 갔었는데, 산에 음식들이 잔뜩 널려있고 많은 사람들이 울고 있었다고, 그래서 남편은 그 음식들을 집으로 가져와 먹었다는 것이었습니다. 그후로부터 한달쯤 후에 남편은 그 꿈과 딱 들어맞게도 고향 산소에 묻히게 되었습니다. 그제서야 저는 몇 년 전의 꿈이 떠올랐습니다. 그 꿈을 꾸었던 연도를 생각해보니, 신기하게도 남편이 죽은 해가 바로 그 꿈을 꾼지 3년되는 해였습니다. "

죽는 꿈이 반드시 좋은 일로 일어나지는 않으며, 처한 상황과 꿈이 어떻게 전개되느냐의 여부에 달려 있다고 하겠다.

⑤ 총을 맞고 죽는 꿈→ 새로운 인생길을 가게 됨

　　필자의 꿈사례이다. 16년 전 어느 날 꿈속에서 누군가로부터 총을 맞고 죽는 꿈을 꾼 적이 있다. 자신이 죽는 꿈은 현재 처한 상황의 낡은 껍질을 벗고 새롭게 태어난다는 것을 예지해주고 있다. 즉, 총을 맞아 죽는 꿈으로 상징적으로 보여줌으로써, 현재의 자신은 사라지고 새로운 자신이 태어남을 상징적으로 보여주고 있는 것이다.

　　이는 필자의 첫 저서인 『파자이야기』의 출간을 한달 앞두고 꾸어진 꿈으로, 이러한 사실은 필자가 그 이후로 평범한 고교 국어교사에서 대학원 박사과정 진학 및 10여권의 저서 출간, 언론매체 및 인터넷 사이트의 활동 등의 일로 새로운 인생의 길을 걸어가고 있는 것으로 실현되고 있음을 볼 때, 꿈의 미래 예지력은 놀라울 정도로 정확하다는 것을 보여 주고 있다.

⑥ 달리기를 하다가 뼈만 앙상하게 되어 죽은 아이 시체→ 잡지사에 제출한 글이 짧게 소개됨.

　　여러 애들과 함께 정해진 코스를 돌아오는 가운데 우리 애도 있었는데, 우리 애가 죽었다고 관에 담아 왔다. 자세히 보니 살은 다 떨어지고 뼈만 앙상하게 담아 있어 이상하게 생각했다.

　　이 꿈은 어느 잡지사에 제출한 꿈에 관한 작품 단편이 자세한 해설을 생략하고, 개요만 소개될 것을 예지한 꿈이었다.

⑦ 남편이 죽었다는 꿈→ 국회의원 당선 예지

노회찬 전(前) 국회의원과 친분이 있었던 다른 국회의원의 부인은 총선 전에 '노회찬 의원이 죽는 꿈'을 꾸고 있다. 이처럼 정신능력의 활동이 활발한 사람은 꿈꾸는 예지능력이 탁월하여, 주변 사람에게 일어날 일을 대신 꿈꿔줄 수가 있다. 꿈의 실현은 노회찬 의원이 2004년 국회의원에 당선되는 것을 죽는 꿈으로 예지하고 있는 바, 죽는 꿈의 상징의미는 새로운 탄생으로 새로운 인생길이 열리게 됨을 예지해주고 있다.

⑧ 전복된 차위에 승용차 두 대가 덮치는 꿈→ 주택복권 3억원 당첨!

정00(59세)씨가 복권을 산 것은 순전히 뒤숭숭한 꿈 때문이었다. "화물차를 운전하다 차가 전복됐어요. 그 차 위에 승용차 2대가 덮치는 꿈을 꾸고는 놀라서 깼어요."

차가 전복되고, 두 대의 차가 덮쳐서 깔려 죽는 꿈을 꾸고 새로운 탄생의 인생길을 걸어가게 되었다고 볼 수 있겠다. 한편 정씨는 "덮친 2대의 승용차는 1등의 2매 1세트에 당첨되려고, 그런 꿈이 꾸어진 것 같아"라고 말하고 있는 바, 일리가 있다고 해야 할 것이다.

⑨ 헬기를 타다 죽는 꿈→ 1억 당첨

인터넷 주택복권에서 9번째 억만장자 1등 1억에 당첨된 최00(경기,32세). 헬기를 타고 어딘가를 가던 최00는 폭파와 함께 추락하며 죽는 꿈을 꾼 후에, 평소 즐겨 긁던 복권이 1등에 당첨되고 있다.

⑩ 자신의 이마에 총 한 방 맞은 꿈→ 복권에 당첨됨

복권 5장을 사놓고 며칠 후 꾼 꿈이다. 낯선 사나이가 군중 속에서 권총을 높이 쳐들고 "여기 단 한 발의 총알이 있는데 누구를 쏠까? 하면서 총을 마구 휘둘러 댄다." 모두들 무서워 뿔뿔이 흩어졌고 나도 총을 피하기 위해 안간힘을 써서 간신히 땅바닥에 머리를 대고 피했다. 잠시후 조용하여 주위를 살펴보기 위해 고개를 드는 순간, 내 이마 한 가운데에 총알이 맞았다. 그 순간 놀라 잠을 깨었다.

복권당첨으로 실현된 바, 처한 상황에 따라 막대한 재물이나 이권을 얻게 된다든지, 새로운 탄생 부활의 길로 나아갈 수도 있다.

⑪ 총에 맞아 가슴에 구멍이 뻥 뚫린 꿈→ 주택복권 당첨

"누군가 함께 길을 가는데, 일행 한 명이 총을 맞았는데, 가슴에 커다란 구멍이 뻥 뚫렸어요. 깜짝 놀라 잠이 깼어요."

상징적인 미래예지 꿈이며, 꿈속에서 죽은 사람 또한 자아의 또다른 창작 표상물로 등장되고 있다. 그렇지 않다면, 당연히 복권당첨은 총을 맞아 죽은 사람에게 실현될 것을 예지하고 있는 꿈이다.

⑫ 불에 타 죽는 꿈→ 복권 당첨.

"자동차 사고로 차체가 붕 뜨는 듯싶더니 논바닥에 거꾸로 박히면서 와지끈 부서지는 소리와 함께 이내 화염에 싸이더니, 나의 온몸에 불길이 붙는 것을 보고는 질겁을 하여 비명을 지르다가, 눈을 뜨니 꿈이었다." —주택복권 1등에 당첨될 꿈/ 시인 이기진

자신이 불에 타 죽는 꿈으로 1972년 당시 주택복권 1등에 당첨

되었음을 밝히고 있는 사례이다. 뜻밖의 주택복권 1등에 당첨되어, 삶에 커다란 변화를 가져오게 될 것을 자신이 불에 타 죽는 꿈으로 예지해주고 있다.

⑬ 암에 걸려 피를 토하며 죽는 꿈→ 자치복권 2천만원 당첨
　자신이 암에 걸려 피를 토하며 죽는 꿈이었다. 차를 몰고 가다 갑자기 멈추고 싶어졌고, 멈춘 곳은 복권 가판대가 있어 15회차 자치복권 딱 2장 산 복권이 2천만원에 당첨된 것이다.

⑭ 자기가 죽어서 온 집안이 통곡을 하는 꿈→ 맏형이 복권에 당첨
　삼형제 중에 막내의 꿈으로, 실제로는 맏형이 복권에 당첨되고 있다. 자기는 어떠한 사업체나 일거리 · 작품 · 기타 성취시켜야 할 일의 대상이고, '죽었다' 는 것은 그 일이 성사되고 성취되었음을 뜻한다. 그리고 그 일로 인해서 온 집안 식구가 통곡한 것은 모든 가족이나 모든 회사원이 크게 기뻐하고 만족하며 소문을 낼 일을 상징하고 있다.
　꿈은 동생이 꾸고 복권은 맏형이 당첨된 것은 태몽 꿈의 경우와 같이 자신과 관계된 사람의 꿈을 대신 꿈꾸어 준 것으로 볼 수 있겠다. 때에 따라 매몽의 절차를 거치기도 하는 바, 집안 식구끼리는 더욱 두드러지게 나타나고 있다.
이밖에도 돌아가신 아버님께서 "죽지 않겠느냐"고 물으셔서 '죽으면 어떻게 하나' 안간힘을 쓰며 집안과 자녀 걱정을 하다 깨어난 꿈, 4명이 죽고 본인이 죽을 차례인 꿈, 주먹만한 땅벌이 제 머리 정수리에 침을 한방 퍽 쏘아 피가 나온 꿈으로 복권에 당첨된 사례가 있다.

7) 죽이는 꿈

(1) 죽이는 꿈에 대하여

꿈해몽은 꿈의 언어인 상징으로 풀이해야 한다. 죽이는 꿈은 현실에서는 죄악이지만, 꿈의 언어에서는 정복과 굴복시킴을 상징하고 있다. 한편 일상의 관습적인 언어에서 "너 죽을래" "죽여버릴꺼야" 라는 의미는 실제로 죽인다기보다는 복종과 굴복을 강요하는 관습적 언어의 상징으로 쓰이고 있다. 예를 들어 호랑이를 죽이는 꿈의 경우, 호랑이로 표상된 어떤 사람이나 대상을 굴복시켜 자신의 뜻대로 이루어질 것을 예지해주고 있다. 한편 처한 여건에 따라 동물을 죽이는 꿈은 태몽인 경우 유산되거나 유산시키는 일로 실현된다.

(2) 죽이는 꿈 해몽 요약

- 짐승이나 사람을 죽이는 꿈은 각각으로 표상되는 사업 · 일 · 사람 등을 제압 · 굴복 · 복종시키고, 자신의 뜻대로 따를 수 있는 심복으로 만든다는 의미를 지닌다.
- 사람 또는 동물을 죽이고 양심에 가책을 받아 두렵거나 불안해하는 꿈은 어떤 일을 성취하더라도 뒤처리를 할 수 없거나 불안한 일을 체험한다.
- 적병 중의 마지막 한 사람을 죽이지 못하는 경우, 어떤 관청의 일을 여러 계통을 거쳐 순조롭게 처리하다가 그중 한 가지 일이 난관에 부딪히게 된다.
- 상대방을 죽였는데 죽지 않고 되살아나는 꿈은 사업이 성취 단계에서 완성시키지 못하고 심한 고통을 받게 된다.

- 사람 · 짐승 · 곤충 등을 죽이는 꿈은 어떠한 일거리나 대상이 완전히 성취됨을 암시한다. 다만, 태몽표상인 경우에서는 유산되거나 유산시키는 일로 실현된다.
- 사납고 큰 동물이 달려드는 것을 죽이는 꿈은 벅찬 일거리나 사건 등을 시원하게 처리할 수 있게 된다.
- 사람이나 동물을 잔인하게 죽이는 꿈은 현실에서 일처리에 냉정하면서 신속하게 처리하거나 성취함을 뜻한다.
- 벌 · 파리 · 모기 및 기타 해충을 죽이는 꿈은 개인 또는 집단적인 방해 또는 근심 · 걱정이 해소된다.
- 어떤 동물이나 벌레를 죽이는 꿈은 벌레로 상징되는 방해적인 여건이나 근심 · 걱정이 해소된다. 환자의 경우 벌레를 죽이는 꿈은 질병에서 회복되는 일로 실현된다.
- 자기가 탄 차가 사람을 치여 죽이는 경우, 자기 사업체나 직장에서 어려운 난관을 해결하게 된다.
- 한 칼로 두 사람을 동시에 죽이는 꿈은 하나의 방법에 의해서 두 가지 일이 성사되는 일로 실현된다.
- 죽음 직전에서 살려 달라고 애원하는 적을 살려주는 꿈은 자기에게 해를 끼친 사람을 용서하거나 연대 책임을 지게 된다.
- 뱀 · 구렁이 등 동물을 죽이는 꿈은 그 동물로 표상된 사람이나 대상을 제압하고 굴복시키는 것을 뜻한다. 다만, 그 동물이 태아의 상징일 때는 유산하거나 중도에서 요절한다.

(3) 실증적 사례
① 멧돼지를 총으로 잡는 꿈→ 신문 연재에서 대박을 터뜨리다.

만화가 고우영 씨가 일간스포츠에 〈임꺽정〉을 연재하기 직전인 1971년도에 꾼 꿈이다. 마루에 서 있는데 무지하게 큰 멧돼지가 자그마한 나무 대문을 부수고 집 안으로 쳐들어왔다. 멧돼지는 고 씨를 노려봤고, 뒤쪽에선 그의 처자식이 부들부들 떨고 있었다. 그는 얼른 사냥총을 꺼내 멧돼지의 이마를 향해 쐈다. '쿵' 하는 소리를 내며 멧돼지는 땅바닥에 쓰러졌고, 네 발을 버둥거리고 있었다. 너무도 생생한 꿈이었다.

꿈의 실현은 일간스포츠에 연재한 〈임꺽정〉이 당대 최고의 화제작으로 떠올랐고, 그는 이때부터 부와 명예를 움켜질 기반을 쌓게 됐다.

—요약 발췌. [장상용 기자의 만화가 열전] 스포츠 한국, 2003/02/05

② 집안 어른을 칼로 찔러 죽인 꿈→ 시합에 참가하여 우승

집안 어른 한 분이 아무 말씀도 하지 않고, 내 방안에 들어와 그냥 앉아 계셨다. 나는 이렇다할 이유도 없이 집안 어른께 고함을 지르다가, 군인들이 쓰는 단검을 손에 쥐고, 그 어른의 왼쪽 가슴을 깊이 찔렀다. 칼이 찔린 곳에서는 짙은 피가 흘러 나왔고, 나는 '큰일을 저질렀구나' 하고 생각하다 당황한 마음으로 잠을 깼다.

꿈의 바꿔놓기 특성에 의해 집안의 어른은 큰일 또는 과업의 상징적 의미가 되며, 죽였다는 행동은 성취하는 결과를 가져다 줄 것이다. 그리고 '큰일을 저질렀구나' 하고 당황했다는 것은 정신적으로 심적으로 큰 감동이나 감명을 받을 것이라는 예지이다. 또 고함을 지른 것은 일의 중간 과정에서 애를 쓴다는 의미이다.

당시 나는 고등학교 핸드볼 팀의 주장 선수였으며, 서울에서 열리

는 전국체육대회에 참가하게 되었는데, 기대 이상으로 우승을 하고 돌아오게 되었다. 당시에 지방에서 서울로 운동경기를 하러 간다는 것 자체만 하더라도 대단한 것이었으며, 학교의 예산관계로 처음에는 거부당했다가, 교장 선생님께 내가 직접 조르기도 하여 나중에 번복을 했었던 것이다. ─운몽

③ 호랑이를 죽인 꿈→ 희망하던 대학의 학과에 합격

대학 입시 결과 발표 하루 전날의 꿈이었다. 내가 개 한 마리를 데리고 산으로 소풍을 나갔는데, 갑자기 호랑이를 만났다. 나는 잭나이프를 쥐고 호랑이와 격투를 하게 되었는데, 결국 내가 호랑이를 죽이고 말았다. 그리고 그 잭나이프로 벌렁 자빠져 있는 호랑이의 고환을 잘랐더니, 그 자리에서 피가 벌겋게 배어 나왔다. 그래서 나는 통쾌한 기분으로 잠을 깨었다.

나는 합격의 꿈이라고 믿고 기분이 들떠 있었다. 실제로 발표 날 낮에 마침 서울에 계시던 아버지로부터 합격을 축하한다는 전보를 받았다. 그리고 희망하던 1차 지망학과에 들어갔다. 호랑이의 상징은 권세, 큰 세력, 벅찬 일 등이다. 죽이는 것은 성취·목적 달성이며, 대학 입시 발표 날의 문턱에서 이러한 꿈을 꾸었으니 합격은 따 놓은 당상이다. 그리고 호랑이가 죽었는데도 고환을 잘라 피가 배어 나오는 것을 보았으니, 이것은 2차적인 일도 만족스럽다는 것을 예지한다. 즉 장학생이 된다든가, 누가 입학금을 댄다든가, 아니면 1차 지망과나 적성에 맞는 과에 들어간다는 것 등이다. ─운몽

④ 언니를 가마솥에 삶아 먹는 꿈→ 언니가 대학 수학능력 시험을 잘

치름

　언니가 시험보기 전날, 나는 참으로 이상한 꿈을 꾸었다. 우리 집은 2층 양옥집인데 꿈에서는 한옥집이었다. 그 당시 나는 어린 아이였고, 언니는 학교를 다니는 것 같았다. 아버지께서는 어딘가 너무 아프셔서 누워 계셨다. 그러던 어느 날 집으로 작은아버지께서 찾아오셨다. 작은아버지는 큰 딸을 가마솥에 넣고 푹 고아서 그 살과 무언가를 먹으면 병이 낫는다고 하셨다. 그 때 나는 너무 놀라 울면서 오빠에게 말을 했고, 가슴이 조마조마해지며 언니를 기다렸다. 그런데 언니가 대문을 열고 뛰어 들어옴과 동시에 어머니께서는 언니의 머리채를 잡고 부엌으로 들어갔다. 그리고 언니의 울음소리와 함께 언니는 가마솥 안으로 들어가는 것이었다. 방안에서 아버지는 주무시고 작은아버지는 초조히 기다리시다가 어머니께서 언니의 살을 썰어서 고추장과 같이 방안으로 가지고 가셨다. 아버지와 작은아버지께서는 그것을 드셨다.

　이상한 꿈이라고 생각을 하고 언니의 시험결과를 기다리는데, 언니가 오늘 컨디션이 좋다면서 아주 시험을 잘 보았다고 했다. 그제서야 꿈 이야기를 가족들에게 했더니, 아버지께서 언니를 보고 "운수가 좋겠구나" 하셨다.

⑤ 아들이 다른 사람을 죽이는 꿈 → 시합에서 우승

　태국 테니스 선수 '파라돈 스리차판'이 세계 제일의 미국 테니스 선수 '안드레 아가시'를 물리치는 이변이 일어나기 3일전, 파라돈의 어머니가 아들인 파라돈이 어떤 사람을 죽이는 끔찍한 꿈을 꾸었다고, 태국 영자지 네이션이 28일 보도했다. 우본은 "내 아들이 아가시

를 이기리라고는 생각지도 못했었다" 면서 감격해 했다. ―연합뉴스,
김성겸 특파원, 2002.6.28.

태국의 꿈사례로, 아들이 다른 사람을 죽이는 꿈을 꾼 후에, 테니스
선수인 아들이 벅찬 상대였던 안드레 아가시를 물리치는 이변으로 실현
되었는 바, 꿈의 상징기법은 민족을 떠나 보편성을 띠고 있음을 단적으
로 보여주고 있다.

8) 뱀 · 구렁이 꿈

(1) 뱀 · 구렁이 꿈에 관하여

뱀(구렁이)은 사람의 상징으로 많이 등장하고 있다. 특히 여성에게 있
어 구렁이는 남성의 상징으로 많이 등장되고 있다. 태몽꿈의 표상으로도
뱀과 구렁이는 자주 등장되고 있다. 구렁이인 경우 아들, 뱀은 딸일 확률
이 높지만, 절대적인 것은 아니다. 일반적으로 작은 뱀의 표상보다는 구
렁이의 표상이 보다 그릇이 큰 인물이 됨을 예지해주고 있다. 한편 뱀이
나 구렁이는 이권이나 재물의 상징으로 자주 등장되고 있으며, 이 경우
뱀을 잡거나 죽이는 꿈이 좋은 꿈이다.

(2) 뱀 · 구렁이 꿈해몽 요약

- 뱀은 권력가 · 세도가나 지혜롭고 교활한 사람을 상징하며, 이권이
  나 재물, 권세 · 명예 · 작품 · 사업체나 기관을 상징하며, 사건 · 사
  고의 상징이기도 하다.
- 꽃뱀이라는 말이 있듯이, 화려한 뱀은 화류계 여성이나 미모와 지혜

가 뛰어난 여성의 상징으로 쓰일 수 있다.

- 뱀이 나무줄기 모양으로 늘어져 위장하고 있는 꿈은 음흉한 자의 계교에 넘어간다.
- 뱀이 동체를 감은 채 혓바닥을 널름거리고 있는 꿈은 흉계를 가진 자에게 해를 입는다.
- 뱀이 몸을 감고 턱밑에서 노려보는 꿈은 배우자에게 자유를 구속받거나 계속되는 불화로 가정 파탄을 면치 못하게 된다.
- 뱀에게 물려 독이 퍼지는 꿈은 권세나 명예 또는 재물을 얻는다. 안좋게는 사건·사고에 휩싸이게 된다.
- 뱀의 뱃속에서 이빨을 고치는 약을 꺼내는 꿈은 재물이 생기거나 경품권 같은 것을 얻는다.
- 뱀이 대문으로 들어오는 꿈은 집안 식구가 늘거나 재물이나 이권이 생기며, 뱀이 문에서 들여다보면 청탁자나 청혼자가 생긴다.
- 몸을 감고 있는 뱀을 죽이는 꿈은 벅차고 어려운 일 또는 방해적인 사람의 속박에서 벗어난다.
- 뱀이 자기 몸을 칭칭 감는 꿈은 이성과의 육체관계나 결혼·임신 등의 일과 관계한다.
- 여자의 몸에 구렁이가 감기는 꿈은 처녀는 훌륭한 배우자를 얻고, 유부녀는 외간 남자와 연애하게 되거나 태몽으로 실현된다.
- 뱀이 재물의 상징인 경우, 몸에 감기는 꿈은 매우 좋아 차차 부귀해짐을 뜻하나, 몸에 붙었던 뱀이 떨어져 나감은 점차 가난해질 전조이다.
- 구렁이는 일반적으로 사람을 상징하거나, 이권이나 재물 또는 일·작품 등을 상징한다.

- 큰 구렁이를 치마로 싸서 죽이는 꿈은 사람의 상징인 경우, 교통사고 등의 안좋은 일로 실현된다. 태몽 꿈의 경우에는 유산하게 된다.
- 큰 구렁이한테 물리는 꿈은 사람의 상징인 경우, 훌륭한 배우자나 협조자를 만나며 권리나 명예가 주어진다.
- 논두렁 밑에 물고기나 뱀 등이 우글거리는 것을 보는 꿈은 재물이나 이권을 획득하게 된다.
- 큰 구렁이를 죽여 피가 나는 것을 보는 꿈은 방해자를 제거하거나 일을 성취시켜 그것으로 인하여 돈이 생긴다.
- 구렁이가 허물을 벗고 사라지는 것을 보는 꿈은 사람의 상징인 경우 과거의 죄를 청산하고 새롭게 태어남을 보게 된다.
- 연못 속의 무수한 뱀을 보는 꿈은 박물관이나 고분 속의 골동품 또는 금은보화를 보게 되는 일로 실현되고 있다.

(3) 뱀 및 구렁이에 관련된 태몽
- 뱀이 치마 속으로 들어오는 것은 태아를 잉태할 태몽이다.
- 뱀과 성교하면 세도가와 계약 또는 동업할 일이 생기고, 태몽이면 장차 권세·명예·지혜를 가질 아이가 태어난다.
- 큰 구렁이와 관계된 태몽은 남아를 낳을 가능성이 높으나, 여아인 경우에는 재주가 뛰어나거나 그릇이 크며 명성을 떨칠 사람, 즉 여류작가·정치가·사업가가 됨을 뜻한다.
- 공동 우물에서 큰 구렁이와 그 밑에서 득실거리는 지네를 본 태몽으로 태아가 장차 사회사업가가 된 사례가 있다.
- 청색 구렁이가 산정에서 몸체를 아래로 늘어뜨린 태몽으로 기관이나 사회단체의 장으로 실현된 사례가 있다.

- 큰 구렁이 옆에 많은 잔 뱀이 있는 것을 보는 태몽은 장차 권세를 잡아 국가나 사회단체의 지도자가 된다. 이러한 태몽으로, 군 장성과 유명가수가 된 사례가 있다.
- 『시경(詩經)』에서 말하기를 "곰과 말곰은 아들을 낳을 상이요, 독사와 뱀은 딸을 낳을 상이라네" 하였다. 곰이나 말곰은 산에 있으니 양의 상징이다. 그래서 사내아이를 낳을 징조이며, 독사와 뱀은 구멍 속에서 살기 때문에 음의 상징이다. 그래서 계집아이를 낳게 될 징조라고 했다.

(4) 뱀 및 구렁이 꿈에 대한 실증적인 사례

① 뱀들이 피투성이로 죽은 꿈→ 아버님이 병환으로 돌아가심.

　　수많은 뱀들이 온 집안에 꿈틀거리면서 나뒹굴었다. 그런데 얼마 후에 보니, 모두 두 동강이 나거나 피투성이가 되어 축 늘어져서 죽어 있었다. 그후에 아버님이 병환으로 돌아가셨다.

② 뱀 두 마리가 자기 팔뚝을 물었다가 한 마리가 떨어져 나간 꿈→

　　중소기업 사장이 새로운 기계 둘을 도입하여 사용하게 되었는데, 기계 하나는 고장으로 사용하지 않게 됐다.

③ 뱀에게 물리는 꿈→ 조카가 죽음.

　　큰 뱀 한 마리가 고개를 쳐들고, 엄지손가락과 집게손가락 가운데를 물어 살이 찢겼는데 피가 나지 않은 꿈이었다.

　　뱀에게 물린 꿈이 현실에서는 3일 만에 조카가 교통사고로 숨지는 일로 실현되고 있다. 다만, 꿈속에서 뱀이 등장한다고 다 나쁜 것은 아니다. 표상이 어떻게 전개되느냐에 있다. 뱀이 몸을 휘감는 꿈을 꾸고 아들의 합격소식을 들은 사례가 있다. 이 경우 꿈

속에서 자신이 느낀 감정이 중요하다. 꿈을 깨고나서 안좋은 느낌
이 들 경우 나쁜 일로 실현되고 있다.

④ 키우는 뱀을 잡으라는 꿈→ 빚 보증을 갚을 일이 생김.

"남편은 큰 뱀을 키우고 시어머니는 잡으라고 하는데, 남편은 안
잡겠다고 하는 꿈이었어요. 아내인 제 꿈에는 큰 뱀을 잡아넣고 상하
기 전에, 이웃 아주머니 보고 빨리 가져다 먹으라고 했어요. 실제로
는 남편이 저 몰래 남의 빚 보증을 천 만원짜리 1건, 오백 만원짜리 1
건 섰던 것이 궁지에 몰려 3년이 연체되어 보증인이 갚으라고 하는
일이 일어났고요. 입에 담지 못할 욕설로 남편 마음을 아프게 하고,
빨리 갚아 주라고 했답니다."

⑤ 뱀 꼬리가 잘려 나가는 것을 지켜본 꿈→ 직원 감원으로 실현됨.

구렁이로 상징된 회사의 기구개편 과정에서 인사교체로 감원
이 일어났으나, 지켜본 꿈대로 자신은 무사히 넘어가는 일로 실
현됨.

⑥ 침대를 구렁이가 점령하고 있던 꿈→ 승진으로 실현됨.

침대에 둘레가 엄청나게 큰 구렁이가 자리를 차지하고 있었다.
큰 침대였지만 두 마리가 똬리를 틀고 있어 잘 자리가 없었다.

꿈의 실현은 예상치 못한 승진을 하는 일로 이루어졌다. 또한
구렁이가 몸에 감기는 태몽꿈으로 자녀를 얻은 후에, 다시 10여년
뒤에 같은 꿈을 꾸어 또 태몽인 줄 알았으나, 복권당첨으로 실현된
사례가 있다. 이처럼 구렁이는 재물 · 이권 · 권리의 상징으로도
널리 등장되고 있다.

⑦ 과장이 그물로 뱀을 잡는 것을 지켜보는 꿈→ 과장이 돈을 받음.

사이트 이용자인 회사원이 보내온 꿈체험기이다.

"꿈에 과장이 그물로 초록색 뱀을 잡았거든요. 뱀 모양이 길지가 않고 물고기 모양으로 바뀌었어요. 꿈의 실현은 과장이 휴가를 가게 되면서 휴가비로 28만원을 받게 되었는데, 제가 경리라서 돈을 세서 과장에게 줬어요. 돈을 세어 주면서, '아! 그 꿈이 이것을 뜻하는구나' 하고 생각했죠."

꿈의 상징에 대한 이해만 하고 있으면, 꿈은 처한 상황이나 마음먹은 바를 알고 있는, 꿈을 꾼 자기 자신이 가장 잘 해몽할 수 있다. 뱀이 물고기 모양으로 바뀌었다고 하는 바, 물고기는 태몽 표상으로도 자주 등장되지만, 이처럼 재물의 상징으로 많이 등장되고 있다.

⑧ 구렁이를 뛰어 넘은 꿈→ 어려움을 헤치고 하고자 하는 일을 이루어냄.

"큰 길을 걸어가다가 보니, 아름드리 황구렁이가 길을 막고 누워있었어요. 그래서 그 뱀 위를 건너뛰어 넘어갔어요."

커다란 구렁이는 큰 단체나 사업체를 표상하여 나타냈기에, 뱀 위를 뛰어넘었으니 그 뱀을 지배한 것이 되므로 어려움을 헤치고 일을 이루어내는 일로 실현되고 있다.

⑨ 호수의 물 속에 뱀들이 있는 꿈→ 무령왕릉 발굴.

"어느 굴속에 들어가 보니, 맑은 물이 가득한 한 호수가 있었다. 그래서 가까이 가보니, 그 물 속에 수많은 크고 작은 뱀들이 움직이고 있었다."

무령왕릉을 발굴하여 많은 유물을 발견하게 되는 일로 실현되었는 바, 많은 뱀들은 모두가 부장물인 금·은·보석을 상징하고 있다.

⑩ 뱀이 치마 속으로 들어오려는 꿈→ 태몽으로 아들을 낳음.

"빨래터에서 빨래를 하고 있는데, 우물 속에서 뱀이 올라와서는 치마 속으로 들어오려고 하기에, 놀라서 비명을 지르며 집 방안으로 들어갔는데, 뱀이 거기까지 따라와 몸을 휘감더니 벽을 타고 올라 천장에서 빙글빙글 도는 꿈이었어요."

⑪ 어머니께서 아기와 우물에서 목욕을 하다 예쁜 구렁이를 본 꿈→ 아들이 교사임용 시험에 합격.

⑫ 주머니에 뱀과 지네가 들어있는 꿈→ 더블복권 4억원 당첨.

한번은 배가 갈린 돼지가 붉은 피를 쏟으며 재래식 화장실에 빠지는 꿈이고, 한번은 주머니에 뱀과 지네가 들어있는 꿈을 꾸고 나서 복권에 당첨되고 있으며, 또한 낮잠을 자다 꿈에서 큰 구렁이를 보고 즉석식 복권으로 「마티즈」에 당첨된 사례가 있다.

⑬ 뱀을 입에 물고 질겅질겅 씹어 피가 묻어 나오는 꿈→ 그 후에 아내가 유산하게 됨.

⑭ 들어오는 뱀의 꼬리를 때리는 꿈→ 태몽으로 그후 태어난 아기가 잘 걷지 못하게 되는 일로 실현됨.

9) 임신 및 출산하는 꿈

(1) 임신 및 출산의 꿈에 관하여

로또(복권) 당첨 등 행운을 불러온 사람들의 꿈이야기로, 2009년 출간한 필자의 『행운의 꿈』에 실린 내용중에서, 임신·출산의 개괄적인 부분을 전재하여 살펴본다.

아기를 낳는 꿈은 아주 길몽이다. 이는 새로운 생명이 탄생한다는 데에서, 아기로 표상된 어떠한 권리나 이권의 획득, 재물의 횡재수 등으로 실현되고 있다. 민속에서도 아기를 낳는 일에 대해서는 모두가 귀하게 여기고 축복해주고 있음은 모두 다 아는 사실이다. 택시 운전사가 자신의 택시 안에서 산모가 아기를 낳으면 실제로는 귀찮은 일이 발생했지만, 이를 내색하지 않고 오히려 장차 좋은 일이 일어날 것으로 믿으면서, 기쁘게 받아들이고 병원에 미역까지 사들고 찾아가고 있다. 생명에의 소중함과 종족보존이라는 절대절명의 과제를 북돋우기 위하여, 우리로 하여금 그러한 생각을 하도록 했는지 모른다.

이러한 것은 꿈에서도 같은 결과로 나타나고 있다. 동물이나 식물 또는 어떠한 사물을 집으로 들여오는 꿈은 좋은 일로 실현되고 있는 바, 새로운 생명이 탄생하는 꿈에 있어서랴?

아기 낳는 꿈을 꾸고 현실에서 가임 여건의 상황에 있는 경우, 장차 현실에서 일어날 일을 보여주는 사실적인 미래투시의 꿈이라면, 실제로 아기를 낳는 일로 이루어질 수도 있다. 즉, 사실적인 꿈이라면 실제의 일로 꿈과 같거나 유사한 일을 현실에서 그대로 경험하게 된다. 또한 심리적인 표출의 꿈에 있어서는 임신에 대한 두려움과 불안 혹은 간절한 바람에서 이렇게 아기 낳는 꿈을 꿀 수도 있다.

하지만 우리가 꾸는 대부분의 상징적인 미래예지 꿈에 있어서, 아기를 낳는 꿈은 아주 좋은 꿈이다. 임신하는 꿈은 자신이나 어떠한 일거리·작품·사업·대상 등에서 어떠한 성취의 가능성을 내포하게 됨을 의미하고 있다. 만삭에 가까울수록 성취가 임박하게 다가옴을 의미하고 있으며, 아기 낳는 꿈은 새로운 생명이 탄생한다는 데에서 아기로 표상된 어떠한 성취나 결실을 이루어 내거나, 권리나 이권의 획득, 재물적인 이익을 얻는 일로 실현되고 있다.

이 경우, 꿈은 상징의 이해에 있는 바, 기형아를 낳는 꿈은 불완전한 성취나 잘못된 결과로 이루어지기도 한다. 쌍둥이를 낳거나 세 쌍둥이를 낳는 꿈 등은 겹경사의 아주 길한 길몽이다. 사실적 미래투시적인 꿈이라면 실제로 쌍둥이를 낳을 수도 있다. 하지만 대부분의 상징적인 미래 예지 꿈에 있어서는 어떠한 대상이나 작품 아니면 일거리를 두 가지 한꺼번에 생산하거나 순차적으로 생산해 낼 일을 뜻한다. 누군가가 많은 아이를 낳는 것을 보는 꿈도 좋다. 또한 동물들이 많은 새끼를 낳는 것을 보는 꿈도 좋다. 상징의미로는 번창 · 번영의 발전을 이루어낼 것을 예지하고 있다.

이러한 아기 낳는 꿈의 실현은 꿈을 꾼 사람이 처한 상황에 따라 다르게 이루어지고 있는 바, 저자의 경우 아기 낳는 꿈을 꾸게 되면 책을 출간하게 된다든지, 대학원생인 경우 논문을 완성하게 된다든지, 수험생의 경우 시험에 합격한다든지, 회사원인 경우 자신이 맡은 프로젝트를 성사시키는 일로 이루어진다. 물론 일반인의 경우에는 어떠한 일이 성취되어 이권이나 재물을 얻는 일로도 실현될 수 있다.

'아기 낳는 꿈' 또한 다른 사람이 대신 꿔줄 수가 있다. 연예인 김혜영은 MBC 무릎팍 도사 프로그램에 출연하여, 전도연의 집에 갔더니 아기를 낳아 있었으며 자신이 선물을 주는 꿈을 꾼 후에, 현실에서는 영화 배우 전도연이 칸 영화제에서 수상하는 일로 실현되었다고 밝히고 있다.

(2) 임신 · 출산의 꿈해몽 요약
- 아기를 낳거나 낳는 것을 보는 꿈은 작품 · 일 · 재물 등을 얻거나 일이 성사된다.

- 아기를 유산하는 꿈은 상징적으로 좌절과 실패나 헛수고로 돌아가 버림을 의미한다.
- 출산하는 꿈은 아기로 상징된 이제 막 시작된 일거리나 대상 등에서 어떠한 권리나 이권의 획득, 업적이나 일의 성과를 이루게 되며, 이 권·재물 등을 얻거나 새로운 일의 창출 등을 의미한다.
- 출산한 아기가 잘 생기고, 쑥쑥 자라나는 꿈의 경우에 새롭게 시작한 일거리나 창업된 가게가 많은 이익을 내고 번창함을 의미한다.
- 임산부를 보는 꿈은 사업에 관한 2차적인 성과가 조만간 나타남을 뜻하며, 자기가 임신하면 사업성과나 저축이 예비 된다.
- 남성인 자신이 임신하고 산달이 가까워졌다고 생각하면, 자기 사업의 2차적인 사업성과 또는 원금에 대한 이자 등을 받을 날이 가깝다는 것을 암시한다.
- 저자의 경우 출산하는 꿈을 꾸게 되면, 새롭게 신간 도서를 출간하는 일로 이루어지고 있다.

(3) 임신·출산 꿈에 대한 실증적 사례
① 기르던 암돼지가 8마리의 새끼를 낳는 꿈→ 8장의 복권을 샀다가 복권에 당첨
② 돼지 새끼를 낳아서 집으로 들여오는 꿈→ 복권당첨
③ 돼지가 새끼를 낳는 것을 보는 꿈→ 다산(多産)과 왕성한 번식력으로 암시되어 많은 재물이 들어올 것을 예지해주고 있는 바, 복권당첨으로 실현
④ 어미돼지가 자신에게 달려와 품에 안겨, 어느새 새끼 13마리를 낳은 꿈→ 주택복권 제1265회차 복권당첨.

서울에 살고 있는 유모씨는 어느날 어미돼지가 자신에게 달려와 품에 안기는 꿈을 꾸었다. 품에 안긴 돼지는 어느새 새끼 13마리를 낳아, 유씨의 방안은 온통 돼지들로 넘쳐나는 꿈이었다.

⑤ 거북이 두 마리가 알을 낳는 꿈→ 복권 2장이 당첨되는 일로 실현

　　"연못에 놀러갔는데 거북이 세 마리가 한가롭게 연못속에서 놀다가, 그중 두 마리가 자신이 앉아 있는 물가로 나와, 흙속에다 알을 낳는 꿈을 꾸었다."

⑥ 어머니가 아기 낳을 연세가 지났는데도, 4~5명의 아기를 한꺼번에 낳았다고 해서 깜짝 놀란 꿈→ 어머니는 실제의 사람을 뜻한 것이 아니라, 어머니로 상징된 어떤 근원적인 작품이나 사업체이거나 대상을 상징하고 있다. 따라서 사업가인 경우 현재까지 해왔던 어떤 근본적인 사업체로부터의 새로운 부차적인 여러 가지 새로운 사업을 창업하게 된다든지, 저자의 경우에는 어머니로 상징된 모태가 되는 어떤 근원적인 서적에서, 새롭게 얻어지거나 문장을 발췌해서 4~5개의 단행본을 출간하는 일로 이루어진다.

　　스승이신 고(故) 한건덕 선생님이 꾸신 실증사례이다. 현실에서는 어머니같은 『꿈의 예시와 판단』이라는 근원적인 책을 출간한 뒤에, 일반 사람이 쉽게 볼 수 있도록 요약발췌한 『현대해몽법』 등의 여러 저서를 재출간하는 현실로 이루어졌다.

⑦ 세 쌍둥이의 남자아이 낳는 것을 보는 꿈→ 복권당첨.

　　새로운 생명이 셋이나 탄생한다는 꿈의 상징성으로 말미암아, 무엇인가 커다란 이권·횡재수·사업성공·승진·합격 등의 좋은 일로 실현될 것을 예지해주고 있다. 겹경사 이상의 여러 좋은 일로 실현되며, 현실에서는 꿈을 꾸고 나서 복권을 구입한 후 당첨

으로 이루어지고 있는 바, 이런 경우의 꿈은 복권당첨이 되지 않더라도 다른 어떠한 성취를 여러 가지 이루어내는 좋은 일로 실현되고 있다.

⑧ 낯모르는 여성이 집에 와서 아기를 낳는 꿈→ 복권당첨.

　복권 3매를 사기 전날 밤 꿈에, 낯모르는 여자가 집에 와서 아기를 낳는 것을 보았다. 기분이 별로 좋은 것은 아니었다. 며칠 후 꿈에는 회사 사장이 누추한 우리집을 방문했다. "사원들이 어떻게 살고 있는지 고루 다녀보는 것이 사장의 도리라고 말하면서 일을 열심히 해주기를 바란다"고 하는 데서 잠을 깼다.

　누군가 자신의 집에서 아기 낳는 것을 보는 꿈, 사장이나 귀인 등이 집을 방문하는 꿈 등 좋은 꿈을 반복적으로 꾸게 됨으로써, 꿈으로 예지된 일이 중대한 일이며, 점차 그 실현이 가까이 다가오고 있음을 예지해주고 있다. 자신의 집에 누군가가 와서 아기를 낳는 꿈으로, 아기로 상징된 재물이나 이권을 얻게 될 것을 예지하고 있는 바, 복권에 당첨되는 일로 실현되고 있다.

⑨ 둘째 아기 낳는 꿈→ 취업

　현재 전 딸아이 하나를 둔 아기엄마입니다. 며칠전 꿈에 둘째아이를 낳는 꿈을 꿨어요. 병원에 수술대에서 아이를 낳았다고 하면서 아이를 보여주더라구요. 저는 수술복을 입고 있었고, 아이를 보여주는데, '아이는 일반 신생아와 다르게 다 자란듯한 많이 크다' 라는 느낌이 드는 아이였구요. '아이가 저렇게 크네, 어떻게 신생아지?' 하는 생각에 아이는 다른 아이보다 많이 크고 두드러져 보였고, 무엇보다 그 아이의 한 손과 한 발이 무지무지하게 크게 보이는 것이예요, 어른의 발과 손 크기를 가진 아기를 낳았죠.

제가 그 꿈을 꾸고 그날 바로 두 곳에서 취업의뢰를 받았어요. 예정대로면 다음날 면접 발표를 하기로 되어 있었는데, 하루 전날 꿈을 꾼 날 바로 합격 소식을 들을 수 있었고, 그날 다른 곳에 면접을 본 데에서도 능력을 인정받아서, 더 낳은 조건에서 그날 바로 취업 OK를 받았어요.

낳은 아이가 건강하고 커 보일수록 현실에서 성취의 결과가 크게 나타나고 있다. 꿈은 반대가 아닌 상징의 이해에 있는 바, 자신이 꿈속에서 거인이 되어 있는 꿈이 좋은 꿈이다.

10) 신발 꿈

(1) 신발 꿈에 관하여

꿈은 상징의 언어이다. 따라서 꿈속에 등장되는 사람이나 사물이나 모두가 꿈의 언어인 상징으로 풀이하면 쉽게 해몽될 수 있다. 신발은 어떤 상징의 의미가 있을까? 신발이나 옷은 사람을 보호하고 드러나게 해주는 바, 상징적인 의미로는 의지하는 사람이나 직장을 뜻하는 경우가 가장 많다.

여러 실증사례를 살펴보면, 신발을 잃어버리는 꿈은 의지하는 사람을 잃게 되거나, 직장을 잃게 되는 일로 실현되고 있다. 이러한 사실은 우리의 관습적 언어상징에서도 그대로 반영되어 있다. '고무신 거꾸로 신다.' 는 연인의 결별을 뜻하는 말이다. 신발을 고르는 꿈은 혼처를 구하거나 직장을 선택하는 일로 실현되고 있다. 이 경우 자신에게 맞는 신발, 좋은 신발일수록 마음에 드는 연인이나 직장을 얻게 되는 일로 실현된다.

꿈은 반대가 아닌 상징의 이해에 있듯이, 신발을 잃어버리는 꿈은 이빨이 빠지는 꿈과 더불어 대표적인 흉몽에 속한다. 잃어버리는 꿈 이외에도 신발이 더럽거나 헤져 있는 꿈은 장차 근심이 있거나 방해물과 어려움이 닥치게 될 것을 예지해주고 있다.

(2) 신발 꿈해몽

- 신발은 일상생활에서 의지할 수 있는 부모 · 배우자 · 자손 · 협조자나 신분 직장 · 협조기관 · 재산 등을 상징한다.
- 신발을 잃어버리는 꿈은 부모 · 배우자 · 자손 · 협조자나 신분 · 직장 · 협조기관 · 재산 및 기타 의지가 되는 것 중에서 어떤 것을 잃게 된다.
- 새 신을 사거나 얻는 꿈은 의지가 되는 새로운 사람을 얻게 되거나 새로운 직장을 얻게 된다.
- 남의 신발을 신는 꿈은 남의 연인을 얻게 되거나 다른 사람이 일하던 직장을 대신 얻게 된다.
- 신발이나 양말을 벗는 꿈은 어떤 보증이나 협조자가 이탈함을 뜻한다.
- 자기 신을 찾지 못해 상대방의 신을 신는 꿈은 직장 · 배우자 · 사업 등을 바꾸게 된다.
- 새로 산 신발이 발보다 크거나 작은 꿈은 협조자나 애인 등이 자신에게 맞지 않거나 직장이나 직책 등에 불만이 있게 된다. 또는 새롭게 얻은 사람과 알력과 갈등이 있게 된다.
- 낡고 찢어진 신을 신는 꿈은 신분 · 직업 · 사업 · 협조자 등이 무력

해지거나 병을 앓게 된다. 또는 문제가 있는 사람이나 일거리와 관계하게 된다.

- 결혼 전에 신 한 짝을 잃어버리는 꿈은 결혼을 하더라도 서로 이별하게 된다. 마찬가지로 직장을 얻기 전에 신발을 잃어버리는 꿈은 곧 그 직장을 잃게 된다.

- 한 켤레의 신발이 물에 빠져 그것을 꺼내려는데 여러 켤레의 신발이 나온 꿈은 하나의 밑천을 들여 여러 가지 소득을 얻거나 이자를 받게 된다.

- 문앞에 여러 사람이 신을 벗어 놓은 것을 보는 꿈은 어느 기관에 일을 청탁한 사람이나 협력해 줄 사람 등이 많게 된다.

- 신령적인 존재가 주는 신발을 받아 신으면, 위대한 학자나 지도자 · 권력자의 후계자가 된다.

- 신발을 얻은 태몽을 꾸면, 태아가 장차 사업체나 사회적인 지위를 얻거나 업적을 남길 것을 예지한다.

(3) 신발 꿈에 대한 실증적 사례 요약

① 신발을 잃어버린 꿈→ 비가 와서 강물이 온통 흙탕물이었다. 물에 휩쓸려 떠내려 가다가 겨우 옆의 버드나무 가지를 잡고 헤어나와 보니까, 신발 한 쪽을 잃어버리고 없었다.

　　결혼을 하고 나서 얼마 안된 신혼 새댁이 꾼 꿈으로, 남편이 비 오는 날 교통사고로 사망하는 일로 실현되었다.

② 옥색 고무신, 흰 고무신, 검정 고무신 등 세 켤레를 번갈아 신어보다가, 나중에 검정 고무신을 신은 꿈→ 세 번 결혼한 후에, 정착하는 일로 실현되었다.

③ 고무신을 깨끗이 씻어서 보자기에 싼 꿈은 남편과 자식을 떼어놓고 한동안 헤어져 살게 되는 일로 실현되었다.

④ 냇물에 두 남동생의 신발이 떠내려가는 꿈→ 다음날 동생들이 수영을 하다가 익사하였다.

⑤ 꿈속에서 신발 한 짝이 물에 떠 내려가는 꿈→ 며칠 후 가게에 있는 금고가 도둑맞는 일이 일어났다.

⑥ 신을 잃고, 새 신을 신는 꿈→ 직장을 잃었지만, 곧 새 직장을 얻었다.

⑦ 시험 전날 신발을 잃을 뻔하다가 찾는 꿈→ 불안한 시험이었는데, 가까스로 합격하였다.

⑧ 구두 두 켤레가 소포로 부쳐져 온 꿈→ 여권이 나오는 일로 실현되었다.

⑨ 캐주얼한 신발과 정장 구두를 짝짝이로 신은 꿈→ 처녀가 양다리를 걸치고 두 사람과 따로 데이트하면서 두 사람을 저울질하다가, 두 사람을 다 놓치는 일로 실현되었다.

⑩ 신발(구두)를 삶고 염색해야 한다는 꿈→ 애인과 결별 후에 다른 선택.

꿈에서 친구 C가 남자의 구두랑 자신의 구두를 같이 넣어서 삶는다고 하기에, "삶으면 물이 빠지니까 또 염색해야 한다." 고 말해 주었어요. 어떻게 해석을 해야 할지 몰랐는데, 나중에 이야기를 들어 보니 서로 헤어졌다고 하네요. 그리고 각자 다른 이성을 만났다고 해요.

신발을 삶는 표상이 온전한 형태를 유지하기 힘든데서, 이별의 표상이 가능하고, 새로운 염색을 해야하는 데서 새로운 짝을 찾아 나선 것으로 실현되었다고 볼 수 있다. 이밖에도 꿈속에서 사귀던 사람이 서로 다른 신발을 신고 있는 모습을 본 후에, 두 사람이 곧 헤어지는 일로 실현된 사례가 있다.

3. 주요 상징 표상별 풀이

1) 귀신/저승사자/괴한에 관한 꿈

(1) 귀신/저승사자/괴한의 꿈에 대하여

꿈은 다층적이며, 여러 성격의 꿈이 있다. 그중에 불안한 잠재심리가 꿈으로 표출되는 경우가 있다. 현실에서 부담감을 느끼는 어떤 대상이나 벅찬 일거리 등이 꿈속에서 귀신이나 괴한 등의 상징표상으로 등장되고 있다. 심지어는 자신의 어린 시절이나 성장과정에 있어서 말못할 억눌린 감정이나 불안감이 꿈으로 나타나는 경우가 있다. 이런 경우에는 귀신 · 저승사자 · 괴한으로 표상된 자신을 억누르고 있는 마음 속의 불안감이 무엇인지 곰곰이 생각해보고, 그러한 불안감에 대해서 떨쳐버리시기 바란다.

상징적인 꿈으로 볼 때, 저승사자 · 귀신 · 괴한 등은 정신적으로 심리적인 압박을 주거나, 감당하기 힘들거나, 위험적인 요소로 다가오는 벅찬 대상이나 일거리나 병마(病魔) 등의 상징표상으로 등장되고 있다.

예를 들어 현실에서 빚쟁이라든지, 귀찮게 찾아오는 외판원이나 보험모집인 등이 귀신이나 괴한의 억압적인 상징물로 등장되기도 한다. 괴한(귀신,여자)이 숨어서 노려보는 꿈은 병마(病魔)가 닥쳐오거나 방해자가 해를 끼치는 일이 일어난다.

(2) 귀신/저승사자 꿈해몽
- 억울하게 죽은 사람이 나타나는 경우 자기를 괴롭히는 심적 고통이나 병마(病魔)를 상징하고 있으며, 유사성이 있는 어느 특정인을 상징적으로 나타내는 경우도 있다.
- 머리를 산발한 채 공중을 날아와 머리채를 휘어잡는 귀신은 정신병 또는 두통과 관계되는 병마를 상징한다.
- 귀신을 몽둥이로 때려서 흔적도 없이 치워버리면, 정신적 고민거리가 사라진다.
- 괴상하게 생긴 도깨비가 쫓아오거나 노려보면, 벅찬 일이나 악한에게 시달림을 받는다.
- 괴한(귀신,여자)이 자신을 들여다보거나, 문 밖에서 유령(도깨비)이나 교활한 여자가 교태를 부리고 뒹굴거나 춤추며 들여다보면, 병에 걸리거나 우환이 생기는 일로 실현된다.
- 귀신이나 산신령 등 영적 영령은 또 하나의 창조된 자아이거나, 지도자·스승·학자·병마 등의 상징이며, 정신적인 일거리나 대상 또는 서적 등을 상징하기도 한다.

(3) 귀신/저승사자의 실증사례
① 컴컴한 창고 속에 희미하게 나타난 귀신의 꿈→ 저자의 경우, 어떤

사람의 해명되지 않은 작품을 보게 되는 것으로 체험되었다.

② 깜빡 잠들었을 때 유령이라고 생각되는 험상궂게 생긴 사나이의 얼굴을 본 꿈→ 라디오에서 흘러나오는 성우의 웃음소리를 유령 같다고 착각한 일로 체험되었다. 이 경우, 외부적인 자극으로 인한 꿈에 해당된다.

③ 유령이라고 생각되는 자들이 대추나무 가지에 의지해서 이쪽을 살펴보고 있어 "오라 너희들이 바로 유령이구나! 떳떳하게 그 나무에서 떨어져 나오너라" 하고 소리쳤더니 그들이 온데간데 없이 사라져 버린 꿈→ 고(故) 한건덕 선생님의 꿈체험기로, 유령들은 원고작품을 읽고 평가해줄 출판사 사람들의 상징이었으며, 꿈 속에서 사라져 버린 것처럼 소극적으로 임할 것을 예지해준 꿈이었다.

④ 붉은 망토의 유령이 춤추는 것을 본 꿈→ 다음날 불량배로부터 매를 맞고 코피를 흘리는 것으로 체험되었다.

⑤ 집에 쳐들어온 괴물들이 아버지를 붙잡아 마치 의사처럼 아버지를 정교하게 분해를 했다가 장난감처럼 맞추어 놓았던 꿈→ 그 꿈을 꾼 후 아버지가 병에 걸리셔서 큰 수술을 받았다.

⑥ 눈만 내놓고 얼굴 전체를 붕대로 감은 귀신이 춤을 추고 있는 꿈→ 고(故) 한건덕 선생님의 꿈체험기로, 귀신은 어떤 사람의 예언서 저작품을 뜻하는데, 얼굴을 붕대로 감아 누구인지 알 수 없게 한 것은 그 작품의 표제나 내용이 사람들이 납득할 수 없게 꾸며졌기 때문이다. 귀신이 춤을 추고 있으니 그런대로 세상에 선전 광고는 잘되고 있다는 것이 된다.

⑦ 꿈에 병이 난 사람을 둘러서서 춤추는 귀신들의 꿈→ '병자를 향

해서 귀신들이 춤을 추고 있으니, 그 병자는 갈데없이 죽었구나' 생각하고 불안해했다. 현실에서의 결과는 꿈속에서 환자는 어떤 병을 상징하고 있었고, 둘러선 귀신들(귀신처럼 현명한 의사들)이 번갈아가며 진찰하고 치료할 일을 춤추는 것으로 묘사해낸 것이었다.

⑧ 어떤 이쁜 여자와 괴물같은 남자가 째려 보는 꿈→ 꿈을 꾼 후에 몸살이나 머리가 아픈 일로 체험되었다. 또한 귀신이 친구의 허리에 앉아 있던 꿈을 꾼 후에, 친구가 허리가 아프다고 하는 일로 실현되었다. 이처럼 꿈속에서 괴물은 병마(病魔)의 상징표상으로 등장하고 있으며, 이 경우 괴물을 죽이거나 물리치는 꿈은 질병에 걸리지 않는 일로 실현된다.

⑨ 꿈에 흰 소복을 입고 머리를 풀어 헤친 여자가 나타나 주위를 맴도는 꿈→ 그후 한동안 몸이 아팠고 온 몸에는 부스럼이 머리속까지 상처딱지 투성이로 고생했다. 이처럼 소복 입은 여자, 귀신 등으로 병마(病魔)가 상징적인 표상으로 전개될 경우가 있다. 이 경우 질병에 시달리게 되거나, 기타 안좋은 일로 장래에 실현된다.

⑩ 친정집을 찾아 가는데 그 골목길에 하얀 옷을 입을 귀신같이 무섭게 생긴 사람들이 못 올라가게 자꾸 막거나 내 몸을 내려가라고 미는 꿈→ 이러한 꿈을 여러 차례 꾸었을 경우, 친정집이 있는 곳으로 가지 말라는 계시적인 꿈으로 볼 수가 있다. 현실에서는 남편의 뜻에 따라 남편의 직장이 있는 도시에 살지 않고, 다른 도시에 있던 친정집에서 출퇴근하는 등 따로 헤어져 있던 중에 교통사고 등 여러가지 어려움을 겪는 현실로 실현되었다.

2) 부모/자식에 관한 꿈

(1) 부모/자식의 꿈에 대하여

사실적인 꿈인 경우에 부모나 자식은 실제의 자식을 뜻한다. 하지만, 상징적인 의미에서 부모는 자신에게 어버이같은 존재의 윗 대상의 사장이나 회장 등을 뜻한다. 즉, 현실에서 협조자로서의 윗사람·기관장·사장·과장·의사·선생님 등의 동일시(同一視) 인물로 나타나는 것들이다. 자식에 관한 꿈도 사실적인 꿈이라면 실제의 자식을 뜻하지만, 대부분의 상징적인 미래예지 꿈에서 자식은 애착을 가지고 대하는 대상이나 일거리를 뜻하고 있다. 즉, 자신이 온갖 정열을 기울여 헌신하고 있는 대상이 자식의 상징으로 등장되고 있는 것이다. 예를 들어, 주식투자자에게는 자신이 매수한 주식, 새로 구입한 승용차, 아끼는 어떠한 물건이나 대상이 자식으로 등장되고 있다.

(2) 실증사례

① 돌아가신 부모가 꿈속에 나타나는 경우의 꿈→ 경고나 위험의 일깨움.

　　현실에서 큰일을 계획하거나 불의의 사고 또는 취직이나 전근·입학·입원·무덤 이장 등의 일이 있을 때, 꿈에 나타나서 계시를 하고 일러주는 경우가 있다. 이러한 계시적 꿈은 때에 따라 산신령을 등장시키거나 동물이 말을 하거나, 돌아가신 아버지를 등장시켜 경고나 위험을 일러주고 있다.

② 꿈속에서 어머니가 옆에 서서 "철수야" "철수야" 하고 자신의 이름을 부르는 소리에 깜짝 놀라 잠을 깬 사람의 꿈→ 경고나 위험

일깨움.

　꿈속의 어머니는 실제의 어머니가 아니라, 꿈의 상징기법으로 꿈을 꾼 사람의 또 하나의 자아가 어머니로 분장 출현한 것이며, 멀리 객지에 나아가 있는 자식이 위험한 일에 뛰어 들려고 할 때 꿈에 나타나는 경우가 많다.

③ 홀로 계신 어머니가 "시집을 가게 됐다"고 말씀하신 꿈→ 새로운 대상과 계약·결합·성사.

　미래투시적인 꿈인 경우에 실제로 홀로 계신 어머니가 새로운 사람과의 만남이 이루어지는 일이 일어날 수가 있다. 하지만 상징적인 꿈으로는 어머니로 상징된 어떤 일거리나 사업이 다른 대상하고 계약이나 협력이 이루어질 것임을 예지해주고 있는 꿈으로 볼 수 있다. 예를 들어, 저자의 경우에 꿈속의 어머니는 정성을 다해서 작성한 어떤 작품의 원초적인 원고이고, 시집을 간다는 것은 어떤 출판사와 출판계약을 맺는 일로 실현되었다.

④ 돌아가신 아버지가 사흘동안 희미한 모습으로 나타나서는 엄마하고 함께 계신 꿈→ 어머니가 질병으로 편찮게 됨.

　"꿈속에서 돌아가신 아버지가 사흘동안 희미한 모습으로 나타나서는 엄마하고 함께 계신 것이었어요. 그래서 엄마한테 전화를 드렸더니, 며칠 전부터 목이 아프더니 많이 부으셨다고 하셨습니다. 그래서 결국에는 수술을 하셨고 병원에서 2주간을 입원하고 통원 치료까지 받으셨습니다."

　꿈에 돌아가신 분이 나타나서 아픈 것이 아니라, 현실에서 아프게 될 것을 꿈을 통해 예지해주고 있다고 보아야 할 것이다. 이 경우 계시적 성격의 꿈으로 나아간다면, 돌아가신 분이 말이나 행동과 표정으로 일러주는 경우가 있는 바, 이 경우 꿈속에서 계시하는대로 따라주는 것이 좋다. 또한 꿈속에 조상이 나타난다고 하여, 항상 나쁜 일로만 실현되는 것은 아니다. 조상꿈으로 로또(복권)에 당첨된 사례가 가장 많은 바, 밝게 웃는 모습이었다면 좋은 일로 실현되고 있다.

⑤아들의 머리가 깨져 피가 나는 꿈→주식투자에서 큰 손실을 입게 되었다.
⑥아들의 머리가 깨져 속이 들여다보는 꿈→뜻밖의 자동차 브레이크 고장으로 자식처럼 애지중지하던 새로 구입한 승합차의 앞부분이 파손되는 일로 실현되었다.

3) 애인/친구에 대한 꿈

(1) 애인/친구의 꿈에 관하여

애인과 친구의 상징 또한 자식만큼은 못되지만, 자신에게 소중한 일거리나 대상을 상징한다. 또한 상징적인 꿈이 아닌 장차 일어날 일을 그대로 보여주는 사실적인 미래투시의 꿈으로 실현될 수 있음을 항시 염두에 두어야 한다.

헤어진 애인이나 이혼한 과거의 사람이 꿈속에 나타나는 경우, 심리표출의 소망표현의 꿈의 경우에는 아직도 전의 연인을 그리워하는 경우도 있을 수 있다. 물론 사실적인 꿈인 경우 실제로 다시 만나게 되는 일로 실현될 수도 있다. 하지만, 상징적으로는 꿈속의 헤어진 애인은 오래 전에 관심을 가졌던 사람이나 일거리 · 대상을 뜻한다. 자신이 이전에 관심을 지녔거나 애착이나 호감이 가는 일거리 · 대상과 재차 결합 · 결사 · 연합 · 계약이 성사됨을 의미한다. 이때 만족한 성관계를 가졌다면, 만족할 일로 성사 체결이 이루어지게 된다.

(2) 꿈에서 애인이나 친구가 생긴 꿈

평소 자신의 간절한 바람이 애인이 생기는 꿈으로 나타나 대리만족케 하는 경우가 있을 수 있다. 또한 사실적인 미래투시의 꿈인 경우, 꿈에서의 일이 그대로 애인이 새롭게 생기게 될 것을 뜻한다. 하지만 대부분은 상징적인 미래예지 꿈으로, 애인이 생기는 꿈은 애인처럼 애착이 가는 일이나 관심사, 호감이 가는 일이 새롭게 생기게 되는 것을 뜻한다.

예를 들어 바둑이나 주식 · 스키 · 낚시 · 독서 · 여행 등 어떠한 새로운 대상에 빠져 들어가는 일로 실현될 수 있다. 이때 애인이나 친구가 잘생기고 마음에 들수록, 현실에서는 호감이 가는 일이 있음을 의미한다. 꿈의 언어는 상징의 언어로, 꿈속에 나타나는 모든 대상이나 인물을 상징적으로 이해하여야 할 것이다.

(3) 애인과 성행위하는 꿈

프로이트는 꿈은 소망의 표현이라고 말하고 있다. 꿈에 본 내고향이란 말이 있는 것처럼, 평상시에 잠재의식적으로 애인과 성행위하고 싶은 마음에서 이러한 성행위의 꿈을 꿀 수가 있다. 사실적인 전개의 꿈이라면 꿈에서의 일이 있는 장차 현실에서 그대로 일어남을 뜻한다. 따라서 이러한 경우, 특별한 해몽은 필요 없다.

하지만 꿈 내용이 과장되고 황당한 전개의 상징적인 미래예지 꿈이 대부분이다. 꿈속에서 애인은 실제의 애인 이외에 동일시된 어떠한 인물이나 자신이 애착을 가지고 있는 일거리나 작품 · 사업 · 대상 등으로 표현이 될 수도 있다. 성행위는 애인으로 상징이 되는 일거리 · 작품 · 대상 등과 어떠한 결사 · 결합 · 계약의 성사 등으로 이루어진다. 이 경우 만족한 성행위를 하는 것이 좋은 꿈으로, 소원의 성취와 만족함 등을 경험하게 된다.

(4) 애인과 키스하는 꿈에 대하여

이 경우 역시 심리표출의 꿈인 경우, 애인하고 키스하고 싶은 자신의 그러한 욕구가 꿈으로 나타난 것으로 볼 수 있다. 또한 사실적인 미래투시 꿈으로 실제로 애인과 키스하는 일로 이루어질 수 있기도 하다.

하지만 대부분의 상징적인 의미의 해몽에서는 애인과 만족스런 키스를 하는 꿈의 경우, 그 애인이 실제 인물로 해석될 때는 상대편에게서 기쁜 소식이나 자백 등을 들을 수 있게 되며, 결혼 승낙을 얻기 원했던 사람은 현실에서 그 소원이 이루어진다. 또한 애인이 상징적인 경우에 있어서는 자신이 추구하던 일거리 대상 등으로부터 관련을 맺게 된다. 이 경우, 애인과 만족스런 성행위를 하는 꿈보다는 못하지만, 그 일에 관한 좋은 소식을 듣게 된다. 즉, 꿈속에 나타난 애인과 만족스런 키스가 이루어진 경우, 자신이 관심을 가지고 있었던 일거리나 외국어 공부, 사업 주식투자 등등 어떠한 대상으로부터 진행이나 성취, 허락이나 성공 등 좋은 결말로 실현된다. 다만 이 경우, 성행위로 나아가지 못한 것에 대한 불만족스런 마음이 없이 꿈이 끝나야 한다.

(5) 애인이 다른 사람과 바람을 피우는 꿈

꿈을 바라보는 시각도 여러 가지이며, 또한 꿈은 꾼 사람의 상황에 따라 달리 실현되고 있다.

첫째로, 먼저 꿈이 사실적으로 전개된 경우라면, 사실적인 미래투시의 꿈으로 가까운 장래에 꿈속에서 본 장소·상황·인물 그대로 실현되어 이루어질 수도 있다. 이런 꿈은 미연에 방지할 수도 있다. 즉, 꿈속에 나타난 인물이나 장소·상황에 처하지 않게 하면 되는 것이다.

둘째로, 자신의 내면의 잠재의식적 심리가 꿈을 통해 표출되기도 한다. 자신의 바람이나 불안·초조·근심 등이 꿈으로 형상화되고 있는 것이다. 이 경우 평상시에 자신도 모르는 마음속에 '애인이 바람을 피우면 어떡하지' 등의 불안 심리에서 이러한 꿈을 꿀 수도 있다. 이 경우의 꿈은 뚜렷하지 않고 잘 기억나지도 않으며, 황당한 전개를 보여주고 있다.

셋째로, 가장 보편적인 꿈 해몽의 방법으로 꿈의 상징기법에 의해 꿈을 해몽하는 경우로, 장차 앞으로 일어날 일을 보여주는 상징적인 미래예지 꿈인 경우이다. 애인이 바람을 피우는 대상은 실제의 애인이 아닌, 애인으로 상징된 어떤 대상이나 일거리 등을 나타내고 있다. 즉, 애인이 가까운 장래에 남자/여자로 상징표상되어 나타난 어떤 대상, 즉 증권투자나 낚시·노름·게임·오락·취미 등 어떠한 대상에 몰두하고 빠져들어 감을 상징적으로 나타내주고 있다. 애인 또한 상징적으로 실현된다면, 실제의 애인이 아닌, 자신이 애착을 보이고 있는 대상으로, 자신이 믿었던 일거리나 대상이 자신의 영역에서 벗어나 다른 대상과 관련 맺어지는 일로 실현될 수도 있다.

이러한 꿈의 특징은 현실에서 일어날 수 없는 황당한 전개를 보여주고 있다. 예를 들어 남편이 어린 여중학생하고 성행위를 하는 꿈인 경우, 상징적으로 어린 여중생으로 표상되어 나타난 만큼 그 대상이 이제 시작된 지 얼마 안된 아직 미숙한 단계에 있게 됨을 뜻하고 있다. 꿈의 상징

표상전개의 수법은 그 어느 문학가나 작가가 표현하지 못할 정도로 놀라울 정도로 뛰어난 표현을 보여주고 있는 것이다.

(6) 애인에게 맞거나 궁지에 몰리는 꿈

평소 애인에 대한 부담이나 불안감에서 이런 꿈을 꿀 수가 있으며, 사실적인 전개의 미래투시의 꿈이라면 실제의 일이 현실에서 일어날 수가 있다. 상징적인 꿈에서 애인은 실제 애인이 되거나 혹은 애인에 준하는 다른 사람, 오래 전에 관심을 가졌던 일이나 애착이 가는 일거리가 될 수 있다. 상징적으로 믿었던 대상으로부터 실망감을 느끼게 되거나, 불합리한 여건으로 인하여 배척을 당하게 되거나 질타나 혹평 등을 받게 되는 일로 생겨날 수 있다.

(7) 애인이 죽는 꿈

사실적인 꿈이라면 실제의 일로 꿈과 같거나 유사한 일을 현실에서 그대로 경험하게 되는 일로 실현된다. 상징적으로 애인은 실제 애인이거나, 애인의 권위·신분 등에 맞먹는 동일시된 인물 또는 애착이 가는 일거리나 대상·작품·사업 등을 뜻한다. 죽음은 현실에서는 괴롭고 고통스러운 일이지만, 상징적인 의미에서 부활·재생·성취 등을 의미하는 좋은 표상이다.

애인이 죽는 꿈은 실제의 애인이 새롭게 취업을 하거나 성취를 이루어내어, 낡은 껍질을 벗고 새롭게 태어나는 인생길이 펼쳐질 수 있다. 또한 죽는 꿈이 사람이 아닌 경우, 무산이나 좌절을 상징하는 표상이 될 수 있다. 따라서 안좋게는 애인으로 상징된 애착이 가는 일거리·대상·사업·작품 등이 무산되거나 실패하는 일로 이루어질 수도 있다.

(8) 애인과 결혼하는 꿈

잠재의식의 소망표출의 꿈이라면, 자신의 바람·소망 등이 꿈으로 대리만족을 얻게 해주고 있는 것이다. 사실적인 꿈이라면 꿈과 같은 일을 장차 현실에서 그대로 일어나게 된다.

하지만, 과장이 심하고 황당한 전개를 보여주는 꿈은 상징적인 미래예지 꿈이다. 결혼하는 것은 상대방으로 표상이 되는 어떠한 인물이나 대상·일·사업 등과의 새로운 결사·결합·약속·성취 등을 이루게 됨을 의미한다. 이 경우 상대방이 마음에 들수록, 맺어질 일에 대해 만족하게 됨을 의미한다. 따라서 애인과 결혼하는 꿈은 애인으로 상징된 자신이 마음에 두었던 일거리나 대상과 좋은 관련을 맺어 성취를 이루어내게 되는 좋은 꿈이다.

(9) 애인이 헤어지자는 꿈

심리표출의 꿈이라면, 평소 '애인이 헤어지자고 하면 어쩌지' 등 불안하게 느꼈던 부담이 꿈으로 표출된 경우이다. 물론 사실적인 전개의 꿈이라면, 실제 애인이 결별 통고를 해오는 일로 실현될 수가 있다.

하지만 우리가 꾸는 꿈의 대부분은 상징적인 미래예지 꿈으로 실현되고 있다. 상징적인 미래예지의 꿈에서 애인은 애착이 가는 어떤 일거리나 대상, 관심사가 될 수 있다. 예를 들어 공부·운동·노름·주식 등등 이러한 대상으로부터 멀어지게 되고 더 이상 관련을 맺지 못하는 일로 실현되고 있다. 새로 구입한 승용차가 애착이 가는 대상으로 애인의 상징으로 꿈에 등장될 수도 있는 바, 애인이 헤어지자는 꿈을 꾼 후에 주식투자 실패 등으로 사정이 생겨 승용차를 팔아야 되는 상황에 처해질 수 있는 것이다. 일반적으로는 자신이 현재 열정을 가지고 대하는 어떤 일거리나 대상에서 결별하게 되는 일로 이루어진다.

(10) 헤어진 애인과 다시 사귀는 꿈

잠재의식표출의 꿈으로 자신의 바람·욕구·소망 등이 형상화되어 꿈을 통한 대리만족을 얻게 되는 꿈이 될 수 있다. 또한 사실적인 미래투시의 꿈이라면 장차 실제의 일로 일어날 수 있다.

하지만, 상징적으로 헤어진 애인은 실제의 그이거나 동일시된 인물 또는 이전에 자신이 애착을 지녔던 일, 작품·사업·대상 등을 뜻한다. 예를 들어, 과거에 공부하던 일본어 공부를 다시 시작한다든지, 끊었던 담배를 다시 피우게 된다든지, 주식투자를 다시 시작한다든지 등의 과거에 관심을 두었던 대상에 새롭게 시작하는 것을 뜻하고 있다.

(11) 애인/친구 꿈의 실증사례

꿈속의 남편·아내·애인은 현실의 실재하는 어떤 인물의 동일시 인물을 나타내기도 하지만, 현실에서 비상한 관심과 애착을 가지고 성취시키려는 일거리나 사업체 작품 따위를 뜻하는 경우가 더 많다.

① 꿈속에 연애했거나 이혼한 과거의 애인이 나타나는 경우의 꿈→ 하다가 그만 둔 일거리에 다시 착수하는 일로 실현되었다.
② 죽은 애인이 문밖에서 자기를 부르는 소리에 맨발로 뛰어나가 보았으나, 그곳에는 아무도 없었던 꿈→ 죽은 애인으로 표상되는 어떤 새 사람이 생겨 청혼해 오는 일로 실현되었다.
③ 남자친구가 기습적으로 키스하는 꿈→ 인형을 선물받는 일로 실현되었다.

④꿈에 친구 집의 싱크대 안에 설거지가 쌓여 있어서 대신 해주는 꿈
→ 친구에게 일어날 일을 꿈으로 예지한 사례이다. 친구가 몸살이
나서 얼굴과 손발이 퉁퉁 부어서 집안일은 아무것도 못하고, 주사
맞고 며칠 고생하였으며, 설거지며 밥 차리는 일은 신랑이 도맡아
해 주었다고 한다.

4) 아기에 대한 꿈

아기를 받는 태몽을 꾸고 임신한 사례가 있듯이, 갓난아이가 태몽 표
상으로 등장되기도 한다. 또한 아기를 밀쳐낸 꿈으로 유산된 사례도 있
다. 하지만 상징적인 의미에서 갓난아기는 이제 막 새로 시작한 어떠한
일거리나 대상, 가게나 사업체를 뜻한다. 저자의 경우라면, 이제 막 출간
한 저서가 되기도 하며, 갓난아기를 쓰다듬는 꿈은 이제 막 시작된 어떤
작품이나 일거리를 검토하고 연구하는 것을 뜻한다.

따라서, 꿈속에서 아기를 낳고 보니, 낳자마자 걸어 다니고 물건을 잡
으며 어떤 말을 성인처럼 하는 경우, 상징적인 미래예지 꿈의 입장에서
는 아주 좋은 꿈이다. 이 경우는 갓난아기로 표상된 이제 막 시작된 어
떤 정신적 작품 또는 일거리 사업을 뜻하고 있으며, 그 작품의 가치 · 기
능 · 기타 내용 설명 따위가 뛰어남을 뜻하고 있다.

일반적으로 아기 낳는 꿈은 성취 · 결실을 이루어내는 좋은 꿈이며,
기형아의 아기인 경우에는 어떠한 문제점이 있는 것을 뜻한다. 한편 민
속에서 갓난아기는 근심으로 많이 여기는 바, 아기는 혼자서 아무런 행
위를 할 수가 없이 누군가 옆에서 지속적으로 돌보아주어 하기에, 아기
를 안거나 업은 꿈은 근심을 할 일이 생기게 되거나 누군가 시빗거리를

가지고 방해할 일이 생긴다.

5) 신체에 대한 꿈

(1) 팔, 다리, 손톱, 발톱에 관한 꿈

팔과 다리는 힘 · 세력 · 권리 · 협조자 · 능력 등의 일을 상징하는 부위이다. 관습적 언어로 '누구는 누구의 오른팔이다' 이란 말이 있듯이, 팔이나 다리는 자신에게 심복같은 존재의 아랫사람이거나 도움을 주는 사람을 상징하고 있다. 사람이 아닌, 산하단체나 지원세력을 상징하기도 한다.

따라서 몸에 많은 팔과 손이 생겨난 꿈은 많은 부하나 능력을 가지게 될 것을 상징하며, 팔이나 다리가 부러지는 꿈은 능력 · 협조세력 등을 상실하는 일로 실현된다. 예를 들어, 누군가가 큰 칼로 자신의 두 팔을 잘랐는데 피가 많이 난 꿈은 세력의 확장이나 능력의 범위가 축소되는 일이 실현되거나, 두 팔로 상징된 자신을 도와주던 사람이나 대상과의 결별 · 이별로 이루어진다. 피가 많이 난 경우에는 정신적인 수고로움이나 재물의 손실과 지출이 따르게 될 것을 예지해주고 있다. 실증사례로 꿈에, 자신의 팔을 잘라내고자 했던 사람은 자신의 일을 도와주던 사람을 해고하고자 하는 일로 실현된 바 있다.

손톱이나 발톱이 빠지는 꿈 또한 좋지가 않다. 사실적인 꿈이라면 실제 꿈과 같거나 유사한 경험을 하게 됨을 의미한다. 상징적인 미래예지의 꿈에서, 신체부위는 온전한 모양의 표상일수록 좋으며, 손톱이나 발톱이 빠지는 것은 힘이나 세력 등의 저하, 소원의 경향이 좌절되는 일로 실현된다. 또한 어떠한 일이나 대상, 인물 등과의 이별 · 좌절 등이나 우환 등으로 실현될 수 있다. 하지만 이 경우 팔·다리 보다 경미한 일로 실현될 것이다. 손톱이 빠지는 꿈으로 유산을 한 사례가 있다.

(2) 얼굴에 관한 꿈

현실에서 그 사람됨은 얼굴에 나타나 있다. 그 사람의 심성(心性)이 먼저 마음의 창(窓)인 눈에 나타나고 얼굴에 나타나기에, 우리가 맞선을 보거나 관상을 보아 그 사람됨을 알아내는 것이다.

꿈속에서도 얼굴은 자타의 신분을 주로 상징하며, 프로필·표제·인격 등 다양하게 전개되고 있다. 따라서 얼굴의 표상이 온전한 것이 좋으며, 얼굴이 일그러지거나 상처를 입거나 버짐이나 종기가 난 표상은 좋지 않은 여건에 처하게 되거나, 자존심이나 명예 등이 훼손당하는 일로 실현된다. 또한 거울에 비친 자기 얼굴이나 상대방의 얼굴이 검게 보이는 꿈은 좋지 않은 여건에 처하게 되거나, 못된 사람에게 배반당하거나 근심하는 일로 실현된다. 반면에 얼굴을 깨끗이 씻는 꿈은 신분이 새로워지거나 근심·걱정이 사라지는 일로 실현된다.

얼굴에 관한 실증사례를 간략히 살펴본다.

① 볼에 입이 붙은 사람이 찾아 온 꿈→ 찾아온 손님이 올바른 말을 하지 않고 왜곡되고 거짓되며 부정한 말을 하는 것을 보게 된다.

② 말을 하는데 상대편의 입에서 검은 연기가 나오는 꿈→ 거짓말로 사기를 치고자 하는 사람임을 일깨워주고 있다.

③ 얼굴 한 부분을 수술하는 꿈→ 저자인 경우에 책의 제목이나 표제어를 수정하거나 변경하는 일로 실현되었다. 이 경우, 일반인이라면 자신의 추락된 신분이나 명예를 새롭게 하는 일로 이루어진다.

④ 처음 보는 얼굴의 사나이와 기분 좋게 키스하는 꿈→ 독자인 경우에, 처음 대하는 책을 읽고 만족해하는 일로 실현되었다. 이 경우, 저자인 경우라면 처음 관련을 맺는 출판사와 좋은 관계를 유지하는 일로 이루어진다.

⑤ 얼굴에 종기같은 이상한 것 등이 생겼으며, 하얀 목련꽃 같은 버짐이 얼굴에서 피어난 꿈→ 친척집에 아이를 봐주러 갔다가 친척에게 수모와 무시를 당하게 되었다.

⑥ 얼굴이 썩어가는 모습으로 한국에 와 살아야 한다는 꿈→ 처한 환경의 부적응 상황에서 벗어남.

제 친정 남동생 이야기인데요. 회사 일로 필리핀 나라로 5년 계약하고 떠난 지, 2개월 되던 어느 날입니다. 꿈에, 동생이 얼굴이 다 썩어가고 귀도 썩어가는 모습으로, 아주 왔다고 하면서 하는 말이 "그 나라는 너무 더워서 기온이 맞지 않아, 그냥 가만히 있어도 이렇게 살이 팍 썩어 들어가기 때문에, 기온이 잘 맞는 한국에 와서 살아야 된다."라는 겁니다. 속이 상해서 엉엉 울다가 깨고 보니 꿈이었어요.

무슨 일일까? 걱정이 거듭되는 나날 속에, 동생이 귀국한다는 전화가 왔어요. 귀국하던 날 친정으로 달려가서 들은 자세한 얘기인즉, 그 나라에서는 새롭게 세운 창립회사인데, 전산하는 사람은 있으나 마나 한, 사람으로 취급하더랍니다. 하루 종일 먹고 놀아도 누구 한 사람 뭐라고 할 사람 없고, 그냥 5년 동안 월급만 타먹다 와도 되는데, '그렇게 되면 그동안 공부한 것 다 잊어버리고, 5년 후에는 내 머리는 텅텅 비어 바보가 되면 그때는 어떡하냐. 그럴 바에는 한국에 와서 열심히 일하고 공부해서, 능력 있는 사람이 되어야지.' 그래서 왔다는 겁니다.

꿈에서는 기온이 맞지 않아 몸이 썩어서 못 산다는 얘기와 실제는 머리를 쓰지 않으면 바보가 된다는 얘기와 어쩌면 이렇게 똑같습니까? 너무 놀랐습니다. 그뒤 바로 전에 다니던 회사로 다시 출근했답니다.

이밖에 인체의 상징표상으로, 머리 · 머리카락 · 눈 · 코 · 입 · 혀 · 귀 · 목 · 가슴(유방) · 등 · 배 등에 대한 구체적인 언급은 곧이어 출간될 [홍순래 꿈해몽 대백과] 편으로 미룬다. 이 책『꿈이란 무엇인가?』에서는 꿈에 대한 올바른 이해를 지니는데 중점을 두었음을 밝힌다. 모든 신체 표상에 있어서는 온전하거나 건강하고 빛나는 표상이 좋다. 꿈속에 자신이 거인이 된 꿈이 좋은지, 난쟁이가 되어 있는 것이 좋은지, 꿈을 상징적으로 이해하면 보다 쉽게 이해할 수 있을 것이다.

6) 동물에 관한 꿈

먼저 동물꿈의 상징의미를 쉽게 알 수 있는 꿈사례를 살펴본다.

〈 아들의 질병회복 예지 꿈 〉

꿈속에서 남편은 후배와 함께 어느 산에 갔었다고 합니다. 그런데 토끼 한 마리가 덫에 목이 끼어 피를 흘리며, 숨만 겨우 쉬고 있다는 것이었습니다. 그래서 남편은 그 토끼를 가지고 산을 내려왔는데, 후배라는 사람이 계속 그 토끼를 빼앗아 가려고 해서 후배와 다투었다고 합니다. 그 때 갑자기 제가 나타나, 남편의 후배에게 소리를 고래고래 지르며, "그 토끼는 절대 가져갈 수 없다" 며, 빼앗아서는 집으로 가지고 들어갔다는 것이었습니다.

　남편이 그 꿈을 꾸었을 당시, 군대에 간 아들이 몸이 안 좋아 군 병원에 있었을 때였습니다. 아들의 병은 외국에서도 보기 드문 희귀한 병이었지만, 작년에 아주 성공적인 수술을 받고 지금은 건강한 몸이 되었습니다. 이제와 생각해보니, '예전에 남편이 꾸었던 꿈속에서 덫에 걸린 토끼가 아들이었고, 남편의 후배가 저승사자가 아니었나.' 하는 생각이 듭니다. 가만히 생각해 보면, 그때 꿈속에서 토끼를 빼앗기지 않은 것이 무척이나 다행스럽습니다.

　꿈속의 덫에 걸린 토끼는 바로 병마로 시달리게 될 아들의 상징표상으로 등장되고 있다. 이밖에도, 뱀이 숲속으로 달아나는 꿈을 꾼 후에 아들을 교통사고로 잃은 사례, 검은 개 한마리가 있기에 귀여워서 만져주는 데 갑자기 물은 꿈으로 남동생과 다투다가 동생에게 매맞는 일로 실현된 사례 등이 있다. 또한 부동산 중개업자가 토끼를 잡아오는 꿈을 꾸고, 커다란 앞니 두 개가 토끼 이빨같이 튀어나온, 전체 이미지가 토끼 같은 매수자에게 부동산 매매를 하게 된 꿈사례가 있다.

　이처럼 꿈속에 등장되는 동물은 대부분 상징적으로 사람을 뜻하는 바가 많다. 처녀의 꿈에 구렁이가 몸에 감겨드는 꿈은 구렁이로 표상된 건장한 남성이 다가옴을 뜻하며, 꿈속에서 구렁이의 몸에 감겨 꼼짝할 수 없었다면, 현실에서 그 남성의 영향력에서 벗어날 수 없음을 예지해 주고 있다.

　이러한 동물이 사람을 상징하고 있는 것은 언어의 관습적 상징에서도 그대로 사용되고 있다. '미련 곰탱이'에서 곰은 어리석고 미련한 사람, '호랑이 선생님'은 무서운 사람, '화려한 꽃뱀'은 남성을 유혹하는 화류계 여성, '암팡진 암고양이' 는 표독한 여자, '여우같은 년' 은 약아 빠진 여자, '돼지같은 놈' 은 탐욕스런 사람', '토끼' 는 사랑스러운 자식, '암사슴' 은 귀여운 애인, '원숭이' 는 교활한 재주를 부리는 사람 등등 ㅡ. 이러한 것은 태몽표상에서도 그대로 적용되고 있는 바, 꿈속에 등장 된 동물과 유사한 성격이나 외모·체격 등의 아이가 태어날 것을 예지해 주고 있다.

제한된 지면상, 꿈속에 자주 등장되는 돼지·호랑이/사자·고양이· 쥐에 대해서만 개략적으로 살펴본다. 구체적인 언급은 곧이어 출간될 [홍순래 꿈해몽 대백과] 편으로 미룬다.

〈 돼지꿈 〉

(1) 돼지꿈에 관하여

필자가 누차 강조하는 바이지만, 꿈의 언어인 상징 표상의 전개는 우 리의 관습적 언어 상징과 문학적 상징, 나아가 토속적 민속신앙과도 맥 을 같이 하고 있다.

돼지꿈 또한 마찬가지이다. 우리가 동네 이발소 등에 가면 어미돼지 가 많은 새끼에게 젖을 먹이는 그림을 볼 수 있는 바, 이는 다산(多産)과 쑥쑥 커나가는 성장성에서 가게의 번창을 기원하고 있음을 잘 알 수 있 다. 또한 민속적으로 고사 지낼 때 돼지머리를 놓고 지내는 것도 다산과 성장성에서, 번창 풍요로움을 기원하는 상징으로 쓰이고 있음을 알 수 있다.

돼지꿈은 다양하게 실현되고 있다. 사람들은 돼지꿈하면, 재물을 얻 게 되는 것으로 알고 있다. 이는 복권에 당첨된 많은 사람이 돼지꿈을 꾼 것만을 봐도 알 수 있다. 다만, 돼지꿈만 꾼다고 해서 재물운으로 이루어지는 것이 아니라, 돼지꿈의 전개가 어떻게 되었느냐에 따라 달려 있다. 예를 들어 돼지가 품에 안긴다든지 집으로 달려오는 꿈은 재물을 얻는 일로 이루어지지만, 반대로 돼지를 쫓아낸다든지 돼지가 사라지든지 들어온 돼지가 죽는 꿈 등은 재물을 얻으려다가 잃게 되는 일로 실현되고 있다.

또한 돼지꿈이 재물의 상징만 되지 않고, 사람·작품·일거리·이권·인적자원 등과 같은 여러 가지 상징으로 등장되고 있다. 따라서 돼지꿈을 꾸고 반드시 복권 당첨 등의 재물운으로만 실현되는 것은 아니라, 태몽이라든지, 돼지로 상징된 탐욕스럽거나 뚱뚱한 직원이나 사람을 맞아들이는 일로 실현될 수도 있다.

이처럼 꿈의 실현은 꿈을 꾼 사람이 처해 있는 상황과 돼지꿈의 표상이 어떻게 전개되었느냐에 따라 달리 실현되고 있다.

(2) 돼지 꿈해몽

각각의 처한 상황에 따라, 돼지꿈의 상징 표상이 어떻게 전개될지 염두에 두고 살펴보시기 바란다.

- 돼지를 팔러가는 꿈→ 자신의 재물이나 이권을 누구에게 넘기고자 하는 것을 예지한다.
- 돼지가 교미하는 것을 보는 꿈→ 다른 사람과 더불어 계약·성사나 사업을 시작함을 예지한다.
- 돼지를 대문 안에 붙잡아 두는 꿈→ 돼지의 상징 표상이 무엇을 뜻하느냐에 따라 달라지며, 꿈의 실현은 각각이 처한 상황에 따라 다르게 실현된다. 재물이나 이권을 확보하게 되거나, 돼지로 상징된

사람을 확보하게 된다.

- 돼지가 방안으로 들어온 꿈→ 이 역시 돼지의 상징 표상이 무엇을 뜻하느냐에 따라 달라지며, 꿈의 실현은 각각이 처한 상황에 따라 다르게 실현된다. 장차 재물이나 이권을 얻을 수 있기에 로또를 사보는 것도 좋다. 이 경우 새끼를 밴 돼지라면 겹경사의 일로 실현된다. 또한 가임여건에서는 태몽으로 실현될 가능성이 높으며, 다른 사람의 태몽을 대신 꿔줄 수도 있다. 물론 돼지로 상징된 어떠한 부유층의 도움을 얻게 될 수도 있다.

- 한 마리의 돼지가 여러 마리의 돼지로 변한 꿈→ 재물이나 이권이 번창함을 뜻한다. 처한 상황에 따라 달리 실현되는 바, 새롭게 분점을 내게 된다든지 사업을 확장하는 일로 실현된다. 또한 돼지가 새끼를 낳은 꿈의 경우에도 마찬가지 결과가 얻어진다.

- 돼지 새끼를 들여오는 꿈→ 작은 돈이나 재물을 얻게 됨을 예지한다.

- 돼지를 몰아오거나 등에 지고 오거나 차에 실어오는 꿈→ 재물이나 이권을 얻게 된다.

- 죽은 돼지를 걸머지고 오는 꿈→ 남의 부채를 지거나, 노력을 해도 실속없는 일에 당면하게 된다. 집안에 들어온 돼지가 죽은 꿈으로 팔고자 했던 부동산 매매계약이 무산된 사례가 있다.

- 돼지가 집밖으로 나가는 꿈→ 현실에서 자신의 재물이나 이권이 줄어들 것을 예지한다. 그러나 노력 끝에 돼지를 다시 우리 속에 몰아넣는 경우, 재물이나 이권을 일부 회복하게 된다.

- 돼지를 통째로 구워 고기를 칼로 잘라먹는 꿈→ 돼지로 상징된 어떠한 결과물을 자신의 손안에 넣게 된다. 이 경우 일 · 작품 · 논문 등

이 심사 중에 있다면 좋은 결과가 도출된다.

- 돼지머리를 젯상에 올려놓는 꿈→ 성취하고자 하는 일이 이루어지며, 작품·뇌물·수수료 등을 제 3자에게 바치고 평가 또는 보답을 얻게 된다.
- 방안에서 큰 돼지와 싸우다 돼지를 죽이는 꿈→ 피나는 노력 끝에 큰 사업체나 재물을 소유하게 된다. 경쟁이나 재판, 게임이나 노름, 주식투자 등에서 일승일패를 거듭하다 결국 승리한다.
- 사나운 기세의 멧돼지가 달려든 꿈→ 태몽인 경우에, 매우 저돌적이고 야성적인 자식을 낳게 된다. 자식은 장성해서 씩씩하고 용맹스런 사람이 될 것이지만, 세상 사람과 타협하지 않는 고집을 지니게 된다.

(3) 돼지 꿈 실증적 사례

① 들어오려는 돼지를 내쫓는 꿈→ 집에 들어오려는 돼지를 옆에 있던 삽으로 쫓아버리는 꿈을 꾼 사람이 복권 당첨에 아슬아슬하게 떨어지는 일로 실현된 사례가 있다. 일반적으로 재물이나 이권을 얻으려다가 얻지 못하게 된다. 이 경우 태몽인 경우에 유산하는 일로 이루어진다.

② 사납고 냄새가 나는 큰 돼지가 방안에 들어와서 사람으로 변한 꿈→ 돼지로 상징된 돼지같은 탐욕스럽고 세도가 당당한 나쁜 사람이 인격자인 척하고 자기 집에 찾아오는 일로 실현되었다.

③ 궁둥이가 베인 돼지의 목을 쳐 죽이는 꿈→ 저자의 꿈으로, 작품의 말미는 생략되고 원문과 소개문이 따로 구분되어 발표되는 일로 실현되었다. 중국의 사례로, 큰 돼지가 발을 물어 칼로 베어죽이는

꿈을 꾼 관운장(關雲長)은 촉한(蜀漢)의 형주 양양군의 도독 벼슬을 하게 되었다.

④ 희고 살찐 돼지가 도망치며 발이 아파 신발을 달라기에 신을 주고 같이 도망친 꿈→ 어떤 사람의 사업에 보증을 서거나 그 업체를 인수해서 경영하게 되었다.

⑤ 삶은 돼지머리를 칼로 썰어 그 일부를 다락에 넣어 둔 꿈→ 전세금을 차용 형식으로 얻어 쓰고, 일부만 남게 되는 일로 실현되었다.

⑥ 돼지우리에서 소변을 보는데 돼지새끼들이 몰려와 받아먹은 꿈→ 저자의 경우, 여러 개의 소작품을 여러 잡지사에서 발표하는 일로 실현되었다.

⑦ 한 마리의 돼지가 대문 안에 들어선 꿈→ 가난한 사람의 꿈으로 수백 장의 연탄을 사올 수 있었다.

⑧ 검은 돼지가 더러운 똥을 싸서 내쫓으려고 애를 써도 나가지 않았던 꿈→ 새 차를 샀는데, 동네 아이들이 차 라이트를 부셔놓아 수리비로 몇 십만원을 들이게 되는 일로 실현되었다.

이처럼 돼지가 나왔다고 무조건 재물이 생기고 좋은 일로만 실현되는 것은 아니다. 점쟁이식의 해몽서들은 천편일률적으로 '무엇은 무엇이다' 식으로 답변이 정해져 있는데, 이는 절대적으로 잘못된 것이다. 꿈은 '꿈이 어떻게 전개되었는가'와 꿈을 꾼 사람이 처한 현실이나 상황에 따라 달리 실현된다.

⑨ 새끼 돼지 두 마리 중 한 마리는 힘껏 목덜미를 움켜잡고, 나머지 새끼 한 마리는 아주 순하게 따라온 꿈→ 꿈의 내용을 간추리면 새

끼돼지 두 마리를 잡는 꿈이다. 현실에서는 어떻게 실현되었을까? 아마도 새끼 돼지 두 마리로 표상된 자그마한 재물이나 이권을 얻는 꿈 또는 태몽꿈으로 실현될 수도 있다. 이 경우에 한 마리는 어렵게 현실에서 이루어지고, 한 마리는 쉽게 이루어질 것임을 예지해주고 있다. 꿈속에 나타난 여러 표상들을 염두에 두고, 실제로 일어난 현실의 이야기를 살펴보기 바란다.

"현실에서는 꿈을 꾸는 순간에 전화 벨이 막 울리더니, 막내 외삼촌이 첫아들을 낳았다는 연락이 왔어요. 몇 개월 후에 외삼촌 아기백일 날에 꿈이야기를 얘기했더니, 외삼촌과 외숙모는 무릎을 탁 치면서 아기가 목이 안 좋아서 병원에 한참 다녔다는 거예요. 꿈에서 제가 그 새끼 돼지를 잡을 때 목을 세게 조였거든요. 여동생도 임신 8개월쯤 되었는데, 나머지 새끼 한 마리는 아주 순하게 따라 오더니 여동생의 순산소식을 가져왔고요."

⑩ 복권 당첨 돼지꿈 사례
　　돼지꿈은 재물운으로 가장 많이 실현되고 있는 바, 복권에 당첨된 사례를 살펴본다.
* 똥을 묻힌 돼지가 달려드는 꿈→ 주택복권 3억원 당첨
* 시커먼 돼지들이 집안으로 들어오는 꿈→ 복지복권 2,000만원
* 배가 갈린 돼지가 붉은 피를 쏟으며 재래식 화장실에 빠지는 꿈→ 더블복권 4억원
* 커다란 어미돼지가 새끼들을 끌고 집으로 들어오는 꿈→ 기업복권 라노스 당첨

* 오물이 묻은 더러운 돼지를 확 안는 꿈→ 복권 당첨
* 산돼지를 보는 꿈, 큰 조개를 줍는 꿈→ 복권 당첨

"행운을 받으려고 그랬는지 당첨되기 며칠 전부터 꿈에 산돼지가 보였습니다. 당첨되기 바로 전날엔 맑은 시냇가에서 주먹만한 백합 (흰 조개)을 줍는 꿈을 꿨지요."

* 돼지가 손안에서 저금통으로 변한 꿈→ 복권 당첨

"하여간 무지 컸는데 박제된 돼지가 손 안에서 저금통으로 변하더 라구요. 한 손에 쥐고 있던 열쇠로 따봤더니 저금통 안에 있던 동전 들이 황금빛을 내면서 음악이 흘러나왔어요."

* 돼지고기를 먹는 꿈→ 회사 직원들과 돼지 불고기의 메뉴로 회식을 하는 꿈으로 당첨.
* 꿈에 커다란 돼지가 안방에 들어와 앉는 꿈→ 라노스 승용차에 당첨

"꿈에 커다란 돼지가 안방에 들어와 자리를 차고 앉아 있었다. 또 한 번은 석기시대 유물인 빗살무늬 항아리를 얻어 창고에 두었는데 점점 커지는 꿈이었다."

* 살색 돼지 세 마리가 쫓아와서는 옷을 물고 놔주지를 않는 꿈→ 돼 지 한 마리당 1억원! 3억원 당첨

이 경우 처한 상황에 따라, 태몽꿈으로도 실현될 수 있다. 세 마 리인 것을 감안한다면, 장차 세 자녀를 두게 되는 태몽꿈으로 실현 도 가능하다.

* 남의 집 우리에서 굉장히 큰 여러 마리의 돼지와 새끼돼지가 몰려나 와 길을 막는 꿈→ 복권에 일등으로 당첨되는 일로 실현

여기서 남의 집 우리는 복권을 담당하는 기관인 은행을 상징하 고 있다. 또한 돼지우리를 치우다가 큰 돼지와 싸워 이긴 꿈으로

복권에 당첨된 사례가 있다.

〈 호랑이 / 사자 꿈 〉

(1) 호랑이/사자 꿈에 관하여

호랑이/사자는 동물 중의 왕이요 영험하고 백수의 왕으로 알려져 있다. 따라서 호랑이/사자는 승리 · 성공 · 권세와 명예를 가지는 사람을 상징하고 있다. 또한 큰 사업체, 재물운, 자신이 감당하기 어려운 사람이나 벅찬 일, 승리 · 성공 등의 일을 상징한다. 보통 호랑이 태몽으로 태어난 인물은 큰 능력을 지닌 사람이 될 가능성이 높으며, 여아의 탄생인 경우 활달하고 호쾌한 성품을 지니게 된다.

앞서 제 II장의 꿈해몽 기초상식 10가지에서, '호랑이에게 물린 꿈'의 다양한 실현에 대한 꿈해몽을 살펴본 바 있는 바, 사자꿈도 호랑이 꿈에 준하여 실현된다.

(2) 호랑이/사자 꿈해몽

- 사자나 호랑이는 기관이나 회사 · 단체의 우두머리와 상관하게 된다.
- 작은 동물이 점점 변해서 호랑이로 변한 꿈→ 작은 사업이나 관직 권세가 점차적으로 크게 변한다.
- 호랑이나 사자와 싸워 이기는 꿈→ 큰 사업을 성취하거나 권력층 사람을 굴복시킬 일이 생긴다.
- 호랑이나 사자가 자기 앞에 무릎을 꿇고 있는 꿈→ 권력층 사람을 굴복시킬 일이 생긴다.

- 호랑이나 사자의 가죽 또는 털로 된 물품을 얻는 꿈→ 협조자 또는 재물 등을 얻는다.
- 호랑이나 사자의 울음소리를 듣는 꿈→ 사회적으로 선풍적인 일이나 소문날 일 출세 또는 환란이 닥쳐온다.
- 호랑이나 사자를 타고 달리는 꿈→ 위대한 사람이나 권력자나 단체의 도움으로 고귀한 지위를 누려 출세한다. 이 경우 호랑이를 타고 가다 내리거나 그것만 못한 짐승과 바꿔 타는 꿈은 높은 권좌에서 물러나거나 그만 못한 직권으로 옮기게 됨을 뜻한다.
- 호랑이를 타고 높은 산꼭대기에 오른 꿈→ 사업의 번창이나 회사·기관·단체의 우두머리로 나아가게 된다.
- 호랑이를 끌고 다니는 꿈→ 권력층 사람을 마음대로 조종할 수 있게 되거나, 큰 일을 이루게 되며, 협조자를 얻거나 사업이 뜻대로 이루어진다.
- 호랑이와 성행위하는 꿈→ 사업의 성취나 훌륭한 작품 등이 이루어지거나, 사업가 또는 권력층 사람과 계약 동업을 하게 된다.
- 호랑이가 무서워 도망치려 해도 도망갈 수 없어 덜덜 떨은 꿈→ 호랑이로 상징된 감당하기 힘든 일이나 막강한 권세의 권력자 또는 세도가에게 심적 고통을 당하게 된다.
- 사자나 호랑이에게 쫓기는 꿈→ 연애·관직·사업 등의 일이 난관에 부딪친다.
- 호랑이가 가축을 물어 가는 꿈→ 재물에 손실이 있게 되거나, 부하 직원이 이직을 하거나 사고사를 당하게 된다.
- 호랑이 꿈을 꾸고 여아를 낳는 꿈→ 아이의 팔자가 사납다는 것은 미신이며, 호랑이 같이 씩씩하고 활달한 여장부가 될 가능성이

많다.

- 호랑이가 방으로 들어오는 태몽→ 훌륭한 인재를 낳게 되고, 일반인
은 귀인의 방문 등의 일과 관계한다. 반면에 호랑이가 나타났다가
사라진 태몽은 요절·유산 등등 아이의 일생이 좋지 못하다.

- 호랑이를 타고 대궐이나 큰 저택 등의 대문으로 들어간 태몽→ 태아
가 장차 협조자나 정당 단체의 추대를 받아 큰 기관이나 단체의 우
두머리로 출세함을 예지한다.

- 새끼 호랑이 두 마리를 한꺼번에 안은 태몽→ 장차 쌍둥이나 형제를
두고 그들이 장차 높은 관직에 오르거나 사업가가 된다.

- 사막에 앉아 있는 세 마리의 사자 중 한 마리가 빙그레 웃고 있었던
어떤 부인의 꿈→ 태몽인 경우 삼형제의 자식 중에 하나가 속을 썩
이는 일로 실현되었는 바, 밝은 미소가 아닌 조롱하는 듯한 웃음인
경우이다. 화류계 여성이 이런 꿈을 꾼 경우에는 세 사람의 권력자
를 만나게 되는 가운데, 그 중 한 사람으로부터 시달림을 받는 일로
실현된다.

(3) 호랑이/사자 꿈 실증사례

① 자신의 머리가 호랑이로 변한 꿈→ 신체의 가장 중요한 부위인 머
리가 호랑이 머리로 변한 것에서, 백수(百獸)의 왕인 호랑이처럼
위엄을 떨치고 장차 귀한 지위로 나아가는 일로 실현되었다.

② 한 마리의 표범이 호랑이 꼬리를 물어뜯는 꿈→ 고구려 태조대왕
의 꿈으로, 그의 아우가 왕위에 올라 두 아들을 죽이게 될 것을 예
지한 것이었다.

③ 호랑이가 집을 지켜주는 꿈→ 부인의 꿈을 들은 남편이 복권을 산

후에 복권에 당첨되고 있다. 호랑이는 권세와 명예를 가지는 사람이나, 최고·최대의 권세·명예·재물운·이권 등 좋은 작품 따위를 나타내주고 있다.

④ 호랑이가 달려들어 품에 안는 꿈→ 형수씨의 꿈으로 복권에 당첨되고 있다. 하지만 처한 상황에 따라 태몽꿈으로 실현될 가능성도 높다.

⑤ 꼬리가 짤린 호랑이의 태몽꿈→ 태어난 아기는 남자아이가 아니라 여자아이였으며, 호랑이처럼 성격이 걸걸한 편으로, 현실에서는 자살을 시도한 것으로 실현되었다.

⑥ 호랑이와 강을 건너다가 떨어진 꿈→ 꿈에 사나운 호랑이와 함께 강을 건넜다. 강을 거의 다 건너와서, 강 언덕에서 호랑이가 갑자기 언덕에서 미끌어져 내렸다. 이에 손으로 잡아올리려 했으나, 아슬아슬하게 손에 잡히지 않고 결국은 강을 건너오지 못하는 꿈을 꾸었다.

태몽꿈으로 좋지 않은 표상전개를 보이고 있다. 현실에서는 남아를 낳았으나, 일주일 후에 죽게 되는 일로 실현되고 있다. 이처럼 태몽꿈을 통해서 일생이 예지된다는 사실은 꿈의 미래예지적인 성격을 단적으로 나타내주고 있다.

⑦ 두 마리의 호랑이가 방에 들어 왔다가 사라지는 꿈→ 의병대장 김덕령(金德令)의 태몽.

어머니 꿈에 산으로부터 두 마리의 호랑이가 방에 들어 왔다가 사라지는 꿈을 꾸었다. 이후 두 형제를 두었는 바, 김덕령은 임진왜란때 의병 대장이 되어 혁혁한 공을 세웠으나 후일 반역죄로 몰려 억울하게 옥사했고, 그의 형인 덕홍(德弘)도 의병대장으로 전사했다. 형제가 다 호랑이처럼 용감하고 또 훌륭한 사람들이었으나, 다 같이 불운한 일생이었다. 호랑이가 품안에 뛰어들지 않고 사라지는 꿈은 출생 후에 좋은 결과를 기대할 수가 없음을 보여주고 있다.

⑧ 올림피아 왕비의 자궁에 사자 문장으로 봉인한 것을 보았다는 필립왕의 꿈→ 아들 알렉산더 대왕이 태어나 명예와 권세를 획득하는 일로 실현되었다.

〈 고양이 꿈 〉

(1) 고양이 꿈에 관하여

꿈속에 등장하는 동물들은 대부분 동물의 특성과 관련된 어떠한 사람을 상징적으로 나타내고 있다. 고양이는 꿈속의 느낌에 따라, 애교있는 여성, 사납고 앙칼진 부인, 능청스럽거나 표독한 여성 또는 어린이 · 경비원 · 도둑을 상징하며, 사건 · 사고의 표상으로 등장하기도 한다.

(2) 고양이 꿈해몽 요약

- 고양이를 안아 주거나 어루만지는 꿈은 고양이로 상징 표상된 어떤 여성이나 아이를 가까이 할 일이 생긴다.
- 자기 집 고양이가 나가는 꿈은 고양이로 상징된 고용인이나 경비원을 해고시킬 일이 생기거나 물건을 분실한다.
- 고양이를 죽이는 꿈은 일의 방해되는 사람이나 일 등을 제거하게 된다. 태몽 표상에서는 유산하게 된다.
- 고양이에게 할퀴어지는 꿈은 아내의 바가지를 듣게 되거나, 명예훼손 또는 병마 등에 시달리게 된다.

- 호랑이를 그렸는데 고양이 그림이 되는 꿈은 계획은 크게 세웠으나 일의 성과는 보잘 것 없게 됨을 뜻한다.
- 검은 고양이가 울면서 쫓아오는 꿈은 두렵고 불길한 사건을 체험한다.
- 개와 고양이가 서로 싸우는 것을 보면 어떤 두 사람이 세력 다툼을 하는 일이 있게 되며, 개나 고양이 중의 하나는 자기 자신을 상징적으로 표상하여 나타낸 것일 수도 있다.
- 고양이가 달아나는 꿈의 경우에, 수사관이라면 어떤 일이나 사건이 미궁에 빠져 좀체로 진상이 밝혀지지 않는다.

(3) 고양이 꿈 실증사례

① 고양이가 갑자기 달려들어 손등을 할퀴는 꿈→ 앙칼진 여자나 마누라가 부부싸움 끝에 손등을 할퀴는 일로 실현되었다.
② 고양이가 목덜미를 물은 꿈→ 다음날부터 목이 잠길 정도의 심한 감기를 앓았다. 이 경우 고양이가 목을 할퀴는 꿈을 수차례 꾼 사람의 경우 감기로 인해 우연히 병원 진찰을 받게 되어 식도암을 발견하여 치료한 꿈사례가 있다.
③ 까맣고 작은 고양이 새끼가 남편이 아끼는 기타를 넣은 가방속에서 나와 팔짝팔짝 주위를 뛰어 다니는 꿈→ 고양이에 관한 꿈은 대부분 안좋게 실현되고 있다. 현실에서는 악기를 업소에 놓고 다니는데, 도둑맞는 일로 실현되었다.

이밖에도 고양이나 강아지 꿈은 귀여운 애인의 상징으로 자주 등장되고 있는 바, 고양이가 집안에 들어와 냉장고에 숨은 꿈으로 연분을 맺어 결혼한 사례를 살펴본 바가 있다.

〈 쥐 꿈 〉

(1) 쥐 꿈에 관하여

꿈속에서 쥐의 상징의미는 다양하다. 부지런하고 성실한 면도 있지만, 자잘스런 소인배의 상징표상이 되기도 하며, 안좋은 사건·사고의 상징표상이 되기도 한다. 꿈속에서 어떤 표상으로 전개되었느냐에 따라 꿈의 길흉이 달리 실현되고 있으나, 대부분 보통 꿈에서 쥐는 어떤 사람이나 적대적인 대상이나 일거리 등으로 실현되고 있으며, 좋지 않게 이루어지고 있다.

(2) 쥐 꿈해몽 요약

- 쥐는 노력가·회사원·도둑·간첩·비겁자·작품·일 등을 상징한다.
- 쥐가 물건을 뜯는 꿈은 누군가로부터 재물적인 손상을 받게 된다.
- 고양이가 쥐를 잡는 것을 보는 꿈은 협조자가 방해되는 사람이나 일거리·대상을 제거해 주게 된다.
- 쥐가 구멍 속에서 머리를 내밀고 내다보는 꿈은 자기 사업에 관심을 가지고 주시하는 사람이 있음을 뜻한다.
- 실험용 흰 쥐가 우리에 있는 꿈은 정신적·물질적인 자본이 생기거나 연구 대상물의 비유이다.
- 쫓던 쥐가 구멍 속으로 사라지는 꿈은 하고자 하는 일이 성취되지 않는다.

- 방안에 든 쥐를 잡는 꿈은 직장에서 횡령을 하려는 자를 밝혀내게 되거나, 일의 중개자를 찾게 된다.
- 들판에 널려 있는 곡식이나 농산물을 쏠아먹는 쥐떼를 보는 꿈은 흉년이나 천재지변을 당한다. 개인의 사업 실패에 처하는 일로 실현되기도 한다.
- 쥐에 물려 아픈 꿈은 물린 부위의 사고를 당하거나, 질병 혹은 방해적인 일이나 사건에 직면하게 된다.
- 큰 구렁이가 쥐구멍으로 들어가 버리는 꿈은 가임여건에서 유산되거나 일거리 · 사업이 무산된다.

(3) 쥐 꿈 실증사례

① 쥐 한두 마리가 이불을 갈기갈기 물어 뜯는 꿈은 동생이 교통사고를 당하는 일이 일어나게 되었다.

② 쥐가 달려들어 엄지발가락을 물은 꿈→ 실제로 현실에서는 남편이 다른 사람하고 시비가 붙어 싸우다가 유리창을 깨뜨려 유리조각에 손등의 살갗이 찢겨져 나가는 사고로 실현되었다.

③ 수없이 많은 쥐구멍에서 쥐가 들락날락하는 것을 본 저자의 꿈은 자신의 책이 서점에서 많이 팔리게 되는 일로 실현되었다.

④ 쥐를 잡았는데 누가 페스트균을 옮기는 쥐라고 말했던 꿈은 저자의 경우 강력한 전파력을 가진 베스트셀러가 될 작품을 저술해 내는 일로 실현되었다.

⑤ 상자 속의 큰 쥐를 막대기로 때려죽이자 또 한 마리가 죽는 꿈을 꾸었던 꿈은 저자의 경우 두개의 작품이 연이어 발표되는 것으로 실현되었다.

7) 식물에 관한 꿈

꿈은 반대가 아닌 상징 표상의 이해에 있는 바, 꿈속에 등장된 나무나 꽃·채소·과일 등은 싱싱하고 아름다운 것이 좋다. 태몽 표상으로 꽃이나 나무 등 식물이 자주 등장되고 있다. 이러한 식물이 때에 따라서는 움직인다든지 말을 한다든지 하는 경우가 있는 바, 이는 꿈의 상징기법의 하나인 것이다.

(1) 나무 꿈해몽 요약

- 나무는 사람의 몸이나, 인격·인재·기업체·기관·회사·관청·병력·재물 등을 상징한다.
- 큰 나무가 뿌리째 쓰러지는 것을 보는 꿈은 나무로 상징된 사업체가 운영난에 빠지게 되거나, 거물이 정가에서 은퇴하는 것을 보게 되거나, 집안의 큰어른이 죽는 일로 실현된다. 고목나무의 가지가 부러진 꿈으로, 시어머니가 중풍으로 쓰러지는 일로 실현된 사례가 있다.
- 나무가 재물의 상징인 경우, 나무를 베어 수레나 트럭으로 운반하는 꿈은 막대한 재물을 얻는다.
- 나무가 무성히 자라고 가지를 뻗어내는 꿈은 사업체가 번성함을 의미하며, 병자의 경우 이러한 꿈을 꾸게 되면 질병에서 회복하게 된다. 반면에 말라죽은 나무를 보는 꿈은 사업이 부진하게 되거나, 질병에 걸리거나 세력의 일부를 상실한다.
- 큰 나무 밑에 서거나 앉는 꿈은 나무로 상징된 큰 기관이나 회사 또는 위대한 협조자의 도움과 지도를 받게 되며, 심은 나무가 쑥쑥 커

나가는 꿈은 사업의 번창을 의미한다.

(2) 꽃 꿈해몽 요약

- 꽃은 여성 · 경사 · 영광 · 명예 · 성공을 상징한다.
- 만발한 꽃나무 밑을 걷는 꿈은 업적 · 성취 · 대화 · 독서 등으로 기쁜 일이 생긴다.
- 높은 산에 꽃이 만발한 꿈은 국가나 사회적인 일로 명예를 얻는다.
- 산이나 들에 꽃이 만발한 꿈은 어느 기관이나 회사 등에서 성취를 이루어내고 명예로워진다.
- 정원이나 마당에 꽃이 만발한 것을 보는 꿈은 사업 또는 기타의 일로 경사로워진다.
- 꽃향기를 맡는 꿈은 작품 또는 일 등에 좋은 평을 받고 신분이 고귀해지거나, 연인이나 그리운 사람 등을 만난다.
- 여러 가지 색깔의 아름다운 꽃의 꿈은 일의 다양성이나 내용의 풍부함 등을 상징한다.
- 꽃송이가 크고 탐스러운 꿈은 성과나 명예 등이 뛰어남을 뜻한다.
- 생전 처음 보는 꽃을 발견하거나 꺾는 꿈은 발견 · 발명 · 창작 등의 일로 나아가게 된다. 이 경우에 가임여건에서 태몽으로도 실현 가능하다.
- 꽃이 우수수 떨어지는 것을 보는 꿈은 단체나 개인의 세력이 몰락하는 것을 보거나 슬픈 일이 닥친다.
- 예식장이 꽃 등으로 장식된 것을 보는 꿈은 결사 · 집회 등이 성공하거나 명예로운 일로 나아가게 된다.
- 꽃을 그리는 꿈은 사랑스런 여성을 만나게 되거나, 명예를 얻기 위

해 노력할 일이 생긴다.

(3) 식물 · 청과류의 태몽

식물이나 과일의 태몽은 크고 아름다우며 싱싱하며 윤기 나는 것일
수록 좋다. 또한 과일이 주렁주렁 탐스럽게 열려 있는 경우의 꿈은 장차
풍요로운 인생길이 전개됨을 예지해주고 있다. 이 경우 받거나 가져오는
꿈이 좋으며, 심지어 빼앗거나 훔쳐오는 등 내 손안에 넣는 것이 좋다.

태몽이 아닌 일반적인 상징의미로는 애인을 얻게 되거나, 과일이나
식물로 상징된 재물이나 성과 · 성취를 이루어내는 결과로 이루어진다.
하지만 얻지 못하거나 돌려주는 것은 좋지가 않다. 또한 과일이 상했거
나 부실한 경우 출산하는 태아의 건강이 좋지 않은 일로 실현되며, 덜익
은 과일을 따는 꿈은 일찍 아기를 낳는 조산으로 실현되기도 한다. 다시
빼앗기거나 얻지 못하는 꿈의 경우, 태몽에서는 유산이나 요절 등으로
안좋게 실현되며, 일반적으로는 성취하려다가 뜻을 이루지 못하게 된다.
한편, 앙상한 나무를 흔들어 과일을 따는 꿈은 출산시 나무로 상징된 산
모에게 건강의 위험으로 실현된다.

〈 간략하게 식물 · 청과류의 태몽 꿈해몽을 살펴본다 〉
- 과일은 사업 · 일 · 작품 · 소망의 성숙도나, 성과 · 업적 · 결실 · 재
  물 등을 상징한다. 따라서 과일나무에 과일이 주렁주렁 달리면, 재
  물을 얻게 되거나 사업상 거래 등에서 큰 성과를 얻는다. 이 경우,
  각자 처한 상황에 따라서 좋은 결과로 이루어지며, 과일을 가져오는
  꿈은 애인을 얻게 되거나 태몽으로 실현되기도 한다.
- 태몽 표상으로 덩굴에 열린 과일과 과일 사이는 상당한 세월이 경과

함을 뜻하고, 싹이 나는 밑부분은 초년, 맨 위의 부분은 일생의 말년을 뜻한다. 태몽 표상에 있어, 땅에 떨어진 열매보다는 나무 위에 달려 있는 열매가 풍요로운 인생길의 예지를 보여주고 있다.

- 남이 따 주는 과일을 받는 꿈은 남의 일이나 성과·권리 등을 이어받게 되거나, 상대방이 자기 청탁을 받아 주거나 계약이나 연분이 맺어지게 된다. 가임여건에서 태몽으로 실현되기도 한다.

- 잘 익은 과일을 따먹는 꿈은 좋은 여건의 일거리나 대상을 확보하게 되며, 덜 익은 과일을 따먹으면 미완의 일을 맡게 되고, 이 경우에 뱉어내는 꿈은 중도에 포기하는 일로 실현된다. 태몽인 경우, 덜 익은 과일의 꿈은 조산을 하게 되며, 뱉어내는 꿈은 유산·요절로 실현된다.

- 금이 간 과일을 얻는 꿈은 흠이 있는 배우자를 얻게 되거나, 일반적으로 온전치 못한 사업에 관여하게 된다. 태몽 표상인 경우 신체상의 일부가 불구이거나, 정신적으로 모자란 아이를 낳게 된다.

- 과일 가게에서 과일을 훔쳐온 꿈은 이성의 배우자를 소개받는 일로 실현된 사례가 있다.

- 꽃은 졌으나 과일이 맺지 않는 꿈은 사업성과를 얻지 못하거나 몰락할 운세에 놓인다.

- 채소와 청과류를 가져오거나 얻는 꿈을 생생하게 꾼 경우에, 가임여건에서는 태몽의 표상이며, 미혼인 경우 애인이 생기게 되는 일로 실현될 수 있다. 일반적으로는 채소나 과일 등이 재물·돈·작품·사업성과 및 기타 자신의 소원의 대상을 상징하며, 이러한 것을 획득하게 될 것을 예지해주고 있다.

- 꽃밭처럼 많은 꽃은 성별에 관계없이 명예와 업적을 뜻하기도 한

다. 꽃이 크고 탐스럽고 예쁜 것이 널리 피었다면, 장차 부유하고 풍
요로우며 많은 업적을 쌓아 명예로운 삶을 살아가게 되는 인물을 얻
게 됨을 상징한다.

- 꽃을 꺾어 든 태몽은 태아가 장차 명예와 업적을 얻게 되며, 딸일 가
능성이 높지만 절대적인 것은 아니다.
- 윗사람이 준 꽃다발을 받는 꿈은 태아가 장차 지도자나 은인에 의해
서 사업 기반을 얻거나 귀해짐을 예지한다.
- 화분에 곱게 핀 꽃은 인품이 고매한 아이, 들판에 무리 지어 핀 꽃은
기관이나 단체에서 인기가 많은 일생이 될 것을 뜻한다.
- 고목에 꽃이 피는 태몽은 어려운 여건에서 많은 사람을 계몽하는 선
구자가 될 자식을 갖는다.

이하 지면상 생략하며, 태몽에 관한 자세한 것은 필자의 『태몽』을 참
고하기 바란다.

(4) 식물 꿈의 실증사례
① 네잎 크로바를 받는 꿈은 자신의 바라던 물건을 얻는 일로 실현되
었다.
② 넓고 푸른 배추밭이 순식간에 시드는 꿈은 대입고시에 막내딸이
불합격 통지를 받는 일로 실현되었다.
③ 아름다운 꽃나무 아래 있던 꿈으로 아픈 몸이 회복하게 된 사례가
있다.
④ 노란 잎새 하나만 달랑 남겨 둔 고목나무가 뿌리째 뽑혀 있는 꿈→
불의의 사고로 친구 부인이 사고로 죽는 일로 실현되었다. 이러한

꿈속의 상징 표상과 문학의 창조적(개성적) 상징과도 관련이 깊다고 볼 수 있다. 토정비결의 '고목나무에 꽃이 피니—'가 어려움에서 벗어나 뜻을 펼치게 될 것을 보여주고 있음에서 알 수 있듯이, 고목나무가 뿌리째 뽑혀 있는 표상은 문학적 상징으로 받아들인다 하더라도 역시 좋지 않은 비슷한 해석이 나올 수밖에 없다.

본 책에서는 꿈이란 무엇이며, 꿈의 상징을 이해하는데 중점을 두고 있는 바, 각 항목에 따른 세세한 꿈해몽 및 해설은 곧 이어 출간될 실증 사례에 입각한 국내 최대 최고의 [홍순래 꿈해몽 대백과]를 참고하기 바란다.

4. 실증사례별 풀이

꿈은 자신의 주관심사에 대해서 미래를 예지해주고 있다. 태몽과 같이 꿈을 통해 장차 몇십년 뒤에 일어날 일뿐만 아니라, 연애 및 결혼/이혼, 질병/건강, 이사/부동산, 주식매매의 성패, 로또복권 당첨, 합격/승진/취업/실직, 죽음예지 등 각 개인이나 주변 사람들에게 일어나는 미래에 일어날 중대한 일들에 대해서 꿈을 통해 예지해주고 있다.

1) 연애 · 결혼/이혼 · 파혼 꿈

(1) 연애 · 결혼/이혼 · 파혼의 꿈에 대하여

필자는 남녀간의 연분을 예지해주는 꿈이야기에 관한 [운명이야기]의 출간을 준비하고 있다. 본 글에서는 제한된 지면상, 꿈으로 장차 자신이 인연맺을 연인 · 배우자와의 만남이나 이별을 예지해주는 실증사례를 위주로 개괄적으로 살펴본다.

외국의 배우인 '실베스터 스텔론' 이 단골로 쓰는 말인 "당신은 내 꿈속의 여인, 결코 놓칠 수 없어(지어낸 거짓꿈이야기일 가능성이 높다.)" 라는 말로, 불과 2주간의 데이트만에 젊은 여자와 결혼약속에 성공하고 있듯이, 꿈속에서 자신의 배필이 될 사람을 만난 사례는 허다하게 보이고 있다.

사실적 미래투시의 꿈에서는 실제로 꿈에 나타난 사람과 인연을 맺는 일로 진행되지만, 우리가 꾸는 꿈은 대부분 상징적인 표상으로 전개되고 있다. 예를 들어 짐승을 잡거나 물리는 꿈의 경우 짐승으로 표상된 사람과 인연을 맺게 되는 것이다. 즉, 암사슴을 잡는 꿈을 꾼 회사원이 암사슴으로 상징된 귀여운 연인을 만나게 되거나, 호랑이에게 물리는 꿈을 꾼 처녀가 호랑이로 표상된 씩씩한 남자의 구애를 받게 되는 일로 실현될 수 있다. 또한 신발가게에서 신발을 고르다가 딱 맞는 신발을 신은 사람이 결혼정보센터에서 자신의 마음에 맞는 사람을 운명적으로 만나는 일로 실현될 수 있다. 한편, 보석 가게에서 보석을 훔친 사나이의 꿈은 좋은 배우자를 만나게 되거나, 어떤 기관이나 회사에서 높은 지위를 얻게 된다. 우리가 꿈을 이해하는데 있어, 꿈은 꿈의 언어인 상징의 옷을 입고 나타난다는 것을 결코 간과해서는 안 될 것이다.

(2) 연애 · 인연 · 결혼의 실증 꿈사례
남녀간의 인연을 예지해준 여러 실증사례 위주로 간략히 살펴본다.

① 새 집의 여러 방을 살펴보는 꿈→ 상징적으로 새색시의 이모저모와 그 인물됨을 살피고 알아볼 일로 실현되었다.
② 남의 집 밭에서 참외 · 호박 · 가지 등 그 어떤 것을 몰래 따온 한 부인의 꿈→ 딸의 혼처가 정해질 것을 예지한 꿈이었다.
③ 반지가 부러지는 꿈→ 애인이 병원에 입원.

"실제 끼고 있는 반지가 부러지는 꿈을 꾸었습니다. 그런데, 그 다음날 사귀는 남자친구가 병원에 입원을 했더라구요."

애인의 입원하는 것으로 실현되었다고 보아야 할 것이다. 꿈연구에 있어 실증적인 사례에 바탕은 둔 연구만큼 소중한 것은 없다. 반지가 부러지는 꿈은 흉몽이다. 반지와 목걸이는 애정의 상징표상으로 많이 등장하는 바, 반지나 목걸이를 받는 꿈은 새로운 연인이 생기는 일로 실현되고 있다. 이러한 반지가 깨지거나 금이 가는 꿈은 애정에 문제가 발생하게 되던가, 반지의 상징인 애인의 신체 등에 이상이 생기는 일로 이루어질 수 있는 것이다. 최악의 상황으로 나아간다면, 신체적 이상으로 인하여 남자 친구와의 결별까지 진행되는 것도 가능하다고 하겠다.

④ 처녀 시절에, 시댁 부엌에서 아기를 업고 일을 하고 있는 꿈→ 사실적 미래투시의 꿈 그대로 실현되었다.

⑤ 결혼 상대자를 꿈에 본 꿈→ 사실적 미래투시의 꿈으로 실현.

"제가 19살쯤에 꿈을 꿨습니다. 너무 선명해서 잊혀지지 않았습니다. 흰색 가운을 입고(의사? 이발사?), 흰색 자가용을 몰고, 머리가 짧고, 키도 173cm정도 되었는데, 말은 못해보고 외형적인 것만 기억이 나던데요. 저는 그 꿈속에서, 미래의 남편이란 확신을 가졌답니다. 8년 후 직장 생활에 찌들어 갈 무렵, 드디어 결혼을 했죠. 그 꿈도 잊어가고 있었고요. 그런데 결혼 후 일기장을 뒤적이다, 그 꿈을 써 놓은걸 본거죠. 남편은 결혼 당시 흰색 쏘나타2를 타고 있었구요, 외모도 같았구요. 흰색 가운은 뭔가 했더니, 제가 꿈을 꿀 당시에 연구소에서 가운을 입고 일하고 있었다네요."

장차 자신의 배필을 꿈에서 보거나 예지받는 일은 흔한 일이다. 꿈에
는 여러 가지가 있는 바, 이는 사실적인 미래투시 꿈으로 이루어진 경우
이다.

⑥ 구렁이에게 밥상을 차려 올리는 꿈→ 구렁이로 상징된 남자와 인
  연을 맺게 될 것을 예지한 꿈이었다.
⑦ 솥을 닦고 있던 여자→ 인연을 맺어 결혼.
  "이혼 후에 홀로 살아가던 어느 선생님의 꿈에, 어느 여자가 자
  신의 아파트 주방에 쭈그리고 앉아 솥을 닦고 있었다. "누구요?"
  물었지만 여자는 대꾸도 하지 않고 솥만 닦는 것이고, 그 솥 닦는
  여자에게 더는 추궁도 안 하고, 물 한 잔을 마시다 꿈에서 깨어났
  다. 꿈의 실현은 며칠후에, 착실한 여성을 소개받아 부부의 연을
  맺는 것으로 실현되었다.
⑧ 용 두 마리가 같이 하늘을 향해서 올라가다가 하나로 합쳐져서 하
  늘로 올라간 꿈
  "아름다운 산의 중턱에서 한발을 디뎠는데, 용이라고 여겨지는
  것이 꿈틀거리더니, 날아올라 푸른 산을 넘는가 했더니 걸치고 있
  었어요. 또 한 발을 디디니, 밑에서 또 한 마리가 올라오는 것이었
  어요. 이에 용 두 마리가 같이 하늘을 향해서 올라가더니, 아름답
  게 비치면서 하나로 합쳐져서 하늘로 올라갔어요."

30세의 여자가 꾼 꿈이다. 현실에서는 이로부터 두 달이 지나서, 언니
의 소개로 맞선을 보고 서로 사랑하게 되었고, 다시 두 달 뒤에 결혼을 하
는 일로 실현되었다. 두 사람의 미래는 행복한 삶이 펼쳐질 것이라는 것

을 꿈을 통해 예지해주고 있다. 만약에 올라가던 용 가운데 한 마리가 피투성이가 되어 떨어지는 꿈을 꾸었다면 어떠한 일이 현실로 나타나게 될까? 여러분들도 추정하시겠지만, 혹 결혼해 살더라도 어느 한 사람이 사고로 다치거나 병이 들어 헤어지게 될 것이다. 이때도 용이 올라가다 떨어지는 거리감이 그 기간을 암시하여 주고 있다. 예를 들어 올라가다 금방 떨어지면, 얼마 살지 아니하여 불행이 닥치는 현실로 실현될 것이다.

⑨ 강아지에게 이제 가라고 말하는 꿈→ 남자 친구와 결별.

강아지는 강아지가 아닌, 강아지로 표상된 남자 친구를 표상하고 있는 것이다. 부연하자면 붙임성은 있을지 몰라도, 강아지로 표상된 만큼 큰 그릇의 인물은 못된다고 볼 수 있다.

꿈은 처한 상황에 따라 달리 실현된다. 단적인 예로, 미혼 처녀의 몸에 구렁이가 감겨드는 꿈인 경우에, 처한 상황과 구렁이에 대한 꿈속에서의 느낌이 중요하다. 구렁이로 상징된 남자가 구애행위를 하면서 접근해 올 수도 있으며, 안좋게는 구렁이로 상징된 남자에게 성폭행을 당하는 일도 가능하다. 또한 구렁이로 표상된 어떤 재물이나 이권이 다가오는 일로도 실현될 수 있다.

⑩ 한 여자의 꿈으로 소년이 다가오는 데, 그와 결혼해야 된다고 누군가 말하는 꿈→ 신앙생활을 하게 됨.

이 경우에도 꿈을 꾼 사람이 어떠한 상황에 처해있고, 무엇을 간절하게 바라고 있는 지가 해몽의 중요한 열쇠가 될 수 있다. 실제로 몸이 편치 않았던 한 여자가 꾸었던 이 꿈은, 소년으로 동일시되는 교회 목사님을 얼마 뒤 만나게 되었으며, 그와 결혼하라고 한 말은 교회 목사와 인연을 맺고 신앙의 길로 접어들면서 자신의 지병도 쾌유되는 것으로 실현되었다.

⑪ 집안에 뱀이 들어 왔는데 누구도 뱀을 잡지 못하던 중, 동생이 들어오더니 뱀의 머리를 잡았더니 뱀이 꼼짝을 못하는 꿈→ 뱀으로 표상된 인물이나 사건과 동생이 맺어지게 된다. 현실에서는 동생이 선을 보러 가기 전날 밤에 꿈을 꾸었는데, 그후 동생이 선을 본 여자와 결혼식을 올리게 되었다.

⑫ 보석상에서 보석을 산 처녀의 꿈→ 중매자를 통해서 좋은 혼처나 배우자를 물색하는 것으로 실현되었다.

⑬ 구렁이가 노처녀의 이름을 부르다가 가는 꿈→ 구렁이로 상징된 남자와 결별.

노처녀의 친구가 꾼 꿈이다. 구렁이가 친구인 노처녀의 이름을 부르며 "어디 있느냐"로 찾았으나, "나는 모른다"고 대답하는 꿈은 구렁이로 상징된 매력적이고 능력있는 남자가 친구인 노처녀에게서 떠나가는 일로 실현되고 있다.

⑭ 복숭아를 사서 먹으려다 못먹은 꿈→ 마음에 드는 이성을 만나지 못함.

"몇주전의 일입니다. 꿈에서 복숭아가 너무 먹고 싶어서, 현재 사귀는 오빠에게 복숭아를 사달라고 졸라서 슈퍼에 갔는데, 복숭아가 음료수가 들어있는 냉장고에 들어가 있었어요. 오빠가 첫번째 복숭아를 꺼내면서 "이거 어떻냐"고 묻는데, 왠지 모르게 그 복숭아가 싫은거예요. 그래서 싫다면서 다른거 보여달라고 하니까, 다른걸 꺼냈는데 그것 역시 싫어서 복숭아가 좋은게 없다며 그냥 안사고 와버렸습니다.

현재 만나고 있는 오빠와의 궁합이 좋지 않다고 엄마가 반대를 심하게 하시고 있는 입장이고, 그 꿈을 꾼 이틀 뒤에 선을 두 번 보았지만, 선을 본 두 사람이 다 마음에 안들어서 피하고 있어요. 혹시 '새로운 사람을 만나게 되는데 마음에 안들게 될 것이라는 꿈의 예지가 아니었나' 하는 생각이 드네요"

필자 사이트의 이용자 꿈체험담이다. 과일을 훔쳐오는 꿈으로 중매 결혼을 하게 되었던 사례로 미루어볼 때, 올바른 해몽이라고 여겨진다. 복숭아가 이성의 상대방을 가리키는 표상으로 등장된 것이다. 이것이 바로 꿈의 상징이다. 마음에 들지 않는 복숭아였기에, 현실에서도 복숭아로 상징된 두 사람과 선을 본 것이 마음에 안드는 현실로 이루어졌다고 보아야 할 것이다. 덧붙이자면, 꿈은 꿈을 꾼 사람이 처한 상황에 따라 이루어지는 바, 결혼하여 가임여건에 있는 경우였다면, 태몽으로 실현되는 경우 장차 두 아이를 유산하게 되는 일로 이루어진다.

⑮ 선인들의 인연맺음의 꿈사례 요약
- 청룡이 하늘로 올라가는 꿈으로, 새로운 남자를 얻어 귀한 자식을 얻게 된다.
- 용 등이 자신의 뱃속으로 들어오는 꿈으로, 귀인을 만나 결혼하게 된다.
- 귀인이 나타나 모셔 가는 꿈으로, 좋은 사람과 혼인을 맺게 된다.
- 샘물터에 무지개가 서 있는 꿈으로, 좋은 배필을 만나게 되는 인연을 얻게 된다.
- 하늘에서 누군가가 내려오면서 학이나 물건을 주는 것을 받는 꿈으

로, 꿈에 나타난 사람과 인연을 맺게 되었으며, 세 마리의 학을 받는 꿈으로 세 자식을 두는 일로 실현되었다.

- 청룡 · 황룡을 타고 하늘로 올라가는 꿈, 처음에는 은대야에다 세수를 하고 이어 금대야에다 세수를 한 꿈, 동쪽에서 해가 떠올라 바른편 볼에 가서 붙더니 그 뒤에 서쪽에서 해가 오르더니 왼편 볼에 가서 붙는 꿈, 개울가의 수양버들 밑에서 낮잠을 자는데 한쪽 겨드랑이로 잉어가 들어오고 한쪽 겨드랑이로는 붕어가 들어오는 꿈 등은 두 아내를 얻게 될 일을 예지한 구비전승의 꿈이야기들이다.

이처럼 인연맺음의 꿈도 다양하게 나타나고 있는 바, 실제로 현실에서 결혼을 하게 된 사람들의 꿈이 모두 일치하는 것은 아닌 것이다. 꿈에 있어서 각 사람이 처한 상황이나 경험에 따라 다르게 상징적으로 표상되어 나타나고 있다. 하지만 사람들이 똑같은 꿈을 꾸게 되는 일이 일어나지는 않는다 할지라도, 꿈의 다양한 상징적 표현수단에 대한 지식과 이해를 통해 자신이 꾼 꿈과 비교함으로써, 꿈의 미래예지의 결과를 올바르게 추정해 볼 수 있다.

(3) 이혼 · 결별의 꿈해몽 모음

- 이혼하는 꿈은 사실적인 꿈인 경우에 실제 이혼하게 되며, 상징적인 꿈인 경우에는 계약 · 결사 등을 해지하거나, 작별이나 사업 포기 등을 상징한다.
- 차 안을 들여다보고 타지 않는 꿈은 청탁한 기관이나 청혼자가 내부 사정, 가문이나 내력 등을 알아보고 인연을 맺지 않게 된다.
- 시계 줄이 없거나 끊어지는 꿈은 인연 · 유대 등이 끊어진다.

- 다리[橋]가 끊어지거나 부서지는 꿈은 소원 · 방도 · 인연 · 결사 · 직권 등의 일이 좌절된다.
- 방문에 걸어 놓았던 발[簾]을 끊거나 떼어버리는 꿈은 자기 가문에 들었던 며느리 · 양부 · 양자 · 의형제 등과 인연을 끊게 된다.
- 손가락에 낀 반지가 헐거워져서 빠진 꿈은 이혼하게 된다.
- 양말 · 버선 · 스타킹 등을 벗어버리는 꿈은 지금까지 의지했던 협조자나 배우자와 인연을 끊거나 한동안 작별한다.
- 이불이 찢어지는 꿈은 사업이나 결혼생활 등에 파탄이 온다.
- 그릇 · 거울 · 달걀 · 병 따위를 잘못해서 깨뜨리는 꿈은 일의 좌절이나 실패, 인연의 단절 등으로 이루어진다. 관습적 언어의 파경(破鏡)이란 말을 연상해보기 바란다.
- 악기의 줄이 끊어지는 꿈은 일의 실패나 중절 또는 인연이 끊어지거나 이별을 면치 못하게 된다. 속현(續絃)이란 말이 있는 바, '줄을 잇다'의 뜻으로 상처한 사람이 새로 부인을 맞아들이는 것을 뜻한다. 이처럼 꿈의 상징과 우리의 관습적 언어 상징은 일맥상통하고 있다.
- 결혼 전에 신 한 짝을 잃어버리는 꿈은 결혼을 하더라도 서로 이별하게 된다.
- 구렁이가 문턱에 걸쳐 있다가 사라지는 꿈은 결혼을 하더라도 생이별하게 된다. 태몽인 경우에는 임신을 하더라도, 유산에 이르거나 자식과 떨어져 살게 된다.
- 허리띠의 금장식을 팔려다 못 파는 꿈은 딸을 시집보내려고 하지만, 할 수가 없어 고심하게 된다.

(4) 이혼, 파혼의 실증 꿈사례

새로운 인연을 맺는 꿈의 예지와 마찬가지로, 헤어지게 될 것을 예지해주는 데 있어서도 각각 다르게 다양하게 상징표상화 되어 나타나고 있다. 다만, 전개되는 꿈의 양상 모두가 불길하고 안좋은 표상전개로 이루어지고 있어서, 꿈은 반대가 아닌 상징 표상의 이해에 있음을 알게 해주고 있다.

① 흰 쌀밥이 시커멓게 변한 꿈→ 이혼예지

"꿈에 저희 어머니가 뱀을 제 방에 풀어 놓으셨습니다. 그날 아침 저에게 중매가 들어와서, 다음날 오후에 만나기로 했습니다. 그런데 다음날 새벽 꿈에, 밥을 먹는데 흰 쌀밥이 갑자기 시커멓게 변하는 거예요.

그 다음날 오후에 만나기로 했는데, 중매하신 아주머니가 저희집에 전화를 하셔서 없던 것으로 하자고 했습니다."

필자가 누누이 말하는, 꿈은 반대가 아닌 상징표상의 이해에 있다.

② 계란이 까맣게 타서 깨어진 꿈, 열쇠가 깨어진 꿈→ 파혼 예지 꿈

저는 얼마 전에, 결혼하기로 한 사람과 헤어졌습니다. 만나면서 이상한 꿈을 꾸게 되었었는데 아직도 생생합니다. 접시에 계란이 네 개 정도 있었는데 다 깨어졌고, 마지막에 까맣게 타서 깨진 계란이 유독 기억에 남아 있었습니다. 그 꿈을 꾸고 나서 기분이 상당히 좋지 않았는데, 내가 계획했던 일들이 다 무산이 되었고, 마지막으로 결혼마저 깨지고 말았습니다. 헤어지게 되면서 속을 얼마나 썩었던지, 정말 까맣게 타버린 계란처럼 그렇게 속이 까맣게 타버린 것 같았습니다."

또 한번은 꿈에 그 사람이 무슨 일이 있다고 저를 찾아 왔었습니다. 무슨 일인가 걱정이 되어 급하게 가려고 차를 탔습니다. 키를 꽂았는데, 차 키가 아니라 우리 집 아파트 키였습니다. 그런데 급하게 가려고 차키를 꼽고 가려는 순간, 차(아파트 키)키가 빠지직 깨어져버렸습니다. '이를 어째. 그 사람한테 어떻게 간다지' 걱정걱정하다 깨었습니다.

실제로 그 다음날 주머니에 넣고 다니던 키가 없어졌습니다. 그래서 열쇠 잃어버리는 꿈이려니 생각하고 있었지요. 그날 그 사람을 만나러 갔었는데, 헤어지자고 했습니다. 그날 아파트 계약이랑 예식장 예약하러 가자고 한 날이었는데, 그렇게 그 꿈들을 꾸고 나서인지 우리는 헤어지고 말았습니다."

앞의 두 꿈사례는 모두 상징적인 미래예지 꿈이다. 이러한 꿈들은 황당하게 전개되는 특징이 있으며, 현실에서 꿈의 결과가 반드시 실현되고 있다. 수많은 사례를 보아 왔지만, 길흉의 예지나 앞날을 보여줄 뿐, 상징적인 미래예지 꿈으로 예지된 현실을 벗어날 수는 없다. 다만, 현실에서 일어나는 것처럼, 황당하지 않은 전개를 보이는 사실적인 미래 투시의 꿈에 있어서는 안좋은 경우로 진행된 꿈의 실현을 피할 수가 있다. 즉, 꿈속처럼 따라 하지 않으면 된다.

③ 캄캄한 터널을 들어선 꿈→ 이혼예지 꿈

결혼을 며칠 앞두고 꾼 꿈이다. 친구집에 갔다 돌아오는 길은 터널을 지나야 하는데, 입구에 들어서니 갑자기 온 세상이 칠흑같이 캄캄해졌다. 더듬어서 앞으로 가는데 가면 갈수록 발목까지 오는 늪이 되어갔다. 발이 떨어지지 않아 엎드려서 더듬어서 가다가, 허리도 아프고 땀이 너무 나서 일어서서, '반은 왔겠지' 하고 앞을 보니 아무것도, 뒤를 봐도 아무것도 보이지 않았다. 생각에 절반이나 온 것 같아서 다시 더듬어 가는데, 너무나 소름이 끼치고 무서웠다. 한참을 가다가 겨우 일어나 앞을 보니 입구가 환하게 보였다.

너무나 무서움에 깨어보니 새벽 4시. 결혼은 3일 후였다. 부모님께 말씀 드릴 수가 없어서, 조그만 암자를 찾아 스님께 꿈이야기를 했더니, 결혼을 못하게 하셨다. 인연이 아니니 인생을 망칠 수 없으니, 깊이 생각해서 취소를 하라고 하셨지만, 집안도 우리 집안보다 뛰어나고, 인물·학력이 모두가 나보다 월등하기 때문에, 설마 생각하고 꿈을 무시하고 결혼을 했다.

결혼생활 17년 만에, 결국 이혼을 하고 말았다. 결혼생활은 캄캄한 터널보다, 더 지옥같은 현실이었다. 그때 그 스님의 말씀을 들었다면 육신과 영혼이 병들지 않았을 것을―.

④ 지하 마을에서 썩은 갈치가 있는 꿈→ 비상구 탈출의 이혼예지 꿈

결혼식 첫날 신혼 여행지에서 꾼 꿈입니다. 어느 빈민가 비슷한 지하 마을에 있었어요. 낯선 곳이었는데 갈치가 크고 윤이 나서 보고 있는데, 낯선 사람이 날보고 사라고 했어요. "네" 하고 갈치를 고르는데 이상하게 갈치가 양옆으로 빈틈없이 축 늘어져 있었어요. 갈치 눈들이 다 썩어 있는 거예요. 싱싱한 놈으로 고르려고 가도 가도 계속 썩은 갈치들 뿐이었어요.

한참을 헤매다 나가고 싶은 마음이 생겼지만, '출입구로 가려면

썩은 칼치라도 사가야만 낯선 사람에게 혼나지 않을텐데' 라고 고민 하면서 끝도 모를 길을 가고 있는데 비상구가 있는 거예요. "휴! 살았 다" 하면서 그 사람이 쫓아올까 봐 불안한 마음으로 '빨리 도망가야 지' 하다가 잠이 깼어요. 하도 이상한 꿈이라 5년이 지났는데도 잊혀 지지 않았어요.

지금 생각해보니 조건 좋은 남자랑 결혼을 했지만 정신이 썩은 사 람을 만났고, 지하동굴을 헤맨 것은 짧은 결혼 생활이 힘든 것을 지 금 알았어요.

⑤ 옷을 바꿔입은 꿈→ 애인과 결별

"꿈에 친구 A양이 옷을 바꾸러 왔어요. 그후에 A양은 9년 동안 사 귀었던 사람에게 헤어지자고 통보하는 일로 실현되었고요."

상징적으로 옷이 의지하는 사람이나 대상이 될 수 있다. 옷을 잃어버 린 꿈을 꾸고, 직장을 잃게 된 사례도 있다.

⑥ 결혼전 꿈에, 등에 아기를 업고 동네를 한 바퀴 도는데, 딱 반바퀴 를 돌았는데 신발 코가 벗어진 꿈→ 자식을 낳고 살다가 남편과 이 혼하는 일로 현실화되었는데, 반바퀴의 의미가 인생에서 반을 지 나왔을 때 이루어지는 것으로 실현되었다.

⑦ 애인과 서로 마주 보면서 만나려고 걸어가는데 버스 한 대가 빠르 게 내 쪽으로 돌진해오더니 애인은 사라졌고, 나는 혼자 낯설고 이 상한 곳에 있었던 꿈→ 애인의 졸업식날 꿈을 꾸었는데, 그날 이후 헤어지게 되었다.

⑧ 애인이 버스로 데려다 주고는 같이 내리지 않고 그대로 가버린 꿈
→ 다음날 사소한 말다툼 끝에 헤어지게 되었다.

⑨ 친한 친구 집이 흙탕물에 지하실부터 떠내려가는 꿈→ 친구 부부
사이가 매우 안 좋아져서 이혼의 위기에 이르고, 결국 그 집조차
팔리게 되는 현실로 실현되었다.

⑩ 2층집에서 내려다보니 누가 땅을 파는데, 물이 흐르고 거기에 상
추·고추·깻잎이 있어 따러 갈려고 하는데 지하에서 꽃이 피는
꿈→ 어느 이혼녀의 꿈으로, 그해 남편이 바람이 나서 이혼하게 되
었다.

⑪ 친한 친구 어머님이 "괜찮은 사람을 소개시켜 주겠다"는 말씀을
듣고, 난 며칠 후 꿈을 꾸었다. 꿈속에서 어느 사람과 공원 같은 곳
에서 데이트를 했으며, 헤어질 시간이 되어 헤어졌는데, 이상하게
도 아무런 아쉬움이나 미련이 들지 않고 너무도 자연스럽게 헤어
지면서 꿈을 깼다.→ 그후 소개해준 사람을 몇 번 만나게 되었으
나, 부족한 것이 없는 사람이지만, 왠일인지 몇 번을 만나고 오랜
시간이 지나도 연정이 생기지 않게 되어 헤어지게 되었다.

2) 질병/건강의 꿈

꿈은 우리 인간의 미래에 일어날 일을 예지해주고 있다. 따라서 자신
의 신체 이상(異常)을 꿈을 통해 알려주기도 하며, 건강을 회복하기 전에
꿈으로 미리 그러한 일이 일어날 것임을 꿈을 통해 예지해주고 있다.

다리를 다쳐서 병원에 깁스를 하고 있었던 어린 여자아이가 꾼 꿈으
로, 꿈속에서 훨훨 자유롭게 날아다니는 꿈을 꾸었다. 그후 병이 완쾌되

어 건강한 몸으로 마음껏 뛰어 놀 수가 있었다. 이 경우 빨리 낫고 싶다는 소망 표현의 꿈으로 볼 수도 있겠지만, 대부분의 경우 이처럼 밝은 꿈을 꾸면 몸이 좋아지는 일이, 나쁜 꿈을 꾸게 되면 자신의 신체에 관련된 것을 예지해주는 경우라면 건강상에 안좋은 일이 일어나고 있다.

프로이트는 꿈은 소망의 표현이라고 말하고 있다. 하지만 꿈은 우리 인간의 신성(神性)의 정신능력의 활동으로, 현실에서는 발휘할 수 없는 초자아적인 활동을 통해, 관심을 가지고 있는 대상이나 다가올 어떠한 일에 대해서, 예지해 주고 일깨워주고 있는 것이다. 이런 점에서 볼 때, 특히 우리 신체의 이상(異常)에 대해서나 건강의 회복 여부를 꿈으로 예지해 준다는 것은 지극히 당연한 점이라 하겠다. 이해를 돕기 위해 다양한 실증사례 위주로 살펴본다.

(1) 질병과 관계된 꿈해몽 요약

- 천장에 무수한 파리 떼가 앉아 있는 꿈은 주변인물들에게 병환이 일어날 수 있다.
- 방안에 연기가 새어드는 꿈은 전염병 등에 감염되거나 남에게 누명을 쓰게도 된다.
- 집의 일부가 무너지는 꿈은 병이 들게 되거나, 사업이나 신분·명예 등이 몰락하게 된다.
- 비행기가 새까맣게 떠서 혼전을 벌이거나 이리저리 떠다니는 꿈은 두통을 앓거나 복잡한 일에 직면한다.
- 풀이 시들거나 말라죽은 것을 보는 꿈은 유행성 질환이나 천재지변 등으로 많은 사람들이 피해를 입는다.
- 괴한이 숨어서 노려보는 꿈은 병마가 닥쳐오거나 방해자가 해를 끼

치는 일이 일어난다.

- 움집에 들어가는 꿈은 병을 앓거나 사망하게 된다든지, 미인계나 남의 음모에 빠지게 된다.

- 끝을 알 수 없는 구름사다리를 오르는 꿈은 병세가 더욱 악화되거나 망상적인 일을 진행시키게 된다.

- 칼이 녹슬거나 부러지는 꿈은 정신적·육체적인 병에 걸리거나, 협조자가 튼튼치 못하고, 패배·좌절이나 성불능 등의 일이 있게 된다.

- 헌옷을 입는 꿈은 병에 걸리거나, 신분·직위·집·협조자·권리 등이 쇠퇴하게 된다.

- 옷을 꿰매 입는 꿈은 몸을 수술해서 흔적을 남김을 예지한다.

- 시계가 고장나는 꿈은 협조자·배우자·자손 등이 병들거나, 사업 부진이나 교통사고 등을 당하게 되어 생계가 막연해진다.

- 시계를 수리하는 꿈은 병을 치료하게 되거나, 사업 계획 등을 수정할 일이 생기게 된다.

- 가슴에 병이 드는 꿈은 마음에 상처를 받거나, 어떤 일에 대한 검토·심사·연구·보완할 일들과 관계한다.

- 망치로 정수리를 얻어맞는 꿈은 두통을 앓게 되거나, 당선·당첨 등 최고의 일이 이루어지거나 된다.

- 괴한이 송곳으로 목을 찌르는 꿈은 감기로 목이 쉬게 되고, 저자의 경우에 양볼을 뚫리는 꿈은 작품이 심사나 검토를 받는 일로 실현된 사례가 있다.

- 눈이 쌓여져 무거워 건물이 반파되거나 일부가 무너지는 꿈은 발병이나 사업의 파산 등을 체험하게 된다.

- 하수구 물에 떠내려가는 꿈은 열병 등을 앓으며, 하수구를 흐르는 물은 저급의 사상 및 사회상 죄악이나 부도덕한 일 등과 관계한다.
- 길이 질퍽거려 빠지거나 걷기가 힘든 꿈은 병에 걸려 신음하게 되며, 일반적인 상징으로는 생활이나 사업 등에 어려움을 받는다.
- 이불을 펴고 누울 자리를 마련하는 꿈은 질병의 시초가 되며, 이불을 덮고 누워 있는 꿈은 병이 오래가게 됨을 예지한다.
- 병에 걸려 앓아 눕는 꿈은 직무상 한동안 고심하게 된다.
- 목적도 없이 무작정 걷는 꿈은 환자인 경우에는 병이 오래 가며, 일반적으로는 하고자 하는 일이 언제 성취될지 모르게 된다.
- 음식을 먹고 체해서 배가 아픈 꿈은 어떤 일을 책임졌으나 그 일이 벅참을 암시한다.
- 부모가 앓아 누워 있는 꿈은 상징적으로 자기를 지배하고 억제를 가하던 일이 성사 단계에서 진통을 겪거나 개선을 요구할 일이 생긴다.
- 아기를 낳으려고 배가 아픈 꿈은 창조적이고 생산적인 일에 진통을 겪게 된다.
- 가르는 동물이 병이 나는 꿈은 자신이 애착을 가지고 진행하던 작품이나 일거리·대상 등이 문제가 발생할 수 있으며, 의사에게 치료받는 꿈은 관계 기관에서 심사나 검토를 받게 된다.

(2) 사람들의 질병과 건강에 관한 실증적인 꿈사례

〈 질병에 걸리게 될 것을 예지 〉

우리 내부의 신체 이상을 꿈을 통해 일깨워주고 있다. 질병을 예지해주는 꿈으로 누군가에게 찔리거나 맞거나 온전치 못한 신체를 보여주거나, 한복을 입거나 어둡고 음울한 표상의 전개를 보이고 있다.

① 구들장이 무너져 앉는 꿈→ 암에 걸려 병원에 장기 입원함.

② 상대방의 송곳에 목이 찔린 꿈→ 편도선염으로 한동안 고통받게
되는 일로 실현되었다.

③ 고양이가 목을 할퀴는 꿈을 수차례 꿈꾼 사람→ 우연히 병원에 갔
다가 목에 종양이 생겨난 것을 조기에 발견해서 치료할 수 있었다.

④ 예쁜 처녀가 시퍼런 단도로 자기의 가슴을 찔렀다 뽑는 바람에 놀
라 깨어난 꿈→ 늑막염에 걸려 수술받을 것을 예지하는 일로 실현
되었다.

⑤ 일본 사무라이가 칼로 친한 언니의 눈을 찌르는 꿈→ 일본에서 일
을 받아다 일하는 회사에 다니는 언니가 7년동안 아무 이상 없던
콘택트렌즈가 잘못되어서 실명당할 뻔하는 일로 이루어짐.

⑥ 어떤 이쁜 여자와 괴물같은 남자가 째려 보는 꿈→ 몸살이나 두통
이 있을 것을 예지.

"안녕하세요. 전15세 남자입니다. 저는 몸살이나 머리가 아플 때
는 항상 똑같은 꿈을 꿉니다. 어떤 좁은 공간에 죽은 시체가 막~~널
려있습니다. 그럼 저는 무서워서 죽은 사람 옆에 누워있습니다. 그때
문에서 이쁜 여자와 괴물같은 남자가 들어오더니, 주위를 살피더니
저를 보고 저에게 저벅저벅 걸어오는 것이었습니다. 나는 무서워서
눈을 딱감고 있습니다. 그럼 그 두 사람이 제 배위로 올라오더니, 저
를 두 사람이 교대로 올라와서 막 째려보는 것입니다. 그리고 악몽에
서 깨어납니다."

⑦ 생시에는 매질이라고는 모르는 남편이 골프채로 사정없이 때리길

래 피하다가 복부를 맞았는데, 얼마나 아팠던지 꿈이 깬 뒤에까지 뱃속이 얼얼했던 꿈→ 얼마 뒤 위암에 걸린 사실을 알게 되는 현실로 실현되었다.

⑧ 깡패에게 맞는 꿈→ 질병으로 고생함.

"사소한 다툼 끝에, 오빠가 책으로 머리를 두어 대 내리쳤다. 그날 밤 꿈에 깡패가 돈을 내놓으라기에 없다고 하자, 1원에 1대씩 때리겠다며 가방을 뒤졌고, 깡패에게 몹시 맞다가 꿈에서 깨었다. 그 후 2~3일 뒤 혈압이 올라 쓰러졌고, 혈압하강제 신경안정제를 복용했으나, 밤에 화장실을 가다 또 쓰러져 왼쪽 눈꼬리가 구슬만하게 부풀어 오르고 눈에 피멍이 들었다."

남에게 맞는 꿈의 결과가 좋게 실현될 리가 없다. 꿈은 반대가 아닌 것이다. 귀신과 싸우는 꿈의 경우 그 상대방을 이겨야 병에 걸리지 않게 된다. 꿈해몽의 1차적인 요소는 상징 표상의 이해이다. 깡패의 상징 표상을 음미해 보시기 바란다.

⑨ 목이 말라 물을 마시고 나니 피가 섞인 소변을 마신 꿈→ 현실에서는 그 꿈이 있고 나서 목에 이상이 생겨, 말을 하려면 아파와서 병원에서 온갖 검사와 치료를 받아도 낫지가 않게 됨.

⑩ 팔에 오톨도톨한 피부병이 나서 걱정 하는 꿈→ 질병으로 고생함.

어느 주부의 꿈 이야기이다.

"팔에 오톨도톨한 피부병이 나서, '웬일일까' 걱정을 하다가 꿈에서 깨었는데, 그후 병이 나서 며칠을 앓게 되었어요."

⑪ 거울에 비친 자기 얼굴의 눈이 희미해져 있던 꿈→ 질병 예지

외국에 나가 있던 한 젊은이의 꿈에 자기 얼굴을 거울에서 보았는데, 눈이 생기가 없고 희미해져 있었다. 꿈을 깨고 '고국에 있는 가족 중에 누군가 병이 들어 있구나' 하고 직감한 그대로, 아버지가 병석에서 고통받고 계시는 일로 실현되었다. 이처럼 꿈속에서 희미하게 보이는 경우는 안좋은 결과로 나타나고 있다. 꿈속에 나타난 여러 친척 중에 얼굴의 형체가 희미하게 나타난 친척이 그후 교통사고로 다치는 일로 실현된 사례가 있다.

⑫ 방울소리가 들려온 꿈→ 신체에 위험한 질병이 있음을 일깨워 줌

"꿈속에서 계속 방울 소리가 들렸다. 새벽 4~5에 깨면 잠도 오지 않았고, 그래서 새벽 쓰레기 치우는 아저씨, 윗골목에 사는 무당집 여자도 미웠다. 엄마 옆에서 자면 며칠씩 가위눌린 소리를 해서 자다가 엄마를 흔들어 깨워야했다. 그런 일이 거의 3주 넘게 계속되었고, 어느날 엄마가 심근경색으로 쓰러져 병원에 옮겼으나 사망하셨다. 그후 오랜 세월이 흘러서야, 그때 내 귀에만 들리던 새벽 방울 소리의 의미를 알 것 같다."

이는 자신이나 자신의 주변인물들에 대해서 다가오는 위험을 꿈으로 예지해주는 경우의 사례이다.

⑬ 주방에 불은 보이지 않고 연기가 자욱한 꿈→ 몸에 마비가 와서 10일 정도 치료 받고 낫게 됨.

"며칠후 길을 걷다, 다리에 쥐가 난 듯이 뻣뻣하면서 움직일 수가 없었어요. '자고나면 괜찮겠지' 생각했는데 이건 마비라고나 할까요. 하룻밤 사이에 절름발이가 된 거예요."

⑭ 새까만 물속으로 떨어진 꿈→ 질병에 걸릴 것을 예지

"제 나이는 37살. 두 아이의 엄마입니다. 96년 새벽에 꾸었습니다. 기찻길 같은데 한참을 걷다보니, 아래가 까마득한 낭떠러지가 있고 고압선이 철길에 있어서, 걸으면서도 '저기 닿으면 죽을텐데' 하면서 조심을 하다가 아래로 떨어졌습니다. 그런데 떨어진 곳이 새카만 물속이었는데, 얼마나 깊이가 깊은지 알 수도 없었고, 한참을 허우적대고 밖으로 나오려는데, 갑자기 구토증과 함께 어지러움이 몰려와 깨보니 꿈이었습니다. 꿈에서 깨어나자마자 극심한 구토와 땅과 천장이 뒤바뀌는 것 같더군요. 눕지도 일어나지도 앉지도 못하고, 그날로 병원 응급실로 갔다가 그 다음날 입원을 하게 되었어요. 지금도 그때의 통증을 생각하면 몸서리가 쳐집니다."

⑮ 연한 푸른색의 흰 한복을 입은 꿈→ 질병으로 고생함

"내 여동생이 코 수술을 마치고 다음날 꾼 꿈인데, 연한 푸른색 나는 흰 한복을 입고 전신거울 앞에 서서 자신의 모습을 보고 너무 행복해 하는 모습, 한복이 너무 맘에 들어했다고 합니다. 며칠후 동생은 3일 동안 직장도 못 나가고, 사경을 헤매서 정말 죽는 줄 알고 온 가족이 걱정했습니다."

이밖에도 흰 소복을 입고 있는 꿈으로 암에 걸려 병원에 장기 입원한 사례, 고운 한복을 입었다가 벗는 꿈으로 일주일 후에 내시경을 넣어 검사를 하니 암초기임을 발견하게 된 사례가 있다.

⑯ 돌아가신 친정 이웃 아주머니가 꿈속에 나타나, 누군가가 집안이 잘 되는 것을 시샘하는 사람이 기를 끊어 놓기 위해 조모님 산소에

칼을 꽂아 놓았다는 꿈→ 그후에 남매밖에 없는 친정아버지와 고모의 건강이 몹시 나빠지셨습니다.

⑰ 돌아가신 아버지가 사흘 동안을 희미한 모습으로 나타나 살아 계신 어머니와 함께 계신 모습을 보는 꿈→ 현실에서는 아버지가 꿈속에 나타나면 안좋은 일이 일어나고는 했다. 어머니에게 전화를 해보니 며칠 전부터 목이 아프고 부어서 수술을 받고 입원하시는 일이 일어나게 됨. 이밖에도 돌아가신 아버님이 자신을 자꾸 쫓아다녀 도망을 치다가 결국은 잡혀가는 꿈으로 다음날 몸에 열이 나면서 몹시 앓게 된 사례가 있다.

⑱ 죽은 남편이 나타나 어딘가에 가자고 조르는 꿈→ 몸이 아프게 됨.

"저희 시어머니께서 매우 편찮으신 때가 있었습니다. 그런데 밤마다 돌아가신 할아버지께서 어딘가를 가자고 조르는 통에 괴로움을 당하셨다 합니다. 시어머니는 밤에 할아버지 꿈만 꾸게 되면 아프셨다 합니다."

⑲ 돌아가신 어머니가 나타나 "내가 도와주려 했는데 집에서 나간다"라고 하는 꿈→ 꿈을 꾼 후부터 몸이 아프고 병마에 시달리게 됨.

⑳ 부모의 얼굴에 수심이 있는 꿈, 고향집의 외로운 정경을 보는 꿈→ 부모님이 편찮으신 것을 예지.

"꿈속에서 고향집을 갑니다. 먼발치서 집을 향해 다가갑니다. 사람도 안보이고 주변에 찬 기운이 도는 것을 꿈에서도 느끼는데, 이런 경우 거의가 집에 누가 편찮으시거나 문제가 있는 경우입니다. 또한 어머니나 아버지의 얼굴이 수심이 가득한 모습을 꿈에 보거나 제 이름을 부르는 외마디 소리를 듣는 경우에도 부모님이 많이 편찮으신 경우였습니다."

〈 질병 회복 예지 꿈사례 〉

벌레가 나오거나, 물리치거나 거절하거나, 밝고 아름다운 표상의 전
개를 보여주는 꿈은 질병의 회복을 예지해주고 있다.

① 머리를 감거나 목욕을 하는 꿈→아프던 몸이 완쾌됨.

② 뜨물을 이고 흐려진 개울을 건넌 사람의 꿈→맹장염을 앓아 수술
해 완쾌되었다.

③ 저승사자 같은 아버님 모습이 나타나 배를 태워 주지 않는 꿈→세
번째 수술을 남겨두고 며칠 전에 꾸었던 꿈으로 수술이 성공적으
로 끝나서 건강을 회복하게 됨.

④ 물을 마시려고 하는데 입에서 모래가 자꾸 나오는 꿈→현실에서
는 약사가 처방해준 약을 먹은 결과 병이 낫게 됨.

⑤ 꿈속에서 무기언도를 받는 꿈→무기 언도를 받게 되는 꿈으로 병
석에서 회복됨.

　　수술을 받고 중환자실에서 오랜 동안 혼수상태로 있다가 극적
으로 깨어난 분의 꿈이야기이다. 꿈속에서 재판관이 사형을 언도
했는데, 누군가가 극력 주장하야 다시 무기징역으로 감형된 꿈을
꾸고 깨어나니, 바로 병원이었고, 수술한지 보름 이상이 경과되고
있었던 것이다. 모두가 가망이 없다던 죽음의 문턱에서 극적으로
되살아난 것이다. 이 경우 사형 언도를 받는 경우 사망으로 실현
된다.

⑥ 발에서 구더기가 나온 꿈→무좀이 낫게 될 것을 예지

　"발에 무좀이 많이 있었습니다. 꿈속에서 발을 긁었는데, 발에서
시커먼 벌레(구더기 종류)가 한두 개 나오기 시작하더니, 더욱더 심하

게 발을 긁으니 온 발이 시커먼 구더기로 덮이기 시작했습니다. 발에
서 까만 구더기가 나온거죠. 이때부터 무좀이 없어지더군요."

⑦ 몸에 아직 벌레가 있다는 꿈→ 요도결석이 완전하게 치료되지 않
았음을 예지

"손등의 껍질이 벗겨지더니 각종 벌레(구더기, 지렁이 등등)가 있기
에, 물로 씻었습니다. 팔 여기 저기서 껍질이 벗겨지더니, 팔의 혈관
을 타고 이상한 벌레가 계속해서 왔다 갔다 해서, 꿈속에서 의사에게
물어 보니 "몸에 대장 벌레가 있으니 이것을 잡아야 된다." 하는 꿈
이었습니다."

벌레가 몸안에서 나오고 안나오는 것으로써 장차 질병의 회복 여부
를 예지해주는 사례이다. 상징적인 미래예지 꿈은 이렇듯 과장이 심하
고, 황당무계한 내용으로 표상되는 경우가 대부분이다. 병입고황(病入膏
肓)에 얽힌 고사이야기에는, 병마(病魔)를 상징하는 표상으로 두 동자의
주고 받는 이야기가 나오고 있다.

⑧ 흙더미를 헤치고 미끄러져 내려오는 꿈→ 어떤 노인의 꿈에 높은
산에서 개울이 얼어붙은 빙하를 타고 미끄러져 내려오는데, 아래
쪽에 흙더미가 쌓여 있어 그것을 발로 밀치고 더 미끄러져 내려왔
다. 이 꿈은 그가 한때 척추에 신경통이 생겨(빙하는 신경계를 상징)
고생하다(흙더미로 상징된 병적 요인)가 쾌유될 것을 예지할 꿈이었
다.(글: 한건덕) 이처럼 꿈의 작업에 있어서는 신체적 조건을 산과
빙하와 흙더미로 과장되게 바꿔 놓는 경우도 있는 것이다.

⑨ 귀신이 입고 있는 옷을 벗겨 가지고 사라진 꿈→ 암으로 고생하던

한 처녀의 꿈에 방안에 펴놓은 돗자리에 앉아있는데, 얼굴이 험악
하게 생긴 유령 또는 귀신이라고 생각되는 한 사나이가 다가오더
니 자기가 그때까지 입고 있던 붉고 파란 환자복을 벗겨가지고 사
라졌다. 이 꿈을 꾼 이후로 수술부위와 온 몸의 통증이 사라지고
병세가 쾌유되었다. 즉 이때의 귀신은 한약제와 그것을 사용한 한
의사이고, 붉고 파란 환자복은 병세의 증상을 뜻하고 있다.

⑩ 관속으로 들어가라는 것을 거절한 꿈→ 질병에서 회복됨.

　　갑자기 쓰러진 어머니는 병명도 모르는 채 누워 있다. 꿈을 꾸면,
커다란 관을 든 검은 옷차림 여자중의 하나가 "관속으로 들어가라"
고 소리친다는 것이다. 싫다고 뿌리치는 어머니 머리채를 끌고 당기
는 꿈이었다. 그러더니 꿈이 바뀌었다. 이번엔 외할머니가 어머니를
뿌리치고는 "그 관은 내 것" 이라며 들어가 눕는 꿈이다. 외할머니는
79세 고령이라 여기저기 아픈 데가 많은 분이지요.

새로운 꿈을 꾸고 난 후에 병마(病魔)에서 벗어나게 될 것을 꿈으로
예지해주고 있다. 꿈속에 나타나는 귀신이나 저승사자, 또한 누구인지
모르는 괴한은 병마를 상징적으로 나타내고 있는 경우가 많다. 이러한
경우 이러한 대상과의 싸움에서 이겨야 질병을 이겨내고 병이 회복되는
것이다. 관속으로 들어가라는 상황에서 싫다고 들어가지 않는 꿈이었기
에, 병이 악화되어 죽음의 문턱에 들어가는 것을 피할 수 있었을 것이며,
친정어머니가 대신 관속에 눕는 꿈으로써 장차 다가올 화를 대신하게 될
것을 예지해주고 있다.

⑪ 소복차림의 여인들을 물리친 꿈→ 질병에서 회복됨을 예지

　　"저의 아버지가 병으로 얼마간 병원에 입원중이실 때, 어머니가

꾸신 꿈입니다. 한 무리의 여자들이 흰 한복을 입고 집안으로 들어오려는 것을 막아내는 꿈을 꾼 후에, 아버지가 병상에서 회복하게 되는 일로 실현되었어요."

⑫ 마시려는 컵안의 물속에 있던 지렁이를 멀리 던진 꿈→ 병이 나을 것을 예지

"꿈에서 어떤 공사장 같은 곳이었는데, 물을 마시려고 컵에 물을 받아 마시려는 순간 컵안을 보니 지렁이가 있는게 아닌가. 그래서 "이게 뭐야"라며 놀라서 그 컵속의 물을 확 멀리 버려버렸다. 그러고선 꿈을 깼다. 별로 기분이 좋은 꿈이 아니었다. 그렇지만 지렁이를 죽인 것도 그 물을 마신 것도 아니어서 그나마 괜찮았다. 그 당시 나는 질에 염증이 생겨 치료를 받고 있었다. 얼마 후에 정말로 괜찮아졌다."

필자의 사이트에서 질병에 관한 수많은 꿈사례들을 살펴보실 수 있다. 가느다랗고 긴 지렁이의 상징표상에서, 여성의 질과 어떤 관련이 있을 가능성이 있다. 지렁이를 죽이거나 멀리하는 표상이 병마(病魔)로 상징된 지렁이를 물리치게 될 것을 예지해주고 있다고 해야 할 것이다.

일반적으로 죽이는 꿈의 상징의미는 정복 · 제압 · 굴복시킴의 의미이다. 다만, 태몽표상에서 죽이는 꿈으로 전개되는 것은 안좋다. 지렁이 태몽꿈인 경우, 죽이는 표상은 유산으로 실현될 것이다. 하지만 지렁이가 질병의 상징표상이라면, 당연히 죽이는 꿈으로 전개되어야 병의 완치를 가져오게 되는 일로 실현될 것이다.

⑬ 몸이 아픈 사람이 살구나무 등 꽃이 환하고 아름답게 피어 있는 곳을 보는 꿈, 살구나무꽃 위에는 하얗게 눈이 내리고 있는 꿈, 보이

지는 않지만 무언가 따뜻한 기운이 감싸 주는 듯한 느낌을 주는 꿈
→ 꿈을 꾸고 난 이후 숨쉬기도 편해졌고 많이 걸어도 숨이 차지
않게 됨.

⑭ 태양이 떠오르는 꿈→ 우울증 등 질병에서 회복됨을 예지

"단독주택 창문가에 혼자 서있는데, 창밖에서 이글이글 타오르는
태양이 떠오르는 것이었습니다. 저는 그 광경을 본 순간 너무 기분
이 좋았고 마음이 아주 홀가분하고 후련해지는 기분이 들었습니다.
사실 그 방에서는 앞집이 막혀있었기 때문에, 태양을 볼 수가 없는데
말입니다."

⑮ 절벽의 정상을 오른 꿈→ 아픈 무릎이 낫게 될 것을 예지.

"언제부터인지는 모르지만, 자고 일어나면 양쪽 무릎이 굉장히 아
픕니다. 집사람이나 딸에게 무릎을 밟아달라고 하곤 했으며, 관절염
이 아닌가 생각했지요. 그런데 꿈속에서 저는 양쪽 다리를 못쓰면서
절벽을 양손으로만 기어오르고 있었어요. 정말 힘들게 절벽 정상에
다다르자, 아래위 모두 흰색 옷을 입은 동자 두 명이 저를 노려보고
있는 것이 보였어요. 그래서 두 팔을 이용해서 동자 쪽으로 가려고
하는데, 지팡이를 든 거구의 할아버지가 나타나서 동자를 쫓아 버리
는 것이었어요. 그런데 신기하게도 잠에서 깨어나자 무릎이 안 아팠
어요."

(3) 선인들의 질병에 관한 실증적인 꿈사례 요약

① 귀신이 밧줄을 가지고 칼을 쥐고 와서 말하기를 "너에게 큰 죄가
있어 목베어 죽여야겠다." 하는 꿈→ 나쁜 짓을 한 후에 병들어 죽
게 되는 일로 실현되었다.

②두 사람이 씨름으로 서로 겨루다가 한 사람이 지는 꿈→ 현실에서
는 씨름에 진 사람이 소릉 복원에 반대하는 입장에 있었으나, 중풍
이 들어 움직이지 못하는 바람에 회의에 참석하지 못하게 되는 일
로 실현되었다.

③다른 사람에게 손찌검을 당하며 군색해 하는 처지에 있게 되는 꿈
→ 병이 나서 움직이지 못하게 되는 일로 실현되었다.

　이밖에도 다른 사람에게 화내는 일을 당하게 되는 꿈으로 병이
나거나 굴복당하는 등 어려움을 겪게 된 사례, 누군가에게 화살을
맞게 되는 꿈으로 급작스런 복통으로 죽은 사례, 누군가에게 가슴
을 얻어 맞는 꿈으로 영령 등의 분노를 사게 되어 병을 앓다가 피
를 흘리며 죽게 된 사례, 저승사자에게 붙잡혀 가는 꿈으로 오래지
않아 병없이 죽게 된 사례 등이 있다.

④계시적 꿈으로 병의 회복을 알려주다

『조선왕조실록』에 나오는 이야기인 바, 신명화(申命和)의 아내 이
씨가 하늘에 기도하고 왼손 가운데 손가락을 자르면서까지 남편
의 병이 회복되기를 기도하였다. 그리하여 그날 밤 이씨의 꿈에,
하늘에서 크기가 대추만한 약이 떨어는 꿈을 꾼 후에, 다음날 남편
의 병이 씻은 듯이 낫고 있다. 손가락을 잘라 내면서까지 하늘에
기도하는 지극한 정성에 남편의 병이 회복되고 있는 바, 그러한 계
시를 꿈속에서 약을 내려주는 것으로 알려주고 있다.

　유사한 이야기가 『동국신속삼강행실도(東國新續三綱行實圖)』의 '이보
할지(李甫割指)' 이야기에도 전하고 있는 바, 부모님의 병환으로 걱정하
던 차에 꿈에 스님이 나타나 산사람의 뼈를 먹으면 나을 수 있을 것이라

했다. 이보가 즉시 놀라서 깨어 손가락을 베어 약을 만들어 드리니, 아버지의 병이 즉시 나았다. 또한 무덤을 복원시켜준 보답으로, 꿈에 '어머님의 병을 고쳐 주겠노라' 는 계시를 받고, 하늘에서 날아가던 매가 떨어뜨린 뱀장어를 달여 드려서 어머니의 병을 고친 사례는 앞서 살펴본 바 있다.

(4) 제왕절개 · 조산 · 난산 · 유산 등 신체 이상 여부 예지 꿈사례

대표적인 예지적 꿈의 세계인 태몽에서 장차 태어날 아이의 제왕절개 · 조산 · 난산 · 유산과 신체 이상 여부를 예지해주기도 한다. 자세한 것은 필자의 『태몽』을 참고하기 바라며, 각각의 상징의미를 생각해보면서 꿈사례를 살펴보자.

버스를 힘들게 운전해 나아간 꿈은 힘겨운 자연분만으로 아이를 낳는 일로 실현되었다. 덜익은 사과를 따오는 꿈은 조산으로 팔삭동이 아들을 낳게 되었으며, 호리병(항아리) 안에서 뱀을 꺼내는 꿈은 제왕절개 수술을 하여 아이를 낳게 되었으며, 숟가락이나 그릇이 마음에 들지 않는 꿈으로 자연유산되는 일로 이루어졌다. 또한 죽은 사람이 같이 가자는 꿈을 꾸고 자궁외 임신으로 거의 실신 상태로 죽을 고비를 넘기는 일로 실현되었다.

학이 다리에 붕대를 감고 있던 꿈으로 한쪽 다리가 시퍼렇게 멍이 들어 있는 아이를 낳았으며, 감나무에 말라 비틀어진 홍시의 꿈은 태어난 아이가 밥도 먹지 못하고 대소변도 가리지 못하고 야위다가 죽는 일로 실현되었으며, 날아오르는 구렁이의 꼬리가 짤린 꿈은 어릴 때 소아마비를 앓는 일로 실현되었다. 꿈속에 나타난 뱀이 미워서 뱀을 두들겨 패는 꿈은 지능이 많이 모자라는 아이를 출산하였으며, 잉어 배에 상처가 있는 꿈은 아기가 어릴 때 장이 나빠 무척 고생을 하게 되는 일로 실현되었다. 또한 시퍼런 이끼가 잔뜩 끼어있는 잉어를 잡은 꿈은 소아 당뇨로 장애를 지니게 되는 일로 실현되었다. 한편 목에 상처난 뱀의 꿈으로 장차 목 부분에 이상이 생긴 아이를 낳았으며, 물개의 지느러미 밑에 팔이 하나 있던 꿈으로 흔히 말하는 육손이의 다지증의 아기를 낳았다. 또한, 언청이 노파에게 밤과 대추를 한 보따리 받는 꿈으로 언청이 아들을, 잉어를 팔던 사람이 소복을 입은 여자 곰보였던 꿈으로 곰보딸을 낳았다.

유산 · 요절의 태몽사례로, 무와 무청 부분이 썩어서 뚝 떨어지는 꿈, 개를 몽둥이로 쫓아버리는 꿈, 화분이 썩어가는 꿈, 벌레들이 거실에 기어다니는 꿈, 호랑이가 쫓아와서 도망가는 꿈, 다가오는 호랑이를 쫓아낸 꿈, 집에 들어온 멧돼지를 쫓아낸 꿈, 다가온 강아지를 떼어낸 꿈, 쥐와 장어를 물리친 꿈, 몸을 감은 구렁이를 가위로 갈기갈기 찢어낸 꿈, 죽은 생선을 가져온 꿈, 해바라기가 물에 썩어 있는 꿈, 꽃을 꺾지 않은 꿈, 무르고 약한 호박을 보고 있는 꿈, 꽃의 줄기가 부러진 꿈, 조그만 손톱이 빠진 꿈 등이 있는 바, 하나같이 좋지 않은 표상 전개를 보이고 있음을 잘 알 수 있겠다.

(5) 질병 꿈의 이모저모
질병과 꿈에 관련있는 유용한 글들을 신문 기사 등에서 요약 발췌하여 살펴본다.

〈 꿈은 건강을 대변한다 〉
자각하지 못하는 신체 건강상의 이상을 꿈이 알려준다는 주장이 나왔다. 미국 캘리포니아의 심리학자 『꿈의 치유력』의 저자 '패트리

샤 가필드'는 "꿈에는 의학적 메시지와 건강문제 해결책이 담겨 있다"며 "특히 꿈은 심장마비나 기타 치명적인 질병을 잠든 몸에 알려주는 메신저"라고 밝혔다. 아울러 발병 1년 전에 이미 꿈을 통해 경고 받은 사람들이 상당수라고 덧붙였다.

극히 드문 경우이긴 하나, 꿈을 꾸며 육체적 고통을 받았다면 곧 중병을 앓게 된다. 동식물이 죽는 꿈, 빌딩이 부서지거나 붕괴되는 꿈, 기계가 고장 나는 꿈도 질병의 신호다. 또 몹시 뜨거운 열기가 느껴지는 꿈은 열병, 차가운 빗물이나 얼음 혹은 눈보라가 보이면 순환기 계통의 이상을 낳는다. 흙더미가 보인다든지 가슴이 눌리는 꿈은 심장혈관계, 액체의 흐름이 막히는 꿈은 동맥, 배에 상처를 입는 꿈은 맹장이나 위장, 빨간색 혹은 분홍색으로 칠해진 가파른 계단이 보이는 꿈은 기관지에 문제를 일으키는 흉몽이다. 누군가 집에 불을 지르는 꿈, 펑크난 타이어를 갈아 끼우는 꿈 따위는 "면역성이 약해졌으니 휴식을 취하라"는 신호로 받아들이면 된다.

반면 기분 좋은 꿈은 앓던 병이 낫고 있다는 신호다. 가필드는 "꽃이 만발한 곳에 있거나, 새 생활을 시작하는 꿈, 험하고 위험한 길을 벗어나 잘 포장된 도로로 차를 모는 꿈, 창밖의 그림같은 경치를 내다보는 꿈, 망가진 것을 고치는 꿈, 에로틱한 꿈 등은 신체상태가 호전된다는 예고"라고 설명했다. ─일간스포츠, 96.11.13

신문기사 중에서 신체이상과 꿈에 관한 글들을 그대로 전재하여 살펴보았다. 참고할 만하지만, 인용하는 주장들은 별다른 주장들도 아니다. 꿈을 상징적인 의미에서 인체와 관련지어 살펴보면 된다. 앞서 질병과 건강에 관련된 수많은 실증적인 사례를 소개한 바가 있다.

'빌딩이 부서지거나 붕괴되는 꿈'을 예로 살펴보자면, 상징적으로 빌딩이 인체를 상징하고 있다. 건물 한 귀퉁이가 두두둑 떨어져 나갔다가 다시 두두둑 제자리에 자리잡는 꿈을 꾼 주부가 있었다. 상징적인 미래예지 꿈으로, 둘째 아들이 교통사고로 뇌를 다쳐서 생사의 기로에 서 있었으나, 건물의 떨어져나간 부분이 다시 붙었던 꿈의 예지대로 긴급 수술을 무사히 받게 됨으로써 회복된 사례가 있다.

다양한 꿈의 예지 중에는 이렇게 신체 내·외부의 이상을 꿈으로 예지해주고 있는 무수한 사례가 있다. 또한 중국의 꿈에 관한 여러 서적이나 허준의 『동의보감』을 비롯하여, 스승이신 고(故) 한건덕 선생님께서 30여년 전부터 '꿈으로써 질병을 예지한다'는 사실을 주장해온 바 있다. 어찌보면 예지적인 측면에서는 자신의 신체의 이상을 일깨워주는 것은 기초적인 단계에 해당되는 것이다. 자신뿐 아니라, 자신의 주변 사람들, 나아가 국가적·사회적인 사건까지 예지해 내고 있는 것이 진정한 예지적인 꿈의 세계인 것이다.

〈 같은 꿈 여러번 꾸면 건강 이상 신호 〉

우리가 늘상 꾸는 꿈을 통해서도 건강을 살펴볼 수가 있다. 하지만 병적으로 매일 혹은 얼마 안되는 기간에 똑같은 꿈을 자주 꾸게 된다면, 아무리 좋은 꿈이라고는 하지만 몸에는 이상이 있다고 볼 수가 있다. 같은 꿈을 여러번 꾸는 것도 좋은 현상은 아니다. 흉몽·길몽은 모두가 미래에 대한 예언일 수 있고, 또 꿈으로 병을 추측해 볼 수도 있다. ―[스포츠클리닉], 요약 발췌.

앞서 괴한과 엎치락뒤치락 싸우는 꿈을 며칠간 꾸다가, 어느날 옆구리를 얻어맞는 꿈을 살펴본 바 있다. 상징적으로 괴한은 병마(病魔)의 상징인 바, 우리 인체내에서는 병이 들기까지, 병마와 신체 방어 능력이 치열한 싸움과 대립을 하고 있다. 이러한 것을 괴한과 싸우는 꿈으로 상징적으로 나타내 보여주고 있는 것이다.

'같은 꿈을 여러번 꾸면 건강에 이상이 있다는 신호로 받아들여야 한다.' 는 말은 인체의 이상을 나타내는 꿈인 경우에나 올바른 말이 될 수 있다. 일반적인 꿈해몽에서, 꿈이 반복된다는 것은 꿈으로 예지된 일이 중대한 것이며, 반드시 일어남을 뜻하고 있다. 이 경우에 하룻밤 사이에 각기 다른 꿈을 여러개 꿀 수도 있으나, 각각의 꿈이 상징하는 바는 같은 뜻을 내포하고 있다. 또한 부부가 같거나 유사한 꿈을 꾸기도 한다.

〈『동의보감』에 나오는 질병 관련 꿈이야기 〉

① 오장(五臟)이 허(虛)하거나 실하면 꿈을 꾼다.

간기(肝氣)가 허(虛)하면 꿈에 버섯이나 산의 풀이 보이며, 실(實)하면 꿈에 나무 아래에 엎어져서 잘 일어나지 못한다. 심기(心氣)가 허하면 불을 끄는 꿈이나 햇빛에 있는 꿈을 꾸며, 실하면 불붙는 꿈을 꾼다. 비기(脾氣)가 허하면 음식이 부족한 꿈을 꾸며, 실하면 담장을 쌓고 지붕을 덮는 꿈을 꾼다. 폐기(肺氣)가 허하면 꿈에 흰 것이나 사람을 베어서 피가 질퍽한 것이 보이며, 실하면 싸움하는 군인이 보인다. 신기(腎氣)가 허하면 꿈에 배가 보이거나 물에 빠진 사람이 보이고, 실하면 꿈에 불이 엎어지거나 무서운 것이 보인다.[내경]

② 정신이 꿈이 된다[魂魄爲夢]

대체로 꿈은 다 정신이 사물과 작용하여 생긴다. 또한 형체가 사물과 접촉하면 일이 생기고 정신이 사물과 작용하면 꿈이 된다[유취].

- 옛날에 진인(眞人)은 잠을 자면서 꿈을 꾸지 않았다. 잠을 자면서 꿈을 꾸지 않는 것은 정신이 온전하기 때문이다.[정리].

- 심(心)이 실(實)하면 근심하거나 놀라거나 괴상한 꿈을 꾼다. 심이 허(虛)하면 혼백이 들뜨기[飛揚] 때문에 복잡한 꿈을 많이 꾼다.[입문].

- 사기가 침범하면 정신이 불안해지는 것은 혈기(血氣)가 적기 때문이다. 혈기가 적은 것은 심(心)에 속한다. 심기(心氣)가 허하면 흔히 두려워하고 눈을 감고 있으며, 자려고만 하고 먼 길을 가는 꿈을 꾸며, 정신이 흩어지고 꿈에 허투루 돌아다닌다. 음기가 쇠약하면 전증(癲證)이 생기고 양기가 쇠약하면 광증(狂證)이 생긴다.[중경].

③ 음사가 꿈을 꾸게 된다[淫邪發夢]

황제가 "음사(淫邪)가 만연된다는 것은 어떤 것인가"고 물었다. 그러자 기백이 "정사(正邪)는 밖에서부터 몸 안으로 침습해 들어가는데 일정하게 머무르는 곳이 없다. 이것은 오장(五臟)에 퍼져 정한 곳이 없이 영위(榮衛)를 따라 돌아다니기 때문에 혼백이 떠돌게 되어 잠자리가 불안하고 꿈을 잘 꾼다. 음기(陰氣)가 성하면 큰 물을 건너가는 꿈을 꾸고 무서우며, 양기(陽氣)가 성하면 큰 불이 붙는 꿈을 꾸며 음양이 다 성하면 서로 사람을 죽이는 꿈을 꾼다. 상초(上焦)가 성하면 날아다니는 꿈을 꾸고, 하초(下焦)가 성하면 떨어지는 꿈을 꾼다. 몹시 배고프면 무엇을 가지는 꿈을 꾸고, 몹시 배부르면 남에게 무엇을 주는 꿈을 꾼다. 간기(肝氣)가 성하면 성내는 꿈을 꾸고, 폐기(肺氣)가 성하면 우는 꿈을 꾼다. 심기(心氣)가 성하면 웃기를 좋아하는 꿈이나 무서운 꿈을 꾸고, 비기(脾氣)가 성하면 노래를 부르는 꿈이나 몸이 무거워 움직이지 못하는 꿈을 꾼다. 또한 신기(腎氣)가 성하면 허리 뼈가 둘로 떨어져서 맞붙지 못하는 꿈을 꾼다.—이하 후략.

한방에서 간(肝)은 인체적으로 사람의 눈과 관련을 짓고 있다. 간이 안좋게 되면 눈에 먼저 나타나며, 눈이 침침해주고 눈동자가 아프게 된다. 단적인 예로 눈에 황달이 나타나는 것은 간이 좋지 않음을 보여주고 있다. 또한 간이 좋지 않은 사람은 현실에서 화를 잘 내고 있다. '간기(肝氣)가 성하면 성내는 꿈을 자주 꾼다' 라고 하고 있는 바, 올바른 견해임을 알 수 있다.

3) 이사, 사업, 부동산 매매에 관한 꿈

앞서 '꿈은 무지개' 라고 비유적으로 표현해 말했지만, 꿈을 단적으로 말한다면 우리 인간에게 앞으로 일어날 일을 예지해준다는 사실 하나이다.

자신이 궁금해하는 사업의 성공여부나 이사나 사업문제, 부동산 매매 등에 대해서도 꿈을 통해서 예지해주고 있다. 특히 어떠한 사업이나 장사를 시작하는 날 꾼 꿈은 장차 그 사업이나 장사의 흥망을 예지해주고 있는 경우가 많으며, 이사를 간 날에 꾸는 꿈의 경우에 있어서도 장차 그 집의 앞날의 길흉을 예지해 주고 있는 경우가 많다.

이사가는 꿈은 사실적인 미래투시의 꿈인 경우, 꿈에서 본 그대로의 일로 일어날 수 있다. 하지만 대부분의 상징적인 미래예지 꿈의 경우에서, 이사 꿈은 상징적인 표상으로 회사나 직장을 옮기는 일로 실현되고 있다. 이사간 집의 좋고 나쁨의 상징여부에 따라, 앞으로 일어날 일이나 신분·직위의 변동을 꿈으로 예지해주고 있다. 이 경우 큰 집으로 이사를 가는 꿈이 좋다. 큰 집일수록 회사의 규모 등이 큰 것을 뜻하고 있다.

이밖에도 관련된 직장이나 부서의 변경 혹은 심리적인 변화, 정서적인 변화 등을 의미할 수 있다. 프로이트 식으로는 잠재의식적으로 이사를 하고 싶은 욕망이나 욕구가 있는 경우, 꿈에서 표출이 될 수도 있다.

(1) 이사·사업·신분 변화에 관한 꿈해몽

- 꿈에 사람과 함께 배를 같이 타면, 이사한다.
- 새집으로 이사하는 꿈은 전학·입학·전직이나 새로운 사업·학설 등이 이루어진다.
- 새집으로 이사가야겠다고 말하거나 생각하는 꿈은 새로운 사업 계획이나, 새 직장 또는 새로운 배우자를 얻으려 노력하게 된다.
- 새집으로 이삿짐을 들여놓는 꿈은 사업이 융성하거나 청탁한 일이 이루어진다.
- 이사가기 위해 짐을 밖으로 내가거나 차에 싣는 꿈은 사업전환·청탁·이전 새로운 환경조성 등이 있게 된다.
- 잠옷을 입는 꿈은 배우자·집·직업 등을 얻거나 안식처를 얻는다.
- 한 번 빨았던 잠옷을 입고 약간 크다고 생각하는 꿈은 누가 한 번 살았던 일이 있는 전셋집을 얻었으나 약간 비싸다고 생각하게 된다.

(2) 이사, 부동산 매매에 대한 실증사례

① 사랑채를 그냥 쓰라는 꿈→ 좋은 조건의 집을 얻게 됨.

　"꿈에 우리 부부가 어느 초가집에 갔는데, 주인 내외가 반갑게 맞
아들이며, 우리가 안채를 쓸 테니 사랑채를 쓰라고 하더군요. 세 달
후에 잠시 외국에 가는 선배가 자신의 아파트에 공짜로 있으라더군
요. 가구는 한 방에 몰아넣어 방 하나는 사용하지 못하고요."

② 집이 남루하여 그냥 나온 꿈→ 직장 아파트선정에 낙첨하게 됨.

　"직장 아파트에 싸게 들어갈 기회가 생겨 서류를 제출했던 때였습
니다. 거의 미달이 예상되던 때였기 때문에 마음을 놓고 있었지요.
그런데 꿈에 제가 어떤 낯설고 허름한 동네에서 집을 찾다가 어느 기
와집에 들어갔는데, 그 집이 비어있고 남루하여 그냥 나왔습니다. 그
후에 직장 아파트는 떨어졌어요."

③ 어머님이 단지 안에다 하얀 빵을 굽는 꿈→ 큰 집을 사서 옮기는
　일로 실현되었다.

④ 꿈에 아궁이에 깨끗한 물이 꽉 차올라 걱정했으나 아궁이에 불은
　있던 꿈→ 아파트로 옮기고 땅을 사게 되는 좋은 일로 실현되었다.

⑤ "막다른 골목의 자식 아홉 달린 과부를 얻어 사시오"라는 꿈→ 전
　셋집을 얻게 됨.

　전셋집을 구하러 다니던 사람이 꾼 꿈으로 막다른 골목은 최종
적이란 뜻이고, 자식이 아홉 달렸다는 것은 방이 아홉 개나 있다는
뜻이며, 과부는 그 집 큰방을 뜻하는데, 그런 집의 안방을 전세로
들어가라는 중개업소 복덕방 할아버지의 말로 실현되었다.

⑥ 아파트에서 이삿짐을 풀고 있는 꿈

　전세를 살고 있는 사람이 아파트에서 이삿짐을 풀고 있는 꿈을

자주 꾸게 된 후에, 일년 뒤 뜻하지 않게 아파트를 사게 되는 일로 실현되었다. 이 경우 미래투시적인 꿈으로 볼 수도 있다. 이처럼 꿈속에서 이사할 집에 대해서 나타나는 경우가 있다.

⑦ 이사갈 동네가 나타난 꿈→ 미래투시 꿈.

"이사를 갈려고 방을 구하러 다녔습니다. 꿈에 골프 연습장이 있는 동네를 보았습니다. 이사를 하고 난 후 산책을 나갔다가 동네에 골프 연습장이 있는 것을 보고 깜짝 놀랐습니다."

이 경우의 꿈은 사실적 미래투시의 꿈이다.

⑧ 이사갈 집을 미리본 꿈→ 미래투시 꿈.

"제가 어느 집에서 거울에 제 모습을 비춰보고 있는 꿈이었어요. 어디선가 내려오면서요. 이사간 집은 전세였는데 한옥집이었구요. 제가 내려오던 그곳은 안방에 연결된 다락이었구요. 다락은 2층이잖아요. 다락을 제방으로 썼었거든요. 다락에서 안방으로 내려오면 바로 맞은편에 거울이 있어서, 항상 내려오면서 거울에 비친 제 모습을 봤었어요. 그때 '아~ 이 꿈이었구나' 깨달았지요."

사실적인 미래투시 꿈 사례이다. 꿈을 해몽하는데 있어, 사실적인 꿈으로 실현될 수 있음을 늘 염두에 두어야 한다.

⑨ 길을 안내해주는 꿈→ 순조로운 인생길을 계시.

"산 밑 골목길이 있는 동네에서 전쟁이 일어났다면서, 모두가 서둘러 도망할 때, 갑자기 하늘에서 큰 목소리로 "너는 이 길로 하여 저 길로 가거라." 하시면서 길을 안내해 주는 꿈이었어요.

무언가 어려운 일을 피해서 좋은 일이 순조롭게 일어나게 될 것을 예지해주고 있다. 현실에서는 꿈을 꾼 뒤 시댁에서 어렵게 살림을 따로 나오게 되고, 사글세 전세에서 내 집인 아파트를 장만하게 되었다.

⑩ 푸른 바닷물이 넘실거리는 속에 집이 있던 꿈→ 부동산 매매 체결.

"우리 방에서 우리 식구들은 있는데, 집 뒤에서 맑은 물줄기가 생기더니 집 옆으로 흘러갔어요. 어느 순간 앞 바닷물과 만나 우리 집을 덮었어요. 푸른 바닷물이 넘실거리며 우리 집은 물속에 잠겨 있었는데 우리가 생활하기에 불편함이 없이 좋았어요."

바라던대로, 하던 사업과 집을 정리하게 되는 현실로 실현되었다. 유사한 사례로, 집앞에 맑은 물이 넘실거리던 꿈으로 아들이 임용고사에 합격한 사례가 있다.

⑪ 구름이 하트 모양으로 변한 아름다운 꿈→ 집을 사게 됨.

"저는 27세 주부입니다. 생생하게 꿈을 꾸었어요. 잠을 자다 문득 눈을 떠보니, 창문이 열리면서 하트 모양의 구름이 떠오르면서, 정확히 반으로 갈라지더니, 두 덩어리가 된 구름이 안방으로 들어와 빛을 발하며, 다시 하나로 붙어지면서 한쪽은 파랑색 한쪽은 핑크색이었던 것 같은데, 다시 하트 모양이 되어 아름답게 빛났습니다. 문득 잠을 깬후 한참을 몽롱해 했지요. 그날 저녁 집 주인이 "집을 비우라" 하여 낙심을 하였는데, 그 이틀후 적당한 집을 만나 집을 샀습니다. 아마도 집을 살 꿈이었겠지요."

⑫ 가스렌지 위의 플라스틱이 녹아내리는 꿈→ 계약 파기.

독자의 꿈체험기이다. 가스렌지에 무엇인가를 올려놓았는데,

다시 보니 흰 플라스틱 김치통이 놓여 있고 신기하게도 위로부터 흐물흐물 불에 녹아 내리는 꿈은 약속했던 부동산 매매 계약 등이 파기되는 현실로 실현되었다.

⑬ 아름드리 고목에 복숭아꽃인지 살구꽃인지 하나 가득 피어 있어, 황홀하게 감탄하다가 깨어난 꿈→ 집을 내 놓은지 2년간이나 안팔리던 집이 두 달만에 팔리게 되었다.

⑭ 맑은 물위에 거북이가 있는 것을 본 꿈→ 팔려고 애쓰던 집이 팔리게 되었다.

⑮ 얼마전 꿈에 예전에 다니던 초등학교의 모습이 보이고, 화장실이 넘쳐 온통 인분으로 뒤덮여 있는데, 사람들이 다닐 수 있게 나무를 얼기설기 놓았는데도 나무 위에까지 묻어 있어 신발을 버리는 꿈→ 아파트를 분양받다.

"남편이 아파트가 미분양 된 것이 있으니, 바람도 쐴 겸 가자고 하더군요. 별생각도 없이 나섰는데 정작 모델 하우스에 가보니 아파트가 맘에 들어 계약을 하게 되었어요."

⑯ 꿈에 도로변에는 차가 막히고 힘들었는데, 오토바이를 타고 하늘로 날아다니는 꿈→ 내집 장만.

꿈을 꾼뒤 얼마 안돼서 Tico를 사게 되고, 여러 가지 일을 하게 되어 마침내 내 집을 장만할 수 있는 현실로 실현되었다.

⑰ 뒷마당에 누런 황소 한 마리와 중형 검은 승용차가 딱 버티고 있던 꿈→ 재물 획득.

누런 황소로 표상되는 재물이나 좋은 일이 있게 된다. 얼마 후 현실에서는 새로 집을 사게 되고, 검은 승용차는 아니지만 흰 중형 자동차를 사게 되었다.

⑱ 참새를 선택한 꿈 → 부동산 매입할 땅의 모양을 예지.

"어떤 아주머니가 인삼 한 뿌리와 참새 한 마리를 바구니에 담아 와 선택하라고 했다. 인삼은 10년, 참새는 20년이라고 했다. 그래서 참새를 선택하니, 그 자리에서 털을 뽑고 먹을 수 있도록 장만해 주는걸 받았다. 그리고는 가 버렸다. 나는 참새를 우리 방으로 가져와 쟁반에 담아 내 앞에 놓은걸 보고 깨어났다."

꿈의 실현은 얼마 뒤에 참새 모양의 땅을 매수하는 현실로 실현되고 있다. 아마도 20여년 동안 자신의 소유로 있게 될 것을 예지 해주고 있는 꿈인지 모른다. 현실에서는 무언가 선택의 기로에 있게 될 일이 일어날 것이라는 것과 참새를 먹을 수 있도록 해 놓은 것을 보았으니, 참새로 표상된 어떠한 권리·명예·이권의 획득을 암시하고 있다. 꿈에서는 먹지 않더라도, 눈앞에 놓여진 것을 보는 것만으로도 그것에 대한 어떠한 권리를 획득하게 된다. 예를 들어, 연못속의 잉어를 보는 꿈만으로 태몽이 될 수 있다.

신비한 꿈의 세계에 전율을 느낄 정도로 꿈은 우리에게 앞으로 일어날 일을 예지 해주고 있다. 꿈속의 참새와 현실에서 매입한 땅이 참새 모양의 땅인 것은 우연의 일치라고 보아야 하는가? 아마도 이 글을 읽는 독자분 누구나 꿈의 결과와 현실에서 일어난 일과 관계가 있다는 사실을 믿을 수 있을 것이다.

즉 우리가 잠을 자고 있는 동안 우리의 정신능력의 활동은 깨어 있어서, 현실의 자아가 관심을 지녔던 미해결의 문제에 대해서 초능력적으로 발휘되고 있는 것이 바로 꿈인 것이다. 이런 점에서 꿈은 우리 내면의 자아와의 대화이자 우리의 제 2의 정신활동으로, 자신에게 일어날 일을 꿈을 통해서 예지해주고 있는 것이다. 우리가 꿈을 슬기롭게 활용해 간다면, 우리의 인생길을 한결 재미있고 유익한 삶을 살아갈 수가 있을 것이다.

4) 부동산/주식투자에 관한 꿈

요즈음 돈에 관계된 부동산이나 주식투자에 많은 사람들이 관심을 갖고 있다. 사람들의 이러한 관심사에 대해 부동산 투자의 성공여부나, 어떠한 주식 종목이나 시세의 예측 등이 꿈으로 예지되거나 꿈에 나타난다는 것은 자신의 관심사에 대해 예지해주는 꿈의 특성상 지극히 당연한 일인지 모른다. 이는 꿈속에서 발명을 하는데 있어 힌트를 얻거나 영감을 얻은 사례, 선인들이 꿈속에서 뛰어난 한시(漢詩)를 지을 수 있었다는 사례 등에서도 입증되고 있다.

부동산을 매수하거나 매도하기 전에 꿈으로 길흉을 예지해주는 사례가 상당수 있다. 필자의 경우, 유부녀와 성행위하는 꿈을 꾼후에 집을 구입했으며, 처녀와 신선한 키스를 하는 꿈을 꾼 후에 깊은 산속의 밭을 매수한 바 있다. 실증사례를 위주로 소개해본다.

(1) 부동산 투자 관련 꿈의 실증사례

먼저 필자의 사이트에 아이디 truenature1의 이용자분이 올린 부동산 관련 꿈체험기에 간단한 해설을 덧붙여 살펴본다.

① 손바닥으로 땅을 쓸어 피가 묻어 있던 꿈→ 부동산 대박.
"결혼해서 조금 어려운 생활이었지만, 일찍 재테크에 관심을 가졌

습니다. 그때 즈음해서 꾼 꿈입니다. 길을 가다가 손바닥으로 땅을 쓸어 보았는데, 손바닥에 피가 묻어 있었습니다. 나름대로 해석하기를, 부동산에 투자하면 좋을거란 해몽을 했습니다. 그 이후 삼십대초 중반 나이보다는 빨리 그리고 잦은 매매를 했던 것 같습니다."

피는 소중한 정신적 · 물질적 자산의 상징이 될 수 있다. 이 경우 피가 묻는 것이 재물을 얻게 되는 좋은 꿈이며, 반면에 코피 등이 나는 것은 재물이 나가는 일로 실현이 된다.

② 할아버지의 성기가 발기가 된 꿈 → 부동산 매매 성사.

"남편은 IMF 즈음해서 작은 사업을 시작하게 되었고, 행복했지만 어려움이 아주 많았습니다. 결혼 15년차 정도 되었을 때, 그때도 어디로 이사를 하면 좋을지 가능성 있는 지역을 물색하던 중이었습니다. 며칠을 가 보아도 적당한 집을 찾을 수 없었습니다. 돌아가신 저희 할아버지께서 꿈에 나타나셨는데, 할아버지의 성기가 깜짝 놀랄 만큼 발기가 된 겁니다. 작은 산의 형상처럼 느껴지더라구요. 다음날 저는 '오늘은 성사가 되겠구나' 하고 확신을 갖고, 거기를 갔었고 매매가 쉽게 이루어졌습니다."

성행위하거나 키스를 하는 상징적인 꿈을 꾼 경우는 현실에서 부동산 매매와 관련이 있다. 이 경우에, 꿈에 성기가 발기된 것이 융성 · 번창 · 번영 등의 상징이 될 수 있다. 자랑스럽게 성기를 뽐내는 꿈이 좋은 꿈이다.

③ 부동산 아주머니가 토끼를 잡아온 꿈 → 부동산 매매 성사.

" 무모하리만큼 과감해서 계약은 덜컥 해놓은 상태이고, 낼모레면

잔금을 치러야 될 날인데, 집이 팔리지를 않아 노심초사하던 나날이었다. 꿈에 아는 부동산아주머니께서 웃으시며, 토끼 귀 두개를 모아 움켜쥐고 토끼를 잡아 오시는게 아닌가!

　다음날 저는 그 부동산으로 전화를 걸어 매매의사가 있으신 분이 있으면, 무조건 만나게만 해달라고 적극적으로 말했습니다. 자리가 마련되어 상대 여자분이 들어서며 웃는데, 커다란 앞니 두개가 토끼 이빨과 똑같았으며, 전체 이미지가 토끼 같아서 깜짝 놀랐습니다. 그리고 그 분과 매매를 할 수가 있었습니다."

이처럼 꿈속의 동물의 상징은 대부분 사람을 상징하고 있다. 이러한 것은 태몽 표상에서도 마찬가지로, 꿈속에 등장된 동물과 유사한 성격이나 외모 · 체격 등의 아이가 태어날 것을 예지해주고 있다.

　④ 용 세 마리의 등에 올라탄 꿈 → 부동산 대박.
　'이민가서 타국에서도 사는데, 서울에서 이사가는 것을 두려워하면 안되지' 하는 생각으로, 4년 전에 분당 옆으로 이사를 왔고, 우여곡절 끝에 3주택자가 되었습니다. 남편의 꿈에 용 3마리가 보였고, 등에 올라탔다는 겁니다. 얼마 지나지 않아 자고나면 오르고 오르고, 집값이 천정부지로 뛰더라구요. '용꿈이 떠오르며, 투자를 정말 잘한 것이라고' 확신할 수 있었습니다.

용은 부귀 · 권세 · 명예의 상징이다. 용의 등에 올라타는 꿈이니, 호랑이 등에 올라탄 것과 같이 욱일승천하는 일로 크게 번성 · 번창하고 권세와 부귀를 누리는 일로 이루어질 수 있다.

⑤ 할아버지가 다 타버린 연탄재를 버리시는 꿈→ 부동산 손실.

"2006년 12월 어느날 꿈입니다. 돌아가신 할아버지께서 어릴 때 살던 집에서 연탄재를 버리시려고 대문으로 나오시더라구요. 한 손에는 연탄통(2장)을 들고, 한 손에는 집게로 1장, 이렇게 하얗게 탄 연탄재를 3장 말입니다. 저는 달려가서 "할아버지께서 왜 이런 일을 하시냐?"고 손을 잡으며 깼습니다.

해몽이 무척 어려웠는데, 나름대로 "집 3채가 다 탔으니 정리하라."는 걸로 결론을 내렸습니다. 세금 때문에 어차피 한 채를 정리해야 되는 상황이어서, 서둘러 급매로 팔려고 했지만, 금액을 너무 후려치는 바람에 결국은 한 채도 정리를 못했습니다. 나머지 두 채도 계속 오르는 중이었기에─. 할아버지께서 무슨 말씀이지? 이렇게 분위기가 좋은데, 그렇게 대수롭지 않게 지나갔습니다. 지나고 보니, 그때 꿈으로 알려주셨을 때가 부동산 꼭짓점이었습니다. 제 오만함과 어리석음으로 할아버지의 걱정과 일러주심을 받아들이지 못해, 막대한 손실을 입었습니다."

불꿈 등이 좋은 것은 번창이나 번영을 상징하고 있기 때문이다. 타버린 연탄재가 이미 쓸모없게 된 어떠한 대상을 상징하고 있는 바, 부동산 가격이 정점에서 하락하게 될 것을 상징적으로 보여주고 있다. 수많은 사례에서 살펴본다면 경고성 성격의 꿈을 제외하고, 이러한 상징적인 미래예지 꿈은 장차 일어날 일의 예지는 가능하지만, 우리 인간이 막아내거나 벗어날 수는 없다. 우리 인간이 비가 오는 것을 멈추게 할 수 없지만 우산을 쓸 수 있듯이, 경고성 성격의 꿈이라면 피해를 최소화하거나 장차 일어날 일에 대한 마음의 준비를 하게 해주고 있다.

⑥ 돌아가신 할아버지가 비틀거리는 꿈→ 부동산 손실.

몇년 전 가을 9월 말쯤이었습니다. 돌아가신 할아버지께서 꿈에 나타나셨는데, 어지러운 듯이 비틀거리시는 것이었습니다. 저는 달려가서 "괜찮으세요?" 하며 한쪽 팔을 부축해드렸습니다. 다른 한쪽 팔에도 누군가가 부축하고 있는 것 같았고, 할아버지 안색이 좋지 않아 보였습니다.

얼마 지나지 않아 서브프라임 운운하며 환율이 치솟고, 자연 남편이 하는 일도 타격이 많았으며, 집 문제도 은행으로부터 담보가치 운운하며 상환 압력이 컸습니다. 주변 모든 일들이 짠 것처럼 꼬였습니다. 지금도 난관을 극복하고자 치열하게 노력중이며, 태풍의 눈 안에 있습니다. '생존. 생존. 그래 할아버지께서 비틀거리셨을 뿐 쓰러지신 것은 아니니까, 반드시 이겨낼 수 있을거야' 하며 스스로 위로하곤 한답니다.─아이디: truenature1

자신에게 호의적으로 돌보아주셨던 할아버님이 어려운 여건에 처한 꿈의 상황으로, 장차 일어날 안좋은 일을 예지해주고 있다. 현실에서도 위태로운 상황에 처하게 되지만, 양쪽에서 부축을 하는 꿈대로 어려움을 극복해가는 일로 실현될 것이다. 이 경우 좋은 일이 있게 될 경우에, 밝고 아름답고 풍요로운 꿈을 새롭게 꾸게 될 수도 있다.

꿈은 반대가 아닌 상징의 이해에 있다. 로또(복권) 당첨의 꿈가운데 가장 많은 꿈이 조상꿈이었다. 이렇게 조상이 나타나는 꿈의 경우에는 꿈속에서 '밝은 모습이었느냐. 어두운 모습이었느냐'에 따라 현실에서도 좋고 나쁜 일을 예지해주고 있다. 또한 꿈속에서 어떤 말을 해주었는가에 따라, 현실에서 그대로 이루어지고 있다.

⑦아무것도 없던 밭 주변에 건물·주택이 들어선 꿈→미래투시 꿈.

　사이트 이용자의 꿈체험담으로, 10년 후에 일어날 일을 미래투시적인 꿈으로 꾸고 있다.

　"1987년도의 꿈이야기이다. 아버님이 밭이나 집을 처분하시고, 미국에 이민을 갈 준비를 하시던 해였다. 그러던 어느날 꿈을 꾸었다. 그 밭 주변에 큰 건물에 불이 켜있고, 주변에 휘황찬란한 네온싸인과 바로 밭 밑에는 주택이 있고, 물고기를 넣어놓은 횟집같은 집도 보였다. 꿈속에서 너무 놀라 한참을 주변을 살펴보다가 꿈에서 깨어났다.

　남편과 부모님께 꿈이야기를 하면서 절대로 이 땅은 팔지 말라고 하며, 10년 후를 지켜보자고 했다. 그때 당시에는 땅 투기도 없었고, 동네와 거리가 멀고 아무도 그 땅을 탐내는 사람은 없었다.

　결국 아버지께서는 터전을 팔지 않고 88년도에 이민을 가셨지만, 10년 후에 다시 한국으로 나오셔서, 그 주변을 둘러보시고는 전화가 왔다. 그 주변에 별장이 지어졌다고, 밭 밑에는 물고기를 양식하는 양식장과 집들로 마을을 이루었고, 지금은 호텔과 펜션들이 아름답게 지어져 있다는 것이었다. 아버지께서 노후에 고향에 와서 살기가 소원이었는데, 소원대로 이루어질 수 있게 되어 고맙다고 말씀하셨다."

⑧우물에서 조개 세 개를 가지고 나온 꿈→부동산 대박.

　"단독 주택을 사서 중도금을 치를 무렵에, 그 집 마당에 물이 하나 가득 차 있는 꿈을 꾸었습니다. 꿈속에 마당에 우물이 있는데, 마당에는 물이 하나 가득 차 있는데 우물 속에는 물이 없었습니다. 물이 나오게 한다고 호미를 들고 우물 속으로 들어가서 우물 바닥을 파자, 손바닥만한 조개 세 개가 나왔습니다. 조개를 들고 우물에서 나오는 동안 조개가 점점 커져서, 두 팔로 하나 가득 된 것을 안고 나왔습니다. 그 후 그 집에서 살면서 그 집은 문서 세 개짜리라고 웃으며 말하였는데, 집을 사면서 진 빚을 갚고, 땅과 집 상가 문서를 쥐고 그 집에서 이사 나왔습니다. 그 집에서 7년 반을 살았습니다.

⑨ 토마토에서 열매가 주렁주렁한 꿈→ 부동산 대박.

아내의 꿈에, 비포장 길을 가는데 길 가운데 방울토마토가 하나 달려 있어서 '웬 토마토가 길 가운데 있어!' 하며 그 방울 토마토를 잡아당기니, 수박만한 토마토가 붉은 해처럼 불쑥 솟구치더라는 꿈이었다.

다음날 주변 시세보다 월등히 싸게 나온 집을 보고, 아내의 꿈 이야기를 듣고, 매매계약을 체결한 바, 낡은 집을 허물어 새롭게 6층 오피스텔을 짓는 현실로 실현되었다."

(2) 주식투자 꿈의 실증사례

필자는 꿈에 나타난 어떠한 계시나 예지를 받아들여 주식투자에 있어 많은 도움이 되었다는 꿈체험기를 사이트 게시판 및 메일이나 전화상담 등을 통해 상당수 들은 바가 있다. 이처럼 신성한 잠재의식의 정신활동이 구체적으로 발현되는 꿈의 예지를 활용함으로써, 주식투자에 있어서 좋은 결과를 가져오게 할 수도 있다.

다만 이 경우에 조심해야 할 것은, 인위적으로 꿈을 만들어내는 경우에는 해당되지 않는다. 즉, 주식시세가 어느 선까지 올라가기를 바라는 자신의 바람이 잠재의식적으로 영향을 주게 되어 꿈으로 형상화되어 나타날 수가 있다. 그리하여 그 가격대에 올라가기를 바라는 경우, 이는 어리석은 일로 연목구어(緣木求魚)로 실현될 것이다.

마찬가지로 '이 종목을 사면 좋을텐데' 라고 자신도 모르는 사이에 자기 암시를 주게 되고, 그러한 종목이 꿈으로 형상화하여 나타난 경우, '제 꾀에 제가 빠진다' 는 말처럼 자신 혼자만이 그럴듯하게 꿈의 의미를 해몽하고, 자기 혼자서 북치고 장구치는 일로 실현될 수도 있는 것이다. 아무런 사심없이 생활하는 가운데, 꿈에서 어떤 종목에 대한 계시와 예지를 받은 경우에 한해서 꿈의 의미를 되돌아 보아야 할 것이다.

필자도 주식을 하고 있다. 따라서 주식과 꿈과의 관련성에 대해서 누구보다도 관심이 많다. 여러 꿈사례를 접하다 보면, 꿈으로 주식의 승패를 예지해주는 사례가 상당수 있다. 돼지나 똥꿈 등 재물에 관련된 꿈의 표상이 있기는 하지만, 꿈은 꿈을 꾼 사람이 처한 상황에 따라, 각기 다른 상징기법을 동원하여 표출시키고 있다.

다양한 사례를 살펴본다.

① 서둘러서 불을 끈 꿈→주식을 성급히 매도.

주식투자에 관심이 많은 30대 남자의 꿈사례이다. 어느날 밤의 꿈에 부엌에서 큰 불이 일어났으나, 서둘러서 불을 끈 꿈이었다. 그는 꿈에 대해서도 관심이 많은 사람이었다. 깨어나서 생각하기를, '혹 주식시세와 연관이 있을 지 모른다. 불꿈이 크게 일어나는 것이어서 상당히 좋은 꿈이지만, 꿈속에서 불을 껐으니 좋다가 말지도 모르겠다. 그러니 오늘은 절대로 주식을 팔지 말고 지켜보아야지' 라는 마음을 굳게 먹고 증권사 객장으로 향하였다고 한다.

한솔CSN 이라는 종목을 가지고 있었으나, 그날 객장에서 주식시세가 오르락내리락 하자 불안한 마음에 어느 정도 이익이 났기에 매도하였다고 한다. 하지만 그 종목은 그때부터가 시작이라, 그 후 엄청난 가격으로 상승하였다고 한다.

사실 이러한 상징적인 미래예지 꿈의 실현을 피할 수 없고, 벗어날 수 없음은 여타의 수많은 사례에서 입증되고 있다. 꿈속에서 불을 껐기에, 현실에서 주식시세가 크게 올라가게 되지만 자신은 그러한 상승대열에서 벗어나게 되는 실현을 피할 수 없었던 것이다.

② 꼬리에 불이 붙어 몸안으로 들어온 꿈→ 주식 대박.

오래전에 팍스넷에 올려진 글에 해설을 덧붙여 살펴본다.

제목: 기막힌 사연, 희한한 꿈, 빨간똥침 7방. 작성자: 만도칼

"여름휴가 때 차도 없고 애도 봐야하기에, 매일 인터넷만 보다가 iloveschool과 금양을 알게 되었습니다. 금양이 iloveschool의 대주주라는 것을 미리 알았지만, 매수는 않고 지켜보기만 하다가, 금양이 첫상 치는날 2500만원치 매수한 것이 연속 7일간 상한을 쳐서 저의 수익은 2800 만원이 되었습니다.

금양을 매수하기 전날 이런 꿈을 꾸었습니다. 제가 꼬리가 달린 짐승인데, 저의 꼬리에 불이 붙어서 그 불의 저의 몸속으로 들어오는 꿈인데 예사롭지가 않았습니다. 그리고 불이 나고 여차저차해서 생긴 돈과 수익금, 또 기존에 있던 것까지 합치니 약 9000만원에 상당하는 현금이 생긴 것입니다."

불꿈을 꾼 후에, 사업의 번창이나 복권당첨 등으로 실현된 사례가 상당수 있다. 꼬리에 불이 붙어 몸속으로 들어온 꿈 같이 현실에서 일어날 수 없는 일을 상징의 기법으로 보여주는 것이, 앞으로 일어날 일을 예지해주는 상징적인 미래예지 꿈의 특징이며, 이러한 꿈의 결과는 현실에서 반드시 일어나는 특징이 있다.

③ 똥을 싸서 머뭇거리다가 버리는 꿈→ 주식에서 매도를 미루다가 더 큰 손실 발생.

똥꿈이 재물로 실현되지만, 똥꿈이라고 무조건 좋은 것은 아니다. 버리는 꿈은 좋지가 않다. 어떤 표상으로 전개되느냐에 따라 달려있다고 해야 할 것이다.

④ 밤에 자신의 바지에 똥을 싼 것을 보는 꿈→ 주식 대박.

증권투자자의 사례담으로 증권을 산날 꾼 꿈이다. 꿈을 꾼 다음 날부터 자신이 산 주식이 연일 상한가를 기록하여 30% 이상의 고수익을 얻게 되었다.

⑤ 사방이 똥인 가운데 있었던 꿈→ 주식 대박.

사방이 똥인 가운데 있었던 꿈을 꾼 사람이 그후 한 달이 더 지나서, 그가 산 주식 종목인 현대건설이 상당히 올라 막대한 이익을 남긴 사례가 있다.

⑥ 똥물이 좌우로 흘러간 꿈→ 주식 손실.

강의 중앙부에 삼각주가 생겼는데, 위에서 시키면 똥물이 흘러와 삼각주 좌우로 흘러가고 있었던 꿈은 주식에 크게 실패할 것을 예지한 꿈이었다.

⑦ 멋진 간판이 걸려있던 회사의 꿈→ 주식 대박.

전화 상담한 어떤 사람의 체험담이다. 꿈속에서 두 건물에 각기 간판이 크게 걸려있는데, 한 회사는 번듯한 간판이 멋지게 세워져 있고, 맞은 편의 회사는 초라한 몰골로 세워져 있었다. 다음날 번듯하게 세워진 회사의 주식(당시에 관리종목으로 편입되어 있던 '해태유통'이라고 함)을 매입하여 보름 만에 4배의 수익을 올릴 수 있었다. 관리종목의 회사가 보다 나은 여건으로 나아가게 될 것을 상징적으로 보여주고 있다고 해야 할 것이다.

⑧LG전자 우선주가 2,000원에서 5,000원으로 올라가는 꿈→ 주식
시세 예지.

꿈의 예지력이 대단히 뛰어난 한 노처녀의 꿈체험담이다. 그녀
는 1999년 6월 무렵 꿈속에서, LG전자 우선주가 2,000원이 5,000
원으로 올라가는 것을 보고(그 당시에 가격이 9,000원 대이었으니, 사실
적인 요소도 있지만, 상징적인 성격의 미래예지 꿈으로 보아야 할 것이다),
LG전자 우선주를 9,300원에 매입하여 높은 가격대에 매도하여 막
대한 수익을 남겼다.

LG전자 우선주는 1999년도에 한때 4만원을 넘은 적이 있으나,
그녀는 더많은 이익을 기대하다가 하락시에 매도하였다. 아마도
그녀는 꿈에서 보여준 대로 2.5배의 수익을 거두었으리라 보여진
다. 이처럼 어떠한 자기 암시 없이, 자신의 꿈에 구체적으로 종목
명이 나타나거나 추정할 수 있는 종목이 나타나는 경우 적극적으
로 매입해 봄직도 하다.

⑨ '금융주를 잡아라' 의 꿈

2000,7월. 주식투자를 하고 있던 분과의 전화상담 꿈내용이다.
꿈속에서 아버님이 첩을 얻었다고 했다. 그런데 그 첩이, 점쟁이라
는 것이다. 그래서 "점을 쳐 줄테니, 궁금한 것에 대해서 말을 하
라" 는 것이었다. 그러기에 "어떤 주식을 사야 하는가?" 라고 물
었더니, "화장품 주식은 절대로 안되고, 금융주를 사라" 는 것이었
다. 필자는 계시적인 성격의 꿈이니, 꿈대로 따르는 것이 좋다고
말씀드렸다. 앞으로 어찌될지 모르지만, 꿈속에서 이렇게 계시적
으로 일러주는 경우에는 꿈대로 따르는 것이 좋은 것으로 여러 사

례에서 입증되고 있다.

⑩ 삼익공업→자신도 몰랐던 회사의 이름이 나타난 꿈

　　2002년, 4월에 꾼 필자의 꿈이야기이다. 당시 필자는 '어떤 주식을 사면 좋을까' 라는 마음을 지니고 잠을 청했다. 아마도 꿈속에서 어떤 계시적인 도움을 바라는 마음이 있었는지 모른다.

　　꿈인지 비몽사몽간인지, "삼익공업에 사람들이 뛰어들었어" 라는 소리가 들렸다. 관심을 두고 종목을 지켜본 바, 그후 상당히 주가가 오르는 일로 실현되었다. 참고로, 현재는 '삼익LMS' 로 회사명이 바뀌었고, 2002년 4.22일 부로, 주당 5,000원에서 1,000원으로 액면분할을 하였다.

⑪ 전기면도기로 면도를 하고 있는 꿈→주식 손실.

　　털이 재물이나 이권의 상징으로 쓰이고 있다. 머리카락이 길어지는 꿈이 길몽이요, 남에게 강제로 잘리는 꿈은 흉몽에 속한다. 털을 없애는 면도의 꿈이 재물의 손실로 실현되고 있다. 현실에서는 한보철강 주식을 가지고 있었는데, 그 꿈을 꾼지 이틀 정도 지난 후에, 한보철강이 부도가 나서 경제적 손실을 가져오게 되었다.

(오래전의 사이트 이용자 꿈사례임)

⑫ 아들의 머리가 깨져 피가 나는 꿈

　　필자의 주식투자 실패의 꿈체험기이다. 둘째 아들의 방을 열고 들어가는데, 순간 문의 모서리에 아들의 머리가 깨져 피를 흘리며 쓰러지던 꿈이었다.

　　두달 여 뒤, 결국은 필자가 보유하던 주식 값의 폭락으로 엄청난 손실을 입고 정리하는 일로 꿈의 실현은 이루어졌다. 아들의 머리가 깨져서 피가 흘렀던 상징 의미처럼, 아들처럼 애착이 가고,

집착을 보였던 주식에서 엄청난 손실이 일어났던 것이다.

이처럼 아들·딸 등이 어떤 작품이나 일거리의 상징이 되기도 하는데, 주식투자하는 사람들에게는 자식이 주식의 상징으로 등장되기도 한다.

⑬ 예쁜 소녀의 항문을 벌리고 똥냄새를 빨아댄 꿈→주식 대박.

오래 전에, 팍스넷 이화전기 토론게시판에 올려진 글을 인용하여 살펴본다.

이화전기를 사게 된 동기는 지난주에 제가 꿈을 꾸었습니다. 방에 들어갔는데, 이화여대 여대생이라면서 예쁜 소녀가 엎드려 누워 있었습니다. 젖가리개는 아예 하지를 않았고, 하얀 팬티를 살짝 걸쳐 입었는데, 저도 모르게 팬티를 벗기고 뽀얀 양 엉덩이살을 잡고서 국화꽃같이 예쁜 항문을 벌린채 빨아댔습니다. 갑자기 진한 똥냄새가 확 올라오더군요. 그리고 꿈을 깼습니다.

출근하며 생각해보니 갑자기 이화전기 주식이 떠올랐습니다. 그리고서 똥냄새가 심하게 났던 것이 기억나면서(똥은 돈을 의미한다지요.) 덜커덕 이화전기 주식을 사고야 말았습니다. 꿈해몽을 잘하시는 분 계시면, 좀 부탁드리겠습니다.

꿈의 실현은 게시판에 글을 올린 날, 5천 7백만원 순이익이 난 상황이다. 이화여대 여대생이 이화전기를 상징한다고 판단한 것은 올바른 해몽이 될 수 있겠다. 여자의 예쁜 항문을 벌린 채 빨아댔고, 똥냄새가 물컥 올라오는 꿈으로 재물의 이익이 있을 것이라고 해몽한 것도 아주 좋다. 똥꿈은 재물과 관련지어 실현되어지는 특징이 있다. 꿈은 꿈을 꾼 사람이 처한 여건에 따라 달리 이루어지는 바, 주식을 하고 있었기에, 주식에서 막대한 수익을 거두는 일로 이루어진 것으로 볼 수 있다.

일반인이라면, 이 경우에 로또를 구입해도 당첨으로 이루어지는 일로 실현될 수 있다. 이 경우에도 예쁜 여자의 항문을 벌려 단순히 똥냄새를 맡는 것보다는, 똥을 먹는 꿈이 보다 확실하고 수익을 더 많이 내는 일로 이루어질 수 있겠다. 이 경우 예쁜 여자와 성행위 꿈으로 나아갔다고 하더라도, 꿈의 상징의미로 볼 때는 주식에서 대박을 얻게 되는 좋은 일로 이루어진다.

5) 로또/복권 당첨 꿈

이 세상에는 보이지 않는 운명의 길이 있다. 그러한 것을 미리 어렴풋이 보여주는 것이 인간의 영적능력이 발현되는 예지적인 꿈의 세계이다. 자신에게 로또나 연금복권 당첨의 엄청난 행운이 찾아올 때, 좋은 꿈을 꾸게 된다. 하지만, 모두가 같은 꿈을 꾸지 않으며, 각자의 처한 상황과 여건에 따른 꿈이 전개되고 있다.

꿈의 이러한 예지적인 세계는 동서고금을 막론하고 공통적이다. 외국의 사례로 딸을 잃은 사람이 있었다. 어느날 죽은 딸이 꿈속에 나타나서, "아빠, 복권을 사보세요" 라는 말을 듣고 구입한 복권이 당첨된 사례가 있다. 하지만 이 경우는 비교적 단순한 계시적인 꿈으로 일러준 경우이다. 우리가 꾸는 대부분의 꿈의 경우에 있어서는 상징적인 표상으로 전개되고 있기에, 꿈의 예지를 쉽사리 알아차리지 못한 경우가 대부분이다.

필자가 2009년에 출간한 『행운의 꿈』에서는 로또(복권) 당첨 등 행운을 불러온 사람들의 여러 꿈사례를 분석해서 해설을 덧붙여 살펴보고 있다. 필자가 복권 당첨자들의 꿈을 분석해 본 결과, 다음에 드는 20여 가지의 여러 상징적인 미래예지 꿈들과 유사한 꿈들을 꾸게 된다면, 로또(복권) 당첨이 이루어지지 않더라도, 주식투자나 부동산에서 막대한 이익이 나게 되거나, 산삼을 캐게 되거나 뜻밖의 유산을 받게 되는 등의 재물을 얻게 되는 행운으로 이루어지고 있다. 또한 처한 상황에 따라 시합에서 우승, 시험에 합격, 승진, 사업성공, 멋진 이상형과의 인연 맺기 등등의 좋은 일이 일어나는 일로 실현되고 있다. '꿈은 반대가 아닌, 상징의 이해에 있다' 라는 말을 염두에 두면서, 꿈사례를 살펴보시기 바란다.

돼지를 잡는 꿈, 부모님 · 조상 · 부처님 · 하느님 · 스님 등이 좋은 모습으로 나타나거나 좋은 계시적 말씀이나 물건을 주는 경우의 꿈, 대통령이나 귀인 및 연예인과 좋은 만남의 꿈, 밝고 풍요로움이 나타나 있는 꿈, 아름다운 광경을 보는 꿈, 불이 크게 일어나는 꿈, 시체와 관계된 꿈, 변(똥)을 가져오거나 묻히는 꿈, 용이나 비행기를 타고 나는 꿈, 사람이나 동물을 죽이는 꿈, 자신이 죽는 꿈, 돈 · 재물이나 귀한 물건을 얻는 꿈, 아기 낳는 꿈, 온몸이 피로 뒤덮인 꿈, 동물 · 식물 · 곤충의 아름답고 풍요로운 좋은 전개의 꿈, 물고기를 잡는 꿈, 기분좋은 성행위를 하는 꿈, 꿈에 숫자를 일러준 꿈 등으로 다양하게 나타나고 있다. 또한 사실적인 미래투시의 꿈으로 꿈속에 나타난 숫자로 로또에 당첨되거나, 당첨된 꿈을 꾸고 실제로 현실에서 당첨으로 실현되고 있는 사례도 있다.

죽는 꿈은 낡은 껍질을 벗고 새롭게 태어나는 탄생, 아기 낳는 꿈은 성취를 이뤄내는 것, 시체 꿈은 업적이나 결과물을 얻는 것, 불꿈은 번성과 번창을 가져오는 것, 성행위 꿈은 결합 · 성취 · 성공, 돼지나 똥꿈은 농경사회에서의 재물의 상징으로 이권이나 재물의 획득으로 이루어지고 있다. 이밖에도 맑은 물의 꿈, 목욕하는 꿈, 풍요로움의 꿈 등에서 알 수 있듯이, 꿈은 반대가 아닌 상징 표상의 이해에 있으며, 밝고 아름답고 풍요로운 꿈이 좋은 꿈이라는 것을 알 수 있겠다.

주택복권 시절보다는 로또에 있어서 숫자와 관련된 꿈들이 많이 보이고 있으며, 각 개인이 처한 상황에 따라 꾸는 꿈들이 일부 달라질 수 있겠지만, 윗 사례에서 크게 벗어나지 않고 있다. 따라서 꿈해몽은 미신이 아닌, 상징의 이해와 통계적인 실증사례에 있는 것이다.

441회 추첨에서 로또 2등에 당첨된 사람의 꿈을 살펴보자.

"지난 9일 전혀 모르는 동네에서 땅을 사고 건물을 짓는 꿈을 꿨습니다. 바로 다음날에는 탤런트 한예슬씨와 나란히 앉아 식사를 하고, 또 그녀가 날 위해 노래를 불러주는 꿈도 꿨습니다."

꿈은 반대가 아닌, 상징의 이해에 있음을 보여주고 있다. 또한 중대한 일이 일어날 것을 유사한 좋은 꿈으로 반복적으로 보여주고 있는 것이다. 땅을 사고 건물을 짓는 꿈은 사실적인 미래예지 꿈으로 꿈에서 본 그대로 실현될 수도 있으며, 상징적으로도 땅이나 집으로 상징된 이권이나 재물을 얻게 되는 일로 실현된다. 연예인은 선망의 대상이나 일거리의 상징으로, 이러한 연예인과 좋은 만남과 귀한 대접을 받는 꿈이니, 로또 당첨으로 실현되고 있다. 이성의 연예인과 진한 키스나 나아가 성행위를 맺는 꿈이라면 최대의 길몽이다. 연예인이 아닌, 뚱뚱한 동네 슈퍼 아줌마하고 격렬한 성행위를 하는 꿈으로 복권에 당첨된 사나이가 있다. 아마도 기분좋은 성행위의 꿈이었을 것이다.

보다 중요한 것은 이러한 꿈이 어떻게 진행되었는가에 있다. 그저 꿈에 나타났다고 해서 좋은 것이 아니라, 좋은 표상으로 전개되어야 좋은 꿈이다. 로또에 당첨된 사람 중에, 조상꿈이 가장 많은 통계 결과가 있지만, 조상이 어두운 얼굴로 나타난 꿈이 결코 좋은 꿈이 될 수는 없는 것이다.

또한 꿈은 꿈을 꾼 사람이 처한 상황에 따라 달리 실현되고 있다. 돼지가 집안에 들어온 꿈으로 로또에 당첨될 수도 있지만, 가임여건에서 태몽으로 실현되기도 한다. 또한 직장에 돼지같이 뚱뚱한 사람이거나 탐욕스런 신입사원이 들어오는 일로 실현될 수도 있다. 또한 들어온 돼지가 죽는 꿈은 헛수고의 일로 이루어진다.

좋은 꿈을 꾸고 나서 한두 번 안되었다고 해서, 실망할 필요는 없다. 정말로 로또에 당첨되는 꿈이라면, 꿈꾸고 바로 당첨되는 일이 일어날 가능성은 희박하다. 사소한 꿈의 예지는 1주일 이내에 실현되지만, 로또 당첨 같은 엄청난 행운이 찾아오는 꿈의 실현일수록, 꿈꾸고 나서 일정 기간이 지나 실현되는 것이 일반적이다.

오래전에 복권당첨의 사례를 들어본다. 정초에 왕릉에서 나온 사리를 받는 꿈을 꾼 사람이 있었다. 이어 5월에 새로운 꿈을 꾸었다. "서쪽 하늘에서 말 3마리가 끄는 마차가 저를 향해 죽일 듯이 달려오다가 중간에 돌아갔어요. 2번째도 역시 말 3마리의 마차가 달려오다가 중간에 돌아가더라구요. 3번째는 말 5마리가 끄는 마차가 달려오더니, 제 머리에 탁 닿는 게 아니겠어요. 바로 그 순간 눈을 떴습니다." 그리하여, 9월에 복권을 사러 갔다가, 꿈에서 본 것과 생김새와 색깔까지 똑같은 말이 그려진 복권을 사고, 또또복권 3장이 연번으로 맞아 떨어져 5억원에 당첨된 사례가 있다.

이로써 살펴보자면, 행운이 찾아올 것을 예지하는 꿈을 1월에 꾸고 나서, 8개월이 지난 9월에 복권에 당첨되는 일로 실현되고 있다. 꿈의 내용으로 보자면, 3억에 두 번이나 될 뻔하다가, 5억에 당첨되고 있는 것이다.

어느 독자(이혼녀)의 사례이다. 한 달 전에 강물에 떠오는 탐스런 복숭아를 건져내는 생생한 꿈을 꾸었다. 이어 변기에 일을 보고 물을 내리는데 막혀서 똥물이 넘쳐나는 꿈을 꾸었다. 최근에는 지붕에 두 남자가 앉아 있는데, 자신에게 소변을 뿌려대는 꿈을 꾸었다. 세 꿈의 공통적인 상징으로, 필자는 앞으로 이혼녀에게 막대한 재물적인 운이 들어오게 될 것을 믿어 의심치 않고 있다. 일상에서 가장 쉽게 실현될 수 있는 것이 로또나 연금복권이기에, 꿈이 실현될 때까지 꾸준히 사볼 것을 권유하고 있다.

이러한 상징적인 꿈은 반드시 실현되는 특징을 지니고 있는 바, 재물운과 관련된 좋은 꿈을 꾼 경우, 로또 등에 한 두 번 안되었다고 실망할 필요는 없다. 오히려 꿈의 실현이 더욱 엄청난 결과로 이루어지는 특징이 있다. 따라서, 재물이 생기는 좋은 꿈을 꾼 경우에는 주식에서의 대박이나 유산 상속 등 다른 어떤 뜻밖의 재물적인 이익이 생겨나지 않는 한, 로또나 연금복권 등으로 꿈이 실현될 때까지 꾸준히 시도해보는 것이 좋다. 따라서 아주 좋은 꿈을 꾼 경우에는 즉석식 복권을 구입하는 것은 어리석은 일이 될 수 있다. 여행권이나 자동차에 당첨된 것도 대단한 행운일 수 있으나, 로또나 연금복권 당첨 등보다는 미약한 결과를 가져오기 때문이다.

이러한 엄청난 재물운으로 실현되는 경우, 같은 꿈을 반복적으로 꾸게 되거나, 재물이 들어오는 것을 상징하는 좋은 꿈들을 연달아 꾸기도 한다. 이는 꿈으로 예지된 일이 아주 중대한 일이며, 이제 곧 꿈이 실현될 날이 다가오고 있다는 것을 뜻하고 있다.

다른 당첨 사례를 살펴본다. 피팅모델로 활동중인 한세빈이 로또 469회에 3등으로 당첨되었다. 한세빈은 로또에 당첨된 복권과 함께 찍은 사진을 자신의 SNS '트위터'에 공개한 바, 추첨일 꿈에 부모님이랑 같이 큰 집으로 이사 가는 꿈을 꾸었다고 밝히고 있다. 이처럼 꿈은 반대가 아닌, 상징의 이해에 있다. 일반적인 상징으로는 이사가는 꿈을 꾸면, 직장을 옮기게 되는 일로 실현되고 있다. 이 경우에 큰집이니 규모가 큰 보다 나은 회사나 여건에 처하게 될 것을 보여주고 있으며, 아파트 평수가 큰 집이 좋은 것처럼 이권이나 재물적인 면에서도 좋은 일로 실현될 것을 예지해주고 있다.

한편 사람마다 자신의 인생길에서 애착이 가는 숫자를 받아들여, 로또번호로 꾸준히 찍고 있는 경우가 있다. 필자도 예외는 아니다. 매주 사는 것은 아니지만, 로또 가게가 눈에 띠면, 나도 모르게 들어가 로또 2~3장을 사고는 한다. 이 경우에, 나 자신이 찍는 번호는 늘 정해져있다. 이 경우에 이왕이면 내 인생길에 있어서 특별히 관련맺은 번호를 선택하는 것이 인지상정이다. 학창시절 단골번호였던 19번, 결혼한 날짜, 또한 의미있는 날짜, 나중에는 생년월일에 부모님 제삿날의 숫자까지 적는 나 자신을 보게 된다.

그러나 이러한 숫자 선택보다 우리가 최우선시해야 하는 숫자가 있다. 바로 꿈속에서 어떤 숫자가 나타나거나, 계시적 성격의 꿈으로 조상이나 산신령 등 누군가 직접적으로 알려주는 경우, 또는 상징적이나 암시적으로 번호를 일깨워주는 경우의 꿈에 있어서는 주저없이 그 숫자로 로또번호를 선택해야 할 것이다.

꿈속에 나타난 숫자로 로또에 당첨된 많은 사례가 있다. 2011.11.26일, 뉴질랜드의 한 남성이 꿈에 본 숫자를 써넣어 구입한 로또가 600만 달러(68억원 상당)가 넘는 상금에 당첨된 적이 있다. 그는 당첨 5주나 6주 전 꿈속에서 일련의 로또 숫자를 보고, 꾸준히 번호를 찍어오다가 당첨되었다고 밝히고 있다.

우리나라에서도 유사한 사례가 있다. 제26회 로또 추첨에서 L모씨가 꿈에서 본 숫자를 조합하여 구입한 로또 5게임이 2등 2개, 3등 1개, 4등 2개에 모두 당첨되는 진기록을 세운 바 있다. 그녀는 "꿈에서 본 5개의 번호와 남자친구가 선택한 1개의 번호를 조합해 번호를 선택했다"고 한다.

또한 대전의 한 주부가 꿈에서 본 번호를 조합해 만든 로또 60개 계좌가 모두 당첨되었던 일이 있었다. 김모(45. 여)씨는 제52회 로또복권 추첨일 새벽에 옷을 곱게 차려입은 아주머니가 "아이가 2명 있는데 한명은 4살이고, 다른 한명은 중학생"이라고 알려주는 꿈을 꾸었다. 김씨는 아이들 2명에서 2번, 4살에서 4번, 중학생의 나이인 14~16번 중 1~2개 숫자, 그날 날짜인 29번 등의 고정번호를 60개 계좌에 모두 표시하고, 나머지 숫자는 자동으로 표시토록 했다. 결과는 놀랍게도 행운의 숫자 6개가 2, 4, 15, 16, 20, 29번이었던 것이다. 이에 따라 60개 계좌가 모두 당첨되는 행운을 안았던 것이다.

또다른 사례로 꿈속에서 본 숫자가 두 달 뒤에 나타난 체험담을 살펴본다.

196회 전에, 꿈에서 어떤 변호사가 나타나서 자기는 열심히 공부해서 45점이고, 또 다른 변호사 한 사람은 자기도 열심히 공부해서 40점이고, 저는 열심히 공부를 하지 않아서 12점밖에 안된다고 했습니다. 그리하여, 로또와 관련된 꿈이라고 생각하고 12·40·45번, 그리고 세 사람이니까 3번. 이 네 가지 숫자를 고정수로 넣고 반자동으로 20여만원 어치를 구입하였지요. 하지만 일부만 맞았습니다. 그런데 두 달이 지난 204회 로또 당첨번호가 3, 12, 14, 35, 40, 45였습니다. 낙첨된 것으로 맞춰보니, 그 결과 32장 160게임 중, 1등 1게임, 3등 8

게임, 4등 76게임, 5등 62게임이었습니다. 꿈에 본 로또 당첨번호가 정확히 두 달 후에 나온 것입니다. — '콘체르탄테' 의 블로그

이처럼 꿈속에서 어떠한 숫자를 보는 경우, 그러한 숫자를 사용하여 로또 번호를 꾸준하게 선택해보시기 바란다. 이렇게 꿈에서 본대로 이루어지는 사실적 꿈이나, 상징적인 꿈으로 이루어질 수가 있다. 또한 꿈속에서 아름답고 풍요로운 좋은 표상으로 전개되어 자신이 좋은 꿈을 꾸었다고 생각된 경우에도 마찬가지이다. 현실에서 꿈으로 예지된 어떤 좋은 일이 일어나지 않는 한, 로또 복권 당첨 등의 재물운을 기대하면서, 무리하지 않게 한 두 장씩만이라도 지속적으로 사보는 것이 좋다. 여담으로, 낙지를 잡는 꿈을 꾸고 나서 물이 너무 맑고 생생해서 로또를 샀는데, 아쉽게도 3등을 한 사례가 있다.

필자의 고향인 춘천에서 2003년도에, 400억원의 국내 최대의 로또에 당첨된 경찰관은 무슨 꿈을 꾸었을까? 그런 엄청난 행운이 찾아오는데 아무런 꿈의 예지가 없을 수는 없을 것이다. 친한 친구가 대신 꿔준 바, 용을 붙잡는 꿈이었다. 친구에게 자신이 용을 붙잡았다는 꿈이야기를 듣고 무심결에 내뱉은 말이 "어, 그거 로또 사야 되는 거 아냐?" 그리하여 친구에게 들은 꿈이야기에 기대를 걸고, 바쁜 와중에 전경을 시켜 자동 번호로 구입한 것이 엄청난 행운으로 실현된 것이었다.

"이러한 로또에 당첨되는 데 있어서, 비결이 있을까?" 있다. 그것은 성실한 삶과 선행을 베풀고 남모를 음덕을 쌓아나가는 것이다. 그러다보면, 자신 인생의 운명의 길이 변할 것이고, 꿈으로 예지해준다고 믿고 싶다. 덧붙이자면, 자신은 하나님을 믿는다고 꿈의 세계를 부정시하거나 미신으로 여기는 사람들이 있다. 심히 어리석은 사람들이다. 『성경』의

역사가 꿈의 역사이며, 꿈은 우리 인간의 영적능력의 발현에서 빚어지는 정신능력의 활동인 것이다. 우리 인간들에게 보이지 않는 운명의 인생길을 꿈으로 예지해주고 있는 것이다.

로또 복권 당첨 꿈에 대하여 자세한 것은 2009년 필자가 출간한 『행운의 꿈』을 참고하시기 바란다. 로또(복권) 당첨 및 부동산, 주식투자, 시합, 연분 등에서 행운을 불러온 꿈들을 분석하여 실증사례별로 나누어 해설을 달아 살펴보고 있다.

6) 취업 · 성취/실직에 관한 꿈

예지적 꿈에 있어서 성취나 취업이 있기 전에 밝은 꿈으로 예지해주고 있다. 반면 실직이나 좌절이 있을 경우에도 어둡거나 좋지 않은 표상 전개의 꿈으로 예지해줌으로써 마음의 준비를 하게 해주고 있다.

꿈의 언어인 상징을 이해하는데 있어 가장 좋은 방법인 실증적인 사례를 위주로 살펴본다. 우리가 이러한 실증적 꿈사례를 살펴보는 것은, 꿈의 상징 작업이 각 개인에게 저마다 다르게 전개되지만, 그 상징기법에는 유사성과 보편성이 있기 때문이다. 따라서 요즈음 사람들의 꿈사례를 비롯하여, 선인들과 외국의 실증사례 등도 참고할 만하다. 꿈해몽의 시작은 이러한 실증사례에 대한 이해부터 시작되어야 한다. '아는 만큼 보인다.' 의 말이 있는 것처럼, 얼마나 많은 실증사례를 알고 있는가에 따라 보다 올바른 꿈해몽을 할 수 있는 것이다.

(1) 취업 · 성취에 관한 실증사례
① 백발 노인이 선물을 주는 꿈→ 취직

백발노인이 작은 사각형 상자를 주면서 "선물이야"라고 하는 꿈을 꾼 후에, 선배로부터 선배 회사에 면접보러 오라는 전화를 받고 취직이 되는 일로 실현되고 있다.

② 멧돼지 따라 동굴 벗어나 햇살로 나아간 꿈→ 가요계 진출

오래전의 꿈사례이다.

"등산을 갔는지 어쨌는지 모르나, 나는 느닷없이 깊은 동굴속을 헤매고 있었다. 동굴을 벗어나기는 너무나 어려워 허둥거렸다. 그러나 갑자기 한 마리 멧돼지가 내 앞을 마구 달리기에, 나도 그 뒤를 허둥지둥 따라 달렸더니 어느새 동굴 밖 밝은 햇살아래 나와 있었다. 이 꿈을 꾼 후에, 나는 간신히 가요계에 첫발을 내디딜 수 있었던 정말 희귀한 꿈이었다." ─지다연

③ 냇가서 목욕하는 꿈→ 영화 출연 제의를 받음

오래전의 꿈사례이다.

"지난 여름에 꿈속에서 빨간 황토길을 걷다가 맑은 냇가에 이르렀다. 물이 하도 맑아 옷을 훌훌 벗고 목욕을 했다. 그날 어느 포스터 제작사로부터 시가의 3배의 개런티로 촬영교섭을 받았다. 그리고 이어서 영화사로부터 2편의 출연교섭을 받았다. 인기에도 보탬이 됐거니와 수입도 오른 셈이다." ─ 김윤경

④ 느긋하게 솥 가득한 밥을 다 먹은 꿈→ 주연 배우로 데뷔

오래전의 꿈사례이다.

"영화 「그대의 찬 손」에 주연할 신인을 모집한다기에 응모했다.

1차 예선 합격이란 통지를 받은 날 밤에, 밥솥에 가득히 차 있는 밥을 다 먹었다. 그것도 요즈음의 자그마한 솥이 아니라, 옛날 시커먼 무쇠솥이었다. 난 이 꿈에 일말의 기대를 가졌었다. 과연 최종 합격때 나와 유지인의 이름이 나란히 나붙었다.” ─방희

⑤ 사형집행을 당하는 꿈→ 장군으로 진급

“누가 나를 끌고 가면서 명에 의해 사형집행을 한다고 십자가에 묶어 놓고는 총을 쏘았다. 나는 죽었구나 생각하면서 꿈을 깨었다.”

지난 날 어떤 분이 장군 진급 심사를 앞두고 있었던 일이다. 결과는 당당히 장군으로 진급되었다. 죽음은 새로운 탄생이며 부활의 의미이다. 현재의 껍질을 벗고 새롭게 태어남을 뜻하고 있다. 수험생의 경우 합격의 표상이다. 구직자에게는 취업으로 실현될 수 있다.

⑥ 아는 사람(지인)들이 꿈에 나타난 꿈→ 승진으로 실현

“이전 근무하던 직장의 같은 팀 사람들이 꿈에 나왔는데, 그 중 일반 사원이었던 딱 5명만 나오더군요. 꿈에 나오지 않았던 직원과 통화를 하면서, 그 5인의 이름들 알려주며, “혹시 그들에게 무슨 일이 있지 않냐”고 했더니, 그 사람들만 모두 대리로 승진했더랍니다. 가끔 좋아하는 사람들이 꿈에 나오면, 그들에게 좋은 일이 생기더군요.”

아마도 밝은 모습으로 나타났을 것이다. 어두운 얼굴로 나타날 경우에는 죽음예지나 사건·사고 등으로 실현될 수 있다.

⑦ 몇 년뒤 자신의 취업을 꿈속에서 본 꿈→ 실제 취업의 미래투시 꿈
으로 실현됨

"꿈체험담입니다. 고1인가? 꿈을 꿨는데요 제가 유니폼을 입고 컴
퓨터 앞에 앉아서 일을 하고 있는거 아니겠어요? 그때는 제가 그 앉
아있는 상황이 아니었고, 제3자로 제 모습을 보고 있는 상황이었는
데 잠에서 깨고 나서도, '그 꿈은 실제로 일어날 꿈이구나' 하는 생각
이 들었어요. 몇년후 꿈에서 제가 있던 사무실과 똑같은 곳에서 똑같
은 일을 하고 있는 일로 실현되었습니다."

꿈에서 본 그대로 이루어지는 미래투시 꿈의 극명한 사례이다.
⑧ 풍요로운 배경의 꿈→ 남편이 대리로 승진됨

"며칠 전부터 꿈이 참 좋더라구요. 풍요롭고 좋은 것만 보여요. 맑
은 강물에 물고기들이 떼지어 다니고요. 채소밭에 상추와 배추가 풍
성해요. 상추도 따먹을 수 있고, 배추도 김치를 담글 수 있게끔 크더
라구요. 또 누가 옥수수를 사주겠다고 하면서, 따라 오라고 하더라
구요."

남편이 대리로 승진하게 되는 일이 일어나게 되었는 바, 처한 상황에
따라 복권 당첨 등 재물이나 이권을 얻게 되는 일로 실현될 수 있다.

⑨ 신발위에 똥이 묻어있는 꿈→ 취직

"누군가에게 쫓기고 있었는지 어떤지는 기억이 안 나지만 어떻게
하다가 재래식 화장실에 들어가서 숨게 되었어요. 한 칸에 들어갔는
데, 오물이 많아서 발 디딜 틈이 없더라구요. 그러다가 신발을 내려

다 봤는데, 신발 위에 똥이 조금 얹혀져 있었어요. 면접을 보러 갔는데, 그 자리에서 채용되었을 뿐만 아니라. 아예 그날 오후부터 근무를 하게 되었습니다."

똥이 재물의 상징으로 많이 등장되는 바, 재물적인 이익이 있게 될 것을 예지해주고 있다. 그러나 똥이 조금 있던 것으로 미루어, 큰 기대를 하지 않는 것이 좋을 듯 싶다.

⑩ 큰 집이 작은 집보다 가깝게 있는 꿈→ 큰 기관, 본사 등으로 전근하게 되는 일로 실현되고 있다.

⑪ 외국 대통령과 비행기를 동승한 직장인의 꿈→ 자기 회사와 버금가는 어떤 회사의 사장이 발탁하여 그곳으로 영전하였다.

⑫ 구멍가게에서 과일을 사먹고 5백 원을 지불한 꿈→ 현역 군인의 꿈으로 다른 부대에서 5개월간 출장 근무하는 일로 실현되었다.

⑬ 어머니에게 불을 지르는 꿈→ 일의 성취

남북 정상회담에 수행, 평양에서 만찬 차리고 돌아온 요리연구가 한복려의 꿈이다. 일을 맡기 일주일 전에 꿈을 꾸었다고 한다. 동상에 높은 분이 곱게 옷을 입고 서 있고, 한 쪽에는 어머니라 생각되는 여성이 누워 있는데, 자기가 어머니에게 불을 놓는 꿈이었다. 이후에 만찬 지원 제의를 받았다는 것이다.─[여성조선], 요약발췌

황당하게 전개되는 상징적인 미래예지 꿈이다. 어머니는 상징적으로 위대한 성취물이나 업적의 상징으로, 불을 놓는 것은 번창 · 융성함으로 나아감을 상징하고 있다.

⑭ 어린애(아기)를 훈증기(가마솥)에 삶는 꿈→ 논문 통과 예지

제가 가진 해몽책에 3~4의 어린애 5~6인을 가마솥에 삶는 꿈은 논문이 당국에 통과하는 꿈이라고 되어 있는데, 실제로 제가 그 꿈을 꾸었습니다. 다른 점은 3~4세의 어린애가 아니라 거의 신생아였고, 가마솥이 아닌 인큐베이터처럼 생긴 훈증기였습니다. 그날 아침 너무나 끔찍한 꿈이라고 생각하였는데, 훗날 해몽책에서 발견하고 놀랐습니다. 사실 그때 대학원과 한 정부기관에서 논문이 나왔거든요.

어린애를 가마솥에 삶는다는 꿈은 어찌보면 끔찍하지만, 어린애란 자신이 혼신의 힘을 기울이고 있는 어떤 대상 즉 논문이나 사업 등의 시초에 해당된다고 볼 수 있겠다. 이러한 대상이 가마솥으로 표현되는 기관이나 다른 사람들에 의해서 삶아지는 즉 검증을 받는 과정으로 상징화되었다고 볼 수 있겠다.

⑮ 노래 자랑 대회에서 동상을 수상 받는 꿈→ 방송국에 보낸 엽서가 3등에 당첨되었다는 통보가 오는 일로 실현되었다.

⑯ 누런 된장을 담그는 꿈→ 남편이 사업도 잘되고, 자금도 원활이 돌아가는 일로 실현되었다.

⑰ 직장 변동의 꿈해몽 요약

- 이사가는 꿈은 회사원의 경우에 전직하거나 회사를 옮기게 되는 일로 실현된다.

- 어떠한 곳을 멀리 돌아서 가는 꿈은 장차 승진하는데 있어 시일이 걸리게 됨을 예지한다.

- 버스를 타고 가는 직원여행에서 자신이 타지 못하는 꿈은 한동안 실

직·휴직하게 되거나 프로젝트 진행 등에 참여하지 못하게 된다.

- 어떠한 곳에 자리가 비워져 있는 꿈은 그곳으로 자신이 가게 됨을 예지한다.

- 감옥에 가는 꿈은 강제적인 합숙을 하는 연수원이나 행동에 제약을 받는 기관·단체·회사에 소속됨을 의미한다.

- 순찰하는 꿈은 생소한 지방으로 근무처를 바꾸거나 외근에 종사하게 되는 것을 의미한다.

- 일반인이 군모를 쓰고 군복을 입는 꿈은 취직이나 직책 변동 등을 가져 온다.

- 군인이 철모나 무기를 잃어버리는 꿈은 협조자나 방도를 잃게 된다. 반대로 철모를 얻거나, 무기를 얻게 되는 꿈은 좋은 일로 실현된다.

(2) 실직에 관한 실증사례

① 직장에서 사용하는 가위가 부러진 꿈→ 실직으로 실현

"실험실에서 일을 하는 동료가 사용하는 동물수술용 미세가위의 한쪽 날이 뚝! 하고 부러지는 것이었어요. 그냥 살짝 떨어뜨리기만 했을 뿐인데요. 불길한 꿈의 예지대로 한 연구원이 실직하는 일로 실현되었네요."

② 옷을 잃어 버린 꿈→ 남편이 실직됨

"어떤 사람하고 승용차를 타고 울퉁불퉁한 산을 어렵게 내려오니, 아스팔트가 나왔습니다. 차안에서 보니 길가에 슈퍼가 있기에, 내가 뭘 좀 사오겠다고 슈퍼로 들어갔습니다. 슈퍼안이 썰렁한 게 물건도 별로 없었는데, 내가 웃옷을 벗어놓고 물건을 보니 살게 없어 나오려고 옷을 찾으니, 옷이 없어졌습니다. 이 꿈을 꾸고 너무 찜찜하여 늘 마음에 걸렸는데, 거의 한 달이 되었을까 생각지도 않았던 남편이 직장을 나오게 되었습니다."

③ 화장품이 깨어진 꿈→ 회사에서 실직됨

"아침에 출근 준비로 화장대 앞에 앉았습니다. 로션병의 두껑을 여는데 두 동강이로 깨어져 무척 당황했어요. 그리고 세수하고 대충 먹고 거울 앞에 앉았는데, 자꾸 꿈이 생각나서 불길하더군요. 그날 출근하니 회사가 부도가 났다는군요. 모두 짐작하고 있었는데, 바보같이 저만 몰랐었어요. 두 달 치 월급도 못 받고 회사는 문을 닫았어요."

④ 과장이 돈을 마구 집어던지는 꿈→ 마지막 봉급을 타고 실직됨

"과장이 사무실의 책상으로 와서는 꼬깃꼬깃 접은 만원 지폐를 마구 책상위로 던지는 꿈이었어요. 현실에서 과장으로부터 야단을 맞으며, 마지막 봉급을 타며 해고당하는 일로 실현되었어요."

⑤ 입에서 무언가를 토해내는 꿈→ 진급 누락으로 퇴직됨

하사관으로 30여 년간 복무한 사람의 꿈이다. 철책을 붙잡고 하얗게 굵게 분수처럼 몸속의 액체를 입을 통해 토하는 꿈을 꾸었다. 꿈의 실현은 계급 정년에 걸려, 퇴직하는 일로 실현되었다.

⑥ 새우가 하수구 안으로 사라짐 꿈→ 취업 실패

"잘게 부서진 얼음을 뿌려 놓은 매우 크고 탐스러운 새우 한 상자

를 들고, 즐거운 마음으로 내 차의 트렁크에 실으려는 순간, 이것이 쏟아지면서 길옆 시멘트로 된 하수도를 따라 '쫙' 하고 미끄러져 내려갔다. 나는 순간 '이것들을 주워야지' 하고 생각했으나, 따라가 보니 물이 흐르는 둥그런 하수구 안으로 모두 순식간에 빠져 사라지고 없었다. 굳게 믿고 있었던 그 직장에의 취직은 수포로 돌아가고 말았다." ―운몽.

⑦ 비행기가 추락하는 꿈→ 주연배우에서 탈락됨.
오래전의 꿈사례이다.
"한 번은 꿈에 비행기를 보았다. 멀리서 날아오던 비행기가 갑자기 앞에 추락했다. 그 충격에 잠을 깼다. 그 때 나는 영화 로케를 마치고 열차편으로 상경하던 길이었다. 서울에 오자, 방송국에서 내정했던 드라마 주연 자리가 다른 사람에게 넘어갔다. ―김형자"

7) 합격/불합격에 관한 꿈

(1) 합격/불합격 꿈에 대하여

꿈이란 인간의 정신능력의 활동으로, 현실의 자아가 궁금해하고 관심을 가지고 있던 일이나 대상에 대해서, 신성(神性)과도 같은 무한한 능력을 지닌 힘으로 일러주고 일깨워주고 예지해주고 있다. 미래예지적인 꿈의 특성상, 한 사람의 중대사인 합격·불합격을 꿈으로 예지한다는 것은 지극히 당연하며, 이렇게 시험의 합격 여부를 예지하는 꿈사례는 부지기수로 많다.
밝고 아름다움의 표상은 합격으로 이루어지고 있으며, 반대로 어둡고 음울한 표상의 경우 불합격으로 이루어지고 있다. 꿈은 반대가 아닌 것이다. 꿈해몽의 첫째는 오직 상징 표상의 이해에 있다. 또한 꿈은 꿈을 꾼 사람이 처한 상황에 따라 달리 이루어지기도 한다. 복권당첨의 사례에서 보여진 길몽들은 수험생의 경우 합격으로 이루어질 가능성이 많으며, 태몽꿈에서 유산·요절의 흉몽들은 수험생에게는 불합격의 실현으로 이루어질 가능성이 높다고 해야 할 것이다.

(2) 합격 꿈 실증사례 요약

다음의 꿈은 합격을 예지해주는 꿈들이다. 꿈해몽의 첫째는 반대가 아닌 상징표상의 이해에 있다. 먼저 각각의 꿈이 상징하고 있는 바를 잘 생각해 보면서 읽어보시기 바란다.

* 꿈속에 합격할 학교가 나타난 꿈
* 밝은 모습으로 돌아가신 아버님이 나타난 꿈
* 깨끗한 샘물을 떠 마신 꿈
* 상대방 사람이나 동물을 죽인 꿈
* 학이 날아온 꿈
* 새가 날아와 앉는 꿈
* 방바닥에서 대나무가 쑥 올라오며 꽃이 피는 꿈
* 내 등에서 불이 활활 타는 꿈
* 선생님이 문제를 일러주는 꿈
* 교장선생님께서 직접 상장과 트로피까지 주는 꿈
* 큰 문을 당당이 열고 들어가는 꿈
* 귀신인지 도깨비인지와 싸워서 이긴 꿈

* 활과 총으로 과녁을 맞히어 관통시킨 꿈

* 아름다운 꽃을 꺾고 잘 익은 과일을 따는 꿈

* 경주에서 1등을 하고, 호수나 강에 들어가 수영을 하는 꿈

* 누군가가 손을 잡아끌어 올려주는 꿈

* 군대나 집단에 자신의 자리가 마련되어 있는 꿈

* 빨간 꽃 화분이 가슴에 와 안기는 꿈

* 자신만이 철봉에 오래 매달려 있는 꿈

* 신발을 얻어 신고 달아나는 꿈

* 신발을 잃을 뻔하다가 찾는 꿈

* 아가와 목욕을 하는 꿈

* 예쁜 요정이 다가와 당신을 도와드리겠다고 말하면서 안기는 꿈

* 산을 신이 나게 올라가는 꿈

* 이름 모를 예쁜 꽃들이 피어있는 꽃밭을 거니는 꿈

* 산위에 올라가 운해(雲海)의 절경을 보는 꿈

* 높은 산봉우리를 올라가 아름다운 경치를 구경한 꿈

* 어두운 밤이었는데, 갑자기 하늘에서 태양이 빛나는 꿈

* 바위와 물이 보이고 햇빛이 방안에 가득한 꿈

* 꽃 · 바위 · 물이 현실보다 아주 풍요롭게 느껴지는 꿈

* 지게에 꽃을 가득 실어와 뒷동산을 가득 메워놓는 꿈

* 동굴에 들어가서 빛이 나는 꿈

* 벽에 달라붙은 보석을 보는 꿈

* 밤하늘의 별이 용의 모양이었던 꿈

* 밤길에 무지개가 펼쳐지는 꿈

* 뱀이나 개, 기타 짐승에게 물린 꿈

* 누군가에 붙잡혀 혹사당하는 꿈
* 길이 온통 피바다이며 젤리같이 움직이며 따라오는 꿈
* 상제(喪制)옷을 입고 시험을 치르는 꿈
* 차를 타고 출발하거나, 자기가 차나 바위에 깔려 죽는 꿈
* 머리가 예쁜 구렁이가 오른손 팔 쪽으로 올라와 자신을 감싸는 꿈
* 자신의 자리를 차지하고 앉아 국수를 먹는 꿈
* 어떠한 단체나 모임에 자신의 빈자리가 마련되어 있는 꿈
* 비가 오는데 다른 사람과 달리 자신만이 우산을 쓰고 가는 꿈
* 높은 곳에서 매달려 있는 꿈
* 방이나 책상·책장의 열쇠를 얻는 꿈
* 정예부대를 뽑아 놓은 곳에 자신의 빈자리가 있다는 꿈
* 비행기를 타고 하늘을 나는 꿈
* 독수리나 솔개가 접촉해 오거나 수족을 물리는 꿈
* 호랑이와 싸워 죽인 꿈
* 총알이나 화살이 과녁을 뚫고 나가는 꿈

이밖에도 민간 속신으로 전해오는 좋은 꿈으로 다음과 같은 꿈을 들 수 있다.

* 몸에 날개가 나서 나는 꿈
* 높은 산에 올라가 큰소리치는 꿈
* 깃발을 세우는 꿈
* 글씨를 쓰는 꿈
* 공중에서 빛이 나는 꿈

* 고목나무에 꽃이 핀 것을 보는 꿈

* 꿀이나 엿을 먹는 꿈

* 좋은 방석을 깔고 앉은 꿈

* 도끼와 칼을 얻는 꿈

* 달력을 얻는 꿈

* 자신의 머리가 칼로 베어지는 꿈

* 꿈에 하얀 노인이 나타나는 꿈

* 꿈에 하늘문에 방을 거는 꿈

(3) 합격 꿈 실증사례

① 동굴에 들어가서 벽에 달라붙은 빛나는 보석을 보는 꿈→ 대학의 1,2,3차에 모두 합격

② 호랑이가 변한 용과 싸워 죽인 꿈→ 고시합격

　　처음에 호랑이 한 마리가 나타나 물려고 덤비므로 그 놈과 싸웠다. 어느덧 호랑이는 용으로 변했고, 또 싸우다 보니 용은 예쁜 여자가 되어 애교를 부리는 것을 너도 마찬가지 적이라 호통쳤더니, 그 여자는 다시 용으로 변해 덤비는 것을 그의 목을 졸랐더니 그 용이 마침내 죽어 버렸다.

③ 큰 문을 당당이 열고 들어가는 꿈→ 취직

　　"취업을 앞두고 있었는데, 주변 상황이 여의치 않았다. 그러던 어느날 꿈을 꾸었다. 어느 건물로 들어 갔는데, 불빛이 환하고 앞에 큰 문이 있었다. 갑자기 문이 저절로 열리어 그 곳으로 들어가게 되었다. 들어가는 순간에도 아무런 거리낌 없이 당당하게 걸어들어가는 꿈이었다."

꿈을 깨고 나서 기분이 매우 좋았다고 한다. 그리하여 현실적으로는 순탄하지 않은 조건에서, 당당히 우수한 성적으로 합격을 하게 되었다. 꿈은 반대가 아닌 상징표상의 이해에 있다는 것을 여실히 보여주고 있다. 문이 저절로 열리는 것은 그만큼 기관이나 회사 내부와 관련되는 일들이 순조로운 조건에서 일에 착수하게 되는 것을 의미하는 것이라 할 수 있을 것이며, 불빛이 환한 곳을 걷는다는 것은 사업이나 소망이 진행되고, 그 일이 긍정적으로 이루어질 수 있음을 상징하는 것이라 볼 수 있을 것이다.

④ 과녁을 맞히고 불이 일어난 꿈→ 고시합격

정면에 과녁이 있었다. 총을 쏘아 과녁을 맞혔더니, 그 총알이 과녁을 뚫고 저만큼 떨어진 전선주에 가설한 변전기에 맞아 불이 나서 활활 타오르는 것을 보았다.

⑤ 중령 계급장을 어깨에 단 꿈→ 경찰 시험 합격을 예지

마패를 받는 꿈으로 감사실로 발령이 난 꿈사례가 있다. 이처럼 꿈의 상징표상은 현실에서 일어나는 일과 깊은 관련을 맺고 있다.

⑥ 자리에 앉아 국수를 먹는 꿈→ 시험 합격

"꿈에서 우동을 먹게 되었다. 때는 입시를 겪을 때였는데, 꿈에서 우동을 시켜놓고 자리를 못 찾아서 전전긍긍하다가, 겨우 자리에 앉아 국수를 먹게 되었고, 결과는 실제 입시결과에서 합격하게 되었다."

⑦ 입사시험 합격 꿈

사이트 이용자가 올린 꿈사례이다. 입사 때 단계별로 꿨던 꿈을 소개한다.

〈 서류 전형 때 꿨던 꿈 〉

"어떤 공간에 사람들이 엄청 바글바글 모여 있었어요. 그런데 어디선가 미친 사람처럼 보이는 사람이 사람들 사이를 헤집고 다니더라구요. 그 광인은 정장을 입고 있었던거 같았어요. 그런데 그 광인이 저에게 와서 저의 목을 물고는 어딘가로 내팽겨 쳤어요. 정신을 차려보니 동굴같은 곳이었는데, 그 공간에는 3~4명의 사람들만 있더라구요. 결과는 서류전형 합격이었습니다. 제 생각에 꿈에서 광인은 인사팀 직원처럼 느껴졌습니다. 많은 사람들 중에 선택되었던 느낌이랄까요."

올바른 해몽이다. 필자의 경우, 노예가 된 꿈으로 대학원에 합격한 바 같이 일하는 노예들은 같이 공부하는 대학원생을 상징적으로 나타내주고 있다.

〈 1차 면접 합격 꿈 〉

＊꿈에서 어떤 아저씨가 "나는 너를 감당하기 힘들다. 이 열쇠를 가지고 00할아버지에게 가면 너를 잘 가르치고 돌봐줄거다." 하면서 열쇠를 주는 꿈.

＊꿈에서 화장실에서 큰 벌레 세 마리 중 두 마리는 하수구 구멍으로 도망쳤고, 제일 큰 벌레만 남아 있더라구요. 제가 '일단 도망을 못가게 해야겠다.' 싶어서 화장실 문을 닫았는데, 그때 꿈에서 깼습니다. 실제 면접을 볼 때 면접관이 세 명이었고요. 결과는 합격이었습니다.

＊꿈에서 제가 하반신을 탈의한 채 저희 아파트 단지를 돌아다니고 있었습니다. 처음에는 보일까봐 창피해서 상의를 내려 가리려고 했는데, 꿈 후반에는 "뭐 어때" 하면서 그냥 돌아다녔습니다. 그

후 면접 날 얼굴이 화끈할 정도로 민망함을 느꼈습니다. 면접관 질문에 제대로 답을 못했기 때문입니다.

〈 최종 합격통보를 받기 전의 꿈 〉

"하늘을 날아다니는 차를 타고 목적지까지 가서 내리는 꿈, 군고구마를 정말 맛있게 먹고 식혜까지 마시는 꿈, 차를 빼달라고 해서 주머니에 있던 열쇠로 차를 빼내주는 꿈(현실에서는 차도 없고 운전면허도 없음), 남자 친구가 몰던 자동차를 빼앗아 운전하는 꿈, 교육을 담당했던 원장님이 덕담을 해주면서 맛있는 음식과 초콜릿을 먹어보라는 꿈, 어떤 상가에서 점원이 친절하게 스카프 등을 "맘껏 골라보세요" 하는 꿈, 장례식에 까만색 상복을 입고 참석하고 있는 꿈, 졸업한 고등학교 교실에 붙어있는 자리표에 이름이 적혀 있어서 책상에 앉아서 졸업식을 하는 꿈, 꿈에서 합격자 명단에 이름이 있었던 꿈 등의 꾸었는 바, 제 생각에는 위의 꿈들이 전형적인 합격예지몽 같네요. 최종 합격자 발표 결과는 합격이네요."

(4) 합격 · 승진 · 성취에 관한 꿈해몽 요약

- 합격증을 받는 꿈이나 합격자 명단에 자기 이름이나 번호가 있는 꿈은 사실적인 미래투시의 꿈인 경우 실제로 합격한다. 이 경우 합격증은 받았으나 이름이나 번호를 확인하지 못하면, 불합격될 우려도 있다.
- 한 개뿐인 붉은 과일을 따먹는 꿈은 시험에 합격한다. 이 경우 처한 상황에 따라 태몽이나 연인을 만나게 되는 것으로도 가능하다.
- 꿈에 커닝을 하는 꿈은 시험에 합격한다.

- 목욕하는 꿈은 승진하거나 시험에 합격한다.
- 산신령이나 부처님께 드리려고 제물을 차리는 꿈은 시험에 합격되거나, 문예작품 현상에 당선된다.
- 구멍 속을 쑤셔서 구렁이를 잡는 꿈은 시험에 합격되거나 취직이 된다.
- 호랑이나 사자 등 동물을 죽이는 꿈은 합격하거나 큰일을 성취하게 된다.
- 강을 헤엄쳐 건너거나 사다리를 벽에 세워놓고 올라가는 꿈은 입학·승진·성취 등으로 이루어진다.
- 엘리베이터를 타거나, 아래층에서 위층으로 여러 층을 오르는 꿈은 진급·성취·성적 등이 수월하게 이루어진다.
- 비행기나 기차를 타는 꿈은 정부기관이나 고위층 간부급에 발탁되어 승진된다.
- 나무에 오르는 꿈은 합격·승진·성취 등의 일이 이루어지거나, 권력자에게 의뢰해서 어떤 일을 성취시키게 된다.
- 의자에 앉는 꿈은 의자로 상징된 직위를 물려받는다.
- 산위에 오르거나 적진의 진지를 점령하는 꿈은 승진이나 성취, 현상모집이나 단체경기 등에서 입선 또는 우승한다.
- 마라톤 경기 등 시합에서 우승을 하는 꿈은 합격·승진·성취 등이나 명예를 얻는다.
- 담배나 라이터 등 물건을 얻는 꿈은 사업·취직·진급 등의 방도가 생기게 된다.
- 머리를 새롭게 깎는 꿈은 진급·전직되거나 신분이 새로워진다.
- 문이 열리는 꿈은 소원성취나 승진·성공으로 이루어진다.

(5) 요즈음 사람들의 불합격꿈 요약 및 실증사례

합격에 대한 꿈의 사례를 역(逆)으로 생각해 살펴보면 된다. 꿈의 표상전개가 좋지 않게 전개되고 있다.

* 이빨이 몽땅 빠진 꿈
* 적에게서 도망치는 꿈
* 동물을 잡으려다 놓치는 꿈
* 얻었던 물건을 잃어버리는 꿈
* 새 신발을 신었다가 잃어버리는 꿈
* 높은 곳에서 버티다가 미끄러져 떨어지는 꿈
* 큰 항아리를 만지자마자 와르르 깨진 꿈
* 친한 사람의 청혼을 피해 달아나는 꿈
* 산에서 스키를 타고 내려오는 꿈
* 개울물을 못 건너 승용차를 타고 돌아가는 꿈
* 꽃바구니를 살려다가 없다고 못산 꿈
* 그릇에 무엇인가를 담아가다 엎지른 꿈
* 쓸쓸하거나 암울한 분위기의 자연배경 꿈
* 푸른 배추밭이 순식간에 시드는 꿈
* 불이 타다가 꺼지는 꿈
* 오디션에서 불합격하는 꿈
* 보물찾기에서 보물을 찾지 못하는 꿈
* 전쟁이 나서 피난을 가는 꿈
* 미끄러지거나 넘어지거나 구르는 꿈
* 답안지를 쓰려는데 연필이 없는 꿈
* 바닷가 섬에 밀물이 밀려와서 되돌아오는 꿈

* 자신의 뜻대로 하지 못한 꿈

* 경찰을 피해 개구멍으로 도망나온 꿈→ 무엇인가 잘못하였다고 경찰이 자기를 잡으려고 뒤쫓아 오기에, 도망쳐서 높은 담밑의 개구멍 사이로 기어 나온 꿈을 꾼 학생은 입학시험에서 낙방하고 말았다.

* 군인에게 쫓겨 도망친 꿈→ 군인들이 떼지어 자기를 잡아 죽이려고 뒤쫓아 온다. 혼신의 힘을 다하여 도망쳤더니 그들은 더 이상 쫓아 오지 않는다. 이런 꿈은 취직·입학 시험에 불합격되거나, 관청에서 서류 미비 등으로 어떤 일의 인허가를 얻지 못한다.

* 상대방을 쫓아가지만 잡지 못한 꿈→ 쫓기는 상대방이 잡힐 듯 말 듯 붙잡히지 않아 애만 태우다 꿈이 끝나 버렸다면, 그는 미래의 현실에서 어떤 일의 성과를 얻으려고 노력하지만 그 일은 성사되지 않고 미수에 그쳐 버린다.

* 페인트 깡통에 못과 쇠붙이를 가득 담아가지고 가다가, 한쪽 끈이 끊어지면서 못과 쇠붙이가 모두 땅에 쏟아진 꿈→ 자신의 뜻대로 이루어지지 않게 된다. 현실에서는 미용면허 기능시험을 보러 가던 전날 꾼 꿈으로 시험에 불합격하게 되는 일로 현실화 되었다.

* 천둥 번개가 치는 꿈→ 옥상으로 올라간 나는 하늘을 바라보았는데, 저 멀리서 검은 구름이 몰려오더니 내 머리위에 머물고는 바람을 일으키는 것이었다. 이어 천둥과 번개가 치더니 비가 왔다.

* 날다가 떨어지는 꿈→ 꿈속에서 저는 하늘 높이 날았습니다. 그러던 중 갑자기 내 몸이 점점 밑으로 내려가는 것입니다. 그래서 전 떨어지지 않으려고 하늘 높이 솟아져 있던 큰 기둥에 걸터서서 떨어지지 않기 위해 안간힘을 다했습니다. 그렇게 기우뚱 기우뚱하면서 떨어지려다가, 겨우 한 발로 기둥위에 서 있다가 그만 깨어나고

말았습니다. 그 후 저는 면접을 보았고, 그 회사에 떨어지고 말았습니다.

*아들을 끌어올리지 못한 꿈→ 꿈에 제가 2층집 지붕꼭대기에 올라갔는데 옆을 보니 어느 한 아주머니도 있더군요. 지붕꼭대기에서 땅에 있는 아들 손목을 잡아야만 지붕위로 끌어올리는데, 손이 아들과 닿지를 않아 끌어올리지 못하고, 옆에 있는 아주머니는 아들을 끌어올리고, 나는 못 올리고 안타까워하다가 깨고 보니 꿈이더군요.

8) 죽음예지 꿈

(1) 죽음 예지 꿈에 관하여

생로병사(生老病死)라는 말이 있다. 이러한 말을 미래예지적인 꿈에 그대로 대입시켜보면 생(生)은 태몽으로, 로(老)는 글자 그대로의 뜻으로는 늙어가는 것이지만 우리 인간이 살아가면서 겪는 여러 생활의 일들을 예지해주는 꿈으로, 병(病)은 질병이나 교통사고 등을 예지해주는 꿈으로, 사(死)는 인간의 죽음을 예지해주는 미래예지적인 꿈으로 볼 수 있다.

죽음예지의 꿈대로 죽음이 실현된 경우, 예지적인 꿈을 믿지 않는 사람들은 평상시의 불안 심리나 암살 시도 등 실현 가능성에 대한 것이 우연하게 현실에서 일어난 것이라고, 우연의 일치에 불과하다고 한다. 하지만, 죽음예지 꿈을 비롯하여, 로또복권 당첨의 사례, 태몽 사례, 수많은 역사적 사례에서 알 수 있듯이, 꿈은 우리 인간의 고도의 정신능력의 활동으로써 장차 일어날 일을 예지해내고 있다는 것을 부인할 수 없을 것이다.

죽음은 우리 인간사에 있어서 우리 인생의 막을 내리는 커다란 사건이다. 이러한 죽음이 꿈에서 예지된다는 것은 어찌보면 당연한 일이다. 이 경우 본인 자신이 죽음을 예감하는 꿈을 꾸기도 하지만, 대부분은 친지라든가 자신과 가까운 다른 사람이 죽음예지의 꿈을 꾸고 있다.

죽음예지에 관한 꿈사례는 다양하게 전개되고 있다. 따라서 단정적으로 말할 수는 없지만 사례로 예시되는 죽음에 관한 꿈과 유사한 꿈을 꾸게 된다면, 자신을 비롯하여 자신의 주변인물에게 죽음이나 질병·사고·불합격·실패·좌절 등으로 실현될 수 있음을 예지해주고 있다고 보아야 할 것이다.

사실적 미래투시적인 꿈에서의 죽음은 장차 일어날 실제의 죽음을 뜻한다. 단, 상징적인 의미의 꿈에서 자신이나 타인의 죽음은 낡은 껍질을 벗고 새롭게 태어나는 길몽중의 길몽이다. 신분 변화에 새로움이 일어나게 된다.

다음의 꿈을 꾸고 죽음예지로 실현된 사례가 있는 바, 나이 드신 분이나 환자가 있는 경우에 실현 가능성이 높다고 하겠다.

저승사자 꿈, 신발을 잃어버린 꿈, 이빨이 부러지거나 빠진 꿈, 붉은 흙탕물을 보는 꿈, 얼굴이 희미하게 나타난 꿈, 사진이 희미하게 변해있는 꿈, 검은 색의 얼굴로 나타난 꿈, 집이나 구들장이나 담이 무너져 내린 꿈, 검은 색 옷을 입은 꿈, 희미하거나 검은 색의 얼굴로 나타난 꿈, 봉투 가장자리에 검은 테두리가 둘러쳐진 편지를 받는 꿈, 쓸쓸한 시를 짓는 꿈 등은 현실에서도 좋지 않은 일이기에 죽음을 뜻하는 상징적인 의미를 지닌다는 것을 쉽게 이해할 수 있다.

또한, 어머니가 꽃밭에서 한복을 입고 있는 꿈, 아주 고운 옷을 차려입으시고 예쁜 꽃가마에 올라타신 꿈, 외삼촌이 화려한 결혼식에 참석하는 꿈, 햇살이 비추는 곳으로 나아간 꿈을 꾼 후에 돌아가셨다는 등의 꿈이야기에서 볼 수 있듯이, 화려하게 전개되고 있는 꿈도 별로 안좋은 죽음 예지의 꿈으로 실현될 수 있다. 한편 돈을 빌리러 오거나, 새집을 짓거나 큰절을 받는 꿈, 내 들어갈 집이 없다는 꿈 등도 좋지 않게 실현된다. 이 경우 새집이 무덤을 상징적으로 나타내고 있다.

(2) 죽음예지 꿈 실증사례
인간에게 있어서 죽음은 커다란 사건이다. 이러한 죽음에 있어서 자신이나 친분이 있는 다른 사람에게 미래예지적인 꿈이 나타난다는 것은 당연하다고 하겠다. 예지적인 꿈의 특성상, 무수한 실증사례가 보이고 있다.

① 시어머님이 깨끗한 한복으로 갈아입고 나오더니, "애야, 집을 비우라고 하니 이사를 가야겠구나."라고 하는 꿈→ 가슴을 졸이며 기다리고 있는데, 아니나 다를까 지방에서 돌아가셨다고 연락이 왔다.

② 백짓장같은 무표정한 얼굴에 새까만 양복을 입고 차에 타서 손을 흔드는 꿈

　→ 6.25때 꿈을 꾼 날 아버님이 학살당하는 일로 실현된 바, 꿈의 표상이 어둡고 음울하게 전개되고 있다. 까만 색깔의 옷, 까만 얼굴 등의 경우에 안좋게 실현되고 있다. 반면에 화장을 했든지. 화려한 옷을 입은 경우에도 죽음예지와 관련이 있다.

③ 도깨비들이 할아버지를 강제로 끌고나가는 꿈→ 죽음 예지.

　사랑방에서 긴 담뱃대를 물고 계신 할아버님께 도깨비들이 다가와서는 그 옷소매를 잡아당기며 끌고 나가려는 것을 내가 한사코 말렸지만, 끝내는 도깨비 힘을 이겨내지 못한 일이었다.

　꿈속에서 어떠한 대상하고 싸우게 되면 이기는 꿈이 좋다. 지게되면 병에 걸리게 되거나 안좋은 일들이 발생한다. 이때의 귀신이나 도깨비 기타 상징물은 병마(病魔)나 저승사자 등의 상징 표상으로 자주 등장되고 있다.

④ 오빠가 총을 맞고 피를 흘리며 쓰러진 꿈→ 죽음 예지.

　삼대 독자인 오빠는 반공분자란 낙인이 찍혀 정치보위부에 감금된 몸이었다. 바로 그날 밤 그 시각이었다. 솔가지 단을 차례대로 세

위 놓고 악덕스런 괴뢰군은 따발총을 난사하였다. 솔가지 나뭇단이 쓰러지며 오빠가 검은 피를 온몸에 흘리며 우리 쪽으로 달려오다 쓰러지고 말았다. 그리고 우리 세 식구는 눈을 뜬 것이다. 그리고 일주일 후 우리는 부패된 오빠의 총알투성이의 시체를 신풍리 산굴 속의 수많은 시체 속에서 찾았다. ─(꿈꿈꿈)에서

이 경우의 꿈은 사실적인 미래투시 성격의 꿈에 가깝다. 특이하게 가족 모두가 같은 꿈을 꾸었다는 하는 바, 이렇게 가족이나 부부가 같은 꿈을 꾸는 경우가 있다.

⑤ 남편이 배낭을 메고 어깨를 축 늘어뜨린 채, 대문 안으로 들어서는 꿈→죽음 예지.

　행색이 너무 초라하여 꿈인데도 가슴이 아팠어요. "당신, 보약 좀 드셔야지요." 하고 걱정을 하다가 잠에서 깨어난 바, 꿈을 꾸고 나서, 남편이 바다에서 익사했다는 소식을 전해 들었다고 한다. ─1989년 월간지

⑥ 육영수 여사가 말을 전해달라는 꿈→박정희 대통령의 죽음예지

　"10.26 사건이 일어나기 전에, 초라한 옷을 입은 육영수 여사가 몇 번이나 꿈속에 나타나 박정희 대통령에게 무슨 말을 좀 전해 달라고 했어요."

박정희 전 대통령 시해사건 당시 현장에 있었던, 가수 심수봉씨가 한 TV의 토크쇼에 나왔을 때 말한 꿈 이야기이다.

⑦ "나 간다. 잘 살아라." 말하는 꿈→ 부친의 사망예지

　텔런트 김수미씨가 어느 TV 프로의 토크쇼에서 한 꿈이야기이다.
　　서울에 와서 여고 다닐 때였다. 대학 입시를 얼마 안 남겨 놓고 하
　　루는 공부하다가 책상 위에 엎드려 깜박 잠이 들었다. 그 때 꿈 속에
　　서 아버지께서 나타나 하시는 말씀이 "나 간다. 잘 살아라." 꿈을 깨
　　고 나니 기분이 이상했다. 그래서 시골에 내려가 보니, 이미 아버지
　　께서 돌아가셔서 장례를 치르고 있었다. 아버지께서 돌아가시면서,
　　공부에 지장이 있으니 딸에게는 알리지 말라고 하셔서 알리지 않았
　　다는 것이었다.

　이밖에도, 아내의 꿈에 남편이 나타나 "나 간다"라고 세 번을 말하는
꿈으로 교통사고로 남편을 잃게 된 사례가 있으며, 할머니가 나타나셔서
마당에 있는 진달래꽃을 가리키면서, "저 꽃이 피면 난 갈꺼다"라고 말
한 꿈으로, 무심결에 밖을 보니 꽃이 피어있었던 바로 그 시각에 할머니
께서 돌아가신 사례가 있다. 또한 친정할머니께서 나타나 좋은 일 많이
베풀면 복 받는다고 말씀하시던 꿈으로, 두 달이 지나 병환으로 돌아가
신 사례가 있다.

⑧ 남편이 잠수복을 입고 부인인 자신에게 애타게 무엇인가를 당부
　　하는 꿈→ 남편이 상어에게 물려 죽게 되는 일이 일어남.
⑨ 웬 잿빛 옷을 입고 머리가 검은 할아버지가 나타나더니, 엄마가 하
　　루밖에 못사신다는 말하는 꿈→ 수술하시고 건강하게 사시다, 6개
　　월후 또다시 재발하셔서 병원에서 1개월을 선고받았다. 집에서 병
　　간호를 맡아하던 어느날 새벽에 또다시 꿈을 꾸었다. 그리고 다음

날 엄마는 갑자기 돌아가시고 말았다.

⑩ 아버님이 한복으로 곱게 단장하고 산으로 올라가는 꿈→ 소주인 줄 아시고 약을 잘못 드셔서 2개월 후 돌아가시게 됨.

이밖에도 검은 두루마기를 입고 안색이 창백한 노인과 함께 나타났다가 사라지는 꿈, 하얀 두루마기를 입고 앉아 있다가 사라지는 꿈으로 돌아가신 사례가 있다.

⑪ 자신이 소복을 입고 하얀 안개속에서 헤매는데, 시어머니가 자신을 부르는 꿈→ 현실에서는 한달 뒤에 시어머니께서는 뇌출혈로 쓰러져 돌아가신 일이 일어났다.

이밖에도 꿈에 멀리 있는 친지가 보이는 꿈으로 초상을 치른 사례, 꿈에 아픈 환자가 보이는 꿈으로 환자가 죽게 된 사례, 소복 입은 사람을 보는 꿈으로 친근한 사람들 중에 누군가 죽었다는 소식을 듣게 된 사례가 있다.

⑫ 조상이 흰 옷을 입고 기다리는 꿈→ 죽음 예지.

할아버지께서 주무시는데, 증조할아버지께서 흰 옷을 입으시고 할아버지를 기다리고 계신 꿈을 꾸었는데, 이후에 할아버지는 병원에 입원하시고, 1년뒤 정도에 돌아가셨어요.

⑬ 검은 자가용, 검은 양복의 사람이 이웃집 앞에 서있는 것을 보는 꿈→ 여고생의 꿈체험담이다. 사람의 얼굴이 하얗고 눈 밑은 병에 걸린 사람처럼 새까맣고 눈물을 흘리고 있었다고 하는 바, 이웃집 아저씨가 돌아가시는 일이 일어났다. 이처럼, 꿈속에서 죽음을 상징하는 검은 옷을 입고 등장한 사람이 있을 경우, 그와 관련 있는 사람들의 죽음으로 실현되고 있다.

⑭ 하얀 해바라기 길 사이로 가는 꿈→ 죽음 예지.

여고생의 꿈사례이다.

우리 친할머니와 친하게 지내시던 이웃집 할머니가 계셨는데, 꿈을 꾸셨다고 한다. 할머니와 어떤 길을 따라가고 있는데, 주위가 온통 자기 키가 넘는 하얀 해바라기였다. 그런데 갑자기 할머니께서 하얀 해바라기 사이로 막 가시는 거란다. 이웃집 할머니께서는 놀라서, "어디가우? 같이 가요?" 하며 따라가셨는데, 우리할머니가 뒤를 돌아보더니, "당신은 아직 올 때가 안됐어"라며 도로 길로 돌아가라고 하셨다. 며칠뒤, 우리할머니께서 돌아가셨다.

이밖에도 지팡이를 짚고 뒤를 돌아다보고 또 보면서 새벽안개가 자욱한 산길을 향해 떠난 꿈으로 돌아가신 사례가 있다.

⑮ 양복을 차려입고 큰 가방을 들고 있었던 꿈→ 죽음예지
할아버지 친구분이 꾸신 꿈이다. 할아버지께서 양복을 차려입고 큰 가방을 들고 있었다고 한다. 그래서 "어디 가시냐"고 물어보니까 그냥 좋은데 간다고 말씀하셨다고 한다. 얼마 후에 할아버지께서 돌아가셨다.

⑯ 흰 두건을 쓰고 소복 차림에 물위를 걸어가는 꿈→ 당시 청와대에 근무하고 있던 사람의 꿈으로, 육영수 여사가 이틀 뒤 문세광 저격 사건으로 돌아가셨다.

⑰ 상복을 입고 있는 사람들이 보이는 꿈. 그의 자손들이나 가족들이 상복을 입고 그 집을 돌아 다니곤 하는 꿈→ 그 꿈을 꾼 지 일주일 안에 꿈에 본 집에서는 항시 장례식이 치러졌다고 하는 바, 사실적인 미래투시의 꿈인 경우이다.

⑱ 꿈속에서 친한 친구로 등장되어. 자기 엄마에게 줄 선물을 사러가 자고 나를 졸라댄 꿈→ 그날 꿈속에 나온 친구의 엄마가 돌아가시게 됨.

⑲ 집이 무너져 내린 꿈→ 선인인 정약용이 죽기 며칠 전의 제자의 꿈에, '집이 무너져 내린 꿈'을 꾸고 죽음을 예지하고 있다.

⑳ 잠을 자는데 얼굴이 검은 두 여자가 하얀 한복을 입고 나타나 자신에게 정숙하게 무릎을 꿇고 절을 하고 가는 꿈→ 나이가 드신 분이나 병환을 앓고 있는 사람에게 안좋은 일이 일어나게 된다.

㉑ 꿈에 부모가 나타난 꿈→ 어머니가 갑자기 머리가 아프시다며 일어나시더니, 꿈에 할아버지를 보았다고 뭔가 불길한 예감이 드신다고 했다. 조금 후에 외갓집에서 할아버지가 돌아가셨다는 연락이 왔다.

㉒ 막내동생이 산에서 소리지르며 손을 흔들고 하늘로 올라가는 것을 본 꿈→ 산에서 조난당한 신문기사를 읽을 것을 예지해 준 꿈이었다.

㉓ 검은 옷에 의관을 차린 사람이 얼굴빛이 좋지 않은 채 이야기 하는 꿈→ 좋지 않은 일이 일어난다. 여러 사람의 꿈사례에서 검은 옷을 입고 나타난 사람과 이야기를 나눈 후, 죽음을 맞이하게 되었다고 말하고 있다.

㉔ 검은 동정을 단 소년이 문안으로 누런 봉투를 넣고 간 꿈→ 현실에서는 부고장을 받는 것으로 실현되었다.

㉕ 아파트 입구에 여섯 사람이 얼굴은 해골인데 옷을 다 입고 있어, 들어오면 어떡하나 걱정했으나 개가 있어서 못들어 온 꿈→ 얼마 후에 3층에 세든 사람이 자살해 죽었다.

㉖ 김일성이 누구와 둘이서 걸어가고 있었으며, 하늘에는 보지 못했던 무기들이 있었고, 가는 방향마다 무기가 앞을 막은 듯이 있었던 꿈→ 며칠뒤 김일성이가 죽었다.

㉗ 살아계신 시어머니(88세)가 붉은 저고리 파랑치마와 같은 원색옷을 입고 춤을 추고 노래를 즐겁게 부르고 있어서 늙은이가 무엇이 좋아 춤추고 노래부르는가 싶어 못마땅했던 꿈→ 평상시에는 늙은이라는 불량스러운 호칭이나 생각은 평소에 하지 않았던 주부의 꿈이다. 1년쯤 뒤에 시아주버님이 65세의 나이로 돌아가시는 일이 일어났다. 또한 외숙모(76세)가 알록달록한 원색의 옷을 입고 춤추고 노래하는 똑같은 꿈을 꾼 후에, 한달 뒤에 외숙모의 외아들이 52세의 나이로 대장암으로 수술을 받는 일이 일어났다.

㉘ 이웃에 사시는 건강하던 할머니가 꿈속에서 산속에 있는 모르는 집에서 함께 살고 있는 꿈을 며칠 사이로 두 번 꾸었던 꿈→ 그후에 얼마 안가서 실제로 그 할머니가 돌아가시게 되었다.

㉙ 버스 안에 까만 옷차림에 남자 얼굴은 알 수 없고 분위기가 소름이 끼치도록 이상해서, 언니는 한사코 내리자니 동생은 안내리겠다는 고집에 언니만 혼자 내렸던 꿈→ 내린 언니는 눈을 떠보니 연탄가스 냄새로 간신히 살아나고, 동생은 연탄가스 중독으로 죽음을 맞이하는 일로 실현되었다.

㉚ 아버님이 어딘가를 가는데 차비가 모자른다고 돈을 달라고 받아서 떠나는 꿈→ 다음날 아침에 아버님이 돌아가시게 됨. (실제로 아버지께서 병원의 사망선고를 받은 6일째 날에 꿈꾼 꿈이다.)

㉛ 검은 옷을 입은 사람이 검정 색깔 가방까지 챙겨들고 집 대문 앞에 서서 경조금을 달라고 하는 꿈→ 순간 전화벨이 울려 잠에서 깨어

나고 아버님의 교통사고 소식을 듣게 됨. 교통사고로 머리를 다친 아버지는 우리 형제들이 모두 모였는데도, 눈도 못 뜨시고 말씀도 못하신 채 12월 21일 아침 사고를 당하셔서 성탄절 오후에 돌아가심.

㉜ 꿈속에 생전 나오지도 않던 친구들이 어쩌다 꿈에 나타나 돈을 빌려가는 꿈→ 돈을 빌려간 친구의 집안에 안좋은 일이 일어나게 됨.
　　한 친구가 나타나 몇천원을 꿔갔는데, 며칠 후 돈을 꿔간 친구의 언니가 교통사고를 당했고, 그뒤 다른 친구도 꿈에 나타나 만원을 꿔갔는데, 며칠후 친구의 언니도 죽게 됨.

㉝ 황량한 모래 벌판의 먼지속을 헤매이며 몸에 보신할 무엇인가를 찾아달라시며 애원하는 꿈→ 병환에 있던 분이 그날 저녁에 운명하시게 되었다.

㉞ 꽃가마를 타거나 장식한 꿈→ 자신의 죽음을 예지한 어느 할머니의 꿈이다. 예쁜 꽃가마에 보라색 꽃인가 "이것을 달아야 예쁘다"고 하면서 그것을 달고 좋아하는 꿈을 꾼 후에, 며칠 후에 운명하였다. 이밖에도 '꽃가마를 타고 하늘로 올라가시는 꿈' 으로 돌아가신 사례가 있다.

㉟ 이웃집의 아들과 며느리가 논둑길을 향해 울면서 뛰어오고 있는 꿈→ 이튿날 이웃집 할아버지가 교통사고로 병원에서 새벽에 돌아가시는 일이 일어남. 이 경우 사실적인 미래투시 꿈의 성격을 띠고 있다. 이밖에도 시고모님이 꿈에 나타나 엄마(저에게는 시할머니)가 죽었다며 평평 우는 꿈으로, 실제로 돌아가시는 사실적인 미래투시의 꿈으로 실현된 사례가 있다.

㊱ 유난히 누군가 죽는 꿈→ 죽음 예지.

"누군가 죽어 저희 고향집 골목에 많은 사람들이 꽉 차서 올라오고, 그중 사람들은 상중인 저희 집으로 들어가고, 어떤 꿈에서는 누군가 죽어 제사를 지내는 꿈이었습니다. 그래서인지 올해 11월에는 저의 시아버지가 12월에는 시할머니가 차례로 돌아가셨습니다."

㊲ 누군가 찾아와 데려가고자 하거나, 다른 방안의 벽에다 무엇인가 쓰는 꿈→ 어느 어머니의 꿈에 군복색깔의 옷을 입은 사람이 찾아와 어디론가 빨리가자고 재촉하면서, 시간이 없다며 아들의 방에 무엇인가를 쓰고 간 꿈은 그후 아들이 자전거를 타고 가다가 크게 엎어지는 사고가 난후 원인모를 마비로 인해 사망하게 됨.

㊳ 흙탕물에 솥이 떠내려가는 꿈→ 죽음 예지.

길고 넓은 큰 냇가에 붉은 흙탕물이 마구 소용돌이치면서 흘러가는데, 우리 집에서 가장 큰솥이 둥둥 떠내려가고 있어 그 솥을 건지려고 했지만 어쩔 수 없어서 발만 둥둥 구르다가 그 옆을 보니까, 우리 애들이 물속에서 앉아있고, 그 옆에는 높은 빨래줄에 희고 기다란 아기 기저귀 같은 것이 높게 몇 개씩이나 매달려 있었습니다.

실제로 몸이 아픈 남편이 병원에 입원을 해서, 그날 저녁 수술을 하기 위해 마취 주사를 맞고 영영 깨어나지 못했습니다. 그 다음날 영안실에서 울다가 고개를 들어보니, 여러 개의 화환에 보낸 사람의 이름이 적혀서 높이 드리워진 흰 천이 눈에 띄는 순간, 남편의 죽음을 예지한 꿈을 떠올리게 되었습니다.

붉은 흙탕물, 집의 큰솥이 떠내려감, 희고 기다란 천 등 모두가 불길한 느낌을 주고 있다.

㉟ 꿈에 냇물에 두 남동생의 신발이 떠내려가는 꿈→ 다음날 동생들이 수영을 하다가 익사하는 일이 일어남.

㊵ 입안에 있는 치아가 모두 빠지고 온몸에는 큼직한 이가 기어 다녀서 심신이 몹시 괴로운 꿈→ 다음날 아버지께서 위독하시다는 소식을 전해 들었고, 그 다음날 아버지의 입종을 지켜보게 됨.

㊶ 아버님이 교회 지붕 꼭대기에 앉아 계시길래 "아버지, 거기서 뭘하고 계세요? 빨리 내려오세요" 하고 아무리 크게 외쳐도 아무런 대꾸도 하지 않으신 채 무심하게도 그 자리에서 꼼짝도 하지 않던 꿈→ 그후 얼마 지나지 않아서 아버지께서는 간암 말기로 돌아가시게 됨.

㊷ 수많은 뱀들이 온집안에 꿈틀거리면서 나뒹굴다가, 얼마후 두 동강이 나거나 축늘어져서 피투성이가 된 채로 모두 죽어 있는 꿈→ 병환으로 아버님이 돌아가심.

㊸ 누군가가 긴 머리를 잘라 커트머리로 만들어 우는 꿈→ 앓던 외할머니가 돌아가시는 일로 실현되었으며, 그날 새벽 꾼 꿈이다.

㊹ 집을 짓는 꿈→ 집을 짓는 사람의 죽음 예지.

첫 번째 꿈은 할아버지께서 전라도의 가난한 농촌에서 쭈그리고 앉아 계셨습니다. 두번째 꿈은 할아버지께서 어느 시골에 집을 짓고 계셨습니다. 전 할아버지께 물어보니 내가 살 집이라며 감독까지 도맡아 하셨어요. 세 번째 꿈은 제가 방안을 걷다가 할아버지의 안경을 밟아버렸죠.

그 후에 할아버지가 돌아가시게 됨. 이밖에도 아버지 방을 만든다고 삽으로 흙을 파서 던지던 꿈을 꾼 후에 병을 앓던 친정아버지가 돌아가시게 된 사례가 있는 바, 이 경우 아버지 방이 무덤을 상징하고 있다.

㊺ 화장실을 만든다고 하면서 돈을 빌려달라는 꿈→ 죽음 예지

　　시숙어른께서 저에게 돈을 빌려달라시는데, "무엇에 쓰실 것이
냐" 하시니 화장실을 지으신다고 하시는데, 저는 왠지 싫다고 하며
멀리 도망가서, 높은 언덕에서 시숙어른이 어떻게 하고 계시는지 내
려다보니, 손수 땅을 열심히 파시고 계시드라고요. 이상히 생각하다
가 잠이 깨었는데 새벽이었어요. 너무 기분이 안좋아서 시숙어른께
연락을 드리려 했더니, 연락이 안되더라구요. 그런데 바로 그 시간에
나가서, 물도 없는 개울에서 익사로 돌아가셨어요.

㊻ 운동장에 트럭이 있었고, 거기에 할머님의 관이 놓여 있었다. 할머
니께서 돌아가신 것을 보았고 관속에 누워계신 것을 보았다.→ 교
통사고가 일어나 돌아가심.

㊼ 할머니가 나오시더니 다짜고짜 아무 말도 없이 저한테 절을 하시
는 꿈→ 뒤에 할머니가 돌아가시는 일이 일어남. 누군가가 제 자신
이 종손이라, 저한테 젯밥을 먹기 위해 절을 한 것이라고 함.

㊽ 저승사자가 기다리는 꿈→ 죽음으로 실현.

　　꿈에서 저승사자와 이야기를 했습니다. 94세가 넘은 홀시아버지
와 한 방에서 잠을 자는데, 시커먼 갓과 도포를 입은 아주 훤칠하고
잘생긴 저승사자가 뒷짐을 짚고 대청마루를 왔다갔다 서성거리고
있는 것이었습니다.

　　"추운데 방에 들어가지 왜 여기서 서성거리냐?"고 하니, 방안에
있는 시아버지를 가르키며 "저 영감을 데리러 왔는데 시간이 덜돼
서, 이 방문턱을 못 넘어가고 시간이 되도록 기다린다." 고 하여 깜짝

놀라 깨어, 몸이 굳어 꼼짝 못하고 무서웠습니다. 그로부터 3개월 후
에 94세로 작고 하셨습니다.

이밖에도, 저승사자같은 사람들이 아무말 없이 그냥 앞에 서있는 꿈,
검은 망토를 쓴(저승사자) 사람이 약을 가지고 가는 꿈으로 주변의 누군가
죽게 되는 일로 실현된 사례가 있다.

㊾ 꿈에 도사 같은 하얀 노인이 관을 덮어쓰고서 말하길, 이제 이 관
은 당신의 관이라 하시면서 주는 꿈→ 부모님이 병환으로 오랫동
안 계셨는데, 그리고 나서 한 달 정도후 돌아가시게 됨.
㊿ 저승사자와 같이 모든 것이 시커먼 사람들이 와서 염을 하겠다고
하는 꿈
  꿈속에서 "이렇게 내가 살아있는데 무슨 소리냐?' 하고 호통을 치
니 "우리가 잘못 왔다 여기가 아닌가" 하면서 돌아가는 꿈으로, 현실
에서는 병환에 있던 남편이 그 꿈을 꾼 지 이틀 뒤에 세상을 떠나게
됨.
51 검은 한복에 갓을 쓴 창백한 표정의 저승사자가 엄마가 탄 말의 뒤
에 올라타고, 엄마를 데리고 어디로 날아가는 꿈→ 심장수술로 깨
어나지도 못한 채 어머니가 돌아가심.
52 남동생이 기다란 장대를 들고는 무엇인가를 태우고 있는 꿈→ 위
암으로 병환에 누워 계시던 아버님이 새벽녘에 돌아가심.
53 상대방 옷에 더러운 피가 잔뜩 묻은 것을 보는 꿈→ 상대방이 횡사
한 것을 보거나 듣게 됨.
54 죽은 동생이 몸이 건강하게 된 모습으로 들어오는데, 현실에서는

1층집인데 2층으로 올라감. 이상하게 생각되어서 "왜 올라가냐" 고 묻는 꿈→ 그날 이2층에 세들어 사는 사람이 목을 매 자살하는 일이 일어남.

(55) 어머니의 꿈에 하나밖에 없는 동생의 얼굴이 까만색으로 변해 있었던 꿈→ 그 뒤로 며칠 뒤에 동생이 사고가 나서, 병원에 입원하여 동생이 죽게 됨.

(56) 돌아가신 어머님께서 낡고 누런 보따리를 머리에 이고 사립문 밖에서 마당으로 들어오시는데, 누가 문밖에서 보이지는 않고 작대기로 자꾸 어머님을 때리는 꿈→ 이미 돌아가신 어머님이 곤경을 당하는 안좋은 꿈으로, 현실에서는 아프시던 아버님이 돌아가시게 되는 일로 실현됨.

(57) 암울한 꿈의 전개를 보이고 있는 꿈→ 조카의 뜻밖의 죽음으로 실현됨.

시멘트로 새로 만든 길인데 길이도 제법 긴 길이었어요. 오른쪽에는 새파란 바닷물이 파도 하나 없이 잔잔하게 끝없이 펼쳐있고, 왼쪽편에는 자갈밭 같은데 철조망이 쳐져 있는데, 흰옷 입은 사람이 철조망 안에 멀리서 간간이 보였고요. 시멘트로 된 아무도 밟지 않은, 발자국도 하나 없는 길 위로, 나 혼자서 걸어가다가 문득 위를 쳐다보니까, 새파란 하늘에 북두칠성이 보이고 북두칠성 바로 밑에 큰 문짝만한 예수그리스도 초상화가 걸려 버리는 꿈이었어요.

현실에서는 한달 후 현역병으로 군복무 중이던 조카가 보초를 서고 있던 중, 운전하던 신병이 운전미숙으로 보초를 서고 있는 조카를 압사시켜 죽게 되었다.

(58) 할머니가 시체가 되어 하얀 소복 같은 것을 입고 있는 꿈, 할머니가 예쁜 옷을 입고 큰 거울을 보며 화장을 아주 짙게 하고 계신 꿈 → 한 달 후에 할머니가 돌아가시는 일로 실현됨.

(59) 물이 꽁꽁 말라버린 못에서 큰 뱀 한 마리가 고개를 쳐들고, 나의 엄지손가락과 집게손가락 가운데를 물어 살이 찢겨진 꿈→ 사고로 친지가 죽게 됨

(60) 노란 잎새 하나만 달랑 남겨 둔 고목나무가 뿌리째 뽑혀 있고, 그 앞에서 호상(護喪)이 누구라고 씌어져 있는 부고장을 훑어보고 있는 꿈→ 남편 친구 부인이 불의의 사고로, 30대에 그만 안타깝게 죽게 됨.

(61) 어머니가 식사를 차리면서 아버지의 식사는 차리지 않았던 꿈→ 죽음 예지

3일간 연속 같은 꿈을 꾸었는데, 첫째날 꿈에는 아버지가 잠깐 보이고 사라지신 후, 영영 나타나지 않았습니다. 왠지 모르게 자꾸만 꿈이 머리 위에서 맴돌았는데, 아버님이 사고로 세상을 떠나셨다고 그날 오후가 되서야 알게 되었어요.

(62) 늘 식사를 하시는 아버지가 식사 때마다 나타나지 않는 꿈→ 사고로 돌아 가심.

(63) 동생이 어디론가 갈려고 하기에 가지 말라고 소리쳐 보았지만, 자기는 가야 된다고 하면서 자꾸 나를 멀리하면서 가버린 꿈→ 9살 되는 나이에 병으로 세상을 떠남.

(64) 할아버지가 산으로 사라지신 꿈→ 할아버지의 죽음 예지.

큰댁 앞마당의 한쪽 구석에 할아버지께서 하얀 두루마기를 입으신 채 앉아 계셨다. 너무나도 평온한 모습으로 장구를 치고 계시기

에, 가까이 다가가니 어디론가 사라지셨다. 잠시후 검은 두루마기를 입고 안색이 창백한 노인과 함께 다른 곳에 나타나셨다. 그런데 할아버지께서는 이번에도 역시 온화한 표정으로 장구를 치고 계셨다. 내가 점점 가까이 다가가니, 할아버지께서는 그 노인과 함께 어느 산 쪽으로 사라지셨다.

잠에서 깬 후에 가족들에게 이야기하니 모두들 별 반응없이 지나쳤는데, 다음날 큰일이 벌어졌다. 할아버지께서 돌아가신 것이다. 더욱 더 놀라운 사실은 할아버지의 관이 놓여 있던 곳이 처음 앉아 계셨던 곳이고, 두 번째 앉아 계셨던 곳은 할아버지의 옷가지를 태웠던 곳이었다. 또한 할아버지께서 노인과 함께 사라지신 곳이 바로 할아버지께서 묻히신 곳이다. 그후 난 꿈이 인간의 미래를 예견한다는 사실을 믿고 있다.

⑥⑤ 고운 옷을 차려 입으시고 예쁜 꽃가마에 올라탄 꿈→죽음 예지.

고모의 꿈에, 할머니께서 아주 고운 옷을 차려 입으시고 예쁜 꽃가마에 올라타셨다고 한다. 그 꿈을 꾼 후에 할머니께서는 돌아가셨다.

예쁜 꽃가마의 상징은 현실에서 화려한 상여로 죽음을 상징하고 있다.

⑥⑥ 화려한 결혼식에 참석하는 꿈→죽음 예지.

얼마 전에 외삼촌의 화려한 결혼식에 참석하는 꿈을 꾼 적이 있다. 평소에는 별로 꿈에 대한 기억이 없었는데 생생하게 기억한 것이 신기했다. 놀랍게도 그 꿈을 꾼 지 며칠 후, 외삼촌께서 사고로 돌아가셨다.

⑥ 밝은 햇살이 비치는 문으로 나아간 꿈→ 환자의 경우 회복이나, 죽음예지

　저희 어머니는 노인성폐렴으로 병원에서 4년 여를 고생하시다가 작년 7월에 돌아가셨습니다. 어머니가 계신 입원실을 지키고 있는데, 침대에서 어머니가 일어나시더니 입원실 문 쪽이 아닌 창문쪽으로 절뚝절뚝 걸어가시는 겁니다. 창문에서는 눈부신 햇살이 쏟아져 들어오고 있었습니다. 멀어져 가는 어머니를 잡지 못한 채 고함만 치다가 꿈에서 깨어났습니다.

나이 많으신 분이 이러한 꿈을 꾸는 경우 죽음예지의 사례로 볼 수 있을 것이다.

⑥ 드라큘라가 엄마의 목을 물고 있는 꿈→ 어머니가 돌아가심.

　95년 어느날 드라큘라 성에 엄마 · 아빠 · 저 이렇게 셋이 그곳에 있었는데, 바닥에 커다란 발자국이 나있고, 그 발자국마다 검붉은 피가 가득 고여 있어 두려움에 떨며 도망을 가다보니, 아빠가 드라큘라가 되어 엄마의 목을 물고있는 것을 보았습니다. 그 후 몇 개월 후에 엄마가 위암 3개월 진단을 받으신 후 수술까지 하셨지만, 결국 돌아가시게 되었습니다.

⑥ 밥상을 차려오라는 꿈→ 죽음 예지.

　3년전 시어머님이 앓고 계셨는데, 우렁찬 큰소리로 "00 에미야, 어서 밥상 차려오너라." 하시고는 무릎은 굽히지 않고 뻣뻣하게 누우셨습니다. 그후 이틀 뒤에 꿈에 본 그 자리에서 운명하셨습니다.

⑦ 외양간에 몹시 마른 소가 매여 있는 꿈→ 시어머니께서 폐암으로

병상에 누워 계시다가 돌아가심. 돌아가시기 3일 전에 꾼 꿈임.

⑦ 배 위에 관이 놓인 꿈과 장송곡을 듣는 꿈→ 할머니의 죽음으로 실현

꿈속에 친척할머니가 돌아가신 꿈이었습니다. 호수같이 보이는 맑은 강물 위에 작은배가 보이고, 배 중앙엔 관이 놓여 있고요. 그 위엔 세마포로 덮어놓았더군요. 노래소리가 들리는데 "요단강 건너가 만나리, 며칠후 요단강 건너가 만나리."

⑦ 흰 산돼지가 사라지고 꽃상여가 보인 꿈→ 친지의 죽음으로 실현.

"꿈속에 아버지께서 일구시던 밭은 바닷가에 있었지요. 그곳에 작은 흰 멧돼지 한 마리가 보이고 시야에서 사라진 후에, 동시에 꽃상여가 보이고 그 뒤로 저희 사촌언니와 여러 사람들이 상여를 따라가며 슬퍼하는 모습이 보였습니다. 열흘후 미국에 사시는 친정아버지께서 전화가 왔었는데, 작은아버지께서 돌아가셨다고 하셨습니다."

⑦ 아버님이 돌아가시기 전, 상가집에 간 꿈→ 아버님이 돌아가심.

"기차를 탔는데 귀신들이 있었다. '같이 가야 한다' 며 못내리게 했다. 도착한 곳은 상갓집인데 시댁이란다. 일가친척들이 모두 모여 있고, 앞에서는 상복입은 사람이랑 그렇지 않은 사람이랑 뒤섞여서, 춤을 추기도하고 울기도 하던 꿈이었어요."

⑦ 받은 사과를 빼앗기는 꿈→ 태몽으로 요절을 예지.

어느 여고생의 꿈사례이다. 내가 태어나기 훨씬 전에 언니가 태어났는데, 언니의 태몽은 이러했다. 어떤 할머니가 엄마에게 빨갛고 맛있는 사과를 줘서, 엄마가 반쯤 드시고 계시는데 할머니가 사과를 뺏어갔다고 한다. 그후 언니는 초등학교 때 병으로 죽었다고 한다.

이렇게 태몽으로 유산 및 요절을 알 수 있는 사례가 많은 바, 구체적

인 것은 앞서 출간된 필자의『태몽』을 참고하기 바란다.

⑦ 들통에 약물이 얼마 남지 않은 꿈→ 얼마후 돌아가심.

어느날 꿈입니다. 시어머니께서 당신 약을 들통에 가득 넣어, 거무스레한 얼굴을 하고 우리들 자는 방문을 열고 오시더군요. 조금 무섭더군요. 남편이 일어나 안아뉘기에 나는 일어나 부엌을 나가보니, 부엌바닥에는 약물이 흘러넘치고, 한쪽 바닥에서는 불이 타고 있고, 들통에는 약물이 2cm정도만 남아있더군요.

⑯ 검은 테를 두른 명함을 받는 꿈→ 어떤 알지 못하는 신사로부터 검은 테를 두른 명함을 건네받고 죽음으로 실현. 프로이트의『정신분석입문』에 나오는 이야기이다.

⑰ 정신의학자 융이 꾼 꿈이다. 죽은 여동생의 혼령이 한 여자를 따라다니는 꿈이었다. 융은 앞으로 그 여자가 죽을 것을 직감했다. 그로부터 2주일 후 부고장을 받았다. 1년 전까지 자신의 환자였던 여자가 교통사고로 죽었다는 소식이었다. '그래, 바로 그녀였어' 꿈속에 나타났던 여자를 비로소 알 수 있었던 것이다.

(3) 선인들의 죽음예지 꿈에 대한 역사적 사례

앞서 전개양상별 예지적 꿈의 사례에서, 선인들의 죽음예지 사례를 간략히 살펴본 바 있지만, 선인들의 죽음예지의 사례는 무수히 많으며 다양하게 전개되고 있다. 특이한 예로, 자신의 꿈에 슬프고 우울한 내용이나 쓸쓸하고 어두운 분위기의 몽중시(夢中詩)를 짓고 죽음을 예지하는 사례가 돋보인다. 또한 옥황상제를 뵙거나, 불러 올라가는 경우도 있다.

① 젊었을 때의 꿈에 두 귀밑에 금관자(金貫子)를 붙인 꿈→ 전투에 참

가하여 공을 세워 벼슬길에 나아갈 것이라는 기대와 달리, 적의 총 알이 왼쪽 귀밑으로 들어가 오른 귀밑으로 뚫어 죽음으로 실현되고 있다.

② 꿈에 은관(銀冠)을 이고 은정자(은으로 만들어 관위에 다는 것)를 붙여 본 꿈→ 오래지 않아 강을 건넘에 얼음이 깨져 죽게 되었다.

③ 죽은 태종이 어가를 몰고 와서 강제로 수레에 오르게 했던 꿈→ 고려시대 운곡(耘谷) 원천석(元天錫)의 꿈으로 죽음이 임박한 것을 예지한 꿈이다.

④ 죽은 사람이 도와달라거나 의논할 일이 있다고 하면서 같이 가자고 하는 꿈→ 오래지 않아 죽게 됨. 이밖에도 하늘에서 재주가 뛰어나니 와서 도와달라는 꿈으로 얼마 안있어 운명하고 있다.

⑤ 꿈에 죽은 사람이 나타나 누군가를 데려가겠다는 꿈→ 선택된 사람이 죽음을 당하게 된다. 꿈속에서 죽은 사람을 따라가는 경우, 현실에서는 안좋은 결과로 나타난다.

⑥ 자신의 머리가 적군에게 베인 바가 된 꿈→ 기생이 이야기하는 꿈을 믿고서 적군이 쳐들어왔으나, 나가 싸우지 않아 비겁자로 몰려 실제로 죽게 되는 일로 실현되었다.

⑦ 오랑캐에게 머리가 베인 꿈

　　김응하(金應河)장군이 "밤에 꿈을 꾸니 내 머리 도적에게 베인 바가 되니, 내 마땅히 도적을 많이 죽이고 헛되이 죽지를 아니할 것이니 그리 알라." 하고, 활을 쏘아 무수히 적병을 죽이고, 화살을 무수히 맞았음에도 쓰러지지 않았다. 화살이 다함에 장검으로 대항하니, 홀연 한 도적이 뒤로부터 창을 찔러 땅에 엎어졌다. ─『어우야담』

이 경우는 사실적인 미래투시의 꿈으로 실현된 경우이다. 도적에게 머리가 베이는 불길한 꿈을 꾸고 나서, 장차 있게 될 싸움에서 자신의 죽음을 예감하고, 목숨을 아끼지 않고 싸우다가 장렬하게 전사하고 있다.

⑧ 머릿속의 피가 의자다리로 흘러내린 꿈→ 이징옥(李澄玉)은 난을 일으켰을 때, 그의 아들의 꿈에 아버지 머릿속의 피가 의자 다리 아래로 흘러내리는 꿈을 꾼 후에, 부하의 배신으로 아버지인 이징옥이 죽임을 당하게 되는 일로 실현되고 있다.

⑨ 흰 일산을 펴고 백두산 옛집으로 돌아가는 꿈→ 황순익(黃純益)은 기이한 재주가 있었다. 술을 좋아하고 별로 자제할 줄을 몰라 낮은 벼슬자리에서 오락가락하며 오래도록 승진하지 못했다. 어느 추운 날 저녁에 갑자기 술을 많이 마시고 의자에 기대어 잤는데, 그의 이웃사람이 꿈에 선생이 흰 일산(日傘: 자루가 긴 양산)을 펴고 백두산 옛집으로 돌아가려 하는 것을 보고, 새벽이 되어 찾아가니 이미 죽었으므로 세상에서 백두정(白頭精)이라 부른다. ─『파한집』

⑩ 백학을 타고 돌아다니는 꿈→ 오세재(吳世才)가 죽기 전날 한 친구가 꿈에 공이 백학을 타고 돌아다니는 것을 보았는데, 다음날 가 뵈니 선생은 이미 세상을 떠났다. ─『동국이상국전집』

　유사한 사례로, 성호(星湖) 이익(李瀷)이 병중에 있으면서, 병(瓶)이 학(鶴)으로 변하기에 그 학을 타고 공중으로 날아올라 시원스럽게 유람하는 꿈을 꾼 후에 죽게 되었음을 밝히고 있다. 또한 우상(虞裳) 이언진(李彦瑱)도 어느 날 집안 식구의 꿈에, 한 신선이 고래를 타고 하늘에 오르는데 머리를 풀어헤친 사람이 뒤를 따라가는 꿈을 꾼 후에 죽었다고 밝히고 있다. ─『청장관전서』

또한 선인들의 죽음예지의 꿈사례로 '흰 말을 타고 서쪽으로 가는 꿈', '산이 무너지는 꿈'으로 죽음을 예지한 사례도 있다. 또한 안정복(安鼎福)의 꿈에 이맹휴(李孟休)가 나타나 옆에서 글을 쓰는 것 같았는데, 어느 사이에 홀쩍 곁을 떠나는 꿈을 꾼 바, 바로 그 날 새벽에 이맹휴가 죽음을 맞이하고 있다.

⑪ 민신(閔伸)이 역소(役所)에 있어 꿈을 꾸었는데, 쇠 부처[鐵佛]가 목구멍에서 나와서 어깨 위에 앉았다가 공중으로 날라 사라진 꿈으로 자신의 죽음을 예지하고, 어머니를 찾아뵙는 등의 다가올 죽음을 맞이하고 있다. ―『조선왕조실록』, 단종 1년 계유(1453). 10월 10일(계사).

⑫ 왕사(王師) 묘엄존자(妙嚴尊者)가 공중(空中)의 부처 정수리 연화(蓮花) 위에 서 있는 꿈을 꾼후에 입적(入寂)했다는 꿈이 있는 바, 일반 사람들의 죽음예지 꿈사례와는 다른 불교적인 징조를 보여주고 있다. 유사한 사례로 제자 정관(正觀)이 꿈에 어느 지방을 가니 사람이 크게 외치기를, "인화상(因和尙)이 이미 상품(上品)을 얻어 하세(下世)했다."는 꿈으로 스승의 죽음을 예지하고 있다.

⑬ 자신의 빈자리에 돌아온다는 꿈→ 강희안(姜希顔)이 하루는 말하기를, 꿈에 관청에 여러 선비들이 가지런히 앉아 있는 사이에 빈자리가 하나 있기에 물었더니 대답하기를, "여기 앉을 사람은 다른 곳으로 갔는데 금년에 돌아옵니다." 하였다. "그 푯말에 쓴 것을 보았더니, 그것은 곧 내 이름이었으니, 나는 죽을 것이다." 하였다. 이 해에 그는 과연 세상을 떠났다.―『해동잡록』

강희안(姜希顔)의 경우에 꿈에 본 관청의 빈자리가 현실의 관청이 아닌, 화려한 天上(천상)계의 관청이었을 것이다. 자신의 자리가 비어있고, "다른 곳으로 갔는데 금년에 돌아옵니다." 라는 말로써 자신의 죽음을 예지하고 있다. 하늘나라의 관청이 아닌, 현실의 관청의 자리를 상징한 꿈이라면, 당연히 그해 안으로 승진하여 참여하는 일로 이루어졌을 것이다.

⑭ 죽은 선조 임금이 나타나 국사를 의논하자는 꿈→ 무오년 5월에 이항복(李恒福)이 북청(北靑)에 귀양 가 있었다. 하루는 꿈에 선조가 용상에 앉아 있고, 유성룡(柳成龍)·김명원(金命元)·이덕형(李德馨)이 함께 입시하고 있었다. 선조가 이르기를, "혼(琿: 광해군의 이름)이 무도하여 동기를 해치고 어머니를 가두어 두니, 폐하지 않을 수 없다." 하니, 덕형이 아뢰기를, "이항복이 아니면 이 의논을 결정하지 못하겠으니 속히 부르소서." 하였다. 이에 항복이 깜짝 놀라 깨어서, 자제들에게 말하기를, "내가 살아있을 날이 오래지 않을 것이다." 하더니 이틀 뒤에 죽었다. ─『연려실기술』

이 꿈이야기는 장차 일어날 두 가지 사건을 예지해주고 있다. 하나는 이미 죽은 선조대왕을 비롯하여 이덕형(李德馨)이 자신을 불러와야 한다는 꿈을 꾸고 나서, 이항복 스스로 머지않아 자신이 죽게 될 것을 예지하고 있다. 또한 꿈속에서 들은 말인 '폐하지 않을 수 없다.' 의 말처럼, 장차 광해군이 인조반정으로 인하여 왕위에서 쫓겨나고 있다.

⑮ 흰실 여덟 량[八兩]을 받고 죽은 꿈→ 주세붕(周世鵬)의 어머니가 위독하자 향을 피우고 하늘에 빌었다. 이날 밤 꿈에 어떤 사람이 흰실 여덟 량[八兩]을 주면서 "병이 나으리라" 하였는데, 그 후 80일이 되어 죽었다. 이때 비로소 여덟 량이 80일을 늦추는 징조임을 알았다. ─『연려실기술』 제9권

⑯ 아이가 없어져서 찾는 꿈 → 송시열이 어린 조카의 죽음에 대한 슬픔을 토로하면서 검은 관(棺)을 손으로 어루만지면서 관과 장삽(墻翣)에다 물로 반죽한 밀가루덩이를 붙이는 꿈을 꾸었으며, 또한 지난 겨울의 꿈에는 아이가 없어져서 찾는 꿈을 꾸었다고 밝히고 있다.

⑰ 신인(神人) 7~8명이 칼을 들고 죽인다는 꿈 → 조문선(趙文善)이 수로왕 능 밭을 반으로 줄여 백성에게 주려 하였더니, 그날 저녁 꿈에 신인(神人) 7~8명이 칼을 들고 와서, "네가 큰 죄악이 있으므로 베어 죽이고자 한다." 하였다. 조문선이 놀라 깨어 병이 나서, 밤에 도망하다가 길가에서 죽었다.

⑱ 하늘에서 예리한 칼날이 찍는 꿈 → 가을 7월에 전법 판서(典法判書) 김서(金㥠)가 졸하였다. 이때 정화원비(貞和院妃)가 왕의 사랑을 받았는데, 백성을 평민인 줄 알면서도 노예로 삼았다. 그 백성이 전법사에 호소하였으나 왕이 지시하여, 결정을 지어서 정화(貞和)에게 주라고 독촉하니, 김서(金㥠)는 동료들과 함께 백성의 원통함을 알면서도 지시를 어기지 못하여, 그만 노예로 결정하여 버렸다. 어떤 사람이 꿈을 꾸는데 예리한 칼이 하늘에서 내려오더니 한 관청의 관리를 마구 찍었다. 그런데 이튿날 김서(金㥠)가 등창이 나서 죽고, 그 후에 동료들이 서로 잇달아 죽었다.

⑲ 칼을 빼들고 원수를 갚았다는 꿈 → 갑자년(1684년)에 서울 어느 백성의 꿈에 류혁연(柳赫然)이 군복에 칼을 빼들고 뛰면서, "이제야 김석주에게 보복하였다." 하는 것이었다. 놀라서 그 꿈을 깨었는데, 거리에서 사람들이 전하기를, "청성(淸城) 김석주(金錫胄)가 죽었다." 하였다. ―《몽예집(夢藝集)》

두 사람은 숙종 5년(1679)에 김석주(金錫胄)는 서인으로서 병조판서로, 류혁연(柳赫然)은 남인으로서 훈련대장으로 있으면서 정치적으로 대립관계에 있었다. 남인의 타도를 획책하여 남인들로부터 많은 비난을 받았던 김석주가, 남인인 류혁연이 죽은 지 4년 뒤에, 숙종 10년(1684년) 갑자년에 51세의 나이로 갑자기 죽었다.

⑳ 장례행렬과 시호를 꿈에서 본 꿈→ 김례몽(金禮蒙)은 글로써 이름이 났으며 시호는 문경공(文敬公)이다. 이보다 앞서, 문강공(文康公) 이석형(李石亨)이 말하기를, 내 꿈에 중추(中樞) 김례몽(金禮夢)이 멀리 떠나는 데 따르는 사람들이 거리를 메웠고, 어떤 사람이 손에 한 물건을 가지고 앞서서 가는데, '문경공(文敬公)'이라 써 있었다. 1년 뒤에 김예몽이 죽어, 도성 문 밖으로 상여가 지나갔는데, 그 시호를 보니 바로 '문경(文敬)'인데 꿈과 서로 맞았으니, 이로 보면 비록 조그마한 일이라도 하늘이 정해 주지 않은 것이 없다." 하였다. ─『청파극담』

장차 일어날 죽음의 예지를 사실적인 미래투시의 꿈으로 예지하고 있다. 이 꿈 역시 장차 일어날 죽음의 예지를 사실적인 미래투시의 꿈으로 예지하고 있다.

㉑ 장례의 행렬을 보는 꿈→ 정부인(貞夫人) 박씨는 의정부 좌참찬 윤승길(尹承吉)의 배필이다. 이에 앞서 어떤 사람이 중화(中和)의 큰길 근처에서 잠을 자다가 꿈을 꾸니, 화려한 수레가 앞장 서서 가고 고귀한 수레가 또 바로 그 뒤를 따라 가고 있었으며, 수레의 앞뒤로 호위하며 수행하는 사람들의 꾸밈새가 매우 성대하였는데, 바로 윤승길의 일행이라고 말하더라는 것이었다. 이에 꿈을 깨고 나서는 이 사실을 기록해 두었는데, 이윽고 공과 부인이 서로 잇따

라 죽어 발인한다는 소문을 듣고서 앞길로 달려가 보니, 너무나도 꿈에서 본 정경과 부합되었다고 한다.

　　　　—『택당선생 별집(澤堂先生別集)』 정부인(貞夫人) 박씨(朴氏)의 행장.

　　이 꿈 역시 장차 일어날 죽음의 예지를 사실적인 미래투시의 꿈으로 예지하고 있다.

㉒ 자신의 명정으로 죽음을 예지한 꿈→ 이적(李嫡)이 일찍이 다른 사람에게 말하기를, "내가 꿈에 강가에 나아갔는데, 내 앞에 '승문저작이공지구(承文著作李公之柩)'라 씌어 있는 명정을 보았으니, 나는 높은 벼슬을 못하고 저작랑으로 끝맺는 것이 운명이다."

　　최고 벼슬이 승문원(承文院)의 정8품 관직으로 저작랑(著作郞)에 그치게 될 것을 예지하고 있는 바, 꿈대로 실현되고 있다. 일반적인 상징에서 자신의 명정을 보는 꿈은 새로운 탄생과 새로운 생활을 열게 되며, 새롭게 자신의 학원을 낸다든지, 아들이 고시합격이 된다든지로 실현된 사례가 있다.

㉓ 죽는 해를 계시해준 꿈

　　이색(李穡)이 쓴 최재(崔宰)의 묘지명의 글이다. 9월에 경미한 병환이 생겼는데 여러 아들에게 말하기를, "내가 일찍이 꿈을 꾸었는데 이인(異人)이 날더러 말하기를, '오년(午年)에 이르면 죽는다.'고 하더라. 금년이 무오년이고, 또 병이 이와 같으니, 내 필연코 일어나지 못할 것이다." 하였는 바, 실제 죽음으로 실현되었다.

㉔ 귀신이 죽을 해를 계시해준 꿈

　　선비(先妣)께서 14세 때인 정해년(1707)에 홍역을 앓으시어 열이 솟아 혼절하셨는데, 그 때 마치 어떤 사람이 큰 소리로 "이 아이는 다음의 정해년에 죽을 것이다."라고 말하는 듯하였고, 얼마 안 되어 깨어나셨다. 그리고 무신년(1728, 영조 4) 겨울에는 꿈속에서 귀신이 사람 수명의 길고 짧음을 말하는 것을 보시고 선비께서 "나의 수명은 얼마인가?" 라고 물으시자, 귀신이 74세라고 답하였는데, 선비께서 깨시어 그 꿈을 말씀해 주셨다. ─『순암집』제25권. 행장(行狀). 선비공인이씨행장(先妣恭人李氏行狀).

안정복(安鼎福)은 돌아가신 어머니의 일대기를 적은 행장(行狀)에서 꿈의 예지대로 이루어지고 있음을 밝히고 있다. 어머니는 그의 나이 56세 때인 1767년 정해년에 운명하고 있다. 행장(行狀)의 내용대로라면, 14세 때인 1707년 정해년에 홍역에 걸려 목숨이 위태로웠던 바, 다음의 정해년인 1767년에 죽게 될 것을 계시적 성격의 꿈으로 예지받고 있다. 또한 35세 때인 1728년 무신년에도 꿈속의 귀신에게 수명을 물은 즉, 74세라고 말해주고 있음을 밝히고 있다. 따라서, 행장의 내용대로라면, 장차 죽게 될 해를 길게는 60년 전에, 짧게는 39년 전에 구체적으로 계시해주고 있으며, 또한 꿈속에서 계시한 해에 운명하는 일로 실현되고 있다.

죽은 사람의 일대기를 적는 행장의 성격으로 볼 때, 선인들의 이러한 신비한 꿈의 세계에 대한 체험담은 거짓이 아닌, 실제로 있었던 실증적인 사례들이다. 필자는 이러한 실증적인 사례를 바탕으로 한 연구를 통하여 꿈의 세계 및 꿈의 실체에 대한 연구를 해나가고자 한다.

㉕ 이제 다시 만날 때가 되었다고 말하는 꿈

유인(孺人) 민씨(閔氏)가 "지난밤 꿈에 시집간 딸이 아버지의 명령이라면서, 서로 만나 합쳐질 기한이 되었다고 나에게 와서 말하였으니, 나는 오래 살지 못할 것이다." 하였는데, 과연 그해 6월 29

일에 서울 집에서 별세하니, 향년이 63세였다. —『한수재집(寒水齋集)』

다음에 나오는 사례들은 꿈속에서 죽음을 예감케하는 시를 짓거나 시를 받는 몽중시(夢中詩)의 사례들이다. 한시(漢詩)가 생활화되었던 당시에 있을 수 있는 일이라 하겠다. 편의상 따로 살펴보았다.

㉖ 슬픈 시를 짓고 죽은 꿈
   취부(醉夫)가 일찍이 꿈에 시 한 수를 지었는데, 그 중 아래와 같은 한 시구가 기억된다. '바다 천리 외로운 배에 날은 저물고, 물과 구름에 긴 퉁소 소리는 가을을 알리더라.' 그 후, 열흘이 못되어 화가 일어났다. 사람들은 멀리 귀양갈 조짐이라 하였는데, 마침내 곤장을 맞고 죽으니 애통한 일이다. —『長貧居士胡撰』

취부(醉夫)는 윤결(尹潔: 1517 1548)의 호로, 진복창(陳復昌)의 미움을 받아 고문 끝에 죽었다. 시에서 느껴지는 분위기는 쓸쓸하고 어두운 분위기이다. 유사한 사례로, 이민구(李敏求)는 벗과의 이별을 아쉬워하는 몽중시를 짓고 애첩의 죽음으로 실현된 사례가 있다.

㉗ 꿈에 본 암울한 시→유간(柳澗)의 죽음을 예지
   광해 9년 2월, 부계에 있을 때의 일이다. 꿈에 참찬 유간이 그의 아들 여각을 보내어 시를 보여 주었다. 꿈을 깬 뒤에도 그의 한 글귀는 기억하였다.
   時論正如三漆墨 시론은 정히 세 칠묵 같고

歸期難得一帆風 돌아올 기약은 한 돛의 바람을 얻기 어렵다.

그러나 그 뜻을 알 수 없어 일기에 적어 두었다. 그 뒤 2년에 유간 (柳澗)이 시의(時議)에 거슬려서, 북경에 다녀오라는 특명을 받았다. 그때 오랑캐가 발호하여 그 기세가 매우 팽창하였으므로, 북경에 가는 사람들은 다 바다를 건너야 할 근심이 있었다. 유가 연경에 간 뒤에 적이 요양을 점거하였기 때문에, 길이 끊어져서 바닷길로 돌아오다가 배가 깨져 익사하였으니, 또한 이상한 일이라고 하겠다. ─『자해필담』

㉘ 꿈에 시구를 받고 죽음예지

栗谷(율곡) 李珥(이이)가 어릴 때에, 꿈에 상제를 뵙고, 금으로 된 족자 하나를 받았다. 그것을 열어보니, 아래와 같은 시구가 있었다.

龍歸曉洞雲猶濕 용이 새벽 골로 돌아가니 구름이 여전히 젖었고,

麝過春山草自香 사향노루가 봄 산을 지나니 풀이 절로 향기롭다.

이것을 들은 여러 사람들이 기이한 조짐이라 하였다. 선생이 급작스럽게 작고한 다음에야 식자들은 비로소 그것이 상서롭지 못한 것임을 알았다. '용이 돌아간다. 사향노루가 지나간다.' 한 것은 빨리 죽을 조짐이요, '구름이 젖고, 풀이 향기롭다' 한 것은 그가 남긴 혜택과 높은 이름만이 홀로 남게 될 것을 가리킨 말이다. ─『장빈거사호찬』

이 이야기는 『지봉유설』에도 나오고 있으며, 李珥(이이)는 비교적 젊은 나이인 48세에 급작스럽게 죽었다. '용이 돌아간다. 사향노루가 지나간다' 라는 상징적인 한시 구절로써 장차 고귀한 인물이 일찍 죽게 될 일을 예지해주고 있다.

㉙ 암울한 시(詩)를 짓고 죽은 꿈→ 이국휴(李國休)의 몽중시

이국휴의 자(字)는 함경(咸卿)인데, 나의 재종질이다. 그가 한번은 대궐 안에서 숙직하면서 꿈에 시를 짓기를,

荒城廢雉樓樓出 황폐한 성, 퇴락한 담은 삐죽삐죽 드러나고
古木寒鴉往往來 고목의 굶주린 까마귀 이따금 찾아온다.

하였는데, 이것이 무슨 징조인지 알지 못했다. 얼마 못가서 이국휴는 병들어 죽었으니, 지금까지 생각하면 처량하여 애가 끊기는 듯하다. ─이익,『성호사설』하

몽중시의 내용은 암울하고 어두운 분위기로 전개되고 있는 바, 앞서서 살펴 본 죽음예지의 여타의 시들과 유사한 점을 보이고 있다. 꿈속의 배경은 상징적으로 장차 일어날 일을 예지해주기도 한다. 이처럼 무너져가는 성, 낡고 오래되어 퇴락한 담, 오래되어 말라붙은 고목에 굶주린 까마귀가 날아드는 배경은 암울하고 음산한 분위기를 자아내고 있기에, 장차 죽음예지 등의 안 좋은 일로 실현되는 것은 당연한 결과라 하겠다.

(4) 죽음예지 꿈해몽 요약

- 밤 꿈에 하늘이 갑자기 무너지는 꿈은 임금이나 부모의 사망이 있게 된다.
- 공중에서 무언가가 완전히 사라져버리는 꿈은 사망이나 일의 종말 등의 일과 관계한다.
- 고목이 부러지는 것을 보는 꿈은 지도자나 집안의 웃어른이 사망하거나 역사 깊은 회사 등이 파산된다.
- 하늘이 캄캄하거나, 연못의 큰 물고기들이 죽어서 둥둥 떠 있거나,

나무들이 시드는 꿈이나, 푸른 나뭇잎이 시들어 떨어져 쌓이는 꿈은 천재지변이나 전쟁 · 재난 · 유행병 등으로 많은 사람이 사망함을 예지한다.

- 검은 손이 문패를 떼어 가는 꿈은 문패 주인의 사망이나 신분의 몰락으로 실현된다.
- 바다에 있는 높은 산속으로 들어가는 꿈은 죽음을 예지한 꿈이거나 외국에 갈 일이 생긴다.
- 자기 방에 검은 자동차 등이 들어와 있는 꿈은 집안의 누군가가 사망한다.

(5) 민속에 전하는 죽음예지 꿈해몽 요약

- 꿈에 단장하고 시집가면 죽는다.
- 꿈에 가마 타면 죽을 운명이다.
- 꿈에 꽃가마를 타고 가거나, 꽃장식이나 꽃수레를 보면 죽는다.
- 꿈에 홍수가 나거나, 집 위에서 노래하면 초상이 난다.
- 꿈에 황토흙을 보거나, 소 타고 산속에 들어가면 죽는다.
- 꿈에 긴 다리를 건너가거나, 차를 타고 여행을 떠나거나, 배를 타면 죽는다.
- 꿈에 사나운 바람이 불면 사람이 죽는다.
- 꿈에 부엌에 있는 솥이 깨지면 사람이 죽는다.
- 꿈에 다리 기둥이 부러지면 자손에게 흉한 일이 일어난다.
- 꿈에 공중에서 새가 울면 아내가 죽는다.
- 꿈에 새 집을 지으면 부모님이 돌아가신다.
- 꿈에 신발을 잃어버리면 사람이 죽는다.

- 꿈에 죽은 사람을 따라가면 죽는다.
- 꿈에 나이 든 사람의 경우, 죽은 조상이 나타나면 죽을 날이 가깝다.

9) 흉몽

꿈은 반대가 아닌 상징의 이해에 있다. 따라서 꿈이 밝고 아름답고 풍요로운 꿈이 좋은 것이다. 반대로 누군가에게 쫓기거나 암울한 전개를 보이는 꿈은 좋지가 않다.

외국의 연구결과이지만, 국제수면학회에서 미국의 '어니스트 허트먼' 교수는 악몽에 자주 시달리는 사람은 정신분열증에 걸릴지도 모른다는 연구결과를 내놓았다. 1주간 1회 이상 악몽을 꾸는 사람을 공개 모집해 조사했는데, 괴물에 쫓긴다든가 수영 도중 무엇인가에 팔을 물려뜯겨 피를 뿜었다든가 하는 등의 내용이나 공포가 선명하게 기억되는 악몽을 꾼 사람들이었다. 이중 일부는 분열증 증세가 보이는 정신장해가 나타났고, 신경질적인 성격의 사람이 많았다.

흉몽의 대표적인 꿈사례 등으로 '유산이나 요절'의 꿈, '죽음예지'의 꿈, '교통사고 예지', '질병 예지' 등을 들 수 있는 바, 이밖에도 자주 나타나는 예를 간략하게 살펴보면 다음과 같다.
- 신발, 모자, 열쇠, 옷 등을 잃어버리는 꿈
- 적이나 귀신에게 쫓기거나 맞는 꿈
- 동물을 죽이거나 잡으려 하지만, 잡지 못하는 꿈
- 이빨, 머리카락, 손톱, 눈썹 등이 빠지는 꿈
- 이성과 성행위를 하지 못하는 꿈
- 대들보가 부러지는 꿈

- 귀에 물건이 들어박힌 꿈

- 코가 썩어 떨어지는 꿈

- 손가락이 꺾어지는 꿈

- 똥 · 오줌을 도난당하는 꿈

- 집안에 홍수가 일어나는 꿈

(1) 사건 · 사고 예지의 흉몽 실증사례

꿈은 꿈을 꾼 사람이 처해있는 상황에 따라 다르게 실현된다. 이와 유사한 꿈을 꾼 사람의 경우 교통사고가 아니더라도, 안좋은 일로 실현될 것이다.

① 돌아가신 어머니가 나타나 창문도 없는 추운 방에서 자신을 슬프게 바라보고 있었던 꿈→ 어머니가 슬프게 바라보고 있었던 정황에서 현실에서 안좋은 일이 일어나게 될 것을 예지해주고 있다. 실제로 자동차 바퀴가 발등위로 덮쳐 지나가는 사고를 당하게 되었다.

② 알고 있는 사람이 꿈에 자기방 구들장을 괭이로 파내는 꿈→ 다른 사람을 차로 치어 교통사고로 입건되다.

③ 진흙 수렁에 빠져서 허우적거리는 꿈→ 교통사고가 일어나 뒷차의 본네트를 망가뜨리게 되었다.

④ 조그마한 비닐빽 안에 상체만 있는 아기가 갇혀 있어 자크를 열어내놓는 꿈→ 시골 동네어귀에서 어린 남자아이가 차앞에 뛰어들어 교통사고가 날 뻔하는 일로 현실화 되었다. 꿈에 본 것처럼 아이가 자동차에 가려 윗 상체부분만 보이게 되었으며, 이 경우 꿈속

에서 자크를 열어주지 않는 꿈으로 진행되었다면, 교통사고가 일어나는 일로 실현될 수 있다.

⑤ 여자 셋이 내 이불을 확 벗겼는데, 내 몸이 피투성이였던 꿈→ 한국 고고학계의 개척자로 꼽히는 김원룡 박사는 '나의 인생 나의 학문' (학고재 간)에서 다음과 같이 말하고 있다.

"1963년 가을, 경북 고령에서 신라 가야 최초의 벽화고분을 발굴했다. 그해 12월, 정밀조사를 다시 마친 직후 서울로 올라오는 날 새벽, 흉한 꿈에 잠을 깼다. 여자 셋이 내 이불을 확 벗겼는데, 내 몸이 피투성이였다. 그날 새벽 내가 탄 버스는 출발한 지 몇 분 만에, 논바닥으로 굴렀다. 늑골이 부러지는 중상이었다. 유리를 깨고 버스에서 겨우 빠져 나온 내 모습은 꿈에서 본 그 꼴이었다."

⑥ 꿈에 낯선 여자를 보는 꿈→ 교통사고인 접촉사고로 80만원을 물어주는 일이 일어나게 되었다.

이처럼 꿈에 여자가 나타나는 꿈이 안좋은 일로 실현된다고 말하는 사람이 상당수 있다. 이밖에도 화려한 옷을 입은 여인을 보면 우환 등 안좋은 일이 일어나거나, 낯선 여자들이 많이 보이면 구설수에 오르게 되고, 또한 아기를 보면 좋지 않은 일이 일어난다고 하는 사람들이 많이 있다. 또한 꿈에 소가 보일 때 안좋은 일이 일어난다고 하는 사람이 있다. 꿈에 소가 보여 안좋은 일이 일어날 것 같아서 외출을 하지 않으려 했으나, 나가게 되는 일이 생겨 길을 걷다가 하이힐의 한 쪽이 부서지면서 창피를 당하는 일로 실현되었다.

⑦ 꿈에 결혼이 임박한 동생의 약혼녀가 결혼도 하기 전에 아기를 낳

았다고 야단을 치는 꿈→ 현실에서는 동생의 약혼녀가 초등학교 교사로, 차를 운전하며 행단보도를 지나던 중 미처 아이를 발견하지 못해서 교통사고를 내게 되었다. 결혼 날짜를 받아둔 신부라, 피해자 요구대로 들어주는 일이 일어났다.

⑧ 교통사고가 났다고 사람들이 웅성거리고, 남동생이 나타나 무언가를 말하는 꿈→ 현실에서는 몇 달 뒤에 남동생이 접촉사고가 나서, 수리하는데 많은 비용이 들어갔다. 이 경우 사실적 미래투시의 꿈으로 볼 수가 있겠다.

⑨ 친구가 교통사고로 한쪽 다리를 붕대로 허벅지까지 칭칭 감고 억지웃음을 지으며 입원해 있는 꿈→ 현실에서는 친구 어머님이 교통사고를 당하는 현실로 실현되었다. 가족들과 함께 타고 갔는데, 유독 어머님이 다리를 다치는 일로 실현되었다.

이처럼 꿈속에서는 꿈속에 나타난 인물 그대로가 아닌 다른 사람에게 실현되는 일이 상당수 있다. 즉 꿈속의 인물은 상징표상이지 현실의 인물이 아닌 것이다.

⑩ 누군가 술좌석에 폭발물을 가지고 들어와 던져서 애인의 머리의 $\frac{1}{3}$이 깨져 나갔고 뼈와 피가 훤히 들여다보인 꿈→ 오토바이를 타고 가다가 사람을 치어 상당한 치료비를 물어주는 일로 실현됨.

⑪ 윗 이빨이 빠진 꿈→ 작은아버님이 급작스런 교통사고로 돌아가신 일이 일어났다.

⑫ 말하는 무서운 인형을 본 꿈→ 친구 동생이 자기 옆에 있던 인형을 보고 이야기를 하는 거였습니다. "우리 언니 이쁘죠." 하면서 정

말 살아있는 진짜 언니를 대하듯이 이야기를 했습니다. 저는 속으로 '어떻게 인형이 자기 언니라고 그러지' 하고 옆에 앉아 있던 인형을 보았습니다. 순간 공포와 소름이 끼쳐졌습니다. 인형의 표정과 눈빛이 너무 무서웠습니다. 전 너무 무서워 비명을 지르며 도망을 치다가 깼습니다.

교통사고의 큰 위험을 당할 뻔하게 되는 일로 실현되었는 바, 인형이 등장하는 꿈이 대부분 좋지 않게 이루어지고 있다.

⑬ 인형이 말하는 꿈→ 방안 가득 장난감과 인형들로 어지럽혀 있었습니다. 그 중 두 인형이 눈에 띄었습니다. 말을 할 줄 아는 인형이었습니다. 서로 자기를 껴안아 주라고 했습니다. 첫 번째 인형은 괜찮았습니다. 두 번째 인형은 왠지 내키지가 않았습니다. 껴안으면 꼭 목졸라 죽일 것 같아 싫었습니다. 자꾸 졸라 대어서 겨우 껴안아 주었는데 두려움에 몸을 떨다가 깨었습니다. 그 다음날 새벽 언니는 자고 있는 절 깨웠습니다. 알고 보니 도둑이 들어온 것이었습니다. 다행히 다친 곳은 없었지만, 꿈 생각을 하니 소름이 끼쳤습니다. 모두 죽을 뻔한 고비였으니깐요.

⑭ 꿈속에서 사냥꾼이 되어 뒷다리를 절고 있는 소를 쏘아 죽이지 않은 꿈, 꿈속에서 호랑이를 발견하고 총을 쏘았으나 호랑이가 점점 작아지던 꿈→ 현실에서 다음날 교통사고로 승용차에 뒷다리를 받혀서 병원에 입원치료를 받게 되었다. 꿈속의 표상이 안좋게 진행되고 있다.

⑮ 여러 사람들 가운데 유독 친척 한 분만이 형체만 보일 정도로 희미하게 나타난 꿈→ 희미하게 보인 사람에게 안좋은 일이 닥치게 된다. 실제로 며칠 뒤 꿈속에 희미하게 나타난 분이 사고를 당해서

병원에 입원하게 되었다.

⑯ 언덕 밑의 빨랫줄에 기저귀를 하얗게 빨아 널었는데, 갑자기 기저귀가 빨간 핏빛으로 물드는 꿈→ 딸의 입술 안쪽이 열 바늘 이상 꼬맬 정도로 찢어지는 사고가 발생했다.

⑰ 할머니가 돌아가신 이모할머니를 따라가시는 꿈→ 죽은 사람을 따라가면 안좋은 일이 일어나게 된다. 실제로 할머니가 미끄러운 얼음판에 넘어지셔서 다리를 다치게 되었다.

⑱ 아들을 옥상 꼭대기에서 거꾸로 놓칠 위기에서, 겨우 바지끝을 잡아 아슬하게 옥상 끝에 걸리는 꿈→ 다음날 아들이 두 번씩이나 경기(驚氣)를 하여 죽는 줄 알았다가 겨우 살아나는 현실로 실현됨. 이 경우 아슬아슬하게 잡는 꿈이었기에 그나마 다행인 현실로 실현되었다. 놓치는 꿈이었다면, 사망 등의 더 안좋은 결과로 실현될 수 있다.

⑲ 자기 입이 눈아래까지 찢어져서 병원에 입원하여 수술을 하려고 수술방에 들어갔더니 의사 선생님이 "이것은 찢어진 것이 아니라 누가 그려 놓은 것이다." 면서 그냥 보내주는 꿈→ 유리에 입술을 다치는 일이 일어났습니다. 하지만 경미한 사고로 그치게 됨.

⑳ 오른쪽 팔로 무엇인가를 힘껏 잡아당기는 꿈을 꾸고 깨어나서도, 아프고 힘이 없던 꿈→ 얼마후 아이들 둘이서 문가지고 실랑이를 하다 문이 꽉 닫혀서 열리지 않았습니다. 그래서 힘껏 잡아당기다가 그만 작은 아이의 발톱을 다치게 해 그후로 발톱이 빠지게 되었습니다.

㉑ 물소떼에게 신체의 어느 부분을 짓밟히는 꿈→ 현실에서도 밟힌 부분이 크게 다치게 되는 일로 실현됨.

㉒ 황소가 앉아 있기에, 오토바이를 타고 옆으로 지나가는데 황소가 뒷발질을 하여 뒷바퀴에 빵구가 나는 꿈→ 남편이 지하수 기계가 넘어져서 발가락을 다쳐, 한 달 이상 일을 할 수 없는 사고를 당하게 됨.

㉓ 눈 무더기가 무덤처럼 모여 있는데, 친정엄마가 눈을 두드리며 머리를 풀고 우는 꿈→ 깨고 나서 불길했는데 그날 친정엄마가 울면서 전화하면서, 동생이 정신착란증으로 병원에 3개월간 입원할 일이 생겼다고 연락이 오게 됨.

㉔ 용이 올라가다가 다쳐서 떨어졌는데 물이 맑은 물에 씻겨서 다시 나온 꿈. 또 한 장면에서는 맷돌이 막 돌아가고 있는 꿈→ 공장의 책임자가 손을 다쳐 병원에 입원하여 낫게 되었는 바, 맷돌이 막 돌아가고 있던 꿈의 표상에서 공장에 관계된 표상이라는 것을 예지해주고 있다.

㉕ 친구의 머리가 운동장을 공 구르듯이 굴러다니는 가슴 섬뜩한 꿈→ 다음날 행사장에서 마스게임을 하던 운동장에서 애드벌룬이 풍선 가열로 불꽃이 튀면서, 많은 학생들이 얼굴쪽에 화상을 입고 운동장으로 들어와 구르는 일이 일어남.

(2) 분실 및 경제적 손실 흉몽의 실증적 사례

① 잔칫집에서 가방을 잃어버리고 찾으러 다니는 꿈→ 그 다음날 아침 가게에 열쇠를 뜯고 도둑이 들어 물건을 잃어버리는 일이 일어남.

② 자신이 추수가 다 끝난 논가에서 남의 집에 들어가 쌀을 훔쳐온 꿈→ 현실에서는 자신이 장사를 하는 슈퍼에서 쌀을 도둑맞는 것

으로 실현되었다.

③남편과 함께 상복을 입고 부조금 장부를 들고 장례 부조금을 받고 있는 꿈→ 다음날 이튿날 남편이 보증을 서준 것이 잘못되어, 법원으로부터 기분 나쁜 통지를 받는 현실로 나타남.

④남편과 함께 상복을 입고 제사를 지내고 있는 뒤쪽으로 공동묘지가 보이고, 또다른 상복입은 사람들로부터 공격을 받는 꿈→ 얼마 안가서 친구한테 빌려주었던 돈을 조금 떼이는 일로 실현됨.

⑤가게들이 따로 따로 떨어져 외로이 서 있는 꿈→ 가게를 내 놓았는데 계약하기로 한 사람이 취소하는 일로 실현됨.

⑥강인지 연못인지 얼음이 꽁꽁 얼어 있어 걷다가 미끄러지는 꿈→ 그후에 자꾸만 돈이 모이지 않고 쓸 일만 생기게 됨.

⑦길을 가다가 돈을 줍는다든지, 공돈이 수중에 들어오는 꿈→ 현실에서는 남에게 빌려서라도 돈을 쓰게 되는 일로 실현되고 있다. 단, 이 경우에 있어서는 다소 황당하게 전개되는 상징적인 꿈의 경우에 한한다.

⑧물이 말라버린 꿈→ 물놀이 하던 물이 빠르게 줄어 물이 다 말라버린 꿈으로, 차를 계약하는 단계에서 손해를 보는 일로 실현되었다. 맑은 물이 재물의 상징으로 자주 등장되는 바, 계곡의 맑은 물을 가두려고 애쓰는 꿈으로 로또에 당첨된 사례가 있다.

(3) 기타 안좋은 일을 예지해 준 흉몽 사례

①같이 놀던 친구가 높은 곳에서 미끄러져 굴러 내려오다가 다쳐서, 의사가 달려와 차트에 친구의 이름을 적는 꿈→ 다음날 그 친구는 대학 들어와 처음으로 수업시간에 떠든다고, 앞에 나가서까지 교

수님께 무지 혼나는 일로 실현되었다.

② 친정아버지가 나타나신 꿈→ 밤에 꿈속에서 아버지가 많은 사람들 틈에 숨어 웅크리시면서 내 다리 옆에 앉으시는 것이었습니다. 내가 자꾸만 피하면 또다시 따라와 다리 옆에만 앉아 계시는 것이었습니다. 꿈을 꾸고 난 다음날, 남편이 추워서 켜는 가스 불에 바지를 무릎 아래까지 태워가지고 집으로 돌아왔습니다. 그런데 아버지가 앉으시려던 다리 옆의 바지 부분을 불에 커다랗게 구멍을 내어놓았습니다. 화상을 입지 않은 것이 천만다행이었습니다.

③ 깨끗한 차림의 할머니가 나타나 몹시 근심스런 표정으로 바라보는 꿈→ 오빠가 산림훼손으로 경찰서로 잡혀가 몇 달간의 옥고와 벌금을 내고 나오는 일이 일어남.

④ 정면으로 충돌하는 교통사고를 옆에서 보고, 소나기처럼 하늘에서 빗방울이 떨어져 머리로 핏물을 뒤집어 쓴 꿈→ 표상이 끔찍할 정도로 안좋게 전개되고 있다. 그로부터 이틀 뒤 고향에서 할아버지 묘가 장맛비로 많이 파헤쳐져 있다는 소식이 왔다.

⑤ 소리가 시끄럽게 나는 꿈→ 남편과 사귀던 무렵에 하늘에 쌍무지개가 떴습니다. 그런데 잠자리가 하늘 하나 가득 시끄럽게 날아다니던 것이 비행기로 변하여 나는 것이었습니다. 무지개는 아름다운데 잠자리와 비행기는 너무 시끄러운 것입니다. 그 후 아이 아빠와 결혼한 지 19년 되었지만, 시집 때문에 아직도 마음 고생이 많습니다.

⑥ 살고 있는 방바닥이 파헤쳐져 있는 꿈→ 시집 일 때문에 남편과 며칠을 두고 싸우는 일이 일어남.

⑦ 산에서 나무가 옆으로 눕혀 있으면서 늪이 있는데, 그 안에서 헤어

나오지 못하는 꿈→ 현실에서 어려운 생활로 이어짐.

⑧ 돌층계를 아주 힘들게 올라가는 꿈→ 남편을 잃고 나이 어린 아이들과 어렵게 살아가는 현실로 실현됨.

⑨ 한 아기를 안고 있는 데, 다른 사람이 우유를 먹여야 한다고 아기를 건네 달라고 해서 주다가 목걸이 줄에 그 애기의 목이 잘리는 꿈→ 현실에서는 다음날 이웃집에서 아기의 우유병 삶다가 잠이 들어서 불이 나는 일로 실현되었다.

⑩ 전구를 주웠는데 그걸 가지고 놀다가 깨뜨리는 꿈→ 현실에서는 조그마한 산불을 내게 되어 주의를 받게 됨.

⑪ 아래 층에서 일을 하다가 2층으로 뛰어올라 벽을 향해 주먹질을 하고 발광한 꿈→ 자신의 뜻대로 일이 진행되지 않을 것을 예지해 주고 있다. 현실에서는 라디오를 수선하다가 새시 윗부분 전선이 떨어져 전기합선을 일으켜 당황한 것으로 실현되었다.

⑫ 원숭이의 귀를 잘라버린 꿈→ 관계 단절. 앞에서 재롱을 부리는 원숭이를 가위를 가지고 왼쪽 귀를 잘라 버린 꿈은 약속을 지키지 않은 어떤 사람과의 소식(귀)을 끊게 되는 일로 실현되었다.

⑬ 누런 송아지에게 발로 차이고 짓밟히고 뒹굴리는 꿈→ 현실에서는 채무를 갚지 못해 여러 가지로 모욕과 시달림을 받는 일로 실현되었다. 이때의 송아지는 그 크기에 맞먹는 돈의 액수와 돈을 빌려준 채권자의 합성적 표상이 됐다.

⑭ 나는 태극기 앞에 여러 사람과 함께 서 있었고, 엄마가 작은 음료수 병을 들고 마시고 계셨다. 길에서 군인들이 싸웠는데 한 명이 무릎에서 피가 난 꿈→ 남편과 맞선을 보는 날 꾼 꿈으로, 남편은 엄청난 애주가였으며, 주벽이 심한 편으로 아내를 자주 구타하게

되는 현실로 실현되었다.

⑮ 먼곳에 사는 친척 동생이 집에 찾아왔는데, 얼굴을 보니 시커멓기에 얼굴을 씻자고 타일렀으나 씻기지 못한 꿈→ 현실에서는 추운 겨울에 열쇠가 없어 집에 못 들어가고, 밖에서 5시간 정도 떨어야 하는 일로 일어났다. 이처럼 꿈속에서 자신이 마음먹었던 대로 일을 하지 못했을 경우에, 현실에서도 자신의 뜻대로 이루어지지 않게 된다.

⑯ 알몸으로 부끄러워 몸을 움츠려 다니는 꿈→ 학생의 꿈으로 선생님에게 교무실에서 야단을 맞는 일로 실현됨.

⑰ 괴한 여러 명이 쫓아와서 쫓기는 꿈→ 신혼살림에 한밤중에 남편이 친구들을 데리고 들어와 급하게 여러 음식과 술안주를 마련하는 일로 실현됨.

⑱ 꿈에 남편의 머리카락이 단발머리에 노란 색, 붉은 색으로 염색이 되어 있었던 꿈→ 명절을 맞아 시댁에 내려갔을 때의 일로, 아침에 남편이 안보여 큰집으로 건너 가보니, 예전부터 사이가 좋지 않던 동네 분과 말다툼을 하고 있었다.

⑲ 까만 연기가 하늘을 덮은 꿈→ 전 꿈에 연기가 올라가는 걸 보면 큰 사고나 몸이 아파 고생하거든요. 그 날 밤도 까만 연기가 하늘을 덮었어요. 걱정이 되풀이되던 어느 날, 친정엄마 머리에 종양이 생겨서 수술해야 된다는 소식. 나쁜 종양은 아니고 완치 가능한 혹이라면서, 서둘러 수술날짜를 받았는데 간병할 사람이 없는 거예요. 그래서 사촌 큰언니가 간병을 하겠다고 해서 시골서 가셨는데, 이튿날 교통사고로 갈비뼈가 다섯 개가 금이 가고 다리가 부러지는 6개월 진단에 중환자로 변신하여 둘 다 입원하게 되어, 혹을 떼

려다 혹이 붙은 셈이지요. 너무 기가 막혀서 웃음 밖에 안 나오더군요.

⑳ 자동차가 물을 건너 도랑으로 막 가는 꿈→ 3중 충돌의 교통사고로 실현됨.

㉑ 주유소에서 물을 탄 휘발유를 넣어 자동차가 멈춰선 꿈→ 빗길에 미끄러지는 교통사고가 나게 되어 다행히 다친 데는 없었지만, 수리하기 위해 차를 1주일씩이나 세워두는 일로 실현.

㉒ 차에서 나 자신만 밖으로 튕겨 나오고, 차가 저절로 앞으로 제멋대로 나아가던 꿈→ 기차표를 예매했으나, 시간이 늦어 타지 못하고 기차를 놓치는 일로 실현되었다.

㉓ 전기밥솥이 둥둥 떠내려간 꿈→재물 손실로 실현.

전기밥솥이 뿌연 바닷물에 떠내려가고 있어, 밥솥을 잡을 수 있었는데, 잡을까 말까 망설이다 결국은 그저 쳐다만 보다 잠에서 깨어났습니다. 당시 저의 아버지는 몸이 안 좋아 종합검진을 받으셨습니다. 검사를 받기 전부터, 아버지는 '암인 것 같다' 는 말을 하셨기에 저는 아버지의 건강에 치명적인 결과가 생긴 것으로 지레 겁을 먹었습니다. 밥솥의 표상이라 온 식구의 생계를 맡고 계신 아버지의 일이라고 여겼으니까요.

하지만 제게 돈을 빌려간 사람이, 차일피일 시간을 끌다 일본으로 도망간 일로 실현되었습니다. 재미있는 것은 꿈에서 밥솥이 떠내려간 방향이 일본쪽 방향인 동쪽이었다는 것과 부모님 집에서 생활하긴 하지만 직업이 있던지라, 밥솥은 식구의 밥솥이 아닌 저의 밥솥을 의미했더군요.

㉔ 괴한에게 칼을 던져서 죽이지 못한 꿈→ 아버지가 3000만원을 사

기당하는 일로 실현됨.

칼로 괴한을 죽이지 못한데서, 괴한으로 표상된 사기꾼 내지 안좋은 대상이나 일을 제압하지(굴복시키지) 못하게 될 것을 예지해 주고 있다.

㉕ 밥그릇이 반으로 깨끗하게 갈라진 꿈→ 밥그릇이 너무도 깨끗하게 아버님 앞에서 반으로 갈라지는 꿈을 꾸었습니다. 한참이 지나서, 선산의 토지 분쟁 때문에 아버님과 어떤 분이 멱살까지 잡으며 다투었다는 소식을 들었습니다.

㉖ 검은 물에 목욕하는 꿈→ 시궁창도 먹물도 아닌 이상한 검은 물에 옷을 입은 채로 목욕을 하는 것을 건져내지 못한 꿈을 꾼 후에, 당사자가 젊은 나이의 20살로 요절하게 되는 일로 실현되었다.

㉗ 꿈속에 특정인물이 보이는 꿈→ 시아버님의 사랑을 많이 받았는데, 돌아가신 후 꿈에 보이면 상처를 입거나 피를 보게 되는 일이 일어나게 된다.

또한 가장 친한 이웃 30년 지기 친구가 보이면, 다음날 아주 기분 나쁜 상황이 벌어진다고 하는 사람도 있다. 마치 주의를 준다고 미리 경고하는 것 같게 느껴진다고 말하고 있다. 어떤 사람은 꿈속에서 돌아가신 아버지나 시어머니를 보게 되는 날이면, 안좋은 일이 일어나거나 누군가 죽거나 병이 들게 되는 일로 실현되고 있다. 이처럼 여러 사람들이 꿈속에 특정한 사람이 보일 때 그 다음날에는 좋지 못한 일이 일어나고 있다고 말하고 있다. 하지만 이 경우 모두 어두운 얼굴이나 안좋은 모습으로 나타날 경우이다. 조심하라고 계시해주는 것으로 받아들이면 된다.

(4) 기타 흉몽의 꿈해몽 요약

- 당장에 빗방울이 떨어질 것 같은 구름장 속에, 머리를 내어놓고 눈을 부라리는 용이 당장에 쫓아와서 잡아먹는 것 같아, 무서워서 어떤 집 건물 안에 몸을 숨기고 바라보았던 꿈→ 용으로 상징된 사업체나 저작물 또는 사람이 크게 성공해서 자기에게 영향을 주려고 하지만, 꿈을 꾼 사람은 심적 갈등과 기피하려는 일이 있게 된다. 이 경우 용에게 잡아먹혀야 용으로 표상된 어떠한 세력의 영향권 안으로 들어가는 현실로 실현된다.
- 아버지를 죽이라고 하지만 죽일 수 없었던 꿈→ 현실에서 아버지와 동일시되는 윗사람을 설득시키거나 어떤 권위 있는 일거리에 착수할 수가 없게 된다.
- 장독대의 장독을 모조리 뚜껑을 덮어놓은 꿈→ 장독대에 있는 장독 하나하나는 자금의 출처·사업체·작품 따위를 상징하는 것이 될 수 있다. 따라서 그 뚜껑을 덮어놓은 것들은 사업 자금 활용의 어려움, 사업중지나 작품창작이 중지된 동안을 말한다.
- 냉장고가 비워져 있거나, 자동차의 기름이 하나도 없는 꿈은 은행 등의 통장에 돈이 하나도 없음을 의미한다.
- 물건을 훔치거나 사람을 해치고자 할 때 남에게 들켜 깜짝 놀란 꿈 → 어떤 욕구도 충족시키지 못하거나, 양심의 가책을 받게 된다. 꿈속에서는 살인을 하고도 당당하게 자신의 정당방위를 주장하는 꿈이 좋다. 어떠한 일을 자신 있게 해 나감을 뜻한다.
- 붓·벼루·연적, 기타 필기구가 깨지거나 꺾어진 꿈→ 시험에 낙방하거나 사업체나 일의 교섭 방도가 제대로 운영되지 않는다.
- 불이 다 타서 재만 남는 꿈, 무덤에서 사람의 손이 나와 무엇을 달라

고 하는 꿈, 소나 돼지가 자기를 쓰러뜨리고 발로 밟는 꿈(이 경우 소나 돼지가 채권자로 표상되어 나타남), 상대방이 살이 쪄 있는 꿈, 시체가 부풀어 올라와 있는 꿈→ 현실에서 빚 독촉을 받는다든지 등의 좋지 않은 결과로 실현된다.

- 방안에 연기가 새어든 꿈→ 안좋은 외부의 소문이나 영향력에 휩싸이게 됨을 뜻한다. 전염병 등에 감염되거나 남에게 누명을 쓰게도 된다.

- 칼이 녹슬거나 부러지는 꿈→ 정신적·육체적인 병에 걸리거나, 협조자가 튼튼치 못하고, 패배·좌절·성불능 등의 일이 있게 된다.

- 헌 옷을 입는 꿈→ 병에 걸리거나, 신분·직위·집·협조자·권리 등이 쇠퇴하게 된다.

- 옷을 꿰매 입는 꿈→ 몸을 수술해서 흔적을 남김을 예지한다

- 시계가 고장나거나 수리하는 꿈→ 협조자·배우자·자손 등이 병들거나, 사업부진·교통사고 등을 당하게 되어 생계가 막연해진다.

- 적병에게 쫓기는 꿈→ 병에 걸리거나 심적인 부담감으로 일을 성취하지 못한다.

- 중병에 걸린 사람이 산속으로 소를 몰고 들어가는 꿈→ 죽음과 더불어 그 집 재산이 소실되는 일로 실현된다.

- 어항이 깨지거나 물이 마르는 꿈→ 부부간의 애정이나 사업 등이 깨지고, 자녀의 죽음과 상관하게도 된다.

- 개울에 떠내려오는 시든 배추를 건지는 꿈→ 병들거나 부고 등 불길한 소식을 듣게 된다.

- 검은 천으로 몸을 가리거나 덮는 꿈→ 사망·상해·범죄 등 여러 가지 불상사를 체험한다.

(5) 사회적 · 국가적 사고예지 흉몽 사례

꿈꾸는 능력이 뛰어난 사람은 자신이나 자신의 주변인물들에 대한 꿈뿐만 아니라, 사회적 · 국가적인 꿈을 꾸기도 하는 바, 여러 사람들이 보내온 꿈을 요약해 살펴본다.

① 본인의 엄지손가락(오른손)만 남고 다른 손가락이 모두 잘려진 꿈 → 다음날 제주공항에 비행기 사고로 비행기 앞부분만 남고 나머지는 크게 부서짐.

② 이모네서 흰죽 네 그릇을 먹고 아주 커다란 나무가 쓰러지는 것을 본 꿈→ 아침뉴스에 '성수대교 붕괴'를 알리는 소식을 들음.

③ 동네의 다리가 끊어져 개울로 떠내려 오고 있는 꿈, 모두 흰 소복을 입고 가마솥에 소머리국밥을 끓이는 꿈→ 많은 사람들이 죽게 되는 대형참사가 일어나게 된다. 성수대교 붕괴사고 날 새벽에 꾼 꿈이다.

④ 목욕탕 같은 곳에서 알몸인 여러 갓난아기 중 한 아이를 안자마자 얼음 같이 차가와 깜짝 놀라 깬 꿈→ 다음날 버마 아웅산 폭발 사건이 일어남.

⑤ 독수리 한 마리가 총에 맞아 땅에 떨어지는 꿈→ 육영수 여사의 죽음 예지

　"서쪽 하늘로 불덩이 같은 큰 해가 산너머로 지려고 하고, 붉은 해로 인해 하늘은 노을이 붉게 물들어 있었어요. 큰 독수리 두 마리가 나란히 하늘 높이 지는 해 쪽으로 날아가고 있었어요. 그 때 어디선가 '탕' 하고 한 발의 총소리가 들리면서 독수리 한 마리가 직각으로 땅에 떨어졌어요. 한 마리는 지는 해 쪽으로 계속 날아갔습니다."

다음날 광복절 기념식장에서 육영수 여사가 총을 맞고 운명하시는 일로 실현되었다.

⑥ 장송곡을 듣는 꿈→ 삼풍백화점 붕괴 예지

> 저와 많은 사람들이 비행기를 타고 가고 있었죠. 그런데 어디선가 맑은 마치 천상의 목소리와 같은 노래 소리가 들려왔습니다. 가만히 들어보니 성가와 흡사했지만, 그건 바로 장송곡이더군요. 모두가 공포에 질려있는 가운데 누군가가 비행기의 덧창을 열었고, 지금도 생생한 그 광경이 눈앞에 펼쳐졌습니다. 검은 구름 사이사이마다 그보다도 더 검은 날개를 단 수백마리의 새들의 얼굴은 사람의 얼굴로 하나같이 표정이 없는 죽음 그 자체였습니다.

삼풍백화점 붕괴사고가 나기 하루 전에 꿨던 꿈으로, 사회적 국가적으로 큰 일이 닥치게 될 것을 예지해주고 있다.

⑦ 지각이 갈라져 한 부분은 위로 솟구치며 또 다른 부분은 함몰되는 커다란 혼란을 보는 꿈→ 일본 고배 지진이 일어남

이밖에도 꿈에 자주 등장되는 주요 상징에 대해서 실증사례 위주로 살펴보고 싶지만, 제한된 지면상 추후 발간될 [홍순래 꿈해몽 대백과]로 미루고자 한다. 이 책『꿈이란 무엇인가?』는 꿈에 대한 전반적인 이해와 다양한 실증사례를 통해 꿈의 상징의미를 올바르게 이해하는데 중점을 두었음을 밝힌다.

제 V 장
해몽의 신비성

1. 꿈보다 해몽

구비전승 되어온 옛날이야기와 선인들의 여러 글속에는 꿈에 관한 기기묘묘한 이야기로 넘쳐나고 있다. 이러한 꿈에 대해서 중국에서도 꿈에 관한 많은 책들이 있으며, 후한의 왕부가 쓴 『잠부론(潛夫論)』이나 명나라의 진사원의 『몽점일지(夢占逸旨)』는 꿈을 길흉판단의 대상으로 관심을 보인 유명한 몽서들이다.

우리 민족의 꿈에 대한 관심은 지대하며, 우리나라의 꿈에 관한 기록도 수없이 많다. 『삼국유사』·『삼국사기』를 비롯하여, 『조선왕조실록』에도 다양한 꿈의 기록이 있으며, 선인들의 각종 문집에 산재(散在)되어 있다. 특히 이수광은 그의 백과사전적인 저서인 『지봉유설』에서 '몽매(夢寐)' 라 하여 꿈에 관한 기이한 이야기를 적고 있다. 설화를 모아놓은 한국정신문화연구원의 『구비문학대계』, 김현룡의 『한국문헌설화』 1~7 속에도 꿈에 관한 이야기가 상당수 수록되어 있다. 또한 민간에서 전래해오는 꿈에 관한 속신은 『속신사전(최래옥 저)』에 '꿈에 관한 속신' 으로 정리되어 실려 있다. 여기 제 V장에서는 구비전승 되어 온 다양한 꿈이야기 속에 담겨있는 선인들의 꿈에 대한 인식을 살펴보고자 한다.

신비한 꿈의 해몽에 관한 여러 이야기를 살펴보자. 꿈을 팔고 사는 이야기, 꿈을 물리는 이야기, 거짓꿈의 해몽대로 이루어지기, 좋은 꿈을 꾸고 나서 실현될 때까지 이야기를 해서는 안된다는 이야기 등 다양한 꿈 이야기가 전개되고 있다. 어찌 보면 「꿈 이야기」에 있어서 가장 재미있고 진기한 이야기들이 나오고 있다.

‘해석되지 않은 꿈은 뜯어보지 않은 편지와 같다.’ 는 말이 있다. 우리 누구나 꿈을 꾸고 나서 꿈이 뜻하는 바를 알고자 한다. 하지만 꿈은 직접적인 계시의 경우도 있지만, 대부분의 경우에 상징화되어 나타나기에, 해몽하기에 따라서 여러 가지의 해석이 나올 수가 있다.

꽃이 떨어지고, 거울이 깨지고, 술병의 모가지가 달아나고, 삼각산이 무너지고, 한강물이 마르는 등등은 불길한 징조로 해석될 수 있지만, 해몽은 좋은 결과를 보여주고 있다. 꿈은 이렇게 해몽의 양면성을 보여주고 있는데 한층 묘미가 있다. 겉으로 드러난 꿈의 내용보다, 꿈속에 담긴 내용을 통해 한층 더 해몽의 신비성을 보여줌으로써, 꿈의 계시(예지)의 극적인 긴장감을 고조시키는 역할을 하고 있다. 이 점은 ‘장끼의 꿈’·‘잉어의 꿈’ 등 지어낸 꿈이야기나, 고전소설의 심청전·장끼전·춘향전 등에서도 사건전개에 있어 극적인 재미를 더해주고 있다.

좋은 꿈, 나쁜 꿈을 떠나서 ‘꿈을 어떻게 받아들이느냐’ 하는 수용태도가 중요하다고 하겠다. 해몽에 관한 여러 가지 해몽서가 있지만, 왜서 그러한 꿈을 꾸게 되었는지는 꿈은 꾼 자신만이 가장 잘 알 수 있는 것이다. 각 개인마다 다른 내면세계가 존재하는 이상, 우리는 어떠한 해몽을 한결같이 적용하는 어리석음을 범해서는 안될 것이다. 또한 꿈의 성격이 제대로 규명되지 않는 한, 꿈해몽에 대한 독단적인 지나친 맹신은 올바른 삶의 자세가 될 수 없을 것이다.

〈 꿈을 믿고 나가서 싸우지 않아 죽게 되다 〉

송흠(宋欽)이 경원부사(慶源府使)로 있을 때에 모시던 기생이 있었다. 아침에 말하기를, "어젯저녁 꿈에 어떤 도둑이 갑자기 달려와 영공의 머리를 베어 가는 것을 보았습니다." 했는데, 조금 있다가 도둑이 들었다는 보고가 있었다. 송이 꿈을 크게 꺼려 드디어 문을 닫고 나가지 않으니 부하들이 간하여, "자세히 보오니, 도둑의 형세가 외롭습니다. 치기만 하면 반드시 이길 것입니다. 어찌 그 노략질을 앉아서 보기만 하시고 구하지 않으십니까." 하였으나, 끝내 듣지 않았다.

도둑이 드디어 인마(人馬) 백여 명을 몰고 갔는데, 한 군졸이 몸을 날려 성을 넘어가 창을 휘두르며 크게 고함쳐, 노략당했던 사람 수십 명을 구출해 가지고 돌아왔다. 이 사실이 나라에 알려지자 세종이 크게 노하여 송을 잡아오게 하고, 그 군졸을 발탁하여 사품관(四品官)으로 삼았다. 드디어 송을 금부에 내려 군법으로 논하여 사사(賜死)하였다. 그가 죽을 때에 청파동 길을 거쳐 갔는데, 정승 최윤덕(崔潤德)이 송과 안면이 있는지라, 주과를 갖추어 서로 들면서 영결하기를, "상심하지 마시오. 공법으로 죽게 된 것이고 하물며 인생이란 필경 한 번 죽는 것이 아니오. 나도 머지않아 공을 따라 갈 것이요." 하였다. ―『해동잡록』

선인의 꿈사례이다. 천시불여지리(天時不如地利) 지리불여인화(地利不如人和)라는 말이 있다. 하늘의 때는 지형의 이로움만 못하고, 지형의 이로움은 인화단결만 못하다는―. 중요한 것은 우리 사람의 마음먹기에 따라 모든 것이 달려있는 지 모른다. 꿈이 '좋다' '안좋다' 를 맹신하기보다, 사람으로서의 올바른 길, 자신의 맡은 바 직분에 충실한 삶을 살아가

는 것이 중요한 것이다. 꿈의 예지적 성격에 너무 집착하기보다는, 사람
으로써의 노력과 최선을 다하는 슬기로운 인생을 살아가야겠다.

〈 병이 모가지가 떨어진 꿈→ 과거급제 해몽 〉
　　어떤 선비가 과것길을 떠나기 전에 꿈을 꾸었는데, 손에 든 병의
목이 딱 부러져버리거든. 그래 과거를 보러 갈려는데 불길한 생각이
들어 해몽하는 영감을 찾아가니, 때마침 영감은 어디가고 과년한 딸
이 있다가 대신 해몽을 해주겠다고 나선다. 그래 해몽을 부탁하니
"병이 모가지가 떨어졌는데 무슨 좋은 일이 있겠습니까. 과거보러
가지 마십시오."
　　그래 자신도 그렇게 생각하고 돌아오는 길에, 해몽하는 노인을 만
나 꿈을 꾼 해몽을 부탁했더니
　　"이 사람아, 가도 되네. 가면 자네 과거에 급제할 것일세"
　　"어째서 그렇습니까? 모가지가 떨어졌으니 불길한 것 아닙니까?"
　　"병목을 잡고 한 손에 쥐고 다니던 것을 병목이 떨어졌으니, 두 손
으로 받들고 다녀야하니 장차 귀하게 될 것이네"
　　정말로 과거에 급제했어. ──『구비문학대계』 8-9.50쪽.

　이 이야기는 춘향전에 옥중에서 춘향이가 꾼 꿈에 삽입되어 나타난
다. 또한 〈손병사의 꿈해몽〉의 이야기도 위의 얘기와 유사하다. 단지 여
기서는 꿈해몽이 잘못되었다고 딸의 귀싸대기를 세 차례 때려서 "꿈의
해몽을 물리라"하고, 새로 해몽풀이를 하여준다. 또한 병이 모가지가 떨
어져 나간 것에 대한 해몽을 瓶死(병사: 병(瓶)이 떨어져 나감[死])를 한자의
음의 유사성을 이용하여 兵使(병사)로 파자화(破字化)하여 풀이하여 과거

에 급제하여 장차 병사(兵使) 벼슬을 할 것으로 해몽을 해주고 있다.

—『구비문학대계』8—8.194쪽.

꿈 물리기의 이야기 성격도 띠고 있다. 구비전승되어 오는 이야기 중에는 이와 같이 과거에 관한 내용이 많이 나오고 있다. 주요 관심사의 대상이었음을 알 수 있겠다.

다음의 이야기는 꿈의 영험한 징조를 잘못 해몽하여 죽음을 자초한 이야기이다. 인간으로서 신비스러운 꿈의 세계에서 펼쳐지는 영험한 예지의 일들을 자신의 임의대로 풀이하여 해몽한다는 것이 얼마나 어리석은 일이 되는 지를 보여주고 있다.

〈 두 귀밑에 금관자(金貫子)를 달은 꿈 〉

옛날에 사람이 꿈에 소가 아이[竪]가 되어 보이고 죽은 자가 있고, 혹 꿈에 구슬 덩어리가 말함을 보고 죽은 자가 있으니, 꿈이란 것은 몽연(蒙然)히 밝지 못하다 함이로다.

사람이 꿈을 믿어 재앙이 그 몸에 미치지 아니함이 없으니, 옛날에 경상좌수사가 군영에 있어 왜적이 우리 지경을 지나가거늘, 장차 군사를 뽑아 그 길을 막고 잡으려 했다. 이 때 군영내에서 걸객(乞客:몰락한 양반들로서 의관을 갖추고 다니며 얻어먹는 사람)이 활을 끼고 화살을 등에 지고 배에 오르거늘, 수사가 막아 말하기를 "전투는 위태롭다. 우리는 나라일이니 감히 사양치 못하는 일이지만, 너는 어째서 이렇게 전투에 참여하려 하느냐?"

객이 가로되 "내가 젊었을 때에 꿈에 두 귀밑에 금관자(金貫子)를 붙여 뵈니, 내 높은 공을 세워 귀밑에 쌍금을 붙이기를 이 싸움에서 얻으려 하오"

마침내 왜적을 쫓아가 바다에서 마주쳐 싸웠다. 객이 활을 당기고 뱃머리에서 왜적을 향하여 함성을 지르며 모든 군사를 지휘하였다. 홀연 왜선 가운데서 파란 연기와 총성이 울리더니, 총알이 객의 왼쪽 귀밑으로 들어가 오른 귀밑으로 나오니 객이 드디어 물에 엎어져 죽은지라. 지금까지 전해 오며 한 웃음 바탕이 되고 있다.

　또한 부평 백성이 꿈에 은관(銀冠)을 이고 은정자(은으로 만들어 관 위에 다는 것)를 붙여뵈니, 오래지 않아 강을 건넘에 얼음이 깨져 죽으니 또한 이런 유(類)이라. ―『어우야담』

이 이야기에서는 보기 드물게 꿈의 허황됨을 이야기하고 있으며, 꿈을 믿을 것이 못된다는 이야기로 두 사람의 이야기를 들고 있다. 어릴 때 꿈에 귀에 금관자를 달은 꿈을 꾸고 귀히 될 줄을 믿고 전투에 참가했다가 총알을 맞고 죽은 사람의 이야기와 꿈에 은관을 이고 은정자를 붙여 본 백성이 잘 되기는커녕 얼음 속에 빠져 죽은 이야기가 나오고 있다.

하지만 어찌 보면 이 꿈들도 미래에 일어날 영험함을 보여주고 있다. 두 귀에 금관자를 붙인 꿈을 걸객은 좋은 꿈으로 생각했겠지만, 이는 총을 맞아 마치 금관자를 단 것처럼 두 귀에 구멍이 나서 죽을 것을 상징적으로 예고해 준 꿈으로 보아야 하겠다. 이 이야기는 어떠한 일이 일어나기 전까지는 꿈이 일러주는 영험함이 무엇을 가리키는지 알아내기 힘듦을 보여주고 있다. 보통사람이 겸허한 마음으로 꿈을 받아들이지 않고, 탐욕이나 재물을 탐하는 마음으로 꿈을 해몽하고 믿는다는 것이 더욱 위험한 일이라는 것을 이 이야기는 보여주고 있다. 은관·은정자의 꿈도 마찬가지이다. 은관이란 좋다고 볼 수 있겠지만, 얼음이 얼은 빙판도 하얀 은색으로 본다면 꿈과 관련성이 있다고 해야 할 것이다.

2. 매몽 이야기

매몽은 꿈을 사고 팔아 일어나는 이야기들이다. 꿈을 꾼 사람은 자신에게 실현될 꿈을 꾼 것이 아니라, 친지 등 주변 인물에게 일어날 일을 대신 꿔준 것에 불과하다. 예를 들어, 시어머니가 태몽꿈을 꾸었다고 해서 다 늙은 사람이 아기를 낳는 일이 일어날 수는 없는 것이다. 즉, 시어머니는 며느리의 태몽꿈을 대신 꿔준 것에 불과하다. 다만 현실에서 매몽의 절차를 거치는 것일 뿐이다.

이러한 매몽이 있게 된 데에는 사람마다 꿈꾸는 능력에 차이를 보이고 있는데 있다. 정신능력의 활동이 활발한 사람은 자신뿐만 아니라, 주변인물 나아가 국가적·사회적인 사건까지 꿈으로 예지해내고 있는 것이다.

〈 언니에게 꿈을 산후 왕후가 되다 〉

신라 제29대 태종대왕은 김춘추(金春秋)이다. 왕의 비는 문명황후(文明皇后) 문희이니 바로 김유신 공의 손아래 누이다. 왕이 문희를 맞아들이기 전의 일이다. 문희의 언니 보희는 어느 날 밤 서악(西岳)

에 올라가 방뇨를 했더니, 온 서울에 오줌이 그득히 차 오른 꿈을 꾸었다.

아침에 일어나 동생 문희에게 그 꿈 얘기를 했더니, 문희는 "내가 그 꿈을 사겠다"고 말했다. 언니는 "무엇을 주겠느냐?"고 물었다. "비단치마면 되겠지?"라고 동생은 말했다. 언니는 좋다고 승낙했다. 문희는 언니 보희 쪽을 향해 옷깃을 벌리고 꿈을 받아들일 자세를 지었다. 보희는, "지난밤의 꿈을 너에게 넘겨준다"고 외쳤다. 동생 문희는 비단치마로 꿈값을 치렀다.

문희가 그 언니 보희에게서 꿈을 사고 난 뒤, 열흘쯤 되는 정월 보름날이다. 문희의 오라버니 유신은 바로 자기 집 앞에서 춘추와 함께 축국(蹴鞠)을 하고 놀았다. 유신은 짐짓 춘추의 옷을 밟아 그 옷고름을 떨어뜨려 놓고는, 자기 집에 들어가 꿰매도록 하자고 청했다. 춘추는 유신의 청에 따라 그의 집으로 들어갔다. 유신은 그 누이인 보희에게 춘추의 옷고름을 꿰매 주라고 말했다. 보희는, "어찌 그런 사소한 일로 귀공자를 가까이 하겠는가?"라며 사양했다(古本에는 보희가 병으로 나오지 못했다고 했음). 그러자 유신은 문희를 시켜 춘추의 옷고름을 달아 주게 했다. 춘추는 유신의 그 의도를 알아채고 마침내 문희와 상관했다. 후에 문희가 임신하자 장차 불태워 죽인다고 하면서 소문을 내어, 마침내 김춘추와 혼인하게 하였다. —『삼국유사』

고려의 작제건 탄생 꿈이야기에 있어서도 동생 진의(辰義)가 언니로부터 꿈을 산 후에, 언니가 문지방을 넘다가 코피가 나서 도로 나오게 되어, 언니 대신에 당나라 귀인과 인연을 맺어 되어 작제건을 낳게 되는 일로 실현되고 있다.

널리 알려진 매몽 꿈이야기로, 장차 일어날 일을 상징적인 미래예지 꿈으로 보여주고 있다. 오줌을 눈 것이 온 서울에 그득히 차 오른 꿈은 오줌으로 상징된 권세나 자신의 영향력을 크게 떨쳐 세상을 뒤덮는다는 것을 상징적으로 보여주고 있다.

오줌뿐만이 아니라, 물이나 나무의 가지나 잎 등이 세상을 덮는 꿈이나 넘치는 꿈 역시 좋은 꿈으로 장차 영향력을 크게 떨치게 될 것을 예지해주고 있으며 크게 성공할 꿈이다. 구체적 예로, 강과 바다에 물이 크게 넘치는 꿈, 나무의 가지와 잎이 널리 퍼져 온 세상을 덮은 꿈, 하늘에서 장대비가 쏟아져 온 하늘을 뒤덮는 꿈 등을 들 수 있다.

또한 『삼국유사』에 나오는 이야기로, 중국의 고승인 지엄이 의상대사가 찾아오기 전날의 꿈으로, 한 그루의 큰 나무가 해동에서 생겨나 가지와 잎이 널리 퍼져 중국까지 덮는 꿈을 꾼 후에 장차 큰 인물이 신라에서 올 것을 예지하고 귀하게 맞이하고 있다. 대덕(大德)인 의상대사의 영검스러운 면을 보여주는 이야기로, 나무의 가지와 잎이 널리 퍼져 온 세상을 덮은 꿈은 덮은 지역만큼 사상이나 종교 · 학술 면에서 널리 이름을 떨치게 될 것을 예지해주고 있다. 외국의 사례로, 자기 딸의 자궁에서 줄기를 뻗기 시작한 포도 덩굴이 눈깜짝한 사이에 소아시아를 덮어 그늘지게 한 메데스의 아스타야그스 왕의 태몽은 소아시아의 통치자 사이루스 대왕이 탄생될 것을 예지한 꿈이었다.

〈 뱀이 올라가다가 떨어진 꿈 〉

병자년 과거시험이 다가와서 어함종(魚咸從)은 다섯 사람과 더불어 관방에서 독서하였다. 이때 유조(兪造)가 잠을 깨어 말하기를, "간밤의 꿈이 반은 길하고, 반은 흉하다." 하니, 어함종이 그 까닭을 물었다.

유조가 대답하기를, "뱀 다섯 마리가 방 속에서 하늘로 올라가다가, 뱀 한 마리는 반공에서 떨어졌다." 하니, 어함종이 말하기를, "우리들이 학업을 힘써 게을리 하지 않는 것은, 다섯 사람이 모두 잘되고자 한 것인데, 그대는 어찌 상서롭지 못한 말을 하느냐. 그대는 마땅히 '땅에 떨어진 것은 나다.' 라고 크게 소리를 지르라." 하니, 유조가 드디어 크게 외쳤다.

어함종이 말하기를, "어찌 범연(泛然)히 나라고만 부르느냐." 하니, 이에 부득이 다시, "땅에 떨어진 것은 유조다." 고 다시 외쳤다. 이듬해 네 사람은 급제하여 그 뒤에 모두 대신이 되고 빛나는 공적이 겸하여 나타났으나, 유조만 홀로 만년까지 어렵게 살았으며, 명관을 차지하는 데도 나아가지 못하였다. ―『용재총화』제 6권.

강제로 매몽하게 한 이야기로, 꿈속에서 전개되는 숫자 표상은 현실에서 일치되어 실현되고 있다. 다섯 마리 뱀의 승천 중 하나가 떨어지는 상징적 미래예지 꿈은, 현실에서는 강압에 못이겨 떨어지는 용이 바로 자신이라고 말한 유조(兪造)만이 벼슬길에 좌절되는 것으로 실현되고 있다.

〈 수양버들이 휘늘어진 꿈 〉

최한공(崔漢公)의 본관은 금산(金山)으로 자는 태보(台甫)이다. 세조 5년 봄에 여러 학우들과 더불어 향시(鄕試)에 응하였는데, 말 위에서 문득 수양버들이 요요히 말머리에 휘늘어지는 꿈을 꾸었다. 깨어서 이상히 여겨 동행자에게 말하니, 그 학우가, "수양버들의 형상은 꼭 청개(靑蓋: 왕족이 타는 수레의 푸른 뚜껑) 같으니, 너의 꿈은 심히 기이하다. 내가 그 꿈을 사겠다." 했다. 최 선생은, "길한 조짐이 이미 정하여졌는데 어찌 가히 팔 수 있겠는가?" 하였더니, 드디어 향시에서 합격하고 과연 대과에 급제하였다. ─《소문쇄록》, 『해동잡록』1

조선 전기의 문신인 최한공(崔漢公)은 말 위에서 수양버들이 요요히 말머리에 휘늘어지는 꿈'으로, 학우에게 매몽을 거절하고 1459년(세조 5) 식년문과에 정과로 급제하고 있다. 이 경우 가정이지만 현실에서 매몽을 하는 경우에는, 본인의 꿈이 아닌 학우의 꿈을 대신 꿔준 것으로 실현되어, 꿈을 산 학우가 급제하는 일로 이루어지는 것이 일반적인 사례이다. 구비 전승되어 오는 매몽 급제에 얽힌 두 이야기를 참고로 살펴본다.

  * 할아버지의 꿈에 집 뒤뜰 담장 밑 옹달샘에서 작은 용 한마리가 하늘로 오르는 것을 본 꿈→ 큰손자에게 물을 떠마시라고 했으나 거절을 하여, 시킨 대로 물을 마신 작은손주가 급제하고 있다.
  * 술독에서 용이 올라가는 꿈→ 꿈을 꾼 주모가 선비들에게 직접 떠마시라고 함으로써, 자신의 수고로움을 마다하지 않고, 직접 술을 퍼 마신 선비가 용꿈을 물려받고 급제하고 있다.

3. 꿈 물리기 이야기

잘못된 해몽을 물리고 새로 해몽한 대로 이루어지는 이야기들이다.

〈 무학대사와 이성계의 개국 〉

이성계가 꿈에 어느 큰 집에 나무때기 세 개를 짊어지고 들어갔더란 말여. 그래 어느 보살 할머니가 해몽을 잘한다고 해서 찾아갔더니, 마침 어디로 일보러 갔고 딸이 있다가 해몽한다는 것이 칠성판을 받쳐 놓을 때 나무때기 세 개를 받쳐 만드니, 곧 죽을 것으로 해몽해 주었어.

나오다가 돌아오던 보살 할머니에게 찾아왔던 일을 이야기하니 "들어가서 딸의 왼쪽 귀때기를 때리고 물려 달라고 하시오" 그렇게 하고 나니, 장차 왕이 될 꿈이라며 무학대사를 찾아가 보라는 말을 일러준다. —『구비문학대계』2—3.75쪽.

파자해몽으로 왕이 될 것을 풀이해주고 있는 바, 다른 곳에는 '막대기 세 개를 짊어지고, 쇠로 된 갓을 쓴 꿈' 으로, 딸이 "당신이 죽을 꿈" 이

라 말한 것을 귀싸대기를 때리고 꿈해몽을 물려달라고 해서, 점쟁이가
다시 해몽을 해주는데 "쇠갓을 써본 것은 임금이 되어 금관을 쓸 것이고,
막대기 세 개를 짊어졌으니 王(임금 왕)자가 되니, 장차 왕이 될 것이오"
로 풀이하는 것이 나온다.

〈 호식할 액땜한 꿈해몽 〉

옛날에 서당이 깊은 산중의 조용한 곳에 있었어. 서당 훈장이 애들
몇 데리고 글을 가르치고 있었어. 하루는 아침에 일어나 뒷간으로 가
서 일을 보고 있는데, 말소리가 들려와.

한 놈이 있다가 "내가 어째 꿈이 이상해."

듣고 있던 한 놈이 "어떤 꿈을 꾸었는데"

"아, 내가 부엌 아궁이로 들어가서 굴뚝으로 나오더라"

그러니 거기서 재주 있다고 하는 놈이 "너 호랑이에게 물려갈 꿈
이다."

"어째서"

"호랑이 입으로 들어가서 똥누면 나오게 되니까 말여."

아 선생이 들으니까, 재수 없는 소리를 하거든. 그래 일을 보다 말
고 들어왔어.

"너희들 무슨 이야기를 하고 있었냐?" 하니, 옆에서 꿈을 꾼 놈이
이러이러한 꿈을 꾸었는데, 쟤가 호식할 꿈이라고 했습니다. 그래
"너희 두 놈 이리 오너라" 그래 두 놈을 앉혀놓고 꿈을 해몽한 놈에
게 "너 꿈을 도로 산다고 해라."

"어떻게 삽니까?"

"내가 돈을 줄 테니, 네가 '꿈을 팔어라.' 하면 '내가 사겠다.' 고

말해라"

그래 도로 꿈을 물려놓고 해몽한 놈의 종아리를 때리면서, "입이란 무거워야지 그렇게 경솔할 수가 있느냐" 그래 놓고선 "내가 인제 네 꿈을 해몽해주마. 그 꿈은 네가 오늘 헌 옷을 벗어버리고, 새 옷을 얻어 입을 꿈이다" "예" 그랬던 말이여. 그런데 그날 밤에 한 삼경쯤 되었는데, 문 앞에 호랑이란 놈이 와서는 창호지를 뜯어내면서, 어르릉 거리는거야. 간신히 호랑이를 몰아냈어.

그 다음날 날이 밝자, 그 애 아버지가 땀을 흘리면서 자기 아들 옷을 해 가지고 왔어. 그래서 선생이 새로 해몽을 안 해줬으면, 호랑이에게 물려갈 뻔했어. 부엌으로 들어가 굴뚝으로 나온다는 것은 곧 새 옷을 입는다는 소리도 되거든. 그래서 꿈보다 해몽이여.

—『구비문학대계』 5—3. 358쪽.

호식할 액땜한 꿈 이야기는 해몽의 중요성을 보여주고 있다. 같은 꿈을 좋은 방향으로 해몽을 하여야 함을 알 수 있겠다.

4. 거짓꿈 해몽대로 이루어지기

다음은 지어낸 거짓꿈이 해몽대로 이루어진 이야기들이다. 이 이야기들은 해학적으로 지어낸 이야기로 볼 수도 있겠다. 장난삼아 거짓꿈을 이야기 했는데, 현실에서 해몽한 대로 이루어지는 것에 관해서, 중국의 주선의 '추구에 관한 꿈 해몽' 에 잘 나타나 있다. "이것은 신령께서 당신으로 하여금 그러한 말을 하도록 하신 것입니다. 그러므로 진짜 꿈과 다를 것이 없습니다." 라고 말하고 있다. 해몽의 신비성을 보여주고 있다.

〈 이상한 꿈 해몽 〉

옛날 어느 시골에 해몽을 잘하는 노인이 있었다. 이웃에 미신이라고 불신하는 노총각이 있었는데 시험삼아 찾아가서는 꿈 해몽을 부탁한다.

"그래 어떤 꿈을 꾸었는고?"

"밤새도록 우는 꿈을 꾸었습니다."

"그럼 술 실컷 얻어먹겠다"

과연 그날 우연하게 오랜 친구가 찾아와 술을 실컷 얻어먹었다.

이튿날 또 찾아가서는

"오늘은 어째서 왔는가?"

"어제 밤에도 또 우는 꿈을 꾸었습니다."

"음, 오늘은 옷 한 벌 얻어 입겠다"

과연 저녁때가 되니까, 생각지도 않던 조카딸이 10년만에 친정에 오면서, 작은아버지라고 옷을 한 벌 지어 갖고 와서 얻어 입었다.

그 다음날 다시 또 찾아가서는

"오늘은 또 왠 일이냐?"

"어젯밤에도 또 우는 꿈을 꾸었습니다."

"오늘은 몸조심 하거라."

두 번씩이나 들어맞았으니 안 믿을 수 없어 종일 집에 드러누워 있는데, 친구가 와서 이끌려서 할 수 없이 나갔다가, 주막집에서 옆방에 싸움이 난 것을 말리다가 오히려 실컷 두드려 얻어맞았다.

하도 신기하여 다음날 아픈 몸을 이끌고 노인한테 가서 여쭈기를

"어찌하여 똑 같은 꿈을 그렇게 잘 아십니까?"

노인이 말하기를

"처음에 어린애가 울면 배가 고파서 그런 줄 알고 어머니가 젖을 물려주니 술을 얻어먹는다고 풀이했고, 또 울면 물것(이)이 있나 해서 옷을 새로 갈아 입혀주니 옷을 얻어 입는다고 했고, 그런데도 또 울면 살펴보고는 심술을 부린다고 엉덩이짝을 한대 딱 때린다 이 말이여! 그러니 남한테 얻어맞는다고 풀이할 수밖에"

—『구비문학대계』3—1.

한편 유사한 꿈이야기로, 장터에서 꿈을 해몽해주는 사람에게 장난삼아 거짓말로 해몽을 부탁하기를 "새 바구니, 길이 반들반들한 바구니, 헌 바구니를 얻었어" 라고 부탁하는 사람에게, "잘 얻어먹을 것이고, 그저 그렇게 얻어먹을 것이고, 매맞게 될 것이오." 라고 해몽해주는 이야기가 나온다. 꿈해몽 대로 이루어져서 해몽한 이유를 물으니, "바구니가 새 것일 때는 사람이 사자고 덤비니 크게 얻어먹게 될 것이요, 길들은 바구니는 '그저 그런 거로구나' 하고, 헌 바구니는 볼품없고 귀찮으니까 아궁이에 처넣어 불태우니 두들겨 맞는 신세가 될 것이 아녀." ―『구비문학대계』1―6.

〈 꾸지 않은 돼지꿈을 해몽하다 〉

돼지꿈을 꾸면 재수가 있다고 그러니까, 한 놈이 있다가 해몽하는 사람을 찾아가, 꾸지도 않은 돼지꿈을 꾸었다고 해몽을 부탁했어.

"어젯밤에 돼지꿈을 꾸었소"

"오, 자네 오늘 이바디(잔치)를 단단히 받아먹겠네."

한데 아무리 생각해도 잔치를 얻어먹을 데가 없더란 말여. "어디 말대로 되나 보자" 하고 기다리고 있으니까, 생각지도 않은 10여년간 소식 없던 수양딸이 이바디를 해 가지고 와서 잘 얻어먹었어.

그래 생각하기를, "이 영감이 내가 꾸지도 않은 꿈을 꾸었다고 했는데, 영감의 말대로 됐어"

그래 얼마 후에 또 찾아갔어.

"어째서 또 왔는가?"

"아 어젯밤에 또 돼지꿈을 꾸었오."

"자네 오늘 깨끗한 의복을 하나 얻어입을 걸세" 한단 말여. 아, 어디를 둘러봐도 자기에게 옷 한 벌 해줄 사람이 없는데, 그런단 말여. 그래 또 집에 가서 기다리고 있었어. 아, 근데 못된 아들이 있어 아예 없다손치고 살아가고 있었는데, 어쩐 일인지 부모 옷 한 벌씩을 해가 지고 온거여. '하, 참 별일 다 있다. 영감이 말 한대로 다 되는구나.'

그래 얼마후 또 찾아가서 "또 돼지 꿈을 꾸었소" 하니,

"자네 오늘은 몸조심하게. 몽둥이 맞을 꿈일세"

두 번이나 맞았으니, 걱정이 되어 집에 가서 있었어. 아, 그러고 있 으니까 왠 사람이 찾아오더니 "그 동안 어디에서 잘 숨어 있었냐. 내 돈 떼먹고 달아난 놈아. 빨리 내 돈 내놔라" 하면서 실컷 두들겨 맞았 어. 사실은 빚에 쪼달려 몇 년 전에 그리로 이사 왔거든.

그래 해몽 노인의 말대로 되는 것이 하도 신기해서 다시 찾아갔어.

"영감님, 꿈도 안 꾸고 거짓으로 돼지 꿈 꾸었다고 했는데, 어떻게 그리도 용케 알아 맞히셨나요" 하니까,

"아 이놈아, 그게 다 이치적으로 생각해서 말해 주는 것이여. 아 돼 지란 것이 처음에 '꿀꿀' 할 때는 그 놈이 배가 고파서 그러는 줄 알고 주인이 밥을 줄 것이 아녀. 그러니까 잘 얻어먹게 될 것이고, 또 꿀꿀 거리면 '썰렁해 그러는가 보다' 하고 짚을 깔아줄테니 옷을 얻어 입 게 될 것이고, 아 그래도 꿀꿀 거려대면 '밥 주었겠다. 자리 봐 주었 겠다. 왜 이리 꿀꿀거려' 하면서 몽둥이로 때릴 것 아녀. 그러니 남에 게 얻어맞게 되는거여" ―『구비문학대계』 5―3.361쪽.

이와 같은 돼지꿈과 유사한 이야기가『구비문학대계』8―1. 500쪽에 도 나오고 있는 바, 구비전승되면서 조금씩 달라지고 있음을 볼 수 있겠 다. 다음의 이야기도 유사한 꿈이야기로 꿈의 징조를 바탕으로 현실에서

일어날 상황을 유추하여 해몽하고 있다.

〈 돼지꿈 해몽 〉

지난밤에 똑 같이 돼지가 우는 꿈을 꾼 세 사람이 해몽을 잘한다는 노인를 찾아간다. 첫 번째 물은 사람에게는 "자네는 오늘 실컷 얻어 먹겠구먼" 하고 말해주고, 두 번째 해몽을 부탁한 사람에게는 "자네 는 옷 한 벌 얻어 입겠구먼" 라고 말해주고, 세 번째 해몽을 부탁한 사 람에게는 "자네는 오늘 몸조심해야 되네"로 해몽 풀이를 해 준다.

신기하게도 그날 일이 꿈대로 들어맞자, 저녁에 찾아간 사람이 "왜 셋이 똑 같은 꿈을 꾸었는데 다르게 해몽을 해 주었고, 또 어떻게 맞출 수 있었느냐"고 물어본다.

노인의 대답인 즉 "돼지가 처음에 울면 배가 고파서 우는 모양이 라고 생각해서 먹을 것을 가져다주니 술이나 음식을 실컷 얻어먹게 되고, 그래도 돼지가 울면 '자리가 축축해고 불편해서 우는 모양이 다'고 생각해서 새로 지푸라기를 넣어주니 옷 한 벌 얻어 입게 되고, 먹을 것 주고 자리 살펴 주었는데도 울어대면 "시끄럽다 이놈의 돼 지야" 하면서 막대기로 두들겨 패니 남한테 얻어맞게 되는 것이여"

—『구비문학대계』 8—3.457쪽.

또한, 한 사람은 초저녁에 우는 꿈을 꾸고, 한 사람은 한밤중에 우는 꿈을 꾸고, 한 사람은 새벽녘에 우는 꿈을 꾸었다. 해몽하기를, "초저녁 에 우는 아기는 배가 고파 우는 아이니 젖을 물리고, 한밤중에 우는 아이 는 이불을 차버려서 춥다고 우니 이불을 덮어주고, 새벽녘에 우는 아이 는 칭얼거린다고 엉덩이를 때리니 봉패를 당할 것이다."로 풀이해주고 있다.

참고로 윗 이야기와 유사한, 거짓꿈 해몽대로 이루어진 중국의 사례를 들어본다.

〈 추구에 관한 꿈 〉

추구에 관한 꿈을 세 번 물어온 것을 해몽한 이야기가 있다. 전하는 바에 의하면, 태사가 주선에게 "내가 어젯밤 꿈에서 추구(옛날 제사에 쓰기 위해 짚으로 만든 개)를 보았네!" 라고 하자, 주선이 이를 해몽하여 "당신은 먹을 것을 얻게 될 것입니다." 라고 했다. 태사가 행차를 나가 과연 맛있는 식사를 한 끼를 하게 되었다.

며칠이 지나 태사가 다시 "어젯밤 꿈에서 또 추구를 보았소!" 라고 하였다. 주선이 해몽을 해 "당신은 수레에서 떨어져 다리가 부러지게 될 것이니 삼가 조심하십시오!" 라고 했다. 얼마되지 않아 태사는 과연 수레에서 떨어져 다리에 골절상을 입게 되었다.

이후 태사가 또 다시 "어젯밤 꿈에서 또 다시 추구를 보았소!" 라고 하였 다. 주선이 해몽을 하여 "당신의 집에 불이 날 것이니, 반드시 잘 지키십시오" 라고 했다. 얼마 되지 않아 태사의 집에 과연 불이 났다.

원래 태사가 추구를 세 번 꿈에서 보았다는 것은 모두가 거짓으로 지어낸 이야기였으며, 주선을 시험해 보기 위한 것이었다. 그러나 그가 이해할 수 없는 것은 "세 번의 꿈이 모두 거짓이었는데, 어떻게 해서 세 번 해몽을 한 것이 모두 응험이 있느냐" 는 것이었다. 주선은 "이것은 신령께서 당신으로 하여금 그러한 말을 하도록 하신 것입니다. 그러므로 진짜 꿈과 다를 것이 없습니다." 라고 말했다.

똑같이 추구를 세 번 꿈꾸었는데, 어떻게 해몽이 각기 다른 하는 것에 대해서는 주선도 그 나름대로의 해석이 있다. 추구라는 것은 신에게 제사를 지내는 물건이다. 그러므로 당신께서 처음 꿈을 꾸었던 것은 남은 음식을 얻어먹게 된다는 것이다. 제사가 끝나고 나면, 추구는 수레바퀴에 치게 하여 버려 버리게 된다. 그러므로 두 번째 꿈을 꾸었다는 것은 수레에서 떨어져 다리를 부러뜨리게 된다는 것이다. 추구가 수레바퀴에 치이게 되면, 그 다음에는 수레에 실어 태워 없애 버린다. 그러므로 마지막 꿈은 불이 나게 된다는 것이다. 주선의 분석에 의하면, 추구를 세 번이나 꿈꾸어 그 몽상이 비록 같았지만, 그 상징적 의미는 각기 다르다는 것이다. ─유문영,『꿈의 철학』

5. 좋은 꿈 이야기 안 하기

　민속에 꿈 이야기를 하면, 이루어지지 않고 파몽(破夢)된다는 이야기가 있다. 이는 꿈이야기를 하면, 꿈대로 이루어지지 않는다는 속신을 믿고 있음을 알 수 있겠다. 또한 말만 앞세우는 생활보다, 묵묵히 자신의 맡은 바 성실한 생활을 해나가라는 뜻이 담겨있다. 좋은 꿈을 꾼 경우에, 마음속에 굳게 지니고, 꿈이 이루어지는 날까지 최선을 다해서 노력을 해야 할 것이다.

　선인인 이덕형은 자신의 꿈체험담을 들어, 미리 꿈 이야기를 하면 천기를 누설했기에 조물주의 꺼림을 받았던 것이오, 겸허한 마음으로 스스로 교사한 마음이 없이 모든 일에 정성에서 우러나오는 진실된 마음으로 대할 때 꿈대로 이루어진다고 말하고 있다. 다음의 과거급제에 관련된 예지적 꿈이야기는 좋은 사례이다.

　〈 꿈대로 과거에 나란히 합격하다 〉
　찬성 허자(許磁)와 좌윤 이찬(李澯)은 대과에 오르기 전에 성균관에 같이 거하였다. 허 찬성은 이 좌윤보다 두 살 위로 허찬성은 병진생,

이 좌윤은 무오생이었는데, 매양 이좌윤의 윗자리에 앉았었다.

　어느 날 허찬성은 꿈을 꾸고는 이로부터 매양 이좌윤에게 윗자리를 사양하고, 자기는 아랫자리에 앉았다. 계미년(중종18 1523)에 같이 과거에 올랐는데, 이 좌윤은 2등, 허 찬성은 3등이 되었다. 허찬성은 그제서야 그 때의 꿈 이야기를 하기를, "자기와 이좌윤이 동방 급제를 하였는데, 자기 이름이 바로 이좌윤의 이름 아래에 있었다. 그 뒤부터 배양 이좌윤의 아랫자리에 앉은 것은 그 꿈이 실현되기를 바란 것이요, 이것을 숨기고 미리 말하지 않은 것은 행여 하늘의 기밀을 누설시킬까 염려해서였다." 고 하였다. ─『월정만필』

　다음의 구비전승되어 오는 여러 이야기들도 구술자에 따라 조금씩 이야기가 달라지고 있는 바, 대표적인 이야기를 살펴본다. '두 공주를 얻어 잘 살았다' 로 끝의 이야기는 같지만, 꿈의 내용은 각기 다르게 표현되고 있으며, 꿈 이야기를 하지 않아서 행복한 결말로 끝을 맺는다는 이야기들이다. 죽은 사람을 살리는 자〔尺〕를 얻게 되는 과정이 다르고, '자' 대신에 '이파리' 를 얻는 등 다르게 나오는 이야기도 있다.

　〈 용꿈 꾸고 얻은 두 공주 〉

　황해도 재령에 원님 집에서 애를 보아주던 한 청년이 있었어. 여름 철에 서늘한 정자나무 아래에서 낮잠이 들었는데, 꿈에 청룡 황룡을 타고 하늘로 올라가는 꿈을 꾸었어. 잠을 깨고 나서 참 좋은 꿈을 꾸었다고 말하고 다녔거든. 그걸 듣고 원님이 "무슨 꿈을 꾸었는지 말해 보아라." 해도 도무지 꿈 이야기를 하지 않는 거야.

　도무지 꿈이야기를 안하니까, 괘씸하다고 감옥에 가두라고 했단 말이지. 그래 말 안하면 말할 때까지 고생 좀 해보라고 말야. 그래도 말하지 않고 며칠이 지났는데, 조그만 쥐새끼가 감옥의 갈라진 틈으로 들어오더란 말이야. 그래 고 놈을 때려서 죽였는데, 또 다른 쥐가 들어오더란 말이야, 그래 들어오는 족족 다 때려잡아 주었던 말이지. 한데 나중엔 새까맣고 크다란 쥐가 들어오더란 말이지.

한데 가만히 지켜보니까, 입에 조그마한 자막대를 물고 들어오더니, 죽어있는 쥐들에게 자막대기를 이리 재고 저리 재니까 죽었던 쥐들이 도로 살아나거든. 그래 그놈을 덮쳐서 자 막대기를 빼앗았단 말이야. 꿈이야기를 하겠다고 하여 풀어 내주니, 보화를 얻은 이야기를 하는지라. 그래 빼앗지는 않고 살려주었는데, 죽은 사람도 살려내는 보화를 가진 놈이 있다는 소문이 났지.

아, 그때 공주가 오랫동안 병을 앓고 있어, 누구든지 병을 고쳐주면 크게 상을 내린다는 공고가 내 붙었지. 전국의 용하다는 의원이 달려들었지만, 백약이 무효라. 이에 자기가 한번 고쳐보겠다고 나섰어.

그래 이 놈이 들어가서 "다른 사람은 이 방으로 들어와서는 절대로 안된다."고 하고, 공주를 자로 이리재고 저리 재니까 죽었던 공주가 살아났거던. 그래 공주가 어떻게 고쳤냐고 했어. 이리저리 해서 고쳤다고 하니까, 혼자서 내 자신의 온 몸을 만지고 다 보았으니, 다른 사람에게 시집갈 수도 없고, 생명의 은인이니 시집을 가겠다고 해서, 임금의 사위가 되었단 말이지.

그런데 이번에는 중국 천자의 딸이 병이 들었단 말이지. 한데 조선에 명인이 있다는 소문이 났거든. 그래 불려 올라가서 마찬가지로 병을 고쳐주니, 역시 시집을 오겠다는 거야. 그래 대국 천자의 공주를 얻었지. 그러니 중국의 공주는 금대야에 발을 씻겨주고, 우리나라 공주는 은대야에 씻겨주는 거야. 여하튼 꿈처럼 이루어진 것이지. 청룡 황룡을 타고 올라갔으니 말야. 금대야 은대야가 된 거지. 그 때 무릎을 탁 치면서 '이제야 꿈이 맞았다' 고 하더래.

—『구비문학대계』1—4. 88쪽.

이와 유사한 꿈이야기가 상당수 보이고 있는 바, 족제비가 새파란 이파리를 물고 와 콧등을 살금살금 문지르니 살아났다는 이야기도 있다. 이처럼 구전되어 오면서 전승자에 따라 각기 조금씩 다른 꿈이야기 전개를 보이고 있다. '처음에는 은대야에다 세수를 했는데, 그 다음에는 금대야에다 세수를 한 꿈', '동쪽에서 해가 떠오르더니 바른 편 볼 쪽에 가서 떡 붙더니, 그 뒤에 서쪽에서 해가 오르더니 왼편 볼 쪽에 가서 붙은 꿈', '한 쪽 겨드랑이로 잉어가 들어오고, 한 쪽 겨드랑이로는 붕어가 들어오는 꿈', '해는 동쪽에서 뜨고 달은 서쪽에서 떠오르는데, 한 쪽 손은 황하수에 담그고 한 쪽 손은 은하수에 담그는 꿈', '해와 달을 받은 꿈' 등 전승자에 따라 윤색이 덧붙여지는 구비문학적 특성이 잘 나타나고 있다.

6. 파자해몽

파자해몽(破字解夢)은 꿈을 해몽하는 데 있어, 한자를 깨뜨리거나 합쳐서 살펴보는 문자유희인 파자(破字)의 원리를 활용하여 살펴보는 것이다. 널리 알려진 파자해몽의 예로, '이성계가 빈 집에 들어가 서까래 세 개를 등에 짊어지고 나온 꿈'을 해몽하여, 서까래 세 개는 '三'의 모양이 되고, 등에 짊어진 것을 '丨'으로 형상화한 것으로 파자하여 장차 '王(왕)'이 된다는 예지로 해몽되는 경우이다.

이 경우 꿈에 나타난 한자의 획을 나누거나 합쳐서 살펴보는 경우, 사물이나 형상을 한자로 파자화하여 풀이하는 경우, 한자음의 유사성을 이용하는 경우 등이 대표적이나, 자세하게 살펴보자면 다양하고 복합적으로 파자해몽이 전개되고 있다.

파자해몽은 한자의 파자 풀이에 어느 정도 지식이 있어야 알 수 있는 꿈이야기로, 파자해몽의 꿈이야기 속에는 지적인 희열감을 맛볼 수 있는 흥미로운 꿈이야기가 상당수 보이고 있다. 대부분 장차 일어날 일을 파자표현으로 계시적으로 예지해주는 꿈이야기이다.

입이 열한 개 달린 여자가 배필이 될 것이라는 꿈을 꾼 후에, 현실에

서는 길(舎)씨 성을 지닌 여자를 아내로 맞아들이고 있다. '입이 열한 개'
는 '十 + 一 + 口'로 파자하면 '舍' 자가 되는 바, 이렇게 파자해몽이란
꿈에 나타난 대상의 상징성을 해몽하는데 있어, 한자를 합치거나 깨뜨려
서 살펴보는 파자 풀이의 다양한 방식을 원용해서 풀이하는 것으로, 우
리나라뿐만 아니라 중국에서 보다 많은 흥미 있는 사례가 보이고 있다.
실로 지적 희열의 향연이 베풀어지는 세계가 파자와 해몽이 결합된 파자
해몽의 세계라고 하겠다.

　파자해몽에 관한 구체적인 다양한 사례와 해설은 2011년 출간된 필
자의 『한자와 파자』 제 VI장의 '파자해몽'을 참고하기 바란다.

제VI장
꿈에 대한 상식

1. 꿈 및 꿈에 관련된 낱말 · 관용어 · 속담

2. 꿈에 관한 한자 및 한자어

3. 꿈과 관계된 고사성어

4. 꿈에 관한 수수께끼

1. 꿈 및 꿈에 관련된 낱말 · 관용어 · 속담

1) 꿈의 사전적 정의

우리말의 꿈은 다의어(多義語)인만큼, 꿈에 대한 사전적인 정의 또한 다양하다.

① 잠자는 동안에 생시와 마찬가지로 여러 가지 사물현상을 의식하는 정신적 현상으로 숙면(熟眠) 전후에 많으며, 신체 내에서 생성한 내부 감각적 자극 내지는 전일(前日)의 흥분의 잔존(殘存)에 기인된다고 하며, 대부분은 시각적 성질을 띠고 있다. 정신 분석학에서는 내적 정신 현상의 투영으로 보고 꿈을 분석하여 정신 요법에 이용하고 있다.

② 헛된 생각, 실현될 가능성이 아주 적거나 전혀 없는 허무한 기대나 생각으로, "어리석은 꿈을 버려라.", "그런 헛된 꿈에서 벗어나야 한다." 등으로 쓰이고 있다.

③ 앞으로 하고 싶다거나 되고 싶어하는 희망이나 이상으로, "네 꿈

(이상)을 펼쳐라.", "꿈(희망)은 사라지고", "꿈많던 여고시절(이상)" 등으로 쓰이고 있다.

2) 꿈 관련 낱말

꿈관련 낱말 또한 우리 일상의 언어생활에 다양하게 쓰이고 있다.

① '꿈꾸다' 라는 말은 "꿈의 현상이 나타나다.", "속으로 은근히 바라거나 뜻을 세우다.", "실현될 수 없는 것을 이루어보려고 꾀하거나 기도하다.", "어떤 일을 희망을 걸고 생각하거나 꾀하다." 의 뜻으로 쓰이고 있다. 한편, 제주에서는 '꿈보다' 라고 하는 바, 꿈의 시각성을 강조하여 표현하고 있음을 알 수 있다.

② '꿈같다' 라는 말 또한, "일이 너무 뜻밖이고 희한하여 현실이 아닌 것 같다.", "덧없고 허무하다.", "세월이 덧없이 빠르다.", "기억에 흐릿하다.", "지나간 일이나 앞으로 닥쳐올 일이 오래고 멀어서 아득하다." 등 다양하게 쓰이고 있다.

③ '꿈결에' 란 말로써, "꿈을 꾸는 어렴풋한 동안", "덧없이 빠르게 지나가는 동안" 의 뜻으로 쓰이기도 한다.

④ '꿈길' 은 "꿈속에서 이루어져 나아가는 과정, 꿈에서 이루어지는 일의 과정" 을 뜻한다.

⑤ '꿈나라' 는 "실현될 수 없는 환상적인 세계를 이르는 말, 도저히 이룰 수 없는 이상적 환상적인 세계, 잠자는 동안의 현실이 아닌 꿈속의 세계, 잠을 이르는 말" 로 쓰이고 있다.

⑥ '꿈자리' 라는 말은 한자어로는 몽조(夢兆)에 해당되며, "어떤 꿈을 꾸는 잠자리 또는 그 잠자리에서 꾼 꿈" 으로 꿈에 나타난 일이

나 내용이 좋은가 나쁜가의 측면에서 이르는 말로, 길흉을 점치는 거리로 삼아 '좋다', '나쁘다', '사납다' 등의 말과 결합하여 '꿈자리가 사납다', '꿈자리가 뒤숭숭하다.' '꿈자리가 좋다', '꿈자리가 어지럽다.' 등으로 쓰이고 있다.

⑦ '꿈땜하다' 이란 말은 꿈자리가 사나왔을 때, 그 궂은 꿈의 조짐을 현실로 때우는 경우에 쓰이고 있다.

⑧ '꿈밖에' '꿈에도' 등은 "조금도, 전혀" 의 뜻으로 "꿈에도 생각하지 못했다." 와 같이 부정적인 말이 뒤따르며, 매우 뜻밖의 일을 말할 때 쓰이고 있다.

⑨ '꿈속' 이란 말은 "꿈을 꾸고 있는 동안의 세계", "잠잠하고 고요한 것을 이르는 말" "정세나 환경 등에 민감하지 못하고 매우 어둡게 사는 것을 이르는 말" 로 쓰이고 있다.

⑩ 일상의 관용적인 말로써, 꿈을 바람 · 소망 · 희망의 표현으로는 "꿈이 많다", "꿈이 깨지다", "꿈을 꾸어야 님을 보지" 등에 잘 나타나 있다.

⑪ 일상생활의 언어에, 잠재적인 내면의 심리표출을 보여주는 말로 "무슨 생각에 임하면 꿈에 보인다.", "마음에나 있어야 꿈을 꾸지", "상시(常時)에 먹은 마음이 꿈에도 있다", "상놈도 꿈에는 양반 볼기를 친다.", "정이 있으면 꿈에도 보인다." 라는 말을 들 수가 있다.

⑫ 일상생활의 언어에, 꿈을 잠재의식의 활동으로 여기는 경우로 "꿈도 못꾸다, 꿈도 안 꾸다, 꿈에도 생각 못하다" 등 전혀 생각지 않았을 경우에 쓰이고 있으며, "꿈에 볼까 무섭다→ 생각만 해도 치가 떨리는 일이다.", "꿈에 밟히다→ 잊혀지지 않아 꿈에 나타나

다.", "꿈밖이다→ 꿈에도 생각지 아니한 뜻밖의 일이다.", "꿈 꾼
셈이라→ 뜻하지 않았던 좋은 일이 생겨 신기하고 놀랍다는 말."
등으로도 쓰이고 있다.

⑬ 일상생활의 언어에, 꿈의 예지적 신비성을 믿는 경우로, "꿈땜했
다→ 지난밤에 꾼 악몽치례 한 셈이다.", "꿈만 같다→ 믿기 어려
울 정도로 아주 뜻밖이거나 희한하다.", "꿈자리가 사납더라니"
라는 말은 꿈에 나타난 일이 몹시 언짢거나 일마다 잘 되지 않고
몹시 번거롭거나, 뜻대로 되지 않고 일마다 방해되는 것이 일어날
때, 지난 밤 흉몽대로 좋지 않은 일을 당했을 때 투덜거리는 말로
쓰이고 있다.

3) 일상생활의 속담 및 관용적 표현

① '꿈이냐, 생시냐' → 믿기 어려운 일이 일어났을 때 쓰는 말. 뜻밖
의 큰 일에 부닥쳐 너무도 놀랍거나 감격스러워 어찌할 바를 모르
는 경우에 사용되고 있다.

② '꿈보다 해몽이 낫다.' → 좋고 나쁜 것은 풀이하기에 따라 얼마
든지 좋아질 수 있다는 말. 유사한 말로, "꿈은 아무렇게나 꾸어도
해몽만은 잘 해라"가 있다.

③ '꿈에 서방 만난 격' → 제 욕심에 차지 않고, 분명하지 않은 존재
를 이르는 말로, 꿈에 남편을 만난 것과 같이, 자기 마음에 만족하
지 못한 경우에 쓰는 말이다. '꿈에 본 내고향' 이란 말은 긍정적
측면에서 쓰이고 있는데 비해서, 부정적인 측면에서 쓰이고 있다.

④ '꿈도 꾸기 전에 해몽부터 한다.' → 성미가 조급한 사람을 핀잔줄

때, 어떻게 될지도 모르는 일을 가지고 미리부터 제멋대로 기대하거나, 아직 이루어지지도 않은 일을 가지고 이러니저러니 함을 비웃어 이르는 말로 쓰이고 있다.

⑤ '용꿈 꾸었다.' → 매우 좋은 수가 생길 것이라는 말.

⑥ '꿈에 나타난 돈도 찾아먹는다.' → 꿈속에 나타났던 돈까지도 제 것이라고 찾아먹을 만큼 자기의 잇속을 차리기 위해서 아주 극성스러울 때 욕으로 이르는 말로, 매우 깐깐하고 인색해서 제 몫은 어떻게 해서든지 찾아가고야 마는 사람을 두고 이르는 말로 쓰이고 있다.

⑦ '꿈에 준 빚을 갚으란다.' 는 말은 경우에 없는 구실을 내세워 억지를 쓰는 사람에게 쓰이고 있다.

⑧ '노루잠(자다가 자주 깨어서 깊이 들지 못하는 잠)에 개꿈이라.' → 설고 격에 맞지 않는 말을 하는 경우에나, 점잖은 꿈 이야기를 할 경우 이를 야유하여 이르는 말로 쓰이고 있다.

⑨ '꿈에 네뚜리' → 대수롭지 않게 여길 때나 사람이나 물건을 매우 업신여길 때 이르는 말로 쓰이고 있다.

⑩ '서른세 해 만에 꿈이야기를 한다.' → 까맣게 잊어버린 지난 일을 새삼스럽게 들추어내서, 상기시키는 쓸데없는 행동을 비유적으로 이르는 말.

⑪ '봄 사돈은 꿈에도 보기 무섭다.' → 봄에 한참 어렵고 힘들 때, 사돈 대접하기 어려움을 일컫는 말.

⑫ '옻을 타면 꿈에 죽[竹]만 보아도 옮는다.' → 옻나무 잎과 대나무 잎이 비슷하므로 옻을 타는 사람은 꿈에 대나무만 보아도 옻이 옮는다는 말.

⑬ '꿈보다 해몽' → 좋고 나쁨은 풀이하기에 달렸으며, 하찮거나 언짢은 일을 둘러 생각하여 좋게 풀이하는 경우에 쓰이며, 꿈은 그다지 좋지 않으나 그 해석이 그럴싸함을 이르는 말로 쓰이고 있다.

⑭ '꿈은 졸다가도 꾼다.' → 잠깐 조는 사이에도 꿈을 꾸게 되듯이, 어떤 조건이 불충분하게 마련된 환경에서도 무엇이 이루어지는 경우에 비겨 이르는 말로 쓰이고 있다.

⑮ 일상생활의 속어나 은어적 성격을 보여주는 말로 "꿈통→ 베개(군대)", "꿈속의 잔디→ 여자의 성기(학생)"를 뜻하고 있다.

참고로 '개꿈'의 '개'는 접두사로, '개살구·개떡'의 말에서 알 수 있는 바와 같이, '하찮은, 무가치한'의 뜻으로, 개꿈이란 꿈을 꾼 것 같은데 잘 기억나지 않는 하찮은 꿈을 가리킨다.

2. 꿈에 관한 한자 및 한자어

우리말인 꿈은 다의어로서, 여러 가지 뜻을 지니고 있다. '네 꿈을 펼쳐라'의 경우처럼 좋은 뜻으로 마음속의 바람이나 이상을 나타내며, '꿈깨라'의 말이 있듯이 나쁜 뜻으로 덧없는 바람이나 희망을 나타내기도 한다. 이에 반해 한자어에 있어서는 꿈에 해당되는 한자어로, 이상(理想)·공상(空想)·망상(妄想)·몽상(夢想) 등 여러 가지로 세분화되어 쓰이고 있다.

1) 한자의 '夢'자 뜻

꿈은 한자로 '夢(꿈 몽)'이라고 하는 바, 한자사전에는 '꿈, 꿈꾸다, 공상(空想), 꿈꾸다, 혼미하다, 흐리멍덩하다, 똑똑하지 않다, 마음이 어지러워지다, 뒤숭숭하다, 사리에 어둡다, 흐릿하다' 등 다양한 뜻을 지닌 것으로 나오고 있다.

2) '夢' 자 자원(字源) 풀이

자원학적으로 '夢' 자는 뜻을 나타내는 '夕(저녁 석) + 음을 나타내는 글자(瞢, 어둡다의 뜻)'의 합자(合字)로, 본뜻은 저녁이 되어 시계(視界)가 침침하여 뚜렷이 보이지 않는 일에서 나아가, '밤이 어둡다' · '꿈'의 뜻으로도 쓰이고 있다.

'夢'에 관한 한자의 자원(字源)은 『설문해자』에는 '不明也. 從夕 省聲'으로 나와 있는 바, 석양이 되어 하늘이 침침하므로 잘 보이지 않음을 뜻한 데에서 꿈의 뜻으로 쓰이게 되었다.

한편 유문영은 그의 『꿈의 철학』에서, "夢자는 '寢' 자에서 왔다. 즉 동굴[穴] 속에서 사람이 침상[爿]에 누워 있고, 시간은 저녁[夕]이며, 손으로 눈[罒]을 가리키며 잠을 자는 것으로, 수면 중에 모호한 상태에서 보이는 바가 있음을 나타내고 있다. 초두[艹]는 원래 기다란 속눈썹을 표시하던 부분이었다."라고 말하고 있다.

또한 일본의 학자 '阿つじ哲次'는 저주받은 글자 '夢'이라 하여, 다음과 같은 언급을 하고 있다.

夢은 본래 결코 그렇게 즐거운 의미를 나타내는 문자는 아니었다. 夢자는 침대에서 자고 있는 인간의 머리에 있는 커다란 뿔이 있는 모양이다. 종교적 색채가 대단히 강했던 고대에서는, 각국에 샤만적인 성격을 가진 무녀가 있었고, 전쟁이 일어나면 우선 무녀에 의한 저주가 상대국에 대해서 행해졌다. 침대에서 자고 있는 인간은 지금 바로 적의 무녀에 의해 저주에 걸려있는 중이요, 그리고 그 결과로서 뇌리에 그려지는 가공의 영상이 '夢'인 것이다.

즉 그것은 다른 지역으로부터 걸리어온 악몽이요, 현재의 우리들이 생각하는 것같은 밝고 즐거운 이미지를 뜻하는 것은 결코 아니었다. 적의 무녀에 의해 초래되는 악몽은, 때로 저주받는 대상인 인물을 죽여버리는 일조차 있었다. 이렇게 악몽에 가위눌려서 곧 죽어버리는 것을, 한자로는 薨(죽을 훙)이라는 글자로 나타냈다. 薨이 '夢' 자의 윗 부분과 '死'로 되는 것은 그 때문이다. ─, 阿つじ哲次, 『漢字の字源』, 講談社. 1994.

참고로, 일본인이 가장 좋아하는 한자(漢字)를 앙케트 조사로 10자를 뽑은 결과 '夢,愛,誠,愁,風,美,花,和,義,心' 로 제 1위가 '夢' 자였다. 이러한 결과에 대해서 사람들은 살아가는 중에 꿈을 갈구하고 있는 바, 사랑[愛]보다 자신의 소망이 이루어지기를 바라는 뜻에서 몽(夢)자가 많음을 알 수 있겠다.

3) 영어의 'dream'의 사전적인 뜻

'몽(夢)'에 해당하는 영어의 dream에 대해서 간략히 살펴보면, 명사로써는 (1) 꿈: 꿈꾸고 있는 상태, 꿈결: 꿈에서 본 것. (2) 몽상, 꿈결 같은 상태, 황홀감 (3) 포부, (장래의) 꿈, (목표하는) 이상, 목적, 목표, 노리는 바. (4) 상상, 공상, 망상. (5) 꿈처럼 멋진 것의 뜻으로 쓰이고 있다. 동사로써는 (1) 꿈을 꾸다, ─꿈에 보다. (2) 꿈같은 일을 생각하다, 터무니없는 계획을 간직하다, (…한 것을) 몽상하다. (3) …을 동경하다, 목표하다, 시도하다 (4) 보통 부정문에서 '─이라는 것을 꿈에도 생각 못하다' 로 쓰이고 있으며, 그밖에도 '─을 환상으로 보다, ─을 상상하다, 시간·일생을 꿈과 같이 어물어물 보내다, 꿈과 같은, 꿈결처럼 멋진, 이상적인, 더할 나위 없는'의 뜻으로 쓰이고 있다. 이로써 보면, 우리말의 일상언어의 뜻과 유사함을 알 수 있겠다.

또한 dream의 자원(字源)에 대해서, 고대 영어 dream(기쁨, 음악)과는 다른 뜻인 dreem(속이는 것→환상)이 중세 영어부터 나타났으며, 현재의 dream은 고대 영어의 철자에 중세 영어의 뜻이 옮겨진 것으로 여겨진다고 보고 있다. 이처럼 '속이다'라는 뜻의 말과 같은 어원에서 나왔다고 볼 때, 꿈은 현실이 아닌 환상 망상의 뜻이 담겨있음을 보여주고 있다.

4) 파자점(破字占) 풀이

한자를 짚어 길흉의 뜻풀이를 하는 파자점에서는, '夢'자를 짚은 사람의 점괘풀이는 사초석가(四草夕家)로 보아, 사방으로 풀이 우거진 집을 놔두고 식구들이 저녁부터 잠을 자 버리는 형상으로, 계획하는 일이며 소망사항에 소득이나 성과가 별반 따르지 않으며, 결과가 제대로 이루어지기 어려울 수로 보고 있다. —『한자비밀』

5) 꿈에 관한 한자어

꿈에 관해서 우리 언어생활에서 쓰이는 한자어에 대해 살펴보았다. 참고자료로, 『새 우리말 큰사전(신기철, 신용철)』, 『우리말 큰사전(한글학회)』 등을 주로 참고했다.

- 몽견천문(夢見天門)→ 꿈속에 천문(天門)을 봄을 이름.
- 몽경(夢境), 몽중(夢中), 몽리(夢裏)→ 꿈속.

- 몽리청춘(夢裡靑春)→ 꿈같은 젊음, '한바탕 꿈속의 청춘', 아름다웠던 젊은 날의 얼굴은 덧없이 사라지고 거울 속에는 백발이 성성한 모습이 되어 있음.
- 몽매(夢寐)→ 잠을 자면서 꿈을 꿈. 꿈속에서도. '몽매에'·'몽매에도' 와 같이 쓰이어, '잠자면서 꿈꾸는 사이에도' 의 뜻으로 쓰임. 예)몽매에도 잊지 못하던 사전 편찬의 일.
- 몽매지간(夢寐之間) 잠을 자면서 꿈을 꾸는 동안이라는 뜻으로, 사물(事物)을 좀처럼 잊지 못함이나, 이룰 수 없는 일에 너무 지나치게 몰두(沒頭)함을 이르는 말로, 줄여서 몽매간(夢寐間)이라고도 한다.
- 몽몽(夢夢)→ 똑똑하지 않은 모양. 희미해지는 모양.
- 몽문천(夢捫天)→ 꿈속에서 푸른 하늘을 어루만짐.
- 몽복(夢卜)→ 꿈과 점, 꿈으로 길흉화복을 점침, 또는 그 꿈.
- 몽사(夢事)→ 꿈에 나타난 일.
- 몽상(夢想)→ 꿈과 같은 실현성이 없는 헛된 생각. 꿈같은 생각.
- 몽상부도(夢想不到)→ 꿈에도 생각지 못함.
- 몽압(夢魘)→ 자다가 가위에 눌림.
- 몽예(夢囈)→ 잠꼬대.
- 몽외(夢外)→ 꿈에도 생각지 않은 터. 천만 뜻밖. 꿈밖.
- 몽외지사(夢外之事)→ 꿈밖의 일, 꿈에도 생각지 않은 일. 천만 뜻밖.
- 몽음주자단곡읍(夢飮酒者旦哭泣)→ 인간 세상의 근심과 즐거움은 모두가 꿈이라는 말. 꿈과 현실은 다르지 않음. '꿈속에서 꿈을 점치다' 의 '몽지중우점기몽(夢之中又占其夢)' 과 같이 쓰임.
- 몽위어(夢爲魚)→ 꿈에 몸이 물고기로 됨을 이름.
- 몽일입회(夢日入懷)→ 해를 품은 꿈이라는 말로 왕자(王子)를 잉태하

는 길몽.

- 몽정(夢精)→ 잠을 자는 중에 성적인 쾌감을 얻는 꿈으로 하여 정액을 배설하는 일. 흔히 신경이 쇠약해서 오는 경우가 많음. 몽설(夢泄), 몽색(夢色), 몽유(夢遺)라고도 한다.

- 몽조(夢兆)→ 꿈에 보이는 조짐. 꿈자리.

- 몽중몽(夢中夢)→ 꿈속의 꿈. 이 세상이 덧없는 것을 비유하는 말.

- 몽중상심(夢中相尋)→ 몹시 그리워 꿈속에까지 찾는다는 말로 친밀함을 이름.

- 몽중설몽(夢中說夢)→ 꿈속에서 꿈이야기를 한다는 뜻으로 무엇을 말하는 지, 요령을 종잡을 수 없게 이야기함을 이르는 말.

- 몽중점몽(夢中占夢)→ 꿈속에서 꿈의 길흉을 점침.

- 몽중허인(夢中許人) 각차불배기신(覺且不背其信)→ 꿈에 약속하여 승낙한 것을 깬 후에 꿈인줄 알면서도 실행한다는 뜻으로, 신의의 두터움을 이름.

- 몽징(夢徵)→ 꿈에 보이는 징조. 꿈자리.

- 몽환(夢幻)→ 꿈과 환상이라는 뜻으로, 허황(虛荒)한 생각을 뜻하는 말. 이 세상의 일체의 사물이 덧없음을 비유한 말.

- 몽환경(夢幻境)→ 공상이나 도취에 의한 환상의 세계.

- 몽환극(夢幻劇)→ 꿈속에서의 인간생활을 그린 희곡.

- 몽환포영(夢幻泡影)→ 꿈 · 환상 · 물거품 · 그림자같이 인생이 헛되고 덧없음을 비유.

- 동상이몽(同床異夢)→ 같은 처지에 있는 듯하면서도, 서로의 생각이 다름.

- 만사개여몽(萬事皆如夢)→ 이 세상의 모든 일이 꿈 같다는 말.

- 미몽(迷夢)→ 흐릿한 꿈이라는 뜻으로, 무엇에 홀린 듯 생각이나 정신이 똑똑치 못하고 얼떨떨한 상태를 이르는 말.
- 백일몽(白日夢)→ 대낮에 꿈을 꾼다는 뜻으로, 실현될 수 없는 비현실적인 헛된 공상을 함을 비유하여 이르는 말. 수면 중이 아닌데도 공상이나 상상에 빠져 있으면, 현실의 외계영향은 약해지고 마치 꿈을 꾸는 듯이 방심상태가 되어, 그 사고가 강하게 시각적 성질을 띠는 일이 있다. 주로 소망충족의 꿈으로 나타나고 있다.
- 비몽사몽(非夢似夢)→ 꿈인지 생시인지 어렴풋한 상태.
- 상사몽(相思夢)→ 남녀사이에 서로 사랑하고 사모하여 꾸는 꿈.
- 악몽(惡夢)→ 꿈자리가 사나운 나쁜 꿈.
- 일장춘몽(一場春夢)→ 한바탕의 봄꿈처럼 헛된 영화(榮華) 또는 덧없는 일을 이르는 말.
- 장한몽(長恨夢)→ 오래도록 사무치어 잊을 수 없는 마음.
- 주사몽생(晝思夢生)→ 낮에 생각하는 것이 밤에 꿈으로 나타남.
- 주상야몽(晝想夜夢)→ 낮에 생각한 바가 밤의 꿈에 나타남.
- 취생몽사(醉生夢死)→ 술에 취하여 자는 동안에 꾸는 꿈속에 살고 죽는다는 뜻으로, 아무 하는 일 없이 한평생을 흐리멍덩하게 살아감을 비유적으로 이르는 말.
- 현몽(現夢)→ 죽은 이나 신령에 대하여 꾸는 꿈을 그들이 꿈을 통해 나타난다고 생각하여 이르는 말.

3. 꿈과 관계된 고사성어

샘터사의 『고사성어 백과사전』을 주로 참고, 인용하여 덧붙였다. 고사성어에서 보이는 꿈의 이야기들은 보은에 대한 계시, 인생의 덧없음을 보여주는 교훈적 이야기, 소망의 표현, 신령스러운 고지(告知), 이적(異蹟), 무상함 등을 보여 주고 있다. 일장춘몽(一場春夢)은 한바탕의 봄꿈이라는 뜻으로, 인간 세상의 덧없음을 비유적으로 일컫는 말로 널리 쓰이고 있는 바, 다른 말들을 살펴본다.

① 몽필생화(夢筆生花)→ 이백(李白)이 자신이 쓰던 붓에 꽃이 핀 꿈을 꾼 뒤에 문명(文名)을 크게 떨쳤다는 고사.

② 몽수필(夢授筆)→ 꿈속에서 신인(神人)으로부터 붓을 받음을 이름. 꿈에 오색의 붓을 받고 문채(文采)가 뛰어 났으나, 후일 꿈에 돌려준 뒤로 글을 못하게 됨.

③ 마맥분리(磨麥分梨)→ 보리를 갈아 가루로 한 꿈을 꾸고 잃었던 남편을 찾았으며, 배를 쪼갠 꿈을 꾸니 잃었던 아들이 돌아왔다는 고사.

④ 몽계이병불기(夢鷄而病不起)→ 진나라 사안(謝安)이 일찍이 16년전에 꿈에 흰 닭[酉]을 본 후에, 16년이 지난 유(酉)년에 병을 얻자 고치지 못하고 죽을 것을 파자해몽으로 알았다는 고사에서 유래.

⑤ 병입고황(病入膏肓)→ 병이 고(膏:염통. 아래 앞가슴)와 황(명치 끝.심장 아래. 횡격막 위)사이에 들었음. 한방에서 이곳에 병이 들면 고치기 어렵다고 하며, 병이나 나쁜 버릇이 심해져서 다시는 회복할 가망이 없게 된 것을 말한다.

〈춘추좌씨전〉 성공(成公) 10년조의 기록이다.

진나라 군주가 꿈을 꾸었는데, 큰 여귀가 머리칼을 땅까지 늘어뜨리고서 가슴을 치며 뛰면서 말하기를 "내 자손들을 죽였으니 너를 용서하지 않으리라. 나는 천제의 허락으로 네 목숨을 거두러 왔도다."

경공은 떨면서 한없이 도망치다 문득 잠에서 깨어났다. 경공은 너무도 불안하여 점쟁이를 불러 물어보았다. 점쟁이의 대답은 이러했다.

"황공합니다만, 이미 때가 늦었습니다. 임금님께서는 새 보리가 익어도 그것을 잡수시기 전에 돌아가실 것입니다."

이 말을 들은 경공은 화를 낼 기운도 없이 그대로 자리에 눕게 되었는데, 온갖 약을 써도 전혀 차도가 없었다. 그래서 이웃나라 진에서 이름 높은 명의 고완을 청하게 되었다. 고완을 기다리고 있을 때, 경공은 또 꿈을 꾸었다. 꿈속에서 병마(病魔)가 두 사람의 동자로 변해 경공의 콧구멍에서 튀어나와서 이런 이야기를 주고받는 것이었다.

"고완이 온다고 하는데, 우리도 위험하니 어디로 숨어야 하지 않을까?"

"글쎄. 황의 위쪽, 고의 밑으로 들어가면 아무리 용한 고완이라도 해도 어찌할 수 없을 거야."

이런 이야기를 하고 두 동자는 다시 콧구멍으로 들어가 버렸다. 그날 고완이 도착하여 곧 경공을 진찰하더니 고개를 저었다.

"말씀드리기 황공합니다만, 병이 황의 위, 고의 아래에 들어 있어서 침도 약도 듣지 않게 되어 있습니다. 천명이라 생각하십시오."

경공은 놀라고 슬픈 가운데서도, 고완을 정말 천하의 명의라 생각하고 후히 대접해 보냈다. 그러나 경공은 곧 죽지는 않았다. 이윽고 6월 그믐께가 되자, 새로 익은 보리로 쑨 죽이 경공의 밥상에 올랐다. 이에 경공은 전날 자기 병에 대해 점을 친 점쟁이를 불러 호통을 쳤다.

"너는 나보고 새 보리를 먹기 전에 죽는다고 했는데, 지금 나는 이렇게 새 보리를 먹게 되었다. 함부로 나를 조롱한 죄, 죽음을 면치 못하리라."

그리고는 즉시 점쟁이의 목을 베게 했다. 그러나 막 먹으려고 할 때 배가 아파 왔다. 그래서 변소에 갔는데 가자마자 정신을 잃고 쓰러져, 그길로 죽어 버렸다. 신하들은 억울하게 죽은 원혼들이 그를 죽게 했다고들 쑥덕였다. 이로부터 병이 고황에 들었다고 하면, 도저히 회복할 가망이 없는 깊은 고질병임을 뜻하게 되었다.

죽음을 알려주는 데서 꿈의 신령스러운 계시·고시(告知)가 나타나 있으며, 병균들이 사람처럼 주고받는 꿈의 이적(異蹟)등이 나타나고 있다. 고황에서 유래된 말로 천석고황(泉石膏肓)이라는 말이 있다. 천석(泉石)은 샘과 돌로써 대유법으로 아름다운 자연을 뜻하고, 고황은 고치지 못하는 병으로, 자연을 몹시 좋아하는 것을 일컫는다. 정철이 지은 〈관동별곡〉의 첫 부분이 '강호에 병이 깊어 죽림(竹林)에 누었더니' 로 시작되고 있는데, 여기서의 '병'은 '자연을 몹시 좋아함'의 뜻을 나타내고 있다. 천석고황과 같은 뜻의 비슷한 말로, 연하고질(煙霞痼疾)·연하벽(煙霞癖)이란 말이 있다.

⑥ 치인설몽(癡人說夢)→ 꿈 이야기를 바보에게 해주다. 곧 상대가 이해할 수 없는 말을 쓸데없이 지껄이는 어리석은 일, 또는 아무 보람없는 어리석은 일을 하는 것을 말한다.

당나라 때 고승인 승가가 길을 가고 있었다. 하루는 어떤 사람이 그에게 물었다. "당신은 성이 무엇이오?" "하가요." "어느 나라 사람이오?" "하나라 사람이오."

원래 승가는 기이한 행동으로 유명한 승려였다. 그는 농담으로 "너는 어떤 성씨냐?"는 물음에 "어떤 성씨다." "어느 나라 사람이냐?"는 물음에 "어떤 나라 사람이다."라고 대답한 것이다. 그런데 승가가 죽은 뒤 당나라의 이옹이란 사람이 승가의 비문을 쓸 때, 비문에 "대사의 성은 하씨이고, 하나라 사람이다"라고 써놓았다. 승가의 농담을 진실로 받아들였던 것이다.

이 이야기를 소개하고 나서, 남송의 석혜홍은 "이것이 바로 이른바 바보에게 꿈 이야기를 한다는 것이다"라고 썼다.

⑦ 결초보은(結草報恩)→ 풀을 엮어서 은혜를 갚는다는 뜻. 죽어서까지 잊지 않고 은혜를 갚는 것을 말한다.

춘추시대 위나라의 위무자가 중병에 걸려 죽게 되었다. 자신의 병이 그다지 심하지 않았을 때, 그는 아들 '과'를 불러 자신이 죽거든 애첩(곧 과에게는 서모가 됨)을 개가시키라고 말했다. 그런데 병이 위독해지자 위무자는 다시 아들에게 이렇게 말했다. "내 죽거든 애첩을 반드시 순사(殉死:따라 죽임)하게 하라."

부친이 죽자, 아들 '과' 는 아버지의 임종 때의 말에 따르지 않고 서모를 개가하게 하였다. 서모가 부친의 명령에 따르지 않는 것을 의아하게 생각하자, 그는 이렇게 말했다. "사람이 위독해지면, 정신이 흐려집니다. 저는 아버님께서 정신이 올바를 때 하신 말씀에 따르기로 했습니다."

그후 선공 15년 7월에 진나라가 공격해 들어왔다. 이 싸움에 나간 위과는 진나라의 이름난 장수 두회와 싸워 한때 목숨이 위태로운 지경에까지 갔으나, 쫓아서 달려오던 두회가 갑자기 무엇인가에 걸린 듯 풀밭에 쓰러져 두회를 잡을 수 있었다.

그날 밤 꿈속에 한 노인이 나타나 이렇게 말했다. "나는 당신이 시집보내 준 여자의 아비 되는 사람이오. 그대가 선친의 바른 유언에 따랐기 때문에 죽을 뻔하던 내 딸이 살았으므로, 내가 오늘 풀을 엮어서 적장이 쓰러지도록 해서 그 은혜를 갚은 것이오."

이로부터 결초보은이란 죽어서까지라도 은혜를 결코 잊지 않겠다는 뜻으로 쓰인다. 계시적 성격의 꿈이다.

⑧ 남가일몽(南柯一夢) → 남쪽가지의 하나의 꿈. 당대의 전기작가인 이공좌의 소설 〈남가태수전〉에서 비롯된 말이다. 덧없는 한때의 꿈, 혹은 인생의 덧없음을 비유하는 말로 쓰이고 있다. 비슷한 말로 한단지몽(邯鄲之夢)이 있다. 인생의 무상함을 보여주고 있는 교훈적 성격이 짙다.

당나라 덕종때 광릉지방에 순우분이란 사람이 있었다. 어느 날 그는 술에 취해 집 앞의 큰 홰나무 그늘에서 잠이 들었는데, 어디선가 두 사신이 나타나서 순우분에게 절을 하며 이렇게 말했다.

"저희는 괴안국왕의 명을 받잡고 대인을 모시러 온 사신입니다. 저희와 함께 가시지요."

순우분은 얼떨떨했지만, 사신이 권하는 대로 그를 따라 홰나무 구멍 속으로 들어갔다. 화려하게 차려입은 국왕이 성문 앞에서 그를 반갑게 맞이하는 한편, 그를 당장에 부마로 삼았다. 순우분이 그곳에서 즐거운 나날을 보내고 있던 어느 날, 왕이 그를 불러 남가 지방을 다스려 달라고 부탁했다.

남가군에 부임한 순우분은 20년 동안 선정을 베풀어 백성들의 칭송이 자자했고, 결국 그 공을 인정받아 재상으로 승진했다. 그러나 재상이 된 지 얼마 안되어 이웃 나라가 군대를 몰고 침략해 오는 바람에 크게 곤욕을 치렀다. 더욱이 그 동안 그와 함께 고락을 나누었던 아내마저 병으로 사별한 뒤, 그는 허무함을 느끼고 관직을 버리고 상경했다. 얼마 후 국왕은 "천도해야 할 조짐이 보인다" 면서 순우분을 고향으로 돌려보냈다.

이때, 잠이 깨고 보니 수십 년간의 그 일들이 모두 꿈이었다. 순우분은 기이한 생각이 들어 기대어 자던 홰나무의 뿌리 부분을 살펴보았다. 꿈에서처럼 과연 구멍이 있긴 했다. 구멍 속을 자세히 살펴보니, 넓은 공간에 수많은 개미떼가 두 마리의 왕개미를 둘러싸고 있었다. 그곳이 바로 괴안국이었고, 두 마리의 왕개미는 국왕과 왕후였던 것이다. 또 거기서 남쪽으로 뻗은 가지에 나 있는 구멍에도 개미떼가 있었는데, 그것이 바로 남가군이었다.

순우분은 이상한 일이라고 생각하면서, 집으로 들어갔다. 그런데 마침 그날 밤에 큰 비가 내렸고, 다음날 순우분이 다시 홰나무 구멍을 살펴보았을 때는 개미는 한 마리도 남아 있지 않았다. 순우분은 고개를 끄덕였다. 괴안국 국왕이 "천도해야 할 조짐이 보인다"라고 말했던 것이 바로 이 일이었던 것이다. 순우분은 한 순간의 꿈속에서 스쳐보냈던 20여 년을 떠올리고는, '인생이란 바로 그와 같은 한바탕 꿈과도 같은 것이 아닐까' 하고 생각해 보았다.

⑨ 한단지몽(邯鄲之夢)→ 한단의 꿈. 당나라의 문인 심기제의 소설 〈침중기(枕中記)〉의 이야기에서 나온 말이다. 꿈의 허망함·무상함을 보여주고 있다.

당나라 현종 때의 이야기로 여옹이라는 도사가 한단의 한 주막에서 쉬고 있었다. 그때 한 젊은이가 다가와 인사를 하고 옆에 앉더니, 자신은 산동에 사는 노생이라고 소개를 했다. 그는 아무리 애를 써도 고생을 면치 못하고 산다고 신세 한탄을 늘어놓더니만, 금세 졸기 시작했다. 그래서 여옹이 양옆에 구멍이 뚫린 도자기 베개를 내주었더니, 노생은 그것을 베고 잠이 들었다.

그런데 노생은 그 베개의 구멍이 점점 커지는 바람에 잠에서 깨어났다. 이윽고 구멍이 한 사람이 들어갈 정도로 커지자 노생은 그 구멍 속으로 들어가 보았다. 그곳에는 훌륭한 집이 있었는데, 노생은 그 집에서 명문집안의 딸과 결혼하고 과거에 급제한 뒤 벼슬길에 나아갔다. 그는 출세하여 재상의 자리에까지 올랐다. 재상이 된 그는 이후 10여 년 간 선정을 베풀어 명성을 얻었으나, 문득 모반을 음모했다는 억울한 죄를 뒤집어써서 포박당하는 신세가 되었다. 이때 노생은 아내에게 이렇게 탄식했다.

"산동에 있는 내 집에서 농사나 지으면서 그저 추위와 굶주림에 시달리지 않고 살았더라면 좋았을 것을, 내가 왜 벼슬살이를 하다가 이 꼴이 되었는지 모르겠소. 아, 옛날 남루한 옷을 걸치고 한단의 거리를 거닐던 시절이 그립구려. 이제 와서 후회한들 무슨 소용이겠소."

말을 마친 그는 칼을 뽑아 자결하려 했으나, 아내와 아들이 말리는 바람에 이루지 못했다. 그런데 그때 그와 함께 잡힌 사람은 모두 처형되었으나, 그만은 용케 사형을 면하고 변방으로 유배되었다. 몇 년 후에 무죄임이 밝혀지자, 황제는 그를 불러 더욱 높은 벼슬을 주고 많은 은총을 내렸다. 그후 노생은 모두 고관이 된 다섯 아들과 열 손자를 거느리고 행복한 만년을 보내다가 늙어 병이 들었다. 황제가 연신 환관과 어의를 보내 그의 병을 치유하도록 힘썼으나, 결국 그는 80세의 나이로 죽고 말았다.

그러나 노생은 다시 눈을 뜬 자신을 발견했다. 놀라 주위를 둘러보니 처음 잠들었던 한단의 그 주막집이었으며, 옆에는 여전히 여옹이 앉아 있었다. 노생이 앞서 잠들기 전에 주막집 주인이 짓고 있던 기장밥도 아직 채 다 되지 않았다. "아, 꿈이었구나...." 크게 한숨을 내쉰 노생이 이렇게 한탄하자, 여옹은 웃으며 말했다. "인생이란 다 그런 것이라네."

노생은 잠시 멍하니 있다가 여옹에게 감사의 말을 했다. "인생의 온갖 영욕과 부귀와 죽음까지도 다 겪었습니다. 도사께서 저의 부질없는 욕망을 막아주신 뜻을 알겠습니다."

인생이 꿈과 같고 영고성쇠가 하잘 것 없는 것을 비유하고 있다. 한단(邯鄲)이라는 지명에서 꿈을 꾼 일이라 한단지몽(邯鄲之夢), 꿈을 꾼 젊은 이인 노생의 이름에서 노생지몽(老生之夢), 여옹이라는 도사가 준 베개에서 여옹침(枕:베개 침), 꿈을 꾸는 동안에 기장밥[黃粱:황량]이 채 익지 않았으므로 황량지몽(黃粱之夢), 꿈을 깨니 밥을 지을 동안에 꾼 꿈이라는 뜻에서 일취지몽(一炊之夢)으로도 불리운다. 꿈을 통해 인생의 무상함을 이야기하는 교훈적 성격이 짙은 이야기로, 『삼국유사』에 나오는 조신몽 설화와 유사하다.

⑩ 호접지몽(胡蝶之夢)→ 나비가 된 꿈. 사물과 나가 일체가 되는 이른 바 물아일체의 경지를 비유하는 말이다. 〈장자〉 제물론(齊物論) 편에 나온다. 널리 알려져 있는 꿈으로, 불교의 색즉시공 공즉시색의 경지와 서로 통하는 말이 될 수 있겠다. 꿈의 신비성을 보여주는 이야기로 볼 수도 있겠지만, 장자가 자신의 이야기를 하기 위하여 지어낸 꿈이야기로 보아야겠다. 우리가 살아온 인생길이 어찌 보면 한순간의 꿈이요, 꿈속에 펼쳐지는 세상 일이 또한 우리들의 참 모습일는지 모른다.

　장자가 어느 날 꿈을 꾸었다. 꿈속에서 그는 꽃들 사이를 훨훨 날아다니는 즐거운 나비였다. 그러다 문득 깨어보니, 자신은 다시 장주라는 인간이었다. 장주는 고개를 갸우뚱했다. 도대체 인간 장주인 자기가 꿈속에서 나비가 된 것인가. 아니면 자기가 본래 나비인데, 나비인 자기가 꿈속에서 장주가 되어 있는 것인가. 내가 나비인가, 나비가 나인가. 꿈이 현실인가, 현실이 꿈인가.

⑪ 무산지몽(巫山之夢)→ 무산의 꿈. 곧 남녀의 정이 아기자기한 것을 비유하여 이르는 말이다. 『문선』속에 있는 '송옥'의 고당부(高唐

賦)의 서(序)에 보이는 이야기에서 비롯되었다.

초나라의 양왕이 송옥을 데리고 운몽이라는 곳에서 놀다가 고당관에 이르렀다. 그때 하늘을 우러러보니 이상한 구름이 피어오르고 있어서, 송옥에게 그것이 무어냐고 물었다. 송옥은 조운(朝雲)이라고 답하면서 다음과 같은 이야기를 했다.

옛날 선왕이 고당에서 노닐다가 주연이 끝난 뒤 피곤하여 잠시 낮잠을 잤다. 그러자 비몽사몽간에 아름다운 한 여인이 나타나 이렇게 말했다. "저는 무산에 사는 여인이온데, 전하께서 고당에 거동하셨다는 말씀을 듣고 왔습니다. 아무쪼록 침석(枕席:잠자리)을 받들게 해주십시오."

왕은 기꺼이 그 여인과 잠자리의 정을 나누었다. 이윽고 헤어질 때가 되자 그 여인은 이렇게 말했다. "저는 무산 남쪽 높은 봉우리에 살고 있는데, 아침에는 구름[雲]이 되어 산에 걸리고 저녁이면 비[雨]가 되어 산에 내려 양대 아래 머무를 것입니다." 여인은 사라지고 왕은 꿈에서 깨어났다.

남녀 사이에 육체적으로 관계를 맺는 경우에, '운우지정(雲雨之情)을 나누다.' 라는 말도 여기에서 유래했다.

⑫ 화서지몽(華胥之夢)→ 화서의 꿈이란 뜻으로, 낮잠 또는 좋은 꿈을 이르는 말. 고대 중국의 황제(黃帝)가 낮잠을 자다가 꿈을 꾸었는데, 무위자연의 나라 화서(華胥)에서 어진 정치를 보고 깨어나서 깊이 깨달았다는 고사에서 유래하였다. 『열자(列子)』황제 편에 나온다.

황제는 천하가 잘 다스려지지 않는 것을 보고 지혜와 힘을 다해 노력했다. 그 결과 천하는 어느 정도 다스려졌다고 생각이 들었으나, 자신의 육체와 정신은 어지럽혀지고 피곤하기만 하였다. 황제는 생각 끝에 정치에서 물러나 궁전에서 한가하게 쉬면서 몸과 마음을 수양하기에만 몰두하리라 결심했다. 그렇게 3개월 동안이나 정사를 손에서 놓고 있던 중, 하루는 낮잠을 자다가 꿈을 꾸게 되었다.

꿈속에서 황제는 화서씨의 나라에 놀러갔는데, 그곳은 그지없이 평화롭고 아름다운 이상향의 나라였다. 그곳은 통치자도 없고 윗사람도 없는 곳으로써 명령을 내리는 이도, 남의 명령에 죽도록 따를 일도 없었다. 모든 것이 그저 자연 그대로였으며, 백성들은 좋아하는 것도 바라는 것도 없이 또한 자연 그대로였다. 그곳에서는 삶이라고 좋아할 줄도 모르고, 죽음이라고 싫어할 줄도 몰랐고 젊어서 죽는 사람도 없었다. 자기를 좋아할 줄도 모르고 남을 멀리할 줄도 몰라서 애증도 없었다. 그곳은 그야말로 형체도 감정도 초월한 절대 자유의 경지였다. 그러다 꿈에서 깨어난 황제는 문득 깨닫는 바가 있었다. 그는 신하들을 불러다 꿈 이야기를 해주면서 그 끝에 이렇게 말했다.

"나는 이제 지극한 도(道)는 정(情)을 가지고 구하는 것이 아님을 알았다." 그로부터 천하는 크게 잘 다스려져 마치 화서국처럼 되었다고 한다. 일장화서몽(一場華胥夢)이라고도 한다.

지어낸 거짓 꿈이야기로 보아야 하겠지만, 꿈이야기 자체는 잠재능력의 소망의 표출을 보여주는 꿈이야기이다. 황제가 '어떠하면 나라를 잘 다스릴 수 있을까' 고심한 끝에, 꿈에 자연의 섭리에 순응하는 무위자연(無爲自然)이 행해지고 있는 이상국(理想國)인 화서국에서 생활을 통해 깨달음을 얻게 된다. 꿈의 예화에서 살펴본 자신이 소망하던 것을 꿈속에서의 영감을 통해 이룰 수 있었던 이야기와 유사하기도 하다.

우리 모두 모든 일에 자신이 나서야 하고, 자신이 아니면 안된다고 생각하고 있다. 인위적인 규범을 만들어 억압된 틀 속에서 생활해가고 있다. 하지만 가장 중요한 것은 물이 흘러가듯 자연의 섭리에 따르고, 도덕적 양심에 따르는 생활일 것이다.

4. 꿈에 관한 수수께끼

『한국수수께끼 사전』을 주로 참조하였다. 꿈에 관계된 수수께끼는 주로 꿈의 일반적인 것들에 대해서 수수께끼화하고 있음을 알 수 있겠다. 예언·계시·소망의 뜻으로의 예는 보이지 않고 있으며, 꿈자리처럼 언어유희에 의한 수수께끼, 영혼의 활동, 현실에서 불가능한 일도 이루어지는 역설적 상황을 보여주고 있다.

① 꿈의 일반적 경우

- 장님(소경)도 볼 수 있는 것은? 봉사가 한 가지 볼 수 있는 것은?→ 꿈
(꿈은 눈감고 잘 때에 보이는 것으로 장님도 꿀 수 있으니까)

- 눈을 감았어도 보이는 것은?→ 꿈(눈을 감아도 꿈속에서 일어나는 일은 보이니까)

- 감으면 보이고, 뜨면 안 보이는 것은?→ 꿈(꿈은 눈을 감아야만[잠을 자야] 볼 수 있는 것이고, 눈을 뜨면[깨면] 꿈은 사라지니까)

- 보려고 해도 안보이고 안 보려고 해도 보이는 것은?→ 꿈(꿈이란 마음대로 할 수 없으니까)

- 아무리 잡으려고 해도 못 잡는 것은?→ 꿈(꿈은 물체가 아닌 어떤 정신적 현상이기 때문에 마음대로 잡아둘 수는 없으니까)
- 죽었다 다시 살아나는 것은?→ 꿈(꿈속에서는 죽더라도 꿈을 깨면 살아나니까)

② 음의 유사성을 이용한 수수께끼
- 자기 혼자만이 갈 수 있는 나라는?→ 꿈나라(꿈은 자기 혼자 꾸니까)
- 자리는 자린데 깔지 못하는 자리는?→ 꿈자리(꿈자리는 깔 수 없으니까, 깔 수 있는 자리와 꿈자리의 자리가 발음이 같은 음의 유사성을 이용한 문제이다.)

③ 꿈이 영혼의 정신활동을 보여주는 것
- 아무리 먼 곳에 가도 피곤하지 않는 것은?→ 꿈속의 여행(꿈은 실제로 움직이지 않고 영혼만이 움직이는 정신작용으로 이루어지는 행동이니까)
- 돈 없이 제자리에서 여행하는 것은?→ 꿈여행(꿈을 꾸면 꿈속에서는 돈을 들이지 않고도 어디나 갈 수 있으니까)
- 가만히 있어도 밭에 가서 일하는 것은?→ 꿈꾸는 것(꿈꾸면 몸은 가만히 있어도 어디라도 갈 수 있고 할 수 있으니까)

④ 꿈속에서 현실에서 불가능한 일이 이루어지는 역설적 상황
- 가장 짧은 시간에 가장 많은 일을 할 수 있는 곳은?→ 꿈속(꿈속에서는 달나라에도 가고 만리장성을 쌓기도 하고 그 밖에 무슨 일이든 엄청나게 할 수 있으니까)
- 하루에 만 리를 갔다 와도 지칠 줄 모르는 것은?→ 꿈

- 비행기가 바다를 건너오다가 휘발유가 없어서 바다가운데에 가라 앉게 되었다. 어떻게 하면 살겠는가?→ 꿈이어야 산다(꿈은 실제가 아니니까)
- 앞에는 망망대해이고 뒤에는 기암절벽이고 오른편에는 늑대가 입을 벌리고 있고 왼편에는 독사가 우글거리고 있다. 어떻게 하면 살아날 수 있을까요?→ 꿈이니까 깨면 된다.(아무리 위기일발이라도 꿈이면 그 꿈에서 깨어나면 되니까)

⑤ 의도적 오도성의 수수께끼

주로 잠자리에서 하는 일이지만, 잠자리 아닌 곳에서도 한다. 주로 밤에만 하지만, 낮에도 한다. 주로 이불 속에서 하지만, 이불이 없어도 하는 경우가 많다. 주로 눕거나 엎드려서 하지만, 앉아서도 할 수 있는 일은?→ 꿈꾸는 일

제Ⅶ장
역사와 문학 속의 꿈

1. 역사와 꿈

1) 역사 속의 꿈사례

　역사적 사건과 관련된 꿈에 대한 기록은 정사(正史) · 야사(野史) · 야담(野談) · 설화(說話) 등에 다양하게 보이고 있다. 정사인 『삼국사기』에는 5개의 미래예지적인 꿈이야기가 실려 있으며, 『삼국유사』에는 꿈의 보고(寶庫)라 할 정도로 꿈이야기가 많이 실려져 있다. 이밖에도 선인들의 각종 문집이나 옛날이야기 속에는 꿈이야기가 사건 진행의 중요한 화소(話素)로써 역할을 하고 있다.

　일반적으로 정사(正史)는 국가적으로 주관하여 지난 왕조의 역사를 사실적으로 편찬하여 기록했다면, 야사(野史)는 정사(正史)인 역사서에 기록되지 않았거나, 기록될 수 없었던 여건에 있었던 실제의 사실에 바탕을 두고 개인이나 민간에서 흥미있게 기록하고 있다.

　야담(野談)은, 야사가 주로 국가적이며 역사적인 사실을 다루고 있다면, 민간의 일상적인 일화나 흥미있는 이야기를 담고 있다. 정사나 야사가 사실적인 기록에 충실하고자 했다면, 야담은 사실적인 이야기와 민중이 꾸며낸 문학적인 허구성이 덧붙여져 있다.

설화(說話)는 역사적인 사실보다는 흥미와 민속(민간신앙)의 민중적 성격이 강하며, 문학적 성격을 띠고 있다. 설화는 누가 언제 어떻게 지었는지 모르게 입에서 입으로 전해져 내려온 구비문학으로, 전승자의 태도를 기준으로 크게 신화·전설·민담으로 나누어 살펴볼 수 있다.

신화는 신성시하며, 전설은 진실하다고 믿고 있으며, 민담은 전승자가 신성하다거나 진실하다고 생각하지 않는 꾸며낸 흥미있는 이야기이다. 신화가 오랜 옛날 신성의 공간이라면, 전설은 특정한 시대에 특정한 공간에서 일어난 일로 구체적인 대상이 증거물로 제시되고 있다. 민담은 시대와 공간이 구체적으로 한정되지 않으며, 보편적인 이야기이다. 신화의 이야기가 신비성을 갖는다면, 전설과 민담은 교훈성과 함께 재미와 흥미를 더해주고 있는 이야기가 대부분이다.

역사서나 개인 문집 나아가 야담집이나 설화 속의 꿈이야기는 꿈의 미래예지적인 체험의 기록인 동시에, 선인들이 꿈을 신성시하고 꿈의 신비성을 믿고 있었음을 보여주고 있다. 이러한 역사와 설화속의 꿈이야기에 대하여, 이도흠은 그의 '역사와 설화, 텍스트와 현실 사이에서 읽기' 글에서 "설화를 역사적 사실과 대비하여 당대의 사회문화 맥락에서 잘 분석하면, 역사서에 미처 기록되지 않은 진실이 나타난다. 단, 역사적 사실에 근거하지 않거나 당대의 문화를 재구하지 않은 채 행해지면, 역사와 설화의 사이를 탐색하는 일은 역사가 사라진 이야기로 전락하고 만다."라고 언급하고 있다.

꿈이야기는 정사(正史)보다는 야사(野史)·야담(野談)·설화(說話)·개인 문집 등에 수많은 미래예지적인 꿈이야기가 기록되어 있으며, 역사적인 기록에서는 차마 밝힐 수 없었던 내면의 사실적인 기록과 민중의 의식세계가 투영되어 있기도 하다. 따라서 이러한 역사적인 사건과 관련된 각종 꿈이야기를 찾아내어 수집 분석하는 작업이야말로 뜻깊은 일로써, 정사(正史)속에 드러낼 수 없었던 역사적인 실체를 드러내 보여주는 경우가 있다. 예를 들어 일연 스님이 쓴 『삼국유사』 속에는 역사와 설화의 세계를 자유롭게 넘나들며, 직접 쓸 수 없는 이야기를 꿈의 언어인 상징의 표현기법으로 전개되는 설화적인 꿈이야기가 있다.

한편, 민중의 꿈에 대한 신비성을 이용하여, 지어낸 거짓 꿈이야기를 유포하여 신성성을 부여하고 목적달성을 위한 수단과 방편으로 꿈이야기를 활용하고 있기도 하다. 예를 들어 이성계가 꿈속에서 받았다는 몽금척(夢金尺) 이야기나, 『오산설림초고』 속에 담긴 여러 이야기들을 살펴보면, 역사적인 사실을 적어놓았다기 보다 설화적인 지어낸 거짓 꿈이야기로 민심을 달래고 건국의 정당성을 주장하고 있다.

구비전승 되어온 설화 속에는 꿈에 관한 이야기가 무수하게 나오고 있으며, 아예 꿈이야기인 것도 있다. 하지만 대부분 사실성보다는 교훈성과 흥미 위주의 전개를 보이고 있다. 이에 대한 자세한 것은 『한국구비문학대계』[1]를 참고하기 바란다. 신화·전설·민담 등의 설화(說話)적인 꿈이야기들은 진실성이 뒤떨어진다고 볼 수 있기에 가급적 생략하고, 정사(正史)인 『삼국사기』나 『조선왕조실록』의 기록과 선인들의 개인문집 등에 실려 있는 미래예지적인 꿈사례를 중심으로 살펴본다. 선인들의 미래예지적인 체험의 기록인 꿈사례들을 통해, 선인들이 절대적으로 꿈을

---

1) 『한국구비문학대계』: 한국정신문화연구원에서 수집·간행함. 전 82권으로, 1979~1984년의 6년
에 걸쳐 남한지역 60개 군의 자료를 조사한 것인데, 설화는 1만 5,107편이 수록되어 있다.

믿고 있었으며 신성시하였음을 알 수 있다.

2) 꿈으로 본 역사

역사속의 주요 꿈이야기에 대해서는 필자가 2007년에『꿈으로 본 역사』를 출간한 바 있다. 그중에서 주요한 역사적 사건속의 꿈이야기는 앞서 제 Ⅲ장. 꿈의 전개양상별 실증사례의 선인들의 상징적인 미래예지 꿈사례에 소개한 바 있다. 현재 절판중이며, 보완을 거쳐 재출간하고자 한다.

중국의 유문영은 그의『꿈의 철학』(꿈의 미신과 꿈의 탐색)에서 중국 역사상 꿈에 대한 이야기를 통시적으로 살펴보고 있으며, 꿈에 대한 개괄적인 언급도 하고 있다. 필자 또한 우리나라의 꿈에 대한 기록을 체계적으로 살펴보는 것이 오랜 동안의 숙원이었다.

필자의『꿈으로 본 역사』는 우리나라의 역사적 사건이나 사실 뒤에 감추어진 꿈에 관한 역사적인 기록에 대하여, '실증적인 꿈사례가 어떠한 역사적 사실로 실현되었는가'에 대하여, 전개양상별로 분류하여 시대 순으로 해설을 덧붙여 살펴보고 있다.

일상의 꿈에 대한 해몽서 성격의 책들은 시중에 난무하고 있지만, 우리나라의 역사적 사실이나 사건 뒤에 감추어진 실제 선인들이 꾼 실증적인 미래예지 꿈에 대한 연구는 없는 편이다. 이는 일부의 사람들이 꿈의 세계를 미신적이고 비과학적인 영역으로 인식하고 있어, 역사적 사실이나 사건 뒤에 숨겨진 꿈이야기를 허황된 것이라고 여기거나, 미신적인 요소나 우연의 결과로 받아들여 온 데에도 문제점이 있다.

또한 무엇보다도 이러한 역사적인 사건 뒤에 숨어있는 꿈을 분석하는 작업은 꿈의 실상에 대한 총체적인 고찰 및 꿈의 상징성에 대한 올바른 이해가 선결적으로 이루어져야 하기에, 쉽사리 상징적인 미래예지 꿈의 다양한 표출방식에 대하여, 논리적이며 합리적인 해설이나 근거 제시에 다가설 수 없었으며, 꿈에 대한 역사적 기록 대부분이 한문으로 수록되어 있기에 각종 자료를 발췌하고 수집하는데 있어 어려운 여건이었기에, 그동안의 저서출간이나 연구가 미진한 여건이었다.

하지만 필자는 점쟁이가 아닌, 국문학과 한문학을 전공하는 학자로서, 스승이신 한건덕 선생님의 유지를 이어받아 꿈의 미래 예지적 성격의 규명을 위하여 실증적인 사례 중심으로 연구를 해오고 있다.

2005년 필자의 박사학위 논문을 준비하면서 수집한 여러 자료를 기반으로, 그동안 지속적인 관심을 지녀왔던 선인들의 역사적인 사실이나 사건에 대한 꿈의 기록에 대하여, 중국의 실증적인 사례 및 요즈음 사람들의 꿈사례와의 비교분석을 통하여, 꿈의 상징성에 대한 올바른 해설로써 논리적이고 과학적인 접근이 가능할 수 있었다.

우리 선인들은 꿈의 미래예지적 성격에 대하여 믿고 있었으며, 이를 각종 기록에 남겨두고 있다. 이러한 다양한 실증적 기록의 꿈내용과 꿈꾸고 난 후에 실제 일어난 역사적 사실과의 비교 분석을 통해, 꿈의 미래예지적인 성격을 실증적으로 규명하고, 지적 호기심을 불러일으켜 흥미있게 역사적 사실을 이해할 수 있다.

모든 역사적인 사건 뒤에는 꿈이 숨겨져 있다. 예를 들어, '왜 공민왕이 신돈을 중용하였는가? 이는 공민왕이 꿈속에서 자신이 위기에 처했을 때, 자신의 목숨을 구해준 사람이 신돈이었기에, 호감을 지니고 신뢰하게 되어 신돈을 중용하였음을 알 수 있다. 또한 임진왜란 같은 국가적 전란이 일어나기 전에, 류성룡이 경복궁이 불타는 꿈이나, 허균이 암울한 내용의 몽중시(夢中詩)를 지음으로써 변란을 예지했다는 꿈에 대한 기록은 당연한 일인 것이다.

역사속의 선인들의 미래예지적인 꿈사례를 내용별로 고찰해본다면, 국가적 사회적 변란 예지, 죽음·질병 예지, 태몽, 왕·황후 등극 예지, 과거급제 예지, 부임지나 유배지 예지 등의 사례가 가장 많이 보이고 있다.

혹시 관심있는 분들은 필자의 사이트를 참고하시기 바란다. 필자의 『꿈으로 본 역사』를 비롯하여, 모든 저서에 대한 원본 파일 자료와 추가 및 보완자료들이 올려져 있다. 또한 수만 건의 실증적인 꿈사례를 분석하고 해설을 덧붙여 올려놓았음을 밝힌다.

2. 문학과 꿈—고전소설, 시조, 가사

　우리가 관심을 지니고 살펴보면, 하루도 '꿈'이라는 말을 안 듣고 넘어가는 날이 없을 정도로 꿈은 일상생활 속에 밀접히 연관되어 있다. 선인들 또한 꿈에 지대한 관심을 지녔음을 잘 알 수 있다. 이충무공의 「난중일기」 속에도 꿈의 기록이 산재해 있으며, 선인인 유희춘(柳希春)이 쓴 「미암일기(眉巖日記)」 속에는 꿈도 생활의 일부라고 할 정도로 수많은 꿈의 기록이 실려 있다.

　이처럼 꿈은 남녀노소·신분·연령·생활 정도 등을 떠나서 보편적인 감정의 표현이라는 데서, 역사적 기록이나 일기나 문학 작품 속에, 또한 일상의 생활 속에서, 시대와 공간을 초월해서 주요한 제재로 다양하게 등장하고 있다. 오늘날도 영화·소설 등에서 꿈은 주요한 소재가 되고 있음은 주지의 사실이다.

　그동안 이러한 문학작품 속의 주요 제재인 꿈에 대하여 연구가 있어 왔지만, 대부분은 주제를 드러내기 위한 문학적 전개의 수단으로써, 꿈의 역할을 분석하는 문학적 연구에 한정되어 왔다. 이러한 꿈을 문학적으로 형상화하는데 있어서도 소망표출이나 꿈의 허망함, 잠재의식의 활동, 꿈의 예지 등 꿈의 다양한 전개양상이 그대로 반영되어 있다. 어찌 보면, 문학작품 모두는 넓게 보자면 '지어낸 거짓꿈'에 해당되고 있다.

꿈의 허망성을 드러낸 월창거사(月窓居士) 김대현(金大鉉)의 『술몽쇄언(述夢瑣言)』은 꿈과 인생의 관계를 잘 나타내주고 있다. 꿈과 같은 허망한 인생길에서 사랑과 미움, 분노와 기쁨에 연연하지 말 것이며, 부귀영화와 이로움을 위해 수단 방법을 가리지 않고 살아가는 태도가 어리석은 것이라는 가르침을 주고 있다.

꿈을 통해 현실의 불만이나 이상과 바람을 보여주는 작품으로 몽유록계 소설을 들 수 있다. 현실에 실재하는 인물이 꿈속에서 보고 듣고 체험한 모든 사건을 관찰자적인 입장에서 경험한 사실로 서술하고 있는 바, 현실에 대한 불만과 비판을 보여주고 있거나, 이상세계에의 동경을 꿈을 빌어 나타내고 있다. 이러한 몽유록계 소설은 대관재몽유록(大觀齋夢遊錄), 원생몽유록, 운영전(수성궁몽유록), 금산사(金山寺)몽유록, 안빙몽유록 등이 있다. 뿐만 아니라 김시습의 금오신화의 남염부주지(南炎浮洲志)・취유부벽정기(醉遊浮碧亭記)・용궁부연록(龍宮赴宴錄) 등에서도 몽유적(夢遊的)인 성격을 띠고 있다. 또한, 근대의 신채호가 망명지 중국에서 지은 〈꿈하늘〉도 몽유록 형식을 취하고 있다.

또한 억압된 현실에서 희망이나 바람을 드러낸 소설로, 주인공의 일대기 자체가 꿈속의 사건으로 전개되고 있는 몽자류 소설들이 있다. 이러한 몽자류 소설은 인생을 하나의 꿈으로 보고, 주인공의 일대기 자체가 꿈속의 사건으로 전개되고 있어, 깨어남과 동시에 일장춘몽인 현실에 대한 각성을 하는 것으로 되어 있다.

꿈이 이상에 대한 동경을 담고 있는 것과 같이, 현실에 여러 제약에 대한 작가의 이상과 바람을 문학작품에서 꿈의 형식을 빌어 나타내고 있다. 표면적인 주제로 불교의 인생무상을 담고 있는 김만중의 구운몽을 예로 들어보자. 천상계의 '性眞(성진)'은 불도에 회의를 느끼고, 8선녀와의 애정을 그리워한 나머지, 사부(師父)인 육관대사에게 죄를 받아 인간세계의 '楊少游(양소유)'로 환생하게 된다. 여기서 성진을 뒤집으면 진성(眞性)이 되는 바 불교에서 우리 인간의 참된 불성을 가리키고, 楊少游(양소유)의 少游라는 이름은 인간세상에 태어나서 '조금 놀았다'라는 뜻이 되어, 주인공인 양소유가 여덟 부인을 거느리고 출장입상(出將入相)으로 온갖 부귀영화를 누리지만, 우리 인생은 결국 한바탕의 봄꿈과 같다는 인생무상의 주제를 나타내고 있다.

하지만, 실제 조선조 사대부들이 인생무상의 교훈을 얻고자 구운몽을 읽었다기 보다는, 성진의 꿈속의 이야기인 인간세상에서의 출장입상(出將入相)과 2처6첩을 만나게 되는 여인들과의 애정 이야기 전개가 대부분으로, 구운몽을 읽으면서 조선조 사대부들의 꿈과 이상 등 내면의 바람을 투영시키고 있음을 볼 수 있다. 이는 구운몽이 인기를 끌자, 옥연몽(玉蓮夢)·옥루몽(玉樓夢)·옥선몽(玉仙夢) 등 주제나 구성면에 있어서 비슷한 양반 사대부들의 현실적 이상이 반영된 아류작이 생겨난 것으로 잘 알 수 있겠다.

한편, 신비한 예지적인 꿈의 세계와 관련되어, 영웅소설이나 심청전 등 고전소설에서 주인공들의 비범한 인물임을 부각시키기 위해, 모두 용꿈이나 선녀의 하강과 꽃·구슬 등등의 신비스런 태몽꿈이 있다는 사실을 들어 나타내고 있다. 이러한 태몽을 보여줌으로써, 주인공의 고난극복과정에 있어서 천우신조가 이루어지고 있는 것을 당연하도록 받아들이게 하는 인물설정의 효과를 극대화시키고 있다.

또한 사람들이 꿈의 신비성을 믿고 있는 것을 이용하여, 영령들이 현몽함으로써 위기상황을 모면하게 한다든지, 사건전개에 있어서 꿈을 활용하여 나타냄으로써, 고대소설의 결점이라 할 수 있는 우연적이고 비현실적인 사건전개에서 벗어나 자연스러운 이야기 전개구조로 이끌어 나가고 있다. 나아가 〈옥단춘전〉에서 볼 수 있듯이, 태몽꿈의 예지로써 장차 앞으로 일어날 사건의 복선의 기능도 하고 있다.

한편으로 시조의 많은 작품에서도, 꿈속에서나마 님을 만나보고 싶은 소망의 표현으로 시공을 초월하여 님과의 만남이 이루어지는 가교역할을 하고 있음을 볼 수 있다. 민요에 있어서도 꿈은 다양하게 나타나고 있다. 주로 인생무상의 덧없음을 꿈을 통해 나타내고, 자신의 고달프고 불만족한 현실에 대한 간절한 바람을 꿈에 담아 표현하고 있으며, 님에 대한 그리움을 꿈속에서나마 이루어 보려는 내용으로 되어 있다. 이 점에 있어서 시조에서도 같다고 해야 할 것이다. 시조의 경우 꿈의 예지적 성격에 관한 내용은 별로 나타나지 않고 있다.

가사작품에 있어서도 소망의 표현으로 많이 보이고 있으며, 서사무가에서는 꿈은 태몽·죽음·사건 전개, 일어날 일에 대한 예지(豫知) 등 신의 계시를 인간에게 전달하는 매체로서 나타나고 있다.

아쉬움 점은 꿈과 관련된 다양한 문학작품의 예를 제한된 지면상 들어주지 못한 점이다. 여기에 대해서는 필자의 사이트를 참조하기 바란다. 혹자는 "『꿈이란 무엇인가?』 책속에 무슨 문학작품의 꿈이야기이냐?'고 반문할 지 모르겠다. 그러나 꿈과 문학은 바로 우리 인간 내면의 세계요, 우리 인간의 참모습 그대로를 투영시켜 보여주고 있는 우리의 그림자인 것이다.

1) 고전소설

고전소설의 내용전개에 있어 꿈이야기를 빼놓고서는 이야기 전개가 안될 정도로 수많은 꿈이야기가 나오고 있다. 소설의 시작이라고 할 수 있는 인물의 출생에서부터, 비범한 인물을 강조하기 위한 태몽 꿈이야기로 전개되고 있다. 나아가 신비스런 꿈이나 미래 예지적인 꿈이야기 등을 통해 사건을 전개해나가는데 있어 복선의 역할을 하고 있으며, 주인공의 위기탈출 등에 있어 계시·현몽 등을 통해 고대소설의 사건전개의 우연성에서 벗어나 필연성을 부여하고 있다. 한편 원생몽유록을 비롯한 몽유록계 소설과 구운몽·옥루몽·옥연몽 등과 같이 꿈을 제재로 한 몽자류 소설도 성행하고 있음을 볼 수 있다.

이는 문학은 시대상의 반영이요, 그 당시 사람들의 내면세계를 비춰주는 거울이라고 할 때, 민중들이 꿈의 신성성, 예지적 기능, 계시나 현몽 등에 대해서 굳게 믿고 있었음을 보여주고 있다. 사실 이 점에 있어서는 오늘날의 우리들도 꿈의 신비스러움을 믿고 있으며, 현대의 여러 작품에서도 꿈은 주요한 작품의 제재로 등장되고 있다. 예를 들어 박목월의 '하관(下棺)'에서 죽은 아우가 꿈에 나타난 이야기로 시를 전개해 나가고 있으며, 황순원의 〈독짓는 늙은이〉에 있어서도 도망간 아내를 욕하는 꿈이야기로 시작되고 있다. 또한 김소월의 여러 시에서 꿈이 주요 제재로 나오고 있음을 볼 수 있다. 이 밖에도 무수히 많은 작품에서 꿈이 제재로 등장하고 있음은 주지의 사실이다.

꿈과 고전소설과의 관계에 대한 학자들의 말을 인용해본다.

① 신화와 전설 등도 그 시초는 꿈에서 소재를 얻어 그 소재를 변형시

키고 첨가시켜 만들었을 것이다.— 서정범, 고전문학에 대한 정신
분석학적 시론(試論). 현대문학, 통권 75.

② '이야기 전개의 계기물 내지는 삽입화(에피소드)의 요소로써 꿈이
사용되었다.— 이능우, 위령제적 문학으로서의 이조말 꿈성(性).
고소설 중 현몽(現夢)의 처리, 선명문화사,1974.

③ 고소설에서 모티브로 삼는 꿈의 계시를 고인(古人)들이 그들의 영
혼세계로 향한 신앙이라고 규정했다.— 황패강

이처럼 꿈은 우리 생활 속에는 물론 문학작품 속에 형상화되어 내려
왔음을 알 수 있겠다.

(1) 고전 소설의 태몽

고전소설은 000전(傳)에서 알 수 있듯이, 주인공의 일대기요 전기 형
식을 띠고 있다. 대부분의 고전소설의 주인공들은 주로 영웅이나 재주
가 뛰어난 인물들이다. 이러한 주인공들의 신성성을 합리화하기 위해,
민중의 꿈에 대한 절대적인 믿음을 바탕으로, 출생시부터 신비한 태몽이
있었다는 것으로 시작되고 있다. 주로 해·달·별·용·범·구슬·선
녀·선동·봉황·학 등 신성시하는 대상이 등장하고 있으며, 옥황상제
께 죄를 입어 인간세계로 환생하게 되었다거나 정성에 감동하여 점지해
주셨다는 내용으로 비슷비슷하게 전개되고 있다.

또한 태몽은 고전소설의 단조로운 플롯에 암시적 기능과 흥미 유인
적 기능을 동시에 줌으로써, 독자로 하여금 관심을 지니고 이야기속으로
빠져들게 하고 있다. 다음의 옥단춘전에서 살펴볼 수 있듯이, 태몽으로
주인공의 일생을 암시하고, 나아가 앞으로 일어날 사건전개에 있어 복선
을 깔아놓는 역할을 해주고 있는 것이다. 고전소설 외로 가사 작품 등 타

문학작품 속에도 태몽에 관한 내용이 나오고 있으나, 고전소설의 일부에 한정시켜 살펴보았다.

〈 옥단춘전의 태몽꿈 〉

숙종 대왕 시절 나라가 편안한 때, 서울에 사는 김 정승과 이 정승이 서로 친한데 자식이 없어 서로를 위로하며 산다. 어느 날 이 정승은 꿈에 청룡이 오운을 타고 여의주를 희롱하다가 난데없는 백호가 덤벼들어 한 강으로 쫓아 버리고 하늘로 올라가는 꿈을 꾸고, 김 정승은 백호가 한강을 건너다가 용에게 쫓겨 한강에 빠지는 꿈을 꾸고는 각각 아들을 낳으니, 이혈룡과 김진희라 하였다.

옥단춘전에 이처럼 태몽을 통해 독자에게 앞으로 일어날 사건에 대해 암시토록 하고 있으며 흥미를 불러일으키고 있다. 앞으로의 전개를 생각해보면서 이야기를 살펴보자. 둘은 함께 공부하면서 장차 서로 돕기를 맹세한다. 김진희가 먼저 등과하여 평안감사가 되었다. 하지만 도움을 청하러 간 이혈룡을 박대할 뿐만 아니라, 오히려 죽이려고까지 한다. 이 때 기생 옥단춘은 뱃사공을 매수하여 이혈룡을 살리고 경제적인 도움을 주게 된다. 뒤에 이혈룡이 암행어사로 내려와 김진희의 악정을 징계하고, 옥단춘과 반가이 재회한다는 내용의 애정소설이다.

태몽꿈과 소설속의 두 사람의 일생의 전개가 일치하고 있음을 볼 수 있다. 이처럼 태몽으로 남녀의 구별은 물론 장래의 운명까지 예지해주는 것을 믿고 있었음을 문학작품을 통해서 잘 알 수 있다.

〈 홍길동의 태몽꿈 〉

공이 길동을 낳을 때 한 꿈을 얻으니, 문득 뇌성벽력이 진동하며 청룡이 수염을 거사리고 공에게 향하여 달려들거늘 놀라 깨었다. 마음속으로 크게 기뻐하여 생각하되, '내 이제 용꿈을 얻었으니 반드시 귀한 자식을 낳으리라.' 하고 즉시 내당으로 들어가 부인 유씨와 운우지정을 맺고자 하였다. 그러나 부인이 정색하고 말하기를, "상공이 체위 존중하시거늘 년소 경박자의 비루함을 행하고자 하시니, 첩은 봉행치 아니하리로소이다" 하고 거절한다. 이에 외당으로 나와 부인의 어리석음을 한탄하던 중, 때마침 시비 춘섬이 차를 올리거늘 춘섬을 이끌고 곁방으로 들어가 관계를 맺게 된다. 이후 춘섬의 행동이 조신하여, 공이 기특히 여겨 인하여 첩을 삼았다. 과연 그 달부터 태기 있어 아들을 낳으니, 기골이 비범하여 짐짓 영웅호걸의 기상이었다. 공이 한편으로는 기뻐하나, 부인에게서 나지 못함을 한스러워 하였다.

홍길동이 첩의 소생으로 태어나게 된 것에 대한 소설 플롯상의 중요한 역할을 태몽으로 해결하고 있다. 좋은 태몽을 꾸었으나 부인의 합궁 거절로 인하여, '꿩대신 닭(?)'으로 계집종 춘섬이와 관계를 해서 첩의 소생으로 출생하게 되었으며, 용이 품에 뛰어드는 꿈으로 장차 뛰어난 인물이 될 것이라는 것을 암시해주고 있다. 이밖의 수많은 고전소설속의 태몽이야기는 제한된 지면상 생략하며, 필자의 사이트를 참조하기 바란다.

(2) 예지적 꿈

또한 소설속의 사건전개에 있어서 꿈의 예지적 기능을 통해, 앞으로 일어날 사건의 전개 · 암시 · 복선 등을 보여주고 있다. 춘향이 옥중에서 꾼 꿈이나, 심봉사가 대궐잔치에 들어가기 전에 꾼 꿈 등의 이야기를 통해, 독자에게 소설의 흥미를 더해주고 나아가 앞으로 전개될 사건을 예측하게 해주고 있다.

한편 주인공의 위기에 처했을 때 꿈의 계시나 현몽을 통해, 사건을 해결하고 이야기를 전개시켜 나아가고 있다. 사씨남정기·조웅전·유충렬전 등에 보이는 많은 꿈이야기를 들 수 있겠다.

〈 심청전 〉

그 날 꿈을 꾸니 이는 부자간 천륜이라 몽조가 있는 것이었다. "아가 아가, 이상한 일도 있다. 간밤에 꿈을 꾸니 네가 큰 수레를 타고 한없이 가 보이니, 수레라 하는 것이 귀한 사람이 타느니라. 우리 집에 무슨 좋은 일이 있을까 보다. 그렇지 아니하면 장 승상댁에서 가마 태워 가려는가보다."

심청이는 저 죽을 꿈인 줄 짐작하고 거짓, "그 꿈 좋사이다."

여기에서는 심청 자신이 죽을 꿈으로 보고 있지만, 심청이 죽을 꿈이 아닌 장차 귀하게 될 것임을 예지해 주고 있다. 속신에 꿈에 수레를 타고 가면 길한 것으로 전해온다. 소설에서는 황후가 되는 것으로 전개된다.

〈 심청전 〉

맹인잔치에 참석하러 가다가 어느 여인집으로 초청되는데, 대청에 올라가서 좌상에 앉은 후에 동편의 한 여인이 묻되,

"심봉사시오?"

"어찌 아오?"

"아는 도리 있소, 나의 성은 안가요. 황성에서 대대로 살아왔는데 불행하여 부모 다 돌아가시고 홀로 이 집을 지키고 있사오며, 올해

나이 25세요. 아직 성혼치 못하였소. 일찍이 복술을 배워 배필 될 사람을 가리옵더니, 일전에 꿈을 꾸니 한 우물에 해와 달이 떨어져 물에 잠기거늘 첩이 건져 품에 안아 보이니, 하늘의 일월은 사람의 안목이라, 일월이 떨어지니 나와 같이 맹인인 줄 알고, 물에 잠겼으니 심[沈:잠길 침]씨인 줄 알고, 일찍이 종을 시키어 문앞에 지나는 맹인을 차례로 물어온 지 여러 날이요. 천우신조하사 이제야 만나오니 연분인가 하옵니다." ─중략─

첫날밤을 지내고 오죽 좋으랴마는 심봉사 수심으로 앉았거늘, 안씨 맹인이 묻되, "무슨 일로 즐거운 빛이 없사오니 첩이 도리어 무안하오이다."

심봉사 대답하되, "본디 팔자가 기박하여 평생을 두고 징험한 즉 막 좋은 일이 있으면 언짢은 일이 생기고 생기더니, 또 간밤에 한 꿈을 얻으니 평생 불길한 징조라. 내 몸이 불에 들어가 보이고, 가죽을 벗겨 북을 메우고, 또 나뭇잎이 떨어져 뿌리를 덮이어 보이니 아마도 나 죽을 꿈 아니오?'

안씨 맹인 듣고 왈, "그 꿈 좋소. 흉즉길이라, 내 잠깐 해몽하오리다." 다시 세수하고 분향하고 단정히 꿇어앉아 산통을 높이 들고 축사를 읽은 후에, 괘를 풀어 글을 지었으되, "신입화중(身入火中)하니 희락(喜樂)을 가기(可期)요. (몸이 불에 들어가니 뜨거워 뛰는 것처럼 기쁘고 즐거워 뛰는 일이 있을 것이요) 거피작고(去皮作鼓:가죽을 벗겨 북을 메움)하니 고(鼓)는 궁성(宮聲:오음의 하나, 궁(宮)상(商)각(角)치(徵)우(羽). 宮聲은 宮城과 소리가 같음)이라, 궁에 들어갈 징조요. 낙엽(落葉)이 귀근(歸根)하니 자손(子孫)을 가봉(可逢)이라. (낙엽〈자녀〉은 뿌리〈부모〉에게로 돌아가니 자손을 만날 것임) 아주 길한 꿈이오니 대단 반갑사

오이다."

　단순한 이야기 전개가 아닌 꿈의 해몽의 신비성을 이용하여 한층 재
미를 불러 일으키고 있다. 심봉사는 불길한 꿈이라 생각하고 있으나, 안
씨 맹인의 풀이를 통해 앞으로 일어날 사건을 암시해주는 복선의 구실을
하고 있다. 특히 북은 오음의 하나인 宮聲(궁성)으로 임금이 계신 宮城(궁
성)에 들어갈 징조로 풀이하고 있는 것은 음의 유사성을 이용한 파자해
몽이라 하겠다. 또한 해몽의 신비성이 잘 드러나 있다.

〈 춘향전 〉
　해몽의 신비성을 보여줌으로써, 한층 흥미를 불러일으키고 나아가
일어날 사건을 암시하고 있다. 춘향이 옥에 갇혀 이 도령을 기다리다가
꿈을 꾼 후에, 봉사에게 해몽을 부탁한다.

　"단장하던 거울 한복판이 깨어져 보이고, 옥창에 앵두화 떨어져
　보이고, 문 위에 허수아비 달려 보이오니 그 아니 흉몽이니까?"
　　봉사 점을 다한 후에 글 두 귀를 지었으되,
　　"화락(花落)하니 능성실(能成實)이요, 파경(破鏡)하니 기무성(豈無
　聲)가? 문상(門上)에 현우인(懸偶人)하니, 만인(萬人)이 개앙시(皆仰
　視)라."
　　이 뜻은 "옥창에 앵두화 떨어져 뵈니 능히 열매 열 것이요, 거울이
　깨져 뵈니 어찌 소리 없을소냐? 문 위에 허수아비 달렸으니, 일만 사
　람이 우러러볼 꿈이라."
　　"어허, 이 꿈 잘 꾸었도다! 쌍가마 탈 꿈이로다. 너의 서방 이도령

이 지금 벼슬 받아오니, 내일 정녕 만나리라. 너는 과히 설워 말라. 때를 잠깐 기다리라."

봉사 두고 보라며 가려는데, 마침 이때 까마귀 옥담에 앉아 '가옥가옥' 울거늘 춘향이 탄식 왈, "여보 봉사님, 저 까마귀 날 잡아갈 까마귀 아니요?" 봉사 이른 말이, "까마귀 울음소리를 들어보아라. 가옥가옥 하는 뜻은 '가' 자는 아름다울 가[佳] 요 '옥' 자는 집 옥[屋] 자라. 너의 집에 경사 있을 징조로다."

여기서도 해몽의 신비성을 보여주고 있으며, 까마귀울음의 '가옥가옥'을 불길한 징조가 아닌 '가옥(佳屋)'의 음의 유사성을 이용한 파자해몽으로 길몽으로 풀이하고 있다.

〈 춘향전 〉

"도령님이 다시 전갈하신다. '내가 너를 기생으로 아는 것이 아니라, 들으니 네가 글을 잘 한다기로 청하는 것이니, 여염집 처녀 불러보는 것이 소문에 괴이하기는 하나 혐으로 알지 말고 잠깐 와 다녀가라' 하시더라."

춘향이 생각하니 갈 마음이 나지만 모친의 뜻을 몰라 한참이나 말않고 앉았더니, 춘향모 썩 나앉으며 정신없이 말한다.

"꿈이라는 것이 전혀 허사가 아닌 모양이다. 간밤 꿈에 난데없는 청룡 한 마리가 벽도못에 잠겨 보이기에 '무슨 좋은 일이 있을까' 하였더니, 우연한 일이 아니다. 또한 들으니 사또 자제 도령님 이름이 몽룡이라 하니 '꿈 몽' 자 '용 룡' 자 신통하게 맞히었다. 그러나저러나 양반이 부르시는데 아니 갈 수 있느냐. 잠깐 다녀오너라."

흔히 우리는 월매가 이도령이 사또의 아들인 양반이라는 것에 반하여, 딸과의 관계를 허락한 것으로 알고 있다. 하지만 소설적 전개는 월매가 이몽룡(李夢龍)이 찾아오기 전에, 청룡 하나가 벽도지(碧桃池)에 잠겨 보이는 꿈을 꾸고 연분이 있을 것으로 믿고, 이몽룡이 방자를 시켜 춘향을 부른다는 소리에 춘향을 보내고 또한 춘향과의 관계를 묵인해 주고 있다.

이처럼 간밤의 신기한 꿈이 있었음을 이야기함으로써 사건전개에 있어서 필연성을 부여해주고 있다. 앞에서 살펴본 선인들의 실증사례 예화에서도, 이와 유사한 꿈은 많이 보이고 있다. 임금의 꿈에 보였던 선비가 크게 등용되어 쓰인 이야기라든지, 꿈에 난간에서 날아오르는 용을 본 자리에 있던 사람을 크게 등용한 이야기 등이 있다. 문학작품에서도 이처럼 꿈의 신비성에 관련된 많은 이야기가 전개되고 있다.

〈 춘향전 〉

향단이는 미음상 들고, 춘향어미는 등롱 들고, 이 도령은 뒤를 따라 옥문간에 당도하니, 춘향어미 거동 보아라.―중략―. 이때 춘향이는 비몽사몽간에 서방님이 오셨는데, 머리는 금관(金冠)이요 몸에는 홍삼(紅衫: 빛이 붉은 조복의 상의)이라. 상사일념에 목을 안고 만단정회 못 다하여 부르던 소리에 깨달으니, 붙들었던 님은 간 데 없고 칼머리만 붙들었네.

여기에서는 앞에서 살펴본 상반되는 해몽의 신비성을 보여주는 꿈이라기 보다는, 단순한 상징적인 꿈이야기이다. 금관을 쓰고 홍삼을 입은 이도령의 모습의 직접적인 꿈을 통해, 과거급제한 이몽룡이 나타나 도와

줄 것을 예지해주고 있다.

〈 장끼전 〉

"아직 그 콩 먹지 마소. 설상(雪上)에 사람의 흔적이 있으니, 수상한 자취로다. 다시금 살펴보니 입으로 훌훌 불고 비로 싹싹 쓴 자취가 심히 괴이하니, 제발 그 콩 먹지 마소."

장끼란 놈이 하는 말이, "네 말이 미련하다. 이 때를 의논컨대 동지섣달 설한(雪寒)이라, 첩첩이 쌓인 눈이 곳곳에 덮였으니, 천산(千山)에 나는 새도 그쳐 있고, 만경(萬逕)에 발길이 막혔거든 사람의 자취 있을쏘냐."

까투리 하는 말이, "일의 돌아가는 형편은 그러할 듯하나 간밤에 꿈을 꾸니 대불길(大不吉) 하온지라. 스스로 헤아려 일을 처리하옵시오."

장끼란 놈 하는 말이, "내 간밤에 한 꿈을 얻으니 황학을 빗기 타고 하늘에 올라가 옥황께 문안하니, 산림처사(山林處士) 봉하시고 만석고(萬石庫)의 콩 한 섬을 상급(賞給)하셨으니, 오늘 이 콩 하나 아니 반가울까. 옛 글에 이르기를, 주린 자 달게 먹고 목마른 자 쉬이 마신다 하였으니 주린 양을 채워 보자."

까투리 하는 말이, "그대 꿈 그러하나, 이 내 꿈 해몽하면 비할 데 없는 흉몽이라. 이경초(二更初)에 첫 잠 들어 꿈을 꾸니, 북망산 음지쪽에 궂은비 흩뿌리며, 청천에 쌍무지개 갑자기 칼이 되어 자네 머리 뎅겅 베어 내리치니, 그대 죽을 흉몽이라. 제발 그 콩 먹지 마소."

장끼란 놈 하는 말이, "그 꿈 염려마라. 춘당대(春塘臺) 알성과(謁聖科)에 문관 장원 참례하려 어사화 두 가지를 머리 위에 숙여 꽂고 장안 대로 위에 왕래할 꿈이로다. 과거나 힘써 보세."

까투리 또 하는 말이, "삼경야(三更夜)에 꿈을 꾸니, 천근(千斤)들이 무쇠 가마를 자네 머리 흠뻑 쓰고, 만경창파 깊은 물에 아주 퐁당 빠졌거늘, 나 혼자 그 물가에서 대성통곡하여 뵈니 그대 죽을 흉몽이라. 부디 그 콩 먹지 마소."

장끼란 놈 이른 말이, "그 꿈은 더욱 좋다. 대명(大明)이 중흥할 때 구원병을 청하거든 이내 몸이 대장되어 머리 위에 투구 쓰고 압록강 건너가서 중원을 평정하고 승전대장 되올 꿈이로다."

고전소설의 내용전개에 있어 꿈이야기의 상반된 해몽을 들어 해학적으로 전개해 나가고 있다. 이는 앞의 심봉사의 꿈풀이에서도 살펴보았지만, 서로 다르게 풀이될 수도 있는 해몽의 신비성을 보여주는 좋은 예이다. 아내인 까투리가 불길한 꿈의 예지적 기능을 빌어 콩을 먹지 말라고 하고 있으나, 장끼는 까투리의 말을 무시하면서 좋은 꿈이라고 다르게 해몽하고 있다. 또한 이렇게 중대한 일의 예지에 있어서, 하룻밤 사이에 여러 개의 꿈을 꿀 수 있는 것으로 보여주는 것도 꿈의 표현기법과 일치하고 있다.

이밖에도 소설전개에 있어 꿈의 예지를 통해 장차 일어날 사건에 있어 암시적으로 보여주고 있다. 소설 〈임진록(壬辰錄)〉에서는 조선 대왕 선조께서 꿈에 한 계집이 기장을 자루에 넣어 이고 그대로 들어와 내려 놓으니 임금이 놀라 깨는 꿈으로, "인(人)변에 벼 화(禾)하고 그 아래 계집 녀(女)자 하면 왜(倭)자의 글자가 되는 파자해몽을 통해, 임진왜란이 일어날 것을 예지해주고 있다. 〈장화홍련전〉에서는 동생의 꿈에 언니인 장화가 황룡을 타고 북해로 향하면서 옥황상제께 명을 받아 삼신산으로

약을 캐러 간다는 꿈으로, 자신의 억울한 죽음을 꿈을 통해 동생에게 알려주고 있다. 또한 죽은 두 자매가 부친의 꿈에 나타나, "옥황상제가 아비와 세상 인연이 미진하였으니, 다시 세상에 나가 부녀지의를 맺어 서로 원한을 풀어라" 라는 말로써, 장차 다시 두 딸을 태몽으로 얻게 될 것을 예지해주고 있다. 〈옹고집전〉에서는 실옹가를 쫓아낸 허옹가의 처가 "하늘에서 허수아비가 무수히 떨어져 내리는 태몽꿈으로 장차 태어날 자식들이 가짜 허수아비임을 꿈을 통해 암시해주고 있다. 또한 〈운영전〉에서도 재물을 뺏고 죽이려 하는 노비인 특(特)의 간계를 운영의 꿈을 통해서 예지해주고 있으며, 〈계축일기〉에서도 인목대비가 영창대군이 죽은 사실을 모르고 안부를 걱정하고 있다가, 젖을 먹이다 꿈을 깨어서는 아들인 영창대군의 이미 죽었음을 예지하고 있다.

(3) 신령스러운 계시, 현몽의 성격

고전소설에서 신령스러운 계시 및 현몽을 통해 사건 전개를 보여주고 있는 작품이 상당수 있다.

> 〈 임진록(壬辰錄), 이여송 〉
>
> 이때 대국 천자께옵서 구원병을 청하는 조선의 사신을 그냥 보내고 주야로 염려하시더라. 그날 밤에 동대(중국 태산의 딴 이름)에서 한 대장이 내려와 임금 앞에 엎드려 아뢰기를, "형님은 어찌 청병을 보내지 아니하나이까?" 하거늘, 천자 크게 놀라 묻기를, "그대가 귀신인가, 사람인가, 어찌 날더러 형님이라 하느뇨?"
>
> 장수 왈, "소장은 관운장이옵고, 형님은 유현덕이 환생하여 천자가 되고, 장비는 환생하여 조선 왕이 되고, 소장은 환생치 못 하옵고

조선 지경을 지키옵더니, 지금 왜적이 조선을 덮어 거의 땅을 다 뺏기옵고 종묘사직이 위태롭고 조선의 운명이 시각에 있삽거늘, 형님은 어찌 청병을 아니 보내시니이까?'

천자 그 말을 들으시고 대경통곡하시고 그 장수를 살펴보니, 신장은 구 척이요, 손에 청룡도를 비껴 들고 봉의 눈을 부릅뜨고 있으니, 분명한 운장일러라.

천자 용상에 내려와 재배 왈, "장군은 누구를 보내라 하시나이까?'

운장이 왈, "청병은 팔 십만만 보내고, 장수는 이여송을 보내시면 왜적을 물리치고 조선을 구하고 오리이다." 뜰 아래 내려서 왈, "형님이 내 말을 아니 들으면 무사치 못하리이다." 하고 문득 간데 없거늘, 천자 대경하여 공중을 향하여 재배하고 ―후략―

허구의 소설인 임진록의 내용이지만, 명나라 황제가 조선에 구원병을 보내도록 결심하는데 있어, 관운장이 천자의 꿈에 나타나 부탁하는 사건 전개를 통해 당위성을 부여하고 있다. 이밖에도 〈계축일기〉에서 인목대비 꿈에 영창대군이 나타나 자신의 억울한 죽음을 알려주고 있으며, 서궁(西宮)에 유폐되어 있을 때 많은 계시적인 꿈이 있었음을 보여주고 있다. 〈사씨남정기〉에서는 사씨부인이 교씨의 간계에 빠져 납치되려 할 때, 시아버지인 유공이 나타나서 "오늘 너를 와서 있으라고 한 두부인의 편지는 가짜이니, 빨리 남방으로 피신하라"는 계시를 내려준다. 또한 사씨부인이 쫓겨 도망하다가 자살하려 할 때에도, 꿈에 본 황릉묘에서 관음보살의 계시를 받은 여승에게 구출되고 있다. 이처럼 계시를 통해 위기에서 탈출하는 사건 전개로써 꿈을 활용하고 있다. 또한 유한림이 병을 얻어 위태롭게 되었을 때, 노인이 현몽하여 "한림의 병이 위중하시니, 이 물을 잡수시고 쾌차하시기 바랍니다" 하며 물병을 마당에 놓고 가는 계시적인 꿈으로, 다음날 뜰에서 샘물이 솟아나와 꿈을 생각하고 물을 마시니, 병이 씻은 듯이 낫고 있다. 또한 〈장화홍련전〉에서도 억울한 원한을 갚아준 부사에게 꿈에 나타나서 "오래지 않아 관작이 오를 것이니 두고 보시옵소서." 라는 보은의 계시적 꿈을 통해 사건을 전개하고 있다.

2) 시조(時調)

시조에 나타나는 꿈들은 주로 님을 보고싶은 소망의 표현으로 꿈이 나타나고 있다. 실린 시조는 주로 『정본시조대전(심재완 편저)』에서 인용하여, 독자의 편의를 위해 고유번호는 그대로 달았음을 밝힌다. 제한된 지면상, 세 작품씩만을 예로 든다.

① 소망의 표현

2299. 이리 보온 후에 또 언제 다시 볼꼬
　　　진실로 보오완가 행여 아니 꿈이런가
　　　꿈이야 꿈이나마 매양 보게 하소서.

332.　꿈에나 님을 보려 잠 이룰까 누웠더니
　　　새벽달 지새도록 자규성(子規聲)을 어이하리
　　　두어라 단장춘심(斷腸春心)은 너나 내나 다르리.

1605. 세류청풍(細柳淸風) 비 갠 후에 울지 마라 저 매암아
　　　꿈에나 님을 보려 겨우 든 잠을 깨우느냐

꿈 깨어 곁에 없으면 병 되실까 우노라.

② 소망표현의 꿈길

　　님 찾아 꿈길 가니 그 님은 나를 찾아

　　밤마다 오가는 길 언제나 어긋나네

　　이후란 같이 떠나서 노중봉(路中逢)을 하고저. 〈黃眞伊/꿈〉

　　사창(紗窓)에 달 밝으니 님 생각 더욱 간절

　　오가는 이 꿈길이 자최곳 있었드란

　　님의 집 문전석로(門前石路)가 모래 된가 하노라. 〈李玉峯/꿈〉

334.　꿈에 다니는 길이 자최곳 날작시면

　　님의 집 창밖의 석로(石路)라도 닳으련마는

　　꿈길이 자최 없으니 그를 슬허하노라. 〈李明漢〉

③ 허망함, 무상함을 나타낸 경우

　　꿈속에 님과 함께 노든 양 좋은 것을

　　잠 깨니 모두 허사(虛事)그립기 짝없노라

　　해지니 그 꿈 뵈일까 조마조마하오라. 〈桂生/息〉

　　꿈 깨니 쓸쓸코야 바람 비 스며드네

　　한 세상 살아가기 이다지 어려울까

　　제비라 의좋은 양을 못내 그리워하노라. 〈桂生 /꿈〉

2079.　오백년 도읍지를 필마로 돌아드니

　　산천은 의구하되 인걸은 간데 없다.

　　어즈버 태평연월이 꿈이런가 하노라

④ 꿈에 대한 원망을 나타내는 경우

329.　꿈아 꿈아 어리척척한 꿈아 왔는 님도 보내는 것가

　　　왔는 님 보내나니 잠든 나를 깨올랐다

　　　이후에 님이 오셨드란 잡고 나를 깨워라.　〈無名氏〉

344.　꿈이 정녕 허사로다 님이 왔다 갔단 말가

　　　제 정녕 왔거더면 흔적이다 뵈련마는

　　　지금에 제 아니 오고 남의 애를 태우는가.

336.　꿈에 왔던 님이 깨어 보니 간 데 없네

　　　탐탐이 괴던 사랑 날 버리고 어디간고

　　　꿈속이 허사(虛事)라망정 자주 뵈게 하여라.

⑤ 꿈의 영혼의 활동을 나타내 주고 있는 경우

330.　꿈아 단겨 온다 님의 방에 단겨 오냐

　　　어여쁜 우리 님이 앉았더냐 누웠더냐

　　　저 꿈아 본 대로 일러라 가슴 답답하여라.　〈無名氏〉

1405. 사랑이 거짓말이 님 날 사랑 거짓말이

　　　꿈에 와 뵈단 말이 긔 더욱 거짓말이

　　　나같이 잠 아니 오면 어느 꿈에 뵈이리.

1148. 반밤중 혼자 일어 묻노라 이내 꿈아

　　　만리 요양(遼陽)을 어느덧 다녀 온고

　　　반갑다 학가선용(鶴駕仙容)을 친히 뵌 듯하여라.　〈李廷煥〉

병자국치(丙子國恥) 이후 볼모로 잡혀간 두 왕자를 그리워하는 심정을
노래한 시조이다. 학가(鶴駕)는 태자가 탄 수레, 선용(仙容)은 신선같은 얼
굴로 소현세자와 봉림대군을 가리킨다. 실제로 꿈에 보았다기보다는 남

치되어 간 두 왕자에 대한 걱정을 노래하고 있다.

⑥ 신령스러운 계시를 나타내는 경우

342.   꿈에 와 이르시되 성태조(聖太祖) 신령께서
        강상궁(降祥宮) 지으시고 수덕(脩德)을 하라하데다
        나라가 천년을 누리심은 이 일이라 하더이다.

338.   꿈에 증자께 뵈아 사친도(事親道)를 묻자온데
        증자왈(曾子曰) 오호라 소자(小子)야 들어스라
        사친(事親)이 기유타재(豈有他哉)리오 경지이이(敬之而已)하니라.
        (어버이를 받드는데 어찌 다른게 있겠는가. 오직 공경뿐이로다.")

339.   꿈에 항우를 만나 승패사를 의논하니
        중동(重瞳)에 눈물 지고 큰 칼 짚고 이르기를
        지금에 부도오강(不渡烏江)을 못내 슬허하노라.

⑦ 꿈속에서는 현실에서 불가능한 일도 이루어지는 역설적 상황으로

340.   꿈으로 차사(差使)를 삼아 먼 데 님 오게 하면
        비록 천리라도 순식에 오련마는
        그 님도 님 둔 님이니 올동말동하여라.

343.   꿈이 날 위하여 먼데 님 데려와늘
        탐탐히 반기 여겨 잠 깨어 일어 보니
        그 님이 성내어 간지 기도 망도 없어라.

2759. 천리에 만났다가 천리에 이별하니
        천리 꿈속에 천리 님 보거구나
        꿈깨어 다시금 생각하니 눈물겨워하노라.

3) 가사(歌辭)

가사에 나타나는 꿈들은 소망표현, 꿈의 허망함, 무상감, 영혼의 활동, 지어낸 꿈이야기 등이 반영되어 있다. 대부분의 경우에 있어서 그리운 님을 꿈에서 만나거나, 자신의 신세한탄을 나타낸 꿈의 허망함, 답답한 현실에 대한 마음의 위안을 인생의 덧없음에서 찾으려 한 무상감을 나타낸 문학작품이 상당수 보이고 있다. 제한된 지면상, 자세한 작품의 예와 해설을 생략하였다.

(1) 소망표현의 꿈

님을 그리워한 끝에 꿈속에서나마 님을 만나보고자 하는 마음이 잘 나타나 있다.

〈 사미인곡(思美人曲) 〉

짧은 해 쉬이 디여	긴 밤을 곧추 안자,
청등(靑燈) 걸은 곁에	전공후(鈿恐候) 놓아두고,
꿈에나 님을 보려	턱받고 비꼈으니,
앙금(鴦衾)도 차도 찰사	이 밤은 언제 샐고.

―송강 정철

꿈에서나마 님(임금)을 만나보고 싶은 간절한 바람을 여인의 심정에 의탁하여 나타내고 있다. 소망표현의 내면의 심리를 표출하고 있다.

〈 속미인곡(續美人曲) 〉

오르며 나리며	헤뜨며 바니니,
져근덧 역진(力盡)하야	풋잠을 잠깐 드니
정성(精誠)이 지극하여	꿈에 님을 보니,
옥 같은 얼굴이	반이나마 늙었에라.

—송강 정철

정성이 지극하여 꿈에 님(임금)을 보았다고 말하고 있는 것과 같이, 소망표현의 꿈이다. 백일기도 끝에 꿈에 산신령님이 나타나거나 누군가가 나타나서 계시해주는 내용의 옛날이야기가 많이 있는데, 이는 모두 간절한 소망의 표현인 꿈의 성격을 나타내주고 있다.

이밖에도 〈규원가(閨怨歌)〉, 〈춘면곡(春眠曲)〉, 〈만언사(萬言詞)〉, 〈석별가(惜別歌)〉, 〈청춘과부가(青春寡婦歌)〉, 〈노처녀가(老處女歌)〉 등 현실에서 어려움을 겪고 있는 사람들의 가사 작품속에 소망표출의 꿈이 반영되어 있다.

(2) 꿈의 허망함 무상감 표출

〈 전원사시가(田園四時歌) 〉

흐르는 비소리에	티끌 꿈 깨이거다.
청려장 둘러 짚고	앞뫼에 올라가니
잔디마다 속잎이요	포기마다 꽃이로다

— 작자연대 미상

〈 개암정가(皆岩亭歌) 〉

남산송백 푸르렀다   축수들 마친 후에

군선의 손을 잡고   초선도로 가쳤더니

청청한 학의 소리   깨달으니 꿈이로다.

꿈 가운데 놀던 경을   혼자 앉아 노래하니

남산에 저 기러기   이 노래 가져다가

우리 성주 용상하에   세세히 들리고져

                              — 趙星臣

〈 만언사(萬言詞) 〉

내 고생 슬픔으로   저 꽃을 다시 보니

전년 꽃 올해 꽃은   꽃빛은 한가지나

전년사람 올해 사람   인사는 다르도다

인생 고락이   수유잠의 꿈이로다

                              — 安肇源

안조원(安肇源)의 만언사(萬言詞)에서는 꿈의 무상함을 무수히 노래하고 있는 바, 유배지에서의 감회를 꿈에 빗대어 표출하고 있다. 이처럼 〈청춘과부가(青春寡婦歌)〉, 〈노처녀가(老處女歌)〉, 〈한별곡(恨別曲)〉 등 불우한 처지에서 꿈의 허망함과 무상함을 노래하고 있음을 알 수 있다. 이 밖에도 김진형의 〈북천가(北遷歌)〉, 신재효의 〈광대가(廣大歌)〉, 작자 미상의 〈계녀가(戒女歌)〉 등 많은 가사 작품에서 꿈을 통한 무상함을 노래하고 있다.

또한 개화사상을 담은 개화가사 속에도 무상함, 허망함을 노래하고 있다.

　　잠을 깨세, 잠을 깨세.　사천년이 꿈속이라.

　　만국이 회동(會同)하여　사해(四海)가 일가(一家)로다.

　〈동심가(同心歌)〉는 1896년 개화기 무렵에 불려진 것으로, 사천년이 꿈속이라 해서 희미하고 보람이 없었던 헛된 세월이었음을 말하고, '개화하여 잘 살아보자' 는 내용으로 나오고 있다. 여기에서는 꿈은 '허황되고 쓸모없는 것' 이라는 생각이 반영되어 있다.

(3) 꿈은 영혼의 활동

바닷길 일천리가	머다도 하려니와
약수 삼천리에	청조가 전신하고
은하수 구만리에	오작이 다리 놓고
북해상 기러기는	상림원에 날아나니
내 가신 어이하여	이다지 막혔는고
꿈에나 혼이 가서	고향을 보련마는

　　　　　　　　　　　　　　　— 萬言詞, 安肇源.

(4) 거짓으로 지어낸 꿈

송근(松根)을 베어 누어	풋잠을 얼핏 드니
꿈에 한 사람이	날더러 이른 말이
그대를 내 모르랴	상계(上界)에 진선(眞仙)이라.
황정경(黃庭經) 一字를	어찌 그릇 읽어 두고
인간에 내려와서	우리를 따르는다
적은덧 가지 마오	이 술 한 잔 먹어보오

　　　　　　　　　　　—〈 관동별곡(關東別曲) 〉

관동별곡은 전반적으로 정철이 강원도 관찰사로 금강산 및 관동팔경을 유람하면서 호방한 기상이 잘 나타나 있다. 꿈을 빌어, 자기 자신을 상계에 진선이었는데 인간세계로 귀양온 신선(神仙)으로 나타내고 있다. 정철의 호방한 성품과 신선의 세계를 동경하고 있음을 보여주고 있는 바, 송강 자신이 실지로 꿈을 꾸었다기보다는 지어낸 거짓 꿈이야기로 자기자신을 드러내고 있다고 해야 할 것이다.

이밖에도 다른 가사작품 속에도 꿈과 관계된 수많은 자료가 있다. 몽유록계 고전소설이 있는 것처럼, 꿈속에서 중국의 역대 인물들을 만난 다음 맹자를 뵙고 가르침과 위로를 받고 돌아왔다는 한석지(韓錫地)의 몽유가사(夢遊歌辭)인 〈길몽가(吉夢歌)〉가 70행 140구로 된 정형가사로 전하고 있기도 하다.

이밖에도 오늘날의 신문·잡지·TV·영화·방송 등 매스미디어 속의 꿈관련 언급한 글이나 작품에 대하여, 필자의 해설을 덧붙여 자세히 살펴보고자 하였으나, 제한된 지면상 생략하였음을 밝힌다.

책을 마무리하면서, 필자의 보이지 않는 운명의 길에 대해서 다시금
되돌아 본다.

1976년 대학 1학년 여름방학 내내, 필자가 붙잡고 있었던 책은 프로
이트의 『꿈의 해석』이었다. 어릴 때부터 어머님의 예지적인 꿈에 관심이
있었던 필자였기에, 이제와 생각해보면 꿈에 대해서 알고자 하는 잠재적
욕구가 있었던 모양이었다. 하지만, 당시의 기억으로 책내용에는 만족치
않았던 것 같다. 흥미있는 책이었다면 1주일 이내에 독파했을 터이니 말
이다. 읽기 싫으면서도 '유명하다는 책이니, 읽어보아야지' 라는 마음으
로 억지로 보았던 책으로 기억하고 있다. 내용도 쉽게 이해되지 않았고,
'꿈은 억눌린 소망의 표현' 이라는 것만 알아들었을 정도이다. 하지만 그
것도 공감할 수 없는 내용이었다. '아니, 어머님은 앞으로 일어날 일을
예지하는 꿈인데, 그러한 이야기보다는 엉뚱한 억눌린 성적충동이니, 심
리학이니 뭐니―'

그후 1995년 필자 최초의 출간도서인 『파자이야기』의 출간을 준비하
면서 파자해몽에 관심을 갖게 되고, 선인들의 꿈이야기를 정리한 『현실

속의 꿈이야기』를 1996년 출간하였다. 그리하여 지역정보지 '교차로'에 꿈이야기를 연재하면서, 실증사례를 통한 꿈의 연구에 첫걸음을 디뎌 놓을 즈음에, 스승이신 한건덕 선생님과의 운명적인 만남을 통해 1997년 『꿈해몽백과』를 출간하기에 이르렀다.

그후 각종 문집에 수록된 선인들의 꿈체험담에 대한 본격적인 연구를 위해, 단국대 일반대학원 한문학과 박사과정으로 학문의 길을 걸어, 선인들의 몽중시(夢中詩)에 대한 연구로 박사학위를 받은 바 있다. 지금 되돌아보면, 교직과 대학원생을 겸한 인고(忍苦)의 나날이요, 기쁨의 나날이었다. 문집 속에서 선인들의 신비한 꿈체험담에 대한 사례를 접할 때마다, 필자는 몽생몽사(夢生夢死)로서의 삶의 보람을 찾고자 하였다.

대학원 과정은 선인들의 역사적 기록을 통한 꿈연구로 폭을 넓혀서, 한편으로 2007년『꿈으로 본 역사』의 출간을 가져왔다. 하지만 책에 수록된 것은 필자가 연구한 자료의 반밖에 되지 않았으며, 많은 내용이 삭제되었음을 밝힌다. 다른 한편으로 필자의 몽중시 박사학위 논문을 일반인이 보다 쉽게 이해하고 다가갈 수 있도록『아니, 꿈속에서 시를 짓다니』의 출간을 준비하고 있다. 또한, 박사학위를 받은 후 본격적인 꿈연구에 매진하여, 로또(복권) 당첨자의 꿈사례를 20여 가지로 분석하고 해설을 담은『행운의 꿈』을 2009년 출간하였으며, 대표적인 상징적인 미래예지 꿈의 세계인 태몽에 관한 연구를 지속하여, 이번『꿈이란 무엇인가?』와 함께『태몽』을 출간하게 되었다. 곧이어 수많은 실증사례와 꿈의 상징이해에 기반을 둔 [홍순래 꿈해몽 대백과]를 출간하여, 꿈에 대한 올바른 이해와 누구나 손쉽게 꿈해몽을 할 수 있도록 하고자 한다.

필자에 대해 잘 아는 분이 많지만, 아직까지 대다수의 사람들은 필자가 꿈에 관한 8권의 저서를 출간했으며 실증사례에 토대를 둔 꿈의 연구에 매진하고 있음에도 불구하고, '홍순래' 의 존재조차도 모르고 있다. 인터넷에 필자의 '홍순래 박사 꿈해몽' 사이트가 있지만, 사이트의 질과 양에 의한 순위가 아닌, 광고비를 많이 내는 업체들이 상위 링크를 다 차지하고 있어, 일반인은 사이트가 있는지 조차도 모르는 가슴 아픈 현실이다. 사이트를 광고하라고 전화가 이따금씩 오지만, 필자는 사이트 수익보다 광고비가 몇 배 나오는 배보다 배꼽이 큰 현실에 씁쓰레함을 느낄 뿐이다.

신비한 꿈의 예지적 세계에 대하여, 일반 사람들이 보다 흥미있게 꿈의 세계에 가까이 다가설 수 있도록, '꿈의 대중화' 를 위해 필자는 애쓰고 있다. 그동안 꿈에 관한 8권의 저술활동을 비롯하여, 각종 연재나 방송 출연을 마다하지 않았으며, 심지어 모케이블 TV의 '화성인' 으로 출연할 뻔하기도 했다. 그러나 꿈을 연구하는 필자는 지극히 평범하고 정상적인 지구인이며, 아니 다른 사람보다 고도의 정신능력을 발휘하는 지구인이기에, 부질없음을 깨닫고 포기한 바 있다.

문학이론에 '문학당의설(文學糖衣說)' 이라고 있다. 문학은 교훈적 기능과 정서적 미적감동을 불러일으키는 쾌락적 기능이 있다. 독자들은 작가가 꾸며낸 허구의 세계인 사탕발림 이야기 속에 빠져들어가면서, 자신도 모르게 교훈적인 주제를 얻게 되는 것이다. 필자 또한 마찬가지이다. 예지적인 꿈의 세계를 독자여러분에게 흥미있게 일깨워드리고자, 은퇴한 조직폭력 세력에 의하여 비밀별장에 납치된 세 여자의 이야기를 다룬 [백련화] 소설을 오래전부터 준비해왔다. '세 여자의 납치 사건과 예지적인 꿈의 세계!' '미모의 여대생 미림, 회사원 희정, 유명 연예인 하연' 의 세 명의 여자가 비밀 조폭 조직에 의해 납치되는 사건이 발생한다. 유명 연예인이 납치되기에 이르러 사건이 본격적으로 알려지기 시작하나, 사건의 단서는 찾을 수 없는—. 하지만 납치 사건에 관심을 지닌 잡지사 여기자와 혈기 넘치는 젊은 형사가 적극적으로 사건 해결에 뛰어든다. 그리하여 꿈을 믿는 회사원인 희정의 꿈일기장을 찾아내기에 이르고, 적혀 있었던 꿈의 기록과 납치된 여자들의 주변 친지를 통한 예지적인 꿈이야기에서 사건의 단서를 찾아 해결해나가는 과정을 담고 있다.

필자의 아내는 납치에 관련된 소설을 쓰고 있다는 말에, "교직자가 할 말이예요"라고 부정적인 시각으로 대했지만, 사람들에게 보다 올바른 꿈의 세계로 안내하기 위해, 흥미있는 이야기인 '납치'에 관한 소설 형식을 빌려야 한다는 것에 대한 확신은 버릴 수가 없었다. 기대해주시기를 부탁드린다.

10여 년 전에 모대학 학보사 여학생 기자로부터 꿈에 대한 원고 청탁이 있었다. 그리하여, 이 책에 소개한 대로, 예지적인 꿈의 세계에 중점을 둔, 다양한 꿈의 전개양상별로 실증사례를 덧붙여 A4용지 2~3장의 원고를 보내주었다. 당시에 그 여학생 말이, 가슴에 와 닿는다. "선생님의 글을 읽으니, 꿈이란 무엇인지 알 것 같아요."

그렇다. 꿈에 대해서 많은 사람들이 관심을 지니고 있고, 알고자 하고 있다. 그런데,

왜, 우리는 꿈의 세계에 대해서 미신적으로 대하고 있는 것일까?,

왜, 서양의 심리학적 꿈이론에 비해서, 우리의 예지적인 꿈의 세계에 대해서는 경시하고 하찮게 여기는 것일까?

왜, 외국의 어느 학자가 꿈에 대해서 이야기하면 무슨 대단한 이야기를 한 것처럼 떠받들어 모시는 것일까?

왜, 서양의 프로이트는 높이 받들어 올리면서, 30여년간 꿈을 연구해오신 고(故) 한건덕 선생님이나 필자의 꿈에 관한 연구는 찬밥(?) 신세를

면하지 못하는 것인가?

왜, 우리의 TV 등에서는 꿈에 관한 프로그램을 자유롭게 방영하지 못하는 것일까?

논리적이고 과학적인 현상이 아니면, 학문의 영역에 들 수 없는 것인가?

태몽이나 꿈이 미래를 예지한다는 것이 믿을 수 없기 때문인가?

우리의 꿈에 관한 연구가 외국에 비해서 형편없고 하찮아서 그런 것인가?

하나님을 믿는 사람들이 많아, 꿈의 세계는 허황된 것이고 사탄의 세계라고 여기는 것일까?

이 책은 그동안의 필자의 꿈연구가 집약된 결정체이다. 아니, 실증사례에 바탕을 둔 예지적인 꿈의 세계에 대한 선인들의 피와 땀의 기록이요, 우리 민족의 영적(靈的)인 정신능력의 우수성을 드러내는 삶의 기록이다. 아니, 젊은 나이에 교직을 물러난 후에 불편하신 몸으로 한평생을 꿈연구에 매진해오신 고(故) 한건덕 선생님의 한(恨)의 결정(結晶)이요, 예지적인 꿈에 대한 연구가 새롭게 빛을 발하고 있는 금자탑이다.

필자는 프로이트의 『꿈의 해석』과 필자의 『꿈이란 무엇인가?』 중에 어느 책이 꿈의 세계에 대해서 올바르게 언급하고 있는지 독자 여러분에게 냉정하고 엄정한 평가를 받고 싶다.

프로이트의 꿈을 보는 심리학적 입장과 우리 전통적인 예지적인 꿈의 세계와는 다른 것이다. 서양의 심리학적 측면을 부정시하고 싶지 않듯이, 우리의 예지적인 꿈의 세계도 당당하게 내세울 수 있는 문화적 환경으로 나아가야 한다는 것이 필자의 생각이다.

또한, 꿈을 믿는 것과 하나님을 믿는 것은 아무런 관련이 없다. 한건덕 선생님도 독실한 기독교 신자로, 성경과 관련한 저서를 두어 권 내신 바 있다. 꿈을 '잊혀진 하나님의 언어'라고 말하는 외국의 학자가 있다고 했듯이, 꿈의 세계는 하나님을 '믿고 안믿고'와 아무런 관련이 없다. 오히려 인간의 영적 능력을 이야기한다는 점에서, 꿈의 세계는 정신과학의 정점의 영역에서 다른 모든 학문을 아우르고 인도하는 학문으로 신성시되어야 할 것이다.

필자가 보기에 발달된 서구의 과학기술을 받아들이다 보니, 그들의 모든 것이 좋은 것이라고 부지불식 중에 받아들이게 되지 않았는지 반문해본다. 꿈을 보는 시각에서 문화적 사대주의에 빠져든 것으로 밖에 보이지 않는다. 여기에 대해서는 구한말 서구문명이 밀려들어오자, 선인들이 명쾌한 해답을 내놓은 바 있다. 바로 '동도서기(東道西技)'의 정신이다. 즉, '서구의 발달된 과학문명은 받아들이되, 정신적인 것은 우리의 것을 지켜나가자'의 정신이다. 이는 오늘날도 마찬가지이다.

꿈이 우리 인간의 정신능력에서 발현된다고 볼 때, 우리 선인들의 영적인 정신능력, 아니 우리 민족의 영적인 정신능력은 전 세계적으로 비교할 수 없을 만큼 우수한 경지에 있음은 부인할 수 없는 사실이다. 굳이 '칼 구스타프 융'의 민족에 따른 집단무의식의 상징을 들먹이지 않는다 할지라도, 지구상에서 우리 민족만큼 꿈을 자주 꾸고 꿈에 관심을 지니는 민족이 없기에, 실증사례를 통한 꿈의 상징기법에 대한 이해와 꿈의 상징의미를 밝혀내는데 있어서는 우리의 꿈 연구가 세계 최상에 도달할 수도 있을 것이다.

필자가 인정할 수 있는 것은 꿈은 뇌의 활동으로 빚어지는 세계인 바,

서구의 발달된 과학기술의 첨단장비인 자기공명 단층촬영(MRI)과 양전
자 단층촬영(PET)과 같은 영상기기를 통해서, 뇌의 구조와 뇌영상 지도
등 뇌의 신비를 파헤치는 분야에서 앞서 있다는 것뿐이다. 이 문제 역시
우리나라의 뇌과학을 연구하는 학자들이 보다 관심을 지니고 뇌의 신비
를 파헤치는 작업에 매진해나가야 할 것이다.

　이 책에서는 '꿈은 미래를 예지한다' 는 대명제 하에 수많은 예지적
꿈사례에 대해서 살펴봄으로써, 꿈에 대한 올바른 이해와 다양한 상징기
법에 대한 이해를 돕도록 하였다. 아쉬운 점이 있다면, 제한된 지면으로
인하여 보다 많은 실증사례를 들어주지 못했다는 것과 요약적 제시로 실
증사례를 드는 과정에서 충실치 못한 점이 있다는 것에 대해서 양해있으
시기를 바란다.

　이 책은 필자가 기획하고 있는 전체 20권의 [홍순래 꿈해몽 대사전]
의 총체적인 성격을 띠고 있으며, 앞으로 출간하게 될 여러 책들의 입문
서 성격을 담고 있다. 같이 출간하는 『태몽』과 함께, 이어 출간될 [홍순래
꿈해몽 대백과]에도 많은 관심을 가져주기를 부탁드린다.

　또한, 꿈의 세계나 꿈해몽에 관심이 있으신 분들은 인터넷에서 필
자의 사이트인 '홍순래 박사 꿈해몽(http://984.co.kr)' 을 이용하거나 핸
드폰이나 스마트폰의 '홍순래 박사 꿈해몽' 을 활용해주시기 부탁드린
다. 아울러 온라인 상담 및 전화상담에 있어서도 많은 혜택을 드리고자
한다.

　인간에게 미래를 예지하는 영적능력이 꿈을 통해 발현될 수 있기에,
인간이 인간다울 수 있음에 감사하면서, '꿈은 신(神)이 인간에게 내린
최대의 선물이다.' 의 말로써 글을 맺고자 한다.

〈 참고 도서 〉

한건덕,『꿈과 잠재의식』, 명문당, 1981.

한건덕,『꿈의 예시와 판단』, 명문당, 1973.

한건덕,『꿈의 예시와 판단(개정판)』, 명문당, 2004.

한건덕,『꿈의 예지 백과사전 (현대해몽법 증보판)』, 명문당, 1994.

한건덕,『현대해몽법』, 명문당, 1974.

한건덕,『꿈의 豫示와 判斷』, 明文堂, 1973.

한건덕 · 홍순래,『꿈해몽백과』, 학민사, 1997.

정신문화연구원 어문연구실,『구비문학대계』, 고려원, 1983.

안드레아 록, 윤상운 역,『꿈꾸는 뇌의 비밀』, 지식의 숲(넥서스), 2006

아르테미도로스, 방금희 역,『꿈의 열쇠(Onirocriticon)』, 아르테, 2008.

김하원,『개꿈은 없다』, 동반인, 1994.

운몽,『해몽비결』, 학민사, 1998.

33인의 저명필자,『꿈에 관한 33인의 에세이』, 을지출판사, 1979.

박성몽,『꿈 신비활용』, 창조사, 1993.

박문호,『뇌, 생각의 출현 : 대칭, 대칭의 붕괴에서 의식까지 미리보기』, 휴머니스트, 2008.

리더스 다이제스트,『초능력과 미스테리의 세계』, 두산동아. 1994.

강영계,『정신분석학 이야기』, 건국대학교출판부, 2001.

고성훈 편,『죽어서 가는 곳』, 우리출판사, 1989.

국어국문학회 편,『고전소설연구』, 정음문화사, 1990.

기태완 · 진영미 역,『東詩話』, 아세아문화사, 1995.

김대규 역, 현대세계사상교양전집 15,『꿈의 해석』, 현암사.

김대현,『술몽쇄언』, 을유문화사, 1994.

김동욱 역,『記聞叢話』, 아세아문화사, 1996.

김동주 역,『國譯 雙梅堂集』, 민창문화사, 1999.

김동현 역,『林下筆記』5. 민족문화추진회, 1999.

김성배 외,『주해 가사문학전집』, 정연사, 1961.

김학주 역주,『論語』, 서울대학교출판부, 2003.

김현룡,『한국문헌설화』1, 건대출판부, 1998.

김현룡,『한국문헌설화』2, 건대출판부, 1998.

김현룡,『한국문헌설화』6, 건대출판부, 2000.

김현룡,『한국문헌설화』7, 건대출판부, 2000.

남만성 역,『芝峯類說』, 을유문화사, 1994.

동의학연구소,『동의보감』1. 내경편. 여강출판사, 1994,

레온 앨트먼, 유범희 역,『性·꿈·정신분석』, 민음사, 1995.

리더스 다이제스트,『상식의 허실』, 동아출판사, 1992.

리더스 다이제스트,『잡학사전』, 동아출판사, 1989.

문범두,『石州權鞸文學의 硏究』, 국학자료원, 1996.

민족문화추진회,『신증동국여지승람』, 경인문화사, 1969.

박갑수외,『한국민족의 유산』, 신흥서관, 1980.

박성규 역,『補閑集』, 계명대학교 출판부, 1984.

박영섭 외,『은어,비속어,직업어』, 집문당, 1985.

西厓선생기념사업회, 국역『西愛全書』II-1 잡저 , 2001.

成百曉 역주,『論語集註』, 전통문화연구회, 1990.

송순 엮음,『희한한 세상 희한한 얘기』, 백만출판사, 1994.

申海鎭,『조선중기 몽유록의 연구』, 박이정, 1998.

안동민 저,『방랑사차원』, 성음각,1978.

양홍렬 역, 국역『順菴集』, (『고전국역총서』291, 민족문화추진회), 1996.

王符, 임동석 역,『潛夫論』, 건국대학교 출판부, 2004.

유덕선,『한자비밀』, 동반인, 1994.

劉文英 著, 河永三·金昌慶 譯,『꿈의 철학』(꿈의 미신, 꿈의 탐색), 東文選, 1993.

柳在泳 역주,『補閑集』, 원광대학교출판국, 1981.

柳在泳 역주,『破閑集』, 일지사, 1978.

유재영,『백운소설연구』, 원광대출판국, 1979.

尹永春 譯解,『四書五經(詩經)』, 韓國協同出版公社, 1983.

이공좌,『중국당대소설선』, 사소아전, 을유문고.

이규환 역,『정신분석 입문』, 육문사, 1992.

이능우,『위령제적 문학으로서의 이조말 꿈성(性). 고소설 중 현몽(現夢)의 처리』, 선명문화사,1974.

李敦柱,『한자학 총론』, 박영사, 1979.

이민수역,『삼국유사』, 을유문화사 1983.

이병렬 엮음,『꼭 알아야 할 고전소설 27선』, 타임기획, 1993.

이상보 편저,『한국가사선집』, 집문당, 1979.

이상보,『18세기 가사전집』, 민속원, 1991.

이석호,『한국명저대전집(매천야록)』, 대양서적, 1978.

이재선 저,『한국문학주제론』, 서강대학교 출판부, 1991

이종은外 共編,『小華詩評』과『壺谷詩話』,『韓國歷代詩話類編』, 亞細亞文化社, 1988.

이종찬 譯,『東國李相國集』,『韓國漢詩大觀』3, 이회문화사, 1998.

이희승외 3인, 한국고전문학전집 제 7권(시화와 만록), 보성문화사, 1978.

일연, 이상인 옮김,『삼국유사』, 평단문화사, 2010.

일연, 허경진 이가원 역,『삼국유사』, 한길사, 2006. P493

장병림,『정신분석』, 법문사, 1975.

張二斗스님,『산 속에서 산을 보는 법』, 생각하는 백성,1994.

전규태 편저, 한국고전문학대전집7, 세종출판공사, 1970.

南平 曺氏, 전형대 · 박경신 역,『丙子日記』, 예전사, 1991.

정주동,『홍길동전 연구』, 민족문화사, 1965.

鄭昌權,『홀로 벼슬하며 그대를 생각하노라』, 사계절, 2003.

정태룡 편저,『우리말 상소리 사전』, 프리미엄 북스, 1994.

정현종,『술과 꿈』, 문학과 지성사, 1982.

조관희역,『풀어쓴 고전 列子』, 청아출판사, 1988.

曺平煥 解題, 한춘섭 외 역, 國譯『靜一堂遺稿』, 성남문화원, 2002.

車柱環,『詩話와 漫錄』, 韓國古典文學大系 제7권, 敎文社, 1984.

崔斗煥 譯註, 새번역『亂中日記』, 학민사, 1996.

최래옥 편저,『한국민간속신어사전』, 집문당, 1995.

崔文潑,『醉石詩集』, 崔範夏 編修, 醉石詩集編纂委員會, 1979.

최상수,『한국민족 전설의 연구』, 성문각, 1985.

최승순 외,『태백의 설화』강원일보사, 1974.

최운식,『심청전』, 시인사, 1984.

최웅 역, 註解『靑邱野談』, 국학자료원, 1996.

최장수,『고시조해설』, 세운문화사, 1977.

한춘섭,『고시조해설』, 홍신문화사, 1982.

허경진 역,『訥齋 朴祥 漢詩選』(韓國의 漢詩 23), 평민사, 1997.

허경진 편,『許蘭雪軒 詩選』, (韓國의 漢詩 10), 평민사, 1987.

허문섭외,『고대설화와 전기』, 학문사, 1994.

홍순래,『꿈으로 본 역사』, 중앙북스, 2007.

홍순래,『漢字수수께끼』, 백성, 1997.

홍순래,『행운의 꿈』, 다음, 2009.

홍순래,『꿈이야기』, 백성출판사, 1997.

홍순래,『꿈해몽상담사례집』, 학민사, 2002.

홍순래,『이런 꿈을 꾸면 복권을 사라』, 학민사, 1997.

홍순래 편저,『태몽』, 어문학사, 2012.

홍순래 편저,『破字이야기』, 학민사, 1995.

홍순래 편저,『한자와 파자』, 어문학사, 2011.

홍순래 편저,『현실속의 꿈이야기』, 내일을 여는 책, 1996.

황충기,『한국학 사전』, 국학자료원, 2002.

阿つじ哲次,『漢字の字源』, 講談社, 1994.

리처드 레스택, 이경민 역,『뇌과학의 비밀』, 이레, 2003.

스티븐 라버지, 하워드 라인골드, 김재권 역,『꿈: 내가 원하는 대로 꾸기』, 인디고 블루, 2003.

일레인 스콧, 이충호 역,『뇌과학이 알려주는 잠의 비밀』, 내 인생의 책, 2009.

Stase Mich, 최현배 김영경 역,『꿈』, 이너북스, 2007

매브 에니스, 장석훈 역,『꿈을 잡아라(잡아라 시리즈 3)』, 궁리, 2003.

데이비드 폰태너, 원재길 역,『꿈의 비밀』, 문학동네, 1999.

Bice Benvenuto and Roger Kennedy, 김종주 역,『라깡의 정신분석 입문』, 하나의학사, 1999.

칼 구스타브 융 편,『인간과 상징(Man and His Symbols)』, 이윤기 옮김, 열린책들, 2009.

C.G.융 편저, 정영목 역,『사람과 상징(Man and His Symbols)』, 까치, 1995.

C.G.융,『기억, 꿈, 성찰(Memories Dreams Reflections)』, Vintage Books, 1989.

에드워드 암스트롱 베넷, 김형석 옮김, 한 권으로 읽는 융, 도서출판 푸른 숲, 1997

워밍 월래스,『미래에의 초대』, 우림사. 1978.

E.프롬, 한상범 역,『꿈의 정신분석』, 정음사, 1978.

Freud Sigmund, 이명성 역,『정신분석입문』, 홍신문화사, 1987.

Freud Sigmund, 홍성표 역,『꿈의 해석』, 홍신문화사, 1988.

Freud Sigmund,『꿈의 해석』, 일신서적, 1991.

존 A. 샌포드, 정태기 역,『꿈(하나님의 잊혀진 언어)』, 대한기독교서회, 1988.

w.l. 제이콥 지음. 박희준 옮김, 재미있는 꿈풀이, 키출판사, 1992.

근역한문학회,『한문학논집 제 30집』, 雪村 金相洪 敎授 定年記念號,

民族文化推進會,『국역 대동야승』, 민족문화간행회, 1974.

『韓國民俗 大觀』, 제 6화 〈口碑傳承,其他〉, 高大民俗文化硏究所, 1982

〈 논문 , 기고 〉

姜俊哲,「꿈 敍事樣式의 構造研究」, 동아대학교 대학원, 국어국문학과, 1989.

강창민,「우리 소설에 나타난 꿈의 구조와 기능에 대한 연구」, 연대석사논문, 1982.

권우행,「몽험소설에 나타난 꿈의 기능에 관한 小考」, 석당논총 제 15집, 1989.

金南馨,「星湖 李瀷의 記夢詩에 대하여」, 石軒 丁奎福 博士 還曆紀念論叢, 1987.

金承子,「古代小說에 나타난 꿈의 解釋的 試考 (豫兆夢에 중점을 두고)」, 성신여대 국어국문학과 석사논문, 1981.

金正善,「軍談小說에 나타난 꿈의 樣相考」, 한양대 교육대학원, 석사학위논문, 1987.

김병훈,「고대소설에 나타난 꿈」,『성대문학』, 1967.

김삼웅,「누가 秘記 讖言을 만드는가」,『월간 중앙』, 2004년 10월호.

민진국,「고대소설에 나타난 태몽연구」, 조선대대학원 국어국문학과, 1984.

박성기,「고대소설에 나타난 꿈의 諸相」,『동방학지』 1, 연세대. 1955.

白雲龍,「達川夢遊錄의 構造와 現實認識」, 慶北大學校 文學碩士學位論文, 1996.

서정범,「고전문학에 대한 정신분석학적 시론(試論)」. 현대문학, 통권 75.

薛盛璟,「夢의 통합적 층위와 계열상」,『金萬重 研究』, 새문사, 1983.

소재영,「삼국유사 설화의 연구」, 고대대학원, 1963.

소재영,「古典에 나타난 꿈의 의미론」,『국어국문학』통권 32, 1966.

손길원,「고소설에 나타난 꿈의 연구(태몽을 중심으로)」, 경희대교육대학원, 1983.

宋宰鏞,「權石州 研究」, 檀國大 大學院 碩士學位 請求論文, 1982.

宋宰鏞,「眉巖日記研究」, 단국대학교 대학원학위논문(박사) 국어국문학과 고전문학전공,1996.

신재홍,「夢記類 作品의 檢討」,『선청어문』18, 1989.

安炳國,「韓國古典文學에 나타난 꿈연구」, 중앙대 석사논문, 1983.

李在元,「芝峯 李睟光의 漢詩 世界」,『漢文學論集』第十八輯, 槿域漢文學會, 2000.

李正善,「沈義의 〈記夢〉을 통해 본 葛藤克服의 樣相과 詩意識研究」, 漢陽大석사학위논문,

1989.

임재해,「꿈이야기의 유형과 꿈에 관한 인식」,『문학과 비평』6, 문학과 비평사, 1988.

田京源,「高麗時代 漢詩의 女性形象에 對한 硏究」, 건국대 석사논문, 1998.

車溶柱,「꿈의源泉的 形成에 대한 觀念」,『月巖 박성의 박사 還曆기념논총』, 고려대, 1977.

許捲洙,「權韠漢詩硏究」, 韓國精神文化硏究院, 韓國學大學院, 1983.

洪淳來,「權韠의 夢詩 小考」,『漢文學論集』, 第16輯, 1998.

洪淳來,「時調에 나타난 漢詩詩想 硏究」, 江原大 敎育大學院, 1989.

洪淳來,「죽음예지의 夢中詩에 대하여」,『漢文學論集』, 第22輯, 2004.

洪淳來,「한국 記夢詩의 전개양상 연구 -몽중작을 중심으로-」, 단국대 박사학위논문, 2005.

黃浿江,「韓國古代敍事文學의 ARCHETYPE—靈의 肉體脫離觀念을 中心으로」, 建國大學校 大

學院, 國語國文學科 碩士學位論文, 1965

이도흠,「역사와 설화, 텍스트와 현실 사이에서 읽기」. 한양대 국문과 교수

김종순, 뇌 영상과 꿈의 해석, [과학칼럼], 2008.07.19

〈 기타 참고서 및 사이트 〉

김성배 엮음,『한국수수께끼 사전』, 집문당, 1973.

박용수,『겨레말 갈래 큰 사전』, 서울대학교 출판부, 1993.

宋在璇,『상말속담사전』, 동문선, 1993.

신기철,신용철 편저,『새 우리말 큰사전』, 삼성출판사, 1987.

李鍾昊 편저,『우리말 속담사전』, 도서출판 대로교육, 1993.

이희승 편저,『국어대사전』, 민중서림, 1989.

사회과학원 언어학연구소(북한),『조선말대사전』, 예강출판사, 1992.

한글학회,『우리말 큰사전』, 어문각, 1991.

大阪外國語大, 조선어연구실 편,『조선어大辭典』, 1989.

『漢韓大字典』, 民衆書林, 1997.

『教學大漢韓 辭典』, 教學社, 1998.

『漢語大詞典』, 漢語大詞典出版社, 1990,

『韓國漢字語辭典』, 檀國大學校 東洋學研究所, 1996.

『한국인명대사전』, 한국인명대사전편찬실, 신구문화사, 1989.

『韓國民族文化大百科事典』, 韓國精神文化研究院, 웅진출판사, 1996.

民族文化推進會, 國譯『星湖僿說』, 1976.

民族文化推進會, 國譯『大東野乘』제3권, 『秋江冷話』, 1971.

民族文化推進會, 國譯『大東野乘』제57권, 李濟臣, 『清江先生鯸鯖瑣語』

民族文化推進會, 國譯『大東野乘』, 『古典國譯叢書』50, 『五山說林草藁』, 1971.

民族文化推進會, 國譯『新增東國輿地勝覽』II, 『古典國譯叢書』41, 1967.

民族文化推進會, 國譯『愚伏集』, (주)헤럴드미디어, 2003.

民族文化推進會, 國譯『澤堂集』III, 1994.

民族文化推進會, 國譯『海行摠載』VIII, (주)민문고, 1967.

影印第 162호. 단기 4289년. 『朝鮮王朝實錄』七. 국사편찬위원회발행. 동국문화사.

權 韠, 『石洲集』(『韓國文集叢刊』卷75, 民族文化推進會)

金宗直, 『佔畢齋集』(『韓國文集叢刊』卷12, 民族文化推進會)

奇 遵, 『德陽遺稿』(『韓國文集叢刊』卷25, 民族文化推進會)

南龍翼, 『壺谷集』(『韓國文集叢刊』卷131, 民族文化推進會)

柳成龍, 『西厓集』(『韓國文集叢刊』卷52. 民族文化推進會)

李 瀷, 『星湖集』(『韓國文集叢刊』卷198, 民族文化推進會)

李舜臣, 『李忠武公全書』(『韓國文集叢刊』卷55, 民族文化推進會)

林 悌, 『林白湖集』(『韓國文集叢刊』卷58, 民族文化推進會)

徐居正, 『四佳集』(『韓國文集叢刊』卷10, 民族文化推進會)

申光漢, 『企齋集』(『韓國文集叢刊』卷22, 民族文化推進會)

柳希春, 『眉巖集』(『韓國文集叢刊』卷34, 民族文化推進會)

李睟光,『芝峯集』(『韓國文集叢刊』卷66, 民族文化推進會)

李奎報,『東國李相國前集』(『韓國文集叢刊』卷1~2, 民族文化推進會)

李敏求,『東州集』(『韓國文集叢刊』卷94, 民族文化推進會)

李廷馨,『知退堂集』(『韓國文集叢刊』卷58, 民族文化推進會)

林 椿,『西河集』(『韓國文集叢刊』卷1, 民族文化推進會)

洪 暹,『忍齋集』(『韓國文集叢刊』卷71, 民族文化推進會)

李睟光,『芝峯類說』, 朝鮮古書刊行會, 1915.

河謙鎭,『東詩話』, 彰文閣, 影印本, 1979.

『櫟翁稗說』,『癸亥靖社錄』,『國朝人物志』,『己卯錄補遺』,『寄齋史草』,『東文選』,『續東文選』,

『丙辰丁巳錄』,『師友名行錄』,『思齋摭言』,『松溪漫錄』,『詩話叢林』,『乙巳傳聞錄』,『壬辰日錄』,

『壬辰雜事』,『林下筆記』,『靑坡劇談』,『海東雜錄』,『海上錄』,『破閑集』,『補閑集』,『三國史記』,

『三國遺事』,『東史綱目』,『東閣雜記』

『韓國文集叢刊』解題 및 年譜―인터넷 민족문화추진회 사이트.

國譯『朝鮮王朝實錄』, 서울시스템(주). 한국학데이타베이스연구소. CD-ROM, 1997.

民族文化推進會 사이트 http://www.minchu.or.kr

한국역사정보시스템 사이트 http://kh2.koreanhistory.or.kr/front/index.jsp

한국학중앙연구원 http://www.aks.ac.kr/aks_home/default.asp

'홍순래 박사 꿈해몽 사이트' (http://984.co.kr)

꿈이란 무엇인가?

초판 1쇄 발행일 2012년 4월 26일

지은이 홍순래
펴낸이 박영희
펴낸곳 도서출판 어문학사
　　　　서울특별시 도봉구 쌍문동 523-21 나너울 카운티 1층 132-891
　　　　전화: 02-998-0094/편집부1: 02-998-2267, 편집부2: 02-998-2269
　　　　홈페이지: www.amhbook.com
　　　　트위터: @with_amhbook
　　　　블로그: 네이버 http://blog.naver.com/amhbook
　　　　　　　　다음 http://blog.daum.net/amhbook
　　　　e-mail: am@amhbook.com
　　　　등록: 2004년 4월 6일 제7-276호

ISBN 978-89-6184-262-4 03180
정가 24,000원

이 도서의 국립중앙도서관 출판시도서목록(CIP)은 e-CIP홈페이지(http://www.nl.go.kr/ecip)와
국가자료공동목록시스템(http://www.nl.go.kr/kolisnet)에서 이용하실 수 있습니다.
(CIP제어번호: CIP2012001247)